SIMPLICIANA

Schriften der Grimmelshausen-Gesellschaft

XLI (2019)

D1799763

SIMPLICIANA
Schriften der Grimmelshausen-Gesellschaft
XLI (2019)

In Verbindung mit
dem Vorstand der Grimmelshausen-Gesellschaft
herausgegeben von
Peter Heßelmann

PETER LANG
Bern · Berlin· Bruxelles · New York · Oxford · Warszawa · Wien

Redaktion:
Eric Achermann, Marco Bunge-Wiechers, Klaus Haberkamm, Peter Heßelmann,
Hans-Joachim Jakob, Ortwin Lämke, Daniel Langner, Christian Loos,
Alexander Lügering (Webmaster), Torsten Menkhaus, Timothy Sodmann,
Stefan Tillmann

Textherstellung und Layout: Stefan Tillmann
Druck: Primerate, Budapest, Ungarn
Kommissionsverlag: Peter Lang AG, Internationaler Verlag der
Wissenschaften, Bern

Anschrift der Redaktion:
Prof. Dr. Peter Heßelmann, Westfälische Wilhelms-Universität Münster,
Germanistisches Institut, Schlossplatz 34, D-48143 Münster,
E-Mail: info@grimmelshausen.org

ISSN 0379-6415 br.   ISSN 2235-7467 eBook
ISBN 978-3-0343-4027-4 br.   ISBN 978-3-0343-4044-1E-PDF
ISBN 978-3-0343-4045-8 MOBI   ISBN 978-3-0343-4046-5 EPUB
DOI 10.3726/b16800

Die Jahrgänge I-VIII sind im Francke Verlag Bern erschienen:
I: ISBN 3-7720-1463-1   II: ISBN 3-7720-1511-5
III: ISBN 3-7720-1544-1   IV / V: ISBN 3-7720-1570-0
VI / VII: ISBN 3-7720-1598-0   VIII: ISBN 3-317-01628-0.
Diese und die folgenden, im Verlag Peter Lang erschienenen Bände sind
zu beziehen über den Schatzmeister der Grimmelshausen-Gesellschaft
(s. Liste des Vorstands) oder beim Verlag Peter Lang AG.

Inhalt

Rezensionen und Hinweise auf Bücher

Mitteilungen

Anhang

Editorial

Der XLI. Jahrgang der *Simpliciana* enthält die Vorträge, die während der Tagung der Grimmelshausen-Gesellschaft zum Thema „Politik im Werk Grimmelshausens und in der Literatur der Frühen Neuzeit" Ende Juni 2019 in Oberkirch und Renchen gehalten wurden. Zusätzlich werden zwei Beiträge veröffentlicht, die sich dem Werk Grimmelshausens aus verschiedenen Perspektiven nähern.

Wie immer ein kurzer Blick voraus: Die nächste Tagung der Grimmelshausen-Gesellschaft soll sich mit „Dispositionsformen und Ordnungsvorstellungen bei Grimmelshausen und in der Literatur der Frühen Neuzeit" auseinandersetzen. Sie wird vom 25. bis zum 27. Juni 2020 in Münster stattfinden. Die Einladung und das Tagungsprogramm sind in diesem Jahrbuch in der Rubrik „Mitteilungen" abgedruckt. Ich hoffe auf zahlreiche Teilnehmerinnen und Teilnehmer, die im nächsten Jahr den Weg in die westfälische Metropole finden werden.

Vom 17. bis zum 19. Juni 2021 werden sich Interessierte in Geln-hausen zu einer Tagung treffen, die „Satirisches Schreiben bei Grim-melshausen und in der Literatur der Frühen Neuzeit" ins Zentrum der Diskussion stellen wird. Vortragsangebote nehme ich bereits gern ent-gegen.

In tiefer Betroffenheit habe ich mitzuteilen, dass Rolf Tarot am 19. November 2019 im 89. Lebensjahr verstorben ist. Er gehörte 1977 zu den Gründern der Grimmelshausen-Gesellschaft, war von 1986 bis 1998 ihr Präsident und danach Ehrenpräsident. Erinnert sei hier nur an die von ihm unter Mitarbeit von Wolfgang Bender und Franz Günter Sieveke von 1967 bis 1976 herausgegebene Grimmelshausen-Ausgabe und an seine wegweisenden Beiträge zur Grimmelshausen-Forschung. Für seine immensen Verdienste gebührt ihm der Dank der Grimmels-hausen-Gesellschaft. Ein Nachruf auf Rolf Tarot befindet sich in die-sem Jahrbuch.

Münster, im Dezember 2019 Peter Heßelmann

BEITRÄGE DER TAGUNG
„POLITIK IM WERK GRIMMELSHAUSENS
UND IN DER LITERATUR DER FRÜHEN NEUZEIT"

MICHAEL STOLLEIS (Frankfurt a. M.)

Grimmelshausens *Simplicianischer Zweyköpffiger Ratio Status*

I.

Unter den kleineren Werken Grimmelshausens findet sich der Traktat *Simplicianischer Zweyköpffiger RATIO STATUS*, Nürnberg (Felßecker) 1670, 82 Seiten quart. Er nennt Grimmelshausens Namen einschließlich der Herkunft aus Gelnhausen. Da sich Grimmelshausen und der Empfänger der Widmung gut kannten,[1] bedurfte es auch keines Versteckspiels mit Pseudonymen mehr.[2] Das Titelkupfer von 1670 ist öfter beschrieben worden;[3] Volker Meid hat es an den Anfang seiner 2011 erschienenen Monographie über Grimmelshausen gesetzt.[4]

Es zeigt den *Zweyköpffigen Ratio Status* (Abb. 1). Ein zweiköpfiger Herrscher sitzt auf einem Reichsapfel, zugleich ein Türke mit Krummschwert und ein christlicher Herrscher mit lorbeerumwundenem

---

1   Reichsfreiherr Krafft von Crailsheim, Herr zu Neuhaus, Walsdorff, Hornberg, Tham und Morstein etc. Hochfürstlich Brandenburgischer Rath, und Ober-Amtmann zu Feuchtwangen. – Grimmelshausen: *Simplicianischer Zweyköpffiger Ratio Status*. Hrsg. von Rolf Tarot. Tübingen 1968 (Gesammelte Werke in Einzelausgaben. Unter Mitarbeit von Wolfgang Bender und Franz Günter Sieveke hrsg. von Rolf Tarot), S. 5. – Der Text wird im Folgenden nach der Edition von Tarot mit Sigle *RS* und Seitenangabe in runden Klammern zitiert.

2   Manfred Koschlig: „Edler Herr von Grimmelshausen". Neue Funde zur Selbstdeutung des Dichters. In: *Jahrbuch der Deutschen Schillergesellschaft* 4 (1960), S. 198–224; Günther Weydt, Neues zu Grimmelshausen. In: *Simpliciana* VI/VII (1985), S. 7–46; Peter Heßelmann: Grimmelshausen – „gesellschaftlich alleingelassen"? Auf den Spuren seiner Gönner und Leser im 17. Jahrhundert. In: *Simpliciana* VIII (1986), S. 51–70; Walter Ernst Schäfer: Grimmelshausen in Nürnberg? Über die Verbindung zu den Freiherrn von Crailsheim. In: *Die Ortenau* 70 (1990), S. 379–389; ders.: Grimmelshausen und Burg Hohenrod. In: *Simpliciana* XXV (2003), S. 177–186, hier S. 178.

3   Zum Beispiel von Dieter Breuer: *Grimmelshausen-Handbuch*. München 1999 (UTB für Wissenschaft 8182), S. 225.

4   Volker Meid: *Grimmelshausen. Leben, Werk, Wirkung*. Stuttgart 2011, S. 9.

Schwert, vielleicht Kaiser Leopold I. Dem einen wird von oben ein Lorbeerkranz gereicht, dem anderen Nesseln. Auf der „guten" Seite steht König David mit der Harfe, auf der „bösen" Seite der wahnsinnig gewordene, „umnachtete" König Saul als Selbstmörder (1. Chronik 10). Dem entsprechen allegorisch der kluge Nachtvogel Eule und die sanfte Taube mit dem Ölzweig. In der Kartusche darüber erkennt man Jonathan, der den David mit einem Pfeilschuss warnt (1. Samuel, 20, 35–39), in der unteren Kartusche wird der „tapffer[] *Generalissim[us]*" (*RS* 3) Joab am Altar ermordet (1. Könige 2, 34). Die Allegorien verteilen also klar in Gut und Böse, Rechts und Links, Krieg und Frieden. Staatsräson ist schon in diesen Bildern eindeutig schwarz oder weiß. „Das zu dem günstigen Leser redende Kupffer-Blat", wie Grimmelshausen sagt, wird „zur Warnung vorgestellt damit sich in der Wahl/ ein jeder nicht vergreiff/ sondern sich hüt vorm Fall/ und vor ewiger Qual" (*RS* 4).

Das andere Titelblatt stammt aus dem dritten Band der postumen Gesamtausgabe von 1684, *Simplicissimi Staats-Kram* (Abb. 2). Hier ist die Doppelköpfigkeit der Staatsräson aufgegeben, aber die Schattenseite des Kopfes zeigt ein Doppelgesicht. Die Staatsräson, gekleidet in einen Herrschermantel mit zahlreichen beobachtenden Argus-Augen, an dem sich hinten viele „Politici" mit Ellen und Scheren zu schaffen machen, hält in der linken Hand zwei Schwerter, ein lorbeerumwundenes Friedensschwert, das nach oben zeigt, ein dunkles von einem Raubvogel gekröntes Kriegsschwert, dessen Spitze nach unten zeigt. Die Staatsräson hält in der Rechten den Reichsapfel mit nach unten gesenktem Kreuz, mahnend gewissermaßen, sich nicht der schlechten Staatsräson hinzugeben. Über dem Haupt der Staatsräson steht die Sonnenuhr („Wie die Strahlen, so die Zahlen") und soll wohl die kosmische Schicksalhaftigkeit herrscherlichen Tuns andeuten.[5] Schließlich unten die Kartusche mit dem Text „Schau hier das Ratio Status Bild/ Das jetzund in der Welt viel gilt/ Wie jeder es bescheid und bstielt".

Grimmelshausen beginnt seinen Traktat mit einer allgemeinen Betrachtung über gute und schlechte Herrschaft, klar angelehnt an die 1619 in Frankfurt erschienene deutsche Übersetzung von Tommaso Garzonis (1549–1589) *Piazza Universale di tutte le professioni del mondo* (Venedig 1585). Gott ist Herr der Welt, es gilt die Trias von göttlichem Recht, Naturrecht und menschlichem positivem Recht. Die Herrscher werden direkt oder indirekt von Gott eingesetzt, sie müssen

---

5   Otto Woodtli: *Die Staatsräson im Roman des Deutschen Barocks.* Frauenfeld, Leipzig 1943, S. 14; Meid, *Grimmelshausen* (wie Anm. 4), S. 78–79.

demütig gegenüber Gott sein, die Religion erhalten, sich aller Herr-schertugenden befleißigen (Gerechtigkeit, Bescheidenheit, Standhaf-tigkeit, Großmut, Mut, Ehrbarkeit, Gravität, Wahrheit, Treu und Glau-ben). Regenten müssen ihr Reich und ihre Untertanen erhalten. „Erhal-tung" aber heiße heute alamodisch *Ratio Status*. Dieses Wort sei unend-lich vieldeutig, aber – so Grimmelshausen – eigentlich gehe es nur um „gut und böß". Jede menschliche Gemeinschaft, auch die Kirche, folge ihrer eigenen Ratio Status, das sei ganz in Ordnung. Deshalb zeige er nun durch „warhaffte Biblische Historien" (*RS* 11), wie sich die legiti-me Selbsterhaltung einer Herrschaft von der höllischen machiavelli-schen Handlungsweise unterscheide.

Die erste Erzählung widmet sich König Saul („Anderer *Discurs*" [*RS* 11]). Der war anfangs ein guter Herrscher, entwickelte sich aber zum Tyrannen, wählte sich statt Gott den gottlosen Ratio Status, folgte der „alemode *Politic*" (*RS* 20). Nun nimmt das Unheil seinen Gang, die anfängliche Zuneigung zu David wird Verfolgung, die böse Staatsräson stachelt Saul sogar zum Mordversuch an, führt zu Verzweiflung und schließlich zum Selbstmord. Die handfeste Lehre hieraus lautet, dass „der politische *Ratio Status* gegen denen die GOTT vertrauen/ nichts vermag" (*RS* 30). Die Regenten sollen „den verfluchten Machiavelli-schen Ratio Status (dessen Practic mit dem *Atheismo* oder aufs wenigst einem bösen Gewissen und endlicher Verzweiflung hier Zeitlich ge-strafft zu werden pflegt/) dem Gottlosen überlassen" (*RS* 32).

Diesem Nachtstück oder Schreckensbild wird dann – naturgemäß etwas blasser – Sauls Sohn Jonathan als tugendhafter Prinz gegenüber-gestellt. Er hält unbeirrbar zu David und führt ein völlig tugendhaftes Leben (Dritter Diskurs). So also sieht die gute Seite des doppelköpfigen Ratio Status idealiter aus.

Der vierte Diskurs ist dann König David gewidmet, dem Muster eines guten Herrschers, einer Präfiguration des Jesus von Nazareth aus dem Hause David. Sein Gottvertrauen schützte ihn schon gegen die Ränke von Saul, ja Spinne und Mücke mussten dazu auf Gottes Befehl helfen. Gewiss, so Grimmelshausen, sei er auch Anfechtungen ausge-setzt gewesen und habe gesündigt, aber er sei letztlich durch sein Gott-vertrauen der ideale Herrscher geblieben. Er gebe

[…] allen Machiavellischen Statisten damit zu erkennen […] daß der getreue GOtt deren ihme ergebenen Potentaten ärgste Feinde zu seiner Zeit auch ohne derselben GOtt ergebenen Fürsten Zuthun/ schon ernidrigen und nach seinem Göttlichen Belieben gar vertilgen könne/ massen auch allen seinen Feinden endlich widerfahren. (*RS* 39–40)

David hat gesündigt durch Ehebruch und Mord (Uria), durch Lüge und Betrug, aber auch durch die Volkszählung wider Gottes Gebot.[6] Aber teils lassen sich diese Sünden als erlaubte Kriegslisten sehen, denn im Krieg ist es erlaubt „seine Feinde mit allerhand List/ Betrug/ Vortheln/ *Stratagematis* und was den anhängig zu schwächen" (*RS* 41). Teils waren es menschliche, lässliche Sünden; David war „kein Engel" (*RS* 45). Aber er bereute, weinte, bat um Vergebung und kam wieder auf den rechten Weg. Jedenfalls löste er sich nicht von Gott und benutzte keine „GOtt widerstrebende spitzfindige Staats-Griff der Machiavellisten" (*RS* 45). Der machiavellische Ratio Status, so nochmals Grimmelshausens Botschaft des Lebens von Saul, pflegt „einen rechtmässigen Fürsten vor der Zeit von seinem Stul/ bis in die Höll hinunter zustürtzen" (*RS* 47).

Der fünfte Diskurs schließlich gilt dem Exempel des „tapfern Kriegs-Fürsten Joab" (*RS* 47). Dessen *Ratio Status* war zunächst der treue Dienst für seinen König. Joab stellt sich, obwohl mit David verwandt, dienend unter ihn und wird zum Muster eines treuen, tapferen und seinen eigenen Ehrgeiz besiegenden Soldaten und Dieners. Aber am Ende wird er so mächtig und folgt dem „gottlosen Ratio Status", dass er David gefährlich und von diesem umgebracht wird. Andreas von Heyde hat auf die Parallele zu dem 1634 ermordeten Wallenstein aufmerksam gemacht, und tatsächlich bezieht sich Grimmelshausen sowohl im *Simplicissimus* warnend auf Wallenstein als auch im *Rathstübel Plutonis*. Es ist zwar denkbar, dass dieses Bild eines treuen, aber seinem Herrn schließlich zu mächtigen Dieners sich mit der Widmung des Traktats an Crailsheim als Vertreter des Amtsadels in der Ortenau zusammenfügt. Die gute Staatsräson eines Dieners der Obrigkeit zielt auf Bescheidenheit und treuen Dienst. Zwingend ist das aber nicht; denn der gleichzeitige Roman *Dietwald und Amelinde* (1670) wurde Philipp Hannibal von Schauenburg gewidmet, ohne dass dort eine ähnliche Absicht erkennbar wäre.

Der angehängte schwankhafte Discurs von Salomos Freund Sabud[7] und seiner allzu neugierigen und deshalb verprügelten Frau möge hier beiseite bleiben, weil er zum Thema der Staatsräson nichts beiträgt. Alle bisherigen Interpreten fanden entweder diesen Anhang am meisten

---

6   2. Samuel 24; 1. Chronik, 21. Die Volkszählung, speziell die Erfassung der waffenfähigen Männer, erscheint im theologischen Kontext als sündiges Wissenwollen, in der Mitte des 17. Jahrhunderts als rationale Maßnahme der Steuererhebung oder als Kriegsvorbereitung.

7   1. Könige, 4, 5.

„simplicianisch", oder sie wunderten sich, weil er nicht zu den vorher-
gehenden Diskursen passen wollte.

Fassen wir den Gehalt zusammen, dann ergibt sich nicht mehr als
eine sowohl im katholischen als auch im lutherischen Milieu gängige
Illustration von Schwarz und Weiß, Tugend und Laster bei Regenten
und ihren Dienern.[8] „Gottlose", machiavellische Listen seien nicht nur
böse, heißt es, sie führten auch langfristig nie zum Erfolg.[9] Nur der im
Gottvertrauen handelnde, wenn auch gelegentlich nach Menschenart
sündige Herrscher werde am Ende erfolgreich sein. Er werde nicht nur
sich selbst als Herrscher erhalten, sondern ein Segen sein für Land und
Leute. Dies alles ist gedanklich schlicht. Es fehlt hier nicht nur jene
spielerische Ironie, die sonst Grimmelshausen auszeichnet, sondern
auch die künstlerische Gestaltung. Es ist eher eine Predigt zur Stärkung
von Gottvertrauen und Redlichkeit, eine Warnung vor Listen und Verbrechen, ausgenommen die allgemein erlaubten Kriegslisten. Diese
Predigt ist auch nicht witzig – weit entfernt etwa von dem barocken
Predigtfuror eines Abraham a Santa Clara (1644–1709) –, sondern einfache Mahnung. Sie zeigt, wie gesagt, die nahezu plagiierende Nähe zu
dem Ravennater Kanoniker und Juristen Tommaso Garzoni von 1585
und verharrt auch argumentativ im letzten Viertel des 16. Jahrhunderts.
Man denke an die viel breitere und subtilere Diskussion um die ‚Ragion
di Stato', um die Arcana und um den Tacitismus bei den bekanntesten
Autoren Italiens und Spaniens (Botero, Boccalini, Ammirato, Settala,
Scioppio, Ribadeneira, Saavedra-Fajardo). Auch die gesamte deutsche
Debatte vor 1618 und während des Krieges scheint bei Grimmelshausen keine Spuren hinterlassen zu haben (Bornitz, Clapmarius, Corvinus,
Besold, Forstner, Efferen, Boecler).[10] Alle Versuche der Distanzierung
von Politik und Recht einerseits und der theologischen Interpretation
von Gottes Gebot andererseits bleiben hier ungehört.

---

8   Siehe den Titel von Grimmelshausens *Satyrischer Pilgram/ Das ist: Kalt und
    Warm/ Weiß und Schwartz/ Lob und Schand/ über guths und böß/ Tugend und
    Laster/ auch Nutz und Schad vieler Ständt und Ding der Sichtbarn und Unsicht-
    barn der Zeitlichen und Ewigen Welt* […]. 2 Tle. Leipzig 1666–1667.
9   So auch die von Grimmelshausen zu Anfang verwendete Stelle aus dem Buch
    Maleachi 3, 14–16 mit der Botschaft, dass die Gottlosen nur vordergründig sie-
    gen; denn am Ende schreibt Gott alles in ein Gedenkbuch, so dass die Frommen
    obsiegen werden.
10 Michael Stolleis: Friedrich Meineckes „Die Idee der Staatsräson" und die neuere
    Forschung. In: ders.: *Staat und Staatsräson in der frühen Neuzeit*. Frankfurt a. M.
    1990, S. 134–164.

Der Traktat selbst ist in der Grimmelshausen-Literatur mehrfach behandelt worden. Er steht als lehrhaft argumentierende Abhandlung zwar im Schatten des simplicianischen Werks, sagt aber doch etwas über den Bildungsstand und die religiösen Überzeugungen des Autors. Felix Bobertag schreibt 1884 nur Folgendes: „Die Discurse handeln von der ‚Staatsraison‘, welche an den biblischen Beispielen von Saul, Jonathan, David und Joab als eine bedenkliche Theorie dargestellt wird, ohne dasz sich übrigens die Erörterung durch besondere Klarheit auszeichnet". Und er fährt fort: „Sehr hübsch aber und ganz in Grimmelshausens bester Manier ist der Anhang zu Abisag von Sunem, deren Gemahl Sabud von seinem Hunde und Hahne darüber belehrt wird, wie er ihr das Fragen nach Geheimnissen abzugewöhnen habe".[11]

Heute ist der Forschungsstand zu Grimmelshausen und zur Literatur des 17. Jahrhunderts reicher und differenzierter. Auch zum *Zweyköpffigen Ratio Status* ist inzwischen viel geschrieben worden. Günther Weydt hat 1979 den modernen Forschungsstand kurz dargelegt.[12] Dieter Breuer hat alles Bisherige zusammengefasst, das erste Titelblatt erklärt und Entstehungsgeschichte, Quellen und Inhalt berichtet.[13] Was die Einordnung in die politisch-juristische Debatte der Zeit angeht, so stellt er in Übereinstimmung mit dem (nicht ganz fehlerfreien) Aufsatz von Andreas von der Heyde fest,[14] der Traktat vertrete eine Position, die nicht mehr dem politiktheoretischen Diskussionsstand um 1670 entspreche. Grimmelshausen stehe hier mit seinem Appell an klassische, religiös begründete Herrschertugenden in der Tradition der bibeltheologischen Begründung von Kaiser und Reich. Möglicherweise habe Grimmelshausen indirekt auch den profranzösisch taktierenden Fürstbischof von Straßburg, Franz Egon von Fürstenberg (1626–1682), mahnen wollen.

Auch alle anderen literaturgeschichtlichen Äußerungen zum *Ratio Status* kreisen um die Frage, wie es zu dem von Grimmelshausen vertretenen Standpunkt von Gut und Böse, Schwarz und Weiß, Himmel und Hölle komme. Dass es sich um eine versteckte und dem Handeln

---

11   Felix Bobertag: *Geschichte des Romans und der ihm verwandten Dichtungsgattungen in Deutschland.* Bd. 2. Hälfte 2. Berlin 1884, S. 48–49.

12   Günther Weydt: *Hans Jacob Christoffel von Grimmelshausen.* Stuttgart ²1979, S. 116–117.

13   Breuer, *Grimmelshausen-Handbuch* (wie Anm. 3), S. 225–231.

14   Andreas von der Heyde: Die wahre und die falsche Ratio Status. Zur Machiavellirezeption im 16. und 17. Jahrhundert und bei Grimmelshausen. In: *Simpliciana* XII (1990), S. 503–516.

nach weltlicher Staatsräson zustimmende Satire handle, so eine These von Horst Nieder,[15] hat offenbar nicht überzeugt. Die Forschung hat bei der Einordnung des Staatsräson-Traktats in das Gesamtwerk auch auf die Verzahnung mit dem Mörder und Räuber Olivier hingewiesen, der Simplicius im *Simplicissimus Teutsch* vorhält, er habe Machiavelli noch nicht gelesen (Buch IV, Kapitel XV).[16] Inzwischen sind weitere Untersuchungen hinzugekommen, etwa von Friedrich Gaede und Rainer Hillenbrand,[17] Stefan Trappen und Wilhelm Kühlmann, zuletzt die Frankfurter Dissertation von Monte Adair[18] sowie die zusammenfassende Darstellung von Volker Meid.[19] Im Folgenden soll die politisch-juristische Debatte der Staatsräson und damit der Kontext des *Zweyköpffigen Ratio Status* im Mittelpunkt stehen.

II.

Wenn wir annehmen, die Abhandlung sei etwa gleichzeitig mit dem großen *Simplicissimus Teutsch* zwischen 1667 und 1670, also innerhalb des Œuvres „früh" entstanden,[20] dann erscheint sie in der europäischen Debatte um Machiavelli und die Staatsräson eher „spät", und zwar in doppelter Hinsicht: Sie ist zeitlich „spät"; denn das Kerngebiet jener Debatte liegt zwischen dem ausgehenden 16. Jahrhundert und dem

15 Horst Nieder: Grimmelshausens „Simplicianischer Zweyköpffiger Ratio Status". In: *Simpliciana* XIV (1992), S. 59–104.

16 Heyde, Die wahre und die falsche Ratio Status (wie Anm. 14), S. 503–504; siehe auch Stefan Trappen: *Grimmelshausen und die menippeische Satire. Eine Studie zu den historischen Voraussetzungen der Prosasatire im Barock.* Tübingen 1994, S. 324–340; Wilhelm Kühlmann: *Grimmelshausen. An- und Absichten eines vormodernen Modernen.* Heidelberg 2008.

17 Friedrich Gaede: Janusköpfiger Ratio Status. Grimmelshausens Beitrag zum Thema: Chaos wird Geschichte. In: *Simpliciana* XX (1998), S. 77–91; Rainer Hillenbrand: Restauration von Grimmelshausens „Ratio Status". In: *Simpliciana* XX (1998), S. 307–317.

18 Monte Adair: *Staatsraison bei Grimmelshausen: Eine inhaltliche Untersuchung zum Verständnis von „Ratio Status" als Krisenbegriff des Widerstandes gegen den Absolutismus in Deutschland im 17. Jahrhundert.* Diss. Frankfurt a. M. 2007.

19 Meid, *Grimmelshausen* (wie Anm. 4).

20 Die Erstausgabe des *Keuschen Joseph* ist 1667 erschienen, die des *Ratio Status* 1670, beide bei Wolf Eberhard Felßecker in Nürnberg.

ersten Drittel des 17. Jahrhunderts. Sie ist aber auch ideengeschichtlich „spät", weil sie eine mit biblischen Exempla begründete Position einnimmt, die in Deutschland nach dem Ende des Dreißigjährigen Kriegs als überholt erscheinen musste.

Die Formel „ragione di stato" taucht bekanntlich um 1525 in Italien auf, sowohl in Florenz im Umkreis von Machiavelli, Guicciardini und Giovanni della Casa als auch in venezianischen Gesandtenberichten.[21] Nachdem Machiavellis Werke noch 1532 unbeanstandet in der päpstlichen Druckerei erschienen waren, verschärfte sich das konfessionelle Klima im Zuge der nun einsetzenden Gegenreformation. Dabei spielten der englische Kardinal Reginald Pole (1500–1558) als erster „Antimachiavellist" und der mit ihm befreundete Papst Pius IV (1499–1565) die entscheidende Rolle. Das Konzil von Trient setzte 1559 Machiavelli auf den italienischen Index; 1583 folgte der spanische.[22] Die Kirche störte sich vor allem am 18. Kapitel des *Principe*, in dem Machiavelli dem Herrscher empfiehlt, es sei im Kampf um die Macht besser, religiös zu erscheinen als es wirklich zu sein. Modern gesprochen, hieß das, er müsse sich in seinem Kalkül (ragione) freihalten von Ideologie, um machttechnisch zu entscheiden, ob er „Löwe oder Fuchs" sein, aggressiv oder konspirativ handeln wolle.[23] Der Verlauf des nun entstehenden Antimachiavellismus ist bekannt. 1576 erscheint Innocent Gentillets *Discours sur les moyens de bien gouverner* gegen Machiavelli, 1589 gelangt „Ragion di Stato" bei Giovanni Botero erstmals auf einen Buchtitel. Die Religionskriege in Frankreich mit ihrem Höhepunkt der Bartholomäusnacht, die Häufung religiöser Streitigkeiten im Reich mit der Blockade des Reichstags und des Reichskammergerichts, der Freiheitskampf der Niederlande und die endgültig scheinende Unversöhnlichkeit der Konfessionen heizen die Stimmung an. ‚Kratos' und ‚Ethos', wie Meinecke das genannt hat, standen gegeneinander. Die so

---

21   Friedrich Meinecke: *Die Idee der Staatsaison* (1924). In: *Werke*. Bd. 1. München ⁴1976; Heinrich Lutz: *Ragione di Stato und christliche Staatsethik im 16. Jahrhundert*. Münster ²1976, S. 26–28. – Der neuere Forschungsstand in *Machiavellismus in Deutschland. Chiffre von Kontingenz, Herrschaft und Empirismus in der Neuzeit*. Hrsg. von Cornel Zwierlein und Annette Meyer. München 2010 (Historische Zeitschrift. Beihefte N. F. 51).

22   Franz Heinrich Reusch: *Die Indices Librorum Prohibitorum des sechzehnten Jahrhunderts*. Tübingen 1886, S. 198 u. 443.

23   Michael Stolleis: Löwe und Fuchs. Eine politische Metapher zur Zeit der Entstehung des modernen Staates. In: *Staatsrecht, Völkerrecht, Europarecht. Festschrift für Hans-Jürgen Schlochauer zum 75. Geburtstag am 28. März 1981*. Hrsg. von Ingo von Münch. Berlin 1981, S. 151–163.

genannten „Politici" und die Juristen bestanden zunehmend auf dem Satz, Politik und Völkerrecht folgten eigenen Regeln. „Silete theologi in munere alieno" lautet der berühmte Ausruf des Alberico Gentili in Oxford. Der Mainzer Jurist Michel Kreps, katholisch, aber antijesuitisch, schreibt 1620, „Und soll uns Politische der gelehrten Theologen Zanck und ohneinigkeit nicht so viel hindern können".[24] Das entsprach nun ab etwa 1610 auch der generellen Linie der Autoren, die in ihren „Politiken" Handbücher für die Regierung des frühmodernen Staats schrieben. In einer Welt voller Konflikte setzten sie auf eine moralisch gemäßigte, „vernünftige" Staatsräson. Wie Christoph Strohm gezeigt hat, gehört dieses juristische Denken eher in den reformierten als in den lutherischen Kontext.[25]

Aber die Theologen aller drei Bekenntnisse bestanden darauf, die theologische Wahrheitsfrage dürfe nicht ausgeklammert werden. Speziell die Hofprediger waren „obligiert", Mahnungen aussprechen, über der Machtpolitik nicht Gott als letzte Instanz zu vergessen.[26] Unter den lutherischen Juristen waren Reinkingk und Seckendorff die führenden Stimmen.[27] Im katholischen (französisch-italienischen-spanischen) Lager sind es Gentillet, Garzoni, Botero, Boccalini,[28] Ribadeneira, in Deutschland Adam Contzen und Aegidius Albertinus.[29] Sie alle deuten

---

24 Michael Kreps: *Teutsche Politick oder von der Weise wol zu regieren in Frieden und Kriegs Zeitten.* Erster und Ander Theil, Frankfurt a. M. 1620, S. 13. Hierzu Michael Stolleis: *Säkularisation und Staatsräson in Deutschland um 1600.* In: *Christentum und modernes Recht.* Hrsg. von Gerhard Dilcher und Ilse Staff. Frankfurt a. M. 1984, S. 96–109.

25 Christoph Strohm: *Calvinismus und Recht. Weltanschaulich-konfessionelle Aspekte im Werk reformierter Juristen in der frühen Neuzeit.* Tübingen 2008.

26 Luise Schorn-Schütte: *Evangelische Geistlichkeit in der Frühneuzeit.* Gütersloh 1996.

27 Christoph Link: Dietrich Reinkingk. In: *Staatsdenker in der Frühen Neuzeit.* Hrsg. von Michael Stolleis. München ³1995, S. 78–99. Siehe auch Reinkingks Schwiegersohn Balthasar Schuppius: *Salomo oder Regentenspiegel.* In: ders.: *Schriften* [...]. Hanau 1663.

28 Michael Stolleis: *Geschichte des öffentlichen Rechts.* Bd. 1. München 1988, S. 122.

29 Adam Contzen: *Politicorum libri decem* [...]. Mainz 1620. Zu ihm Ernst-Albert Seils: *Die Staatslehre des Jesuiten Adam Contzen, Beichtvater Kurfürst Maximilian I. von Bayern.* Lübeck, Hamburg 1968; Robert Bireley: *Maximilian von Bayern, Adam Contzen S. J. und die Gegenreformation in Deutschland 1624–1635.* Göttingen 1975. Zu Aegidius Albertinus siehe Guillaume van Gemert: *Die Werke des Aegidius Albertinus (1560–1620). Ein Beitrag zur Erforschung des deutschsprachigen Schrifttums der katholischen Reformbewegung um 1600 und seiner Quellen.* Amsterdam 1979 (Geistliche Literatur der Barockzeit. Sonderbd. 1);

den Staat als göttliche Stiftung, geschützt durch die wahre Religion und religiös angeleitete Staatstugenden. Alle diese Stimmen gehören in das 16. und frühe 17. Jahrhundert, ausgenommen die Lutheraner Reinkingk und Seckendorff, die aber in ihren Alterswerken nach 1650 nicht mehr als repräsentativ gelten können.

So wurde „Staatsräson" zum europäischen Schlagwort. Spanier und Franzosen übersetzen *ragion di stato* in ihre Landessprachen, die Deutschen bleiben überwiegend beim Latein und führen nebeneinander auf:[30] *ratio status, ratio gubernandi vel imperandi, arcana imperii, necessitas, prudentia politica, dissimulatio,* daneben finden sich *Hoheit, geheime Reichssachen, Reservatrechte, jus dominationis, statssachen.* Die Engländer sprechen von *law of state, statecraft, interest of the state,* aber auch *prerogative.*

Stets bedeutet das Grundwort „ragione" (Rechnung, Kalkulation) die Berechnung der Macht des eigenen oder fremder Gemeinwesen als rationale Grundlage von Entscheidungen. In den folgenden Jahren (1590–1610) breiten sich Staatsräson und seine Kehrseite, der Antimachiavellismus, rasch aus.[31] Wir können drei Konnotationen unterscheiden. 1. Die Formel „Staatsräson" spaltet von der allgemeinen Vernunft eine speziell auf den „Status", den Zustand des Gemeinwesens, bezogene Vernunft ab. Staatsräson ist also eine „spezielle" Vernunft, die mit anderen Vernunftschlüssen in Konflikt geraten kann. 2. Zugleich dient sie als Kristallisationskern einer großen Zahl von Synonyma, die sich im Klima verhärteter Konfessionalisierung bei Katholiken, Lutheranern und Calvinisten ausbilden und dort dazu tendieren, die leitende Rolle von Gottes Wort und seiner Diener zu schwächen und selbständig, empirisch kalkulierbar die Realitäten der Politik ins Auge zu fassen. Hier ist Staatsräson eine spezielle, Religion und Moral nicht achtende Vernunft. 3. Schließlich eignet der Formel Staatsräson die Tendenz, den Ordnungsanspruch der Zentrale, also meist den rücksichtslos durchgreifenden Willen des jeweiligen Herrschers zu begünstigen. So wird sie

---

Gerhard Dünnhaupt: *Personalbibliographien zu den Drucken des Barock.* Bd. 1. Stuttgart 1990, S. 191–238.

30   Die latinisierte Form der ‚ragione di stato' war seit dem Erscheinen der lateinischen Übersetzung des *Antimachiavellus* von Innocent Gentillet (1576) durch Georg Nigrinus (1580) und spätestens seit Boteros *Della ragion di stato* (1589) naheliegend.

31   *Staatsraison. Studien zur Geschichte eines politischen Begriffs.* Hrsg. von Robert Schnur. Berlin 1975; Michel Senellart: *Machiavélisme et raison d'Etat.* Paris 1989; *Raison et déraison d'Etat.* Hrsg. von Yves Charles. Paris 1994; *Aristotelismo politico e Ragion di Stato.* Hrsg. von A. Enzo Baldini. Florenz 1995.

zum Markenzeichen des den mittelalterlichen Ständestaat überwinden-
den Absolutismus und insoweit auch bekämpft.[32]

Mit diesen Vorgängen ist die Wiederentdeckung der Schriften des
Tacitus, seiner in Deutschland begeistert aufgenommenen *Germania*,
vor allem aber seiner historischen Schriften verbunden. Stilistisch rückte taciteisches Latein seit der Mitte des 16. Jahrhunderts an die Stelle
des klassizistischen Cicero. Inhaltlich eignete Tacitus sich als rückhalt-
loser Berichterstatter über die Verbrechen im kaiserlichen Rom als
unverdächtiger Ersatz für den verteufelten Machiavelli. Wer über
Rechtsbrüche aus Staatsräson sprechen wollte, konnte dies mit Hilfe
der taciteischen Fallbeispiele tun. Praktisch alle Denkvarianten des
Machiavellismus und Antimachiavellismus konnten in Form des „tacitismo nero" und des „tacitismo rosso" (absolutistisch und antiabso-
lutistisch) diskutiert werden.[33] Die Diskurse über Machiavelli, Staatsräson und Tacitus laufen nebeneinander, verschlingen sich und sind in der
Sache weitgehend identisch. Immer ging es um das unsicher gewordene
Verhältnis von Macht und Recht, Politik und Religion.

So unterschied 1602 der junge Altdorfer Professor Arnold Clapmarius zwischen „arcana (dominationis)" und den „jura dominationis" und
sagte:

> [...] arcana Dominationis (Italis & Gallis est ragion di stato, Germani non effe-
> runt, nisi forte per Reichsstand / vel per Reichssachen) sunt certa & secreta pri-
> vilegia conservandae dominationis, introducta boni publici causa, quibus oppo-
> nit Tacitus flagitia dominationis (Itali la cattiva ragione di stato) quibus fides &
> relligio violatur [...].[34]

Ebenfalls 1602 unterscheidet der sächsische Fiskalbeamte Jakob Bornitz im Einklang mit der italienischen Literatur zwischen der wahrhaften „Prudentia politica" und der geheuchelten der „Pseudopolitici" und

---

32   Michael Stolleis: Staatsräson. In: *Handwörterbuch zur Deutschen Rechtsgeschich-
      te*. Bd. 4. Berlin 1990, Sp. 1826–1832. – Die neuere Debatte in *Machiavellismus
      in Deutschland* (wie Anm. 21).

33   Else-Lilly Etter: *Tacitus in der Geistesgeschichte des 16. und 17. Jahrhunderts*.
      Basel 1966 (Basler Beiträge zur Geschichtswissenschaft 103); Jürgen von Sta-
      ckelberg: *Tacitus in der Romania. Studien zur literarischen Rezeption des Tacitus
      in Italien und Frankreich*. Tübingen 1960; Kenneth C. Schellhase: *Tacitus in Re-
      naissance Political Thought*. Chicago [u. a.] 1976.

34   Arnold Clapmarius: *Disputatio de iure publico*. Altdorf 1602, S. XLVII. Die
      neuere Literatur bei Philip Haas: Das ‚politische Volontariat' des Arnold Clap-
      marius. In: *Berichte zur Wissenschaftsgeschichte* 4/2017, S. 315–332.

Machiavellisten, deren „ratio certè non prudentia, sed summa malitia est", also das mit dem Anschein des Guten geschminkte Böse, verabscheuungswürdig in jeder Hinsicht.[35] Wer ihr folge, gehöre zu den „Cacopolitici". Es gibt also die gute, staatserhaltende Staatsräson und die schlechte, Treue und Religion verletzende „schlechte Staatsräson". So unterschieden Giovanni Botero, Justus Lipsius, Scipione Ammirato, Trajano Boccalini, Girolamo Frachetta, Hippolithus à Collibus und viele andere. Speziell in Deutschland ergießt sich gegen die als machiavellistisch bezeichnete Form der Staatsräson, die Betrügerei und Verbrechen erlaube, der ganze Abscheu frommer Autoren, gleichviel ob sie katholisch oder lutherisch sind, während Reformierte in dieser Diskussion eher weltlich denken. Aber auch die in machtlosen deutschen Kleinstaaten oder Städten sitzenden Autoren schlagen sich durchweg auf die Seite der Kritiker der Staatsräson. Andererseits verhalten sich seit Justus Lipsius die Tacitisten eher religionsneutral und wägen nüchtern ab, wie Herrschaft effektiv ausgeübt werden kann, konkret: welche Mittel der Geheimhaltung (*arcana*) und Täuschung (*flagitia*) erlaubt sind, ja geboten sein können. Kein Zufall, dass diese Autoren oft fallweise argumentierende Juristen sind.

Grimmelshausen kennt solche Differenzierungen nicht. Er bleibt auf der Linie der frühen antimachiavellistischen Autoren. Er fordert den Christlichen Fürsten, dem er nur kleine, entschuldbare Abweichungen von der Kompassnadel des „Princeps Christianus" erlauben will, etwa in existentiellen Notlagen, bei Zwangskonversionen oder bei Kriegslisten.

Auch der Tyrannenmord für den Fall religiöser Bedrückung wird diskutiert und gewissermaßen „raisonabel" gemacht, und zwar von katholischer und hugenottischer Seite gleichermaßen. Lutherische Autoren, denen mit Römer 13 gepredigt wurde, auch der bösen Obrigkeit zu gehorchen, waren insoweit viel zurückhaltender. Flexibel argumentierten Jesuiten, zumal als Beichtväter der Höfe, und folgten dabei dem sogenannten ethischen Probabilismus, der eine Berücksichtigung des ungewissen Ausgangs und wandelbarer Maßstäbe erlaubte.

Welche Ausnahmen von Gottes Gebot und dem Naturrecht aber im Einzelnen diskutiert wurden, mag hier dahinstehen. Ganz allgemein gilt: Staatsräsondenken und Machiavellismus werden an der Wende zum 17. Jahrhundert mehrheitlich als „falsa pestifera doctrina" be-

---

35 Michael Stolleis: Jakob Bornitz ca. 1560–1625. In: ders.: *Pecunia Nervus Rerum. Zur Staatsfinanzierung in der frühen Neuzeit.* Frankfurt a. M. 1983, S. 129–154.

zeichnet (S. J. Brutus, *Vindiciae contra tyrannos*, 1578) und wechselweise als „italienische", „spanische" oder „französische" bzw. „welsche Teufelei". Machiavelli wird beschimpft als „pseudopoliticus" und Teufelsdiener, der die „cattiva ragion di stato"[36] gelehrt habe (Scipione Ammirato, 1594). Auf der Gegenseite steht die erlaubte Staatsräson, die in vielerlei Präzedenzfällen entfaltet wird. Nachdem durch die Formel „ragione di stato" zunächst der Anspruch eines von Religion und Kirche unabhängigen, an Machterwerb, Machterweiterung und -erhaltung orientierten politischen Denkens ausgedrückt wird, verbindet sich mit der „Staatsräson" – parallel mit dem Machtzuwachs des neuzeitlichen Territorialstaats – bald das Ensemble aller „Staatsinteressen". Veit Ludwig von Seckendorff bündelt einfach „Stat, ratio status oder Statssachen".[37] Als frommer Lutheraner, der sich freilich gut mit „Statssachen" auskannte, bleibt er in Sachen „Staatsräson" auf der Grundlinie von Reinkingks *Biblischer Policey* (1653), zumal in seinem Alterswerk *Christen-Stat* (1685). Auch die satirischen Theaterstücke und die Traktate gegen die „machiavellistischen Pseudopolitici" wirken nach 1650 eher wie Nachzügler [38]. Ebenso geht die Bedeutung der Hofprediger nach 1650 zurück.[39] An den Universitäten werden die Theologen nach Rang, praktischem Einfluss und Besoldung von den Juristen abgelöst.

Dass diese Juristen sich tendenziell von den Theologen abgrenzen und einen „religionsfreien Raum" für Politik und Recht beanspruchen, wurde bereits erwähnt. Besonders das nun im Gefolge der Schule von Salamanca und von Hugo Grotius aufsteigende Völkerrecht wird immer weniger von theologischen Maximen gesteuert. Juristen verwenden die „ratio status" und die daraus entspringende „necessitas" als Rechtfertigungsgrund für den Bruch von Verträgen und als Eingriffstitel in „wohlerworbene Rechte" (*iura quaesita*).[40] Das beginnt schon früh. 1614 schreibt der Tübinger Professor Christoph Besold vorsichtig, die

---

36   Clapmarius, *Disputatio de iure publico*. (wie Anm. 34), S. XLVII.

37   Veit Ludwig von Seckendorff: *Fürstenstaat*. Frankfurt a. M. ³1664, Vorrede.

38   Nachweise in Michael Stolleis: *Arcana Imperii und Ratio Status*. Göttingen 1980, S. 56, Anm. 71. Als ein Stück unter vielen etwa *RatioStatus Oder itziger Alamodesirender rechter Staats-Teufel* (1670). In: *Historisch-politische Schauspiele*. Hrsg. von Klaus Reichelt. Tübingen 1982 (Deutsche Neudrucke. Reihe Barock 37).

39   Luise Schorn-Schütte: *Gottes Wort und Menschenherrschaft. Politisch-Theologische Sprachen im Europa der Frühen Neuzeit*. München 2015. Kritisch hierzu Michael Stolleis in: *Rechtsgeschichte* 24 (2016), S. 449–451.

40   Johannes W. Pichler: *Necessitas. Ein Element des mittelalterlichen und neuzeitlichen Rechts*. Berlin 1983.

„Ratio politica", die man nun Staatsräson nenne, während sie früher „Aequitas oder Epieikeia" genannt worden sei, diene der Überschreitung des Rechts.[41] 1640 formuliert es Hippolithus a Lapide (Bogislaus Philipp von Chemnitz) in seiner *Dissertatio de ratione status* ganz positiv und deutlich härter, die Necessitas sei jene Kraft (*vis*) und Würde (*dignitas*), die oft einer an sich nicht erlaubten Sache den Charakter des Rechts und der Billigkeit verleihe. Denn die *Necessitas*, ein *magnum patrocinium* der menschlichen Unvernunft, breche alles Recht (*omnem legem frangit*).[42] Von einer die Härten des Rechts ausgleichenden *aequitas* bei Besold ist also mitten im Krieg die *necessitas* geworden, die das Recht aushebelt und Vertragsbrüche erlaubt.

In der Publizistik nach dem Prager Frieden von 1635 gewinnt der Topos der Staatsräson eine auf das Reich bezogene Dimension. Nun wurde die Ratio Status Imperii Romano Germanici diskutiert, gegen Habsburg (Hippolithus a Lapide) oder gegen Frankreich (Machiavellus Gallicus), oder als Maßstab für die Analyse der Gebrechen der Reichsverfassung (Pufendorf 1667, Johann Wolfgang Textor 1667).[43]

Aber auch ohne den Kontext der Reichsverfassung verlor sich der Reiz der Debatte um die „Ratio Status" seit der Jahrhundertmitte. Hermann Conring beschäftigte sich in Helmstedt intensiv und abwägend mit Machiavelli und Tacitus. 1651 veröffentlichte er eine Dissertation *De Ratione Status*,[44] die das Ende der Polemik gegen Machiavelli markiert. Zugleich beginnt eine Akademisierung des Themas, auf dem nun Politik- und Rechtswissenschaft sich in Distanz zu kirchlichem „Fundamentalismus" einerseits, zu moralfreier Macht- oder Gewaltpolitik andererseits bewegen.

Der nach 1648 aufsteigende Absolutismus handelte beim Wiederaufbau der Länder ohne größere Debatten nach seiner jeweiligen Staatsräson. Eine neue Wirtschafts-, Steuer- und Militärpolitik, ein zentrali-

---

41 Christoph Besold: *Dissertatio De Arcanis Rerumpublicarum* (1618). In: Arnold Clapmarius: *De arcana Rerum Publicarum*. Amsterdam 1641, III.

42 Hippolithus a Lapide: *Dissertatio de ratione status*. o. O. 1640, S. 17. Hierzu R. Hoke: Hippolithus a Lapide. In: *Staatsdenker in der Frühen Neuzeit*. (wie Anm. 27), S. 118–128.

43 Michael Stolleis: Textor und Pufendorf über die Ratio Status Imperii im Jahre 1667. In: ders.: *Staat und Staatsräson* (wie Anm. 10), S. 106–133.

44 Hermann Conring (Heinrich Voß): *Dissertatio de Ratione Status*. Helmstedt 1651. In: *Opera*. Hrsg. von J. W. Goebel. Bd. 4. Braunschweig 1730, S. 550–580; hierzu Michael Stolleis: Machiavellismus und Staatsräson: Ein Beitrag zu Conrings politischem Denken. In: *Hermann Conring (1606–1681). Beiträge zu Leben und Werk*. Hrsg. von Michael Stolleis. Berlin 1983, S. 173–199.

sierter Verwaltungsaufbau, und eine generelle Ausrichtung auf den Monarchen als Willenszentrum hielten Einzug. Man konnte nun von Staatsinteressen sprechen, ohne gleich als Machiavellist angefeindet zu werden. Die bindungslose „böse" Staatsräson wird in Regeln gefasst und juristisch gebunden. Sie bleibt zwar beweglicher Faktor der Vertrags- und Rechtsänderung, ja der Rechts-Aufhebung, aber sie wird kalkulierbarer. „Ratio Status, Necessitas" und – immer mehr das wohlklingendere „Bonum commune" – werden akzeptierte Topoi des fürstlichen Regiments. Außenpolitisch dokumentiert der Aufstieg des Völkerrechts die grundsätzliche, wenn auch erst allmählich erreichbare Verrechtlichung der Außenbeziehungen der entstehenden „Staaten", die sich territorial definieren, Grenzen ausbilden, ihre Souveränität beanspruchen, kurzum alle Merkmale weltlichen Staatsdenkens annehmen.

Dies alles wird an deutschen Universitäten registriert, um nicht zu sagen breitgetreten. Zwischen 1650 und 1700 finden sich dort zahlreiche Disputationen und Dissertationen zur Staatsräson, erfasst in eigenen Bibliographien.[45] Sie signalisieren die Juridifizierung und Historisierung des ehemals aufregenden Themas. Im frühen 18. Jahrhundert verebben aber auch sie. Dass das Handeln nach Staatsräson den Einflüsterungen des Teufels folge, wurde nicht mehr ernst genommen. Ja der Teufel selbst geriet zur komischen Figur und wurde, wie es in *Faust* I heißt, „in's Fabelbuch geschrieben".[46] Nach 1700 ist wohl deshalb auch kein bedeutendes staatstheoretisches Werk mehr zur „Staatsräson" erschienen. Natürlich waren die sachlichen Probleme nicht verschwunden, aber sie wurden nun in der Frühaufklärung unter den Stichworten Nutzen und Gerechtigkeit (*decorum* und *utile*), Moral und Politik, Völkerrechtsverstoß und Verstoß gegen angeborene Menschenrechte diskutiert. Der *Anti-Machiavel* Friedrichs des Großen von 1740 war die Jugendarbeit eines Herrschers, der später ganz selbstverständlich und ausdrücklich der Staatsräson seines Staates folgte. Aus alledem ergibt sich, dass Grimmelshausens *Zweyköpffiger Ratio Status*, wenn er knapp vor 1668 geschrieben sein mag, tatsächlich ein zeitlich und inhaltlich „später" oder „verspäteter" Beitrag jener Debatte war.

---

45 Nachweise bei Stolleis, *Staat und Staatsräson in der frühen Neuzeit* (wie Anm. 10), S. 134–164 und S. 155, Anm. 62.

46 Kurt Flasch: *Der Teufel und seine Engel. Die neue Biographie.* München 2015. Das zitierte Wort aus *Faust* I, ‚Hexenküche', wird von Flasch als Motto verwendet.

III.

Grimmelshausens Staatsräson-Diskurse erheben keinen gelehrten Anspruch, sie „erzählen" vielmehr kompilierend biblische Geschichte mit einem pädagogischen Zweck. Die Manier, ethisch-politische Botschaften anhand von Exempeln aus dem Alten Testament zu vermitteln, ist den kirchlich gebundenen Autoren jener Zeit selbstverständlich. Nicht anders argumentierte die mittelalterliche Scholastik mit Bibelworten, Kirchenvätern und Konzilsbeschlüssen. Im Zeitalter der Religionskriege waren Bibelworte gewissermaßen theologische Waffen. Aus Gründen, die hier nicht diskutiert werden können, wurde gerade das Alte Testament genutzt, vor allem bei Reformierten, in der englischen High Church und den Puritanern, aber auch bei Lutheranern und Katholiken.[47] Speziell um 1. Samuel 8, 11 ff. kreiste die Debatte des Absolutismus.[48]

Wer dagegen mit dem Arsenal der Antike, speziell mit dem Heiden Tacitus operierte, wie Justus Lipsius mit seiner in 53 Auflagen und 21 Übersetzungen verbreiteten „Politik",[49] wer sich gar auf Machiavelli berief, konnte nicht gleichzeitig die Bibel nutzen. Der Späthumanismus argumentierte mit antiker Literatur und vermied im Konfessionsstreit die möglicherweise zu Streit führenden biblischen Beispiele. Damit öffnete sich der Raum für den, barockem Denken eigentümlichen, Dualismus „heidnischer" und „christlicher" Referenzen. Er zeigt sich in allen Adelspalästen, fürstlichen Schlössern und Kirchen des Barock. Auf der einen Seite tummelt sich in schöner Nacktheit die antike Mythologie mit geflügelten Eroten oder Amoretten. Auf der anderen Seite streben Märtyrer, Heilige und die Muttergottes nach oben, zu Himmelfahrt und göttlichem Gericht. Die Eroten haben sich als christlich mutierte antike Putti in Engelchen verwandelt.

---

47 *Die Bibel als politisches Argument. Voraussetzungen und Folgen biblizistischer Herrschaftslegitimation in der Vormoderne.* Hrsg. von Andreas Pecar und Kai Trampedach. München 2007 (Historische Zeitschrift. Beihefte N. F. 43).

48 Annette Weber-Möckl: „*Das Recht des Königs, der über euch herrschen soll".* *Studien zu 1. Sam. 8, 11 ff. in der Literatur der frühen Neuzeit.* Berlin 1986.

49 Gerhard Oestreich: *Strukturprobleme der frühen Neuzeit.* Hrsg. von Brigitta Oestreich. Berlin 1980, S. 298–300; ders.: *Antiker Geist und moderner Staat bei Justus Lipsius (1547–1606).* Hrsg. und eingeleitet von Nicolette Mout. Göttingen 1989, S. 106–109.

Mein Resümee zu Grimmelshausens *Zweyköpffigem Ratio Status* mag zwar keine neue Deutung bieten, aber vielleicht einen breiteren Horizont öffnen. Der Traktat gehört in die lange Reihe oppositioneller Schriften gegen die seit dem frühen 16. Jahrhundert voranschreitende Säkularisierung des politischen Denkens. Sie beginnt mit Thomas Morus *Utopia* von 1516, die eine vernunftgeleitete Ordnung menschlichen Zusammenlebens entwarf, und sie setzt sich ein Jahr später mit dem Versuch Machiavellis fort, im Rückgriff auf die Antike die Mechanismen weltlicher Politik zu beschreiben und in konditionale Handlungsmaximen („wenn – dann") umzusetzen. Die gesamte religiöse Tradition, und in einer späten Phase auch Grimmelshausen, bäumte sich gegen diese Entsakralisierung des politischen Denkens auf. Die Welt ohne Gott und christliche Ethik zu denken, war Teufelswerk. Nicht umsonst soll der Teufel in England nach seinem Namenspatron Machiavelli „Old Nick" benannt worden sein. Und je mehr der Teufel im Zusammenhang mit der Frühaufklärung an Terrain verlor, desto mehr tobte er. Aber es half nichts. Am Ende landete er mit Hörnern und Pferdehuf im Kasperletheater. Dennoch gehört die zentrale Frage, woher das Böse in der Welt kommt, aus der Erbsünde, aus der individuellen Psyche oder aus dem Kollektiv, weiter zu den offenen Fragen.[50]

---

50 Siehe *Das Lexikon der offenen Fragen*. Hrsg. von Jürgen Kaube und Jörn Laakmann. Stuttgart 2015, S. 72–73.

Abbildungen

Abb. 1: Hans Jacob Christoph von Grimmelshausen: *Simplicianischer Zweyköpffiger Ratio Status* […]. Nürnberg […] 1670, Titelkupfer.

Abb. 2: Hans Jacob Christoph von Grimmelshausen: *Simplicianischer Zweyköpffiger Ratio Status*, Titelkupfer. In: ders.: *Deß Aus dem Grabe der Vergessenheit wieder erstandenen Simplicissimi Staats-Kram* […]. Bd. 3. Nürnberg 1684.

THOMAS SIMON (Wien)

Tranquillitas reipublicae und *Conservatio status*. Zwei Grundbegriffe des politischen Denkens im 17. Jahrhundert

I.

Mit seinem *Zweiköpfigen Ratio Status*[1] beteiligt sich Grimmelshausen an einem Diskurs, der das politische Denken Europas im 17. Jahrhundert wie kein zweiter geprägt hat: Der Diskurs nämlich, ob es eine eigene *Ratio* eines wie auch immer zu definierenden „*status*" gebe und ob das Handeln im Sinne dieser „*ratio status*" von den ansonsten geltenden rechtlichen und ethischen Bindungen freigestellt sei. Zu Beginn seines Traktates schreibt Grimmelshausen: Der „*Ratio Status*" – er verwendet auffallenderweise das Maskulin – werde vielfach

> [...] vor einen solchen wercklichen neuen Kerl gehalten/ daß etliche die ihn nicht kennen/ über seiner ersten Anschauung oder nur aus hör-sagen/ erstarren und sich über ihn mehr als über einen noch niemals gesehenen Marckschreyer oder Gauckler verwundern; gleichsam als ob er allererst in die Welt kommen/ und den alten gantz unbekannt gewesen were! (*RS* 9)

Augenscheinlich wurde der Begriff der *Ratio Status* von vielen Zeitgenossen Grimmelshausens als etwas grundstürzend Neues, ja Bedrohliches wahrgenommen – von Vielen verdammt, wie er betont, weil dieser ominöse Begriff von den machiavellistischen ‚Politici' dazu missbraucht werde, eine Politik zu rechtfertigen, die sich über die Regeln von Recht und Moral bedenkenlos hinwegsetzt. Ich werde im Folgenden der Frage nachgehen, welche Aspekte des *Ratio Status*-Begriffs –

---

1   Grimmelshausen: *Simplicianischer Zweyköpffiger Ratio Status*. Hrsg. von Rolf Tarot. Tübingen 1968 (Gesammelte Werke in Einzelausgaben. Unter Mitarbeit von Wolfgang Bender und Franz Günter Sieveke hrsg. von Rolf Tarot). – Der Text wird im Folgenden nach der Edition von Tarot mit Sigle *RS* und Seitenangabe in runden Klammern zitiert.

eines äußerst facettenreichen und schillernden Terminus – es vorrangig
gewesen sein könnten, die zu dieser Einschätzung als etwas gänzlich
Neuem geführt haben. ‚*Ratio Status*' und die Bedeutung dieses Begriffs
in Grimmelshausens Traktat werden in diesem Band zwar auch noch an
anderer Stelle dargestellt, aber ein Beitrag zur Politiklehre des 17. Jahrhunderts muss vom zentralen Begriff der ‚*Ratio Status*' ausgehen. Denn
der politische Diskurs dieses Zeitalters ist weitgehend von diesem
Schlüsselbegriff bestimmt. Auch die Topoi von der ‚*conservatio status*'
und der ‚*tranquillitas reipublicae*', die im Folgenden im Mittelpunkt
stehen sollen, sind auf einem semantischen Feld angesiedelt, dessen
Zentrum von der *Ratio Status* beherrscht wird.

Der Topos der ‚*conservatio status*' hat auch in der erwähnten Ein-
gangspassage von Grimmelshausens *Ratio Status*-Traktat seinen Nie-
derschlag gefunden; er wird dort zur *Ratio Status* in Bezug gesetzt.
Jeder Regent unterliege der Verpflichtung, so Grimmelshausen, „sein/
seines Reichs und seiner Underthanen […] selbst Erhaltung und Wohlstand zubeobachten" (*RS* 9). Es ist dies der Versuch einer deutschen
Übersetzung eben jener *conservatio status*, wie man sie in der Literatur
zur *Ratio Status* verbreitet findet. Das Verhältnis zwischen *conservatio*
und *Ratio Status* beschreibt Grimmelshausen als eine Art Zweck-
Mittel-Relation: „Die Ubung solcher selbst Erhaltung/ sampt dem Fleiß
und der Mühe so hierzu angewandt wird […] wird von unserer heutigen
Alemode-Welt *Ratio Status* genannt" (*RS* 9). *Ratio Status* erscheint hier
als Ausdruck „a la mode" für die „Ubung" und Praktizierung der
„selbst Erhaltung", sprich: der *conservatio status*. Oder modern ausgedrückt: Die *Ratio Status* beinhaltet ein Arsenal an politischen Strategien, an politischer Taktik, mit deren Hilfe sich die *conservatio* des
status erreichen lässt. *Conservatio status* hat hier also die Bedeutung
einer politischen Zielformel, die die Richtung und den Zweck politischen Handelns auf den Nenner bringt. Ich möchte anhand dieses Ziel-
topos der *conservatio status* einen Blick werfen auf die Veränderungen
und Umbrüche, die im politischen Denken des 17. Jahrhunderts zu verzeichnen waren.

Was hat man sich nun unter dieser *conservatio status* – andernorts
trifft man statt ihrer auch den Terminus *stabilitas regni* an – im Einzelnen vorzustellen? Ich werde mich im Folgenden auf das Wort „*status*"
konzentrieren, denn dieses Wort birgt die meisten Verständnisschwie-
rigkeiten. „*conservatio*" übersetzt Grimmelshausen wie erwähnt mit
„Erhaltung" bzw. „Selbsterhaltung", für das Wort *status* verwendet er
hingegen keinen einheitlichen Begriff; an Stelle des „*status*" stehen bei

Grimmelshausen vielmehr drei Objekte der („Selbst-)Erhaltung": Zum
einen ist es die Person des Fürsten *selbst*, daneben verwendet er aber
auch das Wort „Reich" und als drittes erscheinen schließlich auch die
Untertanen des Fürsten als Objekt der „*conservatio*". Grimmelshausen
wörtlich: „Haupt-Zweck und fürnehmstes Absehen" eines jeden Regenten muss es sein, „sein/ seines Reichs und seiner Underthanen [...]
selbst Erhaltung und Wohlstand zubeobachten" (*RS* 9). Etwas weiter
unten tauchen die drei Bezugspunkte der „*conservatio*" nochmals in
etwas variierter Ausdrucksweise auf: Jeder Regent ist, nochmals Grimmelshausen wörtlich „verbunden/ nichts zu unterlassen/ was zu Erhaltung ihrer Person/ ihres Staats und deren die solchen Staat machen/
gedeyhen mag" (*RS* 9). An Stelle von „Reich" verwendet Grimmelshausen hier das Wort „*status*" bzw. dessen eingedeutschte Form
„Staat". Man bekommt hier einen ersten Eindruck von der Vielschich-
tigkeit und Bedeutungsvielfalt des Wortes „*status*"/Staat" in seiner
frühneuzeitlichen Verwendungsweise. Grimmelshausen sucht dem
Leser diese Bedeutungsvielfalt unter Aufbietung eines ganzen Reigens
an poetischen Metaphern vor Augen zu stellen: „Ohn ists nicht", so ruft
er dem Leser etwas weiter unten zu, „daß er sich 100000 mahl öffter
verändert als Protheus! 100000 mahl mehr Farben an sich nimmt als
Iris hat/ oder in sich der Chamæleon verändert" (*RS* 9). Dieser Ausruf
bezieht sich zwar auf das *compositum Ratio Status*, aber schon der Genus, den Grimmelshausen verwendet – er spricht ja auffallenderweise
von dem *Ratio Status* – lässt erkennen, dass er dabei in erster Linie den
ominösen und so schwer fassbaren „*status*" im Auge hat.

Nicht zuletzt die eingehenden Untersuchungen von Michael Stolleis haben gezeigt, wie der Ausdruck „ratio status" im Laufe des 16.
Jahrhunderts in Italien aufgekommen ist, wo er den politischen Diskurs
auf das Stärkste zu prägen begann.[2] Von hervorragender Bedeutung war
dabei der Beitrag des italienischen Jesuiten Giovanni Boteros, der seine
Politiklehre als erster auch unter dem Titel der „ragione di stato" veröffentlichte – und zwar im Jahre 1589 – und sie somit ausdrücklich als

---

2   Michael Stolleis: Arcana Imperii und Ratio Status. Bemerkungen zur politischen
     Theorie des frühen 17. Jahrhunderts. In: *Staat und Staatsräson in der frühen Neu-
     zeit. Studien zur Geschichte des öffentlichen Rechts*. Hrsg. von Michael Stolleis.
     Frankfurt a. M. 1990, S. 37–72; ders., Machiavellismus und Staatsräson. Ein Bei-
     trag zu Conrings politischem Denken. Ebd., S. 73–105; ders.: Ratio status, Inter-
     essen und Arcana imperii. Diskussionsbemerkung zu Horst Dreitzel. In: *Aristote-
     lismo politico e ragion di stato. Atti del convegno internazionale di Torino 11–13
     febbraio 1993*. Hrsg. von A. Enzo Baldini. Florenz 1995, S. 359–361.

Untersuchung zur Staatsräson deklarierte. Die italienische Politikdebatte hatte sich im Laufe des 16. Jahrhundert zu auffallender Intensität gesteigert. Man kann das als Begleiterscheinung des Kampfes um republikanische und signorale Verfassungsformen deuten, wie er damals in den italienischen Stadtstaaten im Gange war.[3] Er brachte ein in seiner Dichte einzigartiges politisches Schrifttum hervor, das in ganz Europa gelesen und zitiert wurde – Autoren, wie Botero, Ammirato oder Settala waren allgemein bekannt.[4] Sie haben die europäische Staatsräson-Debatte in Gang gebracht – besonders erfolgreich Giovanni Botero, jedenfalls wenn man darauf abstellt, wie rasch und wie häufig er in fremde Sprachen übersetzt wurde. Noch am Ende des 16. Jahrhunderts wird er auch ins Deutsche übersetzt.[5]

Gleich am Anfang der berühmt gewordenen Schrift von Botero „Della ragione di stato" findet sich eine Definition der *ragione di stato* und damit auch des *status* selbst: Die *ragione di stato* besteht, so definiert Botero, in der Kenntnis der Methoden und Handlungsstrategien, mit denen sich die Herrschaft des Fürsten – sein „*dominio*", wie er es nennt – festigen, bewahren und sogar noch vergrößern lässt. Eben dieses *dominium* des Fürsten ist nun für Botero gleichbedeutend mit dem *status*: Denn der *status* ist, so definiert Botero, nichts anderes als „un dominio fermo sopra popoli".[6] Das wesentliche, ja entscheidende Politikziel eines jeden Fürsten, so gibt es Botero den Regenten seiner Zeit auf, könne nur darin bestehen, eben diesen *status* zu bewahren und zu festigen. Die *conservatio status* ist der vorrangige Perspektivpunkt des politischen Handelns – das war ein Gemeinplatz in der Politikliteratur dieser Zeit in Italien.[7]

Der *status* des Fürsten ist in diesen Texten zunächst noch nicht viel mehr, als die persönliche Herrschaft und Macht des Fürsten. Der *status*

3   Maurizio Viroli: *From politics to reason of State. The acquisition and transformation of the language of politics 1250–1600.* Cambridge [u. a.] 1992, S. 136–140.

4   Michael Behnen: Arcana – haec sunt Ratio Status. In: *Zeitschrift für historische Forschung* 14 (1987), S. 129–195, hier S. 146–147.

5   Michael Stolleis: Zur Rezeption von Giovanni Botero in Deutschland. In: *Botero e la „ragion di stato".* *Atti del convegno in memoria di Luigi Firpo (Torino 11–13 marzo 1990).* Hrsg von A. Enzo Baldini. Florenz 1992, S. 405–416, hier S. 407.

6   Giovanni Botero: *Della Ragion di Stato libri dieci.* Hrsg. von Carl Morandi. Bologna 1930, Buch I, Kap. I, S. 2.

7   Horst Dreitzel: Die „Staatsraison" und die Krise des politischen Aristotelismus. Zur Entwicklung der politischen Philosophie in Deutschland im 17. Jahrhundert. In: *Aristotelismo* (wie Anm. 2), S. 129–156, hier S. 139.

lässt sich hier also noch nicht von der Person des Machthabers ablösen. Das bedeutet: Jeder Mächtige kann daher auch seinen eigenen *status* haben, mit dessen Mitteln er Herrschaft ausübt.[8] Der *status* in diesem Sinne hat eine personal-charakterliche und eine dingliche Komponente: Um seinen *status* behaupten zu können, muss der Machthaber zum einen bestimmte Charaktermerkmale und persönliche Eigenschaften aufweisen. Deshalb ist die Staatsräson-Lehre über weite Strecken noch eine Charakter-Lehre in der Tradition der Fürstenspiegel, zentriert auf die „virtú" des Fürsten. Die *virtú* ist eine eigentümliche charakterliche Mischung aus Mut, Tapferkeit, Willensstärke und kämpferischer Kraft, aber auch Großmütigkeit. Wenn der Fürst seine Herrschaft behaupten will, muss er über *virtú* verfügen; sie wurde als das entscheidende Fundament des *status* betrachtet.[9] Der *status* hat zum anderen aber auch ein gegenständliches Substrat. Denn auch die Güter und das Vermögen eines Herrn bestimmen dessen Macht. Nicht zufällig ist es die Staatsräson-Literatur, wo der Topos vom Geld als dem Nerv aller Dinge erstmalig auftaucht.[10] Das Wort *status* kann also nicht einfach mit „Staat" übersetzt werden[11] – jedenfalls soweit politische Texte des 16. und beginnenden 17. Jahrhunderts in Frage stehen und nicht geklärt ist, welche der beiden Bedeutungsvarianten in dem politischen Text jeweils benutzt wird; in vielen Fällen oszilliert es in mehrdeutiger Weise.[12] „Ragion di Stato" wurde daher auch am Ende des 16. Jahrhunderts, als Boteros Werk erstmals ins Deutsche übertragen wurde, keineswegs mit „Staatsräson" übersetzt. Der Titel der ersten deutschen Übersetzung lautete vielmehr: „Gründlicher Bericht von Anordnung guter Policeyen

---

8   Michael Stolleis: Pecunia nervus rerum. Zur Diskussion um Steuerlast und Staatsverschuldung im 17. Jahrhundert. In: ders.: *Pecunia nervus rerum. Zur Staatsfinanzierung der frühen Neuzeit*. Frankfurt a. M. Main 1983, S. 63–128, hier S. 71.

9   Robert Bireley: *The Counter-Reformation Prince. Anti-Machiavellianism or Catholic Statecraft in Early Modern Europe*. Chapel Hill 1990, S. 53–59.; Viroli, *From politics to reason of State* (wie Anm. 3), S. 253.

10 Stolleis, *Pecunia nervus rerum* (wie Anm. 8), S. 70–71.

11 So allerdings bei Herfried Münkler: Staatsraison. Die Verstaatlichung der Politik im Europa der frühen Neuzeit. In: *Politische Institutionen im gesellschaftlichen Umbruch. Ideengeschichtliche Beiträge zur Theorie politischer Institutionen*. Hrsg. von Gerhard Göhler, Kurt Lenk, Herfried Münkler und Manfred Walther. Opladen 1990, S. 190–202, hier S. 191: Bei der Staatsraison geht es ihm zufolge „nicht – oder allenfalls in untergeordneter Bedeutung – um die Selbsterhaltung des Herrschers, sondern vielmehr um die des Staates". Wie hier hingegen Dreitzel, „Staatsraison" (wie Anm. 7), S. 134.

12 Herfried Münkler: *Im Namen des Staates. Die Begründung der Staatsraison in der Frühen Neuzeit*. Frankfurt a. M. 1987, S. 173: „semantische Gemengelage".

und Regiments auch Fürsten und Herren Stands".[13] Der deutsche Übersetzer wählte also statt des neuartigen *status* das Wort „Stand". Auch
das Wort „Stand" kann nicht einfach mit „Staat" gleichgesetzt werden,
weil in diesen frühen Texten noch nicht von einem abstrakten „Stand"
an sich, sondern immer nur vom „Stand" eines bestimmten Fürsten oder
eines „großen Herrn" die Rede ist; es gibt also noch nicht den entperso-
nalisierten *status* schlechthin; vielmehr ist damit stets der persönliche
„Stand" oder *status* dieses oder jenes „Herrn" gemeint. Erst allmählich
beginnt dann der Gehalt des Wortes „*status* im Laufe des 17. Jahrhunderts vieldeutiger zu werden: Neben die ältere, noch personal ausgerichtete Bedeutung, die aber im 17. Jahrhundert durchaus noch präsent
bleibt, tritt nun allmählich eine Bedeutung, bei der die Bedeutung dieses Wortes auf das Gemeinwesen, die *Respublica* insgesamt, und nicht
nur auf die persönliche Macht des Fürsten bezogen wird – eine Differenzierung, die allerdings erst am Ende des Jahrhunderts deutlicher
hervortritt.[14] Augenscheinlich bleibt Grimmelshausen aber bei dem
älteren, noch stark personalisierten Verständnis des *status*, denn er betont ausdrücklich, dass „kein Stand/ kein Haus/ ja kein einiger ver-
nünfftiger Mensch ohne den *Ratio Status* sey/ oder ohn ihn bestehen
könnte" (*RS* 11).

II.

Die Lehre von der spezifischen *ratio* dieses „*status*" besteht im wesentliches aus Handlungsstrategien, die dem Ziel eines gekräftigten und
widerstandsfähigen *status* dienen können – darin eingeschlossen ist
eine analytisch gehaltene Machtlehre, die ihr Augenmerk auf das Wesen der Macht wirft; Macht wird dabei als Fähigkeit verstanden, im
Inneren des Gemeinwesens den fürstlichen Willen durchzusetzen und
nach außen konkurrierende Machthaber in Schach halten, sie vielleicht
sogar unterwerfen zu können. In der einschlägigen Literatur zur *Ratio
status* wurde die Frage nach den Quellen und der Grundlage der Macht

---

13   Dazu eingehend Stolleis, Zur Rezeption von Giovanni Botero (wie Anm. 5).
14   Dreitzel, „Staatsraison" (wie Anm. 7), S. 138–139: Einerseits „Herrschaft", ande-
      rerseits das „politische System und die Verfassung des Gemeinwesens". Siehe
      auch Paul-Ludwig Weinacht: *Staat. Studien zur Bedeutungsgeschichte des Wortes
      von den Anfängen bis ins 19. Jahrhundert.* Berlin 1968, S. 154–159.

aufgeworfen: Worin besteht die Macht – sprich: der *status* oder das *dominium* – eines Fürsten oder Herrn und mit welchen Mitteln können diese ihre Macht vergrößern? Wie sichert und bewahrt ein Fürst seine Herrschaft über Land und Leute?[15] Der Leitgesichtspunkt dieser Form der Politik war die Effizienz und dabei wurden nun auch Verhaltensweisen diskussionswürdig, die zwar unter dem Gesichtspunkt der Herrschaftssicherung und Machtstabilisierung höchst effizient sein mochten, sich aber unter rechtlichem wie ethischem Aspekt als außerordentlich fragwürdig erweisen konnten. Es war ein Arsenal von Täuschungs-, Imponierungs- und Geheimhaltungsmanövern, die den politischen Gegner in die Irre führen und damit überwindbar machen wollten. Gerade in diesem Punkt war das Erbe „des Altmeisters" der normativ indifferenten politischen Aktion, Niccoló Machiavelli, unübersehbar.[16]

Die Diskussion der *ratio status* und ihrer Kontroll- und Beherrschungstechniken war demgemäß untrennbar verbunden mit der Problematik ethischer und rechtlicher Grenzen der Herrschaftsausübung. Die Effizienz der Herrschaft tritt hier in ein ausgeprägtes Spannungsverhältnis zu ihrer Rechtmäßigkeit gleichermaßen wie zu ihrer moralisch-religiösen Vertretbarkeit. Ein ganz wesentlicher Punkt des Staatsräson-Diskurses ruht in diesem Spannungsverhältnis: Die Lehre von der Staatsräson sucht den noch akzeptablen Kompromiss zwischen der Effektivität der Herrschaftssicherung einerseits und ihren normativen Begrenzungen. In jedem Fall werden diese Begrenzungen hier relativiert und durchlässig. Die einzelnen Autoren unterschieden sich vor allem auch dadurch, dass manche das politische Handlungsareal des Fürsten unter dem Leitgesichtspunkt effektiver Beherrschung des Landes ausgeweitet haben, indem sie die rechtlichen und religiösen Begrenzungen der Herrschaftsübung relativierten, andere hingegen die normativen Bindungen betonten, was dann naturgemäß auf Kosten der Effizienz bei der Machtsicherung gehen musste. Machiavelli stand innerhalb dieses Spektrums ganz auf derjenigen Seite, die die Herrschaftseffizienz betont. Seine Stimme war ein untrennbarer Teil jenes Diskurses um die wirkungsvollsten Techniken der Machtsicherung. Es war lediglich seine Radikalität, die ihn sozusagen zum Beelzebub der frühneuzeitlichen Politiktheorie werden ließ, von dem man sich – wenn auch vielfach nur formell – abgrenzte, um dann aber durchaus manche

---

15 Viroli, *From politics to reason of State* (wie Anm. 3), S. 179.

16 Thomas Simon: *„Gute Policey". Ordnungsbilder und Zielvorstellungen politischen Handelns in der Frühen Neuzeit.* Frankfurt a. M. 2004, S. 198.

der von ihm empfohlenen machtpolitischen Kunstgriffe zu übernehmen. Der Mainstream des Politikdiskurses der beginnenden Neuzeit hat jedenfalls den Brückenschlag versucht zwischen den traditionellen, normativ gebundenen Politikkonzepten und den Erfordernissen der Machtsicherung. Die große Anziehungskraft Boteros dürfte gerade darauf beruhen, dass er seine Machtstrategien in das Gewand einer konventionellen christlich-konfessionellen Rhetorik hüllte, die diese Strategien für die Zeit akzeptabel und konsensfähig gemacht haben. Als das in Italien entstandene, normrelativierende Politikverständnis an der Wende zum 17. Jahrhundert allmählich auch nördlich der Alpen rezipiert wird, verstärkte sich diese Tendenz zur Synthese der modernen Machttheorie mit den überlieferten, normativ gebundenen Politikgrundsätzen. Aus der Fülle der nun auch im Reich einsetzenden Literaturproduktion zum Problem der Staatsräson können hier nur einzelne Autoren herausgegriffen werden: Etwa Jakob Bornitz, der in seinem 1602 erschienen *Discursus Politicus* als erster deutscher Politikgelehrter die Formel von der *ratio status* aufgegriffen hatte.[17] Oder Arnold Clapmar, den man als den Begründer der Arcana-Literatur im Reich betrachten kann, jener „Spezialliteratur" für Verschleierungs- und Geheimhaltungstechniken, die in der Theorie der Machtpolitik des 17. Jahrhunderts eine so große Rolle spielen.[18] Für die Mitte des 17. Jahrhunderts muss aber vor allem Hermann Conring noch erwähnt werden; bei ihm ist das Bestreben besonders ausgeprägt, die neue Machtlehre normativ einzuhegen und sie mit der älteren, christlichen Politiklehre kompatibel zu machen.[19] Ja es gibt sogar eine ganze Anzahl von Autoren, die sich von einem betont christlichen Politikverständnis aus mit aller Schärfe von jeglichem politischen Gedankengut absetzen, das in die Richtung einer normativ ungebundenen Machtsteigerung weist; hier wären etwa der in den Diensten der Herzöge von Brauschweig-Wolfenbüttel stehende Georg Engelbrecht von Löhneyß oder der schwarzburgische Rat und Kanzler Ahashver Fritsch zu nennen; auch Veit Ludwig von Seckendorff, der Autor des noch im 18. Jahrhundert ungemein verbreiteten *Fürstenstaates* steht noch in der Tradition christlicher Policey, wie sie als politische Leitvorstellung im 16. Jahrhundert entstanden

---

17   Zu Bornitz vor allem Michael Stolleis: Jakob Bornitz. In: *Pecunia nervus rerum* (wie Anm. 8), S. 129–154.

18   Stolleis, Arcana Imperii und Ratio Status (wie Anm. 2), S. 37–72.

19   Horst Dreitzel: Hermann Conring und die politische Wissenschaft seiner Zeit. In: *Hermann Conring. Beiträge zu Leben und Werk.* Hrsg. von Michael Stolleis. Berlin 1983, S. 135–172.

war.[20] Dem steht aber auf der anderen Seite der kaum hoch genug ein-
zuschätzende Einfluss eines Autors wie Justus Lipsius gegenüber, der
vor allem auch die akademische Politiklehre des 17. Jahrhundert zweifelsohne ganz maßgeblich geprägt hat; er zählte hier zu den ersten Autoritäten. Und bei Lipsius findet sich das meiste von dem wieder, was
unabhängig von ihm in Italien auf der Grundlage des politischen Diskurses um die *ragione di stato* entwickelt worden war. Auch wenn Lipsius den Begriff der *ratio status* in seinem Hauptwerk, den „Sechs Büchern von der Politik", nicht verwendet, so sind prinzipielle Differenzen zwischen ihm und etwa Botero nicht erkennbar – allenfalls
punktuelle Akzentverschiebungen, bedingt etwa durch den von Lipsius
stark gemachten Gedanken der *prudentia mixta*, nach der das Ausmaß
des Verrats und der Hintergehung des politischen Gegners und die Intensität der Rechtsbrüche in flexibler Weise je nach Ausmaß der Be-
drohungslage abgestuft, soz. situationsadäquat eingesetzt werden
muss.[21]

III.

Blicken wir hier für einen kurzen Moment zum Vergleich auf die ältere
Politikliteratur des früheren 16. Jahrhunderts zurück – auf die „Regi-
menttraktate", etwa eines Johannes Oldendorp oder eines Georg
Lauterbeck, beides Autoren besonders verbreiteter Werke dieser Spe-
zies deutschsprachiger Politikliteratur, oder auf das „Politische Testament" des sächsischen Kanzlers Melchior von Osse.[22] Ganz im Mittelpunkt steht hier bekanntlich der Begriff der „Policey".[23] Ganz anders
als der *status* ist die „Policey" nicht in spezifischer Weise auf das herr-
schaftlich-obrigkeitliche Element im Gemeinwesen bezogen. Vielmehr
ist damit das Gemeinwesen als Ganzes angesprochen, die *res publica*
im umfassenden Sinne, ohne Differenzierung zwischen Herrscher und
Beherrschten. Nicht anders wie beim griechischen Ursprung dieses

---

20　Zu diesen Autoren Simon, *Gute Policey* (wie Anm. 16), S. 369–379.
21　„Gemäßigter Machiavellismus" – so Friedrich Meinecke: *Die Idee der Staatsrä-
　　son in der neueren Geschichte*. München 1963, S. 234; „versittlichter Machiavel-
　　lismus" – so Münkler, *Im Namen des Staates* (wie Anm. 12), S. 185.
22　Zu dieser Literatur eingehend Simon, *Gute Policey* (wie Anm. 16), S. 98–102.
23　Simon, *Gute Policey* (wie Anm. 16), S. 111–112.

Wortes, der *polis*. Die allseits bekannte und nahezu omnipräsente politische Zielformel der beginnenden Neuzeit war die „Gute Policey" gewesen; „Gute Policey und Ordnung" war auch in den Regimentstraktaten des 16. Jahrhunderts *der* zentrale Topos.[24] Es war der perspektivische Fluchtpunkt politischen Handelns, auf den die Regimentstraktate ihre politischen Ratschläge und Leitlinien ausgerichtet hatten. Die Regimentstraktate beschreiben die Merkmale dieser „guten Ordnung" allerdings nirgendwo abstrakt. Denn sie ging im Wesentlichen in der hergebrachten politisch-sozialen Ordnung auf. Auf Grund der verderbten, sündhaften Natur des Menschen schleichen sich allerdings im Laufe der Zeit Mängel und Ordnungsstörungen in die althergebrachte Ordnung ein. Die in der Policeyliteratur des 16. Jahrhunderts übliche Bezeichnung für diese Störungen der altüberlieferten Ordnung war der „Mißbrauch".[25] „Mißbrauch" war der negative Gegenbegriff zur „Guten Policey". Es war der in der Sprachregelung des 16. Jahrhunderts verbreitete Ausdruck für sämtliche unerwünschte Beeinträchtigungen der hergebrachten Ordnung. Aus der Sicht der Zeit konnten sich solche Störungen in allen gesellschaftlichen Bereichen einstellen; sie waren also sachlich nicht spezifizierbar. Allerdings lassen sich in der Policeyliteratur wie auch in der Regelungspraxis der Policeyordnungen im 16. Jahrhundert recht deutlich bestimmte Schwerpunkte erkennen, die als besonders wichtige und dringliche Regelungsfelder betrachtet wurden. Das gilt vor allem für das gesamte Gebiet des kirchlichen und religiösen Lebens, das in den Regimentstraktaten des 16. Jahrhundert eigentlich durchgehend als der wichtigste Sektor in der politischen Ordnung des Landes angesprochen wird.[26] In den Policeyordnungen rangiert daher auch das Verbot der Gotteslästerung und des Schwörens und Fluchens vielfach an vorderster Stelle. Aber jenseits dessen finden sich in den Policeyordnungen auch Regelungen zu nahezu allen anderen Bereichen der sozialen Ordnung, so dass man den Territorialstaat des 16. Jahrhunderts vielfach als eine Art frühen Interventionsstaat dargestellt hat, der alle Lebensbereiche seiner Regelungswut unterwirft.[27] Aber das geht an den Intentionen wie auch an den Handlungsmöglichkeiten des Staates zu Beginn der Neuzeit – er befand sich ja damals erst in seiner Formierungsphase – weit hinaus. Im Kern ging es jedenfalls bei der

---

24 Simon, *Gute Policey* (wie Anm. 16), S. 111–112.
25 Simon, *Gute Policey* (wie Anm. 16), S. 95–96.
26 Simon, *Gute Policey* (wie Anm. 16), S. 120–125.
27 Siehe etwa Hans Maier: *Die ältere deutsche Staats- und Verwaltungslehre*. München ²1980, S. 119.

„Guten Policey", wie man sie zu Beginn der Neuzeit verstand, darum, alle Beeinträchtigungen und Störungen der hergebrachten sozialen Ordnung zu beseitigen, um dadurch den vormals störungsfreien Ordnungszustand wiederherzustellen. Das Ganze ist insbesondere in den reformatorischen Fürstenspiegeln und Regimentstrakten noch stark religiös unterfüttert.[28]

Vergleicht man dies nun mit der politischen Literatur im Umkreis der *Ratio status*-Lehre, so muss zunächst schon einmal auffallen, dass es der Staatsräson-Lehre primär um eine politische Größe zu tun ist, die sie den *status* nennt. Im Mittelpunkt der politischen Reflektion steht also nicht mehr die „Policey", die in der älteren Politiklehre des 16. Jahrhunderts den Ausgangs- wie den Fluchtpunkt der politischen Theorie gebildet hatte, sondern eine neuartige politische Größe, eben der *status*.

Unverkennbar tendiert die politische Literatur seit dem 17. Jahrhundert vielfach zu einer differenzierenden Betrachtung, bei der zwischen der herrscherlichen Macht und ihren Instrumenten auf der einen Seite und dem Sozialkörper als Ganzem auf der anderen Seite unterschieden wird. Auf der Machtseite steht dabei der Schlüsselbegriff des *status*[29], an seiner Stelle häufig aber auch *dominium, imperium, regnum*[30] oder verdeutscht „Regiment"[31], auf der anderen Seite stehen häufig *civitas* oder *respublica*; letzteres ein Begriff, mit dem jedenfalls in der Regel – wie auch bei der Policey – das *ganze* soziale System in seiner Gesamtheit gemeint ist. Im neuen politischen Denken erscheinen somit zwei differierende politisch-soziale Bezugsgrößen:[32] Einmal der *status*, zum anderen die *respublica* insgesamt. Der *status* macht dabei nur einen Teil der *politia* aus. Es handelt sich dabei allerdings nicht um zwei sich ausschließende Größen, wie dies bei der modernen Dichotomie von „Staat und Gesellschaft" der Fall ist. Der *status* der großen Herren, auch des Größten unter ihnen, derjenige des Fürsten, ist nicht aus der *societas civilis* exkludiert: Als das Ganze der sozialen Ordnung

---

28   Dazu im einzelnen Simon, *Gute Policey* (wie Anm. 16), S. 126–150.

29   Der *status* ist schon bei Machiavelli ein Schlüsselbegriff: „Sicherung und Festigung des status" ist das Thema seines *Principe* (Kap. 24). Vgl. Niccolò Machiavelli: *Der Fürstenspiegel*. Hrsg. von Friedrich von Oppeln-Bronikowski. Jena 1912, S. 111.

30   *Imperium* und *regnum* sind die von Lipsius bevorzugten Ausdrücke, um das Machtelement innerhalb des politischen Systems zu kennzeichnen.

31   So etwa bei Carl Melchior Grottnitz von Grodnow: *Teutsch gekleideter Regiments-Rath*. Stettin 1647, S. 2.

32   Im einzelnen Simon, *Gute Policey* (wie Anm. 16), S. 212–218.

einschließlich ihrer herrschaftlichen Teile schließt sie vielmehr die Person des Fürsten und das gegenständlich-dingliche Substrat seiner Macht, also sein Vermögen und seine Herrschaftsmittel, mit ein. *status* und *respublica* werden hier also wie zwei ineinander liegende Kreise verstanden: Die Sphäre des *status* ist der engere und umfasst nur einen Teilbereich der *Respublica*, nämlich jener Teil, der dem herrschaftlich-politischen Bereich zugehört.

In der Staatsräson-Literatur ist es nun die *conservatio status*, die als neuartige Zielformel neben, vielfach sogar an die Stelle der „Guten Policey" getreten ist. Der *status* und die Sachgesetzlichkeiten seiner *conservatio*, also seiner Bewahrung und Kräftigung, haben ihre eigene *ratio*, eben die *Ratio status* – eine *ratio*, die mit den Erfordernissen eines wohlgeordneten Sozialkörpers insgesamt im Sinne der älteren „Guten Policey" durchaus nicht immer und in allen Punkten überein-stimmen muss. Politik als Machtsicherung und -ausbau ist ihren eige-nen Erfordernissen unterworfen. Die in dem Topos von der *conservatio status* einhergehende Verengung der Zielperspektive auf die Sphäre des Fürsten und der Herrschaft musste den Gedanken der *ratio status* aus der Sicht der altehrwürdigen Gemeinwohllehre nahezu zwangsläufig suspekt erscheinen lassen:[33] Denn wie kann eine politische Handlungs-lehre gemeinwohlorientiert sein, wenn sie nicht mehr die „Policey", das Gemeinwesen als Ganzes, sondern nur noch die Machtfülle des Princeps im Auge hat? Wenn es nur noch um die *stabilitas regni* geht, wie es in anderen Texten an Stelle der *conservatio status* heißt?

IV.

Mit der Umorientierung von der *Policey* auf den *status* ist aber auch ein tiefgreifender Wandel in der Bewertung der einzelnen Politikfelder verbunden.[34] Eine störungsfreie Ordnung des Gemeinwesens und fromme Untertanen, wie es die Regierungslehre des 16. Jahrhunderts anvisiert hatte, sind für den *status* des Princeps zwar nicht gänzlich

---

33   Michael Stolleis: *Geschichte des öffentlichen Rechts in Deutschland.* Bd. 1. *Reichspublizistik und Policeywissenschaft 1600–1800.* München 1988, S. 92.
34   Hierzu im einzelnen Simon, *Gute Policey* (wie Anm. 16), S. 246–250, 253 u. 271–274.

irrelevant, denn natürlich profitiert der Fürsten-*status* von einem wohlgeordneten Land und frommen Untertanen. Aber entscheidend werden
nun im Kontext der modernen Machtlehre doch ganz andere Gesichts-
punkte. Sie sind schnell genannt, weil es im Wesentlichen *zwei* Punkte
sind, die aus der Sicht der Staatsräson-Lehre ausschlaggebend sind:
    Nämlich erstens: Ein wirkungsvolles Zwangsinstrument, sprich:
Eine schlagkräftige Armee. Und zweitens: Genug Geld, um sich ein
derartig exorbitant teures Politikinstrument wie ein stehendes Heer
überhaupt leisten zu können. *arma et milites* also und *pecunia* sind es,
die darüber entscheiden, ob ein Fürst im Mächtekonzert mithalten kann
oder nicht, die ihm aber genauso auch die Möglichkeit geben, sich gegenüber den eigenen Untertanen Respekt zu verschaffen und durchzusetzen. Letzteres, also die Machtdurchsetzung und das fürstliche Ge-
waltmonopol im Inneren des beherrschten Landes, ist in der Literatur
zur Staatsräson im Stile Boteros sogar der entscheidende Gesichtspunkt. Boteros Traktat über die *ragione di stato* erscheint demzufolge
aus der Sicht der deutschen Regimentstraktate des 16. Jahrhunderts in
befremdlicher Weise militarisiert und auf den Aspekt der fürstlichen
Finanzen konzentriert. Nahezu die Hälfte des Traktates ist rein militär-
politischen und -organisatorischen Fragestellungen gewidmet. Dies
alles unter dem Leitmotto: Wie organisiert man am besten ein so ge-
fährliches Politikinstrument wie das Militär, ohne dass es dem Fürsten
schließlich selbst zur Gefahr wird. Für das Militär braucht es Geld, sehr
viel Geld, und so werden die Finanzen zum Nerv allen politischen
Handelns, zur Grundvoraussetzung politischer Handlungsfähigkeit
überhaupt.[35] Bei Botero – und nach ihm bei vielen anderen Autoren im
Dunstkreis der Staatsräson-Lehre auch – geht es daher neben dem Militär in erster Linie um die Finanzen: Wie kann der Fürst möglichst viel
Geld aus dem Lande ziehen, ohne das Volk durch überhöhten Steuerdruck in eine Rebellion zu treiben? Im Schoße der *Ratio status*-Lehre
entwickelt sich demzufolge eine ausgeklügelte Besteuerungstheorie, die
sich bald zu einem eigenen Genre politischer Literatur auswachsen
sollte.[36] Hier wird sozusagen der theoretische Überbau des „extraction-
coercion-cycle" sichtbar, also jenes, wie es Wolfgang Reinhard ausdrückt, sich wechselseitig „aufschaukelnden" Zusammenspiels kost-
spieliger Herrschaftsintensivierung einerseits und dadurch bedingtem

---

35 Michael Stolleis: Pecunia nervus rerum. Zur Diskussion um Steuerlast und Staats-
    verschuldung im 17. Jahrhundert. In: ders.: *Pecunia nervus rerum* (wie Anm. 8),
    S. 63–128.
36 Mit zahlreichen Beispielen Simon, *Gute Policey* (wie Anm. 16), S. 275–296.

Zwang zur Erhöhung der Staatseinnahmen andererseits, die wiederum nur durch institutionell untermauerte Herrschaftsintensivierung zu erreichen ist, was wiederum mehr Geld kostet usw. – eine Spirale aus Institutionenwachstum, Herrschaftsintensivierung und Steuererhöhungen.[37]

V.

Auf diese Weise tritt der säkularisierte, machtbezogene Politikansatz der *Ratio status*-Lehre in manchen Punkten in einen ausgesprochenen Gegensatz zur Politiktheorie des älteren Konfessionalisierungszeitalters des 16. Jahrhunderts. Die Verfechter älterer politischer Leitbilder, wie sie im 17. Jahrhundert in Deutschland noch überwogen haben dürften, haben dies auch sofort gespürt: Insbesondere bei der betont christlichen Staats- und Politiklehre stieß die neue Politiktheorie, wie man sie in Italien kennenlernte, auf teils leidenschaftliche Ablehnung, weil man den säkularisierenden Kern dieser politischen Ideen und die Tendenz zur normativen Freisetzung der Machtübung als verwerflich empfand.

Das neue, letztlich aus Italien stammende politische Ideengut erfährt demzufolge mit seiner Rezeption im Reich unter der Feder vieler, auch einflussreicher Politici, wie etwa Hermann Conrings, eine Umformung, die es den Grundstrukturen des älteren, traditionsgebundenen politischen Denkens anverwandelte und ihm auf diese Weise auch seine Konfliktträchtigkeit nahm.[38] Diese Anpassung des *Ratio status*-Gedankens wird vor allem in zwei Punkten sichtbar:

Zum einen an der betonten Abmilderung, ja der nachdrücklichen Negierung eines Gegensatzes zwischen Recht und Staatsräson. In der italienischen Variante der Staatsräson-Theorie war der Gedanke weit verbreitet gewesen, dass die *Ragion di Stato* in einem ausgesprochenen Gegensatz zum Recht stünde.[39] Der zweite hier zu nennende Punkt

---

37 Wolfgang Reinhard: *Geschichte der Staatsgewalt. Eine vergleichende Verfassungsgeschichte Europas von den Anfängen bis zur Gegenwart*. München 2002.

38 Stolleis, Arcana Imperii und Ratio Status (wie Anm. 2), S. 37–72.

39 Behnen, Arcana (wie Anm. 4), S. 143 u. 150; Bireley, *The Counter-Reformation Prince* (wie Anm. 9), S. 51; Hubert Jedin: Religion und Staatsraison. Ein Dialog T. Boccalinis über die deutsche Glaubensspaltung. In: *Historisches Jahrbuch* 53 (1933), S. 304–319.

betrifft die eben erwähnte politische Perspektivenverschiebung vom Gemeinwesen als Ganzes auf den Machtpol des *status*. Für einen Autor wie Hermann Conring etwa hat die *ratio status* nur wenig mit dem Gedanken monarchischer Machtsteigerung zu tun. Sie wird vielmehr ganz pointiert an den Gemeinwohlgedanken zurückgebunden. „Ratio status quod sit reipublica utilitas" definiert Conring die Staatsräson;[40] die *ratio status* geht hier also in dem uralten Gemeinwohltopos der *utilitas publica* auf. Das ist im Grunde die ältere Perspektive der „Guten Policey", der es um die richtige Ordnung des Gemeinwesens als Ganzem und nicht um den davon abgesetzten fürstlichen *status* ging.

Das Argumentationsmuster, das bei diesen Anpassungen vorrangig verwendet wurde, war die Unterscheidung zwischen „guter" und „schlechter Staatsräson". Conring etwa unterscheidet die machiavellistische, nur am Nutzen der Herrschenden orientierte Staatsräson von der wahren Staatsräson, die dem Gemeinwohl dient: Die „gute" Staatsräson ist nach seinem Verständnis auf das Wohl der Untertanen und das „egregium publicum" ausgerichtet.[41] Auf diese Weise bleiben Conring und mit ihm große Teile der deutschen Staatsräson-Lehre trotz äußerer Übernahme des *Ratio status*-Begriffs den älteren, normativ gebundenen Politikvorstellungen eng verhaftet. Genau dieses Argumentationsmuster findet sich auch bei Grimmelshausen, wenn auch in sehr schlichter Weise zum Ausdruck gebracht. Auch Grimmelshausen greift auf die eben erwähnte Unterscheidung zwischen guter und böser *Ratio Status* zurück; die letztere bringt er mit Machiavelli in Verbindung: Die/Der *Ratio Status* erscheint, so schreibt er „*principaliter* nur in zweyerley Gestalt/ nemlich in gut und böß" (*RS* 10). Die gute *Ratio Status* besteht bei ihm in der nach natürlichem und göttlichem Recht erlaubten, ja gebotenen Selbsterhaltung, wie sie für den „rechtmässigen/ frommen" (*RS* 10) und Gott wohlgefälligen Regenten kennzeichnend ist, während er das Gegenstück, die böse *Ratio Status*, mit den „gottlosen machiauellischen Staats-Regeln" (*RS* 10) gleichsetzt, die typischerweise von den „ungerechten gottlosen Tyrannen" (*RS* 10) praktiziert werden. Und so zeigt sich die *Ratio Status* bei Grimmelshausen janusköpfig oder, wie er im Titel seines Traktes sagt, „Zweyköpffig[]" (*RS* 3): Der eine Kopf steht für die rechtlich unbedenkliche *conservatio status*, der andere für eine *conservatio status* im Sinn der „machiavellischen Staats-Regeln".

---

40   Behnen, Arcana (wie Anm. 4), S. 185.
41   Stolleis, Machiavellismus und Staatsräson (wie Anm. 2), S. 73–105.

VI.

Neben der *conservatio status* ist es nun die *tranquillitas reipublicae*, die sich im 17. Jahrhundert in den einschlägigen Texten in den Vordergrund schiebt.[42] Auch hierbei handelt es sich um einen Topos im Sinne einer politischen Zielformel. „*tranquillitas reipublicae*" oder auch „*securitas publica*" – beide inhaltlich gleichbedeutend – erscheinen im 17. Jahrhundert zusammen mit der *conservatio status* an der Spitze der Politikziele. Wolfgang Weber hat sie in seiner bekannten Darstellung der *Prudentia Gubernatoria* des 17. Jahrhunderts geradezu als die „Leitmelodie der politischen Theorie" dieser Epoche bezeichnet und er kann sich dabei auf viele Autoren der *Prudentia Gubernatoria* berufen, etwa auf Bartholomäus Keckermann, der in seiner „*Systema Disciplinae Politicae*" von „pax et tranquillitas" als dem „finis principalis" aller Politik spricht; gegenüber diesem überragend wichtigen Politikziel treten alle anderen Zwecke politischen Handelns in den Hintergrund.[43] Das Gegenteil der *tranquillitas reipublicae* war die „Anarchia", der *bellum civile*.[44] Die Politikliteratur des 17. Jahrhunderts, wie sie Wolfgang Weber im Einzelnen ausgewertet hat, hat sich daher auch höchst intensiv mit der Verhütung von Bürgerkriegen und Aufständen befasst.[45] Besonders deutlich wird das in einer neuen Form politischer Literatur sichtbar, die nun neben den großen Gesamtdarstellungen zur *Prudentia Gubernatoria* entstand: In auffallender Vielzahl erschienen nun Spezialtraktate zu der Frage, wie der Fürst den inneren Frieden im Lande bewahren kann, wo er Milde und Großmütigkeit, wo aber auch Härte zeigen muss, damit es nicht zu Rebellion und Bürgerkrieg im Lande kommt.[46] Vergleicht man das mit der politischen Ideenwelt des 16. Jahrhunderts, dann erscheint der Fokus hier in auffallender Weise verlagert. Es ist das Chaos der Anarchie und des Bürgerkrieges, das hier geradezu den Ausgangspunkt der politischen Theoriebildung darstellt.[47] Und zugleich findet sich hier auch das entscheidende Legitima-

---

42 Zu dieser Zielformel eingehend Simon, *Gute Policey* (wie Anm. 16), S. 218–224.

43 Wolfgang Weber: *Prudentia gubernatoria. Studien zur Herrschaftslehre in der deutschen politischen Wissenschaft des 17. Jahrhunderts.* Tübingen 1992, S. 107.

44 Simon, *Gute Policey* (wie Anm. 16), S. 219–224.

45 Weber, *Prudentia gubernatoria* (wie Anm. 43), S. 99–100.

46 Zu dieser Literatur mit zahlreichen Beispielen Simon, *Gute Policey* (wie Anm. 16), S. 228.

47 Simon, *Gute Policey* (wie Anm. 156), S. 223.

tionsmuster für die *conservatio status*: Denn nur mit einem starken *status* hat der Fürst die Fähigkeit zur effektiven Herrschaft, hat er die Kraft, die *tranquillitas reipublicae* sicherzustellen und den *bellum civile* zu unterdrücken. Die Fähigkeit hierzu, die Fähigkeit zur Durchsetzung einer „pax civilis" mittels Durchsetzung eines staatlichen Gewaltmonopols, wird im 17. Jahrhundert zum „entscheidenden Legitimitätsmaßstab für den Monarchen".[48]

Es liegt nahe, diesen auffallenden politischen Wertewandel mit den „Katastrophenerfahrungen der Konfessions- und Bürgerkriege"[49] in Verbindung zu bringen, die die wichtigsten Länder West- und Mitteleuropas seit etwa der Mitte des 16. Jahrhundert heimgesucht haben – zuerst Frankreich mit den Hugenottenkriegen, dann Flandern mit dem Aufstand der Niederländer gegen die spanische Herrschaft im 17. Jahrhundert, der englische Bürgerkrieg und schließlich das Reich mit der Katastrophe des Dreißigjährigen Krieges. Dramatischer noch drückt es Helmut Koenigsberger aus, wenn er von einer „Weltangst vor der Anarchie" spricht, die insbesondere das 17. Jahrhundert beherrscht und ein kollektives Bedürfnis nach einem starken, machtvollen Ordnungsfaktor im Land erzeugt habe, der genug Stärke hat, den Frieden gegenüber dem Chaos der Anarchie durchzusetzen.[50]

Auffallend ist, dass in Grimmelshausens politischem Traktat kaum etwas zu spüren ist von jenen Katastrophenerfahrungen, die er ja gleichfalls in schlimmster Weise und augenscheinlich schon von Kindesbeinen an machen musste. *tranquillitas reipublicae, stabilitas regni*: Diese Topoi kommen bei ihm nicht vor. Viel stärker tritt bei ihm das Bemühen zu Tage, dem neuen politischen Denken, wie es im Begriff der *Ratio Status* zum Ausdruck kommt, die Schärfen zu nehmen. Demzufolge propagiert er in seinen *Exempla* an vorderster Stelle die uralte Herrschertugend der Gerechtigkeit. Der puren Machtakkumulation hingegen kann er keinen Eigenwert zubilligen. Im Gegenteil: Sie verbindet sich im Titelkupfer mit der geharnischten Figur des Saul, der trotz aller

---

48 Günther Abel: *Stoizismus und frühe Neuzeit. Die Entstehungsgeschichte modernen Denkens im Feld von Ethik und Politik.* Berlin 1978, S. 102.

49 Michael Stolleis, Lipsius-Rezeption in der politisch-juristischen Literatur des 17. Jahrhunderts in Deutschland, S. 234. In: *Staat und Staatsräson in der frühen Neuzeit* (wie Anm. 2), S. 232–267.

50 Helmut Koenigsberger: Die Krise des 17. Jahrhunderts. In: *Zeitschrift für historische Forschung* 9 (1982), S. 143–165, hier S. 151. Siehe auch Theodore Rabb: *The Struggle for Stability in Early Modern Europe.* New York 1975.

militärischen Stärke letztlich scheitert und seine Waffen schließlich gegen sich selbst richtet.

WOLFGANG E. J. WEBER (Augsburg)

Die andere Staatsräson: Individuelle und kollektive Statusmaximierung in der soziokulturellen Pamphletistik des 17. Jahrhunderts

1. Versuch einer konzeptionellen Grundlegung

Unter Staatsräson wird heute üblicherweise zweierlei verstanden: a) dass die Sicherung des politischen Systems Staat notfalls auch unter Durchbrechung sonst geltender religiöser, moralischer und rechtlicher Normen vorrangige Aufgabe der Staatsführung sei, und b) dass von diesem Grundsatz her insbesondere außenpolitisch die eigentlichen (wahren, letztlich entscheidenden) Interessen des Staates bestimmt werden müssten.[1] Oder in der heute schwer nachvollziehbaren, ahnungsvoll beschwörenden Begrifflichkeit Friedrich Meineckes, des Verfassers der bis heute einflussreichsten Ideengeschichte der Staatsräson von 1924: „die Staatsräson [ist] die Erwägung dessen, was zweckmäßig, nützlich und heilvoll ist, was der Staat tun muß, um das Optimum seiner Existenz jeweils zu erreichen".[2]

---

[1] Vgl. exemplarisch Art. Staatsräson. In: *Brockhaus. Die Enzyklopädie in 24 Bänden*. Bd. 20. Leipzig, Mannheim 2001, S. 685, sowie zuletzt *Der Machtstaat. Niccolò Machiavelli als Theoretiker der Macht im Spiegel der Zeit*. Hrsg. von Volker Reinhardt [u. a.]. Baden-Baden 2015, und noch eindeutiger Rüdiger Voigt: *Staatsräson. Steht die Macht über dem Recht?* Baden-Baden 2012; dagegen Wolfgang E. J. Weber: Art. Staatsräson. In: *Enzyklopädie der Neuzeit*. Hrsg. von Friedrich Jaeger. Bd. 12. Stuttgart 2012, Sp. 617–623. – Für die Einladung zur Tagungsteilnahme danke ich dem Vorstand der Grimmelshausen-Gesellschaft. Es ist äußerst bedauerlich, dass die Frühneuzeitforschung des Faches Geschichtswissenschaft Grimmelshausens Werk und dessen von der Germanistik geleistete Analysen bisher nur punktuell zur Kenntnis nimmt.

[2] Friedrich Meinecke: *Die Idee der Staatsräson in der neueren Geschichte*. Hrsg. und eingeleitet von Walther Hofer. München 1957, S. 5. Vgl. zu den Defiziten dieses Werkes nach wie vor maßgebend Michael Stolleis: Friedrich Meineckes „Die Idee der Staatsräson" und die neuere Forschung. In: ders.: *Staat und Staats-*

Diese Auffassung erscheint aus verschiedenen Gründen vertiefungsbedürftig. Einer dieser Gründe ist der Tatbestand, dass sie die Akteurperspektive weitgehend ausblendet. Also nicht genauer danach fragt, wer denn jeweils nach welchen Kriterien und mit welchen unvermeidlich auch eigenen Motiven oder Interessen die Sicherung des Staates wie definiert und praktisch betreibt, sondern den Staat selbst zum Handelnden macht, sich also in eine der fatalsten Reifikationen vor allem der deutschen Geschichte einordnet.[3] Entwickelt man diese Akteurperspektive jedoch konsequent fort, dann gelangt man – und das ist der konzeptionelle Ansatz meines vorliegenden Beitrags – zu einer abweichenden, soziokulturell erweiterten, bisher nur wenig explizierten Definition von Staatsräson. *Staatsräson nämlich als spezifische Variante der Selbsterhaltung individueller und kollektiver Akteure durch bewusste Beobachtung und Analyse, Kalkulation, Entscheidung und Praxis in jedwedem lebensweltlichen Umfeld, also als Statusräson.* Der Kundige weiß sofort, dass diese Perspektive direkt zu Machiavelli zurückführt. Dessen ‚mantenere lo stato' „zeigt" etwa nach Wolfgang Kersting nämlich, „dass ‚stato' – dem ursprünglichen Begriffsverständnis entsprechend jedwede soziokulturelle, ökonomische, herrschaftliche usw. Position bzw. jedweder Stand, Zustand etc. – etwas ist, was man erwirbt, aufrechterhält, wegwirft, verspielt, verliert." Gemeint ist also das (mehr oder weniger bewusste) Handeln eines angebbaren Akteurs: „Nie taucht ‚stato' in einer Subjektposition auf; man kann nicht von einer Selbsterhaltung des ‚stato' sprechen, wie man [heute weitgehend unreflektiert] von einer staatlichen Selbsterhaltung redet".[4]

---

räson in der frühen Neuzeit. Studien zur Geschichte des öffentlichen Rechts. Frankfurt a. M. 1990, S. 134–164.

3   Für eine nähere analytische Aufschlüsselung dieser Perspektive s. künftig Wolfgang E. J. Weber: *Staasräson. Dimensionen, Geschichte und Gegenwart einer politisch-sozialen Maxime* [Manuskript vor dem Abschluss]. Als Reifikation des Staates fasse ich den doppelten Prozess auf, ihn, das menschliche Produkt und Abstraktum, einerseits als selbständig handelnde Größe, andererseits als Naturgegebenheit, Auswirkung eines quasi kosmischen Gesetzes oder – wie bei Meinecke in der gesamten protestantischen Geschichtswissenschaft – als Manifestation eines göttlichen Willens aufzufassen. Wie fatal sich diese Staatsvergötzung auswirkte, bedarf vorliegend keiner weiteren Erörterung.

4   Wolfgang Kersting: *Niccolò Machiavelli.* München 1998, S. 103. Dass die Grimmelshausen-Forschung den Selbsterhaltungsaspekt längst identifiziert hat und in ihre Untersuchung des Werkes Grimmelshausens einbezieht, belegt u. a. Eric Achermann: Selbsterhaltung, Klugheit und Gerechtigkeit. Zur politischen und theologischen Anthropologie in Grimmelshausens „Ratio Status". In: *Simpliciana* XXXIV (2012), S. 43–78.

Analytisch wichtiger als diese ideengeschichtliche Wiederanbin-
dung sind indessen die Dimensionen, die sich mit der Definition der
Staatsräson als zunächst und eigentlich Statusräson verbinden. Erstens:
Wer (welcher Akteur oder Träger) möchte genauer was (welches Objekt oder welches System) erhalten? Die einfachste Antwort bezieht
sich auf das Individuum und das physische Überleben durch Sicherstel-
lung der Nahrung und des Schutzes vor existenzbedrohender Gewalt,
diskutiert heute herkömmlicherweise unter den Begriffen Mundraub
und Notwehr, beides wesentlich instinktiv-intuitiv-spontan gesteuerte
und damit für die vorliegende Erkenntnisperspektive weniger interessante Varianten.[5] Bereits komplizierter wird es, wenn in die Selbsterhaltung des Individuums die von diesem Individuum selbst als ebenso
existenziell eingeschätzte psychisch-kulturelle Befindlichkeit und die
diese Befindlichkeit tragende Lebensweise eingerechnet werden: das
Zusammenleben in Familie, Verwandtschaft und sonstigem Sozialver-
band einschließlich Glaubens-, sonstiger Kultur- und politischer Gemeinschaft. Individuelle Selbsterhaltung kann damit zur Erhaltung des
Systems geraten, in dem sich das Individuum existenziell situiert oder
positioniert sieht, und entsprechend wandert die Räson der individuellen Selbsterhaltung auf das System hinüber, ist von Systemräson je
nach Beschaffenheit des Systems zu sprechen: Familienräson – das
Individuum ordnet sich der Familie unter, opfert sich für die Familie –,
Kirchenräson – der Erhalt der Kirche bzw. des von der Kirche repräsen-
tierten Glaubens ist wichtiger als das Schicksal der einzelnen Kirchen-
angehörigen –, Vereins- oder Parteiräson – oberste Richtschnur des
einzelnen Mitglieds ist nicht dessen eigene Karriere und Existenz, sondern sind das Fortbestehen und Wohlergehen des Verbands –, Firmen-
räson – jeder Firmenangehörige hat sich der Existenzsicherung des
Unternehmens unterzuordnen – bis Staatsräson – jeder Staatsangehöri-
ge hat sich dem Imperativ der Staatserhaltung und Förderung des
Staatsinteresses zu unterwerfen, gegebenenfalls bis zum eigenen Opfer-
tod z. B. im Krieg.

Ebenso und sogar noch entschiedener stellt sich derartige Übertragung ein, je stärker Situierung und Positionierung des Individuums

---

5   Zum heute rechtlich nicht mehr relevanten Phänomen des Mundraubs vgl. die
    verschiedenen Thematisierungen im *Handbuch Armut und soziale Ausgrenzung.*
    Hrsg. von Ernst-Ulrich Huster, Jürgen Boeckh und Hildegard Mogge-Grotjahn.
    Wiesbaden 2008, und zur Notwehr exemplarisch Carl Friedrich von Scherenberg:
    Die sozialethischen Einschränkungen der Notwehr. Frankfurt a. M. [u. a.] 2009.

gesellschaftlich-hierarchisch und machtbezogen aufgefasst werden. Denn Individuen betreiben Selbsterhaltung ja nicht nur, um sich physisch-materiell und psychisch-kulturell in einem allgemeinen Sinne zu sichern, sondern auch und wesentlich, um ihre soziale Position z. B. an der Spitze einer Reichtums- oder Prestigeskala und ihre Einfluss- oder Machtstellung, kurz: ihren gesellschaftlich-politischen Status, den sie für sich selbst als existenziell betrachten, zu bewahren. Selbsterhaltungsräson ist also zugleich immer auch Statusräson im engeren Sinne, und Statusräson lässt sich noch deutlicher auf das den jeweils gemeinten Status tragende System beziehen. Das Gleiche gilt für die Kollektivakteure. Denn Individualität und Individualismus sind bekanntermaßen ohnehin westlich-moderne Sonderfälle. Viel stärker als heute üblicherweise eingeräumt ist der Einzelmensch durch die Beziehungen und Beziehungskonstellationen, in denen er sich subjektiv und objektiv bewegt, also konstellativ, geprägt und bestimmt. Entsprechend definiert er seine Existenz, deren Bedrohung und die Erfordernisse und Möglichkeiten seiner Selbsterhaltung bzw. Statusbewahrung im umfassenden Sinne primär entlang dieser Beziehungen: wie angesprochen zur Familie, zur Verwandtschaft, zu Freunden, Weggefährten, Landsleuten, zu Höher- und Niedrigerpositionierten, darunter gegebenenfalls selbstverständlich auch zum – im doppelten Sinne – vorgestellten Gott. Dabei geht es keineswegs nur um intergenerationelle Bezüge, sondern auch vergangene und künftige transgenerationelle. Selbsterhaltung, Existenz- und Statussicherung schließen vor allem die jeweiligen Nachkommen mit ein, wie sich insbesondere an der Dynastie als Familiensonderform verdeutlichen lässt, weshalb dynastische Räson zu den historisch frühesten und dauerhaftesteten Ausprägungen der Statusräson zählt. Und diese Dynastieräson zeigt auch unmissverständlich vor allem am Beispiel der weiblichen Dynastieangehörigen, dass die individuelle Selbsterhaltung bzw. Statusräson, die zur System- hier: Dynastieerhaltung und -räson mutiert ist, bis zur Selbstaufgabe oder Selbstopferung des Individuums führen kann.[6]

---

6 Zuletzt zu diesem Komplex mit allen weiteren Verweisen der Sammelband *Geboren, um zu herrschen? Gefährdete Dynastien in historisch-interdisziplinärer Perspektive.* Hrsg. von Ellen Widder, Iris Holzwart-Schäfer und Christian Heinemeyer. Tübingen 2018, und als Fallstudie mit konzeptionell ergänzungsfähigem Zugriff Ulrich Nagel: *Zwischen Dynastie und Staatsräson. Die habsburgischen Botschafter in Wien und Madrid am Beginn des Dreißigjährigen Krieges.* Göttingen 2018.

Zweitens: Wodurch soll Selbsterhaltung bewirkt werden bzw. was sind grundsätzlich ihre Mittel? Generell-abstrakt muss die Antwort auf diese Frage selbstverständlich lauten: alle Kalkulationen, Strategien und Verhaltensweisen, die der Selbsterhaltung im Sinne der Statusräson dienen, stehen zur Verfügung und werden historisch-empirisch nachweisbar auch tatsächlich eingesetzt. Näher betrachtet deckt sich das Spektrum der einschlägigen Mittel weitgehend mit dem Ausstrahlungs- und Wirkungsbereich dessen, was herkömmlicherweise unter den Bezeichnungen (Über-)Lebensklugheit, praktische Klugheit oder soziopolitische Klugheit firmiert.[7]

Eine Möglichkeit analytisch genauerer Erfassung der Mittel besteht indessen in der Unterscheidung reaktiver Reflexion, Kalkulation und Verhaltensgestaltung von präventiver, d. h. sich abzeichnende Bedrohungen vorwegnehmender, ihnen zuvorkommender oder vorbeugender, sie also verhütender, und proaktiver, d. h. die Umwelt aktiv gestaltender, Bedrohungen schon im Vorfeld eliminierender, zu Chancen umwandelnder. Welcher Modus oder welche dieser Modi gewählt werden, hängt von der jeweiligen Befähigung der Akteure zu Zeitdiagnose und Prognose ab, also von Erfahrung und Bildung.

Die *Schärfe* oder Radikalität der gewählten Mittel dagegen ist reflexiv-kalkulatorisch vom wahrgenommenen Aggregatzustand der Bedrohungen oder der Umwelt, aus der die Bedrohungen erwachsen oder zu erwachsen scheinen, abzuleiten. Dabei lassen sich typisch wieder drei Varianten unterscheiden: friedlicher, fairer Wettbewerb nach allseits anerkannten Regeln und in Richtung gemeinsamer Ziele; Konkurrenz als nicht nur Selbstmobilisierung, sondern auch Schädigung des Konkurrenten einschließender, verschärfter Wettbewerb; Rivalität mit fließendem Übergang zum Existenzkampf vor allem in Form des Krieges als konsequent gewalttätige Auseinandersetzung, wobei endgültig nicht mehr der Akteur oder die Akteure, sondern die entgrenzte Dynamik oder Logik der wechselseitigen Überflügelung, Übervorteilung, Schädigung oder Vernichtung bzw. des rücksichtslosen Nachholens und Vorauseilens herrscht. Die zeitdiagnostische und prognostische Bestimmung des Aggregationszustands einer historischen Phase als

---

7   Vgl. philosophisch die einschlägigen Beiträge in *Klugheit*. Hrsg. von Wolfgang Kersting. Weilerswist 2005, und ideengeschichtlich Leander Scholz: *Das Archiv der Klugheit. Strategien des Wissens um 1700.* Tübingen 2002, ferner jüngst *Literatur und praktische Vernunft. Für Friedrich Vollhardt als Festschrift anlässlich seines 60. Geburtstags.* Hrsg. von Frieder von Ammon, Cornelia Rémi und Gideon Stiening. Berlin, Boston 2016.

Wettbewerb, Konkurrenz oder Rivalität entscheidet also maßgeblich über die zu wählende Statusräson und deren einzusetzende Mittel.

Je mehr es angeblich um Systembezug geht, also bestimmte Akteure für ein System (Familie, Verband vom Verein über das Unternehmen bis zum Staat) handeln, umso eindringlicher ist allerdings kritisch immer danach zu fragen, um wessen existenziellen Statuserhalt, Statusräson oder Statusinteressen es eigentlich geht. Für den bisher meistdiskutierten Fall, den Staat, lassen sich – um auch diese analytische Differenzierung noch zu erwähnen – z. B. in Anlehnung an Vorschläge aus der Organisationssoziologie die mikro-, meso- und makropolitische Dimension unterscheiden. Mikropolitisch kann sich die von Staatseliten deklarierte Staatsräson auf die Statusräson und das Selbsterhaltungsinteresse dieser Staatselite selbst beschränken. Mesopolitisch bezieht die Staatselite ihre höchst- und mittelpositionierten Unterstützer, die gesamtgesellschaftlich Maßgebenden aus Wirtschaft, Medien usw., mit ein. Nur makropolitisch geht es um das eigentliche, alle umfassende, gemeinsame Überleben und Statusinteresse.[8]

Drittens: In welchem normativen Kontext ist Selbsterhaltungs- bzw. Statusräson angesiedelt? Grundsätzlich sind vor allem die drei normativen Ebenen der religiösen Gebote, der moralischen Postulate und der rechtlichen Vorschriften (Gesetze und Verordnungen) auseinanderzuhalten. Hinzu kommen gegebenenfalls die historisch veränderlichen, soziokulturell meist schichten- und gruppendiversifizierten Standards des gegenseitigen Benimms (Anstands, Comments). Die erste Frage, die sich in diesem Kontext stellt, ist diejenige nach der Legitimität des Selbsterhaltungsstrebens. Sie wird, ohne dass vorliegend weitere Erörterungen angestellt werden können, im jüdisch-christlichen und griechisch-römischen religiösen und philosophischen Horizont einschließlich des Naturrechts und des Mainstreams der politischen Philosophie in Europa mit unterschiedlicher Begründung fast durchweg positiv beantwortet. Der extreme praktische Ausnahmefall, der individuelle, ausschließlich selbstbezogene Selbstmord, erschien deshalb bis vor kurzem definitiv illegitim. Die zweite Frage nach der Zulässigkeit der Selbsterhaltungsmittel (und damit sekundär auch wieder der Statusräson insgesamt) hat demgegenüber eine bis heute anhaltende, wesentlich breitere Diskussion erzeugt. Christlich gilt wieder,

---

8   Vgl. grundlegend Oswald Neuberger: *Mikropolitik und Moral in Organisationen*. Stuttgart 2006, und für eine historische Umsetzung Wolfgang Reinhard: Das Wachstum der Staatsgewalt. Historische Reflexionen. In: ders.: *Ausgewählte Abhandlungen*. Berlin 1997, S. 231–249.

dass alle nur auf diesseitige Selbstliebe bezogenen, d. h. teuflischen Mittel untersagt sind. Ob und inwieweit Adiaphora, normenneutrale Zwischenlösungen, anzuerkennen sind, ist umstritten. Moralphilosophisch gelten prinzipiell die Grenzen moralisch-sittlich-zivilisatorischer Qualität und Fortschrittlichkeit: alle Mittel müssen diese Zwecke fördern. Zivilität und Fortschritt sind freilich längst durch die Postulate der Klugheit und Nützlichkeit oder des Nutzens herausgefordert. Anstatt dass Statusräsonmittel die moralisch gute Gesellschaft fördern müssen, reicht es also vielfach aus, einfach den Bestand der Gesellschaft zu sichern. Ähnlich ist die Lage bei der Politiktheorie. Deren noch moral-philosophisch-naturrechtlich ausgerichteter Flügel zielt auf den wie immer definierten normativ guten Staat. Die säkular-funktionalistisch orientierte Richtung beschränkt sich dagegen darauf, den Staat als politisches System abzusichern. Ihn zu diesem Zweck durchaus auch geschichtsphilosophisch, quasireligiös oder dezidiert religiös zu legitimieren, ist bekanntermaßen eine besonders – aber nicht nur – in Deutschland entwickelte Hypertrophie. Zumindest ähnlich, wenn nicht sogar im Gleichschritt, positioniert und entwickelt sich das Recht: Konservativ-funktionalistische Bestrebungen zielen im Namen der Staatsräson auf Freigabe staatstabilisierender und -erhaltender Mittel von Grundrechtsuspendierungen bis zur Folter. Normative, insbesondere demokratisch-progressive Richtungen ordnen ihre Vorstellungen und Entscheidungen dem übergreifenden Zweck unter, Humanität und Menschenrechtlichkeit zu steigern. Alle Versuche, die eingangs angesprochene klassische, heute monopole Staatsräson zu domestizieren, erscheinen bisher freilich vergeblich. Benimmregeln, alltagserleichternde Umgangsstandards schließlich scheinen zunehmend nur noch insoweit eine Rolle zu spielen, als sie für das jeweilige Image der Akteure noch von Bedeutung sind. Wirklich entscheidend ist also die postulierte Nichtverletzung positiven Rechts. Dennoch gibt es auch aktuelle Gegenbewegungen: Erstens wie schon angedeutet der menschenrechtlich gespeiste Moralisierungsschub im Westen, der sich auch und gerade gegen den Staat wenden kann, zweitens die durch Erderhitzung, Artensterben usw. befeuerte Tendenz, Selbsterhaltung und Statusräson human-gattungs-spezifisch zu definieren und deren Mittel und Strategien nur noch von diesem übergreifenden Erhaltungszweck her normativ zu bestimmen. Dass auch diese beiden Tendenzen von bestimmten Eliten getragen werden, die ebenso eigene Selbsterhaltungs- und Positionsmaximierungsinteressen und -räsonnements vertreten, dürfte nach dem zuvor Gesagten klar sein.[9]

Gleichzeitig verweist der Begriff des Interesses wieder auf die oben erst beiläufig notierte Schwierigkeit der analytischen Bestimmung und historisch-empirischen Erfassung des Phänomens der Statusräson in ihren diversen Varianten, nämlich dessen Trennung vom sozialen ‚Normalverhalten' oder der ‚normalen' Politik. Lösungen wie die Unterscheidung von ‚normaler' oder ‚allgemeiner' Politik von ‚Staatspolitik' scheinen anderweitig zu fehlen. Wann also geht alltägliche Interessenverfolgung und alltäglicher Interessenkonflikt in existenzielle Selbsterhaltung, Statussicherung und Positionsmaximierung über? Oder von der gegenläufigen Perspektive her in den Blick genommen: Wann muss aus welchen Gründen von überzogener, radikalisierter, „verwilderter Selbsterhaltung" gesprochen werden? Zu unterscheiden sind naturgemäß stets die subjektive Einschätzung der Akteure und die objektive Zuschreibung des wissenschaftlichen Beobachters, die aber beide zeitgebunden sind und stets fehlerhaft sein können. Entsprechende Rekonstruktionen vor allem in überblicksförmiger Zusammenfassung sind zudem vom Vorliegen einschlägiger, aussagekräftiger Quellen und überzeugender Forschungsliteratur abhängig. Doch diese Voraussetzung gilt nicht spezifisch, sondern generell.

2. Blicke auf die publizistische Empirie des 17. Jahrhunderts

Nach dieser konzeptionellen Zurechtlegung des Komplexes der Statusräson: Lassen sich die angesprochenen Perspektiven und Aspekte für das 17. Jahrhundert, das Schlüsselsäkulum der Machiavellismus-, Antimachiavellismus- und Staatsräsondebatte[10], belegen? Wir visieren dazu in einem exemplarischen Durchgang einschlägige Traktate und Pamphlete dieser Epoche an, deren Umfang und Bedeutung nach wie vor noch nicht vollständig erschlossen sind, obwohl die fortschreitende bibliothekarische Digitalisierung dafür eine immer bessere Grundlage

---

9   Vgl. die Thematisierungen und Hinweise bei Voigt, *Staatsräson* (wie Anm. 1), sowie demnächst Weber, *Staatsräson* (wie Anm. 3).

10   Grundlegend Cornel Zwierlein: Machiavellismus/Antimachiavellismus. In: *Diskurse der Gelehrtenkultur in der Frühen Neuzeit*. Hrsg. von Herbert Jaumann. Berlin, New York 2010, S. 903–951.

schafft. Die Ebene der Publizistik zu wählen erscheint deshalb zielführend, weil sich in ihr die Problemwahrnehmungen und Problemlösungsperspektiven der Zeit profiliert abbilden, wiewohl der Diskurs selbstredend keineswegs die eigentliche (volle) Empirie ausmacht; dazu müsste bekanntermaßen auf das Akten- und sonstige direkte Quellenmaterial zurückgegriffen werden. Dass unsere im Wesentlichen auf bisherige eigene Recherchen beruhende Auswahl in erster Linie als explorativ einzuschätzen ist, versteht sich.[11]

Nach dem Vorgebrachten wenig überraschend, keineswegs eindeutig oder ausschließlich institutionell-systemabstrakt auf den frühmodernen Staat bezogen, sondern auch und gerade akteurorientiert auf den Fürsten, die Dynastien und die hohen Beamten, also die Angehörigen der sekundären Machtelite als Betreiber, sind bereits diejenigen Drucke angelegt, welche die an der Geschichte des Staates interessierte Forschung herkömmlicherweise am stärksten berücksichtigt. Wenigstens vier Beispiele seien genannt.

Die außenpolitische Staatsräsonschrift des Herzogs Henri de Rohan (1579–1638) *De l'interest des princes et des estats de la chrestienté* von 1639, bereits ab dem zweiten Erscheinungsjahr 1640 in deutscher, englischer und lateinischer Sprache weiter verbreitet, pflegt trotz Verwendung bereits von Nationalstaatsbezeichnungen (Frankreich, Spanien usw.) einerseits die individuelle und dynastische Herrscher- (in der deutschen Übersetzung: Potentaten-)perspektive. Andererseits spricht sie insbesondere im Hinblick auf die beteiligten Republiken Niederlande und Venedig die Kollektivakteure der Stände an, also die seit dem Mittelalter verfassungsmäßig institutionalisierten, jeweils entsprechenden Kollektivherrschaftsträger. In erster Linie angesprochen werden dabei zwar die nach den auf Bodin zurückgehenden Vorstellungen der Zeit als Souveräne geltenden Potentaten, aber auch die Interessen der Nichtsouveräne oder genauer: der damals zur Souveränität strebenden Herrscher sind einbezogen. Wichtig erscheint darüber hinaus, dass der Aspekt der christlichen Normativität zumindest deklamatorisch noch eine wichtige Rolle spielt. Fast überflüssig zu erwähnen ist schließlich, dass mit dem Begriff des Interesses nicht sozusagen politische Alltagszwecke, sondern wie eingangs angesprochen, die eigentlichen, wahren, existenziellen Interessen der Akteure fokussiert werden.[12]

---

11 Gestützt auf Weber, *Staatsräson* (wie Anm. 3).
12 [Henri Duc de Rohan]: *De l'interest des princes et des estats de la chrestienté.* Paris 1639; *Interesse der Potentaten und Stände oder unpassionirter Discurs, worinnen der fürnemsten Potentaten und Stände der Christenheit wares Interesse,*

Auch Pieter de la Courts berühmte Darlegung *Interest van Holland ofte Gronden van Hollands-Welvaren*, zuerst erschienen 1662, identifiziert und fokussiert die ständische Oligarchie, die sogenannten Stadholder, faktisch vor allem reiche Händler, der Provinz Holland als Akteur. Entsprechend setzt die Argumentation auch bei den Naturressourcen und dem ökonomischen Profil der Schlüsselprovinz der Freien Niederlande ein, um erst anschließend auf die einschlägigen Außenbeziehungen und die inneren politischen Verhältnisse einzugehen, die sich im Laufe des Säkulums bekanntermaßen erheblich verschlechtern sollten. Als Staatsinteresse im modernen Verständnis gilt also das ökonomisch-soziopolitische Interesse der etablierten Kreise und Familien, welches der Autor allerdings wegweisend an das Wohlstandsniveau der Regierten zurückbindet. Zudem tritt die traditionelle christliche Normativität deutlich zurück und angesichts der freilich bis heute weit überschätzten niederländischen Toleranz eher protestantisch-gemeinchristlich als konfessionell zugespitzt auf.[13]

Dass auch die hochnormative, meist entweder religiös-christlich oder humanistisch-moralisch geprägte Gattung der Fürstenspiegel von der Statusräsondebatte erfasst wurde, machen u. a. die beiden folgenden Beispiele deutlich. 1652 publizierte der pfälzische Jurist und hohe Fürstenbeamte Johann Theodor Sprenger die einschlägige Abhandlung *Bonus Princeps ex novissimis D. D. Cardinalium Richelii et Mazarini historicis scriptis, ut & ex aliis perogrini* [!] *idiomatis Statistis, brevi*

Wolfahrt und Auffnemmen dieser Zeit bestehe. o. O. 1640; *A treatise of the interest of the princes and states of Christendome. Written in French by the most noble and illustrious Prince, the Duke of Rohan*. Translated into English by H. H. Paris 1640; *Trutina statuum Europae, sive Principum Christiani orbis interesse*. Lyon 1642. Aus der Literatur vgl. John Dewald: *Status, Power and Identity in Early Modern France: the Rohan Family, 1550–1715*. Philadelphia 2015, mit den nötigsten Verweisen. Bei Rohan findet sich auch erstmals die Idee, dass fürstliches (und später: nationalstaatliches) Interesse berechenbar sein müsse bzw. sei, sodass eine genaue Interessenanalyse oder -lehre zur Stabilisierung der Mächtebeziehungen beitragen müssten, vgl. nach wie vor maßgeblich J. A. W. Gunn: „Interest will not lie". A Seventeenth-Century Political Maxim. In: *Journal of the History of Ideas* 29 (1968), S. 551–564, sowie zur Übertragung dieser Idee in die gesellschaftlich-innenpolitischen Verhältnisse (hier: Englands) Douglas Long: Taking Interests seriously. In: *Rationality and Society* 3 (1991), S. 343–364.

13   *Interest van Holland ofte Gronden van Hollands-Welvaren*. Amsterdam Van der Craft 1662; weitere Auflagen und Übersetzungen, teilweise an die aktuellen Verhältnisse angepasst, erscheinen noch bis 1755; vgl. aus der Literatur Arthur Weststeijn: *Commercial Republicanism in the Dutch Golden Age. The Political Thought of Johan and Pieter de la Court*. Leiden 2012.

delineatione concinnatus. Es handelt sich dabei nach eigenem Bekunden um eine Zusammenstellung von Auffassungen und Argumenten, die nichtdeutsche Autoren, voran Richelieu und Mazarin, die beiden bekannten französischen Kardinäle und Premierminister, nach ‚statistischer Art' entwickelt hätten. Der weitere Titelzusatz verspricht, dass das Werk die bösartige Verschlagenheit des laufenden, grundsätzlich hinterlistigen Jahrhunderts offenlege und die Räsons [!] des Status (status rationes), also des zeitgenössischen Machtgefüges, enthülle. Beigefügt ist eine schmale Abhandlung über im Titel nicht ausdrücklich definierte Kontroversen zwischen Fürsten bzw. fürstlichen Dynastien, konkret im Wesentlichen Thronfolgeauseinandersetzungen, die Sprenger in Europa (wieder) im Wachsen begriffen sah. Die drei Jahre später erschienene, im Hauptteil allerdings nicht veränderte Neuauflage verzichtet dagegen im Titel auf das Enthüllungsversprechen, erwähnt die Schlüsselbegriffe ratio(nes) status und statista nicht mehr und verändert die Angabe zum herangezogenen Schrifttum. Nicht mehr nur oder bevorzugt auswärtige Werke, sondern insbesondere neueste deutsche seien berücksichtigt worden. Die Darlegung aktueller fürstlicher Kontroversen hat an Umfang erheblich zugenommen und legt mit dem laufenden Seitentitel *Praetensiones* (Ansprüche) ihren eigentlichen Inhalt offen. Was wir hier vor uns haben, ist mithin wieder eine statusräsonale Abhandlung, die Fürsten und Dynastien als Akteure adressiert, aber über den Schlüsselbegriff des Thronanspruchs eine akteurabschichtende Institutionalisierung vornimmt, die noch unterhalb des modernen Staatsbegriffs bleibt, und statt religiöser oder moralischer Normen rechtliche einführt und durchaus strapaziert.[14]

Einen Schritt weiter geht wenig später (1678) das Werk *Detectus ac a fuco politico repurgatus candor et imperium indefinitum vastum et immensum Rationis Status boni Principis*, das ist: Reine und unverfälschte Staats-Regul Christlicher Staats-Fürsten und Regenten des Johann Elias Kessler, Juristen und Rat eines der kleinsten deutschen Fürstentümer. Friedrich Meinecke, dem die Wiederentdeckung dieser umfangreichen Abhandlung zu verdanken ist, hat Kessler als ‚deutschen Hobbes' bezeichnet; tatsächlich ist er der Verfasser einer der letzten, zeitgenössisch auf dem neuesten Stand befindlichen, ernsthaf-

---

14 Eine monographische Studie zu Sprenger und dessen Fürstenspiegel fehlt bisher; vgl. daher demnächst Wolfgang E. J. Weber: „Nulli sciunt, nisi qui rationem status sciunt". Johann Theodor Sprengers Fürstenspiegel Bonus Princeps (1652, 1655) in der Ideengeschichte der Staatsräson. In: *Fürstenspiegel*. Hrsg. von Michael Philipp. Baden-Baden [2020, im Druck].

ten machiavellistisch-staatsräsonalen Debattenbeiträge. Eines Beitrags, der einerseits noch zwischen normativ unzulässiger, falscher und naturrechtlich-christlich-normativ zulässiger Statussicherung und Positionsmaximierung für Fürst und fürstliche Herrschaft unterscheiden möchte, andererseits den historisch-empirischen Realitäten bis in den sozialen Bereich hinein Rechnung zu tragen sich veranlasst sieht. Vorliegend besonders wichtig dabei ist, dass der Autor sowohl auf der Begriffsebene der Statusräson als auch derjenigen des Fürsten (monarchischen Akteurs) den Schritt hin zur Kategorie ‚Staat' unternimmt, ohne die Akteursperspektive aufzugeben: von einer Reifikation des Staates kann also noch keine Rede sein.[15]

Dass es noch immer und immer wieder um die reaktive, präventive und proaktive Sicherung der herrschenden Familien u. a. durch gezielte Erforschung der Zustände, Tendenzen und Interessen der konkurrierenden und rivalisierenden jeweils anderen Höfe bzw. Dynastien, also letztlich Spionage, um instrumentelle Freundschaft, notfalls aber auch Ausschaltung von Rivalen mit normativ problematischen Mitteln ging, verdeutlicht neben Kesslers Werk u. a. die einschlägige Dissertation des maßgeblichen Straßburger Autors Johann Heinrich Böcler *De Principalium Familiarum perpetuitate* von 1654. Für den Verfasser, einer der bedeutendsten Historiker, Juristen, Philologen und Politikdenker der zweiten Hälfte des 17. Jahrhunderts, sind die großen Dynastien göttlich gestiftete und vor Gott zu bewahrende, d. h. in ihrem Status zu festigende, unverzichtbare soziopolitische Institutionen. Der Staat im modernen Verständnis tritt mithin – etwas zugespitzt ausgedrückt – als legitimes Hilfsmittel für den Erhalt und die Statusmaximierung dieser Dynastien auf.[16]

---

15   *Detectus ac a fuco politico repurgatus candor et imperium indefinitum vastum et immensum Rationis Status boni Principis, das ist: Reine und unverfälschte Staats-Regul Christlicher Staats-Fürsten und Regenten.* Nürnberg 1668; vgl. Wolfgang E. J. Weber: Johann Elias Keßler: Detectus ac a Fuco Politico Repurgatus Candor [...] das ist: Reine und unverfälschte Staats-Regul Christlicher Staats-Fürsten und Regenten (1678). In: *Fürstenspiegel der frühen Neuzeit* Hrsg. von Theo Stammen, Hans-Otto Mühleisen. Frankfurt a. M. 1997 (Bibliothek des deutschen Staatsdenkens 6), S. 494–520.

16   Johann Heinrich Böcler: *De Principalium Familiarum perpetuitate*, Straßburg 1654; Michael Philipp: Bernegger – Schalter – Boeckler. Die Straßburger historische Schule der Politikwissenschaft im 17. Jahrhundert. In: *Die Universität Straßburg zwischen Späthumanismus und Französischer Revolution*. Hrsg. von Hanspeter Marti und Robert Seidel. Wien [u. a.] 2018, S. 133–338.

Dieser Entwicklung entsprechend richten sich auch die zeitgenössischen ‚politischen' Denkspruchsammlungen – auf die statusräsonale Aufladung und Reichweite des Begriffs ‚Politik' wird abschließend kurz einzugehen sein – status- und herrschaftsräsonal an alle Potentaten und Herren. Als Beispiel seien wenigstens die anonyme *Symbola historico-politica, Das ist Historische und Politische Denck-Sprüche Jetziger Fürnehmsten Potentaten und Herrn in Europa* von 1685 genannt.[17] Oder alternativ werden Herrschaftsklugheiten eines erfolgreichen „Statisten" auch lebensklug ausgelegt, wie das Beispiel Mazarin zeigt: *Des Weltklugen Statisten und Königl. Frantzösischen Obersten Staats-Ministers Cardin. Jul. Mazarini vernünfftige Staats- und Lebens-Reguln*. Im Übrigen wird die Statisterei und lebensweltlich-kluge Politik als Weltgewandtheit zuerst am Adeligen und am Höfling durchdekliniert. Dass auch einzelne herrschaftliche und lebensweltlich-statusräsonale Mittel wie etwa Lüge, Betrug, Verstellung hinsichtlich ihrer normativen Zulässigkeit oder ihres diesseitigen Nutzens gerade im 17. Jahrhundert erörtert werden, versteht sich ohnehin.[18]

Während diese letztgenannten Varianten und Dimensionen bekannt sind, erscheint weniger geläufig, dass Statusräson und Statusräsonmittel aber auch für andere Stände und für spezifisch auf Statusmaximierung bzw. Profitsteigerung angelegte Professionen deklariert und postuliert wurden. Ich nenne dazu ebenfalls einige Beispiele. Für die Bauern legte 1674 der hessische reformierter Pfarrer Henning Aegidius eine verbittert-pessimistische, höchst detailreiche und deshalb für die bäuerliche Lebenswelt bis heute als wichtige Quelle erachtete Beschreibung vor: *Nagelneue BaurenAnatomia Oder: Repräsentation deß Bauren-Staats:*

---

17 *Symbola Historico-Politica. Das ist Historische und Politische Denck-Sprüche Jetziger Fürnehmsten Potentaten und Herrn In Europa, Darinn der jetzige Zustand, Ratio status, interesse und vornehmste Begebenheiten derselben sambt allerhand Politischen und curieusen Anmerckungen dem Neubegierigen Leser vorgestellt werden.* o. O. 1685.

18 *Des Weltklugen Statisten und Königl. Frantzösischen Obersten Staats-Ministers Cardin. Jul. Mazarini vernünfftige Staats- und Lebens-Reguln Denenjenigen die sich der galanten Welt* [...] *ansehnlich machen wollen: ins Teutsche übersetzt; dem ist beygefügt Des Cardinals Leben.* Köln 1694; Christoph Peller von und zu Schoppershof: *Politicus sceleratus, impugnatus. Id est; compendium politices novum, sub titulo, Hominis Politici, secunda antehac vice editum atque impressum; nunc notis ubique et additionibus illustratum.* Nürnberg 1663, weitere Auflagen 1665, 1669 und 1698; Balthasar Conrad Zahn: *De mendaciis libri tres, quorum tractatur: 1. de variis mendaciorum generibus. 2. de illorum poenis. 3. de mendacio iurato.* Frankfurt, Leipzig 1662 [über 500 Seiten Umfang].

In welcher Der heutigen Bauren Arglistigkeit, Bosheit, Schalckheit, Büberey, Grobheit: Wie auch ihr gantzes Thun und Wesen, ihre Ratio Status [...] *Gantz unpartheyisch zu jedermanns Warnung und dienlichen Nachricht, auß treuem Wolmeinen entdecket* [et]c. *außgefertigt und heraußgeben Von Florentino Wahrmund, vieljährigem Priestern im Dorff Quercetana.* Die weitere Auflage von 1685 wurde im Titel sogar noch deutlicher: *Kurtze und deutliche Vorstellung der Schalckhaftige List- und Lebens-Beschreibung des betrüglichen Bauern-Stands: aus selbst-eigener leidiger Erfahrung ihrer Practickschen, Finden und Grifflein, womit sie ihre* [...] *Herrschafft und den* [...] *Burgersmann offt überteuffeln und hinter das Liecht führen.* Sie war entstanden aus der Frustration des auf Vertiefung der Christlichkeit seiner Schafe bedachten Seelsorgers, an der Fleischlichkeit, dem Hedonismus, der Unbelehrbarkeit und eigensüchtigen Schlauheit der anvertrauten Menschen zu scheitern. Für den vorliegenden Erkenntnisbedarf wichtig ist natürlich die Bezeichnung des Bauernstandes als ausdrücklich ‚Staat' und die Kennzeichnung des bäuerlichen Existenzinteresses – oder allgemeiner – Lebens und Strebens als Ratio status. Auf die angedeuteten einzelnen Praktiken und Taktiken können wir nicht genauer eingehen, wiewohl ihre Vielfalt und offenkundige Realitätsnähe höchst beeindruckt.[19] Eine anderweitige, nämlich Lustspielverarbeitung bäuerlicher Statusräsonschlauheit durchaus mit moralisch-vernünftiger Belehrungsabsicht legte bekanntermaßen 1681 Christian Weise vor, wobei er im Titel und bei der inhaltlichen Gestaltung auf den angenommenen und entsprechend verteufelten Erzvater derartig verwerflicher Statusräson,

---

19   [Aegidius Henning]: *Nagelneue BaurenAnatomia Oder: Repräsentation deß Bauren-Staats: In welcher Der heutigen Bauren Arglistigkeit, Bosheit, Schalckheit, Büberey, Grobheit: Wie auch ihr gantzes Thun und Wesen, ihre Ratio Status* [...] *Gantz unpartheyisch zu jedermanns Warnung und dienlichen Nachricht, auß treuem Wolmeinen entdecket* [et]c. *außgefertigt und heraußgeben Von Florentino Wahrmund, vieljährigem Priestern im Dorff Quercetana.* o. O. 1674; *Kurtze und deutliche Vorstellung der Schalckhaftige List- und Lebens-Beschreibung des betrüglichen Bauern-Stands: aus selbst-eigener leidiger Erfahrung ihrer Practickschen, Finden und Grifflein, womit sie ihre Herrschafft und den Burgersmann offt überteuffelnund hinter das Liecht führen, alles sonnenklar entdecket und am Tag gegeben von Gottlieb Rundraus, Pfarherrn zu Wahrendorff.* o. O. 1682. Eine weitere Auflage erfolgte 1714, vgl. aus der Literatur Leo van Santen: *Das Dorf als literarischer Kosmos. Aegidius Henning (um 1630–1686). Leben, Werk und Literaturprogramm.* Aachen 2005.

Machiavelli, rekurrierte: *Bäurischer Machiavellus, in einem Lustspiele vorgestellet.*[20]

Von professionstypischen Problemen und normenvergessenen, ausschließlich auf schnöden materiellen und reputativen Gewinn zielenden statusräsonal-machiavellistischen Praktiken, wenngleich in dürftiger moralisch-kritischer Einkleidung, strotzen geradezu je eine pseudonyme Abhandlung zum zeitgenössischen Arzt (1698) und wenig später (1725) zum Advokaten, also zum Rechtsanwalt und zu den Juristen im Allgemeinen: *Machiavellus Medicus, seu Ratio Status medicorum, secundum exercitium chymicum delineata, & in certas regulas redacta, atque ob usum, quem junioribus practicis praestat, publicae luciu donata, a Philiatro*, und *Der juristische Machiavellus Oder Die Staats-Klugheit derer Advocaten in gewisse Maximes verfasset und der leichtgläubigen Welt zur Warnung an das Licht gestellet, von Dikaaiophilo*. Trotz ständisch-professioneller Rahmung, wobei auch hier der Begriff ‚Staat' eingesetzt wird, sind hier als eigentliche Akteure die einzelnen Vertreter des jeweiligen Professionsstandes als Junggesellen oder Familienväter angesprochen, die sich in der Konkurrenz oder gar Rivalität mit ihren Kollegen befinden und sich deshalb behaupten müssen. Hauptmittel sind reaktiv, präventiv und proaktiv jeweils u. a. Verstecken hinter Fachsprachlichkeit und demonstrativer Expertenkompetenz, In-die-Länge-ziehen der Behandlungen und Verfahren sowie scheinbar gut begründete, in Wirklichkeit völlig übersteigerte Honoraransprüche. Der Arzt kann z. B. Bauern und sonstigen gemeinen, d. h. unverständigen Leuten „Dinge eingeben, die ihre Excremente schwarz färben", um ihnen Angst vor gefährlichen Krankheiten einzujagen und sie zum Kauf teurer Medikamente bzw. zu langen Behandlungen zu bringen. Juristische Auseinandersetzungen werden als Aufeinanderprallen von List und Gegenlist geschildert, das über Auskommen und Einkommen bzw. Aufstieg oder Fall der Betreffenden entscheidet. Denn „daß sein Beutel gespickt werde, ist eines Advocatens vornehmster Endzweck".[21]

Nochmals verschärfte Qualität weist die verständlicherweise zunächst anonym, noch im ersten Erscheinungsjahr aber mit voller Anga-

---

20 *Bäurischer Machiavellus, in einem Lustspiele vorgestellet.* Dresden 1681.

21 *Machiavellus Medicus, seu Ratio Status medicorum, secundum exercitium chymicum delineata, & in certas regulas redacta, atque ob usum, quem junioribus practicis praestat, publicae luciu donata, a Philiatro.* Straßburg 1698; *Der juristische Machiavellus Oder Die Staats-Klugheit derer Advocaten in gewisse Maxims verfasset und der leicht-gläubigen Welt zur Warnung an das Licht gestellet, von Dikaiophilo.* Köln 1725, S. 13.

be des just verstorbenen Autors publizierte Schrift eines Hamburger
Pastors zur Rekrutierung der eigenen Kollegenschaft, also der lutherischen Pastoren, auf, Johann Balthasar Schupps (1610–1661) mehrfach
aufgelegte *Ratio status in Promotione Ministrorum Ecclesiae Lutheranae* von 1662.[22] Um eine der materiell und reputativ attraktiven, daher
vehement nachgefragten Pfarrstelle zu erhalten, d. h. sein individuelles
Existenzsicherungs- und Karriereinteresse zu fördern, werden dem
Absolventen des Theologiestudiums, statt wie programmatisch-norma-
tiv gefordert auf die ‚Berufung von oben' zu warten, zynisch-satirisch
die hemmungslose Nutzung von Verwandtschaft und Beziehungen,
Korruption und Simonie, Heirat der Witwe oder Tochter des Vorgän-
gers, Schlechtmachen der Konkurrenten, Erschleichen von Empfehlungen oder der schamlose Appell an das soziale Mitleid empfohlen. Nur
eine kleine Kostprobe sei gegeben:

> Trägt sichs unterdessen zu, daß ein Pastor stirbt [...], da muß man sich bekannt
> machen mit der Wittib oder Tochter und reden von der Heyrat anfangen, die
> kann hernach die Leuth auff ihre Seiten bringen [...]. Es begibt sich auch zu-
> weilen, dass wegen Freundschafft der Wittib ein Stück oder zehen vorgeritten
> werden, damit sie außlesen, welcher ihnen am besten gefelt, da muß man seine
> Person als dann als ein Cavalier praesentiren und nicht als ein Schulschleicher,
> Schulfuchs, Arschpauker geschlichen kommen. [...] Das ist der Genitivus &
> promotio per vulvam, wie es jener Professor in Altdorf genennet. [...] Dieser
> Casus ist sehr tröstlich, daß auch alte verlebte Witwen von 60. und mehr Jahren
> sich dessen zu erfreuen haben, dann ob sie wol zwey oder drey Priester überleb-
> ten, nehmen sie doch den vierten, nach dem Sprichwort: Stirbt der Fuchs, so gilt
> der Balck. [Wenn ein Kandidat dagegen] „einer rechtmessigen Vocation erwar-
> ten wollte, [...] dann wird er wol sitzen bleiben.[23]

Schupps Nachfolger Johann Riemer (1648–1714), wie Schupp, dem
seine sonstigen Invektiven unvermeidlich zeitweilig Publikationsverbot
und andere Schwierigkeiten eingebracht hatten, ein christlich-eifernder
Feuerkopf, ergänzte in einer seiner Predigten:

---

22 *Ratio Status in Promotione Ministrorum Ecclesiae Lutheranae. Das ist: Kurtzer
    Bericht, wie und auff was Weiß man heutiges Tags bey den Lutherischen die Kir-
    chen-Dienst suchen muß. o. O. 1662*; Wolfgang E. J. Weber: *Luthers bleiche Er-
    ben. Kulturgeschichte der evangelischen Geistlichkeit des 17. Jahrhunderts*. Ber-
    lin, Boston 2017, S. 3–7 u. ö. Eine kleine Monographie meinerseits zu diesem für
    die Elitenreproduktion und Stellenbesetzung der Frühneuzeit insgesamt exempla-
    rischen Traktat ist im Entstehen begriffen.
23 Schupp, *Ratio Status* (wie Anm. 22), S. 9.

Viel [...] gehen ein durch die Noth-Pforte. Man muß ihm, spricht die Welt, zu
Brodte helffen. Der arme Kerlen hat sonst keine Lebens-Mittel. [...] Andere be-
steigen die Macht-Pforte. Bedrohen die Gemeine. [...] Welche drengen sich
durch die Recommendations-Thür. [...] Ich sage [ferner] unverholen, daß sich
etliche zum Pfarr-Dienste sauffen. [Da sagt der Kirchenpatron:] Ich habe einen
guten Kerlen. Er kann seine Humpe redlich austrincken. Die Bauren halten viel
von ihm. Denn er ist kein Tockmäußer. Ich gebe ihm meine Stimme. Der Kerl
ist vor die Bauren gut genug.[24]

Auf das Vordringen derartiger instrumenteller Praktiken in den Alltag
ausdrücklich aller Stände und Gruppen reagierten auch unterhalb des
Pastorentums angesiedelte Kantoren, Lehrer, Erzieher und zahlreiche
Literaten. So beispielsweise der sächsische Ludimoderator (Lehrer für
die unteren Klassen) Johann Georg Schiebel (um 1630–1684) in dessen
*Teuffelischer Dreyzanck, das ist Drey vom Teuffel entsprungene und
der heutigen Welt auffgedrungene S* von 1678. Was er als Geißel seiner
Zeit anprangert, sind drei wesentliche Praktiken der satanischen Statusräson: das Simulieren (sich verstellen, heucheln, Kenntnis verheimli-
chen, sich opportunistisch verhalten usw.), das sogenannte Schrauben
(Schmeicheln, Komplimente machen, sich ins beste Licht setzen) und
dessen Gegenteil, das Schmähen, Denunzieren, Schlechtmachen des
Konkurrenten oder Nächsten überhaupt. „Es seind diese Laster so gemein geworden, daß sie nunmehro vor Tugenden dürffen ausgegegeben
werden", während christliche (und „teutsche") Redlichkeit im Schwin-
den begriffen sei. Damit unternimmt Schiebel sogar bereits den nächsten Schritt: die drei S-Laster haben sich von ihren jeweiligen statusrä-
sonalen Zwecken bereits weitgehend gelöst, sind verselbständigte
Merkmale einer neuen Gesellschaft geworden. Ihre Quelle bleibt aber
verdammt: „Es bleibt Ratio-Status verflucht und alle ungerechte Statisten seind des Teuffels Leibeigene!"[25]
    Der Klerus und die ihm jeweils anhängenden Gelehrten und Litera-
ten versuchten sich das Statusräsonkonzept aber auch normativ-produk-
tiv, d. h. religiös-theologisch, moralisch und zumindest tendenziell

---

24 Johann Riemer: *Blaße Furcht und grünende Hoffnung bey schlafflosen Nächten
    der bedrängten Christen zwischen Himmel und Hölle.* Merseburg 1684, S. 905–
    906.

25 Johann Georg Schiebel: *Teuffelischer Dreyzanck, das ist Drey vom Teuffel ent-
    sprungene und der heutigen Welt auffgedrungene S.* Dresden 1678, S. 6–8, 34 u.
    55. Die Forschung scheint Schiebels umfangreiches Werk bisher nur punktuell
    wahrgenommen zu haben, vgl. Claire Gantet: *Der Traum in der Frühen Neuzeit.
    Ansätze zu einer kulturellen Wissenschaftsgeschichte.* Berlin, New York 2010,
    S. 338–340.

rechtlich, anzueignen. Anders ausgedrückt, sie erkannten dessen Potential normativ-zivilisatorischer Rationalisierung, Disziplinierung und Bildung. So wird in Leichenpredigten auf Pastoren von der *Ratio status cum Deo* des Betreffenden gehandelt. Oder verallgemeinernd primär für den Klerus, sekundär für alle wahrhaften Christen ist von der *Ratio status justorum*, der Gerechten oder Gerechtfertigten, die Rede. Und schließlich taucht auch der christliche *Sta(a)tist* auf.[26] Eine separate, hier nicht weiter präsentierbare Debatte befasste sich mit der Frage, ob und inwieweit in der Bibel statusräsonale Praktiken dargestellt und als gerechtfertigt ausgewiesen würden, und wurde dabei insbesondere, aber keineswegs ausschließlich im Alten Testament fündig.[27]

3. Zusammenfassung und Ausblick

Ich fasse zusammen: Staatsräson meint im 17. Jahrhundert maßgeblich sozio-kulturell, im Kontrast zum heutigen Verständnis von Politik: außer- bzw. vor- und peripheriepolitisch nichts anderes als Statusräson. Die Debatte nahm fast durchweg eine Akteurperspektive ein, d. h. benannte Handelnden und deren Interessen, Selbsterhaltungs- und Statusmaximierungsmotive, Profitsteigerungsabsichten, Situationseinschätzungen, Praktiken. Bei den in den Blick genommenen Akteuren handelte es sich freilich überwiegend um konstellativ geprägte Individuen und

---

26 Sebastian Gottfried Starck: *Ratio Status cum Deo: Wie und woher dennoch stets an GOTT blieben der Weill. Ehrwürdige Achtbare und Wohlgelarte Herr M. Gottfried Trenckner* [...]. Freiberg 1654; *Salutifera Iustorum Ratio Status: Der Gerechten heylsamer Stand und Zustand darinne Sie alhier die ewige Seligkeit bey Gott für sich wissen und Dort dermaleinst die Seelige Herrligkeit in völliger besitzung genüßen* [...]. *Beschrieben und bey Christlichen und ansehnlichen Begräbnis Der* [...] *Fr: Dorothea Sophia Gebornen Springsfeldin Des* [...] *Hr. M. Johann. Forbergers Treufleißigen und wohlverdienten Pfarrers zu Criebitzsch Seel. hinderlaßenen Witwen* [...]. Altenburg 1664; Daniel Klesch: *Christiana Status Ratio, Ex Chronico Axiomate Paulino Eph. V, 15.* [...] *Das ist: Geist-Christlicher Staatist, Bey der Apostolischen Zeit-Betrachtung S. Pauli, Eph. V, 15.: In zeitlicher Buß-Reinigung Geistmäßig auffgesetzt, einfältig fortgesetzt und dem falschen heuchlerischen Maul-Christenthumb entgegen gesetzt.* Hamburg 1676.
27 Dazu demnächst wieder Weber, Staatsräson (wie Anm. 3), und aus der bisherigen Literatur beispielsweise Steven Marx: Moses and Machiavellism. In: *Journal of the American Academy of Religion* 65 (1997), S. 551–571.

demzufolge auch transindividuelle, wenn man so will: ‚systemische‘ Interessen. Sämtliche Modi der Statusräsonmittel (reaktiv bis proaktiv) und Aggregatzustände des Mitteleinsatzes (Wettbewerb, Konkurrenz, Rivalität) lassen sich als identifiziert und reflektiert nachweisen. Der normative Kontext war erwartungsgemäß bevorzugt noch – und im Zeichen der Konfessionalisierung wieder – verstärkt christlich-religiös. Dennoch drangen bereits die Konzepte der Klugheit und des Nutzens vor, die bald zu einer entsprechenden Durchlöcherung, dann Transformation der traditionellen Moral zu einem kaum mehr transzendentalen, sondern diesseitig vernunft- und zweckfunktionalen, empiriebasierten Regelwerk führten. Auf die Erfassung der Kategorie ‚Politik‘ durch diese Prozesse sei lediglich verwiesen. Nicht nur lud sich das aristotelisch-thomasische normative Verständnis statusräsonal-funktionalistisch auf, sondern, wie bereits anklang, der Status- wie der Politikbegriff spaltete sich seit um 1700 endgültig. „Die Politica sey eine Kunst, seinen Stand zu conserviren, klüglich zu regieren, alle impedimenta zu removiren und sich Freunde zu erwerben", die sich sowohl auf den „status privatus" als auch den „status publicus", also den im Entstehen begriffenen Staat im modernen Sinne, beziehe, weshalb von der „Privat-Politic" wie von der öffentlichen oder „Staats-Politic" gesprochen werden müsse, fasste um 1710 der Theologe und Jurist Nicolaus Hieronymus Gundling (1671–1729) diese Entwicklung zusammen. Doch dessen Versuch, Privat- und Staats-Politik in gleicher und gleichwertiger Weise systematisch abzuhandeln, ohne die gemeinsame Rahmung zu verlieren, scheiterte. Es sollte dann nicht mehr lange dauern, bis die „Staats-Politic" und die staatsbezogene Statusräson hegemonial wurden und die andere, soziokulturelle Statusräson verdrängten.[28]

---

28 Nicolaus Hieronymus Gundling: *Ausführlicher und mit illustren Exempeln aus der Historie und Staaten Notiz erläuterter DISCOURS über Weyl. Herrn D. Io. Franc. BUDDEI S. S. Th. Prof. Philosophiae practicae Part. III Die POLITIC.* Frankfurt, Leipzig 1733, S. 20–21; ders.: *Einleitung zur wahren Staatsklugheit. Aus desselben mündlichen Vortrag ehemals von aufmerksamen Zuhörern aufgezeichnet, itzo aber aus zuverlässigen Handschriften zusammengetragen und zum allgemeinen Gebrauche dem Druck überlassen.* Frankfurt, Leipzig 1751 [vertiefend, in gleichem Wortlaut]. Zu den frühesten und verbreitetsten Adaptionen zählt Andreas Rüdiger: *Klugheit zu leben und zu herrschen, nach dem Sinn und Lehr-Art eines wahrhafft hochgelahrten Mannes und mit eigenen Gedancken des Verfassers untermischet.* Leipzig 1722. Aus der Literatur vgl. Daniela Fischer: *Nicolaus Hieronymus Gundling (1671–1729). Der Blick eines frühen Aufklärers auf die Obrigkeit, die Gebildeten und die Gesellschaft seiner Zeit.* Trier 2003; Andreas Rüdiger: *Staatslehre und Staatsbildung. Die Staatswissenschaft an der*

Universität Halle im 18. Jahrhundert. Tübingen 2005; Wolfgang E. J. Weber: „Die Politica ist eine Kunst, seinen Stand zu conserviren, klüglich zu regieren, alle impedimenta zu removiren, und sich Freunde zu erwerben." Bemerkungen zur Transformation und zum Ende der frühneuzeitlichen deutschen Politikwissenschaft um 1700. In: *Kulturhermeneutik und kritische Rationalität. Festschrift für Hans-Otto Mühleisen zum 65. Geburtstag*. Hrsg. von Friedemann Maurer [u. a.]. Lindenberg 2006, S. 595–605.

Peter Heßelmann (Münster)

Grimmelshausen und die Gaisbacher Policey-Ordnung (1651)

I.

Mit dem Begriff ‚Policey' wurden in der Frühen Neuzeit zumeist die gute Ordnung und Verwaltung des öffentlichen Lebens bezeichnet.[1]

---

1   Zum Begriff ‚Policey' und zu Policey-Ordnungen sei hier nur summarisch verwiesen auf Franz-Ludwig Knemeyer: Polizei. In: *Geschichtliche Grundbegriffe. Historisches Lexikon zur politisch-sozialen Sprache in Deutschland.* Hrsg. von Otto Brunner, Werner Conze und Reinhart Koselleck. Bd. 4. Stuttgart 1978, S. 875–897; ders.: Polizeibegriffe in Gesetzen des 15. bis 18. Jahrhunderts. Kritische Bemerkungen zur Literatur über die Entwicklung des Polizeibegriffs. In: *Archiv des öffentlichen Rechts* 92 (1967), S. 154–180; Hans Maier: *Die ältere deutsche Staats- und Verwaltungslehre.* München ²1986, S. 74–91 u. 92–151; Michael Stolleis: *Geschichte des öffentlichen Rechts in Deutschland. Bd. 1. Reichspublizistik und Policeywissenschaft 1600–1800.* München 1988, S. 334–374; Peter Nitschke: Von der Politeia zur Polizei. Ein Beitrag zur Entwicklungsgeschichte des Polizei-Begriffs und seiner herrschaftspolitischen Dimensionen von der Antike bis ins 19. Jahrhundert. In: *Zeitschrift für historische Forschung* 19 (1992), S. 1–27; ders.: Die Polizierung aller Lebensbereiche: Sozialdisziplinierung und ihre polizeilichen Implikationen in der Prämoderne. In: *Die deutsche Polizei und ihre Geschichte. Beiträge zu einem distanzierten Verhältnis.* Hrsg. von Peter Nitschke. Hilden 1996 (Schriftenreihe der Deutschen Gesellschaft für Polizeigeschichte e. V. 2), S. 27–45; Karl Härter: Entwicklung und Funktion der Policeygesetzgebung des Heiligen Römischen Reiches Deutscher Nation im 16. Jahrhundert. In: *Ius Commune* 20 (1993), S. 61–141; ders.: Soziale Disziplinierung durch Strafe? Intentionen frühneuzeitlicher Polizeiordnungen und staatlicher Sanktionspraxis. In: *Zeitschrift für historische Forschung* 26 (1999), S. 365–379; Thomas Simon: *„Gute Policey". Ordnungsleitbilder und Zielvorstellungen politischen Handelns in der Frühen Neuzeit.* Frankfurt a. M. 2004 (Studien zur europäischen Rechtsgeschichte 170); Michael Stolleis: Die Polizei im frühmodernen Staat (15. bis 18. Jahrhundert). In: *Handbuch des Polizeirechts. Gefahrenabwehr – Strafverfolgung – Rechtsschutz.* Hrsg. von Matthias Bäcker, Erhard Denninger und Kurt Graulich. München ⁶2018, S. 2–10. Einen einführenden Überblick bietet Andrea Iseli: *Gute Policey. Öffentliche Ordnung in der frühen Neuzeit.* Stuttgart 2009.

Policey-Ordnungen waren als gesetzliche Regelungen Instrumente der Territorialherrscher und der freien Reichsstädte zur Etablierung und Konsolidierung der Ordnung des sozialen Lebens und der Wirtschaft sowie zur Bewahrung von Recht und innerem Frieden. Die Obrigkeiten orientierten sich bei der Normsetzung und Normdurchsetzung an dem von Theologie, Politik und Naturrechtslehre entwickelten Leitbild der guten Ordnung.[2] Die Vorschriften versuchten, alle Bereiche des öffentlichen Zusammenlebens zu regeln und beziehen sich auf das Gemeinwesen in seiner Gesamtheit, das heißt in politischer, sozialer, ökonomischer, sittlicher und religiöser Hinsicht. Derartige rechtlich verbindliche Normierungen gab es auch in agrarwirtschaftlich geprägten Regionen und engräumigen ländlichen Kommunen.[3]

Bevor näher auf die Gaisbacher Policey-Ordnung des Jahres 1651 eingegangen wird, die einen Einblick in eine kleinstaatliche frühabsolutistische Herrschaft im ländlichen Raum und in den Versuch des Wiederaufbaus der Ordnung in einer im Dreißigjährigen Krieg zerstörten Region bietet, ist die Situation Oberkirchs und Gaisbachs in der Mitte des 17. Jahrhunderts zu skizzieren.

Das Amt Oberkirch gehörte seit dem Beginn des 14. Jahrhunderts zum Bistum Straßburg. 1592 verpfändete Bischof Johann Georg von Brandenburg ein Drittel der Einkünfte des Amtes Oberkirch und Teile der Verwaltung an Herzog Friedrich I. von Württemberg. 1604 ging unter Bischof Karl von Lothringen das ganze Amt Oberkirch an Württemberg über. Die sog. württembergische Pfandherrschaft dauerte bis 1665, mit einer Unterbrechung von 1634 bis 1649. Die Stadt Oberkirch war Sitz der obersten Verwaltung der württembergischen Herrschaft,

---

2   Dazu Michael Stolleis: Was bedeutet „Normdurchsetzung" bei Policeyordnungen der frühen Neuzeit? In: *Grundlagen des Rechts. Festschrift für Peter Landau zum 65. Geburtstag*. Hrsg. von Richard H. Helmholz, Paul Mikat, Jörg Müller und Michael Stolleis. Paderborn 2000 (Rechts- und Staatswissenschaftliche Veröffentlichungen der Görres-Gesellschaft N. F. 91), S. 739–757, hier S. 752.

3   Dazu Michael Stolleis: Sich allweg dermaßen zu verhalten wie es einem aufrechten und redlichen Mitbürger zu tun gebührt und wohl ansteht. Ein württembergisches Dorfrecht von 1593. In: *Wirkungen europäischer Rechtskultur. Festschrift für Karl Kroeschell zum 70. Geburtstag*. Hrsg. von Gerhard Köbler und Hermann Nehlsen. München 1997, S. 1259–1273; Achim Landwehr: Policey vor Ort. Die Implementation von Policeyordnungen in der ländlichen Gesellschaft der Frühen Neuzeit. In: *Policey und frühneuzeitliche Gesellschaft*. Hrsg. von Karl Härter. Frankfurt a. M. 2000 (Ius Commune. Sonderheft 129), S. 47–70; ders.: *Policey im Alltag. Die Implementation frühneuzeitlicher Policeyordnungen in Leonberg*. Frankfurt a. M. 2000 (Studien zu Policey und Policeywissenschaft).

vertreten durch einen Amtmann. In den letzten drei Jahren des Dreißigjährigen Krieges hatten schwedische Soldaten das stark zerstörte Oberkirch besetzt. Nachdem die württembergische Pfandherrschaft über das
bischöfliche Amt Oberkirch mit ihrer Aufkündigung durch den Straßburger Bischof Franz Egon von Fürstenberg am 13. März 1663 und der
Zahlung von 400.000 Gulden beendet worden war, wurde der Bischof,
der nicht in der seit der Reformation protestantischen Reichsstadt Straßburg, sondern in der ca. 38 Kilometer nordwestlich gelegenen Stadt
Zabern residierte, 1665 wiederum Landesherr.[4] Zum bischöflich-straß-
burgischen Gebiet des Amtes Oberkirch gehörten sechs Gerichte (Äm-
ter): Renchen, Kappel, Sasbach, Oppenau, Ulm und Oberkirch. Die
Organe bischöflich-straßburgischer Stadtherrschaft bestanden aus dem
Zwölferrat, dem Schultheißen als Vorsitzenden des Zwölferrats, dem
Amtmann und aus Exekutivbeamten auf untergeordneter Verwaltungs-
ebene.[5] Nach dem Ende der Pfandherrschaft waren die bischöflichen
Obervögte die höchsten Beamten in Oberkirch.[6] Auch für das Amt
Oberkirch gab es in der Mitte des 17. Jahrhunderts vermutlich eine
Policey-Ordnung. Erwähnung finden allerdings nur vom Straßburger
Bischof Erasmus Schenk von Limburg (1541–1568) erlassene Poli-
ceyordnungen aus den Jahren 1549 und 1555.[7] Daneben hatten „Ver-

---

4   Heiner Boehncke, Hans Sarkowicz: *Grimmelshausen. Leben und Schreiben. Vom
    Musketier zum Weltautor.* Frankfurt a. M. 2011 (Die Andere Bibliothek 323),
    S. 380. Zur Geschichte der Verpfändung vgl. Manfred Eimer: Das bischöfliche Amt
    Oberkirch unter württembergischer Pfandherrschaft. In: *Zeitschrift für die Geschichte
    des Oberrheins* N. F. 42 (1929), S. 132–146; Hans-Martin Pillin: *Oberkirch. Die Ge-
    schichte der Stadt von den Anfängen bis zum Jahre 1803.* Oberkirch 1975, S. 56–86.
    Zur Geschichte Oberkirchs auch *Vom Fürstbischof zu Straßburg zum Markgraf
    von Baden: Herrschaft Oberkirch. 200 Jahre Säkularisation der rechtsrheinischen
    fürstbischöflichen Herrschaft Straßburg 1803–2003. 200 Jahre Ende der 500-
    jährigen fürstbischöflich-straßburgischen Herrschaft Oberkirch 1303–1803 durch
    Säkularisation. Begleitbuch zur Ausstellung. Heimat- und Grimmelshausenmu-
    seum Oberkirch 14. November 2003 – 7. Januar 2004.* Redaktion Carl Heinz Ciz.
    Oberkirch 2003. Zu Franz Egon von Fürstenberg und seiner Familie vgl. Esteban
    Mauerer: *Südwestdeutscher Reichsadel im 17. und 18. Jahrhundert. Geld, Reputa-
    tion, Karriere: Das Haus Fürstenberg.* Göttingen 2001 (Schriftenreihe der Histo-
    rischen Kommission bei der Bayerischen Akademie der Wissenschaften 66).
5   Pillin, *Oberkirch* (wie Anm. 4), S. 126–138.
6   Gustav Könnecke: *Quellen und Forschungen zur Lebensgeschichte Grimmelshau-
    sens.* Hrsg. im Auftrag der Gesellschaft der Bibliophilen von J. H. Scholte. 2 Bde.
    Weimar 1926–1928, Bd. 2, S. 3–4.
7   Pillin, *Oberkirch* (wie Anm. 4), S. 148.

ordnungen", „Marktordnungen" „Satzungen" und „Statuten" rechtliche Verbindlichkeit.

Gaisbach, bestehend aus Dorf und Tal, war im 17. Jahrhundert ein eigenständiges Territorium der freien Ortenauischen Reichsritterschaft und unterstand den Reichsfreiherren von und zu Schauenburg.[8] Dorf und Tal bildeten das Gericht Gaisbach. Aus einer schauenburgischen Kolligenda (Güterverzeichnis) des Jahres 1666 geht hervor, dass im Gericht Gaisbach etwa 40 Bürger lebten und von ca. 150 Einwohnern auszugehen ist.[9] Bürger hatten Abgaben („Burger Jahrgeldt") und „Ungeld" (Verbrauchssteuer) zu zahlen sowie 26 Tage pro Jahr Frondienste zu leisten.[10] Die Bewohner des Herrschaftsgebiets waren zum größten Teil Bauern, die eigene oder gepachtete Höfe hatten. Daneben gab es einige Handwerker und Tagelöhner. Der Schwerpunkt der landwirtschaftlichen Nutzung lag auf dem Acker- und Weinbau. Gaisbach kam 1806 an den Staat Baden und gelangte 1936 durch Eingemeindung an die Stadt Oberkirch.

II.

Grimmelshausen kehrte, nachdem er im Juli 1649 aus dem Militärdienst ausgeschieden war, nach Offenburg zurück und heiratete dort am 30. August. Am 7. September 1649 trat er die Stelle eines Schaffners bzw. Verwalters bei den Vettern Hans Reinhard († 1664) und Carl Bernhard (1625–1702) von Schauenburg in Gaisbach an.[11] Daneben wurde er als Schaffner des „Gemeinen Stammes" auch mit der Verwaltung der gemeinschaftlichen Familienangelegenheiten betraut und hatte darüber hinaus zu weiteren Mitgliedern der verzweigten Familie dienstliche Beziehungen. Der „Gemeine", also der gemeinsame Stamm bestand aus zwei Linien: der Luxemburger oder Harthartschen und der Ulrich-Dieboldschen Linie. Der Obrist Hans Reinhard von Schauenburg, ehemals Offenburger Stadtkommandant, wird für die Einstellung Grimmelshausens gesorgt haben, denn er hatte ihn als bewährten Mit-

---

8   Zur Geschichte Gaisbachs vgl. Pillin, *Oberkirch* (wie Anm. 4), S. 280–282.
9   Könnecke, *Quellen und Forschungen* (wie Anm. 6), Bd. 2, S. 4, Anm. 8.
10 Könnecke, *Quellen und Forschungen* (wie Anm. 6), Bd. 2, S. 4.
11 Dazu Könnecke, *Quellen und Forschungen* (wie Anm. 6), Bd. 2, S. 3–12.

arbeiter seines Regimentssekretärs Johann Witsch kennengelernt. Im letzten Kriegsjahr war Grimmelshausen Regimentssekretär im Regiment des Freiherrn Johann Burkhard von Elter gewesen, einem Schwager Hans Reinhards von Schauenburg.

Die Reichfreiherren Hans Reinhard und Carl Bernhard von Schauenburg stammten aus der Luxemburger oder Harthartschen Linie der Familie.[12] Claus von Schauenburg (1589–1655) und sein Sohn Philipp Hannibal (1624–1678) gehörten der protestantischen Gaisbacher Familienlinie der von Schauenburg (Ulrich-Dieboldsche Linie) an, die ebenfalls zum niederen Adel und keineswegs zur Machtelite des Heiligen Römischen Reiches Deutscher Nation zu zählen ist.[13] Claus von Schauenburg hatte während des Dreißigjährigen Krieges in Straßburg Zuflucht gesucht; erst 1649 zog er wieder nach Oberkirch, wo er bis zu seinem Tod 1655 „Senior" der Familie war, als Grimmelshausen seinen Dienst als Verwalter bei Hans Reinhard von Schauenburg antrat, dem Gaisbacher Mitgrundherrn Claus von Schauenburgs.[14]

Ab November 1650 war Grimmelshausen auch Schaffner des „Gemeinen" Stammes der reichsritterschaftlichen Familie Schauenburg und hatte damit einen Teil der Hoheitsrechte auszuüben.[15] Seine Haupttätigkeit bestand in der Verwaltung der zugehörigen Güter und der Einnahmen. Die Vertretung der gesamten Familie standen dem „Baumeister" und dem „Senior" zu. Der „Baumeister" war zuständig für die Fragen, die alle Schauenburger gemeinsam betrafen. Er scheint von allen erwachsenen Familienmitgliedern gewählt worden zu sein; als „Senior"

---

12 Zu Hans Reinhard von Schauenburg d. J. vgl. Ernst Batzer: Johann Reinhard von Schauenburg der Jüngere. (Der Verteidiger Offenburgs im 30jährigen Kriege und der Gönner Grimmelshausens). In: *Die Ortenau* 1–2 (1910–1911), S. 103–114; *Familiengeschichte der Reichsfreiherrn von Schauenburg.* Bearb. von Leg.-Rat Freiherrn Rudolf von Schauenburg. Hrsg. von Freifrau Bertha von Schauenburg. o. O. 1954, S. 225–227; Peter Heßelmann: Grimmelshausen – „gesellschaftlich alleingelassen"? Auf den Spuren seiner Gönner und Leser im 17. Jahrhundert. In: *Simpliciana* VIII (1986), S. 51–70, hier S. 51. Zu Carl Bernhard von Schauenburg vgl. Artur Bechtold: *Johann Jacob Christoph von Grimmelshausen und seine Zeit.* Heidelberg ²1919, S. 78.

13 Zur Genealogie der Familie der Reichsfreiherren, Reichsgrafen und Freiherren von Schauenburg und zu den verschiedenen Zweigen vgl. den Überblick über die Linien bei Jan Hendrik Scholte: *Probleme der Grimmelshausenforschung.* Groningen 1912, S. 125–140; Bechtold, *Grimmelshausen* (wie Anm. 12), S. 74–96 u. 219. Zu Claus und Philipp Hannibal von Schauenburg vgl. *Familiengeschichte* (wie Anm. 12), S. 132–134.

14 Bechtold, *Grimmelshausen* (wie Anm. 12), S. 77.

15 Könnecke, *Quellen und Forschungen* (wie Anm. 6), Bd. 2, S. 13–17.

wurde der jeweilige Älteste des Geschlechts bezeichnet.[16] Während Grimmelshausens Zeit als Schaffner hatte Hans Reinhard von Schauenburg die Würde des „Baumeisters" inne. „Senior" der gesamten Familie war bei Grimmelshausens Dienstantritt bis 1655 Claus von Schauenburg, danach ebenfalls Hans Reinhard. Dieser übte auf der Grundlage der Policey-Ordnung aus dem Jahr 1651 mit seinem Vetter Claus und nach dessen Tod mit dessen Sohn Philipp Hannibal die obrigkeitliche Gewalt in Gaisbach aus.

Im September 1660 schied Grimmelshausen nach elf Jahren aus dem Dienst der Familie von Schauenburg aus. Hauptgrund für die Kündigung durch die Dienstherren dürften die Schulden gewesen sein, die er lange gegenüber Hans Reinhard und Carl Bernhard von Schauenburg hatte und erst Jahre später beglich, indem er ihnen Grundstücke und Kapitalien aus seinem Besitz abtrat.[17] Von 1662 bis 1665 war Grimmelshausen als Schaffner für den Straßburger Mediziner Johannes Küffer auf der Ullenburg unweit von Gaisbach tätig. Danach betrieb er als Wirt zwei Jahre die Schenke „Zum Silbernen Stern" in Gaisbach, bevor er 1667 zum fürstbischöflich-straßburgischen Schultheißen von Renchen ernannt wurde. Dieses Amt hatte er bis zu seinem Tod am 17. August 1676 inne.

Als Bediensteter der regionalen Adelsherrschaft von 1649 bis 1660 in Gaisbach und als Beamter der fürstbischöflichen Verwaltung auf lokaler Ebene von 1667 bis 1676 in Renchen hatte Grimmelshausen vielfältige Aufgaben zu erfüllen, unter anderen Abgaben, Steuern und Zinsen einzutreiben, für deren Verteilung an die verschiedenen Empfangsberechtigten sowie für die Einhaltung der policeylichen Ordnung zu sorgen.

Infolge der Kriegseinwirkungen befand sich das Besitztum der Familie von Schauenburg bei Dienstbeginn Grimmelshausens – wie die gesamte Region um Oberkirch und Gaisbach – in einem desolaten Zustand. Wohngebäude, Stallungen und Verkehrswege waren größtenteils zerstört, Weiher abgegraben, Gärten, landwirtschaftliche Flächen und Mühlen nicht mehr nutzbar. Auch die Vieh- und Waldwirtschaft, der Weinbau und das Handwerk waren durch den Krieg weitgehend ruiniert.[18] Rodungen, Kultivierungen und Bauten wurden notwendig. Ge-

---

16   Könnecke, *Quellen und Forschungen* (wie Anm. 6), Bd. 2, S. 7.
17   Zum Ende des Schaffneidienstes Grimmelshausens vgl. Könnecke, *Quellen und Forschungen* (wie Anm. 6), Bd. 2, S. 152–167.
18   Bechtold, *Grimmelshausen* (wie Anm. 12), S. 76–77.

gen die verminderte Ertragsfähigkeit der Liegenschaften vorzugehen gehörte ebenso zu den vorrangigen dienstlichen Verpflichtungen des Schaffners wie die Lehens- und Vermögensverhältnisse zu klären und die Güterverwaltung zu ordnen. Es erforderte gewaltige Anstrengungen, um die in mehrfacher Hinsicht katastrophale Lage zu verbessern und die ökonomischen, finanziellen und sozialen Rahmenbedingungen zu regeln. Hinzu kam, dass eine Menge an komplizierten Neuberechnungen und eine akribische Rechnungsführung über Einnahmen und Ausgaben notwendig war, damit die in den Kriegsjahrzehnten entstandene Unordnung und Unsicherheit in Fragen nach den Besitzverhältnissen und rechtlichen Zuständigkeiten beseitigt werden konnten.[19] Zur Bewältigung der immensen Herausforderungen schien Hans Reinhard von Schauenburg in Grimmelshausen den geeigneten ‚Krisenmanager' gefunden zu haben.

III.

Die „gute Policey" war in der Frühen Neuzeit Gegenstand der Gesetzgebung. Im 16. Jahrhundert gab es drei große Reichspolicey-Ordnungen (1530, 1548 und 1577), die den Territorialherrschern und Reichsstädten als Vorgaben dienen sollten, an denen die Landespolicey-Ordnungen und städtischen Policey-Ordnungen sich orientieren konnten.[20] Zu den Ordnungen der lokalen Policey gehört die unsignierte Gaisbacher Policeyordnung aus dem Jahr 1651. Sie wurde bis auf die letzten zwei Absätze, die von Johann Preiner – Schaffner von Claus und später von Philipp Hannibal von Schauenburg – stammen, von Grimmelshausen geschrieben.[21] Der Einleitung folgen 22 thematisch zusammengefasste Abschnitte, die mit Überschriften versehen sind:

---

19 Bechtold, *Grimmelshausen* (wie Anm. 12), S. 77.
20 Matthias Weber: *Die Reichspolizeiordnungen von 1530, 1548 und 1577. Historische Einführung und Edition*. Frankfurt a. M. 2002 (Ius Commune. Sonderheft 146).
21 Bechtold, *Grimmelshausen* (wie Anm. 12), S. 77, Anm. 2. Eine Reproduktion der „Copia Geißbacher Pollicey-Ordnung. 1651" ebd., S. 223–234. – Der Text wird im Folgenden nach der Edition von Bechtold mit Sigle *GPO* und Seitenangabe in runden Klammern zitiert. Er wurde auch in der erst 1928 erschienenen Darstellung Könneckes mit der Überschrift „Gaisbacher Polizeiordnung. 1651" veröf-

Erstlich von Gotteslästern.
Vom Würth und Gästen.
Von Verschwenden.
Von ungerechten Gewichten, Moßen, Wogen und Meßen.
Von Verwunden, Bluetrünsen, Schlagen, und anderer zugefügter Beschedigung.
Von Schmehwortten.
Vom Werffen.
Fridbruch.
Von Beherbergen.
Von Rotten.
Von zufüegenten Schaden.
Von Abdingung des Gesindtes.
Von Gewehr und Schießen.
Von Marcksteinen und Lochboümen.
Von Stattung der Urttel.
Von außlendischen Gericht.
Von Meineiderey.
Wie man zu Gericht sietzen und es mit andern Stucken beim Gericht gehalten
werden soll.
Burger-Eydt. Juramentum.
Der Zeügen Eydt.
Deß Schultheysn Eydt wegen deß Sigills.
Ayd der Gerichts Mann. Juramentum

Es handelt sich um eine Rechtsgrundlage, in der die Normen einer Policey-Ordnung mit einer Gerichts-Ordnung kombiniert werden. In der Einleitung nennen sich Hans Reinhard und Claus von Schauenburg als Initiatoren der Gaisbacher Policey-Ordnung. Nach den Kriegsjahrzehnten war ihre Intention die Restitution der alten Ordnung, mit der den als chaotisch empfundenen ökonomischen und sozialen Verhältnissen sowie dem Ungehorsam der Untertanen begegnet werden sollte, um wiederum ein gottgefälliges Regiment zu errichten. Damit diente die Policey-Ordnung nicht zuletzt der Sozialdisziplinierung. Die Obrigkeit wendet sich einleitend direkt an ihre Untergebenen als Adressaten:

> Demnach ihnen allen selbst meher alß genugsam bekandt, waß maßen durch das langwirige Kriegesweßen alle guete, löbliche und wohlhergebrachte, erbare Ordnungen gleichsam in eine Ohnordnung, Zuerrittung und Vergeß khommen [...], derohalben ich Hannß Rheinhardt alß Baumeister, und ich Clauß, beide von und zue Schawenburg, alß dißmalige dießes Orths Obrigkeit, bey dißem nunmehr Gottlob lang erwünschten Friden verursacht worden, Unserer Vorel-

fentlicht. Vgl. Könnecke, *Quellen und Forschungen* (wie Anm. 6), Bd. 2, S. 278–285. Dazu auch Boehncke, Sarkowicz, *Grimmelshausen* (wie Anm. 4), S. 306–313.

tern löbliche Gott wohlgefehlige und wohlhergebrachte, erbare Ordnung wiederumb herforzusuchen, dardurch die bißanhero verübte Mißbraüch, Ohngehorsamb und allerhand Ohnordnung abgeschafft werden, hergegen zue der Ehr Gottes guetes Regiment gepflanzet werde, so befehlen und gebieden Würr Eüch allen, auch jeden insonderheit, so in dießer Unßerer Jurisdiction wohnen, nachvolgende Puncten und Articul, bey Peen und Besserung darin begriffen, vestiglich zu halten [...]. (*GPO* 223)

Wie in vielen Policey-Ordnungen der Frühen Neuzeit üblich, steht die Gotteslästerung an oberster Stelle bei den Vergehen. Wenn man Hans Reinhard und Claus von Schauenburg Glauben schenken darf, dann war Blasphemie offenbar auch im Dorf und Tal Gaisbach verbreitet:

Und weilen dan Gottes Ehr vor allen Dingen bedrachtet werden soll, und aber Gottslestern als ein frevffentliche Sündt und ein großer Greüel vor Gott [...] darzu in beiden geistlichen und weltlichen Rechten zum Höchsten verbotten, solches aber leider bey vielen Jungen und Alten gröslich in Windt geschlagen und veracht würdt, alß haben Würr Gott dem Allmächtigen zum Lob und Ehren, auch Abschaffung solches Lastern nachvolgente Puncten und Ordnung vorgenommen [...]. (*GPO* 223)

Bei Gotteslästerung, Verfluchen der heiligen Maria und Verachtung der Sakramente wird eine Geldstrafe in Höhe von fünf Schilling angedroht. Derjenige Täter, der trotz Bestrafung keine Besserung zeige, habe mit einer höheren Geld- oder gar einer Leibesstrafe zu rechnen. Gotteslästerung wurde in frühneuzeitlichen Policey-Ordnungen nicht nur als Missachtung christlicher Verhaltennormen aufgefasst, die den Zorn Gottes evozierte, sondern auch als Affront gegen das politische Herrschaftssystem, das sich seinem Selbstverständnis nach durch die göttliche Instanz legitimierte.[22]

Als Gastwirt war Grimmelshausen vom Passus „Vom Würth und Gästen" direkt betroffen. Unter anderem wurde die Sperrstunde in der Regel auf 21.00 Uhr festgesetzt und vorgeschrieben, dass ein Wirt den Schankwein in erster Linie bei der Obrigkeit, also bei der Familie Schauenburg, zu kaufen habe. Gläser und Kannen mussten geeicht sein und wenn sich zu wenig Wein im Glas oder im Krug befand, war eine Strafgebühr fällig. Falls ein Gaisbacher heirate, habe das Hochzeitsmahl, auch wenn die Ehefrau keine Einheimische war, in einem Wirts-

---

22   Vgl. Matthias Weber: „Anzeige" und „Denunciation" in der frühneuzeitlichen Policeygesetzgebung. In: *Policey und frühneuzeitliche Gesellschaft.* Hrsg. von Karl Härter. Frankfurt a. M. 2000 (Ius Commune. Sonderheft 129), S. 583–609, hier S. 597.

haus zu Gaisbach stattzufinden. Ein Gast, der vorsätzlich Gläser, Kannen oder Teller zerschlägt oder Brot und Wein „verunehrt", müsse dem Wirt den Schaden ersetzen und zusätzlich eine Geldstrafe zahlen (*GPO* 224). Alle eingenommenen Strafgelder sollten in die gemeinsame Kasse des „Gemeinen" Stammes der Familie Schauenburg fließen.

Derjenige, der Ehefrau und Kind betteln schicke oder seine Gläubiger nicht bezahle, jedoch in Wirtshäusern prasse, spiele und andere „Uppigkeit" treibe, der solle mit Gefängnishaft oder Zwangsarbeit bestraft werden (*GPO* 224). Für die Nutzung von manipulierten Gewichten, Waagen, Längen- und Hohlmaßen war eine Geldstrafe obligatorisch (*GPO* 225).

Im Fall von Schlägereien gab es – je nach Schwere der zugefügten Verletzung – differenzierte Strafmaße (*GPO* 225). Wurde jemand durch geworfene Gegenstände versehrt, so hatte der Täter mit Bestrafung zu rechnen. Zückte jemand ein Messer, stach jedoch nicht zu, dann wurde als Strafe ein Pfund angesetzt. Bei Verwundung war der Strafbetrag je nach Blessur höher (*GPO* 226). Wer andere zur Lüge anstiftete, hatte zwei Schillinge zu zahlen (*GPO* 225). Auch Verleumdungen, Schmähungen und üble Nachrede gegenüber der Obrigkeit, dem Gericht und anderen Personen wurden mit Geldstrafen geahndet (*GPO* 225–226).

Bei Streitigkeiten sollten Mitbürger zunächst versuchen zu schlichten. Misslang die Schlichtung, waren die Streitenden gefangen zu nehmen und der Obrigkeit zu übergeben. Wurde von den Delinquenten der durch die Obrigkeit oder den Schultheißen gebotene Friede weiterhin gebrochen, so stand eine Geldstrafe an. Bei grobem „Frevel" und „Malefitzdathen" sollte eine Inhaftierung erfolgen (*GPO* 226). Das Zusammenrotten – womöglich in aufrührerischer Absicht – war „bey Verliehrung Ehr, Leib, Hab und Gueth" verboten (*GPO* 226). Kein Untertan dürfe dem anderen Schaden, etwa durch Diebstahl, zufügen (*GPO* 226). Es war auch nicht erlaubt, Vieh auf den Wiesen der Nachbarn grasen zu lassen. Dementsprechend sei für die Instandhaltung der Zäune und Gehege zu sorgen (*GPO* 227). Der Schaffner – Grimmelshausen – solle einen Zuchtstier halten, ihm dazu eine Wiese übertragen und von jedem Bürger pro Kuh und Jahr ein Geldbetrag gegeben werden (*GPO* 227). Niemand dürfe einem anderen Arbeitskräfte vor Ablauf der getroffenen Arbeitsvereinbarung abhandeln oder abspenstig machen (*GPO* 227).

Bettlern solle in der Regel nicht länger als eine Nacht Unterkunft gewährt werden. Fremdes Gesindel dürfe allenfalls zwei Tage beherbergt werden und sei der Obrigkeit zu melden (*GPO* 226). Nichtsesshafte und Umherreisende wurden auch in anderen Policey-Ordnungen als gefährliche Störer der öffentlichen Sicherheit und als schädlich für die Wirtschaft angesehen.[23]

Den Untertanen war es erlaubt, Feuerwaffen zu besitzen und im Notfall zu gebrauchen. Ein Gewehr, Pulver und 20 Kugeln konnte man auch von Hans Reinhard von Schauenburg erhalten. Bei Aufgabe des Bürgerrechts durch Wegzug seien Waffe, Pulver und Munition zurückzugeben. Ein Verlust sei der Obrigkeit zu ersetzen. In der Policey-Ordnung wird ausdrücklich darauf hingewiesen, dass das Jagdrecht ausschließlich der adligen Herrschaft vorbehalten sei (*GPO* 227). Fehlende, zerstörte und veränderte Grenzsteine und -bäume waren zu melden. Strafbar war das Fällen junger Bäume ohne Erlaubnis (*GPO* 228).

Dem Gericht in Gaisbach stand der für die Familie von Schauenburg tätige Schultheiß vor. Es war laut Policey-Ordnung seine Pflicht, dafür zu sorgen, dass die Urteile vollstreckt und verhängte Bußgelder innerhalb von acht Tagen bezahlt wurden. Bei Nichteinhaltung hatte er zusätzliche Geldstrafen zu erheben. Der Schultheiß, der über das Eichmaß und -gewicht verfügte, musste einmal monatlich beim Wirt und anderen Betroffenen Maße und Gewichte kontrollieren (*GPO* 228).

Es wurde den Rebleuten untersagt, Bohnen in den Reben anzubauen, da ansonsten mit Schäden für den Weinbau zu rechnen sei (*GPO* 228). Mit Befremden wird in der Policey-Ordnung vermerkt, dass die Einnahmen der Gemeinde „auf einmahl verfressen und versoffen" wurden und dabei „meistentheyls Ohngelegenheit" entstehe (*GPO* 229). Fortan solle der Schultheiß alles, was der Gemeinde zufalle, zunächst an sich nehmen, Einnahmen und Ausgaben jährlich gegeneinander aufrechnen, den Überschuss mehrere Jahre ansparen und „der Gemein zum Nutzen" zukommen lassen, etwa zum Errichten eines gemeinschaftlich zu nutzenden Gebäudes (*GPO* 229).

Den Untertanen, die sich „zue den Meßen […] zimblich schlecht einstelen" (*GPO* 229), wird befohlen, die 1623 vom Kaiserlichen Reichs-Generalfeldmarschall Hannibal von Schauenburg erbaute Kirche in Gaisbach an Sonn- und Feiertagen zum Gottesdienst aufzusuchen. Bei unbegründetem Fernbleiben müsse zur Strafe ein halbes Pfund Kerzenwachs abgegeben werden. Es wurde den Untertanen freigestellt, an der Messe in Oberkirch oder in einem anderen Ort teilzunehmen. Grimmelshausen war als Schaffner der Familie Schauenburg

---

23   Weber, „Anzeige" und „Denunciation" (wie Anm. 22), S. 583–609, hier S. 602. Dazu auch Michael Stolleis: Bettler, Vaganten und Gaukler in pfälzischen „Policeyordnungen". In: *Mannheimer Geschichtsblätter* N. F. 2 (1995), S. 105–114.

auch für die Verwaltung der Kapelle St. Georgii in Gaisbach zuständig.[24]

Es gab in Gaisbach seit längerer Zeit Hintersassen, also Einwohner, die nicht das volle Bürgerrecht hatten. Diejenigen Hintersassen, die
bereits über mehrere Jahre in der Gemeinde ansässig waren, sollten sich
nun endlich dazu entschließen, das Bürgerrecht zu erlangen, was mit
der Zahlung von Steuern einherging. Anderenfalls hatten sie innerhalb
von drei Wochen das Territorium zu verlassen. Künftig werde es nie-
mandem gestattet sein, sich mehr als sechs Monate als Hintersasse in
Gaisbach aufzuhalten (*GPO* 229). Zum Zusammenrufen aller Bürger
und Hintersassen aus Dorf und Tal solle die kleinste Kirchenglocke
geläutet werden. Jedem Untertanen, der das Signal ignoriere, wurden
zwei Schilling Strafe angedroht (*GPO* 229).

Es war keinem Bürger und Hintersassen erlaubt, sich an ein Gericht außerhalb des Gaisbacher Territoriums zu wenden. Auch durfte
kein Untertan ohne vorherige Genehmigung durch die Obrigkeit, den
Schultheißen oder Schaffner vor einer auswärtigen Justiz erscheinen.
Zudem bestand die Möglichkeit, sich durch die Obrigkeit, den Schultheißen oder Schaffner vor exterritorialen Gerichten vertreten zu lassen
(*GPO* 230). Ein Meineidiger hatte in Gaisbach mit dem Verlust der
beiden Schwurfinger und mit Ausweisung zu rechnen. Sollte das Gericht Gnade walten lassen, dann sei eine Geldstrafe in Höhe von zehn
Pfund, verbunden mit einer auf zehn Jahre befristeten Exilierung und
vorheriger Zahlung von gegebenenfalls vorhandenen Schulden, anzusetzen (*GPO* 230).

Bei Aufnahme neuer Bürger und Hintersassen war es Pflicht des
Schaffners, den Neuankömmlingen die Policey-Ordnung in Gegenwart
des Schultheißen zu verlesen und sie darauf schwören zu lassen. Sooft
jemand etwas aus dieser Rechtsgrundlage zu wissen begehre, habe der
Schaffner ihm den Text vorzulesen, damit bei Übertretungen niemand
Unkenntnis vorschützen könne (*GPO* 230).

Da es nicht notwendig sei, dass ein Angehöriger der Obrigkeit allen Gerichtssitzungen beiwohne, könnten die beiden Schaffner der Familie Schauenburg neben dem Schultheißen die Obrigkeit vertreten. Bei
Beschwerden und Widersprüchen nach Gerichtsurteilen war es möglich, sich an die Obrigkeit zu wenden. Unentschuldigtes Nichterschei-
nen und Verspätung eines Richters und anderer geladener Personen
zogen Geldstrafen nach sich (*GPO* 231). Jeder Untertan, der von ihm

---

24 Könnecke, *Quellen und Forschungen* (wie Anm. 6), Bd. 2, S. 18–19.

wahrgenommene Vergehen und Beschimpfungen, Flüche, Zücken von Messern und Schlägereien nicht anzeige, habe mit einer Geld- und Leibesstrafe zu rechnen. Damit wurde die der Verhaltenskontrolle dienende Denunziation zur gesetzlich verankerten Verpflichtung.[25]

Ein neu eingeführtes Gerichtssiegel befand sich in der Obhut des Schultheißen (*GPO* 232). Allen an der Jurisdiktion in Gaisbach beteiligten „Gerichtsleuthen", auch dem Schultheißen und Schaffner, wird unter Hinweis auf geleistete Eide und bestehende Pflichten befohlen, nicht gegen die in der Policey-Ordnung genannten Bestimmungen zu verstoßen, sondern sie vielmehr zu befolgen (*GPO* 232).

Am Schluss der Policey-Ordnung befinden sich die Texte des Bürgereids, des Zeugeneids, des Schultheißeneids hinsichtlich des Siegels und des Eids der Gerichtsleute (*GPO* 233–234). Beim Bürgereid werden Hans Reinhard und Claus von Schauenburg namentlich als Herrschaftsträger in Gaisbach genannt. Mit dem Zeugeneid wird geschworen, vor Gericht die Wahrheit zu sagen. Der Schultheißeneid legt den Schultheiß auf den rechten Umgang mit dem Siegel fest. Die Gerichtsleute beeiden ihre Verschwiegenheit und Aufrichtigkeit sowie ihren Willen, der Gerechtigkeit gemäß richten und urteilen zu helfen.

Über verhängte Strafen ist nur wenig bekannt. In den erhaltenen Schaffneirechnungen wird lediglich eine Zahlung von Strafgeld erwähnt.[26] Einer Rechnung des Jahres 1654/55 zufolge hatte ein Untertan ihm nicht gehörende Nüsse aufgelesen und dafür eine Strafe gezahlt.[27] Ein anderes Verfahren, die Bestrafung wegen angeblich widerrechtlicher Annahme einer Belohnung für den Fund eines verlorenen Wertgegenstandes, wurde eingestellt.[28] Nach einem Eintrag in einem 1653 begonnenen Manual des Schaffners Johann Preiner hatten ein Gaisbacher Untertan und seine Frau einen von einer Person aus Straßburg verlorenen Ring gefunden und sich als Finderlohn rechtswidrig einen Reichstaler geben lassen. Das schauenburgische Frevelgericht, in dem Grimmelshausen als Vertreter Hans Reinhards auftrat, entschied, dass

---

25   Vgl. Weber, „Anzeige" und „Denunciation" (wie Anm. 22), S. 583–609.

26   Möglicherweise befinden sich in den nicht bekannten Rechnungsbüchern des Gemeinen Stammes der Familie Schauenburg entsprechende Einträge. So eine Vermutung von Könnecke, *Quellen und Forschungen* (wie Anm. 6), Bd. 2, S. 15, Anm. 4.

27   Könnecke, *Quellen und Forschungen* (wie Anm. 6), Bd. 2, S. 15, Anm. 4.

28   Könnecke, *Quellen und Forschungen* (wie Anm. 6), Bd. 2, S. 15.

das Geld dem Schaffner als Kassenführer des „Gemeinen" Stammes der Familie auszuhändigen war.[29]

IV.

Um die für das Funktionieren eines Gemeinwesens notwendige Policey und die Etablierung bzw. Konsolidierung der guten Ordnung geht es auch – neben zahlreichen weiteren Themen – in einem von Claus von Schauenburg um 1638 verfassten und von seinem Sohn Philipp Hannibal 1670 herausgegebenen politischen Traktat mit dem Titel *Teutscher Friedens-Raht*.[30] Da Grimmelshausen als Verwalter für die Familie von Schauenburg tätig war, wird das Werk in der Forschung seit langem mit dem simplicianischen Erzähler in Verbindung gebracht. Es gilt als sicher, dass er an der Veröffentlichung des Buches mitgewirkt hat.[31] Er

---

29 Könnecke, *Quellen und Forschungen* (wie Anm. 6), Bd. 2, S. 15–16, Anm. 5.

30 Claus von und zu Schauenburg: *Teutscher Friedens-Raht. Kommentierte Edition der von Hans Jacob Christoffel von Grimmelshausen redigierten Ausgabe von 1670.* Hrsg. von Dieter Breuer, Peter Heßelmann und Dieter Martin. Stuttgart 2014 (Bibliothek des Literarischen Vereins in Stuttgart 348). – Der Text wird im Folgenden mit Sigle *TFR* und Seitenangabe der Neudition in runden Klammern zitiert.

31 Scholte, *Probleme* (wie Anm. 13), S. 132–135; Bechtold, *Grimmelshausen* (wie Anm. 12), S. 89; Könnecke, *Quellen und Forschungen* (wie Anm. 6), Bd. 1, S. 245, Anm. 1; Bd. 2, S. 163 u. Handschriftenprobe Nr. 15; Manfred Koschlig: *Grimmelshausen und seine Verleger. Untersuchungen über die Chronologie seiner Schriften und den Echtheitscharakter der frühen Ausgaben.* Diss. Berlin 1939 (Palaestra 218), S. 239–246; Günther Weydt: *Hans Jacob Christoffel von Grimmelshausen.* Stuttgart ²1979 (Sammlung Metzler 99), S. 35–36 u. 47. Zum *Friedens-Raht* auch Dieter Breuer: *Grimmelshausen-Handbuch.* München 1999 (UTB für Wissenschaft 8182), S. 240–243; Walter E. Schäfer: Die Wiederentdeckung des „Teutschen Friedens-Rahts" im Jahr 1777. In: *Simpliciana* XXIV (2002), S. 259–264; Helga Brandes: Das ökonomische Wissen zur Zeit Grimmelshausens im Spiegel der Ökonomiken, auch mit Blick auf den „Teutschen Friedens-Raht". In: *Simpliciana* XXVI (2004), S. 283–296; Peter Heßelmann: Einleitung. In: Claus von und zu Schauenburg, *Teutscher Friedens-Raht* (wie Anm. 30), S. IX–XXV; ders.: Fiskalpolitik in Claus von und zu Schauenburgs „Teutschem Friedens-Raht". Mit einem Blick auf Grimmelshausen. In: *Simpliciana* XL (2018), S. 109–129; Eric Achermann: Barockökonomie. Zur Therapie des politischen Körpers. In: *Simpliciana* XL (2018), S. 87–108, hier S. 100, 103–104.

dürfte das im Besitz der Familie von Schauenburg befindliche Manuskript im Auftrag von Philipp Hannibal von Schauenburg redigiert und für die Veröffentlichung durch die Straßburger Druckerei von Johann Wilhelm Tidemann gesorgt haben.

Im *Friedens-Raht*, einem Werk über – wie es in der Widmung heißt – „die Regirungs-Kunst und edelste Klugheit einen Staat zu *guberniren*" (*TFR* 3), werden volkswirtschaftliche und sozialpolitische Themen ebenso Gegenstand des Diskurses wie verwaltungsorganisatorische Aspekte. Das Kompendium beschäftigt sich laut „Vorrede an den Leser" mit der zentralen Frage „wie nemblich ein durch Krieg verderbtes Land/ durch gute Friedens-anstalten und erspießliche Regierung wieder auffzubringen sey." (*TFR* 7) Es soll zeigen, „wie Herren und Underthanen/ in gutem vernehmen/ das Land in verbessertem auffnehmen/ und die Regierung in Gott gefälliger verwaltung bestehen mögen" (*TFR* 7). Daher könne man das dem Gemeinwohl dienende Handbuch eine „Teutsche *POLITICAM*, oder Regenten-Kunst" nennen (*TFR* 7–8). Die Abhandlung richtet sich in erster Linie an politisch, ökonomisch und sozial verantwortliche Standesherren und an deren Verwaltungsbeamte. Sie stellt kein großangelegtes, systematisches Lehrgebäude einer ‚Politica generalis' bereit, sondern eher ein für die tägliche Praxis eines Beamten bestimmtes Handbuch mit ausgebreitetem Wissen über Politik und Verwaltung, Ökonomie und Finanzen. Der *Friedens-Raht* vermittelt mit Blick auf eine kleinstaatliche frühabsolutistische Herrschaft den sozialpolitischen und ökonomisch-fiskalischen Diskussionsstand des 16. und der ersten Jahrzehnte des 17. Jahrhunderts. Das von Dieter Breuer als „Politik-Lehrbuch"[32] bezeichnete Werk beschreibt insbesondere die sozialpolitische Situation, wie sie in der Nachkriegszeit sein sollte. Es umreißt unter anderem den Wirkungskreis von Behörden, wendet sich mit Empfehlungen an Handwerker und Gewerbetreibende, nennt Rechte und Pflichten der Fürsten und setzt sich mit der Erhebung von Steuern und Abgaben auseinander. Immer stehen Gemeinwohl und gute Ordnung als Leitbilder im Mittelpunkt der Überlegungen.[33] Die Landwirtschaft gilt als Basis für den Wiederaufbau des Staatswesens nach Ende des Dreißigjährigen Krieges. Somit seien die Kultivierung

---

32   Breuer, *Grimmelshausen-Handbuch* (wie Anm. 31), S. 240.

33   Ein Beispiel sei zitiert: „DIweil nicht allein dem Fürsten/ sonder auch seinem gantzen Land/ hoch und viel daran gelegen/ daß zu auffnamb deß gemeinen Wesens/ gute ordnung im Land angericht/ und darüber gehalten werde [...]." (*TFR* 23)

des Ackerlandes und der Ausbau der Fruchtwirtschaft zentrale Aufgaben der Landespolitik.

In dem Regierungs- und Verwaltungshandbuch ist die Tendenz erkennbar, Landesherren zu gemäßigtem Verhalten gegenüber Untertanen aufzurufen und an entsprechende Herrschertugenden zu gemahnen. Die Zufriedenheit des Volkes wird als Voraussetzung und Garant für das Florieren der Wirtschaft eingeschätzt. Ökonomische und steuerliche Ausbeutung sowie politische Unterdrückung der Landeskinder sollen einem klugen, gütigen, gottesfürchtigen und auf soziale Harmonie bedachten Staatsmann als kontraproduktiv für den anzustrebenden allgemeinen Wohlstand erscheinen. Gerechtigkeit, Rechtsstaatlichkeit und Rechtssicherheit dürfen ebenso nicht fehlen wie Fürsorge und Humanität, um Aufruhr und Bürgerkriege zu verhindern. Zu den Leitvorstellungen gehört die Idee eines patriarchalen Regiments, in dem der Landesvater für das Wohlergehen und den Schutz seiner Landeskinder im Sinne des Gemeinwohls Sorge trägt und sich nicht am Eigennutz orientiert.[34] Immer stellt das Kriterium des „gemeinen nutzens" (*TFR* 146) – neben dem Prinzip der *necessitas rei publicae* – eine wichtige ordnungspolitische Norm im *Friedens-Raht* dar.[35]

Zahlreiche Themen, die im *Friedens-Raht* behandelt wurden, waren auch Gegenstand zeitgenössischer Policey-Ordnungen. Zu den Quellen, die im *Friedens-Raht* kompiliert werden, zählen Regimentstraktate, die schon in ihren Titeln auf die Policey Bezug nehmen, etwa Giovanni Boteros *Gründlicher Bericht/ Von Anordnung guter Policeyen vnd Regiments: auch Fürsten vnd Herren Stands* (Straßburg 1596), Melchior von Osses *Prvdentia Regnativa [...] Allen Regenten/ dero Räthen vnd Dienern zu Anordnung ihrer Regierung vnd guter Policey zuwissen* (Frankfurt a. M. 1607) und Christian Warner Friedtliebs *Prudentia Politica Christiana, Das ist: Beschreibung einer Christlichen/ Nützlichen und guten Policey* (Goslar 1614).[36]

---

34 Dazu Winfried Schulze: Vom Gemeinnutz zum Eigennutz. Über den Normenwandel in der ständischen Gesellschaft der frühen Neuzeit. In: *Historische Zeitschrift* 243 (1986), S. 598–625.

35 Zur Maxime des „Gemeinnutzens" in frühneuzeitlichen Regimentstraktaten vgl. Brita Eckert: *Der Gedanke des Gemeinen Nutzens in der lutherischen Staatslehre des 16. und 17. Jahrhunderts*. Diss. Frankfurt a. M. 1976.

36 *TFR* 46, 13. – *TFR*, Kommentar, S. 204. Vgl. Melchior von Osse: *Prvdentia Regnativa, Das ist: Ein Nutzliches Bedencken/ ein Regiment/ so wol in Kriegs als Friedens Zeiten/ recht zu bestellen/ zu verbessern vnd zu erhalten: Allen Regenten/ dero Räthen vnd Dienern zu Anordnung ihrer Regierung vnd guter Policey*

Der Begriff Policey fällt mehrfach bei Claus von Schauenburg. Beispielsweise beruft er sich auf eine „Policey-ordnung" aus dem Jahr 1555, wenn er sich für die Ausweisung von fahrendem Volk und herumstreifenden Soldaten ausspricht: „So seind auch die Vagirer/ die herrenlose Soldaten/ und ander dergleichen Gesind nicht zu gedulden/ wie auß der in Anno 1555. auffgerichter Policey-ordnung/ zu sehen ist." (*TFR* 14)[37] Im Sinne des Gemeinwesens und der Schaffung sowie Aufrechterhaltung der guten Ordnung, von Ruhe und Frieden empfiehlt Schauenburg den Landesherren, ein „Consilium Provinciale" unter anderen mit zwei Juristen zu besetzen,

> [...] die das Land nicht allein mit einer guten Policey-ordnung versehen/ sondern in wichtigen Händeln dem Fürsten mit raht und that beyspringen/ damit Fried und ruhe erhalten/ und das Regiment wohl geführet werde; Derowegen dieses consilium nach dem Consistorio anderen billich vorzuziehen/ dieweil darauff deß gantzen Lands wohlfahrt beruhet/ daß dasselbe wohl bestellet werde/ damit dardurch zucht/ gehorsamb und ehrbarkeit under den Underthanen nach GOttes Gebott/ und geschriebenen Rechten/ auch vermög deß Röm. Reichs publicirten und außgegangenen Mandaten und Abschieden/ wie ingleichem nach den Chur- und Fürstlich revidirten Statuten und Gesätzen/ nutzliche Policey und Ordnung gemacht und darüber gehalten werde [...]. Ein neue Policeyordnung/ Item Kleides/ Hochzeit/ und Kindertauff/ Feur/ Mühlordnung/ findet man bey Lohneisen. (*TFR* 23)

Schauenburg bezieht sich hier auf Georg Engelhard von Löhneysens *Avlico Politica* (Remlingen 1622) und verweist auf eine dort abgedruckte Policey-Ordnung als Modell.[38]

Im Zusammenhang mit der Einführung von Zöllen lenkt Schauenburg auf einen Passus in der „reformirten Policey-Ordnung" (*TFR* 102) Kaiser Sigismunds. Damit dürfte die von einem unbekannten Verfasser

---

zuwissen. [...] Anno 1555. beschrieben: jetzo erst in Truck gefertiget. [...] Frankfurt a. M. 1607. – *TFR* 26, Kommentar, S. 193–194. Zu Osse vgl. Stolleis, *Geschichte des öffentlichen Rechts in Deutschland*. Bd. 1 (wie Anm. 1), S. 347–348. – Christian Warner Friedtlieb: *Prudentia Politica Christiana, Das ist: Beschreibung einer Christlichen/ Nützlichen und guten Policey/ wie dieselbe beschaffen sein solle* [...]. Goslar 1614. – TFR 158, Kommentar, S. 265.

37   Die „Reichspolizei-Ordnung" wurde 1530 erstmals verabschiedet und 1548 und 1577 erneuert. Vgl. Weber, *Die Reichspolizeiordnungen von 1530, 1548 und 1577* (wie Anm. 20). Der Augsburger Reichstag 1555 beschloss u. a. die Reichsexekutionsordnung. – *TFR*, Kommentar, S. 187.

38   Vgl. Georg Engelhard von Löhneysen: *Avlico Politica* [...]. Remlingen 1622, S. 263–295. – *TFR*, Kommentar, S. 192–193. Zu Löhneysen vgl. Stolleis, *Geschichte des öffentlichen Rechts in Deutschland*. Bd. 1 (wie Anm. 1), S. 351–352.

stammende, erstmals 1439 verbreitete *Reformatio Sigismundi* gemeint sein, in der es um eine umfassende Reform von Kirche und Staat ging.[39] Beim unstatthaften Verkauf von aus Bierhefe hergestelltem Branntwein rekurriert Schauenburg auf einen entsprechenden Passus in *Der Statt Straßburg Policey-Ordnung* (Straßburg 1628) (*TFR* 115).[40] Als es um das Vorgehen gegen Gotteslästerung und Kleiderpracht geht, führt er die Frankfurter *Policey-Ordnung* von 1577 an (*TFR* 132, 143). Grimmelshausen dürfte aufgrund seiner Partizipation bei der Redigierung und Veröffentlichung des *Friedens-Rahts* mit allen dort ausgeführten ordnungspolitischen Vorstellungen vertraut gewesen sein.

In seinem Amt als Schultheiß von Renchen berief er sich 1673 argumentativ auf die „Policey". Grimmelshausen schrieb an seinen obersten Dienstherrn Bischof Franz Egon von Fürstenberg und wandte sich mit Nachdruck gegen die nahezu alleinige Kostenübernahme für den Durchzug und die Einquartierung von sechs Kompanien des kaiserlichen Kavallerieregiments von Schneidau unter dem Kommando des Obristleutnants Gondela durch die Gemeinde Renchen. Zusätzlich forderte Gondela eine Summe von 600 Gulden.[41] Grimmelshausen bat um eine gleichmäßige Kostenteilung unter den Orten Saßbach, Oberkirch, Oppenau, Kappel, Ulm und Renchen. Das sei nicht nur den „Rechten und Vernunfft-Gemeß",

> [...] Sondern es gibt auch solches die wahre Policey, damit nit Ein ordt durch so schwere ohnerschwingliche lässte gantz Verderbt und Gnädigster Herrschaft zu untüchtigen Underthanen gemacht werde [...].[42]

---

39 *TFR*, Kommentar, S. 228. Vgl. *Reformation Kaiser Siegmunds*. Hrsg. von Heinrich Koller. Stuttgart 1964 (Monumenta Germaniae Historica 500–1500. Staatsschriften des späteren Mittelalters 6), S. 50. Dazu auch Lothar Graf zu Dohna: „*Reformatio Sigismundi". Beiträge zum Verständnis einer Reformschrift des fünfzehnten Jahrhunderts*. Göttingen 1960 (Veröffentlichungen des Max-Planck-Instituts für Geschichte 4); Tilman Struve: Reform oder Revolution? Das Ringen um die Neuordnung in Reich und Kirche im Lichte der „Reformatio Sigismundi". In: *Zeitschrift für die Geschichte des Oberrheins* N. F. 87 (1978), S. 73–129.

40 *TFR*, Kommentar, S. 236.

41 Bechtold, *Grimmelshausen* (wie Anm. 12), S. 174. Vgl. Könnecke, *Quellen und Forschungen* (wie Anm. 6), Bd. 2, S. 194–195.

42 Grimmelshausen und Amt Renchen an Bischof Franz Egon von Fürstenberg (1673). Zitiert nach Sibylle Penkert: Dreihundert Jahre danach: Unbekannte Grimmelshausen-Handschriften. Das Schreiben des Renchener Schultheißen von 1673 an Bischof Franz Egon von Fürstenberg und andere Quellen des Straßburger Archivs. In: *Jahrbuch der Deutschen Schillergesellschaft* 17 (1973), S. 3–20, hier

Grimmelshausen verwies hier auf die „wahre Policey" als Rechtsgrundlage, die er allerdings nicht präzisierte, und auf die geltende „landts Oberseruantz",[43] d. h. das tradierte Gewohnheitsrecht des Landes. Jedoch vermochte es Grimmelshausens Supplik nicht, den Bischof umzustimmen.

V.

Die Gaisbacher Policey-Ordnung von 1651 bietet einen Einblick in den Versuch der Familie Schauenburg, ihre Adelsherrschaft in einem bäuerlich geprägten Mikrokosmos durch Implementation von Policeynormen zu stabilisieren. Indes verfolgten die Policey-Ordnungen der Frühen Neuzeit nicht nur das Ziel einer repressiven Sozialdisziplinierung ‚von oben', sondern kamen auch dem Bedürfnis der Untertanen nach in ihrem Sinne gerechten und Rechtssicherheit schaffenden Regelungen nach.[44] In den Policey-Ordnungen wurden die zum Funktionieren der öffentlichen Ordnung notwendigen Vorschriften kodifiziert. Die Policeygesetzgebung belegt den Anspruch auf soziale und ökonomische Regulierung mit der Absicht, eine gute Ordnung im Gemeinwesen aufrechtzuerhalten oder zu etablieren.

Grimmelshausen nahm als Schaffner der Familie Schauenburg die Verwaltung im Dorf und Tal Gaisbach wahr und leistete seinen Beitrag dazu, die in den Jahrzehnten des Krieges in Mitleidenschaft gezogene

---

S. 18. Die vier Gerichts-Stäbe Oberkirch, Oppenau, Kappel, Ulm orientierten sich offenbar nicht an dem Grundsatz, „daß in dergleichen fällen Ein Glied dem Andern Secundirn: und die gemeine onera mit portirn solle", sondern allein am „aigenen nutz". (S. 18–19).

43 Grimmelshausen und Amt Renchen an Bischof Franz Egon von Fürstenberg (1673). Zitiert nach Penkert, Dreihundert Jahre danach (wie Anm. 42), S. 20.

44 Diesen Aspekt betont Peter Blickle: Gute Polizei oder Sozialdisziplinierung. In: *Politik – Bildung – Religion. Hans Maier zum 65. Geburtstag.* Hrsg. von Theo Stammen, Heinrich Oberreuter und Paul Mikat. Paderborn 1996, S. 97–107. Dazu auch Matthias Weber: Bereitwillig gelebte Sozialdisziplinierung? Das funktionale System der Polizeiordnungen im 16. und 17. Jahrhundert. In: *Zeitschrift der Savigny-Stiftung für Rechtsgeschichte. Germanistische Abteilung* 115 (1998), S. 420–440. Auch Stolleis akzentuiert die Wechselwirkungen in der Interaktion zwischen Normgeber und Normadressaten. Vgl. Stolleis, Was bedeutet „Normdurchsetzung" (wie Anm. 2), S. 753–757.

Ordnung, die Besitzverhältnisse und die Rechtssicherheit in dem Herrschaftsgebiet wiederherzustellen. Kriegsschäden, die insbesondere Acker- und Weinbau, Wald-, Weide- und Viehwirtschaft getroffen hatten, konnten nach und nach beseitigt werden. Der Vermögensverwalter hat die Einkommensverhältnisse der Familie Schauenburg geordnet und für die Wiederaufnahme der durch den Krieg ins Stocken geratenen Zahlungen, Naturalabgaben und Fronarbeit der Untertanen gesorgt. Das war eine umfangreiche und konfliktträchtige Tätigkeit: Grimmelshausen hatte auf der einen Seite die Interessen seiner Dienstherren durchzusetzen und Abgaben einzutreiben sowie für die Einhaltung der Policeyordnung zu sorgen. Erschwerend kam hinzu, dass es zwischen den Linien der Familie Schauenburg Auseinandersetzungen um Grundeigentum, finanzielle Verpflichtungen und Zahlungsmodalitäten gab. Auf der anderen Seite hatte Grimmelshausen die prekäre Situation der Untertanen in der Nachkriegszeit zu berücksichtigen. Sie waren oft lebenslang verschuldet und zumeist nicht in der Lage, die obrigkeitlichen Forderungen zu erfüllen. Die vom Gericht gegen säumige Schuldner verhängten Strafen konnten in der Regel nicht eingetrieben werden. In Anbetracht dieser Misere geriet der um Vermittlung bemühte Schaffner häufig zwischen die Fronten.

DIETER BREUER (Aachen)

„Den Politicis nützlich zu lesen". Grimmelshausens Historie vom Aufstieg Frankreichs zur europäischen Großmacht

I. Der Gegenwartsbezug historischer Romane

Den gelehrten Dichtern der Frühen Neuzeit gilt die Historia, ob Realgeschichte oder Fiktion, als Schule des Lebens: „Memoria praeteritorum magistra est praesentium, vates futurorum" – Die Erinnerung an die uns Vorausgegangenen ist eine Lehrerin für die gegenwärtig Lebenden und erlaubt einen prophetischen Blick auf die uns Nachfolgenden. So Adam Contzen in seinem staatspolitischen Lehrbuch *Politicorum Libri Decem* (Mainz 1620).[1] Geschichte konnte so zu einer analogen, allegorisch verhüllten Darstellung der Gegenwart genutzt werden. Seit John Barclays lateinischem Roman *Argenis* (1621) wurden denn auch, meist im Gewand der römischen Geschichte der Kaiserzeit, die ja noch in die damalige Gegenwart reichte, aktuelle Probleme der europäischen Herrscherdynastien und deren Exponenten dargestellt: ihre Erziehung, ihre erste Liebe, ihre mit Ehen besiegelten zwischenstaatlichen Bündnisse, ihre Berater, ihre Kriegs- und Friedenspolitik, ihre Bewährung der Constantia im Auf und Ab der Fortunawelt, ihr belohntes Vertrauen in die Providentia Dei, die letztlich triumphiert. Die riesigen historischen Romane von Herzog Anton Ulrich von Braunschweig-Wolfenbüttel und von Daniel Casper von Lohenstein vom Ende des 17. Jahrhunderts sind auch politische Kommentare im Rückblick auf die Hegemonialkriege ihrer Zeit.

Auch Grimmelshausens historische Romane: *Joseph, Musai, Dietwalt und Amelinde* und *Proximus und Lympida* fügen sich, wiewohl im

---

1   Adam Contzen S. J.: *Politicorum libri decem*. Mainz 1620, S. 103. Mit der Gattung ‚Historia' hat sich Contzen ausführlich in seinem lateinischen Roman *Methodus doctrinae civilis, Seu Abissini Regis Historia* (Köln 1628), S. 1–2, auseinandergesetzt. Vgl. Dieter Breuer: *Oberdeutsche Literatur 1565–1650. Deutsche Literaturgeschichte und Territorialgeschichte in frühabsolutistischer Zeit*. München 1979, S. 170–178.

Umfang überschaubarer, in solche analoge Geschichtsdeutung ein, für die Geschichte letztlich Heilsgeschichte ist.[2] Im *Dietwalt*-Roman, um den es hier geht, wird diese analoge Sichtweise sogar dem Leser ausdrücklich im letzten Satz des Romans anempfohlen: Nach Überlesung dieser ‚Histori' werde sich „ein jeder wegen des Vergangenen sich umb so viel destoweniger zu verwundern [haben]/ wann er das Gegenwärtige vor Augen sihet und betrachtet".[3]

Die Gegenwartsbezüge dieses Romans über 80 Jahre fränkischer Geschichte sind gewollt. Der Leser soll sie sogleich bemerken: Nicht nur vom Frankenreich und König Chlodwig ist die Rede, sondern im Wechsel auch von der „Cron Franckreich"[4], nicht von den Franken, sondern von den „Frantzosen"[5], nicht von Chlodwig, sondern durchgängig vom „Grossen Ludwig"[6], der als Ludwig XIV. (1643, reg. 1661–1715) zu Grimmelshausens Lebzeiten mit Eroberungskriegen die europäischen Nachbarstaaten bedrohte. Schon im Titel des *Dietwalt*-Romans weist der Autor neben anderen Qualitäten auch auf den Nutzen hin, den Politiker aus der Lektüre dieses Werkes ziehen können.[7] In der Widmungsvorrede spricht er sogleich einen solchen Politiker, seinen früheren Dienstherrn (bis 1667), den Freiherrn Philipp Hanibal von Schauenburg, direkt an; er stellt ihn als Nachfahren eines uralten römischen Adelsgeschlechts aus der Zeit der gotischen Eroberungen Roms dar und setzt ihn mit dem Stoff des Romans, der fränkischen Geschichte seit König Chlodwig, in Beziehung.[8] Auch das Widmungssonett deutet das Werk politisch: Thema des Romans sei neben „Lieb" und „Heldenthaten" die „Aenderung eins Staads".[9]

---

2   Vgl. Dieter Breuer: Der Erzähler Grimmelshausen als Historiker und die „Vollkommenheit der Histori". In: *Simpliciana* XX (1998), S. 37–48.

3   Hans Jacob Christoffel von Grimmelshausen: Dietwalts und Amelinden anmuthige Lieb- und Leids-Beschreibung Sammt erster Vergrösserung des Weltberühmten Königreichs Franckreich. In: Werke. II. Hrsg. von Dieter Breuer. Frankfurt a. M. 1997 (Bibliothek der Frühen Neuzeit 5), S. 259. – Der Text wird im Folgenden nach der Edition von Breuer mit Sigle DA und Seitenangabe in runden Klammern zitiert.

4   „Cron Franckreich": *DA* 153, 159, 257, vgl. auch 154.

5   „Frantzosen": *DA* 193, 255, 256.

6   „der grosse Ludwig": *DA* 152, 159, 162 („der großmüthige Ludwig"), 164, 168, 217, 219, 220, 244, 245, 248. Auf der Titelillustration sitzt König Chlodwig unter dem Wappenschild mit den bourbonischen Lilien.

7   *DA* 145: „Den *Politicis* nützlich zu lesen".

8   *DA* 149–150: „Dem Freyen-Reichs-Hoch-Edel-Gebornen Herrn/ Herrn Philip Hanibaln von und zu Schauenburg/ Herrn zu Gaistbach/ etc. Meinem Gn. gebietenden Herrn."

9   *DA* 151.

II. Die angeblichen Schwächen des Dietwalt-Romans

Dennoch hat dies bei den zeitgenössischen Lesern nicht verfangen, auch nicht der Hinweis auf den „edlen" Namen des Autors, der auf der Titelseite dieses Werkes erstmals genannt wird und, so hofft der Verfasser des Widmungsgedichts, Buch und Namen des Autors auch beim „gelehrten Volk" bekannt machen werde. Das war ein Irrtum. Nicht nur die zeitgenössischen Leser haben den Dietwalt-Roman kaum beachtet, sondern auch die Grimmelshausen-Forschung, und dies nicht ohne Grund. Wie der *Joseph*-Roman und *Proximus und Lympida* fügt sich auch dieser Roman nicht den Erwartungen an einen historischen Roman, wie er von gelehrten Autoren des 17. Jahrhunderts nach Barclays Vorbild weiterentwickelt worden ist, und auch von späteren Interpreten bis heute als verbindlich angesehen wird. Grimmelshausens historische Romane bereiten schon bei der Zuordnung zu einer Romanform Schwierigkeiten: Begriffe wie „höfisch-historischer Roman", „Idealroman", „Legendenroman" erfassen nur Teilaspekte.[10]

Was den Stoff und die benutzten Quellen zur fränkischen Geschichte betrifft, so hat Grimmelshausen lediglich die volkssprachlich verfasste Schweizerchronik des Johann Stumpf (Zürich 1548) und das Meisterlied vom Grafenpaar von Savoyen benutzt, nicht aber die in seinem beigefügten Quellenverzeichnis genannten lateinischen historischen Schriften; diese haben sich als Auszug aus Stumpfs Bibliographie erwiesen.[11] Er war eben kein des Lateinischen mächtiger gelehrter Historiker.

---

10 Vgl. die Deutungshinweise im Kommentarteil der in Anm. 3 genannten Ausgabe S. 857–860. – Vgl. Rosmarie Zeller: Grimmelshausens historische Romane und der Prosaroman des 16. Jahrhunderts. In: *Simpliciana* XXX (2008), S. 89–104; Dieter Breuer: Grimmelshausen und die „Schöne Magelone". In: *Fortunatus, Melusine, Genovefa. Internationale Erzählstoffe in der deutschen und ungarischen Literatur der Frühen Neuzeit*. Hrsg. von Dieter Breuer und Gábor Tüskés. Bern [u. a.] 2010 (Beihefte zu Simpliciana 6), S. 131–145, hier S. 139–140.

11 Johann Stumpf: *Gemeiner loblicher Eydgenoschafft Stetten/ Landen vnd Völckeren Chronick wirdiger Thaten beschreibung [...]*. Zürich MDXLVIII. Vgl. Joseph Dallett: Grimmelshausen und Stumpf. Ein Vorbericht. In: *Carleton Germanic Papers* 10 (1982), S. 1–34. Zum „Lied von dem graffen von Saffoy" vgl. Edward Stilgebauer: *Grimmelshausens „Dietwalt und Amelinde". Ein Beitrag zur Literaturgeschichte des 17. Jahrhunderts*. Gera 1893.

Auch die Behauptung im Widmungsgedicht am Schluss des Romans, dass Grimmelshausens Historia „trefflich auffgesetzt" sei,[12] hat die Interpreten bisher nicht überzeugt. Der Autor stand vor der Aufgabe, die chronikalischen Fakten der fränkisch-burgundisch-gotischen Geschichte im Zeitraum 480–564 mit der fiktiven Liebesgeschichte des Grafenpaares von Savoyen zu verbinden. Grimmelshausen hat die Frage der Dispositio dadurch zu lösen versucht, dass er einerseits im Wechsel Episoden der Staatengeschichte und Episoden der Liebesgeschichte jeweils für sich erzählt, d. h. die beiden Erzählstränge nicht integriert, andererseits das Ganze durch Einteilung in drei Teile auf die Liebeshandlung hin ausrichtet. Besonders „trefflich" würde man diese Anordnung nicht gerade nennen.

Aber auch der besondere Stil des satirisch-ironischen Erzählers und dessen bildkräftiger Sprache, in dem der Verfasser des zweiten Widmungsgedichts den *Simplicissimus*-Dichter wiedererkennt und ihn dafür lobt, wurde eher als unpassend empfunden, jedenfalls nicht als Vorzug anerkannt.

Bei diesem Resümee des Forschungsstandes läge es nahe, über einen weniger geglückten Romanversuch die Akten zu schließen. Das kann man auch anders sehen. Gerade unter politischen Gesichtspunkten stellt sich bei näherem Hinsehen die Frage, ob der Roman nicht doch „trefflich aufgesetzt" sein könnte, ob die Nichtintegration, das Nebeneinander der beiden Handlungen, nicht einen inhaltlichen Grund haben könnte, der aus der Politikauffassung des Autors folgt.

Dafür gibt es ein gewichtiges, bisher übersehenes Argument. Ebenfalls 1670, gleichsam im Nachgang zum Roman, ist Grimmelshausens kleine politische Abhandlung *Simplicianischer Zweyköpffiger Ratio Status* erschienen, wiederum unter dem Klarnamen des Autors und diesmal mit Widmung an den Brandenburgisch-Ansbachischen Hofrat Freiherrn Krafft von Crailsheim, der über seine Gattin auch in der Ortenau begütert war und Grimmelshausen auch als Leser seines *Joseph*-Romans bekannt war.[13] In fünf Diskursen erläutert der Autor hier sein Verständnis von

---

12 *DA* 260–263: „Glückwünschender Zuruff An den unvergleichlichen Herrn/ Herrn Joh. Christoff von Grimmelshausen/ über Dietwalts und Amelinden vortreffliche Liebs- und Leids- Beschreibung", hier 262: „Seine Lieb und Leids-Beschreibung ist doch trefflich auffgesetzt".

13 Vgl. Walter Ernst Schäfer: Grimmelshausen in Nürnberg? Über die Verbindung zu den Freiherren von Crailsheim. In: *Die Ortenau* 70 (1990), S. 379–389; ders.: Grimmelshausen und der oberrheinische Landadel in den Jahren vor Beginn der Eroberungskriege Ludwigs XIV. In: *Simpliciana* X (1988), S. 349–363.

Staatsraison und veranschaulicht dies an exemplarischen Fällen aus dem Alten Testament der Bibel: das gegensätzliche Verhalten der Könige Saul und David und der Kriegshelden Prinz Jonathan und General Abner. Er unterscheidet, wie in der christlichen Staatslehre üblich, zwei Arten der klugen Selbsterhaltung der Herrschaft: entweder die böse Ratio Status, die sich frei von Bindungen an göttliches und natürliches Recht wähnt und nach den „gottlosen Machiavellischen Staats-Regeln" handelt, oder die gute Ratio Status, die Herrschaft in demütiger Unterwerfung unter religiöse Werte im Vertrauen auf die göttliche Vorsehung und Achtung von Naturrecht und positivem Recht ausübt.[14] Ein „Tertium", also die „Prudentia mixta", schließt Grimmelshausen aus:

> Ich wollte sagen/ dass er [der Ratio Status] entweder mehrers der Erlaubten ja gebotenen selbst Erhaltung/ darzu alles von GOtt und der Natur verbunden/ sich ereignet/ oder den gottlosen Machiauellischen Staats-Regeln zu viel beypflichtet und denen nachöhmet. (*RS* 10)

Im Lichte dieser strikt dualen Klärung des Begriffs Ratio Status liegt es nahe, den *Dietwalt*-Roman doch als „trefflich aufgesetzt" zu würdigen: als Roman über die beiden gegensätzlichen Auffassungen klugen politischen Handelns. Der Erzählstrang der Liebes- und Ehehandlung, die ja zugleich das politische Verhalten Dietwalts als Herrscher von Savoyen umfasst, wäre, so dieser Deutungsansatz, dem realpolitischen, letztlich gottlosen Verhalten der fränkischen, burgundischen und gotischen Herrscher kritisch vergleichend gegenübergestellt, hier vor allem dem Verhalten Chlodwigs und seiner „ersten Vergrößerung des Weltberühmten Königreichs Franckreich".

---

14   Grimmelshausen: *Simplicianischer Zweyköpffiger Ratio Status.* Hrsg. von Rolf Tarot. Tübingen 1968 (Gesammelte Werke in Einzelausgaben. Unter Mitarbeit von Wolfgang Bender und Franz Günter Sieveke hrsg. von Rolf Tarot, S. 7–11: „Erster *Discurs* vom zweyköpffigen *Ratio Status*". – Der Text wird im Folgenden nach der Edition von Tarot mit Sigle *RS* und Seitenangabe in runden Klammern zitiert.

III. Die beiden gegensätzlichen Politikauffassungen im Roman

1. Chlodwig, der „große Ludwig"

Gleich zu Beginn seiner Schilderung des Hoffestes, zu dem der „große Ludwig" die Könige der Nachbarstaaten mit ihrem Gefolge nach Paris geladen hat, macht der Autor deutlich, dass „die alte teutsche Vertraulichkeit bereits damalen zwischen diesen benachbarten/ gewaltigen Königen bey weitem nicht so groß und offenhertzig gewesen/ wie man sich wol hätte einbilden mögen" (*DA* 157). Als Gründe für das gegenseitige Misstrauen gibt der Autor einmal die religiös-konfessionellen Unterschiede an: Ost- und Westgoten sind Arianer, Frankreich, Burgund und Worms römisch-katholisch, die Thüringer noch heidnisch; zum andern wird das Misstrauen durch die unterschiedlichen Machtverhältnisse befördert: die ost- und westgotische Übermacht in Italien und Aquitanien, die den Frankenkönig Chlodwig beunruhigt und „zugleich ein wachendes Aug eröffneten/ auff alles genaue Achtung zugeben" (*DA* 159), trotz älterer verwandtschaftlicher Verbindungen. Aber auch die anderen Könige sind misstrauisch. Sie nehmen die Gelegenheit des Hoffestes wahr, sich durch Bündnisse und Ehen gegenüber dem durch Unterwerfung der Alemannen immer bedrohlicher werdenden Chlodwig abzusichern. Nach außen hin, so bemerkt der Autor, begegnen sich diese so gewaltigen Könige einander „so höflich/ und bezeugten allerseits ein solche Verträulichkeit/ daß der Tausentste nicht das geringste Mißtrauen zwischen ihnen hätte argwohnen könnten" (*DA* 160). Alle diese Machtpolitiker sinnen insgeheim auf Absicherung ihrer Macht und Vergrößerung ihrer Territorien, auch der „grosse Ludwig", der die Kunst der Verstellung – simulatio und dissimulatio – meisterhaft beherrscht und dabei „seine Ohren in alle Winckel spitzte" (*DA* 178). Er stellt sich angesichts des mit Ehen besiegelten, auch für das Frankenreich bedrohlichen Bündnisses der Ost- und Westgoten und der Thüringer so freundlich, dass „man glauben muste/ was ihm am wenigsten umbs Hertz war" (*DA* 162).

Um Klarheit zu gewinnen, wie er sich aus der sich anbahnenden Umklammerung des Frankenreichs befreien kann, sucht er während einer Jagd insgeheim seinen altgedienten Berater, den ehemaligen Militärführer und seit seiner Taufe als christlicher Einsiedler lebenden Warmund auf. Auch der Berater argumentiert ohne jeden religiösen Bezug rein machtpolitisch: zunächst Fortsetzung der Freundschaftspolitik gegenüber Goten und Thüringern, keine militärischen Aktionen, wohl aber Aufrüstung, Verstärkung der Grenztruppen und Spionage bei den möglichen Gegnern sowie ein Bündnis mit Burgund und Ausbau der Herrschaft über Savoyen, an der auch der Ostgotenkönig und der König von Burgund Anteil haben (*DA* 170–171). Die Liebesheirat zwischen seiner Tochter Amelindis und dem Burgunderprinzen Dietwalt kommt dem „großen Ludwig" bei dieser politischen Lage gerade recht. Zusammen mit dem Ostgotenkönig und dem Burgunderkönig vergibt er die Grafschaft Savoyen an seinen Schwiegersohn Dietwalt zu Lehen. Der Erbstreit im burgundischen Königshaus, bei dem Ludwigs burgundische Schwiegereltern grausam ermordet werden, gibt dem Frankenkönig die Gelegenheit, in zwei diplomatisch abgesicherten Feldzügen ganz Burgund zu erobern, in seine Abhängigkeit zu bringen und einen Teil zu annektieren (*DA* 191). Diente bei dieser Eroberung noch moralische Entrüstung über einen tyrannischen Herrscher zum Vorwand für den Krieg, so müssen gegenüber dem friedfertigen westgotischen Nachbarn in Aquitanien, dem arianischen „Ketzer", konfessionelle Gründe herhalten, um die Machtpolitik des „großen Ludwig" zu bemänteln: „sintemal man auch leicht etwas brügelhafftigs haben mag/ wann man einen schlagen will" (*DA* 192), so kommentiert der Erzähler Grimmelshausen den fränkischen Überfall. Aber diesmal hat der „große Ludwig" sein Machtspiel überreizt. Die Eroberungen gehen wieder verloren, als der Ostgotenkönig Dietrich von Bern mit Heeresmacht aus Italien den Westgoten zu Hilfe kommt und nicht nur die alte Ordnung wiederherstellt, sondern auch die fränkische Herrschaft über Alemannien und die Provence beendet.

> Der grosse Ludwig/ welcher nicht gewohnt war Länder zu verliehren/ sondern zu gewinnen/ brachte von seiner Fränckischen Kriegs-Macht in Eil zusammen was er konnte/ diesem frechen Feind die Stirn zu bieten; Aber das Glück welches sich nicht bannen: noch bey den Haaren halten läst/ wieß dem sonst glückseligen König daß es ihm zwar bisher wol gewolt: Jhne aber gleichwol nicht gar zu der Ehe genommen hätte […]. (*DA* 219)

Der Versuch, die verlorenen Länder zurückzuerobern, endet mit einer blutigen Schlacht, in der seine Feinde triumphieren. Zu einem erneuten Feldzug Ludwigs kommt es nicht mehr, er erkrankt und stirbt. Seine vier Söhne teilen sich das Erbe und regieren als fränkische Könige in Paris, Soissons, Orléans und Metz. Wieder sind es Morde in der burgundischen Königsfamilie, die die fränkischen Könige zum Eingreifen nötigen. Als der König von Orléans von Burgundern erschlagen wird, verjagen dessen Brüder mit Heeresmacht den letzten burgundischen König und vereinigen ganz Burgund mit dem Frankenreich. Ohne Verwandtenmord geht es aber auch bei ihnen nicht ab. Währenddessen dehnt der Metzer König sein Herrschaftsgebiet nach Osten aus, besiegt schließlich den thüringischen König und gewinnt mit List und Tücke auch dieses Königreich für die „Kron Franckreich" (*DA* 248).

Grimmelshausen verfolgt die Geschichte der „ersten Vergrösserung" Frankreichs noch bis zum Tod des letzten der Söhne des „großen Ludwig", König Lothar von Soissons 564. Es ist die Geschichte grausamer Machtkämpfe ohne dass die christliche Religion, sei es die „wahre katholische" oder die arianische, dem politischen Handeln moralische Grenzen gesetzt hätte, ganz zu schweigen von Rücksicht auf Blutsverwandtschaft und Bündnisse. Für Machterhalt und Machtgewinn ist dem „großen Ludwig" und seinen Söhnen jedes Mittel recht. Gemäß Grimmelshausens Unterscheidung ist dies die von ihm als „böse" verurteilte machiavellistische Form der Ratio Status. Der Erzähler rühmt zwar, dass der „große Ludwig" sich habe taufen lassen und seinem Frankenvolk das Christentum gebracht habe, aber für die praktische Politik ist dies ebenso ohne Belang wie für die Politik des Zeitgenossen Grimmelshausens, des „Allerchristlichsten Königs von Frankreich", des „großen" Ludwig XIV.

2. Dietwalt

Die kriegstreiberische Politikauffassung ist für Grimmelshausen aber nicht ‚alternativlos'. In der Gestalt des Burgunderprinzen Dietwalt entwirft er ein Gegenbild. Auch der junge burgundische Prinz, nachdem er die Tochter des „großen Ludwig" heiraten darf und von den Großmächten seiner Zeit als Herrscher von Savoyen eingesetzt wird, steht in der Gefahr, wie seine drei Lehensherren in machtpolitischen Kategorien zu denken und zu handeln und seine Macht als Herrscher zu überschätzen. Savoyen, ein Gebirgsland mit ostgotischen, keltischen, römischen Bewohnern unterschiedlicher Religion, bewillkommt freudig den neuen Herrscher. Ihre Priester und Dichter sagen ihm eine glänzende Zukunft als Heerführer voraus. Der Erzähler warnt jedoch und verweist auf die „Menschliche Gebrächlichkeit":

> Jn diesem stimmten sie [die Wortführer] gemeiniglich überein/ wann Dietwalt die Waffen zuergreiffen gezwungen: oder sonst Gelegenheit zum Krieg haben würde/ daß er alsdann die gantze Welt unter sich bringen werde; welches dann einen solchen jungen heroischen Herrn wie er war/ mehr kützelte als vonnöhten gewesen; dann er und seine Liebste in solchem Wolstand und unversehenlichen Glück eins

Theils anfiengen sich selbst nicht mehr zu kennen; massen alle Menschen in dergleichen Fällen/ sonderlich hohe Personen und junge Leute/ zu thun pflegen; wel-
che/ je mehr sie das Glück (das sie aber bey weitem noch nicht halber kennen) an-
lachet/ und ihnen ihre Fuchsschwäntzer/ sonderlich durch so beschaffne Weissagungen (die aber vor dem Ausgang noch lang niemand völlig verstehet) vorplau-
dern; je mehr sie sich bethören lassen; sintemal die Menschliche Gebrächlichkeit
in diesem Fall so wol an Grossen als Kleinen ihr Theil zu haben bezeugt. (*DA*
183)

Zunächst zeigt sich Dietwalt von den Weissagungen der „Fuchsschwäntzer" (*DA* 183) am Hof beeindruckt. Bei einem Spaziergang mit Amelindis
im Lustgarten seines Palastes wähnt er sich schon als „Monarch über die
gantze Welt" (*DA* 184) und fabuliert im Vertrauen auf die „Helden-
Kräffte" (*DA* 184) seiner Fäuste von seinem Ruhm bei der Nachwelt. Aber
er wird unversehens vor eine Entscheidung gestellt: Ein Bettler, der sich
als „ein Bott von Gott gesendet" (*DA* 184) legitimiert, erinnert das Paar
daran, dass sie all ihr Glück der göttlichen Vorsehung und nicht sich
selbst verdanken, und mahnt:

Wo ist aber bisher die Erkanntnis solcher Gnaden und die schuldige Danckbarkeit
so darauf billig folgen sollen/ geblieben? Fahet ihr hingegen nicht an/ euch der
Hoffart zu unterwerffen/ und euch von den Heydnischen Götzen Priestern und der
Caldeer Warsagungen verleiten und betriegen zu lassen/ daß ihr darüber meiner
[Gottes] gar vergesset? Sie haben dir die Beherrschung der gantzen Welt vorge-
sagt; Weist du aber nicht daß es bey mir stehet solches zu verhängen? Und was
wäre dir damit geholffen/ wann ichs zugebe/ du aber dardurch deine Seligkeit ver-
liehrest? Wäre es dir nicht weit rahtsamer/ du giengest mit deiner Gemahlin zehen
Jahr lang ins Elend/ deine Hoffart abzubüssen [...]? (*DA* 185)

Dietwalt und Amelindis sind vor ihrer Ehe, wie der Autor zuvor gezeigt
hat, fromme, Gott ergebene Menschen gewesen. Erst der abrupte Wechsel in die Rolle des fürstlichen Machthabers bewirkt die für Politiker typische Persönlichkeitsveränderung und Anpassung an die allseitigen Erwartungen an einen starken Herrscher, der im politischen Kampf mit Seines-
gleichen Ruhm und Ehre für sich und sein Volk erwirbt. Der Bettler verurteilt diese Haltung als „Hoffart", als Ursünde, und der junge Fürst gibt
ihm in großer Bestürzung Recht:

[...] die vorige Hoffnung sammt dem Vorsatz sich auff bevorstehende Gelegenheit
groß zu machen/ verschwand/ und erzeigte sich bey ihnen eine solche demütige
Reu/ daß sie beyde auff die Knie niederfielen/ und Gott umb Verzeihung ihres
Ubersehens baten [...]. (*DA* 185)

Das Herrscherpaar nimmt die zehnjährige Bußzeit in Demut an:

> [...] wir wollen dem getreuen Gott nicht aus Händen gehen/ welcher sich unsers
> Jammers wol wider erbarmen: und [...] uns schon widerumb mit seinen Gnaden
> segnen wird [...]. (*DA* 185–186)

Grimmelshausen entwirft also mit Dietwalt eine Herrscherfigur, die gerade das Gegenteil zum Herrschertyp des „großen Ludwig" darstellt. Nicht dass er das fürstliche Standesbewusstsein, von Gottes Gnaden zur Herrschaft geboren und auserwählt zu sein, in Frage stellt; Dietwalt beharrt gegenüber seinem Amtmann in der Grenzfestung darauf, dass er einem Untertan für seine befremdliche Entscheidung, aus religiösen Gründen ins Elend zu gehen, keine Rechenschaft schuldet. Ähnlich Amelindis, als sie gegenüber den Seeräubern aus Massilia auf ihrer fürstlichen Würde und Unantastbarkeit besteht und ihnen bei Übergriffigkeit die schwersten politischen Konsequenzen für den Stadtstaat zu bedenken gibt (*DA* 242–244). Beide versuchen gleichwohl, als zur Herrschaft Bestimmte in ihrem Handeln dem göttlichen Willen zu entsprechen. Auf das Gebot zur Heeresfolge beim „großen Ludwig" und zugleich beim Ostgotenkönig sowie dem Gebot zum Lehenseid beim neuen Burgunderkönig antwortet Dietwalt diplomatisch, er werde tun, „was Gott und die Lehen-Rechte von ihm erforderten" (*DA* 186). Indem er als Pilger ins „Elend" geht, also zur Privatperson wird, lässt er seine Lehenspflichten ruhen und entzieht sich Kriegszügen, deren Ziele er ohnehin nicht kennt. Einwände eines Einsiedels und auch seines Amtmanns, sein Volk in den bevorstehenden Kriegen nicht im Stich zu lassen, weist er ab, „dieweil ich mich aber in allem meinem Thun und Lassen auff die Güte meines getreuen Gottes verlasse" (*DA* 202). Allerdings übergibt er dem Amtmann zwei gesiegelte Briefe, die das Interregnum in rechtliche Bahnen lenken sollen: Er übergibt die Herrschaft über Savoyen seinem Schwager Dietrich von Metz, dem Sohn des „grossen Ludwig", und er teilt seinen „Lands-Ständen/ Rähten und Regierung" mit, dass er sie aus ihren Pflichten entlässt und seinem Schwager anempfiehlt, dem sie bis zu seiner Rückkehr Treue schwören sollen (*DA* 216).

Auf die zahlreichen Anfechtungen, Demütigungen, verzweifelten Situationen, die Fürst Dietwalt und seine Gemahlin während der zehnjährigen Bußzeit durchzustehen haben, muss ich in diesem Zusammenhang nicht eingehen, wohl aber auf die Umstände ihrer Wiedereinsetzung in ihre alten Rechte, als Dietwalt und Amelindis am Hof des Frankenkönigs Lothar von Soissons bei dessen Hochzeit wiedervereint werden. Inzwischen ist Dietwalt infolge der Verwandtenmorde und kriegsbedingten

Todesfälle im burgundischen Königshaus der einzig übriggebliebene erbberechtigte Spross, während die Söhne des „großen Ludwig" in weiteren kriegerischen Auseinandersetzungen mit Gewalt, List und Mord das Frankenreich weiter vergrößert, diesem auch Burgund vollständig einverleibt haben. Dietwalt hatte davon schon zuvor „aus dem gemeinen Geschrey" gehört, aber

> [...] lieber nach dem Willen Gottes in stiller Erniedrung noch länger einem Bauren dienen [wollen]/ als sich wider desselben Willen groß machen und sein angehöriges Königreich [Burgund] beherrschen; Ja er hatte ein Eckel und Abscheuen an seinem eignen Vatterland/ weil es in seinen Augen schiene/ als wann es wegen so vieler schändlichen Mordthaten und Blutvergiessungen von Gott selbsten verflucht: und den Ausländern zum Raub gegeben worden wäre. (*DA* 229–230)

Beide, der burgundische Fürst Dietwalt und die fränkische Prinzessin Amelindis, die Schwester der drei fränkischen Könige, erklären denn auch in einem Rechtsakt ihren Verzicht auf jeglichen Erbanspruch an Burgund und bitten nur um die Wiedereinsetzung in ihre alten Rechte als Herrscher von Savoyen, das sie, wie der Autor nochmals hervorhebt, „freywillig verlassen/ damit sie in die verwichene gefährliche Kriege nicht eingeflochten würden" (*DA* 250). Die Bitte wird ihnen bereitwillig gewährt. Grimmelshausen fügt an, dass die Nachkommen des Fürstenpaares Savoyen noch viele Jahrhundert hindurch, „bis auff Käiser Otten des Zweyten Zeiten" regiert hätten, dass also auch die „gute" Ratio Status im Vertrauen auf die Providentia Dei und in demütiger Beschränkung des Herrschers auf die friedliche Selbsterhaltung ein dauerhaftes Staatswesen begründen kann. Daneben seien die Eroberungskriege zur Vergrößerung „Franckreichs" unter den fränkischen Königen weitergegangen, bis schließlich der römische Kaiser in Konstantinopel das „Königl. Frantzös. Haus" nach Eroberung auch der kaiserlichen Stadt Massilia, des Arelat und der Provence als rechtmäßige Herrscher ganz Galliens und der angrenzenden östlichen Länder habe anerkennen müssen (*DA* 256–259). Auch dieser Hinweis kann auf zwei Zeitebenen gelesen und verstanden werden.

IV. Fazit

Ich fasse zusammen. Wie schon eingangs gesagt, eröffnet Grimmelshausen im letzten Satz des Romans vollends den Blick auf die Gegenwart von 1670: Ein jeder Leser werde sich „wegen des Vergangenen [...] umb so viel destoweniger [...] verwundern/ wann er das Gegenwärtige vor Augen sihet und betrachtet." (*DA* 259) Das „Gegenwärtige" ist die noch immer nicht zur Ruhe gekommene machiavellistische Kriegspolitik Frankreichs unter Richelieu, Mazarin und König Ludwig XIV. um die Vorherrschaft in Europa. Diesem Herrschertypus stellt Grimmelshausen einen Fürsten gegenüber, der im Sinne der „guten" Ratio Status im Vertrauen auf die Providentia Dei sogar zeitweilig seine Herrschaft auszusetzen bereit ist, Weltherrschaftsphantasien als solche erkennt, Beteiligung an Machtkämpfen ausweicht und infolge der geographischen Randlage seines Kleinstaates in Frieden mit den Großmächten leben und regieren darf.

Grimmelshausen hat zwei Jahre später in einer anonym erschienen Flugschrift (*Der Stoltze Melcher*, 1672) und dann im Molsheimer Jahreskalender auf das Jahr 1675 ganz offen die aggressive Politik Ludwigs XIV., ihre menschenverachtenden Praktiken der Kriegsführung und einer Wirtschaftspolitik, die die Nachbarstaaten in Abhängigkeit führt, angeprangert.[15] Das Fürstentum Savoyen, aber auch die Republik Venedig im letzten historischen Roman *Proximus und Lympida* (1672) sind für Grimmelshausen politische Gegenbilder zur eigenen verzweifelten Kriegssituation am Oberrhein, in der er leben und schreiben und auch sterben musste.

---

15 Hans Jacob Christoffel von Grimmelshausen: *Der Stoltze Melcher/ Sambt einer Besprecknuß Von das Frantzoß Krieg Mit der Holland. Welches Durch Veranlassung eines Saphoyers der Fridens-satten-vnd gern-kriegenden teutschen Jugend zum Meßkram verehret wird.* In: *Werke.* II. Hrsg. von Dieter Breuer. Frankfurt a. M. 1997 (Bibliothek der Frühen Neuzeit 5), S. 681–705, hier S. 697–703; Johann Jakob Christoffel von Grimmelshausen: *Simplicianische Jahreskalender. Europäischer Wundergeschichten Calender 1670 bis 1672 (Nürnberg), Schreib-Kalender 1675 (Molsheim).* Faksimiledruck der vier Kalenderjahrgänge erstmals neu hrsg. und kommentiert von Klaus Matthäus und Klaus-Dieter Herbst. Erlangen, Jena 2009; Dieter Breuer: Zur Frage der Autorschaft Grimmelshausens an den simplicianischen Jahreskalendern Felßeckers, Hoffmanns und Straubhaars. In: *Grimmelshausen als Kalenderschriftsteller und die zeitgenössische Kalenderliteratur.* Hrsg. von Peter Heßelmann. Bern [u. a.] 2011 (Beihefte zu Simpliciana 5), S. 159–184.

CHRISTIAN LOOS (Münster)

Im Konflikt mit der guten Policey.
Soldaten und Landstreicher bei Grimmelshausen

Eine detaillierte Untersuchung zum Verhältnis von Landstreichern und Soldaten in den simplicianischen Schriften Grimmelshausens muss als Desiderat bezeichnet werden. Beide Gruppen gehören nach Zeeden zu den „kriminell anfälligen Schichten"[1] in der Frühen Neuzeit. Es gilt daher zu fragen, inwiefern Angehörige beider Schichten straffällig oder im weitesten Sinne deviant in Erscheinung getreten sind und wie Grimmelshausen dieses Deviantwerden beschreibt. Im Folgenden gilt es anhand terminologischer Unterscheidungen Verhältnisbestimmungen anzuführen.

Der ordnungsrechtliche Rahmen des *Simplicissimus Teutsch* ist von besonderer Qualität: Es herrscht Krieg, es ist „die Zeit der marodierenden Landsknechthaufen, Landstörzer, Bettler und Zigeuner. Letztere waren sogar im Tross des Wallensteinschen Heeres."[2] Die Zahl derer, denen nur noch die Landstraße als Heimat diente, nahm zur Zeit Grimmelshausens nicht nur durch das unmittelbare Kriegsgeschehen zu, sondern vor allem aufgrund einer wirtschaftlichen Depression im agrarischen und gewerblichen Sektor.[3] Nach dem Krieg wurde die Frage der Reintegration der Soldaten in das gesellschaftliche Leben zum Kernproblem. In der Epoche des Dreißigjährigen Krieges wurden Policey- und Landesordnungen zwar in großer Zahl zur Konservierung der Stände, der Korporationen und Zünfte erlassen, doch erwiesen sich in der Kriegszeit solche Regulierungsversuche in der Regel als fruchtlos.[4]

Vor diesem Hintergrund gilt es, im Folgenden die scheinbare Orts-, Eigentums- und m. E. auch Obrigkeitslosigkeit der Personengruppen

---

1   Ernst Walter Zeeden: *Deutsche Kultur in der frühen Neuzeit*. Frankfurt a. M. 1968, S. 252.

2   Robert Jütte: Vagantentum und Bettlerwesen bei Hans Jacob Christoffel von Grimmelshausen. In: *Daphnis* 9 (1980), S. 109–131, hier S. 114.

3   Vgl. Jütte, Vagantentum (wie Anm. 2), S. 125.

4   Vgl. Walter Busch: *Hans Jakob Christoffel von Grimmelshausen. „Der abenteuerliche Simplicissimus Teutsch"*. Frankfurt a. M. 1988, S. 14.

‚Landstreicher' und ‚Soldaten' als soziale und rechtliche Abweichung von der „guten Ordnung und Policey" zu untersuchen.

Die Landstreicher

Als ‚Landstörtzer' bzw. ‚Landstreicher' versteht man gemäß dem *Deutschen Rechtswörterbuch* mit Bezugnahme auf die Landesordnung des Königreichs Böhmen von 1627 eine „wohnsitzlose, im Land herumziehende Person ohne geregelte Arbeit, die zu den unehrlichen Leuten zählt."[5] Das *Deutsche Wörterbuch* von Jacob und Wilhelm Grimm nennt als alterierende Bezeichnungen ‚vagabund' und ‚landfarer'.[6] Calepin zitierend, ist ein Landstreicher „ein umschweifiger, der den leuten märle sagt oder abentheuer treibt". Ein Landstreicher kann sowohl fremd als auch einheimisch sein, aber stets herrenlos und in der Regel ohne Arbeit.[7]

---

5   *Deutsches Rechtswörterbuch. Wörterbuch der älteren deutschen Rechtssprache.* Hrsg. von der Heidelberger Akademie der Wissenschaften. Bd. VIII. *Krönungsakt bis Mahlgenosse.* Bearb. von Günther Dickel. Weimar 1991, Sp. 645–646, hier Sp. 645. Im Folgenden abgekürzt mit DRW sowie der jeweiligen Band- und Spaltennennung.

6   Vgl. Jacob und Wilhelm Grimm: *Deutsches Wörterbuch.* 16 Bde. in 32 Teilbänden. Leipzig 1854–1961, hier Bd. 12, Sp. 144–145.

7   Vgl. Ferdinand II.: *Der Röm: Kai. auch zu Hung: vnd Boeheimb [et]c. Königl: Maj: Ferdinandi deß Andern [et]c. Vernewerte Landes-Ordnung. Deroselben Erb Koenigreichs Boehaimb.* Wien 1627, S. 495–496. Dort heißt es: „Als die Landstoerzer vn[d] Faulenzer anlangt/ darunter werden verstanden sowol die Frembden als die Einheimischen welche herrenloß vnd keinem herrn dienen/ sond'n von einer Stat/ Marckt/ Dorff zu dem andern/ in die kraetscham kommen/ keine arbeit vnd Nahrung treiben/ sich auff das Rauben und stehlen begeben/ die Landstrassen vnsicher machen/ mit Spilen vn[d] allerley andern selzamen Vortheiln sich ernehren/ vnd allenthalben/ wo sie seyn/ Unrath und Ungelegenheit anrichten vnd veruhrsachen." Eine „Kraetscham" bzw. „Kretscham" meint eine Dorfschenke. Das Wort ist seit der slavischen Besatzung im deutschen Sprachgebrauch nachweisbar; für Nürnberg noch im 16. Jahrhundert. Vgl. Grimm, *Wörterbuch* (wie. Anm. 6), hier Bd. 11, Sp. 2173–2176. Die dörfliche Kretschmar wird als feste Anlaufstelle für die Fahrenden beschrieben. Die oben angesprochene „scheinbare" Ortslosigkeit wird vor diesem Hintergrund deutlich: Die dörflichen Schenken können als feste Orte und Soziotope in der Ortlosigkeit der Landstreicher betrachtet werden.

In unmittelbarer Nähe zum Begriff des ‚Landstreichers' steht der des ‚Vaganten'. Dass es sich beim *Simplicissimus Teutsch* um eine Vagantenerzählung handelt, wird unmittelbar am Romananfang deutlich:

> Die Beschreibung deß Lebens eines seltzamen *Vagant*en/ genant Melchior Sternfels von Fuchshaim/ wo und welcher gestalt Er nemlich in diese Welt kommen/ was er darinn gesehen/ gelernet/ erfahren und außgestanden/ auch warumb er solche wieder freywillig quittirt.[8]

Als Vagant schildert Simplicius seine Suche nach Identität und das Erleben des menschlichen Wahnsinns in der Welt.[9] Die Ich-Perspektive evoziert die Präsenz Simplicius', der sich für die Authentizität seiner Lebensgeschichte verbürgt, und umgekehrt bürgt die Geschichte für die Identität seiner Person. Aber wie lässt sich die Suche des Vaganten nach Identität beschreiben?

Nach den genannten Wörterbüchern zeichnet sich der ‚Vagant' durch die Eigenschaft des Umherstreifens aus. ‚Vagant' wurde aus dem Partizip des lateinischen *vagari* (*vagor*: umherschweifen, -streifen, -ziehen) gebildet und ist seit dem 16. Jahrhundert im Deutschen nachweisbar. In einer allgemeinen Bedeutung versteht man unter Vagant einen „unstät umherschweifende[n] mensch[en]".[10] Das Beiwort „unstetig" ist mehrdeutig: rastlos, ruhelos, nicht zur Ruhe kommend und unbeständig. Auch der Landstreicher wird als jemand bezeichnet, „der im lande umher streicht."[11] Der Begriff des ‚Vaganten' impliziert im Gegensatz zum ‚Landstreicher' weitere Bedeutungsebenen: Die eines fahrenden Schülers und eines Musikanten – zwei Bedeutungen, die beide auch auf Simplicius zutreffen. Als Arzt ist Simplicius „weltstreichend[]" und gibt als „landstörtzender Vagant" aus eigener Erfahrung und Praxis medizinische Hinweise zu imaginierten Krankheiten. Als lebensphilosophischen Imperativ empfiehlt der landstreichende Arzt:

---

8 Hans Jacob Christoffel von Grimmelshausen: *Simplicissimus Teutsch.* In: *Werke.* I. 1. Hrsg. von Dieter Breuer. Frankfurt a. M. 1989 (Bibliothek der Frühen Neuzeit 4. 1), S. 11. – Der Text wird im Folgenden nach der Edition von Breuer mit Sigle *ST* und Seitenangabe in runden Klammern zitiert.

9 Vgl. zum Begriff des ‚Vaganten' oder ‚Vagierers' das *Liber vagatorum*, in dem verschiedene Spielarten landfahrender Betrüger in warnender Absicht vorgestellt werden. Dazu Heiner Boehncke, Rolf Johannsmeier: *Das Buch der Vaganten, Spieler, Huren, Leutbetrüger.* Köln 1987, S. 79–101.

10 Grimm, *Wörterbuch* (wie Anm. 6), hier Bd. 25, Sp. 5–9.

11 Grimm, *Wörterbuch* (wie Anm. 6), hier Bd. 12, Sp. 144–145.

„Gedencke so wohl an dein Principium als an dein End, und observire oder vielmehr practicire die Gedult, das rathet dir der wie Quecksilber verschwindende, und dennoch getreue Vagant."[12]

Den Zusammenhang von Arznei, Medizin und Landstreichertum betont auch Dryander in der Vorrede seines Arzneibuches von 1542: „[L]andstreicher und leutbescheiszer [haben] zu allen gebrechen ein arznei, ein trank, ein salb, ein pflaster oder so ein ungereumpts, das mancher das leben darob verzettet [verschleudert, C. L.]."[13] Leute zu „bescheißen" ist eine deviante Zuschreibung, die aber unter Umständen noch nicht justiziabel ist.

Der Vagant ist nomadisch und von rhizomatischer Struktur:[14] einer, der nie ankommt, dennoch Teil des Ganzen ist (kosmopolitisch), aber sich zugleich auch in mehrfacher Hinsicht von der Gesellschaft und ihrem Normengefüge distanziert. Als subversive Figur stellt er für die gut situierte Bürgerschaft eine leibliche Provokation und eine sozial-deviante Erscheinung dar. Er erhebt in nahezu prä-anarchistischer Lesart seine Sache über nichts. Dabei bricht der Vagant mit der gesellschaftlichen Zeitstruktur: Im Sinne einer chronologischen Zeitstruktur ist mit ihm nicht zu rechnen. Er hat seine eigene Zeitrechnung.

Grimmelshausen verwendet den Begriff des Vaganten nicht allein-stehend, sondern immer in Verbindung mit einem spezifizierenden Bei-wort. Simplicius bezeichnet sich selbst als „seltsame[r] Vagant[]". Auch wenn der Vagant eine flüchtige Figur ist, so ist er dennoch „ge-

---

12 Hans Jacob Christoffel von Grimmelshausen: *Simplicissimus Teutsch*. In: *Deutsche Bibliothek. Sammlung seltener Schriften der älteren deutschen National-Literatur*. Hrsg. und mit Erläuterungen versehen von Heinrich Kurz. Bd. 3. *Grimmelshausen's Simplicianische Schriften. Erster Theil*. Leipzig 1863, S. 312. Mit dieser „Zugabe" nach der dritten *Continuatio* endet dann auch der „treue Vagant Simpl. Simplicissimus."

13 Johann Dryander: *Der gantzen Artzenei gemeyner Inhalt, Wes einem Artzt, bede in der Theoric [sic] vnd Practic zusteht, Mit anzeyge bewerter Artzneiern, zu allen leiblichen Gebrechenn, durch natürliche mittel, Hiebei beneben des menschen cörpers Anatomei, warhafft Contrafeyt, vnd beschriben; Allen Artzten, vnd eim ieden zu sein selbs, vnnd seins nehsten noturfft dienlich, wol zu haben vnd zuwissen*. Frankfurt a. M. 1542, „Vorrede" ohne Seitenangabe.

14 Die aus der Botanik stammende Bezeichnung „rhizomatisch" bezieht sich auf das nomadische Moment der Fahrenden und wird hier metaphorisch verwendet: Begreift man die Sesshaftigkeit als unverrückbare Verwurzelung, dann ist das Nomadische ein Geflecht, das überall als verästelte Ausbreitung und richtungsoffen eine andere Form von Räumlichkeit und Niederlassung repräsentiert. Vgl. hierzu Markus Schroer: *Räume der Gesellschaft. Soziologische Studien*. Wiesbaden 2019, S. 37.

treu", also authentisch und ehrlich. Erstaunlicherweise wird der Ausdruck ‚Vagant' im *Simplicissimus Teutsch* nicht noch einmal verwendet, wohl aber das Verb ‚vagiren'. Es ist aber nicht Simplicius, der umherschweift, sondern Jupiter, zu dem „ein groß Geschrey über der Welt Laster" gedrungen ist. Er verschont die Menschheit mit einer erneuten apokalyptischen Sintflut, weil er dem „menschlichen Geschlecht mit sonderbarer Gunst gewogen" ist:

> [...] und ohne das allezeit lieber die Güte/ als eine strenge Verfahrung brauche/ *vagi*re ich jetzt herum/ der Menschen Thun und Lassen selbst zu erkündigen/ und obwol ich alles ärger finde/ als mirs vorkommen/ so bin ich doch nicht gesinnt/ alle Menschen zugleich und ohne Unterscheid außzureuten/ sondern nur die jenige zu straffen/ die zu straffen sind/ und hernach die übrige nach meinem Willen zu ziehen. (*ST* 254)

Simplicius bezweifelt, dass eine gerechte Bestrafung im permanenten Ausnahmezustand „Krieg" überhaupt möglich sei. Im Endeffekt müsse man die gesamte Welt mit Stumpf und Stiel ausrotten (*ST* 255). Trotz existenzieller Not gestaltet sich das Umherschweifen auch als eine anthropologische Suche nach dem Wesen des Menschen und der Welt überhaupt.

Die Ortslosigkeit des vagantischen Umherstreifens verbindet sich bei Simplicius mit einer in der Unbeständigkeit beständigen Weltflucht.[15] Die Bewunderung der Lebensformen der Fahrenden fokussiert vor allem die scheinbare Herrschaftslosigkeit dieser Personengruppen. Wie im Paracelsischen Wahlspruch „Einem anderen gehöre nicht, wer sich selbst gehören kann"[16], ist der permanente Ausbruch aus dem Herr-Knecht-Verhältnis nicht nur ein deviantes, sondern auch subversives Moment.

Neben dieser positiven Konnotation gibt es eine negative, die sich in nahezu identischer Formulierung in sämtlichen Policeyordnungen finden lässt: „Indessen gedachte ich an meine liederliche Bettler/ Vaganten und unnütze Landstürtzer/ mit denen unser Teutschland gleich-

---

15 Vgl. *ST* 689–698. Dort das Gespräch Simplicius' mit dem „Teutschen" über ein asketisches Leben auf der Insel am Ende des 25. Kapitels der *Continuatio*. Simplicius hält die Insel für „den allergesündesten Ort in der Welt" (*ST* 698).

16 *Der Frühparacelsismus*. Tl. 3/1. Hrsg. und erläutert von Wilhelm Kühlmann und Joachim Telle. Berlin, Boston 2013 (Corpus Paracelsisticum 3), S. 205. Dort heißt es ferner: „Der Pentameter ‚Alterius non sit, qui suus esse potest' [...] zählte zum mittelalterlichen Spruchgut; offenbar stärker verbreitet als manche anderen Proverbien [...]."

sam überschwämt ist".[17] „Liederlich", „unnütz" und – neutraler – „unstetig" sind die pejorativen Begriffe, die den Vaganten kennzeichnen. Eine vor allem deviante Konnotation lässt sich im Beiwort „liederlich" feststellen. Liederlich ist jemand, der nicht fähig ist Ordnung zu machen oder zu halten; einer, der keine Ordnung oder Sorgfalt aufweisen kann und prinzipiell unordentlich ist.[18] Ein „unstetiger Mensch" ist jemand, der ruhelos, rastlos und in seinem Wesen unbeständig ist.[19] Das Nicht-Rastenkönnen sehnt sich nach Beruhigung und einem Ende der Suche. Als „homo viator"[20] bleibt der Mensch ein Reisender. Dies aber im zweifachen Sinne: Theologisch ist es dem Menschen im Raum des Erreichten oder Vorgestellten nicht vergönnt, sich auszuruhen. Der Mensch lebt in permanenter Spannung. Sozial und rechtlich gesehen werden die Personengruppen des „reisenden Menschen" von Zeitgenossen ambivalent betrachtet: Einerseits bilden sie den spannenden Stoff für Erzählungen und Romane, andererseits werden sie als eine potenzielle Gefahr wahrgenommen und scharf sanktioniert.

Das Unbeständige bezieht sich nicht nur auf Sesshaftigkeit, sondern auch auf das Eigentum. Bei Karl Marx findet sich beispielsweise vor dem Hintergrund der durch Eigentum geprägten Herausbildung der Kulturnation folgende Einschätzung: „Der Eigentumslose ist mehr dazu geneigt Vagabund und Räuber und Bettler als Arbeiter zu werden."[21]

---

17   Hans Jacob Christoffel von Grimmelshausen: *Das wunderbarliche Vogel-Nest.* Hrsg. von Rolf Tarot. Tübingen 1970 (Gesammelte Werke in Einzelausgaben. Unter Mitarbeit von Wolfgang Bender und Franz Günter Sieveke hrsg. von Rolf Tarot), S. 23.

18   Vgl. Grimm, *Wörterbuch* (wie Anm. 6), hier Bd. 12, Sp. 987–992.

19   Vgl. Grimm, *Wörterbuch* (wie Anm. 6), hier Bd. 24, Sp. 1428–1435.

20   Jütte, Vagantentum (wie Anm. 2), S. 112. Jütte sieht nur in Bettlern und Zigeunern „den Prototypen des homo viator" verkörpert. Er diskutiert diesen theologisch aufgeladenen Begriff nicht weiter.

21   Karl Marx: *Ökonomische Manuskripte 1857/1858.* In: Karl Marx, Friedrich Engels: *Werke.* Hrsg. vom Institut für Marxismus-Leninismus beim ZK der SED. Bd. 42. Berlin 1983, S. 631; vgl. auch Karl Marx: *Das Kapital. Kritik der politischen Ökonomie.* Bd. 1. Buch 1. *Der Produktionsprozeß des Kapitals.* In: *Werke.* Bd. 23. Berlin 1962, S. 761–762. Dort fällt Marx das folgende Urteil: „Die durch Auflösung der feudalen Gefolgschaften und durch stoßweise, gewaltsame Expropriation von Grund und Boden Verjagten, dies vogelfreie Proletariat konnte unmöglich ebenso rasch von der aufkommenden Manufaktur absorbiert werden, als es auf die Welt gesetzt ward. Andrerseits konnten die plötzlich aus ihrer gewohnten Lebensbahn Herausgeschleuderten sich nicht ebenso plötzlich in die Disziplin des neuen Zustandes finden. Sie verwandelten sich massenhaft in Bettler, Räuber, Vagabunden, zum Teil aus Neigung, in den meisten Fällen durch den Zwang der

Im scharfen Kontrast zur Zeitform des frühneuzeitlichen Ordnungsstaats – der Zukunftssicherung durch Verlässlichkeit und Vorsorge – steht im *Simplicissimus Teutsch* eine Plötzlichkeit sowohl des Schreckens als auch der Rettung, die jedem überall als gottgegebene Heimsuchung jederzeit widerfahren kann. Diese Plötzlichkeit charakterisiert den Ausnahmezustand als Permanenz, in dem das Recht suspendiert ist. Wie das Recht durch den Ausnahmezustand in seiner allgemeinen Gültigkeit untergraben ist, werden auch die Grenzen der Territorien durch rechtswidrige Eingriffe verletzt, die aber mit dem angeblichen Recht des Krieges legitimiert werden. Im Krieg werden Unrecht zu Recht und der Ausnahmezustand und damit auch das fahrende Volk sowie das Soldatische zum Normalfall.

Die Soldaten

Nach dem *Wörterbuch* von Jacob und Wilhelm Grimm ist ein Soldat „ursprünglich der sold empfangende, geworbne krieger im gegensatze zu dem, der nach land- oder lehnrecht zum waffendienste verpflichtet ist [...].“[22] Bei Adelung zeigt sich, dass der Soldat ständeübergreifend institutionalisiert ist: „Sowohl überhaupt, ohne Rücksicht auf den Stand.“[23] Hier wird auch schon die fundamentale Unterscheidung zwischen guten und schlechten Soldaten vorgenommen. Die Begriffsgeschichte von ‚Soldat‘ korrespondiert mit der „entwickelung der heereseinrichtungen“ und wird „in der zeit der allgemeinen wehrpflicht [...] weitergeführt“.[24] Die besondere Nähe zum Begriff ‚Sold‘ und das damit verbundene „gehässige und verächtliche, was sich früher wol mit soldat verband“, wurde in der Folge „auf das wort söldner abgewälzt.“[25] Fer-

---

Umstände. Ende des 15. und während des ganzen 16. Jahrhunderts daher in ganz Westeuropa eine Blutgesetzgebung wider Vagabundage. Die Väter der jetzigen Arbeiterklasse wurden zunächst gezüchtigt für die ihnen angetane Verwandlung in Vagabunden und Paupers. Die Gesetzgebung behandelte sie als ‚freiwillige‘ Verbrecher und unterstellte, daß es von ihrem guten Willen abhänge, in den nicht mehr existierenden alten Verhältnissen fortzuarbeiten.“

22 Grimm, *Wörterbuch* (wie Anm. 6), hier Bd. 16, Sp. 1436–1439.
23 Johann Christoph Adelung: *Grammatisch-Kritisches Wörterbuch der Hochdeutschen Mundart.* Bd. 4. Wien 1811, Sp. 130–135.
24 Grimm, *Wörterbuch* (wie Anm. 6), hier Bd. 16, Sp. 1436–1439.
25 Grimm, *Wörterbuch* (wie Anm. 6), hier Bd. 16, Sp. 1436–1439.

ner werden wichtige Unterscheidungen gemacht, die allesamt im *Simplicissimus Teutsch* vorkommen:

> [...] in der neuen heeressprache bezeichnet soldat einmal jeden angehörigen des heeres (im gegensatz zum ,civilisten'), dann die gemeinen im gegensatz zu offizieren und unteroffizieren; ferner dient es als berufsbezeichnung für die offiziere und unteroffiziere, insofern sie über das staatsbürgerliche masz hinaus dienste thun. im dienstverkehr werden die gemeinen nicht als soldaten, sondern nach ihrer waffe bezeichnet (kanonier, musketier, dragoner).[26]

Im XVI. Kapitel: „Heutiger Soldaten Thun und Lassen/ und wie schwerlich ein gemeiner Kriegsmann befördert werde" (*ST* 60) des ersten Buches des *Simplicissimus Teutsch* geht es also um einen gemeinen Soldaten und nicht um einen Offizier oder Unteroffizier bzw. einen anderen ranghohen Soldaten. Der einfache Soldat ist in den simplicianischen Schriften thematisch dominierend. Vor diesem Hintergrund wird die enge Verschränktheit und Verwobenheit der Personengruppen Soldaten und Landstreicher verständlich. Wie auch bei den „Fahrenden" lässt sich auch im soldatischen Kontext neben „gemein" eine Vielzahl von weiteren pejorativen Beiwörtern eruieren: „fromme Soldaten" (*ST* 220)[27], „ehrliche[] Soldaten"[28], „alte und versuchte Soldaten" (*ST* 280), „rechtschaffener Soldat" (*ST* 398), „ohnedle Soldaten" (*ST* 284), „einfachen und guten Soldaten" (*ST* 289), „wohl *mondirte* Soldaten" (*Spr* 241), „aller-verschlagnesten Soldaten" (*ST* 214) usw.[29] Alle Soldatentypen verstehen sich als Teil eines Kollektivs: der Soldateska.

---

26 Adelung, *Grammatisch-Kritisches Wörterbuch* (wie Anm. 23), Sp. 130–135.

27 Vgl. hierzu Michael Kaiser: Der Jäger von Soest. Historische Anmerkungen zur Darstellung des Militärs bei Grimmelshausen. In: *Grimmelshausen und Simplicissimus in Westfalen.* Hrsg. von Peter Heßelmann. Bern [u. a.] 2006, S. 93–118, hier S. 102.

28 Hans Jacob Christoffel von Grimmelshausen: *Springinsfeld.* In: *Werke.* I. 2. Hrsg. von Dieter Breuer. Frankfurt a. M. 2007 (Bibliothek der Frühen Neuzeit 4. 2), S. 153–295, hier S. 230 – Der Text wird im Folgenden nach der Edition von Breuer mit Sigle *Spr* und Seitenangabe in runden Klammern zitiert. Das dort von Springinsfeld erwähnte Sprichwort der „ehrlichen Soldaten" lautet: „[...] so bald ein Soldat wird geboren/ seyn ihm drey Bauren auserkoren/ der erste der ihn ernährt/ der ander der ihm ein schönes Weib beschert/ vnd der dritt/ der vor ihn zur Höllen fährt [...]."

29 Simplicius gibt an, bei dem „Gubernator zu Hanau", dem „aller-verschlagnesten Soldaten" (*ST* 214), das Lautenspielen gelernt zu haben. Das Spielen eines Instruments ist nicht nur typisch für den Vaganten, sondern auch für den Soldatenbettler Springinsfeld.

Grimmelshausen zeichnet das soldatische Leben als einen Kreislauf ähnlich der gebenden und nehmenden Natur und anthropologisiert die soldatische Lebenswelt: Töten und getötet werden. Wer diesen Kreislauf überlebt, endet als Bettler oder Landstreicher. Die Delikte des Schändens, Spielens und Stehlens (*ST* 425), die der frühneuzeitliche Ordnungsstaat eigentlich sanktionieren müsste, werden bei Grimmelshausen zum Lebensprinzip. Das Ende der soldatischen Laufbahn, sofern die Ausübung des Soldatischen nicht mit dem Tod endete, führte meistens direkt in eine der sozialen und devianten Randgruppen der Gesellschaft. Besonders anschaulich wird dieser Umstand auch in der Grimmelshausenschen „Soldatentageweiß", die das Leben der Landsknechte als einen evolutionären Prozess beschreibt, der überall und zu jeder Zeit Gültigkeit besitzt:

> Hunger und Durst/ auch Hitz und Kält/ Arbeit und Armuth/ wie es fällt/ Gewaltthat/ Ungerechtigkeit/ Treiben wir Landsknecht allezeit. Diese Reimen waren umb so viel desto weniger erlogen/ weil sie mit ihren Wercken überein stimmten/ dem Fressen und Sauffen/ Hunger und Durst leiden/ huren und buben/ raßlen und spielen/ schlemmen und demmen/ morden/ und wieder ermordet werden/ todt schlagen/ und wieder zu todt geschlagen werden [...]; und in Summa nur verderben und beschädigen/ und hingegen wieder verderbt und beschädigt werden/ war ihr gantzes Thun und Wesen; [...] sie weberten in ihren Wercken immer embsig fort/ biß sie endlich nach und nach in Schlachten/ Belägerungen/ Stürmen/ Feld-Zügen/ und in den Quartieren selbsten/ (so doch der Soldaten irdische Paradeis sind/ sonderlich wenn sie fette Bauren antreffen) umbkamen/ starben/ verdarben und *crepir*ten; biß auff etlich wenige/ die in ihrem Alter/ wann sie nicht wacker geschunden und gestolen hatten/ die allerbeste Bettler und Landstürtzer abgaben [...]. (*ST* 60–61)

Als Repräsentant dieses Prinzips erscheint der „seltzame Springinsfeld". Sein Roman ist die Lebensgeschichte eines „weiland frischen/ wolversuchten und tapffern Soldaten/ Nunmehro aber ausgemergelten/ abgelebten doch dabey recht verschlagnen Landstörtzers und Bettlers/ Samt seiner wunderlichen Gauckeltasche." (*Spr* 155) Er zeigt der Welt durch sein armseliges Leben, dass „theils Soldaten jung alte Bettler abgeben." (*Spr* 156) Das Leitmotiv seiner Lebensgeschichte wird kurze Zeit später nicht mehr vom jungen „Springinsfeld", sondern vom invaliden „Steltzvorshaus" auch als Sprichwort wiederholt: „[J]unge Soldaten alte Bettler!" (*Spr* 169) Simplicius stellt Springinsfeld die entscheidenden Fragen: „[...] wie du in Krieg kommen/ und wie es dir bißhero darinnen ergangen/ biß du auß einem so dapffern Soldaten zu einem solchen elenden Steltzer worden seyest?" (*Spr* 212) Genau diesen

Transformationsprozess und die damit verbundenen Zwischenstufen zeichnet Grimmelshausen in seinen Romanen dezidiert nach. Ausgehend vom Aphorismus „Junge Soldaten alte Bettler", begreift Richard E. Schade das Verhältnis von Soldaten und Bettlern als „polare"[30] und „schicksalshafte Spanne"[31]. Die Annahme, das Verhältnis der beiden Gruppen als gegensätzlich bzw. unvereinbar bei wesenhafter Zusammengehörigkeit zu fassen, wird im Folgenden kritisch diskutiert. Statt auf „polar" soll hier der Fokus auf „evolutionär" gelegt werden. Später kann anhand einer Diskussion zu den „Merodebrüdern" aufgezeigt werden, inwiefern es in dem „Polaren" – wenn man dieser Deutung folgen würde – noch Zwischenstufen gibt, die argumentativ die „schicksalhafte Spanne" im Sinne eines evolutionären Prozesses stärken. Dabei ist die allmähliche zusammenhängende Fortentwicklung der Personengruppen Soldaten und Landstreicher im Geschichtsverlauf zwar sehr wahrscheinlich, aber nicht zwingend. Sind die soldatische Armut, die Bettelei und das Landstreicherwesen ein unausweichliches Schicksal? Welche weiteren möglichen Lebensformen haben einfache Soldaten, wenn sie den Kriegsdienst quittieren? Möchte man nicht als „diebischer Waldbruder" (*ST* 172) oder in der Askese des Einsiedlertums enden, dann besteht immerhin die Chance im Soldatenwesen eine Funktion als ‚Profos' zu erhalten:

> WEil der Gebrauch im Krieg ist/ daß man gemeiniglich alte versuchte Soldaten zu Provosen macht/ also hatten wir auch einen dergleichen bey unserm Regiment/ und zwar einen solchen abgefäumten Ertz-Vogel und Kern-Bößwicht/ daß man wol von ihm sagen konte/ er seye vielmehr als vonnöthen/ erfahren gewesen [...]. (*ST* 196)

Ein Profos ist ein „Militärbeamter mit (ordnungs-)polizeilicher Funktion", der „z. T. auch für die Vollstreckung der Strafe zuständig" ist. Dabei „steht [er] mit seinen Hilfsbeamten unter einem besonderen Personenfrieden."[32] Haben Soldaten in ihrer Kriegszeit nicht ausreichend geplündert und gestohlen, um auf diesen Weg genügend für den Le-

---

30 Richard E. Schade: Junge Soldaten, alte Bettler. Zur Ikonographie des Pikaresken am Beispiel des „Springinsfeld"-Titelkupfers. In: *Der deutsche Schelmenroman im europäischen Kontext. Rezeption, Interpretation, Bibliographie.* Hrsg. von Gerhart Hoffmeister. Amsterdam 1987, S. 93–112, hier S. 96.

31 Schade, Junge Soldaten, alte Bettler (wie Anm. 30), S. 100.

32 DRW (wie Anm. 5), Bd. X. *Notsache bis Ræswa.* Bearb. von Heino Speer. Stuttgart 2001, Sp. 1351–1352. Im städtischen Kontext versteht man unter einem „Provos" einen Beamten, der die Aufsicht über die Bettler führt.

bensabend beiseite geschafft zu haben, dann ist eine kriminelle Karriere nicht unausweichlich, aber wahrscheinlich. Im Soldatischen lassen sich wiederum zwei Personengruppen erkennen, die durch deviantes Verhalten besonders in Erscheinung treten: ‚Fuchsschwäntzer' und ‚Bernheuter'.

Die „Fuchschwäntzer[]" (*ST* 156) vergiften und manipulieren junge Soldaten derartig, dass Verbrechen zu Tugenden gedreht werden, mit dem Ziel, sich den eigenen Beutel zu füllen und Vorteile zu erschleichen. Das Verderben und Schänden von Zivilisten und Ländereien wird gutgeheißen und gelobt. Den jungen Soldaten sagt man: „du seyst ein braver Soldat/ hetzen dich also zu ander Leut Schaden/ damit sie deine Gunst behalten/ und ihre Beutel darbey spicken mögen." (*ST* 156) Der anständige und pflichtbewusste Soldat ist hingegen „der Göttlichen Majestät" (*ST* 156) nicht missfällig. „Fuchsschwäntzer[] und Schmarotzer[]" (*ST* 157) werden in einem Atemzug genannt und versuchen auf betrügerische Weise durch das Leid anderer einen Vorteil für sich zu gewinnen. Es ist eine verkehrte Welt des Scheins und der Heuchlerei, die nur durch aufrichtige Frömmigkeit durchbrochen werden kann.[33]

Neben den manipulativen und listigen Fuchsschwäntzern stehen die faulen Bernheuter: Nach dem Grimmschen *Wörterbuch* ist der „homo ignavus" ein Feigling und zeichnet sich durch seine Trägheit und Faulheit aus. Als ein „nebulo", d. h. als ein Windbeutel, Taugenichts oder Schuft, handelt es sich beim Begriff ‚Bernheuter' um „ein vieldeutiges, oft zur schelte, aber auch gutmütig (etwa wie kerl) verwandtes wort, zu dessen erklärung Simpl. 3, 895–904 ein märchen vorgetragen wird [...]."[34] Das Märchen meint die kurze Schrift *Der erste Bernheuter* von 1670, in der ein „teutscher Landsknecht" nach einer verlorenen Schlacht im Dienste des ungarischen Königs Sigismund gegen den türkischen Kaiser Celapino sich herren- und mittellos im Wald verirrt. Ohne Herren, Krieg und Geld sowie sonstige Mittel, weiß der Landsknecht nicht, wie er sich ernähren soll und verfällt in schwermütige Gedanken. Ein Geist erscheint und verspricht, ihm zu

---

33 Vgl. dazu *ST* 166–167, wo Simplicius zu Ansehen und Geld kommt. Aufgrund seiner musikalischen Fähigkeiten gelangt der Protagonist in die Gunst seines Herrn. Neben den Offizieren und reichsten Bürgern machen auch Personengruppen wie das Hausgesinde und die Soldaten Simplicius diverse Geschenke, um entweder selbst nicht ‚verfuchsschwäntzet' zu werden oder Simplicius zum ‚verfuchsschwäntzen' anderer Personen anzustiften.

34 Grimm, *Wörterbuch* (wie Anm. 6), hier Bd. 1, Sp. 1128–1129.

einem reichen Herrn zu machen, wenn er die nötige Courage besitzt und ihm sieben Jahre unter gewissen Auflagen dient:

> Deine Haar und Bart weder kämpeln/ noch selbige wie auch die Nägel nicht ab-schneiden; Die Nase nicht schneutzen/ deine Händ und daß Angesicht nicht wä-schen/ den Hindern nicht wischen/ diese Beernhaut an statt deines Mantels und Betts brauchen/ und niemal kein Vatter unser beten. Hingegen will ich dich mit Comiss, Bier/ Taback und Brandtewein versehen/ daß du kein Mangel haben solst/ und nach den siben Jahren einen solchen Kerl aus dir machen/ daß du dich über dich selbst verwundern wirst müssen.[35]

Sein Bärenfell, d. h. die verwahrloste Lebensweise, kann der Bernheu-ter nach sieben Jahren treuer Gefolgschaft ablegen. Er wird sogar ent-lohnt und kann durch die Hilfe des Geistes die jüngste Tochter eines edlen Herrn heiraten. Die zwei älteren Schwestern konnte der Geist auf raffinierte Art und Weise zu sich nehmen: Hinsichtlich der schicksal-haften Vermählung ihrer jüngeren Schwester mit dem Bernheuter be-gegneten sie dieser zuerst mit Häme, um dann – nachdem der Bernheu-ter sich seiner „Beernhaut" entledigt hat und Cavalier geworden war – voller Neid in Missgunst zu verfallen und mit dem Freitod aus dem Leben zu scheiden.[36]

Wichtig ist der Umstand, dass der Bernheuter aufgrund seines her-untergekommenen Zustands von der Gesellschaft gemieden wird. Nie-mand möchte ihn bewirten; erst durch die Dukaten des Geistes wird er von einem Wirt aufgenommen, aber von der übrigen Belegschaft des Gasthauses – um „Geschrey" zu vermeiden – getrennt und isoliert ge-halten.[37] Auch Simplicius findet als „grindiger Guckuck" keinen Wirt:

> Jch machte wol tausend und aber tausenderley Gedancken/ was ich angreiffen wolte/ dann der Wirth stieß mich auß dem Hauß/ da ich nichts mehr bezahlen konte/ ich hätte mich gern unterhalten lassen/ es wolte mich aber kein Werber vor einen Soldaten annehmen/ weil ich als ein grindiger Guckuck außsahe/ ar-beiten konte ich nit/ denn ich war noch zu matt/ und über das noch keiner ge-

---

35   Hans Jacob Christoffel von Grimmelshausen: *Der erste Bernheuter*. In: Grim-
      melshausen: *Kleinere Schriften*. Hrsg. von Rolf Tarot. Tübingen 1973 (Gesam-
      melte Werke in Einzelausgaben. Unter Mitarbeit von Wolfgang Bender und Franz
      Günter Sieveke hrsg. von Rolf Tarot), S. 4.
36   Vgl. Dieter Breuer: *Grimmelshausen-Handbuch*. München 1999, S. 137–138.
37   Vgl. *Spr* 208. Springinsfeld, armselig wie ein Bettler, und Simplicius „wie ein
      armer Plackscheisser", wurden in einer Kammer in einem Wirtshaus unterge-
      bracht; zuvor musste Springinsfeld dem Wirth jedoch versichern, „daß er keine
      Läuse hätte."

wohnt. Nichts tröstete mich mehr/ als daß es gegen dem Sommer gieng/ und ich mich zur Noth hinder einer Hecken behelffen konte/ weil mich niemand mehr im Hauß wolte leiden. (*ST* 375)

Simplicius erfüllt in seiner heruntergekommenen Gestalt nicht einmal die Minimalkriterien für die Annahme als Soldat. Sein „grindiger" Habitus verweist auf die Müllerflöhe und den Kopfgrind, eine Plage der Soldaten und Fahrenden zur Zeit Grimmelshausens. Auch die Kleider der Soldaten-Weiber sind dabei in der Regel voller Läuse (*Spr* 288). Die „weißen Müllerflöhe" verbinden alle hier genannten Personengruppen miteinander. Neben der Ortslosigkeit haben alle Fahrenden ein Moment eines potenziellen Befalls, d. h. Unreinheit und/oder Krankheit, inne.[38] Trotz aller Krankheit und Armseligkeit gibt es auch in den Romanen Grimmelshausens Ansätze der Wahlmöglichkeit einer aufrichtigen oder devianten Lebensform. Springinsfeld beispielsweise hätte durchaus ein redliches Leben führen können, entschied sich aber anders:

> Als ich nun meine Gesundheit wider völlig erhalten/ kam mir drum nit in Sinn/ mein angenommenes Leben wider zuverlassen und mich ehrlich zuernähren sonder ich machte vil mehr mit allerhand Bettlern und Landstörtzern gute Bekant: und Cammeradschafft. (*Spr* 270)

Der Begriff der Kameradschaft ist soldatischer und fahrender Provenienz: Ursprünglich auf die „stubengenozenschaft" abzielend, scheint er „erst im 30jährigen Krieg aufgekommen zu sein und das ältere landsknecht, kriegsgesell, guter gesell verdrängt zu haben, galt also vorzugsweise unter soldaten, allmälich auch unter andern gesellen und burschen."[39] Der Ausdruck eines kollektiven Zusammenschlusses äußert sich nicht nur in den Begriffen der „Kameradschaft" und des „Ordens", sondern auch in der leitmotivisch im Romanverlauf nachverfolgbaren Wendung auf „Partey gehen" (*ST* 386). Im *Deutschen Wörterbuch* von Jacob und Wilhelm Grimm wird folgendes Zitat angeführt:

---

38 Dazu Christian Loos: Die Lieder Grimmelshausens und ihre (volks-)musikalische Rezeption. In: *Simpliciana* XL (2018), S. 391–413, hier S. 396–398. Dass Ostwald in seinem Kompendium *Lieder aus dem Rinnstein. Gesammelt von Hans Ostwald.* Leipzig 1903, S. 84, die simplicianische Soldaten-Tageweiß als „Tageweise der Landstörzer" führt und damit von der Werkimmanenz Grimmelshausens abweicht, ist vor dem engen Verhältnis von Soldaten und Landstreichern nicht als abwegig zu betrachten.

39 Grimm, *Wörterbuch* (wie Anm. 6), hier Bd. 2, Sp. 602–603.

Von personen, die zu einerlei verrichtung, zu einem bestimmten zwecke bei-
sammen sind oder im Militärwesen: kriegswesen eine kleine heeresabtheilung,
besonders eine vom hauptheer getrennt wirkende streifschaar sowie der streifzug derselben.[40]

Besonders anschaulich wird das Herumstreifen und auf „Partey gehen"
bei einer Personengruppe, die zwischen den gemeinen Soldaten, Landstreichern, Mordbrennern und Bettlern anzusiedeln ist: den sogenannten
„Merode-Brüdern".[41]

Die „Merode-Brüder"

Die „Merode-Brüder" sind den meisten „KriegsUnerfahrne[n]" und
„*Scribent*en" zur Zeit Grimmelshausens unbekannt (*ST* 396), da es sich
um ein Phänomen des Krieges handelt. Der Name werde nämlich „nicht
abgehen [...]/ so lang die Teutsche kriegen [...]." (*ST* 397) Breuer erläutert im Kommentar zu seiner *Simplicissimus*-Ausgabe:

Gemeint sind vermutlich die plündernd umherstreifenden (marodierenden)
Mannschaftsreste (Fußsoldaten) vom Regiment des schwedischen Obristen
Werner von Merode, das 1635 meuterte und sich in führerlose Haufen auflöste,
nicht die Truppen des kaiserlichen Generals und Reiterführers Johann II. Graf
von Merode (1589–1633). Wahrscheinliche Quelle: Theatrum Europaeum III
796.[42]

Seinen Abriss über die Merodebrüder adressiert Simplicius explizit an
zwei Personengruppen: Feldherren und Bauern. Militärisch sind die
Merodebrüder bedeutsam, weil sie strukturell die Soldateska gefährden.
Für den „Baursmann" ist diese „Zunfft" wichtig, da sie seinen Hof und
seine Felder plündert. Die Eigenschaft „führerlos" zu sein, wird auch
von Simplicius betont: Die Merodebrüder „leben vielmehr wie die
Frey-Herren", weil „in Summa niemand" sie kommandiert (*ST* 398).
Dabei verfügen jene Männer sowohl über besondere Gebräuche und
Gewohnheiten als auch über Rechte und Privilegien (vgl. *ST* 396). Ge-

40   Grimm, *Wörterbuch* (wie Anm. 6), hier Bd. 13, Sp. 1466–1470.
41   Den Hinweis zu den Merodebrüdern verdanke ich Klaus Haberkamm.
42   Breuer, Kommentar (wie Anm. 8), S. 924.

rade letztere sprechen für eine offizielle militärische Bezeichnung.[43] Über die Rechte und Vorrechte erfährt der Leser der simplicianischen Schriften nichts Genaueres im Fortgang des Romans.

Das *Deutsche Rechtswörterbuch* führt weder die Begriffe ‚Merodebrüder' und ‚Marodeure' noch die dazugehörigen Komposita und Varianten an. In der einschlägigen Literatur zur Soldatensprache und Soldateska werden die Merodebrüder gelegentlich erwähnt, aber weiterführende Angaben zum rechtlichen und militärischen Status sind nicht nachweisbar.[44] Im *Deutschen Wörterbuch* von Jacob und Wilhelm Grimm werden die Merodebrüder als ‚Marodbrüder' in derselben Bedeutung der heute gängigen Bezeichnung „Marodeur" gelistet.[45]

Bei der etymologischen Analyse gilt es zu unterscheiden: Möchte man die Provenienz des Begriffs ‚Merodebrüder' klären oder verständigt man sich über den Begriff des ‚Marodierens'? Bei der Beantwortung der ersten Frage stößt man unweigerlich auf den „Soldatenwitz des Dreißigjährigen Krieges", in dem man das aus dem französischen ‚maraud' entlehnte Wort ‚marode' mit „dem ähnlich klingenden Namen des Grafen von Merode in Beziehung setzte."[46] Dass gerade die Soldaten eines Grafen oder – wie Breuer plausibel mutmaßt – vielmehr des Obristen Werner von Merode „marodieren",[47] ist eine Fügung, die sich für eine schriftstellerische und satirische Verarbeitung geradezu aufdrängt. Die Beantwortung der zweiten Frage hat etwas mit der ersten gemein, aber hier es geht um einen weitaus älteren Begriff, der bis in die französische Volkssprache des 15. Jahrhunderts hineinragt und die Spur des Zusammenhangs von Landstreichern und Soldaten fortspinnt. In den landstreicherhaften Gedichten von François Villon ist häufig die Rede

---

43 Vgl. Adolf J. Storfer: *Wörter und ihre Schicksale.* Berlin, Zürich 1935, S. 248. In der Terminologie der österreichisch-ungarischen Armee findet sich beispielsweise der Ausdruck „Marodenvis" für einen verletzten Soldaten. Daneben gibt es Marodehäuser.

44 Vgl. Paul Horn: *Die deutsche Soldatensprache.* Gießen 1905, S. 103: „Wer merode (marschunfähig) wird, bleibt zurück. Dieses Wort stammt wohl aus der Soldatensprache des 30jährigen Krieges, wo es aber bald nach dem Namen des Obersten von Merode in merode umgedeutet, und Merodebrüder zur Bezeichnung von plündernden, räuberischen Nachzüglern ward."

45 Grimm, *Wörterbuch* (wie Anm. 6), hier Bd. 12, Sp. 1670–1673.

46 Arthur Bechtold: Zur Geschichte der Merodebrüder. In: *Zeitschrift für deutsche Wortforschung* 12 (1910), S. 230–235, hier S. 230. Eine andere Einschätzung bei Breuer in seinem Kommentar zum *Simplicissimus Teutsch.* Vgl. Breuer, Kommentar (wie Anm. 8), S. 924.

47 Breuer, Kommentar (wie Anm. 8), S. 924.

vom ‚marault', was so viel heißt wie Bettler, Lump, Vagabund. Storfe vermutet, dass sich aus dem Ausdruck „die Personenbezeichnung ma- raud erst [...] entwickelt" hat.[48] Im 16. Jahrhundert ist dann schon eine „Wortsippe [...] mit bereits vielen Ableitungen vertreten: marauder = plündern, marodeur = Plünderer, maraudaille = Gesindel usw." nach- weisbar.[49] Anhand dieser begrifflichen Genese – hinzuzuziehen sind vor allem Storfes semitische und lateinische Herkunftserklärungen – können sämtliche der von Grimmelshausen aufgezeigten Eigenschaften der Merodebrüder nachvollzogen werden.

Das Moment des Zurückbleibens der Merodebrüder hinter den offi- ziellen Truppen zeigt sich beispielsweise im lateinischen ‚morator', das mit ‚Zögerer' übersetzt werden kann. Storfe verweist auf die „volks- etymologische Umgestaltung von marode durch ungarische Soldaten". Statt des ungarischen ‚maródi' wurde „in manchen ungarischen Regi- mentern deutscher Kommandosprache" aufgrund der Nähe zum Zweit- wort ‚marad' (bleiben) das Wort ‚maradi' verwendet, das mit „Bleiber, Zurückbleiber, Rückständiger" übersetzt werden kann.[50]

Simplicius macht zu den Merodebrüdern weitere Angaben, die auf deviante Verhaltenspraktiken verweisen: Es sind die „Bursch [welche] man zuvor *Säusenger* und Immenschneider geheissen hatte" (*ST* 397) Die Immenschneider sind „Honigtopfdiebe" und können analog zum „Beutelschneider" gelesen werden. Eine etymologische Erklärung des Begriffs ‚Säusenger' ist problematisch: Im *Deutschen Wörterbuch* wird die Stelle aus dem *Simplicissimus* zwar wiedergegeben, es werden aber keine weiteren Angaben dazu gemacht. Auch in allen anderen einschlä- gigen Wörterbüchern ist der Begriff nicht verzeichnet. Storfe wirft nur fragend auf: „Säusenger (die die Säue sengen?) [...].“[51] Dabei ist dieser Einwurf absolut korrekt.

In einem alten Ritterlied, das bei Radbruch ohne Quellenangabe auszugsweise wiedergegeben ist, findet sich eine erhellende Strophe, die das „Säue sengen" transparent macht. Hinsichtlich der Bauern heißt es: „Wir wollen sie vor uns sprengen,/ sie wie die Säue sengen,/ bis uns die Beute wird,/ ihr Schopf den Galgen rührt.“[52] Das Verb „sengen" ist

---

48   Storfer, *Wörter* (wie Anm. 43), S. 250.
49   Storfer, *Wörter* (wie Anm. 43), S. 250.
50   Storfer, *Wörter* (wie Anm. 43), S. 250.
51   Storfer, *Wörter* (wie Anm. 43), S. 248.
52   Gustav Radbruch: *Geschichte des Verbrechens. Versuch einer historischen Kri- minologie.* In: ders.: *Gesamtausgabe.* Bd. 11. *Strafrechtsgeschichte.* Hrsg. von

im *Deutschen Rechtswörterbuch* mit zwei Bedeutungsangaben verzeichnet. In der ersten Bedeutung geht es darum, „(ein Tier oder einen Menschen) mittels einer Flamme von Körperbehaarung frei [zu] machen; (Körperhaar, Tierborsten) absengen".[53] Das Absengen der Borsten geschlachteter Schweine erfolgte meist durch den Sauschneider, der als infam und unehrlich galt.[54] Die zweite Wortbedeutung meint etwas „in Brand stecken, niederbrennen lassen; durch Feuer roden".[55] Vor diesem Hintergrund wird verständlich, warum Breuer in seiner *Simplicissimus*-Ausgabe für „Säusenger" die kurze Erläuterung „Mordbrenner" gibt (*ST* 397). Das Mordbrennen deckt sich auch mit den Angaben, die Simplicius über das Brandschatzen und Mordbrennen der Merodebrüder macht. Mit Schweigen möchte er übergehen, „wie manchen Dorff durch sie so wol unachtsam- als vorsetzlicher Weis verbrennt wird […]." (*ST* 399) Sengen meint hier verbrennen bzw. einen Brand legen, was eine häufige Praxis umherstreifender Soldaten oder Banden im frühneuzeitlichen Kriegsgeschehen war, die meist zunächst mit Brand drohten – beispielsweise in Form von Brandbriefen und Ansengen von Häusern – oder diesen auch legten, um Geld zu erpressen. Der Begriff der ‚Säusenger‘ wird in den frühneuzeitlichen Policeyordnungen und internen Militärordnungen in der Regel nicht explizit erwähnt; wohl aber verschiedene Delikte, die sich auf das Sengen beziehen (Mordbrennerei, Brandstiftung, -drohung, -schatzung usw.).[56]

Warum gebraucht Grimmelshausen den Begriff ‚Säusenger‘ und nicht den des ‚Brandschatzens‘? Der letzte Begriff impliziert die „Schatzung", d. h. eine Steuer bzw. Abgabe, die von Soldaten als Requisition dafür gefordert wird, dass ein Dorf nicht verbrannt wird (was

---

Arthur Kaufmann. Heidelberg 2001, S. 19–254, hier S. 63. Radbruch macht keine Angaben zur Provenienz der zitierten Liedstrophe.

53   DRW (wie Anm. 5), Bd. XIII. *Schwefel bis Stegrecht*. Bearb. von Andreas Deutsch. Weimar 2014, Sp. 365–366.

54   Vgl. Wolfgang Hippel: *Armut, Unterschichten, Randgruppen in der Frühen Neuzeit*. München ²2013 (Enzyklopädie deutscher Geschichte 34), S. 36–37.

55   DRW (wie Anm. 53), Sp. 366.

56   Für das Aufzeigen der etymologischen Differenz zwischen ‚Säusenger‘ und ‚Brandschatzer‘ sowie der im Folgenden rezipierten Quellen danke ich Karl Härter. Vgl. *Corporis Constitutionum Marchicarum* [CCM], Tl. 5, Abtl. 5, Kap. 1, Nr. 13, No. VIII: *Edict, wieder die herumstreichende Herren-lose Landesknechte, Teichgräber, Bettler, Mordbrenner, Gartebrüder und Müßiggenger*. Vom 20. Martii 1603. Sowie CCM, Tl. 6, Abtl. 1, Nr. 83: *Edict von Wirths-Häusern und Thorschluß, auch Nacht-Wache wegen der Mordbrenner. de dato, Cölln an der Spree, den 6. September 1616.*

auch in Militärordnungen kriminalisiert worden ist).[57] Es scheint einiges darauf hinzudeuten, dass das Säusengen von den übrigen illegalen Brandexzessen, die von Soldaten, Gartknechten (umherziehenden, marodierenden Söldnern)[58], Vaganten, Räubern und Mordbrennern begangen wurden, unterschieden werden kann. In den Berichten über Mordbrennerbanden finden sich „Vereinbarungen von Mordbrennerzeichen", wie beispielsweise die Wolfsangel, die „teilweise in Verbindung mit der Vergabe von Kartenspielnamen", stehen sowie Angaben über den jeweiligen unter Eid geschlossenen Auftrag, die Besoldung und die Verabredung eines Treffpunkts.[59] Der Kommandant der kaiserlichen Festung Breisach, Graf von Reinach, erließ beispielsweise eine Anordnung, um unnötige Brandschatzungen in feindlichen Territorien zu vermeiden: „Man solle deshalb solche Täter auskundschaften, zur Hand bringen und ihm zuschicken; worauf er solche auch durch Feuer vom Leben zum Tode richten und ein Exempel statuieren wolle […]."[60]

---

57 Die Brandstifterdebatte lässt sich in die folgenden thematischen Blöcke gliedern: Neben der tatsächlich durchgeführten Tat der Brandstiftung gilt es zudem zwischen einem Tatvorwurf und einer möglichen Instrumentalisierung solcher Taten generell zu unterscheiden. Häufig wurden auch die marginalisierten gesellschaftlichen Randgruppen in der Frühen Neuzeit zu Unrecht der Brandstiftung verdächtigt. Einige Studien ziehen hier hinsichtlich der Sündenbockfunktion Parallelen zu den Hexenverfolgungen. Vgl. Marie Luisa Allemeyer: *Fewersnoth und Flammenschwert. Stadtbrände in der Frühen Neuzeit*. Göttingen 2007, S. 111.

58 Vgl. Matthias Asche: Krieg, Militär und Migration in der Frühen Neuzeit. Einleitende Beobachtungen zum Verhältnis von horizontaler und vertikaler Mobilität in der kriegsgeprägten Gesellschaft Alteuropas im 17. Jahrhundert. In: *Krieg, Militär und Migration in der Frühen Neuzeit*. Hrsg. von Matthias Asche, Michal Herrmann, Ulrike Ludwig und Anton Schindling. Berlin 2008, S. 11–36, hier S. 26. Asche stellt fest, dass es als gesichert gelte, dass „sich nur wenige der abgedankten Söldner zu Rotten *gartender Knechte* zusammenfanden oder sich gar als dauerhaft sozial Entwurzelte den sich vor allem in Nachkriegszeiten zahlreich bildenden Räuberbanden anschlossen, mithin demobilisierte Soldaten nur ausnahmsweise in die permanente mobile Armut abrutschten." Die Bezeichnung ‚Gartknechte‘ oder „gartende Knechte" findet man in den Schriften Grimmelshausens – soweit ich sehe – nicht.

59 Monika Spicker-Beck: *Räuber, Mordbrenner, umschweifendes Gesind. Zur Kriminalität im 16. Jahrhundert*. Freiburg 1995, S. 98.

60 Arthur Bechtold: Die Räubergeschichte in Grimmelshausens Simplizissimus und ihr Schauplatz. In: *Alemannia. Zeitschrift für Sprache, Litteratur und Volkskunde des Elsaszes, Oberrheins und Schwabens* 43 (1916), S. 65–85, hier S. 78. Bechtold zitiert Heinrich Schreiber: *Geschichte der Stadt und Universität Freiburg im Breisgau. Bd. IV. Vom dreißigjährigen Krieg bis zum Übergang der Stadt an das großherzogliche Haus Baden*. Freiburg 1858, S. 47–53, hier S. 52.

Treiben es die Merodebrüder in ihrer „Mauserey", d. h. in ihren Diebestouren und Plünderungen zu „weit", dann trifft sie ihre „allergröste Pest": Die „Rumormeister und *General* Gewaltiger" (*ST* 399) lassen sie in Eisen legen und bei groben Verstößen auch hängen. Tolerant schien die Obrigkeit zu sein, wenn die Plünderungen nicht im eigenen Territorium, sondern in anderen Herrschaftsbereichen stattfanden. Denn von der eigenen Landbevölkerung wollte man einen regelmäßigen Tribut haben.[61] Auch setzten wehrhafte Bauern den Merodebrüdern derartig zu, dass die offiziellen Truppen lieber gegen den soldatischen Feind als gegen wehrhafte Bauern ins Feld zogen.[62]

Obwohl auch die Merodebrüder nicht nur „Gesellweis *marchir*en/ *quartir*en/ *campir*en und hausiren" und darüber hinaus auch viele weitere „landfahrerische" Charakteristika aufweisen, vergleicht Simplicius diese überraschenderweise nicht mit ‚Landstreichern', sondern mit „Zügeinern" (*ST* 398). Seine Begründung für diesen Vergleich trifft allerdings auch auf die Personengruppe der „Landfahrer" zu: Da die Merodebrüder nach eigenem Belieben „vor/ nach/ neben und mitten unter der Armee herumb" streichen, ähneln sie den „Zügeinern" (*ST* 398). Dazu ist gerade nicht der „arme Krancke", sondern der simulierende und bewusst pferdelos gewordene Merodebruder ein „liederlicher Schlingel" (*ST* 399). Das pejorative Beiwort „liederlich" wird, wie schon ausgeführt, mit den Fahrenden in Verbindung gebracht.[63]

Simplicius bezeichnet die Merodebrüder als „Orden", was eine kollektive Dimension impliziert. Er sollte bis zum Freiwerden einer Offiziersstelle bei der Armee als „Freyreuter" beim „Neun Eckischen Regiment" (*ST* 396) in den Dienst treten. Hertzbruder verschaffte dafür

---

61 Vgl. Bechtold, Räubergeschichte (wie Anm. 60), S. 76: „So sehen wir während des großen Krieges nicht selten die merkwürdige Erscheinung, daß die geflüchteten Parteigänger die ihrem Schutze unterstellten Bürger und Bauern sorgsam schonen, hegen und pflegen. Es galt hier das Sprichwort: Wo der Wolf wohnt, da tut er den geringsten Schaden."

62 Vgl. Bechtold, Räubergeschichte (wie Anm. 60), S. 70. Bechtold zitiert Ausschnitte eines Berichts des Kommandanten von Freiburg, dem weimarischen Oberst Kanoffsky, an Herzog Bernhard vom 18. September 1638.

63 Die Angst vor Bränden war nicht nur allgegenwärtig, sondern konnte auch als Schutz vor Pogromen genutzt werden. Beispielsweise sollen sich Zigeuner so vor Übergriffen geschützt haben; vielleicht auch ein Indiz, das den Vergleich der Merodebrüder mit den Zigeunern rechtfertigt. Vgl. hierzu Thomas Fricke: *Zigeuner im Zeitalter des Absolutismus. Bilanz einer einseitigen Überlieferung. Eine sozialgeschichtliche Untersuchung anhand südwestdeutscher Quellen.* Pfaffenweiler 1996, S. 137–138.

ein weiteres Pferd und einen Knecht. Da Pferd und Knecht von den
„Weymarischen" gefangen genommen wurden, musste Simplicius das
übrig gebliebene Pferd „desto härter strapezirn/ und endlich gar hinreu-
ten [...]" (*ST* 396). Ohne Pferd musste sich Simplicius schließlich in
den Orden der Merodebrüder begeben. Neben Kranken, Invaliden und
Erschöpften waren Reiter ohne Pferd tatsächlich fester Bestandteil ma-
rodierender Soldaten.[64] Das Motiv des Vortäuschens wird hier ebenso
in Ansätzen erwähnt: Durchaus konnte der Verlust des Pferdes wissent-
lich herbeigeführt bzw. bewusst in Kauf genommen werden.[65]

    In die Gemeinschaft der Marodierenden gelangt auch Hertzbruder
auf schicksalhafte Weise. Schwer verwundet wird er von „etlich Merode-Brüdern und Soldaten-Weibern" aus Mitleid aufgenommen, am
Feuer erquickt und bekleidet (*ST* 442–443). Durch den Nachsatz „ob sie
mich zwar nit kanten" wird diese Aufnahme umso stärker vor dem Hintergrund der frühneuzeitlichen Abwehrmechanismen gegenüber Fremden gewürdigt. Im Gegensatz zu den Feminina „Bettlerin" und „Land-
störzerin" lässt sich zwar keine explizit weibliche Form eruieren, aber
das erkrankte Weib und Kind eines „Mußquetiers" sind „schon andert-
halb par Merode-Brüder" (*ST* 398). Der „Orden der Merode-Brüder"
scheint eine Art verschworene Lebensgemeinschaft zu sein, die auch
für Einzelgänger offensteht.[66]

Resümee

Den landfahrenden Personengruppen wurde von der frühneuzeitlichen
Obrigkeit und der Bevölkerung aufgrund ihres Fremdseins großes
Misstrauen entgegengebracht.[67] Das Abweichen von der sozialen und
ordnungsrechtlichen Norm – sofern diese überhaupt im Kriegsgeschehen vorhanden war – wird für die Soldaten, Landstreicher, Vaganten,

---

64 Storfer, *Wörter* (wie Anm. 43), S. 248.
65 Bechtold, Zur Geschichte (wie Anm. 46), S. 235.
66 Dazu auch Storfer, *Wörter* (wie Anm. 43), S. 249: „Unter den Begriff des Maro-
    deurs fielen nicht nur plündernde Nachzügler, sondern auch Einzelgänger, die sich
    als Verwundete ausgaben und bettelten [...]."
67 Vgl. Michael Stolleis: Bettler, Vaganten und Gaukler in pfälzischen „Policeyord-
    nungen" des 17. und 18. Jahrhunderts. In: *Mannheimer Geschichtsblätter* N. F. 2
    (1995), S. 105–114.

Bettler, Zigeuner und Merodebrüder in den Schriften Grimmelshausen facettenreich dargestellt. Dabei zeigt sich häufig eine Binnendifferenzierung: Gemeine Soldaten können beispielsweise als „Fuchsschwäntzer" heimtückisch Verbrechen als Tugenden ausweisen und besonders junge Soldaten gezielt manipulieren. „Bernheuter" hingegen sind tendenzielle Müßiggänger, die verwahrlost und armselig herumlungern. Die Verschränktheit und Verwobenheit des Soldatischen mit dem Landstreicherwesen findet man nicht nur an dem leitmotivisch nachverfolgbaren Begriff des „Bernheuters", sondern auch an den pejorativen Beiwörtern, die meistens in abwertender Bedeutung den fahrenden Personengruppen etwas Liederliches beimessen. Zugeschrieben werden allen auch Formen des Betrugs und die Delikte des Schändens, Spielens und Stehlens.

Das „schicksalshafte Spannungsverhältnis" von Soldaten und Bettlern wird hier nicht wie bei Schade als „polar", sondern als evolutionärgenetisch betrachtet. Das Sprichwort „Junge Soldaten, arme Bettler" impliziert keinen notwendigen, aber einen wahrscheinlichen Werdegang, der von Grimmelshausen als Prozess des Tötens und des Getötetwerdens dargestellt wird. Nicht zwingend für alle einfachen Soldaten ist dieser absehbare Lebenslauf, weil es (begrenzte) Möglichkeiten alternativer Lebensentwürfe gibt: Als Profos kann man sogar mit Glück als alter Soldat im Militärwesen fortbestehen. Als Einsiedler führen Entsagung und Verweigerung des Krieges und der Gesellschaft in die asketische Einsamkeit. Als diebischer Waldbruder ist man aufgrund devianten und verbrecherischen Verhaltens der Gefahr strenger Sanktionierung ausgesetzt. Das gilt auch für die den zeitgenössischen Zivilisten nahezu unbekannten Merodebrüdern, die aus invaliden Fußsoldaten, pferdelosen Reitern, Kranken, Lahmen, Simulanten und Zurückgebliebenen eine heterogene Einheit bilden. Dabei sind sie nicht unbedingt immer hinter den offiziellen Truppen, sondern genau daneben und mittendrin. Simplicius vergleicht sie, obwohl sämtliche Eigenschaften an Landstreicher erinnern, mit Zigeunern. Wie bei allen anderen fahrenden Personengruppen, zeigt sich ein starkes Moment an Kollektivität, das beispielsweise mit den Begriffen Orden und Kameradschaft gekennzeichnet wird. Die Zusammengehörigkeit steht auch Einzelpersonen offen. Der schwer verletzte Hertzbruder wurde beispielsweise aus Mitleid von Merodebrüdern und deren Soldatenweibern – ohne dass man ihn kennt – aufgenommen.

Die schwer greifbare Devianz ist vor allem in der von Simplicius geschilderten Bandbreite möglicher Vergehen zu erkennen. Bei den

Merodebrüdern können invalide und alte Soldaten um das Nötigste zum Leben betteln. Die jungen Burschen hingegen, die man zuvor Säusenger und Immenschneider genannt hat, verweisen auf explizite und schwere Verbrechen. Anders als beim Brandschatzen, bei dem Soldaten eine Requisition für den Schutz vor dem Niederbrennen ganzer Dörfer forderten, scheint hier die Erpressung durch das unmittelbare Ansengen von Häusern und Dörfern sowohl aus Unachtsamkeit als auch in vorsätzlicher Weise noch unmittelbarer gegeben zu sein. Die typischen Kriterien für Mordbrennerbanden, wie beispielsweise Vereinbarungen von bestimmten Zeichen an der Kleidung und die Vergabe von Kartenspielnamen, lassen sich in den simplicianischen Schriften nicht finden.

Das Deviante zeigt sich aber nicht nur in expliziten Verbrechen, sondern auch in sozial-abweichenden und unaufrichtigen Lebensformen: wenn Soldaten sich in das Heer der Merodebrüder zurückfallen ließen – hier widerspricht der *Simplicissimus Teutsch* der gängigen Forschungsmeinung, dass es nur sehr wenige Soldaten waren, die nach dem Krieg nicht wieder in ihre alten Berufe zurückkehren konnten –, um den Strapazen der regulären Soldateska zu entfliehen und zu plündern. Dieses Vortäuschen und Simulieren von Krankheit, Lähmung sowie das absichtliche Verendenlassen des Pferdes wird von Grimmelshausen als frevelhaftes Verhalten diskreditiert. Um ihre Haut zu schonen, stellen diese Bernheuter eine Gefahr für das Militärwesen dar: Die Feldherren haben Schwierigkeiten Fähnlein zu formieren. Besonders Leittragende sind Bauern, denn ihre Felder und Höfe werden verwüstet und geplündert.

Die Verschränkung von Soldanten und Fahrenden ist bei den Merodebrüdern am besten zu erkennen, sowohl etymologisch als auch in den geschilderten Lebensformen. Ebenso ist die Nähe zum Vaganten unmittelbar mit dem Romanbeginn gegeben. Dabei werden typische Instrumente und musikalischen Qualitäten dieser Personengruppe erwähnt: Simplicius und Springinsfeld werden als Instrumentalisten ausgewiesen.

Die Lebensgeschichte des seltsamen Vaganten Simplicius gleicht darüber hinaus der eines fahrenden Scholaren. Er lernt hier und da, sammelt sich Wissen an und erlebt Höhen und Tiefen. Dabei bleibt er als ein *homo viator* rastlos. Das Ruhelose und stetig Umherschweifende verbindet alle hier erwähnten Personenkollektive. Ihre scheinbare Herrschaftslosigkeit kennt nur wenige Sanktionsinstanzen. Aber auch bei den wie Freiherren lebenden Merodebrüdern gibt es Sanktionsinstanzen: Treiben es die Plünderer auf ihrer „Mauserey" zu weit, dann droht ihnen Gefangenschaft oder der Galgen durch die Rumormeister und Generalgewaltiger, d. h. die Militärpolizei.

Aber auch für die Aufnahme als Soldat gibt es Minimalkriterien: Ist der Zustand des Bewerbers zu „grindig", d. h. zu heruntergekommen, krank und liegt ein Lausbefall vor, dann verweigern nicht nur Wirte die Unterkunft, sondern auch die militärischen Befugten. In den einschlägigen Policeyordnungen werden die Merodebrüder genauso wenig wie die Säusenger als explizite Begriffe erwähnt. Grimmelshausen hätte hier zweifelsohne auf eine Fülle an alterierenden Begriffen zurückgreifen können. Es ist daher davon auszugehen, dass mit diesen Etikettierungen besondere Differenzierungen devianter Personengruppen und Lebensformen aufgezeigt werden, die nur im Kontext des permanenten Ausnahmezustandes Krieg verstehbar werden.

ERIC ACHERMANN (Münster)

Okkasion und Strategem. Zu Zeit und Modus politischer Entscheidung im *Simplicissimus Teutsch*

1. Rettung aus der Not

Im „geistlichen Gewand" seines zweiten Herrn findet der Ahnherr der Pikareske, Lazarillo de Tormes, das „ganze Elend der Welt eingeschlossen".[1] Die Opfer- oder Spendenbrote, die der elende „clérigo" der restlichen Welt abtrotzt, hält dieser in einer alten „Lade" (arcaz, arca) sorgsam „verschlossen".[2] Auch seinem einzigen Diener verwehrt der scheinheilige Asket das Nötigste. Es versteht sich, dass das Weltenkind Lazarillo dem Elend, der „laceria", durch List beizukommen trachtet. Sein ganzes Tun und Trachten zielt fortan auf den Inhalt der Lade. In diesem Tabernakel des Geizes liegt wohlbehütet und scharf bewacht das Heil, das zu erlangen ihm einiges abverlangt.

Nicht anders verhält es sich mit dem sprachlichen Aufwand, den der erwachsene Lazarillo der Schilderung seines Strategems als angemessen erachtet. Den Schlüssel zur „Lade" liefert ein Kesselflicker, ein „Engel, geschickt von Gottes Hand", den Einfall, diesen danach zu fragen, sendet der „Heilige Geist". Alle Bemühungen, zum Allerheiligsten vorzudringen, werden von Lazarillos „schwachen Gebeten" begleitet,[3] sein Wunsch, der Geistliche möge den Diebstahl nicht entdecken, von „sonderlichen" oder „geheimen Gebeten, Andachtshandlun-

---

1   „toda la laceria del mundo estaba encerrada en éste". [Anon.]: *Lazarillo de Tormes* (1552/54). Hrsg. von Francisco Rico. Madrid 1987, S. 47.

2   *Lazarillo de Tormes* (wie Anm. 1), S. 47–48: „un arcaz viejo y cerrado", „y tornada [das Spendenbrot] a cerrar el arca". Die deutsche Übersetzung gibt ‚arca' und ‚arcaz' mit „truhen" wieder; *Zwo kurtzweilige/ lustige/ und lächerliche Historien: Die Erste/ von Lazarillo de Tormes, einem Spanier/ was für Herkomens er gewesen [...]*. [München] 1617, S. 50. Die Übersetzung erfuhr ein halbes Dutzend Auflagen und wurde auch noch 1666 bei Endter in Nürnberg aufgelegt.

3   *Lazarillo de Tormes* (wie Anm. 1), S. 55: „ángel enviado a mí por la mano de Dios".

gen und Fürbitten".[4] Die „Gestalt der Brote" ist nicht weniger als „das Antlitz Gottes", aber auch ein „brotenes Paradies".[5] Der Hungernde betrachtet das Brot mit „Verehrung" und andächtiger Scheu, bevor er es „empfängt."[6] Der Verzehr dauert keine „zwei Credos".[7] Die Lade erscheint gar als der Leib des Gekreuzigten, dessen geöffnete „Seite" (vgl. Joh 19, 34) den Zugang zum Heil gewährt.[8] Für dieses steht der Ausdruck ‚remedio‘, was nebst ‚Heil‘ und ‚Errettung‘ auch ‚Abhilfe‘, ‚Einfall‘, ‚List‘ sowie schließlich ein jegliches ‚Mittel zum Zweck‘ bedeuten kann. Ja, Lazarillo übt sich gar in *figura etymologica*, lässt er doch „Abhilfe finden, dem traurigen Leben fortan abzuhelfen".[9] Abzuhelfen aber vermögen einzig Gott und Klugheit.[10]

Äußerste Not, „*aflición*",[11] ist es also, die Lazarillo zwingt, die *arca* zu ergründen. Die *remedios* sind Strategeme, die im Geheimen erdacht, im Geheimen ausgeführt und deren glücklicher Ausgang im Ge-

---

4   *Lazarillo de Tormes* (wie Anm. 1), S. 57: „secreta oración y devociones y plegarias". ‚Secreta oración‘ bezeichnet das Gabengebet, das in der Liturgie die Zubereitung der Gaben, also Brot und Wein, beschließt. ‚Secretum‘ gilt hier der ‚Stillheit‘ des Gebets oder auch der ‚Abgesondertheit‘ der Gaben. In der Übersetzung von 1617 (wie Anm. 2), S. 65: „mit […] heimblichen Gebett".

5   *Lazarillo de Tormes* (wie Anm. 1), S. 55–56: „figura de panes", „la cara de Dios", „paraíso panal".

6   *Lazarillo de Tormes* (wie Anm. 1), S. 58: „y como vi el pan, comencelo de adorar, no osando recebillo." [und als ich das Brot sah, begann ich, es zu verehren, nicht wagend, es zu empfangen].

7   *Lazarillo de Tormes* (wie Anm. 1), S. 56: „y en dos credos lo hice invisible" [und in zwei Credos machte ich/ das Spendenbrot bzw. die Oblate/ unsichtbar].

8   *Lazarillo de Tormes* (wie Anm. 1), S. 62: „se me rindió y consintió en su costado, por mi remedio, un buen agujero" [ergab sich/ die Lade/ und gewährt mir in ihrer Flanke, zu meinem Heil, ein gutes Loch"; „la llagada arca" die verwundete Lade].

9   *Lazarillo de Tormes* (wie Anm. 1), S. 57: „pareciendome con aquel remedio remediar dende en adelante la triste vida" [mir schien es mit diesem Mittel/ dieser Abhilfe/ möglich, dem traurigen Leben fortan abzuhelfen.]; „pensaba con este pobre y triste remedio remediar y pasar mi laceria" [dachte ich doch mit diesem armen und traurigen Mittel/ Abhilfe/ abzuhelfen und mein Elend hinter mir zu lassen].

10   *Lazarillo de Tormes* (wie Anm. 1), S. 51: „Vime claramente ir a la sepultura, si Dios y mi saber no me remediaran." [Mit aller Klarheit sah ich mich ins Grab fahren, sollten Gott oder mein Wissen mich nicht retten.]; *Lazarillo de Tormes* (wie Anm. 1), S. 59: „el mesmo Dios, que socorre a los afligidos, viendome en tal estrecho, trujo a mi memoria un pequeño remedio" [derselbe Gott, der den Bekümmerten beisteht, indem er mich in solcher Bedrängnis sah, brachte ins Gedächtnis mir eine kleine List].

11   *Lazarillo de Tormes* (wie Anm. 1), S. 54; in der Übersetzung 1617 (wie Anm. 2), S. 60: „in so grossem jaṁer/ angst vnd not".

heimen genossen werden. Der *pícaro* ist ein Meister der Abhilfe, die *picaresca* die erzählte Abfolge von Not und Errettung. Als ein *politicus* im Armengewand obliegt es dem Helden, seinen Überlebenskampf durch List zu entscheiden:

> Wie die Not eine solch große Lehrmeisterin ist und ich mich mit so viel davon versehen sah, bedachte ich ständig, Tag und Nacht, die Art und Weise, die ich hätte, mein Leben zu erhalten. Und ich glaube, dass ich, um diese schwarzen Abhilfen zu erfinden, über ein Licht des Hungers verfügte, denn man sagt, das *ingenium* macht sich durch Hunger kundig, nicht durch Sattheit, und so war es tatsächlich in meinem Fall.[12]

2. Geheime Mittel

Die Verbindung von ,*remedium*' und ,Not', von ,List' und ,*necessitas*' sind so beständig, dass von einem eigentlichen Grundwortschatz der Schelmenliteratur gesprochen werden kann. Seltener, doch nicht weniger bezeichnend, ist der poetische Einfall, die *arcana*, die Listen und Finten einer Politik der Selbsterhaltung durch die Verheißungen einer Lade, einer *arca*, gleichzeitig zu sakralisieren und zu profanieren.

Bekanntlich setzt sich die politische Literatur des 17. Jahrhunderts mit den *arcana*, den umstrittenen, da moralisch bedenklichen Mitteln zum Zweck auseinander. Insbesondere gilt es, deren Legitimität im Spannungsfeld welthafter *necessitas* und göttlicher Gebote zu prüfen. Hier begegnen wir denn auch der *arca* wieder, die bei der Bestimmung des Bedeutungsumfangs von ,*arcanum*' an prominenter Stelle fungiert, und dies bei einem der einflussreichsten Autoren der Arkanliteratur,

---

12 *Lazarillo de Tormes* (wie Anm. 1), S. 62: „Como la necesidad sea tan gran maestra, viéndome con tanta, siempre, noche y día, estaba pensando la manera que tería en sustentar el vivir. Y pienso, para hallar estos negros remedios, que me era luz la hambre, pues dicen que el ingenio con ella se avisa y al contrario con la hartura, y así era por cierto en mí." In der Übersetzung 1617 (wie Anm. 2), S. 72–73: „Dieweil nun die noth/ die mich begriffen hatte/ ein grosse Meisterin war/ mich allerley sündt vnnd renck zulehrnen/ machte sich mich Tag vnd Nacht/ auff mittel vnd weeg tichten vnd trachten/ welche ich zu erhaltung meines auff der naig stehenden armen Lebens gebrauchen möchte/ vnd ich glaub gäntzlich/ daß mir dieselbige zu ersinnen/ der Hunger den Weg gewisen hab/ wie man dann saget/ daß er den verstandt nicht wenig schärpffe/ vnd die Füllerey das gegenspil würcke/ welches ich wahr seyn/ an mir selbsten erfahren hab."

dem Kalvinisten Arnold Clapmarius (1574–1604), dessen *De arcanis rerum publicarum* aus dem Jahre 1605 bis in die 70er Jahre des 17. Jahrhunderts über ein Dutzend Auflagen und zahlreiche Kommentierungen erfährt:[13]

> „Arcanum", sagt Festus, „wird abgeleitet von ‚Burg' (*arx*), was der sicherste Teil einer Stadt, oder von derjenigen Gattung des Opfers, das in der Burg von Auguren erbracht wird, und das so weit von der Kenntnis des gemeinen Mannes entfernt ist, dass es nicht einmal aufgezeichnet, sondern einzig durch der Nachkommen Erinnerung ausgeübt wird; oder von der ‚Lade' (*arca*), in welcher dasjenige sicher aufgehoben ist, was darin eingeschlossen wird, wobei der Ursprung von ‚arca' von ‚arcere' [einschließen, verbieten] herrührt. Am besten von ‚arca' und ‚arcendum' [was einzuschließen bzw. zu verbieten ist]. Woher auch ‚arcus' [Bogen, Ratssaal] mit Bezug auf ‚archein' [herrschen]. ‚Arcere' bedeutet nämlich dasselbe wie ‚beinhalten'; was Tacitus ‚coercere' [einschließen, zwingen] nennt. „Coercendi", sagt er, „ist der Herrschaft Rat." Woher ‚arcivum' oder ‚archivum', oder Griechisch ‚archeion' [Ratsversammlung], worin gewissermaßen die *arcana* bewahrt werden.[14]

Für Clapmarius geben die (pseudo-)etymologischen Herleitungen den Ton vor, der durch die gesamte Abhandlung hindurch erklingen wird. Herrschaftliches Agieren, prudentistische Beratung, Bewahrung des Gemeinwohls und strategisches Geheimnis bilden gemeinsam eine Einheit, die das Herzstück der frühneuzeitlichen Politik ausmachen. Zwar unterscheiden sich die *arcana imperii* von anderen Handlungsanweisungen darin, dass sie „profundae intimae leges" und gleichsam „priveligia" der Herrschenden sind,[15] doch bleiben sie für Clapmarius

---

13 Vgl. Michael Stolleis: Arcana Imperii und Ratio Status. Bemerkungen zur politischen Theorie des frühen 17. Jahrhunderts. In: ders.: *Staat und Staatsräson in der Frühen Neuzeit. Studien zur Geschichte des öffentlichen Rechts.* Frankfurt a. M. 1990, S. 51–52.

14 Arnold Clapmarius: *De arcanis rerum publicarum libri sex.* Bremen 1605, S. 6: „ARcanum, inquit Festus, *trahitur ab arce; tutissima pars urbis est, vel a genere sacrificii, quod in arce fit ab augurib, adeo remotum a notitia vulgari, ut ne literis quidem mandetur, sed per memoriam successorum celebretur; vel ab arca, in qua quae clausa sunt, tuta manent, cujus ipsius origo ab arcendo pendet. Optimè omnium ab arca et arcende. Vnde etiam arcus* παρὰ τὸ ἀρχεῖν. *Est enim arcere quod continere; quod Tacitus coërcere. Coërcendi, inquit, Imperii consilium. Vnde Arcivum, vel archivum, alias Graecis* Ἀρχεῖον, *in quo hujuscemodi arcana conservantur.*"

15 Arnold Clapmarius: *Disputatio de iure publico,* XLVII. Altdorf 1602, S. B4ᵛ: „Arcana Imperii sunt certae profundae intimae leges sive privilegia conservandi pristini status sive Reipubl. Sicut arcana Dominationis (Italis & Gallis est ragion distato [sic!], Germani non efferunt, nisi forte per *Reichsstand/* vel per *Reichssa-*

Regeln oder Gesetze, die als solche in Spannung zu dem Geheimen dieser Geheimpolitik treten. Gegen die Regulierung der *arcana* spricht sich denn auch der heute ungleich berühmtere Gabriel Naudé (1600–1653) aus, der auf eben diesen Unterschied zwischen einem geheimen politischen Agieren und dem ,kunstmäßigen' Betreiben wohlerwogener Entscheidungen dringt:

> Allein ich hätte etlicher massen den Unwillen dieser grossen Leute [Clapmarius und diejenigen, die in ihrem Wortgebrauch ihm folgen] zu fürchten/ wenn ich mir die Freyheit nehmen solte/ ohn ersuchten Erlaub ihnen zu sagen/ daß sie das Wort Geheimnüsse des Staats in seinem rechten Verstande/ [...] nicht gebrauchen noch die Natur der Sache recht begreiffen; Sintemahl gar gewiß/ daß die Lateinischen Wörter *secretum & arcanum*, derer sie sich gebrauchen/ den Lehr-Sätzen einer solchen Wissenschafft/ die gemein/ bey männiglich verstanden und gebraucht wird/ nicht zugelegt werden können/ sondern vielmehr einer solchen/ die auff keine Weise nicht verstanden noch bekand gemacht werden soll/ zufolge dessen/ was dort der Poet erinnert [...].[16]

Rekurrieren Clapmarius und Naudé[17] auch beide auf den Lexikographen Sextus Pompeius Festus (2. Hälfte 2. Jh. n. Chr.), dessen Ein-

---

chen) sunt certa & secreta privilegia conservandę dominationis, introducta boni publici causa, quibus opponit Tacitus, flagitia dominationis. (Itali la cattina ragione distato) quibus fides & religio violatur." [Die Geheimnisse der Regierung sind gewisse tiefe innerliche Gesetze oder Privilegien, den vormaligen Zustand oder das Gemeinwesen zu erhalten, ganz ebenso wie die Geheimnisse der Herrschaft (bei Italienern und Franzosen die ,Staatsräson', die Deutschen können es nicht ausdrücken, es sei denn vielleicht durch ,Reichsstand' oder ,Reichssachen') gewisse und geheime Privilegien zur Erhaltung der Herrschaft sind, eingeführt zwecks öffentlicher Wohlfahrt, denen Tacitus die ,Schandtaten der Herrschaft' entgegensetzt (die Italiener nennen sie ,böse Staatsräson'), durch welche der Glaube und die Religion geschändet werden.]

16 Gabriel Naudé: *Politisches Bedencken über die Staats-streiche.* Aus dem Frantzösischen übergesetzt durch den Beschirmeten [David Schirmer]. Leipzig, Merseburg 1678, S. 53–54. Die *Considérations sur les Coups d'État* erscheinen 1639 ein erstes Mal, nach Naudés eigener Aussage in einer Auflage von nicht mehr als zwölf Exemplaren. Nach dem Tod Naudés werden sie 1669 erneut aufgelegt und avancieren zu einem der meistbeachteten Texte der Staatsräsondebatte.

17 Naudé, *Politisches Bedencken* (wie. Anm. 16), S. 54: „Daher wir denn auch von den Wort-Lehrern unterrichtet werden/ daß das Wort *arcanum* von *arce* oder Schloß hergeführt werden kan/ entweder/ weil die Wahrsager/ wie *Festus Pompejus* meynet/ die Gewonheit hatten/ an solchen Oertern gewisse Opffer zu verrichten/ die sie dem Pöfel nicht wolten wissen lassen/ oder weil alle geheime und wichtige Dinge am besten *in arce* in einem Schlosse auffgehoben und verwahrt seyn. Die es *ab arca* von einem Kasten herführen/ scheinen sich von dieser

trag „*Arcani*' sich in den Exzerpten von Paulus Diaconus (725/730–
vor 800) wiederfindet,[18] so unterscheiden sich ihre Absichten doch in
einem wesentlichen Punkt. Naudé wendet sich mittels derselben
Etymologien ausdrücklich von Clapmarius' Vorstellung ab, die Lehre
von den *arcana* sei eine eigentliche Kunst. Eine Kunst nämlich ver-
pflichte sich sowohl der Allgemeinheit als auch der Öffentlichkeit ihrer
Regeln, während ‚*arcana*' im richtigen Verstand ebenso besondere wie
gesonderte Maßnahmen bezeichne.[19]

Wer ‚*arcanus*' von ‚*arx*' oder ‚*arca*' ableitet, insistiert also – je
nach eigener Vorstellung – auf unterschiedlichen Graden an Geson-
dertheit, d. h. an Eigengesetzlichkeit des politischen Urteils. Um diese
Gradierungen rankt sich ein unüberschaubares Blätterwerk an Kontroversen, von welchen Naudés Kritik an Clapmarius nur eine unter vielen
ist. Worum gefochten wird, ist die Entpflichtung des politischen Urteils
von einer Morallehre, deren Finalität in der Heilsgeschichte begründet
lag, und für die Mehrheit der zeitgenössischen Traktatisten nach wie
vor zu liegen hat. Die hauptsächliche Schwierigkeit nämlich bestehe, in
den Worten des Augustinermönchs Juan Márquez (1564–1621), darin,
zwischen christlicher Tugend und Beförderung des Gemeinwohls ab-
zuwägen:

> Stets hat das Zusammentreffen menschlicher Mittel mit Gottes Gesetz als die
> größte Schwierigkeit christlicher Regierung gegolten: Bedienten wir uns näm-
> lich eines jeden Mittels, so geriete das Gewissen in Gefahr, entsagten wir aber
> eines jeden, so gefährdeten wir die Ziele, und dies zum Schaden des Gemein-
> wohls.[20]

Dieser „größten Schwierigkeit" gilt im 17. Jahrhundert denn auch die
geradezu uferlose Literatur, deren Spektrum von dem unbestrittenen

---

Meynung auch nicht sehr zu entfernen/ und haben sich gute *Autoren* dieser Wörter
anders nicht/ als in solcher Bedeutung bedienet."

18 Sextus Pompeius Festus: *De verborum significatu quae supersunt cum Pauli
    epitome*. Hrsg. von Aemilius Thewrewk de Ponor. Bd. 1. Budapest 1889, S. 12.

19 Vgl. die hervorragende Darstellung bei Yves Charles Zarka: Raison d'Etat,
    maximes d'Etat et coups d'Etat chez Gabriel Naudé. In: *Raison et déraison
    d'État*. Hrsg. von Yves Charles Zarka. Paris 1994, S. 151–169, hier S. 159–160.

20 Juan Márquez: *El governador christiano: deducido de las vidas de Moysen, y
    Iosue, principes del pueblo de Dios*. Salamanca 1612, Al lector, S. 4ᵛ: „Siempre
    ha parecido la mayor difficultad del govierno Christiano, el encuentro de los
    medios humananos con la ley de Dios: porque si se echasse mano de todos, se
    aventuraria la conciencia: y si de ninguno, peligrarian los fines, en detrimento del
    bien comū."

Ankerpunkt, dem Amoralismus Machiavellis (1469–1527), bis hin zu den schroffen Absagen an jegliche moralische Entpflichtung der Machthaber bei Lutheranern wie Dietrich Reinkingk (1590–1640) und Johann Balthasar Schupp (1610–1661)[21] oder Katholiken wie Aegidius Albertinus (1560–1620) reicht.[22] Gleichsam in der Mitte finden wir die Tacitisten, sei es die *prudentia mixta* des höchst einflussreichen Justus Lipsius (1547–1606)[23] sowie seines großen reformierten Gefolges,[24] sei es das Machtkalkül katholischer, vornehmlich jesuitischer Politik, die ihren Tacitus in den Dienst der Gegenreformation und der Kaiserlichen stellt.[25]

Im Folgenden soll es darum gehen, Grimmelshausens *Simplicissimus* in diesem Spektrum zu verorten, und dies, indem hier nicht primär nach den etwaigen Quellen seiner gelegentlichen Machiavelli-Hinweise gefragt wird, sondern nach dem grundlegenden Problem, wie sich Zeitlichkeit, Notwendigkeit und die ethische Lizenz politischen Handelns zueinander verhalten. Lazarillos Brotraub sowie die Auseinandersetzung Naudés mit Clapmarius sollten einleitend dazu dienen, die Ränder dieses Spektrum anzuzeigen. Das Impromptu, der listige Einfall oder auch – wie es bei Lazarillo heißt – die „Eingebung" stehen in Opposition zu einem christlich temperierten Prudentismus, der mit

---

21 Zu deren Antimachiavellismus vgl. Martin Mulsow: Ahitophel und Jerobeam. Bemerkungen zur Denkfigur des ‚Machiavellismus vor Machiavelli'. In: *Machiavellismus in Deutschland*. Hrsg. von Cornel Zwierlein und Annette Meyer. München 2010 (Historische Zeitschrift. Beihefte 51), S. 163–178, vor allem S. 171–175. Zum Einfluss Reinkingks auf Grimmelshausens *Ratio Status* vgl. die kritischen Bemerkungen bei Eric Achermann: Selbsterhaltung, Klugheit und Gerechtigkeit. Zur politischen und theologischen Anthropologie in Grimmelshausens „Ratio Status". In: *Simpliciana* XXXIV (2012), S. 43–78, hier S. 62–67.

22 Aegidius Albertinus: *Lucifers Königreich und Seelengejäidt: Oder Narrenhatz*. München 1616, S. 351–353. Vgl. hierzu Peter Klingel: Kalkül, Ökonomie und Reue in Grimmelshausens *Vogelnest*-Romanen. In: *Simplicana* XL (2018), S. 131–152, hier S. 143–144.

23 Vgl. Gerhard Oestreich: *Antiker Geist und moderner Staat bei Justus Lipsius (1547–1606). Der Neustoizismus als politische Bewegung* (1954). Göttingen 1989, hier vor allem S. 185–186; Günter Abel: *Stoizismus und Frühe Neuzeit. Zur Entstehungsgeschichte modernen Denkens im Felde von Ethik und Politik*. Berlin, New York 1978, S. 83–85 ; Jacqueline Lagrée: *Juste Lipse et la restauration du stoïcisme*. Paris 1994, S. 93–94.

24 Zur Verbreitung lipsianischen Gedankenguts im Reich vgl. Michael Stolleis: Lipsius-Rezeption in der politisch-juristischen Literatur des 17. Jahrhunderts in Deutschland. In: ders.: *Staat und Staatsräson* (wie Anm. 13), S. 232–267.

25 Vgl. Henry Méchoulan: La raison d'Etat dans la pensée espagnole au siècle d'or, 1550–1650. In: *Raison et déraison d'État* (wie Anm. 19), S. 245–263.

seiner Güterabwägung zwischen Notwendigkeit und Selbsterhaltung der Vorstellung eines Kalküls näherkommt, als es Machiavelli selbst wohl je erwogen hat.[26]

3. Die Zeit der Entscheidung

Im sechsten Kapitel seines *Principe* äußert Machiavelli mit Blick auf die großen politischen Akteure, die „neue Herrschaften" zu begründen trachten, deren doppelte Abhängigkeit von Bedingungen, die bestenfalls ‚kontingent' genannt werden können, nämlich Glück und Gelegenheit:

> Untersuchen wir deren Taten und Leben, so lässt sich nicht erkennen, was sie nebst der *fortuna* anderes als die *occasione* gehabt hätten; diese gab ihnen die *materia*, um darin die *forma* einführen zu können, die ihnen gut dünkte; und ohne jene *occasione* wäre die *virtù* ihres Geistes vergeudet worden, und ohne diese *virtù* wäre die *occasione* umsonst gekommen.[27]

Scheint die merkwürdig aristotelisierende Formulierung auch die Tüchtigkeit als die formende und damit aktive Ursache auszuweisen, so liegt nichtsdestoweniger die materiale Ursache des Gelingens in der *occasione*, dem Zeitpunkt als Gelegenheit, den es sehenden Auges aus dem blinden Walten der *fortuna*, der indistinkten Materie der Zeit, herauszuwählen gilt.[28] Die Tüchtigkeit ist also die Fähigkeit zur Distinktion,

---

26 Zur Kritik an der problematischen Rede von einem ‚Kalkül' als zentralem Element machiavellischer Politik vgl. Eric Achermann: Calculemus! Zum egoistischen Helden im Roman der Frühen Neuzeit. In: *Literatur und praktische Vernunft*. Hrsg. von Frieder von Ammon, Cornelia Rémi und Gideon Stiening. Berlin, Boston 2016, S. 147–171, hier S. 163–166.

27 Niccolò Machiavelli: *Il Principe, La uita di Castruccio Castracani, Il Modo che tenne il duca Valentino per ammazare Vitellozo* [...], VI. [Florenz] 1532, S. 7ᵛ–8ʳ. – Aufgrund der leichten Zugänglichkeit von Machiavellis Werken wird hier und im Folgenden auf die Wiedergabe des Originaltextes verzichtet.

28 Vgl. Hans Blumenberg: Wirklichkeitsbegriff und Staatstheorie. In: *Schweizer Monatshefte. Zeitschrift für Politik, Wirtschaft, Kultur* 48/2 (1968–1969), S. 121–146, hier S. 125: „Machiavelli verwendet das Modell des aristotelischen Hylemorphismus, um das politische Handeln den Kategorien der *artes mechanicae* zuzuordnen. Materialisierung dessen, was zuvor noch wie Natur ausgesehen hatte und damit die Sanktion aller Selbstverständlichkeiten beanspruchen konnte, zum Sub-

der Entschluss hingegen die Äußerung des Willens, der aus der Masse einer weiter nicht ausgezeichneten Zeit den richtigen Punkt oder Moment wählt, und zwar so, dass aus Zustand (*stato*) Bestand wird:

> Diese *occasioni* also machten diese Männer glücklich, und die hervorragende *virtù* machte, dass jene *occasione* erkannt wurde; daher ihr Vaterland geadelt und äußert glücklich wurde. Diejenigen, die den genannten ähnlich auf tüchtigen (*virtuose*) Wegen zu Herrschern werden, erlangen die Herrschaft (*Principato*) mit Schwierigkeit, doch erhalten sie diese mit Leichtigkeit.[29]

Die Schwierigkeit, neue Herrschaft zu begründen, steht in umgekehrter Proportion zu der Beharrungskraft, die bestehende Ordnung und Sitte dem Neuen entgegensetzen. Die Zeit birgt nicht nur den Moment, sondern trägt gleichzeitig die Last der Tradition als Widerstand des Alten gegen das Neue; als drittes wirken beide auf die Zeit als Folge, d. h. unter dem Gesichtspunkt der Veränderung ihres Laufs. Kurz, die Zeit ist bald *kairos*, bald *chronos*, bald *fortuna*. Der Tüchtige vermag den Widerstand der Zeit als Tradition zu brechen, seinen Willen kraft Gelegenheit der *fortuna* aufzuzwingen, ihn zu ‚imponieren‘, um so durch Satzung, und nicht etwa durch Konvention, Herrschaft zu begründen. Machiavelli insistiert denn auch durch den ganzen *Principe* hindurch auf dieser Dialektik von Innovation und Konvention, deren Antagonismus die Tüchtigkeit als politische Gestaltungskraft bemisst: An dem einen Ende der Herrscherskala steht der Begründer neuer Herrschaft, neuer Gesetze und neuer Gemeinschaften, dessen Gelegenheit sich in einem allgemeinen Ordnungs- und Gemeinschaftsverlust findet, an dem anderen der Typus von Herrscher, der einzig durch indistinktes und somit indifferentes Glück an die Macht gelangt, sich dort aber aufgrund seiner Tüchtigkeit, nun als Anpassungsfähigkeit an bestehende Gesetze und Sitten, zu erhalten vermag.[30]

---

strat demiurgischer Prozesse ist ein Grundzug der Neuzeit, der sich hier abzuzeichnen beginnt. Der Staat hat, noch vor dem Zerbrechen des ptolemäischen Kosmos, seinen eigentümlichen mittelalterlichen Gehäusecharakter verloren. Er ist nicht mehr der Rahmen, in dem sich die Auftritte der Geschichte für einen verborgenen Zuschauer abspielen, sondern der Akteur selbst und ausschließlich. Seine Aktion, nicht seine Konstruktion zu erfassen, wird Aufgabe der Theorie sein."

29 Machiavelli, *Il Principe* (wie Anm. 27), S. 8ʳ.
30 Zur Bedeutung der Zeit in Machiavellis *Principe* vgl. die klassische Untersuchung von John Greville Agard Pocock: *The Machiavellian Moment. Florentine Thought and the Atlantic Republican Tradition* (1975). Princeton 2016, S. 156–182.

Als eigentlich tüchtig im Sinne Machiavellis gilt, wer der Zeit den Stempel aufdrückt, die gelegene formt,[31] die ungelegene verstreichen lässt, und so die *Fortuna* als widerspenstige zähmt. Die Spröde, so Machiavelli, will es im Grunde nicht anders.[32] Kurz, es gilt, die Gelegenheit beim Schopfe zu packen. Die „short-term perspective"[33] beherrscht das Ermessen des Handelnden. Seine Strategeme oder *remedii*[34] werden durch die unvorhersehbaren Ereignisse begünstigt oder beeinträchtigt. Und so reproduzieren sich die Strategeme der Herrschaftsbegründung im tagtäglichen Machterhalt, also gleichsam im Kleinen. Mag das Wechselspiel von *fortuna* und *occasione*, worin sich der Tüchtige stets aufs Neue zu erweisen hat, auch weniger dramatisch erscheinen als das Widerspiel von *occasione* und „condizioni vecchi",[35] so bleibt letztlich jede politische Entscheidung doch eine Satzung. Dies erklärt, wieso der Topos der *ad hoc*-Entscheidung, den Machiavelli in den Kapiteln sechs und sieben zur Begründung von Herrschaft entwickelt, auch noch die allgemeinen Maximen der *arcana* in den Kapiteln 15–19 bestimmt.[36]

Die Selbsterhaltung beruht auf einer Tüchtigkeit, die zwar leichtere Aufgaben zu bewältigen hat, auf der Mikroebene aber Politik zu Anthropologie werden lässt. Dies weiß auch Grimmelshausen, der *Ratio status* als Problem der gesamten Trias von Politik, Ökonomie und Ethik

---

31 Machiavelli, *Il Principe* (wie Anm. 27), XXVI, S. 40^r: „[…] wenn ich bei mir überlege, ob gegenwärtig in Italien Zeiten herrschen, einen neuen Herrscher zu ehren, und ob *materia* da sei, die einem Klugen und Virtuosen *occasione* böte, eine *forma* einzuführen, die ihm Ehre und der Gesamtheit der Bevölkerung Wohl brächte, so scheinen mir so viele Dinge zugunsten eines neuen Herrschers zusammenzulaufen, dass ich nicht wüsste, welche Zeit denn geeigneter wäre denn diese."

32 Machiavelli, *Il Principe* (wie Anm. 27), XXV, S. 40^r: „Ich komme zum Schluss, dass bei sich verändernder *Fortuna* und sich gleichbleibender Menschen diejenigen glücklich sind, wo beide übereinstimmen, unglücklich aber, wo sie nicht übereinstimmen. Ich bin der Meinung, dass es besser ist, heftig als respektvoll zu sein. Die *Fortuna* ist nämlich eine Frau und so ist es nötig, dass man sie schlägt und stößt, um sie niederzuhalten. Man sieht denn auch, dass sie sich von diesen eher besiegen lässt als von jenen, die kaltsinnig vorgehen. Als Frau aber ist sie immer eine Freundin von jungen Menschen, weil diese weniger respektvoll sowie wilder sind und ihr mit größerer Kühnheit Befehle erteilen."

33 Pocock, *The Machiavellian Moment* (wie Anm. 30), S. 177.

34 ‚rimedii', ‚rimedio', ‚rimediare' etc. finden sich rund zwanzigmal, am häufigsten jedoch im Kapitel 3 „De principatis mixtis"; Machiavelli, *Il Principe* (wie Anm. 27), S. 2^r–5^r.

35 Machiavelli, *Il Principe* (wie Anm. 27), S. 2^r.

36 Vgl. hierzu Pocock, *The Machiavellian Moment* (wie Anm. 30), S. 177.

verstanden sehen möchte.[37] Dennoch, oder vielmehr deshalb, bilden die Regierungsmaximen, nicht die Staatstheorie, in der erwähnten antimachiavellistischen Kontroversliteratur den Kern der Debatten, die letztlich alle Kurs auf die allgemeine Berechtigung des Menschen zu amoralischer oder rechtloser Handlung zwecks Selbsterhaltung nehmen, das heißt zu Handlungen, die nicht mehr mit Verweis auf Gesetz und Gebot unangefochten als gut erscheinen, sondern ihre Güte in Ansehung von Handlungssituation und -folge zu erweisen haben. Das Allgemeine dieser Maximen, dass die Not oder *necessità* letztes Gebot sei, räumt also im Wesentlichen die Möglichkeit einer Absage an Ordnungsvorstellungen ein, die als Providenz oder Fatum sich dem Einfluss des Handelnden entziehen, oder sich zumindest kurzfristig einem vernünftigen Urteil verweigern. Die Zeit gibt sich nicht mehr als der Raum, in welchem sich der Mensch im Vertrauen auf die allumfassende Ordnung einrichten kann.

Das herrschaftliche Agieren der Novatoren liefert das Vorbild, das diesseits der eigentlichen politischen Sphäre dem egoistischen Handeln den Namen ‚machiavellistisch‘ verleiht, ohne darüber den Bezug auf die Politik gänzlich zu vergessen. Für das Genre des *pícaro* ist die Perspektive des Ich-Erzählers mit kurzer Reichweite und engem Blickfeld konstitutiv.[38] Wir folgen dem Bericht eines Helden, dessen beschränkte Sicht die Unmöglichkeit erahnen lässt, die Folgen der eigenen Handlungen vorauszusehen, geschweige denn sie mittel- oder langfristig zu bestimmen, und dies ganz ungeachtet des tatsächlichen oder auch nur mutmaßlichen Waltens einer höheren Vernunft.

Die machiavellistische *virtù* bezeichnet eine ethische Disposition, die qua Selbstermächtigung dem eigenen Handeln Erfolg zumindest in Aussicht stellt. In einer vielbeachteten Passage lässt Grimmelshausen den Schurken Olivier den Anspruch äußern, sein „Leben" in Nachahmung „Alte[r] Helden" zu führen. Er hat seinen „*Machiavellum*" gelesen, woraus er „unwidersprechlich" folgert, dass dieses Leben zu führen und diese „Kunst zu üben", ihm „billich und erlaubt sey", solange er sein eigenes „Leben in Gefahr setze".[39] Für Olivier werden

---

37 Vgl. Achermann, Selbsterhaltung, Klugheit und Gerechtigkeit (wie Anm. 21), S. 47–53.

38 Vgl. Achermann, Calculemus! (wie Anm. 26), S. 166–171.

39 Hans Jacob Christoffel von Grimmelshausen: *Der abentheurliche Simplicissimus Teutsch.* In: *Werke.* I. 1. Hrsg. von Dieter Breuer. Frankfurt a. M. 1989 (Bibliothek der Frühen Neuzeit 4. 1), S. 406. – Der Text wird im Folgenden nach der Edition von Breuer mit Sigle *ST* und Seitenangabe in runden Klammern zitiert.

Handlungen nicht primär durch *virtù* im Anblick der *necessità* geadelt, sondern durch die eigene Risikobereitschaft. Ist es auch höchst unwahrscheinlich, dass Grimmelshausen Machiavellis *Il Principe* zu Gesicht bekommen hat,[40] so sind ihm doch sowohl die machiavellistische Topik als auch die im deutschsprachigen Raum gängigen Gegenargumente bekannt. Simplicius weiß ebenso „unwidersprechlich", dass Oliviers teuflische Lehre gegen eine rechtsübergeordnete Billigkeit verstößt, d. h. wider natürliches, weltliches und göttliches Gesetz. Dem wiederum entgegnet Olivier gut machiavellistisch: „könte ich aber auff solche Art eine *Monarchiam* auffrichten/ so wolte ich sehen/ wer mir alsdenn viel darwider predigte." (*ST* 407) Der Erfolg tilgt die Erinnerung an gesetzlose Usurpation und führt letzlich zur Konventionalisierung des herrschaftlichen Ansehens.[41]

Bedeutsam ist die Situation, in welcher Olivier seine Monarchie errichten würde, nämlich die geschilderte Zerstückelung, Zerstörung und Gesetzlosigkeit, in der sich öffentliche Ordnung und öffentliches Leben befinden. Tatsächlich entsprechen die gegenwärtigen Zeiten, die ja programmatischer Gegenstand des Romans sind, im *Simplicissimus* weit eher noch als Machiavellis hochgradig stilisierte Beschreibung der Krisensituation Italiens[42] derjenigen günstigen Gelegenheit, die dem Begründer neuer Herrschaft entgegenkommt. Die Not ist groß, doch zeigt der Dialog zwischen Olivier und Simplicius, dass die Rezepte, ihr zu begegnen, nicht unterschiedlicher sein könnten.

---

40 Zu Übersetzung und Rezeption machiavellistischen Gedankenguts vgl. die Angaben bei Cornel Zwierlein: Machiavellismus und italienisch-deutscher Kulturtransfer im 16./17. Jahrhundert. In: *Machiavellismus in Deutschland* (wie Anm. 21), S. 23–59, hier S. 39–41.

41 Am deutlichsten in Machiavellis *Discorsi*; einschlägige Stellen bei Henning Ottmann: *Geschichte des politischen Denkens*. Bd. 3. 1. *Die Neuzeit. Von Machiavelli bis zu den großen Revolutionen*. Stuttgart, Weimar 2006, S. 32.

42 Machiavelli, *Il Principe* (wie Anm. 27), XXVI, S. 40^r: „[...] es war notwendig (*necessario*), dass das Volk Israels in Ägypten versklavt war, um Moses' Tüchtigkeit zu sehen, und dass die Perser von den Medern unterdrückt wurden, um die Größe und den Geist Cyrus' zu erkennen, und dass die Athener verstreut waren, um die Außergewöhnlichkeit Theseus' ans Licht zu bringen. Ebenso ist es notwendig, um die *virtù* des italienischen Geistes zu erkennen, dass Italien sich in dem gegenwärtigen Zustand befinde und dass es versklavter sei als die Hebräer, geknechteter als die Perser, verstreuter als die Athener, ohne Kopf, ohne Ordnung, geschlagen, geplündert, elend, zerlumpt, und dass es alle erdenklichen Arten des Ruins ertragen habe."

4. Exkurs: Zur Ikonographie der *Occasio*

Woher Grimmelshausen im Einzelnen sein Wissen zur Regierungskunst des Florentiners und seines Gefolges bezog, ist nach wie vor nicht restlos geklärt. Vieles spricht dafür, dass dieses nebst den in der Forschung genannten Quellen[43] zum einen aus Emblemsammlungen stammt, deren intensive Nutzung nicht nur naheliegend ist, sondern in zahlreichen Fällen konkret nachgewiesen werden kann,[44] zum anderen aus der politischen Traktat- und Ratgeberliteratur, wie sie der Verfasser des *Teutschen Friedens-Rahts* genutzt hat.[45] Deren jeweilige Eingangskapitel befassen sich geradezu topisch mit *consilia*, *secreta* sowie *arcana* und so – explizit oder implizit – mit Machiavellis verruchter Dissimulationskunst. Aus diesen Materialien lässt sich die Beliebtheit des Widerspiels von *occasio* und *fortuna* nicht bloß erahnen, es ist vielmehr allgegenwärtig. Dabei ist es alles andere als neu. Durch Machiavellis *Principe* und die daran anknüpfenden Kontroversen erfährt es jedoch eine Aktualität, die es zum eigentlichen Prüfstein der jeweiligen Gesinnung werden lässt.[46]

1549 erscheint das schöne Epigramm, das Machiavelli diesseits politischer Erwägungen und – wie es scheint – unabhängig von seinem *Prinicpe* und seinen *Discorsi* auf das Verhältnis von Gelegenheit, Glück und Reue gedichtet hatte:

---

43 Vgl. Dieter Breuer: *Grimmelshausen-Handbuch*. München 1999, S. 228; Achermann, Selbsterhaltung, Klugheit und Gerechtigkeit (wie Anm. 21), S. 63–65.

44 Vgl. die grundlegende Untersuchung von Peter Heßelmann: *Gaukelpredigt. Simplicianische Poetologie und Didaxe. Zu allegorischen und emblematischen Strukturen in Grimmelshausens Zehn-Bücher-Zyklus*. Frankfurt a. M. [u. a.] 1988 (Europäische Hochschulschriften. Reihe I. Deutsche Sprache und Literatur 1056), insbesondere S. 137–158.

45 Zu *arcana*, Staatsräson und ‚gute Policey' als Genres frühneuzeitlicher politischer Literatur im deutschen Sprachraum vgl. Michel Senellart: Y a-t-il une théorie allemande de la raison d'État au xviie siècle? Arcana imperii et ratio status de Clapmar à Chemnitz. In: *Raison et déraison d'État* (wie Anm. 19), S. 265–293, hier S. 275–286.

46 Zur Orientierung frühneuzeitlicher politischer Literatur an der Zentralfigur Machiavelli und zur Verbindung von Machiavellismus, Staatsräson und *arcana imperii* vgl. kurz und prägnant Michael Stolleis: Säkularisation und Staatsräson in Deutschland um 1600. In: *Christentum und modernes Recht. Beiträge zum Problem der Säkularisierung*. Hrsg. von Gerhard Dilcher und Ilse Staff. Frankfurt a. M. 1984, S. 96–109.

Wer bist Du, die keine Sterbliche zu sein scheint,/ hat Dich der Himmel doch
mit solcher Grazie geschmückt und begabt?/ Wieso ruhst Du nicht? Und wieso
hast die Flügel Du an den Füßen?/ – Ich bin die *Occasio*, nur wenigen bekannt;/
und die Ursache, die mich immer antreibt,/ ist, dass ich mit einem Fuß auf einem Rade stehe./ Kein Fliegen ist, das meinem Laufen gleichkäme;/ und doch
halte ich mich mit Flügeln an den Füßen aufrecht,/ damit im meinem Lauf mich
keiner verwirre./ Mein loses Haar trage ich vorn,/ mit ihm bedeck ich Brust und
Gesicht,/ damit mich keiner erkenne, sobald ich erscheine./ Am Hinterkopf ist
mir alles Haar geschoren,/ damit sich einer umsonst bemühe, sollt er bemerken,/
dass ich ihn umgangen oder mich umgedreht habe./ – Sag: Wer kommt da mit
Dir?/ Es ist die Reue; und so merke und verstehe:/ Wer mich nicht zu ergreifen
weiß, diese behält./ Und Du, während Du redend die Zeit vergeudest,/ beschäftigt mit eitlen Gedanken/ schon hast Du Dich versehen, Unglücklicher, und ver-
stehst nicht,/ wie ich Dir durch die Hände entschlüpft.[47]

Machiavellis Quelle ist der spätantike Dichter Ausonius (310–393/394
n. Chr.),[48] der sein Epigramm *In simulachrum Occasionis et Poeniten-
tiae* auf eine angeblich dem Bildhauer Phidias (500/490–430/420
v. Chr.) zugeschriebene Statue verfasste. Tatsächlich handelt es sich
beim Urheber um den Bildhauer Lysipp (400/390–Ende 4. Jh.
v. Chr.),[49] dessen personifizierter *Kairos* bereits Kallistratos (3. oder
4. Jh. v. Chr.) als Vorlage zu einer seiner 14 überlieferten Ekphrasen
diente.[50] Die Ikonographie des ‚Kairos' bei Machiavelli und Ausonius
ist nur eines unter den vielen Beispielen, die belegen, wie viel die Geschichte der Emblematik der hellenistischen Ekphrasis, insbesondere in
deren Tradierung durch die *Anthologia Graeca*, verdankt.[51] Sie wirkt

---

47   Niccolò Machiavelli: *Dell'Occasione*. In: *Opere*. Hrsg. von Mario Bonfantini.
      Mailand 1954, S. 1073.

48   Zu Quellen, Formanalyse und Datierung des Epigramms, insbesondere mit Blick
      auf Ausonius vgl. die Ausführungen und Literaturangaben bei Robert Black: *Ma-
      chiavelli*. London, New York 2013, S. 198–199.

49   Vgl. Lauri Lehmann und Sascha Kansteiner: Lysipp. In: *Text und Skulptur. Be-
      rühmte Bildhauer und Bronzegießer der Antike in Wort und Bild*. Hrsg. von Sa-
      scha Kansteiner, Lauri Lehmann, Bernd Seidensticker und Klaus Stemmer. Ber-
      lin, New York 2007, S. 98–111, hier S. 101–109. – Die irrige Zuschreibung ‚Phi-
      dias' ist dem Herausgeber von Ausonius' *Opera*, Jacobus Tollius, bekannt; vgl.
      den Kommentar in: Ausonius: *Opera*. Amsterdam 1671, S. 12.

50   Vgl. Balbina Bäbler und Heinz-Günther Nesselrath: *Ars et Verba. Die Kunstbe-
      schreibungen des Kallistratos. Einführung, Text, Übersetzung, Anmerkungen, ar-
      chäologischer Kommentar*. München, Leipzig 2006, S. 71.

51   In der Forschung wurde ihre Bedeutung lange unterschätzt. Vgl. nun Andreas
      Bässler: *Die Umkehrung der Ekphrasis. Zur Entstehung von Alciatos „Emblema-
      tum liber" (1531)*. Würzburg 2012, hier vor allem S. 158–163, der zahlreiche der
      hier zitierten Quellen bereits an- und überzeugend ausführt. Unter den älteren Ar-

nicht nur auf Andrea Alciatos (1492–1550) *Emblematum Liber* ein, sondern auch auf die drei großen mythographischen Werke des ‚Cinquecento', auf Giraldis (1479–1552) *De Deis Gentium*, Cartaris (1502–1569) *Imagini de gli Dei delli Antichi* und Contis (1520–1582) *Mythologiae*,[52] ohne deren polyhistorische Quellenkompilation wiederum die *Iconologia* Cesare Ripas (1555–1622) kein Auskommen hätte.[53]

Diese und ähnliche Werke sind es, die durch Beschreibung antiker Götterfiguren und Anhäufen einschlägiger Quellen die Personifikationen unter den Emblemen mit ikonographischem Material beliefern. Sie kommen so in ein dichtes topisches Netz zu stehen, dessen Knoten die einzelnen Attribute der Götterfiguren bilden. Betrachten wir die Gedichte von Machiavelli und Ausonius[54] unter diesem Gesichtspunkt, so

---

beiten ist vor allem zu nennen Horst Rüdiger: Göttin Gelegenheit. Geisteswandel einer Allegorie. In: *Arcadia. Zeitschrift für vergleichende Literaturwissenschaft* 1/2 (1966), S. 121–166.

52 Lilio (Giglio) Gregorio Giraldi: *De Deis gentium varia & multiplex historia, in qua simul de eorum imaginibus & cognominibus agitur, ubi plurima etiam hactenus multis ignota explicantur, & pleraque clarius tractantur.* Basel 1548, zu *Occasio* S. 48–50 (unter Anführung der Epigramme von Posidippos und Ausonius); Vincenzo Cartari: *Imagini de gli Dei delli Antichi* (Venedig 1556, illustriert ab der Ausgabe Venedig 1571), mindestens 32 Auflagen; Natale Conti: *Mythologiae, sive explicationis fabularum libri decem.* Venedig 1551, spätere Ausgaben übernehmen Illustrationen aus Cartaris *Imagini*. – Zu Ausgaben und Übersetzungen vgl. John Mulryan: Translations and Adaptations of Vincenzo Cartari's ‚Imagini' and Natale Conti's ‚Mythologiae'. The Mythographic Tradition in the Renaissance. In: *Canadian Review of Comparative Literature* 1981/1, S. 271–283.

53 Cesare Ripa: *Iconologia overo Descrittione dell'imagini vniversali cavate dall'antichità et da altri lvoghi.* Rom 1593, zu *Occasione*, S. 181. Die *Iconologia* ist zwar ab der Ausg. Rom 1603 illustriert, doch findet auch hier *Occasione* (um Ausonius' Epigramm erweitert) keine Illustrierung. Die deutsche Ausgabe (*Erneuerte Iconologia oder Bildersprach.* 2 Bde. Frankfurt a. M. 1669/70) führt keinen entsprechenden Eintrag.

54 Ausonius: Epigramma XII. In: ders., *Opera* (wie Anm. 49), S. 12–14: „Sum dea quae rara et paucis OCCASIO nota./ Quid rotulae insistis? Stare loco nequeo./ Quid talaria habes? Volucris sum. Mercurius quae/ Fortunare solet, tardo* ego, cum volui./ Crine tegis faciem. Cognosci nolo. Sed heus tu/ Occipiti calvo es? Ne tenear fugiens./ Quae tibi iuncta comes? Dicat tibi. Dic rogo quae sis./ Sum dea, cui nomen nec Cicero ipse dedit./ Sum dea, quae facti non factique exigo poenas,/ Nempe ut poeniteat: sic METANOEA vocor./ Tu modo dic, quid agat tecum. Si quando volavi,/ Haec manet. hanc retinent, quos ego praeterii./ Tu quoque, dum rogitas, dum percontando moraris,/ elapsam dices me tibi de manibus." [Ich bin die Göttin, die selten ist und wenigen nur als OCCASIO bekannt./ – Was stehst Du auf einem Rädchen? – Ich weiß nicht stillzustehen./ – Was trägst Du Flügelschuhe? – Ich bin ein Vogel. Merkur, der/ beglücken soll, befördere (verzögere)

scheinen die Unterschiede gering. Am auffälligsten ist, dass Ausonius'
‚Metanoia', also Reue, als explizit nicht-klassischen Ausdruck aus-
zeichnet: „Ich bin die Göttin, der nicht mal Cicero einen Namen gab."
Der Platz der Göttin, die Ausonius *Fortuna* und *Occasio* als dritte bei-
gibt, findet sich folglich nicht unter den Statuen, welche Tempel,
Thermen und Theater der heidnischen Antike bevölkerten. Dies lässt
Machiavelli unerwähnt, befreit seinerseits aber die Göttin ‚Reue' von
ihrer christlichen Aufgabe, zur Buße anzuhalten. Im Gegenzug insistiert
er auf der Schnelligkeit und Unaufhaltsamkeit von *Fortunas* Lauf:
„Kein Fliegen ist, das meinem Laufen gleichkäme", „damit im meinem
Lauf mich keiner verwirre."

Was Machiavelli augenscheinlich zu forcieren trachtet, ist der Gegensatz zwischen *Kairos/Occasio* und *Chronos/Tempus*. Die Zeit als
fliegende Gelegenheit erkämpft sich ihren Vorrang über die Zeit als
greisen Mann, der am Stock geht, eine Sense reckt oder ein Stundenglas
hält.[55] Das sprichwörtliche *‚fugit'* des machiavellistischen *tempus*
macht so den Unterschied zwischen einem beständigen Fluss, welcher
die von Vorsehung oder Schicksal vorbestimmte Lebensdauer zum
Tode hin bemisst, und einem Lauf, der in jedem seiner diskreten Momente die Möglichkeit zur Entscheidung birgt. Der Reue bleibt hier
bloß die Aufgabe, verpassten Gelegenheiten nachzutrauern, nicht aber
in steter Vorbereitung auf den unausweichlichen Tod ein- und umzu-
kehren.[56]

Das topische Netz um *Kairos/Occasio* knüpft aber noch weitere
Fäden. Betrachten wir nur schon die wenigen Anmerkungen, die Ja-

---

ich nach Belieben./ – Mit Haar bedeckst Du das Gesicht. – Ich will nicht erkannt
sein. Doch, nanu,/ Dein Hinterkopf ist kahl. – Damit ich fliehend nicht gehalten
werde./ – Wer ist Dir als Begleiterin beigegeben? – Das sage sie Dir! –/ Sag', ich
bitte dich, wer Du bist!/ – Ich bin die Göttin, der nicht mal Cicero selbst einen
Namen gab./ Ich bin die Göttin, die Buße verlangt für das Getane und Nicht-
Getane./ Dass nämlich Reue sei, heiße ich METANOIA./ – Sag nun, wie verfährt
sie mit Dir? – Wenn ich verflogen,/ dann bleibt sie zurück. Diejenigen, an denen
ich vorüberzog, behalten sie./ Auch Du, während Du fragst, während Du ausfra-
gend verharrst,/ wirst sagen, dass ich Deinen Händen entronnen.] *Tollius gibt als
Emendation für ‚tardo' ‚trado' an; dieses wird auch in neueren Ausgaben übernommen.

55 Vgl. hierzu die klassische Untersuchung von Rudolf Wittkower: Chance, Time
    and Virtue. In: *Journal of the Warburg Institute* 1/4 (1938), S. 313–321.

56 Zum Motiv des Moments im Zeichen des ‚in hoc ictus oculi' vgl. Eric Acher-
    mann: Reue, Buße, Tod und Gnade. Zu Kalkül und Endlichkeit in Grimmelshau-
    sens „Courasche" und „Zweitem Vogel-Nest". In: *Simpliciana* XXXVIII (2016),
    S. 201–223, hier S. 208–211.

cobus Tollius (1633–1696) in guter humanistischer Kompilatoren-Manier in seinem Kommentar zu Ausonius' Epigramm entfaltet,[57] so erweitert sich der Katalog an Attributen merklich. Nachdem Tollius die ganze Angelegenheit mit der falschen Zuschreibung an Phidias, der richtigen an Lysipp sowie der Ekphrasis Kallistratos' geklärt hat, kommt er auf den Ausdruck ‚*volucris*‘, also ‚Vogel‘ oder ‚geflügeltes Wesen‘, zu sprechen. Zu diesem Ausdruck führt er nebst Seneca[58] und Pindar[59] eine (pseudo-)äsopische *fabula* aus dem Phaedrus (20/15 v. Chr.–50/60 n. Chr.) an. Diese nun ist von besonderem Interesse, da sie einer Statue mit offensichtlich ganz anderen Attributen gilt. Das kleine Gedicht wird bald mit *De Occasione sive Tempore*, bald mit *Occasio* oder auch *Tempus* überschrieben:

> Im fliegenden Lauf, über einem Schermesser hängend,/ kahl, behaarter Stirn, nackten Körpers/ einmal ergriffen, halte sie fest, denn entwischt/ vermag nicht mal Jupiter sie zurückzuhalten,/ sie bedeutet die kurze *occasio* der Dinge.[60]

Das schöne Bild der *Occasio*, die in ihrem leichten und schnellen Lauf über die Schneide eines Schermessers (*novacula*) balanciert, hat Bearbeitern und Kommentatoren von jeher Schwierigkeiten bereitet. Das Schermesser nämlich wandert in der Tradierung der emblematischen Darstellung der *Occasio* von den Füßen in die Hand, wo es nicht dem

---

57 Ausonius, *Opera* (wie Anm. 49), S. 12–14.

58 Seneca: *Epistulae ad Lucillum*, 49, 1: „Infinita est velocitas temporis, quae magis apparet respicientibus: nam ad praesentia intentis fallit. adeo praecipitis fugae transitus levis est." [Die Zeit ist von unendlicher Geschwindigkeit, die klarer erscheint den Zurückschauenden; die Gegenwart aber entschlüpft denjenigen, die ihre Aufmerksamkeit auf sie richten. So leicht ist der Lauf der raschen Flucht.]

59 Pindar: *Vierte Pythische Ode*, v. 286: „ὁ γὰρ καιρὸς πρὸς ἀνθρώπων βραχὺ μέτρον ἔχει." [Der Kairos nämlich ist für die Menschen nur von kurzem Maß.] Bezeichnenderweise fährt Pindar fort, vv. 287–289: „φαντὶ δ'ἔμμεν' τοῦτ' ἀνιαρότατον, καλὰ γιγνώσκοντ' ἀνάγκᾳ/ ἐκτὸς ἔχειν πόδα." [Sie sagen aber, dass größte Übel sei es, das Gute zu erkennen, jedoch gezwungen zu sein, den Fuß draußen zu haben (i. e. ‚außen vor zu stehen‘).]

60 Phaedrus: *Fabulae Aesopiae*, 5, 8: „Cursu volucri, pendens in novacula,/ Calvus, comosa fronte, nudo corpore,/ Quem si occuparis, teneas; elapsum semel/ Non ipse poßit Iupiter reprehendere,/ Occasionem rerum significat brevem." Tollius nummeriert 5, 9 und überschreibt das Gedicht mit ‚Occasio sive Tempore‘, während andere Ausgaben ‚Occasio depicta‘ oder auch mit dem heute gebräuchlichen ‚Tempus‘ titeln. Der nicht zitierte Schluss betont den ekphrastischen Charakter des Gedichts: „Effectus impediret ne segnis mora,/ finxere antiqui talem effigiem Temporis." [Damit faules Verweilen nicht hindere den Erfolg, haben die Alten ein solches Bild der Zeit entworfen.]

Lauf der Zeit gilt, sondern ursächlich für die eigentümliche Tonsur der *Occasio* steht. Dem Schermesser in der Hand begegnet der humanistisch gebildete Leser bei Poseidippos von Pella (um 310–240 v. Chr.), dessen *Kairos*-Ekphrasis Eingang in die *Anthologia Graeca* gefunden hatte. Das Schermesser trennt zwei Seiten des Kopfes, die hintere kahle ist dem Vergangenen, die vordere behaarte dem Künftigen zugewandt. Im Gegensatz zu anderen jansuköpfigen Personifikationen, etwa zur *Prudentia bifrons*, ist die *Occasio* alles andere als scharfsichtig. Der Vergangenheit wendet sie den kahlen Schädel, der Zukunft aber ein Gesicht zu, das vom Schopf bedeckt wird. Wer die Gelegenheit beim Schopfe packt, packt sie als blind daher stürmende, als von Wind und Zufall getriebene:

> Wer und woher der Bildhauer? – Aus Sikyon. – Und sein Name? – Lysipp. – Und wer bist Du? – Kairos, der Alles-Bändiger. – Wieso stehst Du auf Zehen? – Stets renne ich. – Wieso hast Du Flügel an den Füßen? – Ich fliege mit dem Wind. – Wieso hältst Du ein Schermesser (ξυρόν) in Deiner Rechten? – Den Menschen als Zeichen, dass ich schneidender bin als jede scharfe Schneide. – Und wieso ist das Haar in Deinem Gesicht? – Bei Zeus, damit wer mir begegnet, mich zu fassen vermag. – Und wieso ist Dein Hinterkopf kahl? – Weil keiner, und wollte er es, den meine geflügelten Füße überholen, mich von hinten zu packen vermag.
> Er hat mich solcher Art geformt, damit ich Dir, Fremder, hier im Vorhof eine Lehre sei.[61]

Wo bei Ausonius die Reue auftritt, finden wir in der Tradition der hellenistischen Ekphrasen das Schermesser. Es wäre sicherlich übertrieben, die *Metanoea* als analogen Platzhalter des Schermessers zu deuten; feststeht aber, dass Ausonius die *Occasio* christlich auslegt, indem er der radikalen Gegenwärtigkeit auf Messers Schneide eine rückwärtsgewandte Reue als Begleiterin beigibt. Zurückbleibend macht sie den Lauf der Entschwundenen zum Gegenstand moralischer Reflexion – oder zumindest eines moralischen Gefühls.

Über Alciato findet das Schermesser in der Hand der *Occasio* weiteste Verbreitung,[62] zusätzlich befördert durch *picturae*, die sich sowohl bei Cartari als auch Conti finden:

---

61   Poseidippos von Pella: *Posidippi Pellaei quae supersunt omnia*. Hrsg. von Colin Austin und Guido Bastianini. Mailand 2002, Nr. 142, S. 180–181. – Text und englische Übersetzung. In: Lucia Prauscello: Sculpted Meanings, Talking Statues. Some Observations on Posidippus 142.12. In: *The American Journal of Philology* 127/4 (2006), S. 511–523, hier S. 512–513; sowie mit deutscher Übersetzung in Lehmann und Kansteiner, Lysipp (wie Anm. 49), S. 102.

Abb. 1: Andreas Alciatus: In Occasionem.
In: *Emblematum Liber*.
[Augsburg] 1531, S. [9ʳ].

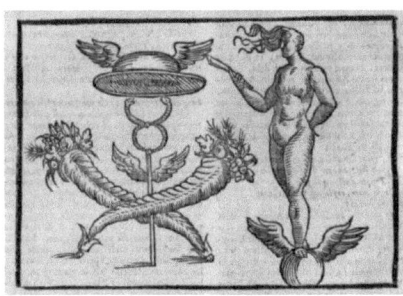

Abb. 2: Natale Conti: [De Fortuna].
In: *Mythologia sive explicatio fabvlarvm*.
Padua 1616, S. 176.

Abb. 3: Vincenzo Cartari: [Occasione].
In: *Le Imagini de i Dei de gli Antichi*.
Venedig 1592, S. 385.

---

62 Die ‚subscriptio' gibt im Wesentlichen das Epigramm von Lysipp wieder. Vgl.
dazu Bässler, *Die Umkehrung der Ekphrasis* (wie Anm. 51), S. 139–141.

5. Gelegenheit und Reue

Die „drastischste"[63] Darstellung erfährt das Verhältnis von *Chronos* und *Kairos* bei dem Kupferstecher Theodor Galle (1571–1633). Sowohl in seiner Sammlung von zwölf Stichen aus dem Jahr 1603[64] als auch in der zwei Jahre später erschienenen, durch die ebenso erbaulichen wie ausführlichen ‚explicationes‘ des Jesuiten Jan David (1546–1613) erweiterten Ausgabe *Occasio Arrepta Neglecta*[65] stellt er die Personifikationen von *Tempus* und *Occasio* nebeneinander. Aus dem greisen *Chronos* macht er einen Engel, aus *Occasio* aber eine züchtig gekleidete Figur. Auf festem Boden stehend hält sie in der Rechten statt des Schermessers den Gekreuzigten, in der Linken aber die Weltkugel. Unter dem Bild findet sich programmatisch dasjenige Zeitverständnis, das der christlichen Jugend ans Herz gelegt sein will (Abb. 4):

---

63 Wittkower, Chance, Time and Virtue (wie Anm. 55), S. 313: „A pictorial formula for this distinction [i. e. ‚tempus‘ und ‚occasio‘ bzw. καιρός und εὐκαιρία] hardly appears before the sixteenth century and was never more drastically applied than in the engravings which accompany the work of the Jesuit Joannes David, published as late as 1605."

64 Mit dem bezeichnenden Titel *Typus Occasionis in quo receptae commoda, neglectae vero incommoda, personato schemate proponuntur* [Bild der *Occasio*, in welchem sie durch personifizierte Figuren dargestellt wird, als empfangene günstig, als vernachlässigte ungünstig].

65 Zu Galle und Davids *Occasio* vgl. Anne-Katrin Sors: *Allegorische Andachtsbücher in Antwerpen*. Göttingen 2015, S. 85–101.

A: Ich bin die Zeit (*Tempus*), ohne die nichts wäre von alldem, was erschaffen. Ohne mich wäre nicht Himmel, noch strahlten die Sterne dem Himmel oder die Sonne als Goldene; ohne mich gäbe es weder Erde noch Wasser und was im weiten Gefüge der Welt enthalten. Durch mich nämlich scheint alles festzustehen, umgekehrt gerät durch mich alles ins Wanken.

B: Ich bin es, die vergangenen Jahrhunderten als *Occasio* bekannt. Wer schlau war, verschmähte mich nicht, sondern erfasste hastig das Geschick, sobald er mich im Angesicht willkommen geheißen. Das Gewünschte erhalten erwarb er sich reiche Zierde.[66]

Die zwölf *schemata* zeigen eine *Occasio* im Dienste christlicher Erbauung. In guter Tradition trägt sie den Schopf über der Stirn, während der Teufel, der die letzten Bilder beherrscht, auch von Hinten leicht zu fassen ist. So darf die Reue nicht fehlen, die einen solchen Fehlgriff begleitet (Abb. 5):

---

66 Jan David und Theodor Galle: *Occasio. Arrepta. Neglecta. Hvivs Commoda: Illivs Incommoda.* Antwerpen 1605, S. 1.

A: Nein, dass ihr's erduldet, ist *Occasio* hinten kahl: Schaut aber hier, den Hinterkopf bedecke ich mit Haar, lasst's Euch gut gehen, erfasst es./ B: Zur Hölle, zur Hölle! Da, dahin werden die Trägen geschleift./ C: Weh der dummen Jugend! D: Weh der Jugend eitle/ Pläne! E: Weh den stets zu spät das Bessere Befolgenden!/ F: Ach, ich Elender, dem der heilige Frühling der Jugend/ fruchtlos verflogen, einzig die Reue (*Metanoia*) ist mir geblieben./ G: Behüte Gott! so sehr reut uns das kopflose Beginnen!/ Alle: Wie schmerzt es, der rasenden Begierde nachgegeben zu haben!/ A: Zu spät erkennt ihr: Auf Rettung ist kein Hoffen mehr.[67]

Auch Simplicius kennt die *occasiones*, die zu verpassen das Seelenheil aufs Spiel setzt.[68] Das gestrige Glück, das er in Kriegs- und Liebesdingen erfahren hat, erscheint dem syphilitischen Heimkehrer vom Venusberg nun als seiner „Wolfart" gegenwärtiger Schaden:

> Da fieng ich erst an hindersich zu gedencken/ und die herrliche Gelegenheiten zu bejammern/ die mir hiebevor zu Beförderung meiner Wolfart angestanden/ ich aber so liederlich hatte verstreichen lassen; Jch sahe erst zurück/ und merckte/ daß mein *extra ordinari* Glück im Krieg/ und mein gefundener Schatz/ nichts anders als eine Ursach und Vorbereitung zu meinem Unglück gewesen/ welches mich nimmermehr so weit hinunder hätte werffen können/ da es mich nit zuvor durch falsche Blick angeschaut/ und so hoch erhaben hätte/ ja ich fande/ daß das jenige Gute/ so mir begegnet/ und ich vor gut gehalten/ böß gewesen/ und mich in das äusserste Verderben geleitet hatte […]. […] da mein

---

67   David und Galle, *Occasio arrepta, neglecta* (wie Anm. 66), S. 172.
68   Vgl. hierzu Achermann, Reue, Buße, Tod und Gnade (wie Anm. 56), S. 206–208.

Geld hin war/ hieß es/ ich solte auch fort/ und meine Gelegenheit anderswo suchen/ und hätte ich wie der verlorne Sohn mit den Säuen vor lieb nemmen sollen. Damals gedacht ich erst an deß jenigen Pfarrherrn guten Rath/ der da vermeynte/ ich solte meine Mittel und Jugend zu den *Studiis* anwenden/ aber es war viel zu spät mit der Scheer/ dem Vogel die Flügel zu beschneiden/ weil er schon entflogen [...]. (*ST* 374–375)

Dem Vogel der Gelegenheit mit Schere oder Schermesser die Flügel zu stutzen, kombiniert die bekannten Elemente aufs Neue. Das Gleichnis des verlorenen Sohns jedoch lässt nur auf den ersten Blick eine tiefere Gewissensprüfung erhoffen. Anstatt der äußersten Reue, der *contritio*,[69] als Selbsterniedrigung hebt Simplicius das Elend hervor, in dem sich der verlorene Sohn vor seiner Um- und Heimkehr befindet. Es ist dies aber die Erniedrigung, die er durch andere erfährt. Und auch der „gute Rath" bezieht sich weniger auf Ab- und Umkehr von einem wüsten Leben als auf den bedauerlichen Vorzug, den er Schwert und Blut statt Feder und Tinte gab. Mag die Reue aber auch bloße *attritio* sein, sie zeugt von Einsicht. Simplicius erkennt, dass er dem gewinnversprechenden Augenblick die langsame, aber stete Meliorierung des eigenen Zustands geopfert hat. *Fortuna*, die ihn einst mit freundlicherem Blick ansah, erwies sich als Falschspielerin. Ihre Karten versprachen dem Helden raschen Genuss und betrogen den Erwartungsfrohen so um die richtige Entscheidung bei günstiger Gelegenheit. Denn auch dies können wir bei David und Galle lesen: „Mundus vult falli" [die Welt will betrogen sein],[70] woraus jedoch weder für diese noch für Grimmelshausen[71] der machiavellistische Schluss ,ergo fallatur' [so soll sie denn betrogen sein] folgen darf.

Fortuna ist nicht die Zeit, die als Vorsehung hinter dem ganzen Wandel das Geschick der Welt bestimmt, und als solche das wahre Heilsversprechen birgt. In der Emblematik finden wir denn auch stets aufs Neue die christliche Kritik an der moralischen Indifferenz dieser

---

69 Vgl. Achermann, Reue, Buße, Tod und Gnade (wie Anm. 56), S. 213–221, sowie Walter Sparn: ,Viertens beichten wir dem Kirchen-Diener'. Der theologische Rahmen des Umgangs mit Schuld und Sühne im 17. Jahrhundert. In: *Simpliciana* XXXVIII (2016), S. 137–164, hier S. 149–150.

70 David und Galle, *Occasio arrepta, neglecta* (wie Anm. 66), S. 206.

71 Zum simplicianischen Motto des „Mundus vult decipi" in Grimmelshausens *Des Abentheurlichen Simplicissimi Ewig-währender Calender* (Nürnberg 1671, S. 59, recte S. 61) vgl. Barbara Bauer: „Es bleibt doch bei dem alten Brauch: M(undus) V(ult) D(ecipi)." Veraltete Astrologie in Grimmelshausens „Ewig-währendem Calender". In: *Simpliciana* XVI (1994), S. 81–115, hier S. 99.

zufallsgesteuerten oder vielmehr -steuernden Göttin ausgedrückt, deren Name – so Cartari – bloß erdichtet sei.[72]

Grimmelshausen verwendet den Begriff ‚Gelegenheit' im *Simplicissimus Teutsch* und in der *Continuatio* wohl an die sechzigmal, wovon jedoch der weitaus überwiegende Teil den Sinn von ‚ausreichend Zeit, um' oder ‚Möglichkeit, eine Reise anzutreten' hat. ‚Gelegenheit' tritt aber zumindest noch ein weiteres Mal als Moment einer heilsnotwendigen Hinwendung zu Gott auf, und dies an prominentester Stelle. In tiefer Meditation, im Anblick von Eucharistie und Höllenfeuer[73] setzt sich Simplicius an seine Lebensbeichte:

> [...] als ich mit hertzlicher Reu meinen gantzen geführten Lebens-Lauff betrachtete/ und meine Bubenstück die ich von Jugend auff begangen/ mir selbsten vor Augen stellte/ und zu Gemüth führete/ daß gleichwohl der barmhertzige GOtt unangesehen aller solchen groben Sünden/ mich bißher nit allein vor der ewigen Verdambnuß bewahrt/ sonder Zeit und Gelegenheit geben hat mich zu bessern/ zubekehren/ Jhn umb Verzeyhung zu bitten/ und umb seine Gutthaten zudancken/ beschriebe ich alles was mir noch eingefallen [...]. [...] ein ehrlich gesinnter Christlicher Leser/ wird sich [...] verwundern und die Göttliche Barmhertzigkeit preysen/ wann er findet / daß so ein schlimer Gesell wie ich gewesen/ dannoch die Gnad von GOtt gehabt/ der Welt zu *resignirn*, und in einem solchen Stand zuleben/ darinnen er zur ewigen Glory zukommen/ und die seelige Ewigkeit nechst dem heiligen Leyden deß Erlösers zu erlangen verhofft/ durch ein seeligs ENDE. (*Co* 677–678)

Der Wandel der Zeit aber unterliegt nicht bloß dem Irrtum, ihn als blind waltende *Fortuna* zu verstehen. Dem rechtgläubigen Christen droht auch von entgegengesetzter Seite her größte Gefahr, nämlich der Irrglaube des Determinismus oder Nezessitarismus. Damit würden freier Wille und Schuldfähigkeit des Menschen auf einen Schlag erledigt. Oder anders: Im polaren Gegensatz zur sinnlosen Kontingenz der *For-*

---

72 Zum Bild der *Fortuna* in Aigeira verzeichnen spätere Ausgaben: „[...] ich aber glaube, dass es in diesen [Liebesdingen] wie in allen Handlungen der Tugenden bedarf. Diese machen die gute *fortuna*, weil es keine *fortuna* gibt, der Name nämlich ist erdichtet."; Vincenzo Cartari: *Le Imagini De gli Dei degli Antichi, Nouamente ristampate & ricorette*. Padua 1608, S. 439.

73 „[...] ich asse nie daß ich nicht an das letzte Abendmahl Christi gedachte; und kochte mir niemahl keine Speiß/ daß mich das gegenwertige Feur nicht an die ewige Peyn der Höllen erinnert hätte." – Hans Jacob Christoffel von Grimmelshausen: *Continuatio des abentheurlichen Simplicissimi oder der Schluß dessbelben*. In: *Werke*. I. 1. Hrsg. von Dieter Breuer. Frankfurt a. M. 1989 (Bibliothek der Frühen Neuzeit 4. 1), S. 677. – Der Text wird im Folgenden nach der Edition von Breuer mit Sigle *Co* und Seitenangabe in runden Klammern zitiert.

tuna steht das *Fatum* als Unfreiheit der Entscheidung und Notwendigkeit sündhaften Handelns. So verhält sich das Ende von Simplicius' Lebensbericht dem Ende des Lebensberichts des „Scheermessers" nicht unähnlich, wenn auch mit veränderten Rollen. Anstelle des barmherzigen Gottes ist es der gnadenlose Simplicius, der das Urteil spricht:

> Jch antwortete/ weil dein Wachsthum und Fortzihlung auß Feistigkeit der Erden/ welche durch die *excrementa* der *animalien* erhalten werden muß/ ihren Ursprung/ Herkommen und Nahrung empfangen/ zumahlen du auch ohne das solcher *Materi* gewohnet: und von solchen Sachen zureden ein grober Gesell bist so ist billich daß du wider zu deinem Ursprung kehrest; warzu dich dann auch dein aigner Herr verdambt hat/ damit *exequire* ich das Urthel; aber das Scheermesser sagt/ gleich wie du jetzunder mit mir *procedi*rest/ also wird auch der Todt mit dir verfahren/ wann er dich nemblich wider zur Erden machen wird/ davon du genommen worden bist; und darvor wird dich nichts fristen mögen/ wie du mich vor dißmahl hettest erhalten können. (*Co* 622)

Das Scheermesser, dessen Leben das Widerspiel von „Angst" „Trangsal", „vielfaltige[n] Peinigungen", „zugenöthigte[n] Gefahren", „Elend", „Jammer" einerseits und „eingebildete[r] Hoffnung" (*Co* 612–613) andererseits bestimmt wird, kann am Ende seiner Lebensbilanz dem Richter nichts bieten, was zu seiner Errettung führte. Mag es auch noch so eindringlich eigene Not und fremde Nötigung vor „Gericht" – hier nicht Himmelsthron, sondern „Cantzeley", „Scheißhauß" oder „*Secret*" (*Co* 611–612) – vortragen, zum Erweis seiner „Unschuld" sowie „treugeleister Dienste" vermag ihm die „*Audienz*" (*Co* 612–613) nicht nutzen.

Die Wahl des Ausdrucks ‚Schermesser' für den proteischen ‚Arschwisch' (vgl. *Co* 612) ist nach wie vor nicht restlos geklärt;[74] sein Leben aber zeichnet zweifelsohne eine Bahn, welche Not und eitle Hoffnung, nicht freie Entscheidung bestimmen. Aufgrund der weit verbreiteten Ikonographie können wir vermuten, dass der Name für die ungenutzten Möglichkeiten sowie für eine wert- und sinnlose Reue zu

---

74 Zur ungeklärten Semantik des Eigennamens vgl. Thomas Borgstedt: Die Schermesser-Episode als Diskursparodie. In: *Simplicana* XXXVIII (2016), S. 423–451, hier S. 424. – Zu den Quellen der Episode vgl. nach wie vor Joseph P. Dallett: Auf dem Weg zu den Ursprüngen. Eine Quellenuntersuchung zu Grimmelshausens Schermesser-Episode. In: *Carleton Germanic Papers* 4 (1976), S. 1–36, hier insbesondere Hieronymus Bocks *Lini miseria* sowie Andreas Tharäus *Erbermliche Klage der lieb Fraw Gerste*, S. 14–26; vor allem aber Peter Heßelmann: Marcus Knackwurst und Grimmelshausen. Zu einer bisher nicht ermittelten Quelle des Simplicianischen Erzählers. In: *Daphnis* 14 (1985), S. 579–599.

stehen kommt. Dies setzt voraus, dass wir bereit sind, ‚Schermesser' als Metonymie, genauer als Metalepse, zu lesen. Das Schermesser ist nicht mehr Attribut der Wirkursache (*causa efficiens*), wie es ein Schermesser für die Hanfherstellung sein mag,[75] es ist auch nicht Attribut der materialen Ursache (*causa materialis*), als welche *occasio* bei Machiavelli und vielleicht auch in der Scheermesser-Episode erscheint,[76] sondern Attribut verfehlten Zwecks und Nutzens (*causa finalis*). Es steht für einen Mangel an Reue angesichts verpasster Gelegenheit (*occasio neglecta*), und dies, weil Scheermesser nicht einmal daran denkt, auf sein Schicksal formend, als Formursache (*causa formalis*) einzuwirken, d. h. seinen Willen zu imponieren.

6. Occasio, Opportunitas, Necessitas und Gratia

Als formende ergreift Machiavellis *virtus* den Moment, der damit das Walten der *fortuna* dem Handelnden zugänglich macht: Aus ‚*occasio*', hergeleitet von ‚Vor- oder Zufall', wird ‚*opportunitas*', ‚die günstige Gelegenheit'.[77] Ganz wie auch heute noch Zufall und Gunst den Bedeu-

---

75 Vgl. Dallett, Auf dem Weg zu den Ursprüngen (wie Anm. 74), S. 19. Das „Schermessr" fungiert bei Tharäus als „Flegl".

76 „*Occasion*" findet sich in der Schermesser-Episode (*Co* 621–622) kurz bevor das Papier zum Abort „*contemnirt*" (verurteilt) wird.

77 Sebastian Covarrubias, der bedeutende Lexikograph des *Siglo de Oro*, beschränkt sich bei dem Lemma ‚Ocasion' (*Tesoro de la lengva castellana, o española*. Madrid 1611, S. 567) auf das Anführen zweier lateinischer Stellen: der hier zu erwartenden, nämlich Cicero *De Inventione* (1, 27 [40]), sowie der Etymologie des bereits erwähnten Festus (*De verborum significatu* [wie Anm. 18], S. 194–195): „occasio, inquit Festus, est opportunitas temporis, casu proueniens. Ciceron lib. I. de inuentione, Occasio est pars temporis, habens in se alicuius rei idoneam faciendi, aut non faciendi opportunitatem." [„Gelegenheit, lat. ‚occasio'", sagt Festus, „ist die Gunst der Zeit, sich herleitend von ‚casus'." Cicero schreibt im ersten Buch von *De inventione*, „‚Occasio' ist der Teil der Zeit, der in sich die geeignete Gunst hat, etwas zu tun oder nicht zu tun."] – In Davids und Galles *Occasio arrepta neglecta* (wie Anm. 66, Praefatio ad lectorem, unpag.) dient ‚*occasio*' und ‚*opportunitas*', um zum einen das wechselnde Geschlecht der Personifikation zu erklären, zum anderen aber auch, um das richtige Verständnis der *occasio* als *opportunitas* zu befördern: „In primis, quòd Latini Occasionem Deam, Graeci verò Deum indigitarint; non alia videtur ratione factum, quàm quòd Graeci tempus ipsum opportunum, Latini verò temporis opportunitatem spectarint; eoq; rem

tungsraum von ‚Gelegenheit' ausloten, zieht das Schermesser die Trennlinie zwischen Vorder- und Hinterkopf. Über die Gunst der Zeit richtet *Occasio* nicht selbst; dies ist vielmehr Aufgabe der Klugheit, die zweigesichtig, als *Prudentia bifrons*, aus den *arcana* des Vergangenen lernt und auf die *arcana* des Künftigen schließt (Abb. 6 und 7):

[Aus Vergangenem wähle ich, die zweigesichtige Klugheit, das Künftige, und wäge vorsichtigen Geistes scharfsinnig ab.]

[Die geheimen (*arcanae*) Ursachen der Dinge untersuche ich, die Klugheit, zweiköpfig sehe ich das Vergangene und das Künftige.]

Hendrik Goltzius (1558–1616)
Virtvtes et, vitia bis septem vna cvm praemiis et poenis. Rom 1598.

eamdem sub diuerso sexu consideratam, illi masculinâ hi muliebri voce expresserint. Quod enim Latinis femineo genere *Occasio*, id Graecis virili καιρὸς effertur & pingitur. Tempus, inquit Volateranus, quod Graeci καιρὸν, nos Occasionem siue tempestiuitatem dicimus; quod idem est, atque temporis opportunitatem dicere." [Die Lateiner rufen als Göttin an, was den Griechen ein Gott ist; dies scheint keinen anderen Grund zu haben, als dass die Griechen die Zeit selbst als gelegen, die Lateiner hingegen die Gelegenheit der Zeit betrachtet sehen wollen; so dass jene mit männlicher, diese mit weiblicher Bezeichnung dieselbe Sache unter verschiedenem Geschlecht zum Ausdruck bringen wollen. Was bei den Lateinern als ‚Occasio' mit weiblichem Geschlecht, dies wird bei den Griechen als ‚kairos' mit männlichem ausgedrückt und abgemalt. „Die Zeit", sagt Volateranus, „welche die Griechen ‚kairos', nennen wir ‚occasio' oder ‚rechte Zeit', was das Gleiche ist, als ‚Gunst der Zeit' zu sagen."

Allein *prudentia* kann der Macht des bloßen Zufalls trotzen und die
volatilitas, den freien Flug der *occasio* bändigen. Doch steht auch diese
Entscheidung für eine *prudentia* als *virtus* im Zeichen einer weiterführenden Entscheidung, nämlich der Wahl zwischen machiavellistischem
principatus als Macht- und Selbsterhalt und *pietas* als tätiger Sorge um
das eigene Seelenheil.

Gemeinsam sind sowohl der machiavellistischen als auch der
christlichen Ausdeutung der *occasio*, dass sie den Moment als Moment
einer – bis zu welchem Grad auch immer – freien Entscheidung verstehen. Das Subjekt bewährt sich, indem es das rechte Mittel wählt. Ungeachtet ob das *remedium* einer egoistischen oder einer christlich temperierten Klugheit geschuldet ist, es bleibt das Herzstück eines jeden *arcanum*, über dessen Erkenntnis Ehrgeiz oder Gewissen zu bilanzieren
haben.

Die christliche *pietas*, deren Primat über den Herrschaftswillen
(*principatus*) die Antimachiavellisten zu behaupten nicht müde werden,
steht an der Grenze zu dem entgegengesetzten Raum der Entschei-
dungsmöglichkeiten, in welchem die Zeit nicht blinder *Fortuna*, sondern einer ,vorgesehenen' Richtung folgt. Ob Einblick in die Ordnung
der Natur, wie etwa bei Lipsius,[78] oder göttlicher Beistand, beide erscheinen als Regulative, die nicht bloße *occasio*, sondern vielmehr *opportunitas* begründen. Die Gunst selbst entzieht sich freier Entscheidung als objektiv vorgegebene; sie verdankt ihre Günstigkeit der sinn-
stiftenden Richtung ihrer Folgen. Sie steht im Zeichen einer Billigkeit,
die als vor- oder übergeordnetes Kriterium das Gute vom Schlechten
trennt. In Ansehung von Gott, Natur und Gesetz liegt ,eigentliches
Recht' jenseits der Zeit begründet, nämlich in der Ewigkeit. *Chro-*

---

78 Justus Lipsius: *Politicorum sive civilis doctrinae libri sex, qui ad principatum
    maxime spectant.* I, 4. Leiden 1589, S. 10: „*Et eludant licet, quibus fortè ac teme-
    rè humana negotia volui agíque persuasum est: equidem aeternâ constitutione
    crediderim, nexúque caussarum latentium & multò antè destinatarum, suum
    quaeque ordinem immutabili lege percurrere.* [ad. Marg.] *Curt.lib.v./ Cui consti-
    tutioni humana omnia subiecta./ Fata regunt orbem: certâ stant omnia lege.* [ad.
    Marg.] *Manil.iv./ Etiam actiones, & quae circa eas: tempora dico, & modos.* [Und
    „sollen die spotten, die überzeugt sind, dass einer menschliche Geschäfte zufällig
    und kühn gewollt und ausgeführt hat: ich meinerseits will glauben, dass er seine
    Ordnung durch ewige Satzung und Verbindung verborgener Ursachen durchlaufe,
    die vor langer Zeit nach einem unveränderlichen Gesetz festgelegt wurden."/ Fol-
    gender Satzung ist alles Menschliche unterworfen: „Die Schicksale regieren die
    Welt. Alle Dinge unterstehen einem gewissen Gesetz."/ Ich füge hinzu: auch die
    Handlungen sowie deren Zeiten und Umstände.]

nos/tempus wird, so paradox es klingen mag, durch eine *necessitas* beherrscht, die ihrerseits auslegungsbedürftig ist. Als subjektiv erfahrene Not (*afflictatio*) scheint sie den Menschen zwar von Gesetzen und Geboten zu entpflichten, nötigt ihn aber gleichzeitig zum Handeln, will er sich denn selbst erhalten (*conservatio*). Fügt er sich aber in das vermeintlich Unabwendbare, so wird aus der *occasio* der *fortuna* ein *tempus* als *fatum* und damit aus Selbsterhaltung passives Erdulden.

Im Gegensatz zu Simplicius' eigenem Leben erscheint dasjenige des Scheermessers weniger als Windspiel der *Fortuna* denn als Amboss der *necessitas*; trotz seiner kurzsichtigen Hoffnungen ist es hauptsächlich die Unausweichlichkeit seines *fatum*, die es ihm nicht erlaubt, *Kairos/Occasio* im Lichte von *Tempus/Chronos* zu betrachten. Die Zeit des Christen aber hat im Lichte göttlicher Providenz zu wandeln, der Christ selbst im Vertrauen oder in der Hoffnung auf die unterstützende oder alleswirkende Gnade.

Ungeachtet ob die christliche *Providentia* sich zum menschlichen Handeln als absolute oder als relative verhalte, für die Vertreter einer christlich geprägten Morallehre kann Bestimmung und Vorbestimmung nur immer Ausdruck einer göttlichen Vernunft oder eines göttlichen Willens sein, einer Gnade, die dem Menschen aufgrund seiner Verdienste oder aus Gottes unerfindlichem Ratschluss widerfährt.

Sowohl der *Simplicissimus Teutsch* als auch die Pikareske spanischer Provenienz bewegen ihre Helden auf einer Tafel, deren wichtigste Möglichkeiten und Unmöglichkeiten sich aus den politischen und ethischen Anforderungen von zukunftsgerichteter Entscheidung und rückwärtsgewandter Beurteilung ergeben:

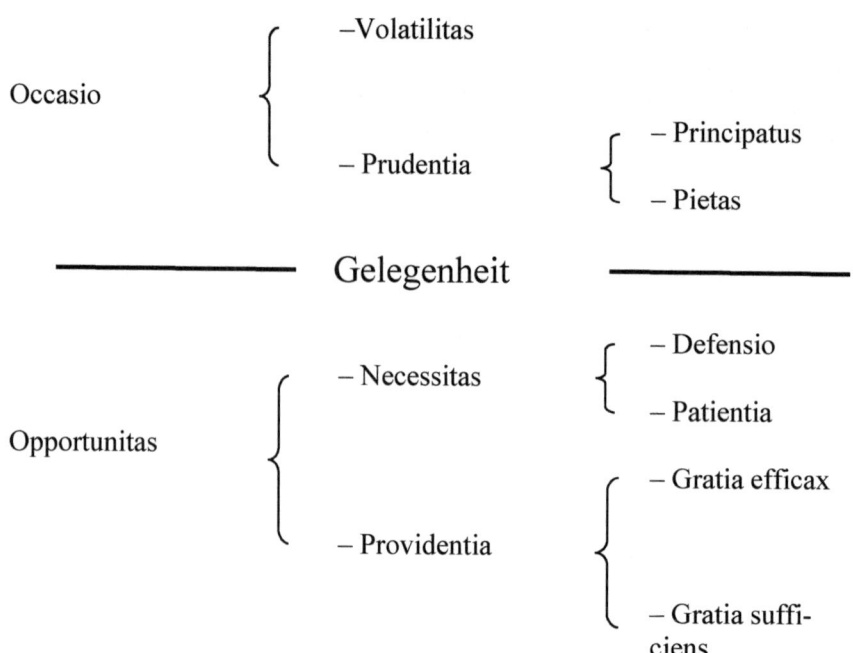

Occasio
- Volatilitas
- Prudentia
  - Principatus
  - Pietas

Gelegenheit

Opportunitas
- Necessitas
  - Defensio
  - Patientia
- Providentia
  - Gratia efficax
  - Gratia sufficiens

CORNEL ZWIERLEIN (Berlin)

Mare mediterraneum, Osmanisches Reich und das Nebeneinander von Unrechtssphären und Rechtsordnungen in Grimmelshausens *Continuatio* [*]

Grimmelshausens *Continuatio* hat den Interpreten viele Rätsel aufgegeben, sie wird als „das schwierigste" der zehn Bücher der simplicianischen Schriften charakterisiert, zwar als Fortsetzung aber eigentlich auch als „Opposition" zum *Simplicissimus,* der Handlungsablauf der 27 Kapitel wird als „kurioses Verwirrspiel" bezeichnet.[1] Anklang hat die Interpretation gefunden, dass das jedenfalls zur Ostermesse 1669 erschienene[2] kleine Werk narratologisch als „Kommentierung des Gesamtromans" zu verstehen sei, dass es also primär als auf den Schreibprozess und die schon erfolgten ersten Leserreaktionen auf den *Simplicissimus* bezogen zu verstehen sei.[3] Im Folgenden soll die vorderhand

---

[*] Für Anregungen, Hinweise und Kritik im Blick auf die erste Manuskriptversion danke ich Peter Heßelmann sowie den Diskutanten der Tagung in Oberkirch und Renchen.

1 Dieter Breuer: *Grimmelshausen-Handbuch.* München 1999 (UTB für Wissenschaft 8182), S. 66 u. 73.

2 Die Datierung des „Beschlusses" auf den 22. April 1668 ist wohl als bewusste Rückdatierung zu verstehen. Vgl. Hubert Gersch: *Geheimpoetik. Die „Continuatio des abentheurlichen Simplicissimi"* interpretiert als Grimmelshausens verschlüsselter Kommentar zu seinem Roman. Tübingen 1973 (Studien zur deutschen Literatur 35), S. 4. Nach Breuer, *Grimmelshausen-Handbuch,* S. 72 (wie Anm. 1) hingegen bedeutet es den Endzeitpunkt der ersten Manuskriptfassung, während das Erscheinen der deutschen Übersetzung von Neville's *The Isle of Pines* (Herbst 1668) den terminus post quem für eine vorgenommene Neudeutung setzt. Zur Diskussion dieser Intertext-Bezüge siehe den Beitrag von Thomas Borgstedt in diesem Band. Für die vorliegende Argumentation kommt es nur auf Texte an, die jedenfalls auch schon vor April 1668 verfügbar waren.

3 Gersch, *Geheimpoetik* (wie Anm. 2), S. 47–50, 61–62 u. 81–82; Thomas Borgstedt: Grimmelshausen, Luther und das Leiden der Kreatur. Die Schermesser-Episode als Diskursparodie. In: *Simpliciana* XXXVIII (2016), S. 423–451 u. 423. Vgl. auch Nicola Kaminski: H. I. C. V. G. oder die Begründung fiktiver Autorschaft im „Beschluß" der „Continuatio des abentheurlichen Simplicissimi". In: *Simpliciana* XXXVI (2014), S. 299–323; Jost Eickmeyer: Intratextuelle Beziehungen zwischen Grimmelshausens „Continuatio" und „Simplicissimus Teutsch".

vielleicht als weniger komplexe, vielleicht aber auch als *lectio facilior*
akzeptable These vertreten werden, dass – unbenommen dieser ersicht-
lich bestehenden Textsemantik einer narratologischen Autoreferentialität – auf der Ebene der Diegese-Konstruktion die *Continuatio* auch
einfach die Frage beantwortet, wie es erzählerisch nach 1648 weiterge-
hen kann für eine Figur wie *Simplicius*. – Nicht überspitzt im Sinne
eines ‚Dichtens nach Auschwitz' / ‚Dichtens nach dem Dreißigjährigen
Krieg', aber doch als das Angebot des Autors, zu verstehen zu geben,
wo der äußerlich beendete Krieg nun in sublimierter Form weiterwirkt
als stets die Welt bewegende Konstellation von Gewaltförmigkeit, von
nicht wirklich planbarer und einzuhegender Folge und Verschränkung
von Kausalitäten:[4] Es ist die Welt der entfesselten merkantilistischen
Expansion, des aggressiv und kompetitiv gewinnträchtigen Wirtschaf-
tens ausgehend von den wachsenden Börsenzentren Europas und immer
weiter über die Netzwerke der Handelskolonien der *trading empires* in
die Welt hineinragend, die direkt als Motiv oder indirekt als Infrastruk-
tur-Element einem Fernreisenden nun global begegnet – überall, soweit
man sich auch vom mitteleuropäischen ehemaligen Kriegsschauplatz
des Dreißigjährigen Kriegs entfernt und so sehr man gegebenenfalls
den Seelenfrieden in einer Pilgerreise sucht.

Diese These kann ich hier freilich nur ausschnitthaft belegen und
will dafür gerade bei den mediterranen Referenzen ansetzen, mit der
Frage, wie politische Herrschaft und Regierungsform, Sphären von
Recht und auch Sphären gänzlich fehlender Rechtsordnung in den Reisebeschreibungen der *Continuatio* beschrieben werden, und wie die
solchermaßen geschaffene Erzählwelt damit in der Tat eine Fortsetzung
des *Simplicissimus* ist, gleichsam wie der Merkantilismus eine Fortset-

---

In: *Simpliciana* XXVII (2005), 103–134. Er optiert für „echte Fortsetzung", primär aber narratologisch, intertextuell argumentierend.

4   Die Sublimierung von Gewalt und Krieg in die wirtschaftliche Konkurrenz der
  europäischen Mächte und Imperien hinein ist eine der geläufigen Interpretationen
  von Merkantilismus gerade in seiner maritimen Expansionsdimension: Istvan
  Hont: *Jealousy of trade. International competition and the nation-state in historical perspective*. Cambridge/Mass. 2005. Kern von entscheidenden merkantilistischen Grundgesetzen wie der „Magna charta" des frühen British Empire, dem *Navigation Act* (mit seinen flankierenden Nebengesetzen, 1651/1662) war gerade
  auch die Normierung der Wehrhaftigkeit der Handelsschiffe bis hin zur exakt zu
  kontrollierenden Kanonenanzahl pro Schiff, Fernhandel war erfahrungshalber nie
  als friedliches Geschäft konzipiert. Dazu Cornel Zwierlein: *Imperial Unknowns.
  The French and British in the Mediterranean. 1650–1750*. Cambridge 2016,
  S. 24–51.

zung des Kriegs ‚mit anderen Mitteln' ist. Ich fokussiere hierbei als erstes auf die mediterranen Referenzen, von denen es vielfältige bei Grimmelshausen gibt, und zwar gerade nicht nur dort, wo die Figuren selbst in die Region reisen, sondern auch als ‚Mediterranes', das längst in Nord- und Mitteleuropa präsent ist.[5] Die Levante- und Südreise des Helden in der *Continuatio* des *Simplicissimus*, zuvörderst die Kapitel XVII und XVIII, sind aber besonders hilfreich, um zunächst auf der Detailebene der Narration der Fernreise einzusetzen. Das Einbinden solch vielfältiger, zunächst einmal einfach exotisch, bunt und für den Leser ‚kurzweilig' wirkender Reiseerzählungen ist selbstverständlich schon aus der älteren Tradition der Pikaro- und der frühneuhochdeutschen Prosaromane geläufig: Wenn weite Strecken schon des *Fortunatus*, des *Faust-* und *Wagnerbuches* etwa im 16. Jahrhundert ihre Attraktion aus den oft wundersamen und gegebenenfalls nur durch Zauberkraft (wie mittels eines fliegenden Teppichs) erreichten Reisewelten bezogen.[6] Hiervon ist bei Grimmelshausen immer noch viel, jedenfalls

---

5   Hans Jacob Christoffel von Grimmelshausen: *Simplicissimus Teutsch*. In: *Werke*. I. 1. Hrsg. von Dieter Breuer. Frankfurt a. M. 1989 (Bibliothek der Frühen Neuzeit 4. 1), S. 539–542: Die Episode der Reise nach Asien und wieder in den Mittelmeerraum sowie die Kaperung der venezianischen und die Versklavung auf der osmanischen Galeere oder das Motiv von Courasche als „Zigeunerin", deren Herkunft und Reisen in der Jugend im Balkan, dem Osmanischen Reich und Griechenland in *Courasche* erwähnt sind, womit auch alle folgenden Zigeuner-Elemente während des Dreißigjährigen Kriegs im Roman gleichsam als mediterrane Referenzen im Sinne einer neu-Braudel'schen Kulturtransferkonzeption der Ausstrahlung der Mittelmeerkultur in den Norden interpretiert werden könnten. Vgl. Hans Jacob Christoffel von Grimmelshausen: *Courasche*. In: *Werke*. I. 2. Hrsg. von Dieter Breuer. Frankfurt a. M. 1992 (Bibliothek der Frühen Neuzeit 4. 2), S. 58–63. Zu ‚mediterranen Referenzen', zur Historiographie, zur Methodendiskussion von ‚Transfer' im Kontext der post-Braudel'schen Diskussion über die ‚Ausstrahlung' (*radiation*) des Mittelmeers und seiner ‚Zivilisation' in den nordalpinen Raum im oder gar ‚als' Barock vgl. Cornel Zwierlein: Die Auswirkung von *spatial turn* und Kulturtransferheuristiken auf das Epochenkonzept ‚Frühe Neuzeit'. In: *Kultureller Austausch in der Frühen Neuzeit*. Hrsg. von Michael North. Köln [u. a.] 2009, S. 43–67 und ders.: The Italian Renaissance as a ‚Model'. In: *Europäische Geschichte Online* (EGO), Juni 2019, http://ieg-ego.eu:8888/en/threads/models-and-stereotypes/model-italy, Abruf 01.09.2019.

6   Bodo Gotzkowsky: *Volksbücher, Prosaromane, Renaissancenovellen, Versdichtungen und Schwankbücher. Bibliographie der deutschen Drucke*. 2 Bde. Baden-Baden 1991; *Die Romane des 15. und 16. Jahrhunderts: Melusine, Hug Schappler, Fortunatus, Magelone, Knabenspiegel, Faust – aus den Quellen ediert und kommentiert. Mit den originalen Illustrationen*. Hrsg, von Jan-Dirk Müller. Frankfurt a. M. 1991; Hans Henning: Die neuentdeckten Länder in Erzählungen der frü-

topologisch gesehen, vorhanden, aber es ist angebracht, seine Erzähl-
weise genauer mit dem Wissenshorizont der Zeit und solchen eher allgemeinen Erzähltraditionen zu vergleichen, um sie auch kontrastiv ab-
zuheben. Wie in der Grimmelshausen-Forschung für Parallelfälle schon
herausgearbeitet, wird sich zeigen, dass das Wissen des Autors um die
Levante- und Mittelmeer-Region wie auch andere Elemente seiner
Fernreise-Erzählung in der *Continuatio* bemerkenswert genau und
exakt zeitgenössisch waren, sie können eben nicht schlicht als Verarbeitung von Traditionsgut verstanden werden, auch wenn es auf den
ersten Blick scheint, dass Reisemotivation und -ziel (Pilgerschaft ins
Heilige Land, dann, nach der Episode, Rückkehr als Pilger nach Portugal zum Jakobsweg) schon für jeden Reisebeschreiber seit dem Spätmittelalter gängig war. In der Tat wirkt all dies aber bei Grimmelshausen wie das Anzitieren einer dem katholischen Deutschen *Simplicius* vertrauten Handlungsform, die dann gerade an den Realgegeben-
heiten einer doch sehr anderen neuzeitlichen Welt zwischen Italien,
Mittelmeer, Rotem Meer und *terra australis* geradezu zerschellt (I).

Dies wird in einem zweiten Schritt zur Frage führen, wie der
Schultheiß im kleinen Renchen im Gebiet des Fürstbischofs von Straßburg, dessen akademische Bildung und eigene Fern-Erfahrung nach
dem allgemeinen Forschungsstand eher bescheiden war im Vergleich
zu den gelehrten Größen des Humanismus und des Barock, ein solch
feinkörniges Bild malen konnte, das allen Kriterien hoher Plausibilität
einer fiktionalen Welt auf der Ebene der Diegese genügte (II).

---

hen Neuzeit. Untersuchungen zum „Wagner-Buch" von 1593. In: *Die Folgen der
Entdeckungsreisen für Europa. Akten des interdisziplinären Symposions 12./13.
April 1991 in Nürnberg.* Hrsg. von Stefan Füssel. Nürnberg 1992, S. 170–180;
Jan-Dirk Müller: Curiositas und erfarung der Welt im frühen deutschen Prosaroman. In: *Literatur und Laienbildung im Spätmittelalter und in der Reforma-
tionszeit.* Hrsg. von Ludger Grenzmann [u. a.]. Wolfenbüttel 1981, S. 252–271. –
Gerade der rahmende Höllen-Traum ist als möglicher Motiv-Einfluss auf Grimmelshausens *Faustbuch*-Lektüre oder Beeinflussung durch den Fauststoff interpretiert worden. Vgl. Hans Jacob Christoffel von Grimmelshausen: *Continuatio
des abentheurlichen Simplicissimi.* In: *Werke.* I. 1. Hrsg. von Dieter Breuer.
Frankfurt a. M. 1989 (Bibliothek der Frühen Neuzeit 4. 1), S. 451–453. – Der
Text wird im Folgenden nach der Edition von Breuer mit Sigle *Co* und Seitenangabe in runden Klammern zitiert. Zum Höllen-Traum vgl. Maximilian Bergengruen: Schuld und Schulden. Zu einem ökonomischen Faustbuch-Rekurs in der
Schwarzkünstler-Episode des „Simplicissimus Teutsch". In: *Simpliciana*
XXXVIII (2016), S. 75–97, hier S. 79–80.

Zur Ausgangsfrage und -these kehre ich dann mit einer Reflexion auf die Elemente und Ebenen seines Erzählens zurück, wie also die Mittelmeerepisode im Gesamtablauf der *Continuatio* und wie deren Ebenen-Schichtung als Ganzes hinsichtlich der angedeuteten These von der Ablösung des Kriegs durch die Welt von Merkantilismus, Fernreise und so erlebten anderen Momenten unplanbarer Bewegkräfte des erlebenden Ichs verstanden werden kann (III).[7]

I.

Die hier einschlägige Kernepisode der Fahrt des simplicianischen Helden in der *Continuatio* führt bewusst das Mittelmeer im Kapiteltitel („Mare mediterraneum") und betrifft im Fortlauf auch das Rote Meer. Simplicius hatte schon eingangs der *Continuatio* entschlossen, sich vom Eremit in einen Pilger zu verwandeln, und „erbettelte" sich „einen Schein oder Urkunt" vom benachbarten Pastor, in dem seine vergangene gottgefällige Eremitenschaft bestätigt würde, damit er mit gutem Leumund die Reise antreten könne (*Co* 608). Allerdings erscheinen die innerlichen Beweggründe dieser Reise doch als unaufrichtig: die Bestätigung des Pfarrers erlangt Simplicius, wie er selbst angibt, „unter dem Schein frommer einfalt und heiliger auffrichtiger Meinung" (*Co* 608). Statt wirklicher innerer Motivation steht doch vor allem der Wille, fortzukommen und irgendwie zu reisen, denn die zunächst genannte Überlegung, dass Simplicius vielleicht auch anderen Menschen dann mehr nützen könne, findet später keine Wiederaufnahme. Durch den gefundenen Schatz und die ihm vom Schlossherrn in den Mantel genähten Dukaten wird er dann reich genug, um sich nun eine wirklich weite Pilgerreise zu finanzieren. Das In-Bewegung-Setzen Simplicii erscheint so doch eher voluntaristisch, plötzlich, mit geringem Maß an Innerlichkeitsexpression, und im Fortgang sind die Reisebewegungen und Richtungsanstöße auch weiter so von außen motiviert. Er reist nach Rom, von Rom zurück nach Genua, um dort gegen entsprechende Bezahlung

---

7   Cornel Zwierlein, Magnus Ressel: Zur Ausdifferenzierung zwischen Fiktionalitäts- und Faktualitätsvertrag im Umfeld frühneuzeitlichen pikarischen Erzählens. In: *Das Syntagma des Pikaresken*. Hrsg. von Michael Waltenberger. Heidelberg 2013 (Beihefte zur Germanisch-Romanischen Wochenschrift), S. 103–129.

nach Alexandria in Ägypten auf dem Kaufmannsschiff eines Genuesers zu fahren. Hier kehrt er zunächst „bey den Frantzosen" ein, und damit ist die französische „nation" oder Händlerkolonie gemeint: In der Tat war Aless/(x)andria (Iskanderun) Ende des 16. Jahrhundert die einzige Stadt, in der noch oder schon wieder ein französischer Konsul im süd-mediterranen Raum positioniert war.[8] Exakt in der Zeit, als Grimmels-hausen die *Continuatio* schrieb (vor Dezember 1668), und zwar seit 1664 fanden die sogenannten Colbert'schen Reformen des französi-schen Mittelmeerhandels unter der Ägide von d'Oppède statt und mün-deten im Veröffentlichungsjahr 1669 in den Erlass des zentralen Freiha-fenedikts von Marseille.[9] Insofern ist die Anlaufstelle Alexandria durchaus realistisch, weil es zu diesem Zeitpunkt noch zu den wenigen für Europäer stabilisierten südmediterranen Häfen im Osmanischen Reich zählte. Das Ausweichen von Alexandria wegen „ungesunde[r] Lufft [...und] Contagion" im Sinne der medizinischen post-Fracastoro-Konzeption von Ansteckung durch die Luft ist ebenfalls eine häufig etwa auch in Konsularsdepeschen und Reiseberichten anzutreffende Erfahrung von Europäern in bestimmten Teilen des südöstlichen Mit-telmeers, die als extrem gesundheitsgefährend galten und wohl auch waren, wie etwa auch für Berichte vom zypriotischen Klima nach-drücklich überliefert ist.[10] Das Ziel des Ausweichens, Rosetta, war als weitere Hafenstadt ebenso ein geläufiger Anlaufpunkt, französischer-seits wurde es später ein Vizekonsulat unter dem Generalkonsulat von Ägypten in Kairo.[11] Die ganze Strecke Alexandria – Rosetta – Kairo, von Kairo aus dann Besichtigung der Pyramiden, das Mumien-Graben,

---

8   Gérard Poumarède: Naissance d'une institution royale: Les consuls de la nation française en Levant et Barbarie aux XVIe et XVIIᵉ siècles. In: *Annuaire-Bulletin de la Société de l'histoire de France* 2001, S. 65–128, hier S. 66.

9   Zwierlein, *Imperial Unknowns* (wie Anm. 4), S. 29–35 und passim.

10 Zu Fracastoros Theorie, die partiell die Miasmen-Konzeption ablöste, Vivian Nutton: The Reception of Fracastoro's Theory of Contagion: The Seed that Fell among Thorns? In: *Osiris* 6 (1990), S. 196–234. Zur Wahrnehmung extrem schlechter Luft in Meeresnähe z. B. auf Zypern, die die zweitschlechteste nach Alexandretta aufgrund von Salinenausdünstungen sei, vgl. für 1718 *Observations sur l'eschelle de Chipre* [...] *qu'en a fait le Sr de Maillet*, Archives nationales Pa-ris, MAR B7 275, fol. 5ᵛ.

11 Die Korrespondenz der (Vize-)Konsuln mit der Chambre de commerce de Mar-seille ist ab 1653 überliefert, spätestens ab diesem Zeitpunkt war Rosetta also für katholische Reisende gut durch ein solches Vizekonsulat stabil anlaufbar, wobei die Korrespondenzüberlieferung oft der Verstetigung einer Händlerkolonie nach-klappt. Vgl. Anne Mézin: *Les consuls de France au siècle des Lumières (1715–1791)*. Paris 1995, S. 723–733.

schließlich (die dann in Gefangenschaft erfolgende) Weiterreise ans Rote Meer entspricht in ihrem Verlauf einer typischen Route, wie wir sie bei einigen Reiseberichten gerade des 16. und frühen 17. Jahrhunderts finden,[12] insbesondere, wenn die Reisenden den Berg Sinai als Pilgerziel von Kairo aus zu erreichen suchten.[13] (Abb. 1) Die Stadt am Roten Meer, die in solchen Berichten dann meist als erste genannt wird, ist Suez, während wir hier bei Grimmelshausen im Unklaren gelassen werden. Es heißt:

> Solcher Gestalt fuhr ich über das rotte Meer/ weil meine 4. Herrn den Stätten und Marckflecken die beyderseyts daran gelegen/ nachzogen; dise sambleten mit mir in kurtzer Zeit ein grosses Geld/ biß wir entlich in eine grosse Handelstatt kammen/ allwo ein türckischer *Bassa* Hof hält/ und sich ein Mänge Leut von allerhand *Nationen* auß der gantzen Welt befinden/ weil aldorten die Jndianische Kauffmans-Güter auß geladen und von dannen über Land nach Aleppo und Alkayr: von dorten aber fürders auff das Mitteländische Meer geschafft werden [...]. (*Co* 653)

Die offenbar vorgenommene Bewegung entlang der Küste des Roten Meers spricht gegen das sonst naheliegende Suez. Allerdings weisen einige Elemente auf eine Epoche hin, die nur etwa ab den 1620ern, in

---

12 Das in Frage kommende Spektrum deutschsprachiger Reiseberichte dieser Zeit ist überschaubar, vgl. Marília dos Santos Lopes: *Afrika. Eine neue Welt in deutschen Schriften des 16. und 17. Jahrhunderts*. Stuttgart 1992; Annette Katzer: *Araber in deutschen Augen. Das Araberbild der Deutschen vom 16. bis zum 19. Jahrhundert*. Paderborn [u. a.] 2008.

13 Michael Heberer: Aegyptiaca servitus: Das ist/ Warhafte Beschreibung einer Dreyjährigen Dienstbarkeit/ zu Alexandrien in Egypten [...]. Heidelberg 1612, S. 112–114, und Johan Sommer: Wasser- und Land-reyse, Gethan nach der Levante. Amsterdam 1665, S. 27–32, folgten genau diesen Stationen Alexandria – Rosetta – Kairo, um dann das Rote Meer zu erreichen (Heberer, Aegyptiaca servitus, S. 122: bei Suez, Sommer, Wasser- und Land-reyse, S. 31, bei „Baltsophin"). Neue Herauß gegebene Reißbeschreibung nach Constantinopel und Jerusalem. Nürnberg 1665, S. 251–254, erwähnt für Alexandria noch nicht die französische Kaufmannskolonie, auf S. 260–261 aber Kairo und Rosetta, reiste dann von Alexandria direkt nach Jerusalem. Johann Wild: Neue reysbeschreibung eines Gefangenen Christen/ Wie derselbe neben anderer Gefährligkeit zum sibendenmal verkaufft worden. Nürnberg 1623, S. 48, erwähnt für ca. 1604 und Hieronymus Welsch: Selbsterfahrne ReißBeschreibung. Nürnberg 1659, S. 151, noch für 1631 in Alexandria nur den venezianischen Konsul mit der Faktorei. Wild ist der einzige dieser deutschsprachigen Reiseberichte, der eine längere Reise aus der Gefangenenperspektive durch das Rote Meer und entlang seiner Küste bis nach ,Zitta' enthält und ebendort auch vom Aufeinandertreffen mit einem anderen deutschen Gefangenen eines Osmanen berichtet (S. 87).

mancher Hinsicht erst ab etwa 1660 ‚passt', denn eine Handelsstadt am
Roten Meer, in der sowohl Niederländer, Portugiesen, Italiener und
Franzosen als dauerhaft niedergelassene Händler vorzufinden waren,
wie es die Erzählung voraussetzt, ist erst ab dem Verdrängungskrieg
der Niederländer gegen die Portugiesen zwischen Indien und den arabischen Meeren in den 1620ern denkbar, und ‚Franzosen' waren als In-
dien-Händler in dieser Region eigentlich erst ernsthaft ab 1664 aktiv,
als sie mit dem persischen Schah ein Handelsabkommen den Golf betreffend schlossen, sieht man von Einzel-Ausnahmen ab. Dass Grimmelshausen auf jeden Fall Teile der aktuelleren Reiseberichte zur
Kenntnis nahm, ist seit Günther gesichert, der für eine spätere Episode
der *Continuatio* die Benutzung einer der von De Bry herausgegebenen
niederländischen Indienfahrt-Relationen von 1598/99 nachwies.[14]
Wenn die namenlose Stadt am Roten Meer zudem durch Karawanen-
Handel mit Aleppo und Kairo verbunden sein soll,[15] wäre vielleicht
Suez, vielleicht auch Jedda passend als der Hafen, der von der großen
jährlichen Hajj-Karawane zwischen Kairo und Mekka und Medina
mitbedient wurde. Der bāshā Aḥmad Faḍli von Yemen hielt ab 1622 in
Zabīd bei Mocha Hof, in Mocha hatten die Niederländer ihre Faktorei,
aber der dortige Gouverneur war nicht bāshā, wenn wir die Amtsbe-
zeichnung ernst nehmen, und Karawanenverbindung nach Kairo und
Aleppo ist jedenfalls nicht ein regelmäßig-typisches Kennzeichen der
Städte an der Südküste der arabischen Halbinsel, sondern höchstens für
Jedda.[16] Ob ‚Zitta' oder Aden am südlichen Ende des Roten Meers
gemeint ist, oder ob gar eine gewisse Überblendung mit dem Persischen
Golf, mit Basra,[17] und Hormuz, Bandar Abbas oder Isfahan vorliegt,

---

14 Martin Günther: Zur Quellengeschichte des „Simplizissimus". In: *Germanisch-Romanische Monatsschrift* 10 (1922), S. 360–367.

15 Bruce Masters: *The Origins of Western Economic Dominance in the Middle East. Mercantilism and the Islamic Economy in Aleppo, 1600–1750.* New York, London 1988, S. 13, 217–218.

16 C. G. Brouwer: *Cauwa ende Coptanten: De Verenigde Oostindische Compagnie in Jemen.* Amsterdam 1988, S. 39, 41

17 Immerhin würde hier gelten, dass im osmanisch-safawidischen Konflikt Basra 1546 nominell osmanisch war, allerdings doch in halber Autonomie vom bāshā von Bagdad verbleibend: die Ansiedlung der Niederländer ist gerade hier für diese vergleichsweise späte Zeit aber gut nachvollziehbar, vgl. Rudi Matthee: Between Arabs, Turks and Iranians: The Town of Basra. 1600–1700. In: *Bulletin of the School of Oriental and African Studies* 69, 1 (2006), S. 53–78; Abdul Aziz M. Awad: The Gulf in the Seventeenth Century. In: *Bulletin of the British Society for Middle Eastern Studies* 12, 2 (1985), S. 123–134, zeigt gut die für das Rote Meer

auf die ähnlich die Merkmale der Verbindung des europäischen Indien mit einem neu erschlossenen europäischen Arabien-Meerhandel passen würden,[18] und die in Reisebeschreibungen zu „Ostindien" der Zeit oft ‚narrativ nah' aneinander lagen, ist nicht eindeutig zu entscheiden. Der Yemen wurde erst im Laufe des 16. Jahrhunderts nach der Eroberung von Ägypten (1517) osmanisiert, und nun wurde die portugiesische Vormacht im Roten Meer zurückgedrängt.[19] Die ersten Engländer tauchten in Aden erst 1609 auf, die Niederländer erst 1614. Eine Tiefenerschließung des Roten Meers stieß rasch an Grenzen aufgrund der Osmanen, die bald ein Eindringen jenseits des Hafens von Jeddah unterbanden, um den Handel von Mekka und Medina zu schützen und Zollumgehung zu vermeiden.[20]

Keine der realen größeren Handelsstädte im und am Roten Meer vereinen also für die Jahre etwa 1600 bis 1660 alle Kriterien auf, die Grimmelshausen der Stadt zuweist.

Aber jedenfalls wird so idealtypisch eine Handelsstadt narrativ konstruiert, die sehr wohl für einen genau zeitgenössisch stattfindenden Prozess steht: die gerade stattfindende wirtschaftliche Verknüpfung des expandierenden europäischen Welthandels der *trading empires* nach Indien einerseits, ins Mittelmeer und die arabischen Meerbusen entlang der arabischen Halbinsel andererseits und dies im Schatten, in Kooperation und Konfrontation mit dem Osmanischen Reich, das selbst erst gerade die Mamelucken-Herrschaft in Ägypten und die anderen arabischen Herrscher auf der Halbinsel in Konkurrenz zum Persischen Reich ablöste oder abgelöst hatte. Ein Wirtschaftsraum, der noch durch traditionelle und in ihrem Transportumfang durchaus Europäer weiter beeindruckenden eigene Handelsmethoden und -wege gekennzeichnet

---

ähnliche Tendenz der zunehmenden Erschließung des Persischen Golfs durch Niederländer, Engländer und schließlich Franzosen in Kompetition mit Portugiesen.

18   Niels Steensgaard: *The Asian Trade Revolution of the Seventeenth Century. The East India Companies and the Decline of the Caravan Trade*. Chicago, London 1973 (zu Hormuz, das 1622 im portugiesisch-englischen Konflikt fiel und kein starker portugiesischer Stützpunkt mehr war).

19   Brouwer, *Cauwa* (wie Anm. 16), S. 12–15; R. B. Serjeant: *The Portuguese off the South Arabian Coast. Ḥaḍramī Chronicles*. Beirut ²1974, analysiert arabische Manuskriptchroniken, die über Portugiesen im Roten Meer berichten; Andreu Martínez d'Alòs-Moner: Conquistadores, Mercenaries, and Missionaries: the Failed Portuguese Dominion of the Red Sea. In: *Northeast African Studies* 12, 1 (2012), S. 1–28, fasst die Zurückdrängung der Portugiesen zusammen.

20   Michael Talbot: *British-Ottoman Relations, 1661–1807. Commerce and Diplomatic Practice in Eighteenth-Century Istanbul*. Woodbridge 2017, S. 184.

war (Karawanenhandel), der aber nun in die kapitalistisch-merkanti-
listische und ganz primär auf Segelschiff-Fernverkehr ausgerichtete
neue Wirtschaftskommunikation eingebunden wurde: in einer solchen
nicht realen, aber plausiblen und symbolisch passförmigen Stadt kann
man dann „*Europeer*" treffen, die „nider Teutsch / etliche Frantzösisch
und ander *italiäni*sch reden" (*Co* 653), und man kann von dort auf einem portugiesischen Schiff wieder abreisen. Insbesondere aber kann
Simplicissimus hier von den Europäern protegiert seinen Fall vor der
osmanischen Herrschaft gegen seine arabischen Sklavenhalter vor dem
osmanischen bāshā gerichtsförmig einbringen:

> [D]arauff sagte ich ferner auff Frantzösisch: ich bin ein Teutscher/ und als ich
> Pilgers Weiß nach Jerusalem walfarten wolte/ auch mit genugsamben Paßbrief-
> fen von den *Bassen* zu Alexandria und dem zu Alkayr zu versehen gewesen/
> aber wegen deß *Damascen*ischen Kriegs nicht fortkommen möchte/ sonder
> mich ein zeitlang zu Alkayr auffhielte Gelegenheit zuerwarten; meine Raiß zu
> volenten/ haben mich dise Kerl ohnweit besagter Statt neben andern mehr ehrli-
> chen Leuten diebischer Weiß hinweg geführt/ und bißher Geld mit mir zusam-
> len/ vil 1000. Menschen betrogen; folgents batte ich die Teutsche/ sie wolten
> mich doch der Landsmanschafft wegen nicht verlassen; interim wolten sich
> meine unrechtmessige Herrn nicht zu friden geben/ weilen aber unterm
> Umbstand Leut von der Obrigkeit von Alkayr hervor traten/ die bezeugten/ daß
> sie mich vor einen halben Jahr in ihren Vatterland beklaydet gesehen hetten;
> hierauff berufften sich die *Europeer* vor den *Bassa*/ vor welchem zuerscheinen
> meine 4. Herrn genöttigt worden; von demselben wurde nach gehörter Klag und
> Antwort auch der beyden Zeugen Aussag zu recht erkant und außgesprochen
> daß ich wider auff freyen Fuß gestellt […]. (*Co* 654)

Die Darstellung ist hier weiter ziemlich plausibel passend zu den Ge-
richtsverfassungs- und Herrschafts-Bedingungen in einer Provinz des
Osmanischen Reiches: Wäre Simplicius Mitglied einer europäischen
Händlerkolonie gewesen und als solcher reisend unterwegs, hätte er
vermutlich gar keine eigenen Pass- oder Geleitbriefe der bāshās von
Alexandria und Kairo gehabt, denn Engländer, Niederländer, Franzosen, Venezianer genossen insoweit einen generellen Schutz der Freizügigkeit zu Handelszwecken im Osmanischen Reichs auf der Basis der
periodisch ausgehandelten Kapitulationen (*ahdname)* an der Pforte und
für Nordafrika mit den Beys und Deys von Tunis, Algier und Tripolis.[21]

---

21 Die beste osmanistisch-rechtshistorische Studie hierzu bleibt Maurits H. van den
    Boogert: *The Capitulations and the Ottoman Legal System Qadis, Consuls and
    Beraths in the 18th Century.* Leiden, Boston 2005. Für einen kurzen Überblick
    Alexander H. de Groot: The Historical Development of the Capitulatory Regime

Ein einzelner Reisender aber musste durchaus weiter um solche Geleit-briefe ansuchen, einen *amān*, der nach islamischen Recht vom Mittelal-ter bis in die Neuzeit stets grundsätzlich nur für ein Jahr ausgestellt wurde.[22] Solche existieren schon für das Frühmittelalter in arabisch-islamischer Rechtstradition und wurden auch muslimischen Reisenden ausgestellt.[23] Die Einzelausstellung von Geleitbriefen für nicht-musli-mische Reisende (,Ungläubige') war in der Zeit vor der Etablierung des Kapitulationen-Systems auch für christliche Händler üblich und blieb später, nach dessen Etablierung, für nicht durch Handelskolonie-Mitgliedschaft kapitulationsgeschützte Europäer bestehen.[24] Insofern lässt sich die Szene hier sehr klar analysieren: die vor Ort ansässigen nicht versklavten Europäer waren als geduldete Ungläubige (*mus-ta'men*) Mitglieder der jeweiligen Händlerkolonien und – der Text er-wähnt dies nicht – konnten damit auf die *millet*-ähnliche Privilegierung ihrer Gruppe vor Ort durch generelle Protektion zurückgreifen, die stets von der Pforte über solche Kapitulationen gewährt wurden. Simplicius kann nicht auf das gleiche Recht verweisen, sondern nur auf die Verlet-zung der Einzelschutzbriefe. Dass die herumstehenden Kairoer beim

in the Ottoman Middle East from the fifteenth to the nineteenth Centuries. In: *Oriente Moderno* 22 (2003), S. 575–604. Die völkerrechtliche Dimension der Ka-pitulationen wurde vor langer Zeit normativistisch verkürzt von J. M. Mössner: *Die Völkerrechtspersönlichkeit und die Völkerrechtspraxis der Barbaresken-staaten (Algier, Tripolis, Tunis 1518–1830).* Berlin 1968, dargestellt; jede Studie von Händlerkolonien an einzelnen Orten des Mittelmeers enthält üblicher Weise auch Hinweise auf die praktische Beachtung der Kapitulationen und ihre Über-schreitung, die sogenannten *avanien.* Neuere Literatur bei Zwierlein, *Imperial Un-knowns* (wie Anm. 4) und bei Guillaume Calafat: *Une mer jalousée. Contribution à l'histoire de la souveraineté (Méditerranée, XVIIe siècle).* Seyssel 2019.

22 Van den Boogert, *Capitulations* (wie Anm. 21), S. 30–31.
23 John Wansbrough: The Safe-Conduct in Muslim Chancery Practice. In: *Rituals of Islamic Monarchy. Accession and Succession in the First Muslim Empire.* Hrsg. von Andrew Marsham. Edinburgh 2009, S. 230–249; vgl. für die spätmittelalterli-che Tradition Kathryn A. Miller: Reflections on Reciprocity. A late medieval Is-lamic Perspective on Christian-Muslim Commitment to Captive Exchange. In: *Re-ligion and Trade. Cross-cultural Exchanges in World History, 1000–1900.* Hrsg. von Francesca Trivellato, Leor Halevi und Cátia Antunes. Oxford 2014, S. 131–149, hier S. 135–136.
24 Ein Beispiel analysiert Maurits van den Boogert: Ottoman Greeks in the Dutch Levant Trade: Collective Strategy and Individual Practice (ca. 1750–1821). In: *Oriente Moderno* 25 (2006), S. 129–147, hier S. 136–137. Es wird diskutiert, ob das *ahdname*-System im Wege der Aggregation aus den Einzel-*amān* genealo-gisch entstanden sei; van den Boogert, *Capitulations* (wie Anm. 21), S. 31, hält dies für unwahrscheinlich.

osmanischen bāshā Hilfestellung leisten und Simplicius' Anwesenheit vor einem halben Jahr in Kairo bezeugen, hätte hiernach nicht allein die Identifizierungsfunktion in dem Sinne, dass Simplicius zu diesem Zeitpunkt noch freier Pilger gewesen war, sondern klar ist auch, dass seine Schutzbriefe noch gelten.[25] Es findet somit ein Gerichtsprozess vor dem bāshā aufgrund der Klage eines Christen gegen Muslime statt, und der bāshā spricht den Christen frei und erklärt die vier arabischen Sklavenherrn für schuldig.

Grimmelshausen beschreibt damit im Groben genau das *procedere*, das zu erwarten wäre, und man muss sogleich feststellen: Erstaunlicherweise stellt er die osmanische Rechtssprechung nicht, wie häufig in Reiseberichten oder pejorativen Schilderungen der ‚orientalischen Despotie', als arbiträre „Kadijustiz" dar – ein Bild, gegen das heute noch die islamische Rechtsgeschichte anschreibt –,[26] sondern er muss sich ein bemerkenswert nüchternes Bild der Möglichkeit solcher Prozesse aus Reisebeschreibungen angelesen haben, die durchaus zum Alltag einer erwartbaren gewissen Rechtssicherheit von Europäern im Osmanischen Reich des 17. Jahrhunderts gehörte: Zwar genossen die Europäer wie andere religiöse Gruppen im Osmanischen Reich oftmals grundsätzlich das Recht, ihre eigenen Rechtsstreite untereinander auszutragen; dies galt für Ostchristen, etwa den koptischen Patriarchen in Kairo, oder für Juden,[27] dies galt erst recht und formal genau geregelt für die europäischen Händlerkolonien, wo der Konsul für zivilrechtliche innereuropäische Streitigkeiten Jurisdiktionsrecht hatte, die ihm auch in den Kapitulationen gewährt wurde; und für die meisten Delikte waren Europäer von dem sofortigen Übergriff der osmanischen Gerichtsbarkeit exemt, freilich nicht hinsichtlich von Kapitalverbrechen.[28]

---

25 Van den Boogert, *Capitulations* (wie Anm. 21), S. 168, Anm. 19.

26 James E. Baldwin: *Islamic Law and Empire in Ottoman Cairo*. Edinburgh 2017, S. 60–62.

27 Baldwin, *Islamic Law* (wie Anm. 26), S. 48–49.

28 Zur Jurisdiktion europäischer Konsuln in der frühneuzeitlichen Levante: Van den Boogert, *Capitulations* (wie Anm. 21), S. 33–42; Yvan Debbasch: *La nation française en Tunisie (1577–1835)*. Paris 1957, S. 195–226; an der Grenze zwischen Verhandlung, Gesuchseingabe und Jurisdiktion die Fälle bei Talbot, *British-Ottman Relations* (wie Anm. 20), S. 173–195; Jörg Ulbert, Gérard Le Bouëdec: *La fonction consulaire à l'époque moderne. L'Affirmation d'une institution économique et politique (1500–1800)*. Rennes 2006; Eric Dursteler: *Venetians in Constantinople: nation, identity, and coexistence in the early modern Mediterranean*. Baltimore 2006; Arnaud Bartolomei [u. a.]: Introduction [zum Sonderheft ‚La chancellerie consulaire française (XVIᵉ-XXᵉ siècle)']. In: *Mé-*

Dennoch riefen Europäer und nicht-muslimische osmanische Untertanen oder sonst temporäre Anwohner gern osmanische Gerichte an, weil
diese innerhalb des osmanischen Rechtsraums dann einzig verbindlich
waren: die Osmanen duldeten zwar eigene Streitschlichtung, erkannten
aber kein christliches, jüdisches, europäisches ‚Urteil' als rechtsver-
bindlich nach islamischem Recht an. Zumal in einer Situation wie der
vorliegenden, wo die Streitparteien gemischt christlich und muslimisch
waren, muss ein islamisches Gericht Recht sprechen.[29] Dass der bāshā
diese Aufgabe selbst übernimmt, mag einer gewissen erzählerischen
Simplifizierung geschuldet sein; aber es ist auch nicht unmöglich, denn
trotz der Existenz von speziellen Spruchinstanzen und den kadis, war es
Provinzgouverneuren möglich, selbst Recht zu sprechen.

Die Verletzung eines einem Muslimen verliehenen *amān* war ursprünglich mit schwereren und oft in der Schutzbriefurkunde selbst for-
mulierten Poenalklauseln bedroht, gegebenenfalls mit dem Ausschluss
des Verletzers *ipso facto ipso jure* aus der islamischen *umma*.[30] Aber
auch ein Schutzbrief, der an einen Christen verliehen wurde, war ein
Rechtstitel, auf den sich der Ungläubige mit Aussicht auf Erfolg gegen
Muslime berufen konnte. Insofern ist die Erzählung hier stimmig, dass
nicht das Unrecht einer Gefangenschaft an sich oder Unmenschlichkeit
der Sklavenhalter in irgendeinem allgemein moral-rechtlichen Sinne
von Simplicius geltend gemacht wird, sondern die Verletzung der in-
ner-osmanischen Rechtsordnung: die vier Araber haben die Schutzmacht der beiden bāshās von Alexandria und Kairo sträflich missachtet.
Dass ein Prozess grundsätzlich nur nach Klagemaxime, nicht obrigkeit-
lich per Inquisitionsmaxime zustande kommt („nach gehörter Klag und
Antwort auch der beyden Zeugen Aussag" [*Co* 654]), entspricht der
islamischen Gerichtspraxis.[31] Nachdem die Verletzung der Schutzbriefe
bewiesen ist, sind *deshalb* die arabischen Räuber aus Sicht der osmanischen Herrschaft Rechtsbrecher und als solche zur Galeerenstrafe zu
verurteilen. Präzise wird auch die fiskalische Seite des Prozessvorgangs
erläutert: der „Fiscus" erhält einen halben Teil des durch die Schau-
stellerei Simplicii erwirtschafteten Geldes, er selbst als Schadensersatz
oder Schmerzensgeld die andere Hälfte. Das Osmanische Reich ist
nicht ein schlicht abhorreszierter Erbfeind, sondern eine Macht und ein

---

langes de l'École française de Rome – Italie et Méditerranée modernes et con-
temporaines 128, 2 (2016), S. 313–319.
29   Baldwin, *Islamic Law* (wie Anm. 26), S. 49.
30   Wansbrough, The Safe-Conduct (wie Anm. 23), S. 240.
31   Baldwin, *Islamic Law* (wie Anm. 26), S. 133–134.

Gegenüber, auch Handels- und Kooperationspartner der Europäer, der größtenteils schon als in eine allen verfügbare Rechtssphäre integriert erscheint, ja als Rechtsstaat, auch wenn es hier nicht um Völkerrecht, sondern um innerosmanische Rechtsprechung geht.

Grimmelshausen erfasst also eine Situation, die nichts mit ungeregelter islamisch-christlicher Interaktion oder Erbfeindschaft in einem polemischen Sinne wie in Flugschriftentexten des frühen Türkenkriegsgenres zu tun hat,[32] sondern die auf die inzwischen rechtlich austarierte Interaktion christlicher Europäer im osmanisch dominierten Mittleren Osten genau seiner Zeit passte – unbenommen dessen, dass der osmanische Sultan im Mittelmeer auch gerade wieder Krieg gegen die Venezianer führte; aber auch die europäischen Mächte führten ja gegeneinander Krieg, deshalb gehört die lokale Rechtspraxis keineswegs zu einem absolut ‚anderen oder barbarischen' System. Die Handelsachse Rotes-Meer-Mittelmeer ist von den genannten europäischen Handelsnationen schon erschlossen, und vorausgesetzt ist der Typ stabilisierter Händlerkolonien, die einen Konsul haben (erwähnt wird der „Resident" der Niederländer), was erst exakt in den vielleicht ein bis zwei Jahrzehnten von Grimmelshausens eigener Lebenszeit, den 1640ern bis 1660ern, so überhaupt gegeben sein konnte. Wenn zu Beginn der *Continuatio* noch Cromwell als Protektor erwähnt und damit das Jahrzehnt 1649-59 benannt ist (*Co* 602), wenn das erwähnte Aufrüsten der Osmanen versus Venedig auf den Kreta-Krieg 1645–1669 verweist (*Co* 541–542), so weist also auch diese Rechtsaushandlung an der Küste des Roten Meers doch sehr ‚aktuelle' Indikatoren und Assoziationshorizonte auf: Obwohl also die Pilgerfahrt mit den Zielen Heiliges Land und dann Berg Sinai zunächst gleichsam zeitlos den Orten biblischer Geschichte zu folgen scheint und so auch ‚mittelalterlich' wirken könnte, ist bei genauerem Hinsehen die Infrastruktur der Reise des *Simplicius* doch die der gerade expandierenden merkantilistischen Handelsimperien im mediterran-asiatischen globalen Handel.

---

32 Almut Höfert: *Den Feind beschreiben. ‚Türkengefahr' und europäisches Wissen über das Osmanische Reich 1450–1600*. Frankfurt a. M. 2003.

II.

Die Analyse dieser fiktiven, aber plausiblen diegetischen Welt bei Grimmelshausen führt also, wie andere Elemente seiner Erzählung, zu der klassischen Frage, woher er dieses Wissen bezogen hatte: Wenn man für die Erzählung der Kriegserlebnisse gern auch eigenes Erfahrungswissen im Dreißigjährigen Krieg zu reklamieren gewohnt ist, scheint doch gerade für solche Fernreiseepisoden nach wie vor Forschungsbedarf zu bestehen. Der Abgleich mit gegenwärtigem meist archivbasiertem historischen Forschungsstand zu den fernen Regionen von Levante, Arabien sowie der europäischen Handelsexpansion nach Indien und Afrika mit Grimmelshausens Erzählwelt zeigte doch ihre weitreichende Plausibilität – dann darf man aber doch verwundert sein, wie ein Bildungsautodidakt in Renchen zu diesem Wissen kam. Dabei kommt es mir weniger darauf an, ob – was zuweilen im glücklichen Zufall gelingen darf – echte wörtliche Anklänge eins zu eins belegbar sind, sondern mehr darauf, welcher Lektürehintergrund eine solche Vertrautheit mit dem Mittelmeer und dem Roten Meer und dem beginnenden Indienhandel neben und jenseits von de Bry vermitteln konnte, dass plausible (wenn auch fiktive), das heißt möglich und ‚real‘ erscheinende Erzählwelten für ihn leicht konstruierbar waren: Man mag hier und da ‚Fehler‘ nachweisen, oder eben wie oben aufzeigen, dass wohl keine echte Stadt um 1650 alle genannten Kriterien auf sich vereint, aber vielleicht mit der Ausnahme eines niederländischen Indienhändlers dürfte den allermeisten seiner Leser dies um 1670 kaum aufgefallen sein, vielmehr dürfte ein hohes Maß von ‚Realitätssuggestion‘ in Detail-Erzählung als Leseeindruck bewirkt worden sein. Für viele dieser Details der Fernreise-Episoden in der *Continuatio* scheint mir eine Vertrautheit mit dem gegenwärtigen Europa- und Weltbild notwendig zu sein, bei der die Suche nach Vorlagen primär in vorgängiger Erzählliteratur als Quellen, wie es die disziplinären Grenzen der Literaturwissenschaft nahelegten, weniger erfolgversprechend zu sein. Schon der scheinbare Exotismus, dass die ganze Erzählung auf Palmblättern geschrieben den Leser vermittelt über ein weiteres Mitglied niederländischer merkantilistischer Expansion, den Kapitän Jean Cornelissen, überhaupt erst erreicht, liegt gar nicht so weit von der Hand; in Indien schrieb man durchaus kodex-weise auf Palmblätter, und wenig später langten auch in Deutschland im Original, und zwar im Zentrum der pietistischen Mission, Halle, Palmblätter-Werke aus Tranquebar an,[33] die Niederländer waren schon viel früher hiermit vertraut. Dies ist, im Rahmen des Faszinosums der Ferne, eben keine Wunderwelt, sondern eine im Erfahrungshorizont der Zeit, „realistische" Narration. Hierfür scheinen aber die Kloster- und Pfarrbibliotheken im Elsass als Wissensspeicher, zu denen der Quasi-Autodidakt Grimmelshausen Zugang gehabt hätte – wie Breuer anhand des späten Bibliothekskatalogs des Klosters Allerheiligen von 1788 nachwies –, die unwahrscheinlichere Quelle.[34] Vielmehr scheint viel auf Lektüre von Reiseberichten und Expeditions-Literatur zu verweisen, und dann auf Zeitungslektüre, die offenbar noch wenig als Quelle beachtet wurde. Das Städtchen Renchen, in dem Grimmelshausen die Werke schrieb, liegt auf der Poststrecke, die das für das Reich im Thurn-und-Taxis-Kurs zwischen den Niederlanden und Italien zentrale Postamt Rheinhausen bei Speyer mit Straßburg verband: nachdem Rheinhausen 1543 etabliert war, richtete die Stadt Straßburg um 1580 einen Postreiter ein, der die städtische Post, die weiter in den Norden und das nordwestliche Europa transportiert werden sollte, durch eine kleine eigene Staffettenroute mit der zentralen Linie bei Rheinhausen verband. Der Straßburger Reiter unterhielt ein Pferd in Straßburg und eines zum Wechseln in Rastatt,[35] der Weg führte von Straßburg über Offenburg, über Renchen nach Appenweier, Bühl nach Rastatt, dort Pferdewechsel, dann weiter nach Rheinhausen.[36] Zwar wurde der Briefsack eines Postreiters nur an den zentralen Stationen geöffnet, nicht an den Orten, in denen er nur vorbeiritt, sonst hätte dies die Geschwindigkeit verringert: Rheinhausen zeichnete sich als echtes Postamt auch dadurch aus, dass hier das Felleisen geöff-

---

33 Zur tamilischen Schreibtechnik auf Palmblättern vgl. Daniel Jeyaraj: *Inkulturation in Tranquebar. Der Beitrag der frühen dänisch-halleschen Mission zum Werden einer indisch-einheimischen Kirche (1706–1730).* Erlangen 1996, S. 26, Anm. 137; Verzeichnis der Palmblatttexte aus protestantischem Besitz aus diesem englisch-dänisch-hallescher Netzwerk ab etwa 1707: S. 321–326, 330–334, 335–337.

34 Dieter Breuer: Grimmelshausen und das Kloster Allerheiligen. In: *Simpliciana* XXV (2003), S. 143–176.

35 E. Löper: Das Botenwesen und die Anfänge der Posteinrichtungen im Elsaß, insbesondere in der freien Reichsstadt Straßburg. In: *Archiv für Post und Telegraphie* 4 (1876), S. 197–204, 231–241, hier S. 231; Wolfgang Behringer: *Im Zeichen des Merkur. Reichspost und Kommunikationsrevolution in der Frühen Neuzeit.* Göttingen 2003, S. 106, 178 u. 200.

36 Vgl. die Karte der Postkurse nach von de Bors und Heger 1764 vergrößert bei Behringer, *Im Zeichen des Merkur* (wie Anm. 35), S. 806, Anhang Nr. X.

net wurde zur Umverteilung aller Nachrichten in die verschiedenen weiteren Richtungen.[37] (Abb. 2)

Straßburg aber war jedenfalls seit diesem Zeitpunkt an die zentrale Kommunikationsinfrastruktur angebunden, deren Netz immer dichter wurde. Dies ist auch der Grund, warum die erste Wochenzeitung überhaupt, die von Johann Carolus ab 1605/09 aufgelegte *Relation*, in Straßburg erscheinen konnte.[38] Carolus' Berichterstattung führte auch zum ersten Fall einer Beinahe-Zensur eines periodischen Druckmediums in Deutschland, weil man am kaiserlichen Hof offenbar sehr genau die Zeitung las: der Kaiser beschwerte sich beim Rat schon im November 1609 wegen einer die kaiserliche Würde verkleinernden, ja despektierlichen Hofberichterstattung, und Carolus wurde alsbald vom Rat ernsthaft vermahnt; nur der Hinweis darauf, dass er sich durch den Kauf der Druckpresse des Tobias Jobin so überschuldet, seine Investitionskosten also noch nicht wieder erwirtschaftet hatte, und bei Verbot des Zeitungsdruckens also ruiniert würde, führte dann dazu, dass der Rat ihm weiter das Zeitungsdrucken erlaubte bei gleichzeitiger Ermahnung, auf ungebührliche Nachrichten zu verzichten:[39] von Beginn an stand also das Zeitungsmedium durchaus unter partiellem Druck, möglichst wertungsneutral und hinsichtlich mancher Nachrichten gar selbst vorzensierend zu agieren, was schon für handschriftliche Zeitungen in Rom und Venedig der 1570er und 1580er bekannt ist und sich später

---

37 Behringer, *Im Zeichen des Merkur* (wie Anm. 35), S. 70.

38 Johannes Weber: Straßburg 1605: Die Geburt der Zeitung. In: *Jahrbuch für Kommunikationsgeschichte* 7 (2005), S. 3–26. Die Jahrgänge von 1609 bis 1667, soweit erhalten, sind nun digitalisiert http://brema.suub.uni-bremen.de/zeitungen 17/periodical/titleinfo/934769; im Folgenden als ,Carolus' zitiert.

39 Eintrag in den *Protokollen der Herren XIII* (innerer Rat der Stadt), 18.11.1609: angezeigt wird, „das jn den getruckten zeitungen sich vnnder anderen befindt, das der Kay. Mett allerhand zu schimpff vnd vercleinerung gemeldet, alß ob sie zu abfertigung der Türckischen Bottschafft nicht könten 5000 fl. auffbringen; da dan solche getruckte zeitungen Jnes Reich hin vnd wider geschickt werden" solle der Rat dem wehren; dies bezieht sich im Jahrgangsdruck auf die Nachricht Prag, 09.11.1609 (*Relation: Aller Fürnemmen/ vnd gedenckwürdigen Historien* [...] *Jnn diesem 1609. Jahr*, S. 202). Carolus wird gemahnt, in der Sitzung vom 23.11.1609 wird referiert, wie Carolus sich sehr „bekümmert" gezeigt habe und sich „entschuldigt, dz es in geschriebenen zeitungen also gestanden", er habe das also nur so übernommen; er verspricht, besser zu kontrollieren, bittet aber um weitere Erlaubnis des Zeitungsdruckens, da er sonst „vmb seine Jar gelt" gebracht würde weil er einen „schweren kauff gethon mit disser truckerei"; die XIII erlauben ihm darauf weiterhin das Zeitungsdrucken (*Archives municipales Strasbourg*, 3 R 2, fol. 187ʳ⁻ᵛ).

fortsetzen sollte.[40] Die karg-spröde Berichtssprache der frühen Zeitungen hat hierin eine Wurzel, eine andere aber war das proto-journalistische Ethos von Wahrhaftigkeit und Unparteilichkeit, das in Messrelationen der 1590er etwa bei Jacobus Francus schon als Berufsethos verteidigt wurde.[41]

Diese periodische Druck-Textwelt emergierte Anfang des 17. Jahrhunderts eben genau in der geographischen Lebenswelt, in die Grimmelshausen hineingeboren wurde, zwischen Straßburg und Frankfurt. Über Rheinhausen bezog Straßburg dann auch die stabilste und etablierteste Post-Zeitung des Reiches, die von Johann von Birghden ab 1616 in Frankfurt herausgegeben wurde[42] und im Nachrichtenfluss selbstverständlich, wie schon die handschriftlichen *avvisi* im Italien des 16. Jahrhunderts und die von ihnen abhängigen handschriftlichen deutschen Zeitungen der zweiten Hälfte des 16. Jahrhunderts,[43] vom steti-

---

40   Vgl. zu temporären Verboten des avvisi-Schreibens aus ähnlichen Gründen im Rom und Venedig der 1560er bis 1580er Cornel Zwierlein: *Discorso und Lex Dei. Die Entstehung neuer Denkrahmen im 16. Jahrhundert und die Wahrnehmung der französischen Religionskriege in Italien und Deutschland.* Göttingen 2006, S. 258–272.

41   Auch bei den Römern habe es die Geschichtsaufzeichnung (in den „*Annal*[*ibus*] *maxim*[*i*]*s*“) gegeben, Zensurversuche durch Mächtige sei ein typisches, aber verwerfliches Unterfangen: „Kein Wunder aber ist es/ das offtermals auch wol fürneme Leut beydes den Historien selbs/ vnd den Geschichtschreibern von hertzen feind sind/ vnd dieselbigen vertilgen vnd vntertrucken/ wo sie können vnd mögen. Die vrsach ist diese/ das sie nie nichts rhümlichs gethan haben/ das in Historien von jhnen zu melden were/ auch nicht leyden mögen/ das man jhrer offentlichen vnd bewusten vnthaten vnnd laster in einige Historien bringe. Sie wöllen macht haben alles zuthun/ was sie gelustet/ aber niemand gestatten/ eben dasselbige von jnen zu sagen vnd zu schreiben." (Jacobus Francus: Vorwort, 6. März 1594. In: *Historicae relationis continuatio.* Ursel 1594 [Fastenmesse], fol. A3ᵛ; vgl. Klaus Bender: *Relationes historicae. Ein Bestandsverzeichnis der deutschen Messrelationen von 1583 bis 1648.* Berlin 1994, Nr. 49).

42   Digitalisiert http://brema.suub.uni-bremen.de/zeitungen17/periodical/titleinfo/934 741. Ich zitiere beide Wochenzeitungen über diese Digitalisate im Folgenden nach „Birghden [Jahr]“ und „Carolus [Jahr]“, Abruf 01.09.2019

43   Vgl. hierzu Zwierlein, *Discorso und Lex Dei* (wie Anm. 40), S. 202–294, 557–610, sowie ders.: *Fuggerzeitungen als Ergebnis von italienisch-deutschem Kulturtransfer 1552–1570.* In: *Quellen und Forschungen aus italienischen Archiven und Bibliotheken* 90 (2010), S. 169–224 mit der älteren Literatur; zur Wiener Sammlung nun Katrin Keller, Paola Molino: *Die Fuggerzeitungen im Kontext. Zeitungssammlungen im Alten Reich und in Italien.* Wien 2015. Als neuere Fallstudie zur europäischen und globalen Nachrichtenkommunikation über ein zentrales Ereignis Stefan Hanß: *Lepanto als Ereignis. Dezentrierende Geschichte(n) der Seeschlacht von Lepanto (1571).* Göttingen 2017, S. 410–526.

gen und raschen Nachrichtenfluss des Post-Relais-Systems abhängig waren. 1633 wurde das Straßburger Postwesen weiter reformiert: im Streit zwischen den Thurn und Taxis, die das reichsweite Postregal hatten, und der Stadt, einigte man sich auf einen Postmeister, der Straßburger Bürger sein musste, und der nun die Postillone organisierte, das Porto und sein eigenes Gehalt wurden über das zentrale Frankfurter Postamt verrechnet; die Reit-Strecke selbst blieb aber die gleiche.[44]

In der ersten zusätzlichen *Continuatio*, die der bei Felßecker in Nürnberg gedruckten *Simplicissimus*-Ausgabe von 1671 angehängt wurde, ist das Milieu der Zeitungsschreiber und -drucker sogar als genuines Entstehungsumfeld des *Simplicissimus* in seiner ursprünglichen Planung in Form eines Kalenders beschrieben: während hier zunächst nur auf die Medien der Flugblätter[45] und einzelner Flugblattlieder, die von Zeitungssängern auch im 16. Jahrhundert vorgetragen wurden,[46] sowie auf „Newe Zeytungen" im Sinne von Einzeldrucken,[47] und auf Schreibkalender, die zu den frühesten Druckformen überhaupt gehören,[48] verwiesen wird, findet sich auch das Milieu des periodischen, schnellgetakteten Schreibens von Zeitungen wieder. Als Beispielmaterie wird der Krieg zwischen Venedig und dem Osmanischen Reich erwähnt, der auch für die *Continuatio* in der Erstausgabe 1669 ein wichtiger Handlungsrahmen war:[49]

> [...] ich fand bey den Zeitungsschreiber mehr Materi als ich mir anzutreffen jemals eingebildet hätte. Jnsonderheit hörte man dazumal nemlich Anno 1668 im Monat Junio von nichts anders als von trefflicher Tapfferkeit der Venetianer in der weitberühmten Vestung Candia/ und Raserey des Türckischen Groß-Veziers in Bestürmung und Belägerung derselben/ die Schreiber/ derer offt 10. in einer Herberg beysammen sassen/ liessens ihnen mit copiren so angelegen

---

44 Löper, Das Botenwesen (wie Anm. 35), S. 231–232.

45 Neben den großen Editionscorpora (e. g. Wolfgang Harms, John Roger Paas u. a.) sei weiter verwiesen auf Michael Schilling: *Bildpublizistik der frühen Neuzeit. Aufgaben und Leistungen des illustrierten Flugblatts in Deutschland bis um 1700.* Tübingen 1990.

46 Rolf Wilhelm Brednich: *Die Liedpublizistik im Flugblatt des 15. bis 17. Jahrhunderts.* 2 Bde. Baden-Baden 1974.

47 Emil Weller: *Die ersten deutschen Zeitungen. Mit einer Bibliographie (1505–1599).* Tübingen 1872, stellte den Beginn der bibliographischen Erfassung dieses Typus der einzelnen Neuen Zeitung als Flugschrift-Druck dar.

48 Statt vieler Michael Giesecke: *Der Buchdruck der frühen Neuzeit.* Frankfurt a. M. 1991, S. 293–303.

49 Vgl. unten Anm. 61 für Zeitungsnachrichten aus diesen Jahren über den bzw. die Kreta-Kriege.

seyn/ daß einer/ der sie gesehen solte geschworen haben/ es treffe etwas an/ daran die Wolfahrt des gantzen Römischen Reichs gelegen. Ich erlangte in kurtzem vierlerley Sorten Zeitungen von besagter Materi/ kehrte damit behend wieder in meine Herberge/ zoge das beste heraus/ zierte es mit meinem Stylo auf das annehmlichste aus/ fieng auch an/ den gantzen Verlauff des dazumal vorgeloffenen Seegefechtes/ welches zwischen der Venetianischen Republic zweiten Schiff-Capitain Lion und zehen Barbarischen Schiffen sich zugetragen/ in ein Lied zu bringen/ und solches auf öffentlichem Marck bey ehister Gelegenheit abzusingen [...].[50]

Ob man diese Beschreibung als unmittelbare Realitätswiedergabe dafür nehmen sollte, dass Grimmelshausen im Juni 1668 dem Drucker Felßecker „einen Besuch gemacht" habe und dann das spezifische Nürnberger Zeitungsschreibermilieu gemeint wäre, wie einst Koschlig diese Passagen des 1670er-Anhangs für Datierungsfragen des *Simplicissimus* selbst nutzte,[51] mag zu diskutieren sein. Die Nähe zur Poststrecke in Renchen war jedenfalls eine ohnehin gegebene Alltagserfahrung[52] und so bringt ja auch zu Beginn der *Continuatio* der „schnelle[] Postilion" (freilich durch die Luft) dem Lucifer die aktuellste politische Nachricht vom Ende des Dreißigjährigen Kriegs (*Co* 568). Dass dem Autor Grimmelshausen aber jedenfalls die Medienwelt der periodischen Zeitungen – und zwar gerade auch im ganz handwerklichen Übergang zwischen ständigem handschriftlichen Zeitungsschreiben und -Verschicken, wie es in Deutschland seit den Fuggern aufkam, hin zu den gedruckten Zeitungen – ein ganz selbstverständlicher Teil seiner (dann auch erzählbaren) Erfahrungswelt war, ist offensichtlich, und dass er auch gerade für die politischen Nachrichten dieser Jahre Zeitungen als Informationsmedium genutzt haben dürfte, ist durch diese den Schreibprozess selbst

---

50 [Grimmelshausen:] Anhang und Erste Continuatio, Des Abentheurlichen und recht wunderseltzamen Simplicii Simplicissimi. In: *Grimmelshausens Simpliciana in Auswahl* [...]. Hrsg. von Jan Hendrik Scholte. Halle/Saale 1943, S. 10–11. Ich danke Peter Heßelmann für den Hinweis auf diesen das Argument stützenden Text nach Abgabe der Erstfassung des Manuskripts.

51 Manfred Koschlig: *Grimmelshausen und seine Verleger. Untersuchungen über die Chronologie seiner Schriften und den Echtheitscharakter der frühen Ausgaben.* Diss. Berlin 1939, S. 72–73.

52 Abonnement von Zeitungen im Weg entlang der Poststrecke war durchaus üblich; die *Frankfurter Postzeitung* wurde schon um 1630 wöchentlich an etwa 750 Abonnenten vertrieben, in den 1650ern abonnierten die elsässischen Kleinstädte (u. a. Hagenau, Schlettstadt, Erstein) dieselbe, Moscherosch abonnierte die „wochentliche Avisen" bei Carolus' Konkurrenten Zetzner. Dazu Behringer, *Merkur* (wie Anm. 35), S. 347–436, insbes. S. 377 u. 390.

literarisierenden Passagen wohl kaum zu bezweifeln.[53] Doch sind wöchentliche Zeitungen keine Transportmedien für *alles* Wissen und für *alle* Regionen; Detailtiefe, die stark auf politische Nachrichten beschränkte thematische Eingrenzung und der räumliche Berichtshorizont zeigen deutliche Grenzen auf, die sie nicht zu einer Informations-‚black box' machen, in die man gleichsam alles sonst nicht erklärbare Wissen eines Autors hineinprojizieren könnte.

Handgeschriebene Zeitungen stellten schon seit der zweiten Hälfte des 16. Jahrhunderts, gedruckte wöchentliche Zeitungen seit der ersten Hälfte des 17. Jahrhunderts ein periodisch aktualisiertes Bild von der politischen Welt her, die auch Teile des Osmanischen Reiches und der Levante umfasste. Allerdings muss hervorgehoben werden, dass die Postlinien auch geographisch den Berichtshorizont dieses ständig aktualisierten Gegenwartsbildes begrenzten: die aus zentralen Kommunikations- und Zeitungs-Abschreib-Orten gesandten Nachrichten (‚Aus Venedig, den 17. Dezember 1665') erfassten solche Nachrichten, die am Schreibort gerade vorlagen, über Venedig und Konstantinopel gelangten also durchaus zuweilen auch Nachrichten aus den Tiefen des Osmanischen Reiches in den Westen, genauso wie Nachrichten aus den Niederlanden oder Hamburg durch dort ankommende Schiffe Nachrichten aus ganz anderen Ländern enthielten. Aber im ganz überwiegenden Durchschnitt war die Berichts-‚Welt' der Wochenzeitungen nicht der Globus, sondern ein relativ enges Europa, das London, Hamburg, die Nordsee, hier und da Moskau streifend, das Reich, Italien, das westliche Osmanische Reich bis Konstantinopel, das nördliche und mittlere Mittelmeer bis Kreta und die iberische Halbinsel abdeckte. Nachrichten aus allen anderen Regionen der Welt waren sporadisch möglich, aber hatten hohen Seltenheitsgrad. Was über dieses ‚Nachrichten-Kern-Europa' hinausreichte, waren immer Einzelinformationen ohne periodische Aktualisierung (Abb. 3).

Die Informationsdichte in einem Örtchen wie Renchen, das immerhin über Postkurs und Straßburg doch ganz gut angebunden war in

---

53 Jedenfalls ist die Wahrscheinlichkeit, dass Grimmelshausen Zugang zu den Postzeitungen des Carolus- und/oder des Birghden-Postmeister-Verlages hatte, mindestens so hoch, wenn nicht höher als der auch nicht jenseits des Rückschlusses von seiner Erzähl- auf die Realwelt gesicherten Bezugs von Büchern aus Pfarr- und Klosterbibliotheken. Vgl. Breuer, Grimmelshausen und das Kloster Allerheiligen (wie Anm. 34), S. 150: „Wenn Grimmelshausen seinen lesehungrigen Simplicissimus stets mit Pfarrern zusammenführt, die ihm Bücher ausleihen, liegt der Rückschluß auf den ebenso bildungshungrigen Autodidakten und Autor nahe."

die Welt hinein, war also in etwa drei Ebenen tiefengestaffelt: lokale Nachrichten aus erster Hand, das Informations-Kern-Europa, das inzwischen wie geschildert in periodisch wöchentlich aktualisierter Form doch ‚bekannt' war, und alles was jenseits lag: Wenn die *Continuatio* also mit dem Ziel des Heiligen Landes und dann der Real-Reise in der Infrastruktur der expandierenden merkantilistischen *trading empires* das Rote Meer, den Südzipfel von Afrika in Sichtweite von Madagaskar und schließlich jene abgelegene Insel erreicht, bewegt sich die Romanhandlung zwar in immer noch plausibler Realitätskonstruktion bewusst aus dem üblichen Horizont der ersten beiden angeführten Ebenen auch seiner Leser heraus. Die Handelskompagnien, ihre Steuerung in London, Paris und s'Gravenhage, die Schiffsfahrten sind durchaus Berichtsgegenstand in den Zeitungen.[54] Selbst die diplomatische Initialkontaktaufnahme zwischen dem persischen Schah ʿAbbās II. und Colbert und der *Compagnie des Indes* 1664/5 ist erwähnt,[55] aber das Rote Meer oder die indisch-arabischen Berührungspunkte in dieser Zeit finden nahezu nie Beachtung. Wohl aber konnte man in den Zeitungen strukturell Übertragbares lesen und lernen: Die Präsenz der europäischen Händler als „Nationen",[56] ihre Vertretung durch „Residenten" oder „Consuln", welches eine Realität ist, die die Berichtwürdigkeitsgrenze der Gegenwartsnachrichten der Straßburger und Frankfurter Postzeitungen durchaus hier und da überschreitet und so ‚auftaucht'.[57] Dies sind also Versatzstücke, mit denen man um 1660 als Zeitungsleser in Straßburg, im Elsass und der Ortenau als Abonnent der Postzeitungen problemlos vertraut sein konnte: hiervon durfte eine fiktionale Welt, wenn sie plausibel sein wollte, nicht zu weit abweichen.

---

54 Carolus 1665, num. I, Wien 21.12.1664; Carolus 1665, num. 10, Köln 01.03.1665; „die Ost-Jndische Companie schickt 2. Schiffe nacher Guinea und Capo Verde, umb die Besatzungen daselbst außzuwechslen [...]" (Carolus 1666, num. 40, Amsterdam, 21.09.1666).

55 „Monsr. de Lallain Königl. Cammer-Juncker/ und Mons. de la Boulaye, so der König mit 2. Deputirten von der Ost-Jndischen Compagnie zu dem Sophy in Persien gesandt/ haben berichtet/ daß sie zu Hispalian von ihme wohl empfangen [...]" (Carolus 1666, num. 51, Paris, 04.12.1666); Awad, The Gulf (wie Anm. 17), S. 128–129.

56 „Von Smirne seye ein Französisch Schiff ohnkommen/ mitbringend/ daß die Nation sehr förchte von den Ottomannischen Reich verjagt [...] zu werden." (Carolus 1665, num. 3 – Venedig 24.12.1664).

57 „Resident" als Begriff für Botschafter ebenso wie für Konsul: u. a. Carolus 1665, num. 3, Wien 04.01.1665; Carolus 1666, num. 1, Wien 20.12.1665. In der Levante selbst war „Consul" an sich der geläufigere Begriff.

Insbesondere die im Osmanischen Reich ständig wiederkehrenden lokalen Aufstände von Rebellen, die zum Handeln oder gar den Sultan zur Sammlung großer Heere und zur Bindung seiner sonstigen Handlungskapazitäten im Konflikt mit europäischen Mächten (etwa den Venezianern) zwangen, kann man immer wieder finden.[58] Im „Mercurius" von 1666 las man etwa

> Hamburg vom 8. dito [i. e. Dezember]
> Passagieri so auß Smirne kommen/ berichten/ daß der Bassa zu GroßAlkairo mit dem Bassa zu Babilonia/ weilen sie beede nach Constantinopel beruffen/ wegen Jhrer gehabten Aempter von 40. Jahren hero/ Rechenschafft zugeben/ sich revoltiert/ und eine Macht von 150000. Mann zusammen gebracht/ die Statt Mecha erobert/ uber die helfft abgebrandt/eine grosse Peüth erhoben/ auch deß Machomets Sarch durch ein Canon-Schuß zur Erden gefallen/ vnnd auff einem grossen Triumphff Wagen mit hinwegg geführt/ welches der Türckischen Porta newe Unruhe causieren dörffte.[59]

Wenn also in der Tat kein Aufstand eines *Bassa von Damascus* für die 1650er und 1660er überliefert ist, der eine direkte Vorlage für dieses

---

58   „Uber Land hat man Nachricht auß Constantinopel/ daß von dar etlich tausend Türcken gehn Aleppo geschickt worden/ unter Commando selbigen Bassa die Rebellen in Asia zum Gehorsam zubringen" (Carolus 1666, num. 1, Venedig 18.12.1665); „einige Türcken so zu Ragusa ahnkommen/ bringen/daß der Auffstand der Völcker in Mecca sich noch täglich vermehrt/ und sich verschiedener Orten bemächtiget/ deßwegen die Türckische Ministri in starcken Berathschlagungen begriffen/ wie man solche in der Güte möge zu Gehorsam bringen/ zu dem Ende ihnen allbereit grosse offerten gethan/immittelst aber auch den umbliegenden Bassen befohlen worden/ ihre Ort und Vestungen wol zubeobachten und mit Volck zuversorgen/ damit sie nicht überfallen werden." (Carolus 1666, num. 9, Venedig den 11.2.1666); „Von Constantinopel kombt/ der Groß-Türck seye nach Adrianopel verreiset/ allda er ein groß Kriegsheer versamlet/ wolle nach abgesetztem Tartarischen Cham, und erhebung des neuerwöhlten von Albania in Person gegen Pohlen [...] die Ukraine mit Gewalt in Posseß zu nehmen/ weilen selbige rebellische Cosquen seine protection begehrt [...]" (Carolus 1666, num. 26, Venedig 11.06.1666); „von Livorno kombt aber/ es seye alldar ein Engländisch Schiff von Constantinopel eingelauffen/ dessen Patron berichtet/ daß ahn selbigem Hoff von nichts mehrers als von den auffgeworffenen Völckern in Asia geredet wirdt/ und daß solch sich fast täglich mächtiger machen/ daß auch der anderen rebellirenden Bassa, als der von Babilonia, der von Jerusalem, und der von Aleppo sich zu ihnen geschlagen/ derowegen durchs gantze Reich grose Mängde Volcks zusammen gezogen werde/ umb ihnen Widerstand zuthun." (Birghden 1666, num. 9, Venedig 26.02.1666).

59   *Mercurius auffs 1666. Jahr. Das ist/ Ordinari Post-Zeitungen vnnd Novella.* Konstanz 1666 [unpag.]

mehrfach von Grimmelshausen in der *Continuatio* erwähnte Erzählele-
ment bilden könnte,[60] so waren doch allein in den unmittelbar zwischen
Simplicissimus und der Fertigstellung der *Continuatio* liegenden Jahren
1665–1667 eine Fülle ähnlicher und sehr ähnlich formulierter Ereignisse in den Zeitungen zu lesen. Der osmanisch-venezianische Krieg um
Kreta, der in der *Continuatio* in Bezug genommen ist,[61] und damit die
ständige Bewegung von Galeeren-Flotten beider Seiten im Mittelmeer
findet stets Beachtung in den Zeitungen.[62]

Bedeutsam ist dabei nicht, ob wirklich ein bāshā von Damaskus
oder einer anderen Stadt eine Rebellion anführte. Aber dass ein solches
Ereignis durchaus typisch war und die Instabilität des Osmanischen
Reiches in seinem Verhältnis vom Zentrum Konstantinopel zu den Provinzen, auch die Eigenmacht der Granden in den Provinzen zeigte, ist
durchaus relevant: Heute wird die auffällige Verdichtung solcher inner-

---

60   Der Aufstand des „Bassa von Damascus" zentral für Simplicii Reiseentscheidun-
     gen: *Co* 650, 651, 654, 655. Vgl. den Stellenkommentar von Dieter Breuer
     S. 1034 zu *Co* 650 Z. 21. Zur Überführung von Berichterstattung wie der zitierten
     über Rebellionen in zeitgenössische Geschichtsschreibung vgl. Paul Rycaut: *The
     History of the Turkish Empire From the Year 1623 to the Year 1677.* London
     1680, S. 55, 158, 230 (Aufstand des bāshā von Aleppo 1658; Rebellion des Beys
     von Alkayr 1664, Aufstand des bāshā von Basra 1667); für Rycauts Zugriff auf
     ‚news' während seiner Zeit in der Levante für diese *History* vgl. Sonia P. Ander-
     son: *An English Consul in Turkey. Paul Rycaut at Smyrna. 1667–1678.* Oxford
     1989, S. 229–247 – allerdings steht zu vermuten, dass sogar ‚normale' Zeitungen,
     die auch in Europa zirkulierten, später bei der Abfassung dienlich waren. Zur
     Wahrnehmungsmatrix westlicher gelehrter Beobachter hinsichtlich solcher Auf-
     stände im Osmanischen Reich vgl. Cornel Zwierlein: *Conversiones*, Révolutions,
     guerres civiles: De Bodin au droit international dans la Méditerranée du XVIIIᵉ
     siècle. In: *Il pensiero politico* 49, 3 (2016), S. 383–416.
61   *Co* 541–542 („und weil der Türckische Keiser/ eben damaln etliche Galleren
     wider die Venediger außrüstete [...] dann unsere Gallera wurde in *Levante* von den
     Venetianern Ritterlich übermannet [...]").
62   E. g.: Carolus 1665, num. 20, Venedig 01.05.1665; Carolus 1665, num. 25, Vene-
     dig 05.06.1665; Carolus 1666, num. 1 – Venedig 18.12.1665; Carolus 1666, num.
     18, Venedig 16.04.1666; Carolus1666, num. 6, Venedig 22.01.1666; Carolus
     1666, num. 10, Venedig 19.02.1666; Carolus 1666, num. 16, Venedig 02.04.1666;
     Carolus 1666, num. 31, Venedig 16.07.1666; Birghden 1666, num. 4, Venedig
     08.01.1666; num. 6, Venedig 22.01.1666; num. 34, Venedig 06.08.1666; Zum
     Kretakrieg als Medienereignis („Candie, guerre multimédia") vgl. Johann Petit-
     jean: *L'intelligence des choses: une histoire de l'information entre Italie et Médi-
     terranée (XVIᵉ–XVIIᵉ siècles).* Rom 2013, S. 381–427, der die Informationswege
     vor allem von Zante nach Venedig und über den Inquisitor von Malta zu den rö-
     mischen avvisi-Schreibern darlegt.

osmanischen Aufstände lokaler Granden oder auch die millenarische Aufstandsbewegung des jüdischen Führers Sabbatai Zwi zwischen 1596 und etwa 1670 als genuines Spezifikum der zeitweiligen Instabilität der osmanischen Herrschaft interpretiert und sogar mit klimahistorischen Stress-Situationen der Kleinen Eiszeit als Kausalfaktoren korreliert:[63] die globale „Krise des 17. Jahrhunderts" hätte hier ihre genuine politische Ausprägung im Osmanischen Reich erfahren.[64] Grimmelshausen als Zeitgenosse zeigt, offenbar geprägt von Zeitungslektüre und Reisebeschreibungen, ein zeitgenössisches Wissen um diese Verhältnisse, selbstverständlich noch ohne klimahistorischen explikativen Rahmen – vielmehr verwendet er die Ereignisse umgekehrt als ihrerseits äußere Kausalitätsfaktoren für Wendepunkte in der Erzählung. Für die Herrschaftsstrukturen im Osmanischen Reich zeigt er damit, wie die christlich-osmanischen Kriegsfronten (Venedig) und die inneren Instabilitätsfaktoren in einem Interdependenzverhältnis standen, so wie es etwa auch die *Ragion-di-stato*-Traktatistik und Politiktheorie seit Machiavelli für die Analyse der Innen-/Außenpolitik-Verhältnisse staatlicher Gebilde lehrte.[65] In der Erzählstruktur können diese beiden osmanischen innen- und außenpolitischen Instabilitätselemente von Herrschaft dann als äußere Kausalfaktoren eingeführt werden, die den Pilger Simplicius in seinen Reiseentscheidungen unfrei werden, und letztlich zu einem Spielball der Ereignisse werden lassen.

Es gibt darüber hinaus aber Versatzstücke der Grimmelshausen'schen Erzählung, die nahelegen, dass die Zeitungstextualität unmöglich die einzige Quelle seines Wissens über Ägypten und Arabien

---

63 Sam White: *The Climate of Rebellion in the Early Modern Ottoman Empire.* Cambridge 2011, S. 163–186, für die Celali Rebellion 1596–1610, sowie dann S. 187–225 für die verschiedenen Rebellionen der 1640er bis 1660er.

64 Geoffrey Parker: *Global crisis: war, climate change and catastrophe in the seventeenth century.* New Haven 2013.

65 Niccolò Machiavelli: *Il Principe.* In: *Opere.* Vol. 1. *I primi scritti politici.* Hrsg. von Corrado Vivanti. Turin 1997, XIX, 2, S. 168: „Perché uno principe debbe avere dua paure: una dentro, per conto de' sudditi; l'altra di fuora, per conto de' potentati esterni [...], Ma, circa sudditi, quando le cose di fuora non muovino, si ha a temere che non coniurino secretamente."; Adam Contzen: *Politicorum libri decem in quibus perfectae reipublicae forma, virtutibus, et vitiis [...] tractatur.* Köln 1629, VIII, 3 § 1–2: Unterscheidung zwischen „potentia domestica [...] contra seditiones, conspirationes, rebelliones civium" und „externa [...] contra hostem externum". Vgl. Cornel Zwierlein: Scipione and Alberico Gentili on Conspiracies around 1600: Tacitean Views on the „crimen laesae majestatis". In: *Alberico e Scipione Gentili nell'Europa di ieri e di oggi [...].* Hrsg. von Vincenzo Lavenia. Macerata 2018, S. 49–89.

gewesen sein kann, was insbesondere für den quasi-touristischen Besuch der Pyramiden durch Simplicius gilt: dass hier zwei Pyramiden stünden, von denen die eine „Pharaonis", die andere „Rodope" genannt wird, ist ein sehr spezifisches Detail, wie auch das Wissen um das Graben der Mumien als Verkaufsobjekt in der Nähe an Besucher. Belon 1548/1553 erwähnte keine Pyramiden-Namen, Baumgarten 1594 ist noch ganz unspezifisch hinsichtlich der „Monumente" der Ägypter[66] Heberer erwähnt die Pyramiden kurz, aber ohne Namen und kein Mumiengraben;[67] Pietro della Valle beschreibt die Pyramiden ohne Namen und ausführlicher das Mumiengraben.[68] Bei Sommer 1665 findet man eine relativ genaue Beschreibug der drei (!) Pyramiden sowie genaue Preise für gegrabene Mumien (400-500 Gulden), aber keine Pyramidennamen.[69] In der Tat ist die Attribution der dritten Pyramide an eine Kurtisane „Rhodope" bei Diodorus Siculus (I, 64, 14) als eine der schon in der Antike vielen Namensgebungen überliefert, die Reduktion auf nur zwei Pyramiden, dann aber die Hinzunahme des Mumiengrabens, erweist sich also als Grimmelshausen'sche Verschmelzung mehrerer Wissensbestände, wohl der antiken Quelle mit einer der Reisebeschreibungen. Vom Gesamtinformationsgehalt würde am besten passen die Darstellung bei Jean Thevenot, bei dem sich alle diese Elemente fanden, aber das Werk war zum Abfassungszeitpunkt der *Continuatio* gerade erst auf Französisch erschienen (1665), und man müsste hier Grimmelshausen ausgedehnte Französisch-Lektüre unterstellen, wozu die Aussagen in der Forschung eher zurückhaltend sind.[70] Selbstverständlich war Pyramidenbesuch und Mumiengraben in dieser Zeit schon fast eine gängige Reisestation, so wie der Besuch der Säulen des Herkules,[71] aber die Frage muss immer eingegrenzt werden auf den

---

66 Martin von Baumgarten: *Peregrinatio in Aegyptum* [...]. Nürnberg 1594, S. 38–39.

67 Heberer, *Aegyptiaca servitus* (wie Anm. 13), S. 131.

68 Pietro della Valle: *Viaggi*. Rom 1650, S. 357–400.

69 Sommer, *Wasser- und Land-reyse* (wie Anm. 13), S. 33–36.

70 Jean Thevenot: *Relation d'un Voyage fait au Levant*. Paris 1665, chap. V („Des Piramides'), mit dem Gang „aux Mumies", Nennung des Widmungsnamens „Rhodope" (p. 255), chap. VI („Des Momies'), S. 240–262. „Daß Grimmelshausen kein Französisch konnte, scheint den meisten ausgemacht, daß er im Lateinischen ganz unsicher war, ebenfalls." (Günther Weydt: *Nachahmung und Schöpfung im Barock. Studien um Grimmelshausen*. Bern, München 1968, S. 21).

71 Vgl. etwa Zur Shalev: The Travel Notebooks of John Greaves. In: *The Republic of Letters and the Levant*. Hrsg. von John Hamilton. Leiden, Boston 2005, S. 77–102, hier S. 94; Sydney Hervé Aufrère: *La momie et la tempête: Nicolas-Claude*

möglichen Wissenshorizont des Schultheißen von Renchen, der unseres Wissens nie in den Südosten Europas reiste, wie etwa auch Peiresc nicht.

III.

Es gilt noch, die solchermaßen analysierte mediterran-mittelöstliche Episode sowie die verschiedenen Ebenen von Herrschaft, Recht und Politik in ihrer fiktionalisierten Form in der *Continuatio* mit ihren 27 Kapiteln einzuordnen. Dabei ist bemerkenswert, dass die *Continuatio* von der metaphysischen Ebene der Höllenwelt des Beginns bis zur Robinsonade auf der Insel am Schluss für jeden Ort auch Fragen der Rechtsordnung und Herrschaft verhandelt, von denen die des Osmanischen Reiches hier nur etwas näher betrachtet wurde. Die wundersame und nicht immer durch erzählerisch eindeutige Ebenen-Anschlüsse und -Wechsel geklärte Sequenz der Episoden ist die folgende:

Fabri de Peiresc et la curiosité égyptienne en Provence au début du XVIIe siècle. Avignon 1990; Peter N. Miller: *Peiresc's Mediterranean world.* Cambridge/MA 2015; bei Athanasius Kircher: *Oedipus Aegyptiacus.* Rom 1652, findet sich interessanterweise relativ wenig Aufmerksamkeit für die Pyramiden, außer im amerikanisch-ägyptischen Sakralarchitektur-Vergleich, vgl. Daniel Stolzenberg: *Egyptian Oedipus. Athanasius Kircher and the secrets of Antiquity.* Chicago 2013. Sein intellektueller Austauschpartner Kardinal Chigi besaß aber zu dieser Zeit schon zwei Mumien. Vgl. Maristella Casciato, Maria Grazia Ianniello und Maria Vitale: *Enciclopedismo in Roma barocca. Athanasius Kircher e il Museo del Collegio romano tra Wunderkammer e museo scientifico.* Marsilio 1986, S. 256–257; Johann Michael Wansleben brachte auf seiner zweiten Reise nach Ägypten im Auftrag Colberts selbstverständlich auch Mumien mit (Dominik Collet: *Die Welt in der Stube. Begegnungen mit Außereuropa in Kunstkammern der Frühen Neuzeit.* Göttingen 2007, S. 158); zu Wanslebens Reisen nun Alastair Hamilton: *Johann Michael Wansleben's Travels in the Levant, 1671–1674.* Leiden, Boston 2018. Wie hoch das Interesse nahezu zeitgleich in Dichterkreisen für Mumien in Deutschland war (Sezierung einer Mumie 1658 im Gryphius-Kreis und 1662 lateinische Abhandlung des schlesischen Barockautors hierzu), ist bei Joachim Śliwa: Andreas Gryphius und die Breslauer Mumien. Ein Beitrag zur Kulturgeschichte Schlesiens im 17. Jahrhundert. In: *Wolfenbütteler Barock-Nachrichten* 30, Heft 1/2 (2003), S. 3–21, nachgewiesen; allerdings ist angesichts der beschränkten Lateinkenntnisse Grimmelshausens nicht von einem Direkteinfluss auszugehen.

(I) Traum des Simplicius von Lucifer's Regiment, der Höllen-Ständeversammlung
(II) Wettstreit zwischen Geiz und Verschwendung
(III) Zwischenepisode des Dialogs mit dem Klopapier (Schermesser) bzw. Perspektivwechsel und Nachverfolgung der Papier-‚Biographie'
(IV) Transformation vom Walderemiten in den wandernden Pilger
(V) Episode auf dem Schloss, Schatzfund
(VI) Mediterran-arabische Episode
(VII) Insel-Leben
(VIII) Erzähler-Wechsel: Jean Cornelissen berichtet vom Fund der Palmblattbeschreibung, Rest-Begebenheiten auf der Insel

An ‚Rechtsordnungen' und Herrschafts-Strukturen, in denen sich Simplicius und die anderen Akteure bewegen, kann man hiermit überlappend nennen:

(A) Metaphysische Höllen- / Götter-Rechtsordnung, die parallelisiert wird mit menschlichen Reichsordnungen
(B) Die europäische Staatenwelt (London, Paris) sowie die Wirtschaftsrechtsordnung (Banken-, Hypotheken-, Zinsrecht)
(C) Das zerdehnte Herrschaftsnetzwerk der Händler- und Schiffahrtsinfrastruktur der expandierenden merkantilistischen europäischen *trading empires* mir ihrer eigenen Rechtsordnung
(D) Das Osmanische Reich
(E) Außerrechtliche Situationen von reinem Gewaltrecht
(F) Rechtsbegründung in sozialen Ursituationen (Simplicius, Simon Meron und die abessinische Dienerin auf der Insel)

Eine Gesamtinterpretation der *Continuatio* kann nicht Ziel dieses kurzen Beitrags sein, aber die Rechts- und Herrschaftsdarstellung der Szenerie im Osmanischen Reich erhält ihre Funktion erst im Rahmen der gesamten Darstellung: Die geträumte Höllen-Reichsversammlung vor dem Thron des erbosten Lucifers setzt den Anfang, die Frage ist, wie die Vermehrung des Reichs des Teufels vorangehen soll, wenn der „Postilion" die Nachricht vom Westfälischen Frieden gebracht hat:[72] wie soll das Schlechte nach 1648 weiter gedeihen, wenn kein Krieg mehr herrscht?

Die Antwort liegt offenbar in der nun möglichen Entfesselung kapitalistischer Energie, die als Wettstreit von Geiz und Verschwendung, aber nicht in altem Gewand, sondern mit den Kapital-Anlagewerk-

---

72   Auch insoweit also eine Interferenz der spezifischen neuen Kommunikationsinfrastruktur in die Erzählwelt hinein, wie sie oben als Realkontext und Quellenhintergrund für Grimmelshausen in Erinnerung gerufen wurde.

zeugen des 17. Jahrhunderts in den großen Börsestädten auszutragen ist:[73] Dieser Wettstreit, der zwar ein vorläufiges Ende im X. Kapitel erhält, steht gleichsam für die Grundbewegung der Werte- und Güterzirkulation, die Expansion der merkantilistischen Wirtschaftswelt von den Zentren (London, Paris) hin in die Welt; die Zirkulation von Schiffen, Menschen, Waren in ihren kapitalrechtlichen Formen ist eine Bewegung, in die der reisende Simplicissimus gleichsam mit der kaum durchgehaltenen Pilgerschaftsintention einmünden kann.[74]

Von der Figur her gesehen, ist nämlich die Frage, wie es überhaupt zum Durchlaufen dieser großen Strecken vom Elsass bis auf jene Insel in der Nähe von *terra australis* irgendwo weit hinter der Südspitze Afrika kommen kann, nicht leicht zu beantworten – was will diese Figur eigentlich? Sie scheint von nur geringen Eigenintentionen angestoßen, und dann von Außenzwängen in die entscheidende Richtung gedrängt zu werden.[75] Der ‚Pilger' verfolgt nicht wirklich hartnäckig von Beginn an ein bestimmtes kontemplatives Buß- oder Erbauungsziel, erst als er Geld aufgrund des Schatzfundes im Mantel hat und überlegt, was er wohl damit machen könnte, verfällt er auf die Idee der Pilgerreise ins Heilige Land. Die sich anschließende Reise- und Erlebnisbewegung

---

73 Für eine Fallstudie, wie die Sprache der Wirtschaftswelt des frühkapitalistischen Handels insbesondere englische frühneuzeitliche Prosa prägte, durch Metaphorik wie auch durch plot-Strukturen, vgl. Ceri Sullivan: *The Rhetoric of Credit. Merchants in Early Modern Writing*. Cranbury, Madison 2002.

74 Auch in anderen simplicianischen Schriften nach *Simplicissimus Teutsch* und *Continuatio* ist das Motiv des merkantilistischen Gewinnstrebens, des Widerstreits von Gewinn, Habsucht und positiven Gegenwerten, auch wieder an zentralen Börsenplätzen wie etwa Amsterdam (*Wunderbarliches Vogel-Nest* II, *Rathstübel Plutonis*), weiter eine Art Ersatz für oder Sublimation der Kriegswelt als Konstellation von Außeneinflüssen, Bewegung, Zwängen und Chancen für die Hauptfigur(en).

75 Simon Zeisberg: Passagen des Erzählens. Meeresfahrten und Lebensläufe in pikarischen Romanen des 17. Jahrhunderts – mit besonderem Blick auf Grimmelshausens „Continuatio des Abentheuerlichen Simplicissimi" (1669). In: *Seenöte, Schiffbrüche, feindliche Wasserwelten. Maritime Schreibweisen der Gefährdung und des Untergangs*. Hrsg. von Hans Richard Brittnacher und Achim Küpper. Göttingen 2018, S. 157–177, hier S. 169, charakterisiert dies als die „kontingenzgeschwängerte[] Diegese der *Continuatio*". In der Tat würde ich auch bei der Diskussion (Gersch/Menhennet) darüber, ob es sich bei der *Continuatio* um einen echten Schluss oder ein offenes Ende handelt, eher für letzteres und dafür plädieren, dass Grimmelshausen ganz bewusst die Ungeplantheit, gegebenenfalls Unplanbarkeit der Erlebenswelt der Figuren inszeniert und herausstellt (Alan Menhenet: *Grimmelshausen the Storyteller. A Study of the ‚Simplician' Novels*. Columbia 1997, S. 109–115).

erfolgt weitestgehend ohne sein Zutun, beim zweiten Anlauf der Pilgerreise nach der Befreiung in Arabien auf dem portugiesischen Schiff
Richtung Jakobsweg wird dann von Naturgewalten Richtung Insel ab-
gelenkt:[76] Die eigentlichen Kausalfaktoren für Bewegung sind also
Gewaltausübung in rechtsfreien Zonen (Gefangenschaft bei den arabischen Räubern), die politisch-herrschaftliche Rebellionssituation in
einer Region (Interdependenz Venedig-Krieg / Damaskus-Rebellion),
Naturgewalten (Schiffsbruch).

Im Rahmen dieses Geworfenseins statt eines zielverfolgenden Rei-
sens stellt die Schiffs- und Händlerkolonie-Infrastruktur von Niederlän-
dern, Franzosen und Portugiesen ein entscheidendes Rückgrat dar; die
Protektions-Rechtssphäre, die mit den Europäern gleichsam mitsegelt,
wird sowohl in der arabisch-osmanischen Stadt bemüht, wie auch auf
der Insel, wenn der Kapitän um die Wahrung von „iustitia" angerufen
wird.[77] Das Osmanische Reich wird, wie gezeigt, doch auch als eine
Rechtsordnung, nicht als Unrechtsordnung dargestellt, die punktuell
gerichtsförmig gesicherten Halt verleiht im sonst scheinbar regellosen
Opfer-Dasein. Bedeutsam ist hier die frühe proto-Montesquieu'sche
Umkehr der Barbarenmotivik: Simplicius mit seinem langen Bart ist in
der arabisch-osmanischen Zivilisation der ‚wilde Mann' der ausgestellt
wird, nicht umgekehrt.[78] Erst das osmanische Gericht verleiht ihm wieder eine Restwürde zurück, wie gezeigt aber nicht primär wegen eines
hoch angesehenen Zivilisationsstatus als Europäer schlechthin, sondern
weil die innerosmanische Rechtsordnung, gleichsam auch für diesen
minderwertigen Ungläubigen, aufrechtzuerhalten ist: Die Erzählung

---

76   Jan Mohr: Inseln und Inselräume. Kontingenz in Grimmelshausens und Dürers
     Schelmenromanen. In: *Inseln und Archipele. Kulturelle Figuren des Insularen
     zwischen Isolation und Entgrenzung.* Hrsg. von Anna E. Wilkens, Patrick Rampo-
     ni und Helge Wendt. Bielefeld 2011, S. 225–243.

77   „Herr Capitain ich bitte ihn doch umb hundert tausend GOttes Willen/ er wolle
     *Iustitiam administri*ren/ und mich vor den greulichen Kerlen beschützen!"
     (*Co* 685).

78   Zu diesem Motiv bei Grimmelshausen vgl. Italo Michele Battafarano: Der seltsa-
     me Pilger, der wilde Mann, der gute Wilde: Kulturrelativismus und Kritik des Eu-
     rozentrismus bei Grimmelshausen. In: *Simpliciana* X (1990), S. 15–52. Zum all-
     gemeineren Kontext des osmotischen Austauschs dieses spiegelbildlichen Motivs
     des guten Wilden/Barbaren zwischen Reisebeschreibungs- und Erzählliteratur vgl.
     u. a. Karl-Heinz Kohl: *Entzauberter Blick. Das Bild vom Guten Wilden und die
     Erfahrung der Zivilisation.* Berlin 1981; vgl. auch Frank Lestringant: *Le Hugue-
     not et le Sauvage. L'Amérique et la controverse coloniale, en France, au temps
     des guerres de religion.* Genf 2004.

spielt also auch die Perspektivenumkehr durch, welche die gegenseitige Wahrnehmung auf und in unterschiedlichen Rechts- und Herrschaftsformen produziert; es herrscht eine Pluralität von Rechtsordnungen mit jeweils zugehörigen Bewertungsmaßstäben für und Blicken auf einander. Der einzelne kann keine überall geltende Grundordnung, auch keine christliche, keine naturrechtliche, in Anspruch nehmen, sondern muss mit der Relativität der Rechtsordnungen im Kontakt miteinander rechnen, in Aushandlungsprozesse eintreten. Auf der Insel dann findet im Moment, als die abessinische Dienerin angespült wird, der Moment einer Art initialen Gesellschaftsstratifizierung statt: Die Dienerin, die sich nun ja eigentlich frei fühlen könnte, bietet wiederum ihre Dienste den beiden Herren Simplicius und Meron gegen Protektion an, ein Ur-Schutz-/Dienst-Verhältnis führt weg von einer segmentären zu einer stratifizierten Ordnung bei nur drei Anwesenden.

Man hat den Rückzug des Ich-Erzählers auf der Insel in jüngeren Interpretationen im Abgleich mit den augustinischen *Confessiones* als eine Entfaltung eines kontemplativen Raums der Ich-Suche interpretiert.[79] Mir scheint dies vielleicht etwas zu stark eine Verinnerlichungstendenz des Romans im literarhistorischen Narrativ der Frage nach der Entstehung von bildungsromanähnlichen Erzählungstypen zu suggerieren, während bei unvoreingenommener Lektüre die Szenerie gerade in den Schlusskapiteln der *Continuatio* doch recht wenig Elemente der ‚Verinnerlichung‘ aufweist. Dass das Christus-Kreuz mit hebräischer Inschrift auf der Insel aufgerichtet wird, ist vielleicht weniger als eine solche ego-zentrierte Handlung des Selbstfindungs-Pilgers, sondern auch als Signum der Inbesitznahme zu verstehen. Es wird dann vom niederländischen Kapitän entdeckt und wirkt wie eine Verpflanzung eines Rechtsgrunds – wenn man so will: von christlichem Naturrecht – aus der Erinnerung heraus in eine Welt, die erst einmal nicht von der christlichen Geschichtserfahrung und der damit verbundenen Rechtssphäre weiß.[80] Nach Durchfahren gänzlich nichtchristlicher Gebiete und

---

79 Torsten Menkhaus: *‚O große Liebe gegen uns undankbare Menschen!‘ Aspekte der Selbstfindung und Menschwerdung in Grimmelshausens „Simplicissimus Teutsch" und in der „Continuatio".* Marburg 2011, S. 405–417: Selbstvergewisserung im Kontext einer allgemeinen Wertrelativierung und Verunsicherung als Hauptmotiv des Romanzyklus.

80 Ob dies insoweit als eine Art Akt der Kolonisierung der Insel zu verstehen ist, mag man bezweifeln: es ist zum Schluss hin natürlich auch eine Rückkehr zum Eremitendasein, und da am Ende kein Bewohner dort verbleibt, ist die Zufallsstrandung nicht bruchlos in diesem Sinne zu interpretieren. Die in *Co* 670–674 aufgezählten Elemente (‚Knowhow-Transfer‘ hydraulischen Kanalbauwissens aus

schließlich dem Anlangen in einer unbewohnten Welt erscheint dies als Neu-Geburt und positiv-arbiträre Setzung einer Rechtsordnung aus der Erinnerungswelt der Angespülten heraus.

Wenig weist darauf hin, dass dies ein Zeichen eines schlechthin bestehenden Urgrunds für ein universales göttliches Recht sein könnte, das einfach bestünde, so wie es in einer theologischen Rechtslehre in Europa, sei sie katholisch oder protestantisch, in spezifischer Form hergeleitet würde um 1650.[81] Ob all dies immer noch unter dem unsichtbaren Diktat eines Wettstreits zwischen einem Reich Lucifers und einem göttlichen Reich steht, mit Laster- und Tugend-Agenten auf dieser Welt, ob die Bewegungen auf der Erde und den Ozeanen also durch unsichtbare metaphysische Bewegungsmotoren angetrieben werden, ist am Ende der Erzählung nicht mehr thematisiert, und diese übergeordnete Ebene wird ja auch nur in Gestalt einer Traum-Vision eingeführt. Die Passagen zu Beginn, zum Schluss sowie beim Perspektivenwechsel zu Cornelissen sowie die – freilich auf ältere Traditionen bei Hans Sachs und anderen zurückgehende – *Federmesser*-Episode ironisch-magischen Realismus, die an E. T. A. Hoffmann erinnert, da sich das erzählende Ich auf einmal als zwei Folio-Seiten eines Kaufmannsbuches wiederfindet, scheinen stattdessen als eine noch übergeordnete Ebene die der Autoreferentialität von Narration schlechthin in den Text einzuflechten. Auch hier ist die zentrale Station des späteren ‚Klopapiers‘ aber diese Zwischenexistenz im Kaufmannsbuch, und die Beobachtung, dass hier statt gelehrten Werken der Antike und der Patristik lediglich Gewinn- und Verlustzahlen die Welt und Wahrheit repräsentieren, ist ein weiterer Kommentar der Depravations- oder Verlusterfahrung hinsichtlich der Kommunikationstechniken des Frühkapitalismus. Man möchte sagen: Die Hauptfigur ist wie eine Billardkugel in den Wettstreit der Werte und Reiche, in den Wechsel zwischen Sphären mit Rechtsordnung und solchen geprägt von Krieg, Gewaltrecht und absoluter Unsicherheit, in die Zirkulation kapitalistischer Werte und die

---

Alexandria zur Gewinnung von Salz usf.) weisen jedoch auf eine Kultivierung und Erschließung des zuvor unberührten Bodens durch ‚Arbeit‘ im Sinne der Erschließung bei einer *settler*-Kolonie hin.

81   Zur Entwicklung des maritimen Völkerrechts in dieser Zeit Martine Julia van Ittersum: *Profit and Principle. Hugo Grotius, Natural Rights Theories and the Rise of Dutch Power in the East Indies, 1595–1615.* Leiden, Boston 2015, bezogen auf das Mittelmeer Zwierlein, *Imperial Unknowns* (wie Anm. 4), S. 20–113; Merio Scattola: *Prinzip und Prinzipienfrage in der Entwicklung des Modernen Naturrechts.* Stuttgart-Bad Cannstatt 2017.

Transportströme der *trading empires* geworfen. Dieses Geworfensein in die verschiedenen Bewegungsgebungen hinein erscheinen zuletzt als Effekte der eigentlichen *causa prima*, nämlich der Narration und der sie bewegenden Phantasie des Autors.

In dieser fast schwindlig machenden Verstrebung verschiedener Ebenen von Bewegungsspannungen und Kausalitäten ist dann umso bemerkenswerter, wie plausibel, präzise und eben relativ feinkörnig der Erzähler – gleichsam in gebremster Nahaufnahme – den Weg durch das Osmanische Reich darstellt: von Alexandria bis an den Ausgang des Roten Meers reist Simplicius zwar jenseits des Berichtshorizonts der seinen Lesern geläufigen Zeitungsberichterstattung, ja sogar jenseits des Berichtshorizonts der meisten damals verfügbaren Orient-Reiseberichte, aber er reist durch eine plausible Welt mit eigenen Rechtsordnungen und Herrschaftsstrukturen. Und für die simplicianische Welt ist es sehr wohl zentral, dass es ein Nebeneinander von Zonen, man möchte sagen: Blasen, der funktionierenden und stabilisierten Herrschaft und des Rechts neben ungeordneten Zonen des Naturzustands gibt. In gewisser Hinsicht reflektiert die ganze Erzählung damit auf die epistemischen Bedingungen der Erfahrung von europäischer Expansion ins Unbekannte schlechthin und auf das, was zeitgleich in der Rechtslehre die Frage nach Völker- und Naturrecht aufwarf, das *Fehlen* von übergeordneten Rechtsordnungen.

Wenn die *Continuatio* damit als Appendix zum Kriegsgeschehen des *Simplicissimus* fungiert, so meint dies in der luziferischen post-1648-Perspektive, dass das teils chaotische, teils gebremst erlebbare Nebeneinander von Zonen der puren Unrechtsordnung, von Gewalt und Kriegsrecht, mit Momenten und Sphären des Rückzugs, des Friedens, des Überlebens in eigener Regie *im Kern Europas*, nun seine Fortsetzung *in der Expansion der europäischen Mächte* und in ihrer Begegnung mit vielfältigem anderen und mit dem noch Unbewohnten und Unbekannten seine Fortsetzung findet. Die simplicianische Figur verweigert sich jeder affirmativen Aussage zu einer universal gegebenen Rechtsordnung, dieselben sind immer nur punktuell und in der Relation zwischen den verschiedenen Gruppen (Europäische Händler / Osmanen; Schiffs-/Kapitänsrecht und Inselbewohner; komplexes Wirtschaftsrecht in Paris und London) gültig. Der simplicianischen Welt ist damit keine grotianische Weltsicht eingewoben, sie verweigert sich einer solchen, sie stellt vielmehr in narrativer Form das Aufbrechen der epistemischen Leerstellen und Herausforderungen heraus, die von optimistischeren Autoren mit übergeordnetem inter-ethnischen und internationalem Recht beantwortet und gebändigt werden sollten[82] – bei Grimmelshausen bleiben die Rechts- und Unrechtsordnungen noch in einer Parataxe, die nur erzählt und erlebt, nicht bewältigt werden kann.

---

82 Es ist bei der Entstehung des modernen Völkerrechts zu betonen, dass es sich hierbei nicht nur um eine Entwicklung innerhalb des an Universitäten gelehrten Rechtsdiskurses handelt, sondern dass ihr eine bedeutende Verschiebung der genuin politischen Kommunikationskultur, der Entstehung von Staatensystemen und der darauf folgenden Wahrnehmung der Rechtlosigkeit und Un-Ordnung dieser neuen Sphäre vorausgeht – das emergierende Völkerrecht reagiert hierauf. Grimmelshausens Erzählung kann hier als eine Fiktionalisierung aus der erlebenden Ich-Perspektive dieser Un-Ordnung und Rechtlosigkeit verstanden werden.

Abbildungen

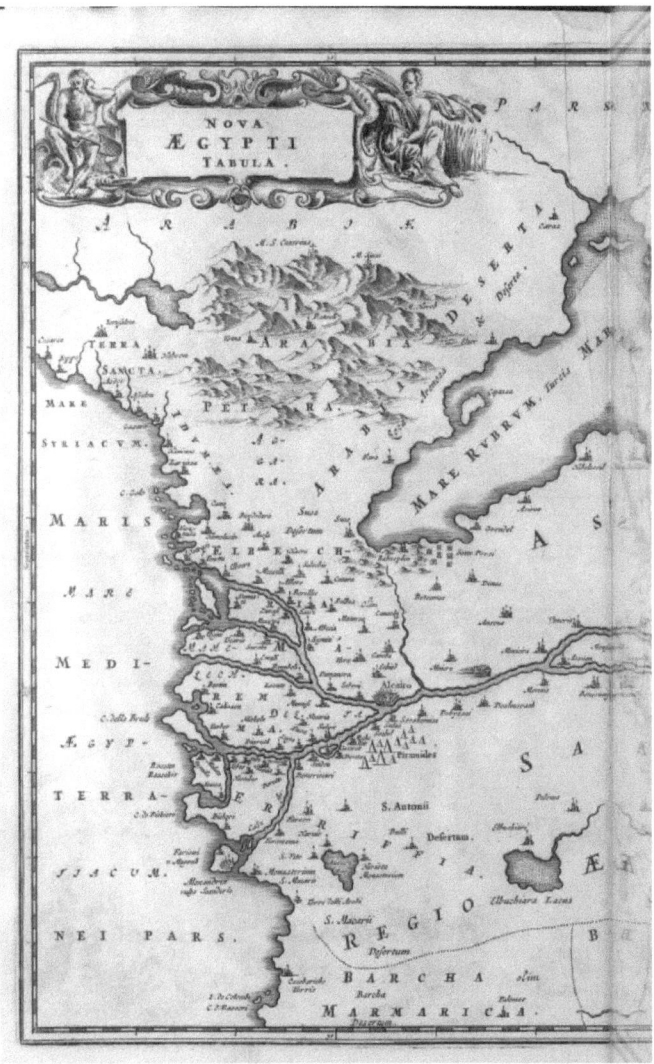

Abb. 1: Zeitgenössische Karte von Ägypten, Suez und der Öffnung des Roten Meers (Olfert Dapper: *Umbständliche und Eigentliche Beschreibung von Africa*. Amsterdam 1670, nach S. 44)

Abb. 2: Späte Detail-Postroutenkarte von 1764, in der Rheinhausen nicht mehr die Zentralität hat wie im 16./17. Jahrhundert, die aber noch gut die Anbindung von Straßburg über Renchen an die zentrale Taxis-Nordwest-/Süd-Linie zeigt.

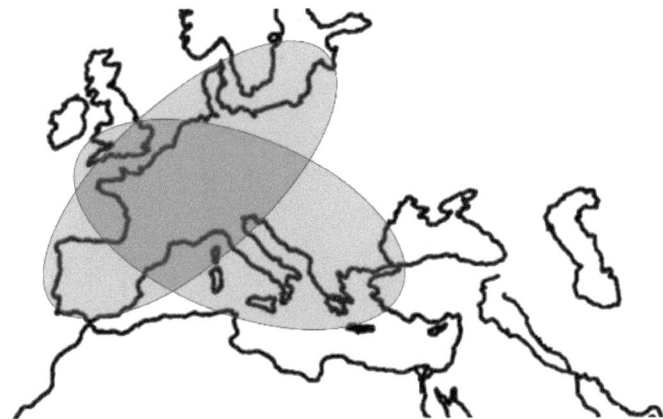

Abb. 3: Durchschnittlicher geographischer Berichtshorizont der Wochenzeitungen *Relation* (Carolus, Straßburg) und der *Frankfurter Postzeitung* in den 1650ern/1660ern.

THOMAS BORGSTEDT (München)

Skeptische Anthropologie.
Grimmelshausens Kreuzinsel und die Politsatire
von der *Isle of Pines*

Das Missverständnis der Satire von der *Isle of Pines*

Am 27. Juni 1668 erschien in London eine aufsehenerregende, schmale Schrift mit einem fiktiven Bericht von der angeblichen Entdeckung einer Insel im südindischen Ozean und ihrer Jahrzehnte zurückliegenden Besiedlung durch englische Schiffbrüchige.[1] Gute drei Wochen später, am 22. Juli 1668, folgte ihr noch eine Ergänzung. Der erste Teil mit dem Titel *The Isle of Pines* avancierte innerhalb von Monaten europaweit zu einem publizistischen Ereignis, das unzählige Übersetzungen erfuhr. Nicht zuletzt bewog es Grimmelshausen dazu, die geplante Veröffentlichung seiner *Continuatio des abentheurlichen Simplicissimi* um Monate zu verschieben und diese in einem exotischen Ambiente auf einer ähnlichen Insel enden zu lassen. Dieser Zusammenhang ist lange bekannt. Die intertextuellen Übernahmen sind seit den Arbeiten von Martin Günther 1922 und Jan Hendrik Scholte 1942 dokumentiert.[2] Gleichwohl hat die Grimmelshausen-Forschung um die englische

---

1   [Neville, Henry:] *The Isle of* Pines*, or, A late Discovery of a fourth Island in Terra Australis, Incognita*. London: Allen Banks and Charles Harper [27. Juni] 1668. Expl. der Huntington Library, URL: http://gateway.proquest.com. 001130as03f0.emedia1.bsb-muenchen.de/openurl?ctx_ver=Z39.88-2003&res_id= xri:eebo&rft_id=xri:eebo:image:95125, Abruf 12.08.2019; [ders:] *A New and further discovery of the Islle [sic!] of PINES, IN A Letter from Cornelius Van Sloetton, a Dutch-man, who first discovered the same in the Year, 1667*. London: Allen Banks and Charles Harper [22. Juli] 1668. Expl. der Huntington Library, URL: http://gateway.proquest.com.001130as04bf.emedia1.bsb-muenchen.de/ openurl?ctx_ver=Z39.88-2003&res_id=xri:eebo&rft_id=xri:eebo:image:177315, Abruf 12.08.2019.

2   Martin Günther: Zur Quellengeschichte des „Simplizissimus". In: *Germanisch-Romanische Monatsschrift* 10 (1922), S. 360–367; Jan Hendrik Scholte: Die deut-

Schrift und ihre Fortsetzung lange Zeit einen Bogen gemacht. Sie schien mit den Anliegen und dem Horizont Grimmelshausens wenig zu tun zu haben. Außer dem exotischen Ambiente und einer erzähltechnischen Figur – der nachgeschobenen Relation eines holländischen Schiffskapitäns – blieb unklar, was unseren Autor derart fasziniert haben könnte, dass er dieser Schrift einen solch bedeutenden Stellenwert für seinen Roman gab, zumal er ihren Inhalt ganz weitgehend modifizierte und nur punktuell aufzugreifen schien. Vor allem hat man sich nicht damit beschäftigt, was es mit dieser englischen Schrift und ihrer Fortsetzung eigentlich auf sich hatte. Hier haben Forschungen der letzten Jahrzehnte einigen Aufschluss geben können. Wichtige historische Zusammenhänge wurden rekonstruiert. Die Zeitschrift *Utopian Studies* widmete der *Isle of Pines* 2006 sogar ein Sonderheft. Es ist inzwischen klar, dass es sich bei der Schrift um eine politische Satire mit hochaktuellen politischen und politiktheoretischen Bezügen handelte. Unklar ist, was Grimmelshausen damit anfangen, ja was er davon überhaupt nachvollziehen konnte.

Insofern es sich bei der *Isle of Pines* um die Erzählung der Besiedlung einer unbewohnten Insel handelt, wird hier ein spezifisches Gesellschaftsmodell vorgestellt. Man hat sie deshalb auch als ‚erste Robinsonade‘ oder als Gesellschaftsutopie aufgefasst. Für phantastischutopische Gesellschaftsentwürfe hat Grimmelshausen bekanntlich ein gesteigertes Interesse, auch wenn sie in der Regel satirisch desavouiert werden.[3] Im Fall der *Isle of Pines* wird die Vorlage nicht wie sonst zum diskursiven Gegenstand des Romans. Sie wird vielmehr in die Handlung selbst integriert, was ihr zusätzliches Gewicht verleiht.

Die Grimmelshausen-Forschung hat die *Isle of Pines*-Vorlage bis heute als eine Art voraufklärerisch-optimistische Gesellschaftsutopie erachtet. Bereits Max Hippe 1893 und Manfred Koschlig 1939 sahen in

---

sche Robinsonade aus dem Jahre 1669. In: *Neophilologus* 27 (1942), Heft 1, S. 115–132.

3   Vgl. für eine zusammenhängende Deutung der phantastisch-utopischen und einiger anderer Episoden als jeweils spezifische Diskursparodien: Thomas Borgstedt: Diskursparodie, Lehrhaftigkeit und Poesie. Zur Bewertung von Wissensdiskursen und Weltentwürfen in Grimmelshausens „Simplicissimus" und „Continuatio". In: *Lehrerfiguren in der deutschen Literatur. Literaturwissenschaftliche Perspektiven auf Szenarien personaler Didaxe vom Mittelalter bis zur Gegenwart.* Hrsg. von Frieder von Ammon und Michael Waltenberger. Berlin 2020 (Mikrokosmos 85), S. 199–240; zuvor ders.: Grimmelshausen, Luther und das Leiden der Kreatur. Die Schermesser-Episode als Diskursparodie. In: *Simpliciana* XXXVIII (2016), S. 423–451.

ihr die „Idee eines Idealstaates":[4] Grimmelshausen habe dieses ‚Phantasieprodukt' aber „schwerlich ernst genommen" und „jede direkte Bezugnahme" vermieden, meinte Koschlig.[5] Die Auffassung des Texts als eines utopischen Entwurfs blieb in der Folge konstant, sofern überhaupt auf die Schrift verwiesen wurde.[6] Im Kern verstand man das Werk in der Grimmelshausen-Forschung bis in die jüngere Gegenwart hinein als eine Art vor-Defoesche, quasi Rousseauistische Inselutopie, die ein naturnahes, sexuell freizügiges Gesellschaftsmodell entwerfe, von dem sich Grimmelshausens *Continuatio* kritisch absetze.[7] Diese Vorstellung von der *Isle of Pines* aber ist unzutreffend. Ich werde im Folgenden etwas näher auf die Hintergründe und die Publikationsgeschichte der englischen Erzählungen eingehen, bevor ich zu Grimmelshausens Umgang damit zurückkehre.

---

4 Manfred Koschlig: *Grimmelshausen und seine Verleger.* Leipzig 1939, S. 90; ähnlich bereits Max Hippe: Eine vor-Defoesche englische Robinsonade. In: *Englische Studien* 19 (1893), S. 66–104, hier S. 72.

5 Manfred Koschlig: Zur Continuatio (Rezension) (1941). In: ders.: *Das Ingenium Grimmelshausens und das ‚Kollektiv'. Studien zur Entstehungs- und Wirkungsgeschichte des Werkes.* München 1977, S. 35–44, hier S. 40.

6 Hubert Gerschs einflussreiche Arbeit bleibt am Bezug auf die unmittelbaren Quellen wenig interessiert und erwähnt sie lediglich hinsichtlich der geographischen Verortung der Insel; Hubert Gersch: *Geheimpoetik. Die „Continuatio des abentheurlichen Simplicissimi"* interpretiert als Grimmelshausens verschlüsselter Kommentar zu seinem Roman. Tübingen 1973, S. 54. Jean-Daniel Krebs stellt fest, „die antireligiöse Polemik des englischen Werks" ließe sich „kaum mit Grimmelshausens Intentionen vereinbaren"; Jean-Daniel Krebs: Die Insel-Utopie in Grimmelshausens „Simplicissimus". In: *Nouveaux Cahiers d'Allemand* 7 (1989), S. 329–347, hier S. 345–346. Sein Vorschlag einer anderen möglichen Quelle in Adam Olearius' *Reise-Beschreibungen* (1669) ist dagegen wenig stichhaltig (ebd., S. 339). Viele Arbeiten aus der Zeit vor der Digitalisierung der Quellentexte verzichten generell auf eine Diskussion der damals noch schwer zu erreichenden Vorlagen.

7 Dieter Breuer spricht von „Nevilles positiver Darstellung von Polygamie und Blutschande" und sieht bei Grimmelshausen „aus christlicher Sicht die Gegendarstellung zu Nevilles verlockender säkularer, frühaufklärerischer Darstellung des Paradieses"; Dieter Breuer: Grimmelshausens Inselutopie. In: *Simpliciana* XXIX (2007), S. 193–205, hier S. 199. Im gleichen Sinn Lars Kaminski: Die Kultivierung des Paradieses. Grimmelshausens „Creutz Jnsul" vor dem Hintergrund des „PINESER Eylands" von Henry Neville. In: *Hans Jakob Christoffel von Grimmelshausen.* Hrsg. von Heinz Ludwig Arnold. München 2008 (Text + Kritik Sonderband VI/08), S. 136–148, hier S. 139. Gegen eine utopische Perspektive bei Neville argumentiert dagegen bereits Worthington Chauncey Ford: *The Isle Of Pines (1668) and An Essay in Bibliography.* Boston 1920, S. 39.

Henry Nevilles *Isle of Pines*, erster Teil

Bei den *Isle of Pines*-Veröffentlichungen handelt es sich um eine politische Satire mit konkreten zeitgeschichtlichen Bezügen. Sie stehen im Kontext der politiktheoretischen Auseinandersetzung zwischen Republikanern und Monarchisten in der Zeit der Bürgerkriege und der kolonialpolitischen Konkurrenz Englands und der Niederlande und ihrer kriegerischen Auseinandersetzungen. Im zweiten Englisch-Niederländischen Krieg (1665–1667) hatte die englische Flotte beim Überfall im Fluss Medway im Juni 1667 eine schwere Niederlage, die Zerstörung zahlreicher Kriegsschiffe und die Kaperung ihres stärksten Admiralsschiffs *Royal Charles* im eigenen Land erfahren. Es handelte sich um eine erhebliche Demütigung des englischen Nationalstolzes.

Der Autor der *Isle of Pines* hatte auf dieses Geschehen einen ganz eigenen Blick. Der Schriftsteller, Satiriker und Politiker Henry Neville (1620–1694) war ein politisch radikaler Republikaner, *Member of Parliament* und entschiedener Kritiker absolutistischer Lehren vom Gottesgnadentum und patriarchaler Herrschaftslegitimation.[8] So hatte etwa der monarchistische Philosoph Robert Filmer (1588–1653) das unumschränkte Herrschaftsrecht des Monarchen auf die Bibel und auf Adam zurückgeführt, der es direkt von Gott erhalten und patriarchal an seine Nachkommen weitergegeben habe. Insofern hat die jüngere Forschung die Geschichte der *Isle of Pines*, auf der alle Bewohner von ihrem Stammvater Pines abstammen, in ihren Bezügen zur Geschichte des Gartens Eden und der biblischen Patriarchen auch als eine republikanische Parodie auf den politischen Filmerismus gelesen.[9]

Zugleich sah Neville die Verantwortung für die aktuelle kolonialpolitische und militärische Schwäche Englands beim König, Charles II., dessen zögerlichem politischen Handeln und seiner Konzentration auf seine hedonistische und dekadente Hofführung. Die ausschweifende Mätressenwirtschaft des Königs war sprichwörtlich. Von hier rührt Nevilles satirische Verknüpfung von Kolonialgeschehen und sexueller Promiskuität. Zugleich setzt dies die Tradition politisch-sexueller Satire

---

8   Vgl. etwa Gaby Mahlberg: Historical and Political Contexts of „The Isle of Pines". In: *Utopian Studies* 17 (2006), Heft 1, S. 111–129, hier bes. S. 113–117.

9   Susan Wiseman: „Adam, the Father of All Flesh": Porno-Political Rhetoric and Political Theory in and After the English Civil War. In: *Pamphlet wars. Prose in the English Revolution.* Hrsg. von James Holstun. Portland, Oregon 1992, S. 134–157, hier bes. S. 148–153.

aus den Zeiten des Civil War fort, die sich dort allerdings bevorzugt gegen die Republikaner richtete. Es geht also keineswegs um eine libertine Vision erotischer Freizügigkeit auf einer von der Natur gesegneten einsamen Insel, sondern vielmehr um die satirische Widerlegung der Funktionsfähigkeit einer rein patriarchal begründeten Herrschaftsordnung ohne gesetzliche Regulierungsinstrumente. Aktueller geht es um die Anklage von Dekadenz und Verfall der englischen Kultur und der englischen Kolonialpolitik unter der Stuart-Restauration sowie um deren patriarchalistische Legitimation.

Neville entwarf für seine Satire allerdings eine zweischrittige Publikationsstrategie, die er von Beginn an so geplant haben muss, um das Publikum – und vielleicht auch die Zensur – zunächst hinters Licht zu führen. Zuerst erschien ziemlich genau ein Jahr nach dem *Raid on the Medway* die kleine Schrift: *The Isle of Pines, or, A late discovery of a fourth island near Terra Australis Incognita.* Es handelt sich um den Bericht eines gewissen George Pines, der nach einem Schiffbruch einer Ostindienexpedition in der Gegend von Madagaskar mit vier überlebenden Frauen auf einer unbewohnten Insel strandet. Die intrikate Geschlechterkonstellation wird gleich auf dem Titel hervorgehoben: „one man and four women, whereof one was a *Negro*".[10] Pines selbst stellt sich als Buchhalter der Expedition vor. In Bezug auf die Filmersche Herrschaftslehre ist dies bereits der erste Bruch, denn der Stammvater ist bei Neville nicht der eigentliche ‚Herr', sondern bloß ein beliebiger Untergebener. Bei den Frauen handelt es sich um die junge Tochter seines Herrn, um zwei Mägde und eine schwarze Sklavin. Die Insel erweist sich als reich an Pflanzen und Tieren und ist insgesamt mit einer üppigen und freundlichen Natur gesegnet. Das Vorbild für die Inselbeschreibung bildet für Neville wie später für Grimmelshausen der Ostindienreisebericht der Gebrüder De Bry von 1601 und der dort beschriebene Aufenthalt auf der Insel Mauritius.[11] Erzählt wird von Pines nun wie in der biblischen Vätergeschichte hauptsächlich die Vermeh-

---

10   Neville, *Isle of Pines* (wie Anm. 1), S. 1.

11   Johann Theodor und Johann Israel De Bry: *Fünffter Theil der Orientalischen Indien. Eygentlicher Bericht vnd warhafftige Beschreibung der gantzen volkommenen Reyse oder Schiffart, so die Holländer mit Acht Schiffen in die Orientalische Indien, sonderlich aber in die Javanische vnd Molukische Inseln, als Bantam, Banda und Ternate, & c. gethan haben.* Frankfurt a. M. 1601, Digitalisat der Bayerischen Staatsbibliothek, URL: http://daten.digitale-sammlungen.de/bsb00074918/images/, S. 4–9, Abruf 12.08.2019; vgl. für die Stellennachweise Günther, Quellengeschichte (wie Anm. 2), S. 361–366.

rung seiner Inselgesellschaft, die noch innerhalb seiner Lebenszeit auf 1789 Personen angewachsen sein soll. Während Pines darauf ausgesprochen stolz ist, lässt sein Bericht erhebliche Zweifel an der moralischen Vorbildlichkeit seines Verhaltens aufkommen. Ich zitiere aus der deutschen Übersetzung, die Grimmelshausen vermutlich benutzt hat. Angesichts der üppigen Natur nahmen die Dinge demnach folgendermaßen ihren Lauf:

> Der Müssiggang und die Fülle von allem erweckten in mich einen lust und begierde zu das Frawen-Volck/ ich würde Täglich freyer und lieberaler mit ihnen; die zwey Mägde hätte ich schon zu meinem willen/ und schlief bey Sie so oft ich wollte: anfangs thäte ich solches zwar heimlich und verborgen/ hernacher aber/ da die gewohnheit der Scham den Kopf abgebissen/ thäten wirs fein offenbahr/ nachdem uns die Lust darzu anreitzete.[12]

Die satirische Zuspitzung dieser Darstellung musste zeitgenössisch mit Händen zu greifen sein. Am Anfang stehen Müßiggang und Wollust. Das sich einstellende Schamgefühl wird aus Gewohnheit ignoriert und die Lust reizte schließlich sogar dazu, den promisken Verkehr unverhüllt und offen zu betreiben. Neben den moralischen werden auch alle sozialen und selbst ‚rassischen' Grenzen überschritten:

> Die erste womit ich mich belustiget/ war die längste und schönste/ und ward alsobald schwanger. Die ander war meines Herrn Tochter; Die Dritte blieb auch nicht lange frey. Es hette nun ein jeder ihren theil außgenommen die Mohrin/ welche den handel biß dahero zugesehen/ kriegte auch lusten mit befodert zu werden/ und verfügte sich/ jedoch mit uhrlaub der andern/ des Nachtes bey mir/ der meinung mich im finstern zu betriegen; aber als ich mich ermuntert/ und umb mich gefühlet/ wurde ich alsobald den Betrug merckend/ gleichwohl aber/ wie man doch immerhin nach etwas newes ringet/ und die änderung auch newen apetit wircket/ also kriegte ich auch lusten nach etwas neues/ und um einen Unterscheid zu prüven ließ ich mich vor dasmahl mit ihr gnügen so wol als mit die andern/ und wurde sie dieselbe Nacht auch befrüchtet […]. (*WB* 17/18)

---

12 [Henry Neville:] *Wahrhafftige Beschreibung des neu erfundenen* PINESER *Eylands/ sampt dessen Völckern. Oder eine Wunderliche Erzehlung von dem vierten neugefundnen Eylande in* terra Australis incognita. [o. O.] 1668. Unpag. Digitalisat der Bayerischen Staatsbibliothek, URL: http://mdz-nbn-resolving.de/urn:nbn: de:bvb:12-bsb10278958-6 (fehlende oder unvollständige Seiten des Digitalisats ergänzt nach der Druckausgabe der Bayerischen Staatsbibliothek, Sign.: Brit. 108#Beibd.1), Scan 17, Abruf 12.08.2019. – Der Text wird im Folgenden nach dem Digitalisat mit Sigle WB und Nummer des Scans in runden Klammern zitiert.

Deutlich wird, wie markant die sittlichen und sozialen Grenzüberschreitungen betont werden und wie moralisch prekär die angeführten Rechtfertigungen ausfallen. Nicht nur handelt es sich um außerehelichen Beischlaf und Polygamie, es werden zudem soziale Schranken nach oben und nach unten verletzt und schließlich auch das kolonialpolitische Verbot der ‚Rassenvermischung‘ überschritten.[13] Motivation ist die dreifach genannte ‚lusten nach etwas newes‘, Wollust und *Curiositas*. Es ist die exakt gleiche Klaviatur, auf der der moralische Diskurs bei Grimmelshausen spielt. Seine moralische Einschätzung dieser satirisch zugespitzten Darstellung kann somit nicht zweifelhaft sein.

Besonders an Nevilles Text ist auch die Darstellung der Natur dieser Insel. Sie erweist sich als „lustiger und anmuthiger Ohrt" und „ahrtiger Lusthoff". Man sucht vergeblich „schädliche Thiere" und es herrscht an „Essen wahren kein mangel" (*WB* 16). Ja, die Wohltätigkeit der Natur geht so weit, dass die Inselgesellschaft sich nicht einmal um ihre Säuglinge kümmern muss: „derowegen legten wir sie in einem allhier sehr sanfften Gewächse nieder/ und liessen sie dan weiters auff Gottes Gnad ihre Zeit über liegen" (*WB* 19). Es handelt sich offensichtlich um eine Parodie des Gartens Eden. Wieder führt die angebliche ‚Freundlichkeit‘ der Natur zu einem geradewegs ‚widernatürlichen‘ Verhalten der Insulaner. Damit aber erweist sich der Koloniegründer George Pines zumindest in moralischer Hinsicht als ein unzuverlässiger Erzähler beziehungsweise die ganze Erzählung als Satire.

Gleichwohl gibt es eine Reihe von Hinweisen, dass die Geschichte als eine Entdeckungsgeschichte zunächst für bare Münze genommen wurde. Womöglich hat Neville es auch genau so geplant. Am deutlichsten wird dies, wenn bereits im Oktober in Hamburg eine Gegen-Schrift unter dem Titel *Das verdächtige* PINESER-*Eyland* erscheint, in der beschrieben wird, wie erfolgreich die Schrift war und dass Händler nicht in See stachen, um auf weitere Nachrichten von der neu entdeck-

---

13 Beach verweist auf das Verbot der ‚Rassenvermischung‘ in den englischen Kolonien und sieht im Verhalten von George „his very renunciation of Englishness"; Adam R. Beach: A profound pessimism about the Empire: „The Isle of Pines", English degeneracy and Dutch supremacy. In: *The Eighteenth Century* 41 (2000), S. 21–36, hier S. 27, unter Bezug auf Amy Boesky: Nation, Miscegenation: Membering Utopia in Henry Neville's „The Isle of Pines". In: *Texas Studies in Literature and Language* 37 (1995), Heft 2, S. 165–184, hier S. 169.

ten Insel zu warten.[14] Der anonyme Autor – Magnus Gartner – machte sich die Mühe, sämtliche Unstimmigkeiten des Texts aufzulisten, um dessen Lügenhaftigkeit zu erweisen. Eine seiner ersten Einsichten besteht in der Vermutung, dass der Name „Pines" nichts anderes als ein Anagramm für „Penis" sein könnte.[15] Immerhin handelt die Geschichte hauptsächlich von der besonderen Fortpflanzungsfähigkeit des Inselbesiedlers. Diese Einsicht Gartners scheint sich durchgesetzt zu haben. 1685 stellt der namhafte Weißenfelser Poesie-Professor und Schriftsteller Christian Weise in der Anzeige der *Insula Pines* in seinen *Schediasma curiosum* kurz und bündig deren Fiktionalität fest und: „*qvod Pines per anagramma esset Penis*".[16] Diese Anagramm-Vermutung ist nicht unplausibel, bedenkt man, dass Neville satirisch nicht zuletzt auf die sexuelle Potenz seines Königs zielte.

Ein weiteres Argument für die primäre Entdeckerperspektive der frühen Rezeption bietet die Übersetzungsgeschichte. Die frühesten Übersetzungen erfolgten innerhalb von Wochen in den Niederlanden. Diese dienten als Vorlage für die zahlreichen Übertragungen ins Deutsche, die alle noch im gleichen Jahr 1668 erschienen. In Deutschland wurde der Text offenbar außerhalb Englands am stärksten rezipiert. Daneben gab es rasche Übersetzungen ins Französische und Italienische. Die erste niederländische Übersetzung erschien in Amsterdam. Dabei fehlten Passagen, die eine weitere, in Rotterdam erschienene Übersetzung ergänzte. Die erste deutsche Übersetzung, 1668 bei Serlin in Frankfurt am Main, stützte sich bereits auf beide niederländischen Versionen des Textes.[17]

---

14 M. M. G. N. S. [d. i. Magnus Gartner]: *Das verdächtige PINESER-Eyland/ oder: Verfassung einiger Vernunftmässigen Gründe/ welche die/ außgesprengter Beschreibung nach/ neu erfundene Insul/ PINES genand/ also verdächtig/ und dero Beschreibung so gar lügenhafft machen [...]*. Hamburg [Oktober] 1668, „Vorrede an den neugierigen Leser", fol. Aiij[v]. Digitalisat, URL: https://books.google. co.uk/books?vid=BL:A0020371899 [Expl.: The British Library, St. Pancras], Abruf 31.07.2019.

15 Gartner, *Das verdächtige PINESER-Eyland* (wie Anm. 14), fol. A[vv] (Kap. I des Hauptteils).

16 Christian Weise: *Schediasma curiosum de lectione novellarum [...]*. Frankfurt a. M. [u. a.] 1685, S. 53. Digitalisat der Bayerischen Staatsbibliothek, URL: http:// mdz-nbn-resolving.de/urn:nbn:de:bvb:12-bsb11078067-7 [Expl.: Staatliche Bibliothek Regensburg, Sign: 999/A.Diss.11590], Abruf 12.08.2019. Vgl. den unvollständigen Hinweis auf Weise bei Ford, *The Isle of Pines* (wie Anm. 7), S. 39.

17 Vgl. dazu Hippe, *Eine vor-Defoesche Robinsonade* (wie Anm. 4), S. 78–84.

Die politische Dimension der *Isle of Pines* wird in diesem ersten Teil der Nevilleschen Veröffentlichung noch nicht recht kenntlich. Sie tritt erst im zweiten Teil, dem Bericht des holländischen Schiffskapitäns, deutlicher ins Zentrum. Da Grimmelshausen in der *Continuatio* vor allem aber diesen ersten Teil heranzieht, lässt sich bereits jetzt die Frage beantworten, worin denn das besondere Interesse des Autors an dieser Veröffentlichung bestanden haben könnte. Methodisch gelingt dies durch einen differenzorientierten Vergleich. Was hat er intertextuell von der *Isle of Pines* übernommen und was nicht, was hat er in welcher Weise modifiziert und welche mögliche Motivation lässt sich daraus ableiten?

Simon Meron und die Kontrafaktur der *Isle of Pines*

Sicher nicht interessiert hat Grimmelshausen eine mögliche utopische Idealstaatskonzeption Nevilles, die man immer wieder erkennen wollte. Weder war dies in der Vorlage angelegt oder ausgeführt, noch greift Grimmelshausen irgendwelche ordnungs- oder bevölkerungspolitischen Implikationen des Textes auf. Was er dagegen aufgreift, ist die sexuelle Verführung des männlichen Protagonisten durch die schwarze Sklavin unter den Frauen des George Pines. So überführt er die bereits zitierte Verführungssituation Pines' in das Verführungsgespräch der auf der Insel des Simplicius ‚angeschwemmten' Abessinierin mit Simon Meron. Davon erzählt Simplicius, Simon und die Abessinierin wurden

> [...] so vertreulich daß sie auch von einer Trauung zwischen ihnen beyden zureden begundten/ von welcher aber die vermeinte Abissinerin nichts hören wolte/ es wäre dann sach daß mein Cammerrath der Zimmerman sich allein zum Herrn der Jnsul machte und mich auß dem Weg raumbte; es wäre/ sagte sie/ ohnmüglich daß sie ein friedsambe Ehe miteinander haben können/ wann noch ein Unverheurather neben ihnen wohnen solte [...].[18]

---

18 Hans Jacob Christoffel von Grimmelshausen: *Continuatio des abentheurlichen Simplicissimi*. In: *Werke*. I. 1. Hrsg. von Dieter Breuer. Frankfurt a. M. 1989 (Bibliothek der Frühen Neuzeit 4. 1), S. 664. – Der Text wird im Folgenden nach der Edition von Breuer mit Sigle *Co* und Seitenangabe in runden Klammern zitiert.

Die zitierte Stelle zeigt, wie Grimmelshausen den Prätext verwertet. Da
er die Insel des Simplicius als finale Eremitage der *Continuatio* gestaltet, reduziert er die Frauengesellschaft der Insel Pines und übernimmt
nur eine einzige, allerdings die moralisch prekärste Figur, und gestaltet
sie als Versuchung des Einsiedlers durch den Teufel. Da Grimmelshausen die Pinesische Vielweiberei in der *Continuatio* nicht gebrauchen
kann, gestaltet er den Verführungsversuch unabhängig vom mönchi-
schen Simplicius als Eifersuchtskonstellation und als Mordkomplott
gegen diesen. Dabei wird das Hauptmotiv der Insel Pines, die gewaltige
Bevölkerungsvermehrung der Inselgesellschaft,[19] in der Verführungsre-
de der Abessinierin bloß noch rhetorisch aufgenommen, wenn sie Simon die Alternative ihrer möglichen Verbindung mit Simplicius und
Simons daraus folgende langjährige Ehelosigkeit abschreckend vor
Augen stellt:

> [...] zwar weiß ich einen besseren Rath/ wann ich mich je vermählen: und auff
> dieser Jnsul (die wol 1000. oder mehr Personen ernähren kan) das Menschlich-
> Geschlecht vermehren soll; nemblich diesen/ daß mich der Alte eheliche; dann
> wann solches geschehe/ so wäre es nur umb ein Jahr oder 12. oder längst 14.
> zuthun/ in welcher Zeit wir etwan ein Tochter miteinander erzeugen werden/
> ihme solche verstehe dem Zimmerman ehlich beyzulegen [...]. (*Co* 664–665)

Grimmelshausen interessiert sich über diese Bemerkung der Abessinierin hinaus nicht für die Pinessche patriarchale Familien- und Gesell-
schaftsgründung. Er konzentriert sich vielmehr auf die Darstellung
einer vollständig freundlichen Natur und auf die erotische Verführungssituation und ihre moralische Bewertung. Diesen Zusammenhang liefert
ihm die Nevillesche Erzählung in wünschenswerter Deutlichkeit. Hatten wir bisher festgestellt, dass Grimmelshausen mit anthropologischer
Skepsis auf erlösungshafte Gesellschaftsmodelle wie die Jupiter-Vision
vom Teutschen Helden oder die Gemeinschaft der ungarischen Wieder-
täufer reagiert, so liefert Neville diese anthropologische Skepsis gleich
mit. Sein Protagonist verfällt aufgrund der wohltätigen Natur in Müßiggang, Wollust und Neugier. Es scheint vor allem dieser Zusammenhang zu sein, der Grimmelshausens Faszination durch den Nevilleschen
Text begründet. Er verwandelt die Nevillesche Satire einer durch Müßiggang und Wollust prosperierenden Kolonialgesellschaft im Rahmen

---

19   Als bloß ‚vermutlichen' Hinweis auf das Motiv der Bevölkerungsvermehrung bei
     Pines sieht Breuer in seinem Kommentar die Verführungsrede der Abessinierin
     (*Co* 1038, Stellenkommentar zu *Co* 665, 1–2).

seiner Erzählung nun allerdings in die legendenförmige Geschichte der Versuchung des Simplicius und seines Begleiters durch den Teufel. Insofern kann man von einer Kontrafaktur des Prätextes in der Inselerzählung der *Continuatio* sprechen.[20]

Signifikante Motive der Erzählung werden dabei von Grimmelshausen verändert. So wird die Verführungsszene des George Pines auf Simplicius' Begleiter Simon Meron umgelenkt. Nicht ganz klar ist bisher die genaue Funktion dieser Figur. Wozu benötigt Simplicius einen Begleiter auf seiner Insel? Warum trägt er seinen eigentümlichen Namen, warum ist er Zimmermann? Und warum stirbt er bald wieder und verschwindet? Im Blick auf den Vorlagentext lassen sich auf diese Fragen Antworten skizzieren. Simon Meron ist das Objekt der Verführung der Abessinierin. Der bekehrte Simplicius selbst sollte dafür wohl nicht mehr in Frage kommen. Damit tritt Simon in die Rolle des George oder in der niederländischen Übersetzung Joris Pines ein. Für genau diese Rolle wird SIMON MERON offenbar gebraucht. Somit ist es vermutlich kein Zufall, dass sein Name exakt die gleiche Anzahl von Buchstaben besitzt, wie der von JORIS PINES. Es handelt sich sogar um ein unvollständiges Anagramm: Lediglich die Initialen „J" und „P" werden jeweils durch „M" ersetzt. „O" und „N" werden an Stelle von „I" und „S" verdoppelt. Das wiederum ermöglicht ein weiteres Anagramm des Namens, nämlich das von mir bereits an früherer Stelle vorgeschlagene „NOMINE MORS":[21] mit Namen ‚Tod'. Dass Grimmelshausen auch mehrfache Namensanagramme liebte, zeigt sein Umgang mit dem eige-

---

20 Vgl. zum Begriff der Kontrafaktur Theodor Verweyen, Gunther Witting: Parodie, Palinodie, Kontradiktio, Kontrafaktur. Elementare Adaptionsformen im Rahmen der Intertextualitätsdiskussion. In: *Dialogizität*. Hrsg. von Renate Lachmann. München 1982, S. 202–236; den Begriff erwähnt bereits Wiethölter in Bezug auf den *Simplicissimus*; Waltraud Wiethölter: „Baldanderst Lehr und Kunst". Zur Allegorie des Allegorischen in Grimmelshausens „Simplicissimus Teutsch". In: *Deutsche Vierteljahrsschrift für Literaturwissenschaft und Geistesgeschichte* 68 (1994), S. 45–65, hier S. 60; impliziert wird der Begriff auch von Breuer, Grimmelshausens Inselutopie (wie Anm. 7), S. 199.

21 Die Frage nach einer möglichen anagrammatischen Bedeutung des Namens „Simon Meron" hat Peter Heßelmann auf der Grimmelshausen-Tagung in Oberkirch 2007 gestellt. Ich habe die mögliche Teilantwort NOMINE MORS daraufhin bereits in meinem Titelkupfer-Aufsatz vorgeschlagen: Thomas Borgstedt: Emblem der Autorschaft. Das Titelkupfer des „Abentheurlichen Simplicissimus" im Kontext von Impresentheorie und Wunderzeichenliteratur. In: *Simpliciana* XXIX (2007), S. 329–358, S. 331 u. 348, Anm. 10.

nen Namen.[22] Mit dem „M" in „SIMON MERON" wird der Tod in den Namen des Joris Pines eingefügt. Dessen Geschichte wird so dem Tod assoziiert. Dies passt nicht nur zu der Todsünden-Allegorese, die Lars Kaminski der Kiste gewidmet hat, die die Abessinierin bei sich führt. Die Kiste enthält demnach verschiedene Objekte, die durchgängig auf die Todsünden verweisen.[23] Auch die Handlung um Simon Meron kommt immer wieder auf das Motiv des Todes zurück. So besteht das Komplott mit der Abessinierin darin, dass Simon den Simplicius „hinderrucks oder im Schlaff mit seiner Axt erschlagen solte" (*Co* 665). Nach Abgang der Teufelin und nach seiner Reue verfällt er bei der Kultivierung der Insel bekanntlich seinem eigenen Palmwein: „hernach soffe er sich so voll darin/ das er dorckelte/ und solches thät er auff die letzte gleichsam alle Tage" (*Co* 671). Simplicius muss Simons „Begirten den Zaum lassen", um sich nicht vorwerfen zu lassen, er gönnte ihm nicht den Genuss (*Co* 671). Überdeutlich sind bei Simon die Pinesischen Motive der Lust und des Überflusses am Werk.[24] Dies führt bald dazu, dass sich „entlich Lung und Leber entzündete" und er alsbald den Simplicius, „die Jnsul und den *Vin de Palm* durch einen frühzeitigen Todt zugleich quittirte" (*Co* 673). Simplicius macht ihm folgende Grabschrift:

> Daß ich hier: und nicht ins Meer bin worden begraben/
> Auch nit in d'Höll; macht daß umb mich gestritten haben/
> Drey Ding! Das erste der wüthende *Ocean*!
> Das zweit: der grausamb Feind! der höllische *Sathan*;
> Diesen entranne ich durch GOttes Hülff auß mein Nöthen
> Aber vom Palmwein/ dem dritten/ ließ ich mich tödten. (*Co* 673)

---

22 Vgl. den Dekonstruktionsversuch von Nicola Kaminski: H. I. C. V. G. oder Die Begründung fiktiver Autorschaft im „Beschluß" der „Continuatio des abentheurlichen Simplicissimi". In: *Simpliciana* XXXVI (2014) 299–323; mit gegenteiliger Schlussfolgerung Rainer Hillenbrand: *Erzählperspektive und Autorintention in Grimmelshausens „Simplicissimus". Ein poetologischer Kommentar.* Frankfurt a. M. [u. a.] 2008, S. 251.

23 Kaminski versteht den Inhalt ihrer mitgeführten Kiste – kostbare Kleider, Geschirre und Waffen – als Allegorien der Todsünden: Lars Kaminski: *Vita Simplicii. Einsiedlerleben und Antoniusverehrung bei Grimmelshausen.* Frankfurt a. M. [u. a.] 2010, S. 19–58.

24 Betont wird dies noch, wenn Simplicius selbst sich nach dem Tod Simons angesichts der „Güter und Gaben dises Orts" bemüht, dass er „deren Uberfluß nicht missbrauchte" (*Co* 673–674).

Auch in seiner Grabschrift bleibt der (frühe) Tod sein Attribut und letztes Wort. Dies stellt erneut eine Kontrafaktur zu Joris Pines dar, der als Patriarch im ‚80sten Jahr' seines Alters seine zahlreichen Nachkommen zählt (*WB* 26). Auch nach seinem Tod muss der Zimmermann dagegen seiner Sünden wegen noch als Untoter wiederkehren, weil er nämlich sein Geld versteckt hat und sich darauf „mehr als auff GOtt verlassen" (*Co* 675). Erinnert man sich jetzt noch an die ursprüngliche anagrammatische Übereinstimmung mit „Penis", ergibt sich eine ausgesprochen sinnträchtige Konfiguration, die vom Organ der Wollust zur Verkörperung des Todes führt und somit die Wollust als Todsünde zur Darstellung bringt:

PENIS
JORIS PINES

SIMON MERON
NOMINE MORS

Warum aber ist Simon Meron ein Zimmermann, wo doch Joris Pines als „Buchhalter" eingeführt wird (*WB* 9)? Bereits der zeitgenössische Kritiker Gartner fragte sich, was überhaupt ein Buchhalter auf einem Schiff zu suchen habe.[25] Pines ist bei Neville ein Schriftmensch, weil er die Geschichte seiner Inselbesiedelung aufschreiben soll. Bei Grimmelshausen ist dagegen Simplicius der Autor. Ein weiterer wird da nicht gebraucht. Dagegen vertritt Simon Meron als Zimmermann nun die Leiblichkeit und das Materielle: Er kann Palmwein herstellen und mit natürlichen Hilfsmitteln Kleider nähen.[26] Zugleich ist er vollständig den körperlichen Begierden und Leidenschaften verfallen, was eine unmittelbare Entsprechung zur Gestalt des Joris Pines darstellt. Ausdrücklich als Zimmermann aber wird er gebraucht, als er zur Buße für seinen Mordplan ein Kreuz errichten soll (*Co* 668). Nach Jan Hendrik Scholte ist das Kreuz von der detaillierten Abbildung des Hafens der Insel *do Cerne* (später: Mauritius) bei den Brüdern de Bry angeregt.

---

25 Gartner, *Das verdächtige PINESER-Eyland* (wie Anm. 14), fol. Aviij^v (Kap. VIII des Hauptteils).

26 So macht er es möglich, dass sie sich Kleider machen, um nicht wie die Pineser und „wie das unvernüfftige Vihe nackent: sonder als ehrliche Christen auß *Europa* bekleidet" zu gehen (*Co* 672).

Diese Abbildung zeigt in der Mitte nicht weit vom Ufer ein solches Kreuz (Abb. 1).[27] Indem Simon Meron „nicht nur ein Creutz in die Nidere sonder auch zwey auff das Gebürg" und zwar „auff die höchste Gipffel deß Gebürgs" errichtet (*Co* 668), überbietet er seine Vorlage, bezieht sich auf die „Conterfactur der Insel", die sehr hohe Berge zeigt, von denen auch im Text die Rede ist, und markiert mit den Kreuzen seine Insel. Als die holländische Schiffsmannschaft im „Anhang" der *Continuatio* diese Kreuze entdeckt, tauft sie die Insel nicht „Mauritius", sondern „Creutz Jnsul" (*Co* 682).[28]

Die Begebenheiten um Simon Meron und die Abessinierin sind als Versuchungen des heiligmäßigen Eremiten Simplicius beschrieben. Da Simon Meron anagrammatisch als „Tod" und die Abessinierin ausdrücklich als teuflisch bezeichnet werden (*Co* 666–668),[29] kann man in ihrer Überwindung sprichwörtlich die von „Tod und Teufel" erkennen. Nicht zuletzt erinnert dies an den Meisterstich von Dürer, der im 17. Jahrhundert sehr bekannt war: geradezu als „Ritter gegen Tod und Teufel" könnte der Einsiedler Simplicius hier in kontrastiver Absetzung vom Joris Pines der Vorlage inszeniert worden sein (Abb. 2).[30]

---

27 Conterfactur der Insel *Do Cerne* sonst *Mauritius* genannt. In: De Bry, *Fünffter Theil* (wie Anm. 11), Abb. 1 des angehängten Abbildungsteils; Digitalisat, URL: http://daten.digitale-sammlungen.de/bsb00074918/image_79, Abruf 12.08.2019; vgl. dazu Scholte, Die deutsche Robinsonade (wie Anm. 2), S. XXV; *Co* 1039, Stellenkommentar von Breuer zu *Co* 668, 23.

28 Diese Inseltaufe entspricht der historischen Benennung von „Mauritius" durch die holländische Ostindien-Expedition; De Bry, *Fünffter Theil* (wie Anm. 11), S. 4.

29 Vgl. zur Deutung dieser Szene insbes. Peter Strohschneider: Kultur und Text. Drei Kapitel zur „Continuatio des abentheuerlichen Simplicissimi", mit systematischen Zwischenstücken. In: *Kulturwissenschaftliche Frühneuzeitforschung. Beiträge zur Identität der Germanistik.* Hrsg. von Kathrin Stegbauer, Herfried Vögel und Michael Waltenberger. Berlin 2004, S. 91–130, bes. S. 116–117.

30 Ausdrücklich wird dies nicht formuliert, dem ,Geist' nach trifft das Bild die Sache aber durchaus gut. Vgl. für die Bedeutung von bildlichen Darstellungen und Flugblättern für Grimmelshausen: Richard Erich Schade: Text and Image. Representation in Grimmelshausen's „Continuatio". In: *The German Quarterly* 64 (1991), Heft 2, S. 138–148; Silvia Serena Tschopp: Zum Verhältnis von Bildpublizistik und Literatur am Beispiel von Hans Jacob Christoffel von Grimmelshausens „Simplicissimus". In: *Erkennen und Erinnern in Kunst und Literatur. Kolloquium Reisensburg, 4.–7. Januar 1996.* Hrsg. von Dietmar Peil. Tübingen 1998, S. 419–436; Michael Schilling: Flugblätter als Wegbereiter Grimmelshausens. In: *Simpliciana XXXII* (2010), S. 121–133; zur zeitgenössischen Popularität Dürers: Carolin Kraft: *Dürer und die Kunst des 17. Jahrhunderts: Facetten künstlerischer Rezeption.* Hamburg 2007.

Grimmelshausen nutzt den ersten Teil des *Isle of Pines*-Berichts also dazu, das Aufbrechen des Lasters auch und gerade in einer paradiesischen Umgebung herauszustreichen. Er durchschaut partiell jedenfalls Nevilles Tarnung, der die Geschichte des George Pines in seinem Bericht zunächst in einem positiven Licht erscheinen lässt. Grimmelshausen erkennt die Motive des Müßiggangs, der Wollust und der *Curiositas* und hebt genau diese bei seiner Figur des Simon Meron hervor. Entsprechend spitzt er ihre Folgen zu und macht aus der sexuellen Grenzüberschreitung von Pines ein Mordkomplott und aus seiner Geliebten eine veritable Teufelsgestalt.

Theologisch gesprochen ist die Natur zwar auch auf der Kreuzinsel freundlich, doch hält sie gleichwohl und erst recht die Tücken menschlicher Laster bereit. Diese sorgen als teuflische Versuchungen dafür, dass es auch hier ohne moralische Anstrengungen nicht geht. Die von Simplicius immer wieder beschworene moralische Willensfreiheit macht den Menschen auch in diesem „Schlauraffenland" und Beinahe-Paradies grundsätzlich verführbar. Die freundliche Natur wird in der *Continuatio* somit nicht zu einem innerweltlichen Paradies und ermöglicht auch kein utopisches Gesellschaftsmodell. Sie wird trotz ihrer Wohltätigkeit zu einem Ort der geistlichen Meditation, des Rückzugs aus der Welt und – nicht zu vergessen – des poetischen Schreibens.[31]

Die Relation des Jean Cornelissen

Wie eingangs bemerkt lässt Henry Neville auf den ersten Teil der *Isle of Pines* wenige Wochen später einen zweiten Teil folgen mit dem Titel „A New and further discovery of the Isle of PINES, IN A Letter from *Cornelius Van Sloetton*, a *Dutch-man*, who first discovered the same in the Year, 1667". Dieser briefliche Bericht eines holländischen Schiffskapitäns umfasst 24 Seiten. Die ausführliche Erzählung berichtet von der Entdeckung der englischen Insulaner durch die Holländer und vom

---

31 Andreas Merzhäuser: *Satyrische Selbstbehauptung. Innovation und Tradition in Grimmelshausens „Abentheuerlichem Simplicissimus Teutsch".* Göttingen 2002, S. 217, hält es für eine Verfehlung des Simplicius, nicht „die Lieblichkeit der göttlichen Schöpfung anzunehmen". Merzhäuser verfehlt damit aus einer modernen, tendenziell ökologisch motivierten Perspektive Grimmelshausens theologisch und konfessionell motivierte Kritik einer spezifischen Naturoffenbarung.

degenerierten Zustand dieser Engländer. Die Inselbewohner haben keinerlei kulturellen Fortschritt aufzuweisen, sie sind nackt und nur mit
Palmblättern bekleidet, ihre Werkzeuge sind alt und stumpf und sie sind
als Nachfahren des stolzen englischen Seefahrervolks „altogether ignorant and meer strangers to ships, or shipping".[32] Auch mussten sie ihren
liberalen Lebenswandel aufgeben und eine quasi-monarchische Herrschaft mit strengen Gesetzen und Strafen einführen, um soziale Konflikte zu vermeiden. Schließlich müssen die holländischen Besucher
dem „Governor" sogar gegen einen Aufstand militärisch beistehen, da
die Pineser ihre patriarchale Ordnung selbst nicht aufrechtzuerhalten
vermögen.[33] Hier kommt Nevilles antipatriarchale Stoßrichtung deutlich zum Ausdruck. Der zweite Teil der *Isle of Pines* ist folglich emi-
nent politisch, und er erschüttert die im ersten Teil vorgestellte scheinbare Vorbildlichkeit der Inselgesellschaft bis ins Mark. Nicht mehr die
Entdeckungsgeschichte, sondern die Kultur und Gesellschaftsordnung
der Inselbewohner stehen nun im Mittelpunkt.

Mit dem Bericht des Schiffskapitäns findet bei Neville ein erzählerischer Perspektivenwechsel statt. Man ist seit langem davon ausgegangen, dass Grimmelshausens praktisch identischer Perspektivenwechsel
in seiner *Relation Jean Cornelissen von Harlem* am Schluss der *Continuatio* von diesem Vorbild Nevilles angeregt war. Beide Berichte erfüllen die gleiche erzählerische Funktion: sie bieten eine neue Außenper-
spektive auf das Geschehen und sie vermögen logisch zu erklären, wie
die jeweiligen Lebensgeschichten von Pines beziehungsweise Simplicius ihren Weg nach Europa und in den Druck gefunden haben.[34] Re-
zeptionstechnisch gibt es hier allerdings ein Problem. Nevilles zweiter
Teil fand praktisch keinen Eingang mehr in die europäischen Übersetzungen seines Texts. Es ist deshalb zweifelhaft, ob Grimmelshausen die
Nevillesche Fortsetzung überhaupt kennen konnte.

Außer der genannten erzähltechnischen Anlage finden sich nur
kleinere Entsprechungen zwischen dem Nevilleschen *Letter* und der
Relation des Kapitäns am Ende der *Continuatio*. So wird in beiden
Erzählungen ein Erdbeben beschrieben, wird Simplicius beziehungsweise dem pinesischen Insel-Gouverneur von den Holländern ein Haus
im europäischen Stil gebaut und werden den Insulanern von ihren Be-

---

32 Neville, *A New and further discovery* (wie Anm. 1), S. 5.
33 Neville, *A New and further discovery* (wie Anm. 1), S. 18–19; eine schlüssige
     Analyse der Ereignisse und Schilderungen des zweiten Teils bietet Beach, A pro-
     found pessimism (wie Anm. 13), S. 28–33.
34 So zuerst: Günther, Quellengeschichte (wie Anm. 2), S. 367.

suchern Werkzeuge wie eine Axt zurückgelassen.[35] Auch wenn diese Übereinstimmungen erstaunlich erscheinen, vermögen sie eine unmittelbare Kenntnis der Nevilleschen Fortsetzung durch Grimmelshausen nicht zu belegen. Es wird sich einfach um Parallelen handeln, die für solche Insel-Erzählungen naheliegend und typisch sind, denn sie differieren jeweils im Detail. Insgesamt hat das Geschehen der Nevilleschen Fortsetzung kaum etwas mit dem zu tun, was in der *Relation* des Jean Cornelissen in der *Continuatio* berichtet wird.

In London erschien kurz nach dem zweiten Teil noch eine dritte Publikation Nevilles zum Thema, die die beiden ersten Berichte zusammenführte. Dies geschah allerdings nicht in Form eines Anhangs, wie in der *Wahrhafftigen Beschreibung* und in der *Continuatio*. Neville fügte vielmehr den ursprünglichen Bericht von Pines in der Mitte in den Brief des holländischen Kapitäns ein.[36] Formal vollzog er somit die Kombination beider Texte auf eine Weise, die für Grimmelshausen nicht umsetzbar gewesen wäre. Dennoch mag auch diese Abweichung ein Argument dafür sein, dass Grimmelshausen die englischen Ausgaben nicht kannte.

Der zweite Teil der *Isle of Pines* wurde nicht mehr übersetzt und tauchte nur knapp paraphrasiert in außerenglischen Versionen auf. Das

---

35 So erleben die Holländer – allerdings nach ihrer Abreise auf Madagaskar – „a very great Earthquake, which tumbled down many houses" (S. 22; vgl. *Co* 684: „ein grausamer Erdbidem / das meine Leut vermeinten die gantze Jnsul würde all Augenblick untergehen"); „we built up a Pallace for this *William Pines* the Lord of that Countrey; which, though much inferiour to the houses of your Gentry in *England* [...]" (S. 17; vgl. *Co* 694: „und liesse ohne sein Wissen durch unsere Zimmerleut widerumb ein neue Hütte auffrichten in der Form wie die lustige Garten-Häuser bey uns ein Ansehen haben"); „We carried him as a present some few Knives, of which we thought they had great need, an Ax or Hatchet to fell Wood [...], some few other things we also gave him" (S. 5; vgl. *Co* 698: „wir schencken ihm bey unserer Abraiß einen Englischen Prillen [...]/ welches auch das eintzige war so er von uns bittlich begehrt; [...] eine Axt/ ein Schauffel/ ein Hau/ zwey Stück baumwollen Zeüg von *Bengala*/ ein halb Dutzet Messer/ eine Schär/ zween küpfferne Häffen und ein par Kaninchen". Man kann sich fragen, ob die Kaninchen eine Anspielung auf die wundersame Bevölkerungsvermehrung der Pineser darstellen.

36 [Henry Neville:] *The ISLE of PINES, or, A late Discovery of a fourth ISLAND near* Terra Australis, Incognita *by Henry Cornelius Van Sloetten*. London: Allen Banks and Charles Harper [27. Juli] 1668. Expl. der Bodleian Library, Permalink: URL: http://gateway.proquest.com.0011300o0056.emedia1.bsb-muenchen.de/openurl?ctx_ver=Z39.88-2003&res_id=xri:eebo&rft_id=xri:eebo:image:44480:5, Abruf 12.08.2019, der eingeschobene, ursprüngliche Bericht des George Pines auf S. 7–16 (image 5–10).

paradiesische Element der ‚neu entdeckten' Insel wurde in Nevilles
Fortsetzung gründlich dekonstruiert. Auch von der erotischen Freizügigkeit blieb wenig übrig. Allerdings blieb auch das öffentliche Interesse an der Fortsetzung weitgehend aus, zumindest international. Die
meisten der unzähligen deutschen Ausgaben verschiedener Übersetzungen des Texts bieten lediglich den ersten Teil und im Titel einen
Hinweis darauf, wie dieser Text nach Europa gekommen sei: Die Insel
sei nämlich „durch ein Niederländisches/ Schiff/ ohngefähr von neuem
entdeckt worden" und der Text „von dem ersten Urheber dieser *Nation*
selbsten beschrieben/ von seines Sohns Sohne dem Niederländischen
Schiffe *communicirt*", wie es im Titel der Frankfurter Ausgabe bei
Wilhelm Serlin knapp heißt.[37] Eine einzige Ausgabe, die *Wahrhafftige
Beschreibung*, fügt dem ersten Teil einen ausdrücklichen Anhang mit
folgendem Titel hinzu: „Anhang Oder eine Erzehlung dessen/ was man
aus eines Bohtsmans Munde/ so selbst in Persohn mit am selbigen Eylande soll gewesen seyn/ glaubwurdig hat vernommen" (*WB* 28).[38] Dieser Anhang umfasst knapp vier Seiten und hat nur wenig mit der Nevilleschen Fortsetzung zu tun. Die Vorrede der *Wahrhafftigen Beschreibung* berichtet, die Übersetzung folge den holländischen Ausgaben und
sei mit dem englischen Original „*collationiret* und übereinstimmig
befunden worden". Dies ist einigermaßen glaubhaft, wie bereits Max
Hippe festgestellt hat.[39] Auf alle Hinweise bezüglich der Degeneration
der Inselbewohner wird in diesem „Anhang" allerdings verzichtet. Das
Inselparadies scheint unbeeinträchtigt, die Bewohner sind eifrig mit
Hüttenbau beschäftigt „und meist alle junge und wackere Menschen"
(*WB* 30). Im Mittelpunkt des Anhangs steht die Übergabe des Pine-
schen Lebensberichts und erneut die Hervorhebung der starken Vermehrung der Inselbevölkerung, „eine der wunderligsten Begebenheiten/

---

37 [Henry Neville:] Die neu-entdeckte Insul *PINES*. […]. In: Martin Meyer: *Phile-
meri Irenici Elisii Diarium Europaeum*, Bd. 17. Frankfurt a. M: Wilhelm Serlin
1668. Expl. der Bayerischen Staatsbibliothek, Sign: 4 Eur. 80-17, URL:
http://mdz-nbn-resolving.de/urn:nbn:de:bvb:12-bsb10352667-8, Scan 1077, Abruf
12.08.2019.

38 Aufgrund dieses Anhangs hat bereits Günther, Quellengeschichte (wie Anm. 2),
S. 366–367, die Ausgabe für die Vorlage Grimmelshausens gehalten. Im Gegensatz zu ihrem „Anhang" behauptet übrigens die Inhaltsangabe der gleichen Ausgabe, die Insel sei „von ein Deutsches Schiff" gefunden worden (*WB* 7).

39 So heißt es etwa, die Einwohner hätten die Holländer „höflich empfangen" und
„vor dem König oder Goubernatoren geführt", eine Konstellation, die nur die
originale englische Fortsetzung zu kennen scheint. Ein Übersetzungsvergleich
findet sich bei Hippe, Eine vor-Defoesche Robinsonade (wie Anm. 4), S. 84–88.

so die Welt fast jemahls vernommen" (*WB* 30–31) – eine superlativi-
sche Formulierung, die am Schluss von Grimmelshausens *Continuatio*
wiederzukehren scheint.[40] Nevilles satirische Dekonstruktion interessiert den Übersetzer also nicht. Der Anhang dient ausschließlich der
stärkeren Akzentuierung der Entdeckung der Pineser und der Authenti-
fizierung des übersetzten ersten Teils.

Grimmelshausen nutzt den Bericht des holländischen Schiffskapitäns bekanntlich in ganz anderer Weise. Dies wird in der Forschung
kontrovers diskutiert, worauf ich hier nicht detailliert eingehen will.
Insbesondere das von Gaede ins Spiel gebrachte Namensanagramm des
Jean Cornelissen für Cornelius Jansen scheint mir wenig tragfähig.[41]
Dafür sind die Namen zu geläufig und die theologischen Evidenzen zu
dürftig. Zudem ist Jean Cornelissen als Name eines Kapitäns der historischen Ostindien-Expedition belegt und somit anagrammatisch nicht
signifikant.[42] Auch wäre die nicht-explikative allegorische Verweisung

---

40 Vgl. den verwandten Superlativ, den Grimmelshausens Cornelissen bezüglich des
    simplicianischen Lebensberichts gebraucht: Das Buch erscheine ihm auf seiner
    Reise „am allermehresten Verwunderungs und Aufhebens werth zu seyn"
    (*Co* 679).
41 Vgl. Friedrich Gaede: *Substanzverlust. Grimmelshausens Kritik der Moderne.*
    Tübingen 1989, S. 107–108. Vgl. für Breuers Jansenismus-These: Dieter Breuer:
    Grimmelshausens simplicianische Frömmigkeit: Zum Augustinismus des 17.
    Jahrhunderts. In: *Frömmigkeit in der frühen Neuzeit. Studien zur religiösen Lite-
    ratur des 17. Jahrhunderts in Deutschland.* Hrsg. von Dieter Breuer. Amsterdam
    1984, S. 213–252; ders.: Grimmelshausen und das Kloster Allerheiligen. In: *Sim-
    pliciana* XXV (2003), S. 143–175; ders.: Grimmelshausen in den theologischen
    Kontroversen seiner Zeit. In: *Simpliciana* XXVI (2004), S. 339–359; und öfter.
42 Es ist hier nicht der Ort, die These von Gaede und Breuer zum Jansenismus bei
    Grimmelshausen ausgiebig zu diskutieren. Ihr stehen allerdings gewichtige Grün-
    de entgegen. Vgl. dazu bereits die kritische Diskussion bei Eric Achermann:
    Selbsterhaltung, Klugheit und Gerechtigkeit. Zur politischen und theologischen
    Anthropologie in Grimmelshausens „Ratio Status". In: *Simpliciana* XXXIV
    (2012), S. 43–78, bes. S. 70–74. Generell findet eine Rezeption des Jansenismus
    in Deutschland im 17. Jahrhundert noch kaum statt. Seit dem frühen 18. Jahrhun-
    dert zeigt sich ein Interesse am Jansenismus in protestantischen Kontexten im
    Rahmen zeitgenössischer irenischer Bestrebungen. Dies sind allerdings genuin
    protestantische Diskurse, die Irenik bildet kein genuines Merkmal des Jansenis-
    mus selbst. Insofern ist ein Interesse Grimmelshausens, sich gerade mit einer als
    häretisch apostrophierten Position des französischen Katholizismus zu identifizie-
    ren, schwer zu begründen. Für entsprechende Auskünfte danke ich Christoph
    Schmitt-Maass, der aktuell an einem DFG-Forschungsprojekt zur deutschen Jan-
    senismus-Rezeption im 17. und 18. Jahrhundert arbeitet. Vgl. auch: *Der Jan-
    senismus – eine „katholische Häresie"? Das Ringen um Gnade, Rechtfertigung*

auf eine positiv aufgefasste weltanschaulich autoritative Vorbildfigur, als die Jansenius zu gelten hätte, völlig untypisch für Grimmelshausens satirische Schreibweise und in der problematischen Gestalt des holländischen Schiffskapitäns narrativ auch ausgesprochen dysfunktional verkörpert.[43]

Insgesamt am plausibelsten erscheint mir nach wie vor die auf Hubert Gersch zurückgehende Deutung, die die holländische Schiffsmannschaft für eine allegorische Darstellung der Kritiker des Grimmelshausenschen *Simplicissimus* hält. Allein diese Deutung vermag die im Gegensatz zu Nevilles Vorlage zunächst ausgesprochen unfreundliche Aufführung der Holländer auf der Kreuzinsel zu erklären. Das Geschehen speist sich dabei intertextuell nicht mehr aus der *Isle of Pines*, sondern aus anderen Quellen, so aus den Ostindien-Reiseberichten der Gebrüder De Bry mit dem erwähnten Motiv des Kreuzes. Dort wird ferner von Schrifttafeln erzählt:

> Auff dieser Insel hat unser ViceAdmiral verordnet vnnd machen lassen ein Taffel von Holtz/ welche an ein Baum angeheftet worden/ auff daß wann je etliche Schiffe dahin kämen/ sie sehen und mercken möchten/ daß da Christen gewesen weren/ vnnd es worden mit Buchstaben darauff geschnitten diese Wort/ *Cristianos Reformatos*, Gereformirte Christen/ vnnd das Wapen von Hollandt/ Seelandt und Amsterdam.[44]

Die Holztafel mit den Wappen ist auch auf der Abbildung der Insel deutlich zu sehen (Abb. 3): „Anzeigung deß jenigen so die Holländer in der Insel *Mauritius* gesehen/ vnd was sie daselbst außgerichtet haben". Bei De Bry heißt es auch, man habe „wol auff die 300. Pfundt Wachs/ auf welchen Griechische Buchstaben stunden," gefunden.[45] Diese Angaben bilden zweifellos die Vorlage für das vieldiskutierte Motiv der Naturbeschriftung des Simplicius auf der Kreuzinsel, die sich somit ebenfalls als Kontrafaktur lesen lässt: an die Stelle der kolonialistischen

---

und die Autorität Augustinus in der frühen Neuzeit. Hrsg. von Dominik Burkard und Tanja Thanner. Münster 2014; *Jansenistische Netzwerke: Mäzene, Übersetzer und Drucker im Alten Reich, 1640–1790.* Hrsg. von Christoph Schmitt-Maass und Friedrich Vollhardt. Berlin [in Vorbereitung].

43   Dieses Argument gilt im übrigen auch für die geläufige Deutung der ebenfalls prekären Figur des Baldanders als eines autoritativen ‚Lehrers der Poesie'; vgl. dazu ausführlich Borgstedt, Diskursparodie (wie Anm. 3), Abschnitt 3: „Der Baldanders-Fehlschluss und die Schermesser-Parodie", S. 208–214.

44   De Bry, *Fünffter Theil* (wie Anm. 11), S. 8–9.

45   De Bry, *Fünffter Theil* (wie Anm. 11), S. 8.

Inbesitznahme und Markierung der Insel durch die Holländer tritt die christliche Naturbeschriftung des Simplicius, die ebenfalls seine konfessionelle Zugehörigkeit hervorhebt, indem sie den Besuchern deutlich „päbstisch" vorkommt (*Co* 682).[46] Weitere intertextuelle Bezüge treten zur Gestaltung der Erzählung hinzu, so die zur Circe-Episode der homerischen Odyssee mit der Verwandlung der Besatzung in Schweine und andere.[47]

Wo die Nevillesche Satire also darauf abzielt, die moralische Degeneration der pinesischen Inselgesellschaft vorzuführen und provokativ mit der zivilisatorischen Überlegenheit der holländischen Seefahrer zu konfrontieren, kehrt der simplicianische Autor die Verhältnisse um: Zivilisiert, christlich geläutert und poetisch erleuchtet erscheint in der *Continuatio* der Insel-Eremit, während die Holländer gewalttätig und rüpelhaft auftreten und die Insel verwüsten. Erst anschließend erkennen sie den christlichen und poetischen Status des Simplicius umfassend an und zollen ihm den entsprechenden Respekt. Insofern liegt in der Relation des Schiffskapitäns in der *Continuatio* auch keine Relativierung der Eremitage des Simplicius vor, wie oft behauptet.[48] Aufgrund seiner dokumentierten Überlegenheit – die argumentativ zentral ist – kommt für Simplicius eine Rückkehr mit den Holländern nach Europa nicht in Frage. Er schließt eine spätere Rückkehr allerdings nicht aus, sondern formuliert, er wolle „noch nicht" nach Europa zurückkehren (*Co* 688). Wenn also die Darstellung des erleuchteten Poeten in seiner ‚Wunderspelunke' ironisch übertrieben erscheint, dann zielt diese Ironie nicht auf die Haltung des Simplicius selbst, sondern auf die verblendete Leserschaft des *Simplicissimus*: Dieser hat Grimmelshausen mit der sakralisierten Poetengestalt des Simplicius am Ende der *Continuatio* ordentlich eins eingerieben. Das jedenfalls wäre meine bevorzugte Lesart.

---

46   Vgl. zu den Naturbeschriftungen als Gegenentwurf zur Lutherschen Naturhermeneutik: Borgstedt, Grimmelshausen, Luther (wie Anm. 3), S. 450–451.

47   Vgl. Breuer, Stellenkommentar zu *Co* 684, 12–13 (*Co* 1043).

48   Belege und eine Kritik dieser Position bei Borgstedt, Diskursparodie (wie Anm. 3), S. 214–222 und öfter.

Fazit

Für die politische Perspektive der *Isle of Pines* bleibt die Wirkung im Blick auf Grimmelshausen bescheiden. Was ihn an der Vorlage fasziniert, ist offenbar deren moralische Dimension. Die *Isle of Pines* führt bereits in ihrem ersten Teil vor, dass eine paradiesische Inselnatur mit einer üppigen Nahrungsverpflegung, ohne wilde Tiere und Krankheiten, keineswegs zu einer idealen und wünschbaren Gesellschaftsordnung führt. Gerade der Überfluss treibt die menschlichen Laster hervor und führt zu Müßiggang, Wollust und *Curiositas*. Entsprechend bemüht sich Simplicius, den Überfluss auf der Insel nicht zu missbrauchen, ganz im Gegensatz zu seinem Kumpan Simon Meron. Die verdeckte satirisch-politische Stoßrichtung des Textes von Neville bleibt den europäischen Lesern und auch Grimmelshausen verborgen. Während Magnus Gartner sich allerdings an der Faktizitätsbehauptung Nevilles abarbeitet, zielt Grimmelshausens Rezeption auf die moralische Dimension der Geschichte. Somit ist es durchaus naheliegend, dass er ihren fiktionalen Charakter wie Gartner und Weise erkannt hat. Entsprechend frei verfährt er mit ihr.

Auch das von Neville gegen die Stuart-Restauration eingesetzte Dekadenz-Motiv war für Grimmelshausen erkennbar und nutzbar. Das genuin politische Motiv der Entwicklung einer patriarchalen Gesellschaftsordnung und die offenkundige Bibelparodie dagegen interessieren ihn nicht. Indem er das zentrale Fortpflanzungsthema der *Isle of Pines* streicht, wird dieses Potential der Vorlage eliminiert. Gleichwohl ist sein Umgang mit dem Text auch politiktheoretisch aussagekräftig. Was ihn reizt, ist die anthropologische Dimension des Experiments: Auch noch so günstige äußere Umstände vermögen die Lasterhaftigkeit der menschlichen Natur nicht auszumerzen. Verantwortlich dafür ist die moralische Willensfreiheit des Einzelnen. Damit aber werden utopische Gesellschaftsmodelle, die auf eine Verbesserung der äußeren Umstände zielen, wie sie vor allem der Protestantismus hervorgetrieben hat, illusorisch. An der *Isle of Pines* exerziert Grimmelshausen in moralischer Hinsicht das gleiche Argument, wie gegenüber den Wiedertäufer-Gemeinschaften. Politisch bleibt das traditionell, moralistisch und gut katholisch: Der Mensch ist verführbar. Er kann moralisch frei entscheiden. Er ist fähig zur Reue und mithilfe göttlicher Gnade auch zum rechten Glauben. Er kann nach einer heiligmäßigen Lebensführung streben.

Für eine ideale Gesellschaftsordnung aber scheint er aufgrund seiner moralischen Zerrissenheit nicht gemacht.

Abbildungen

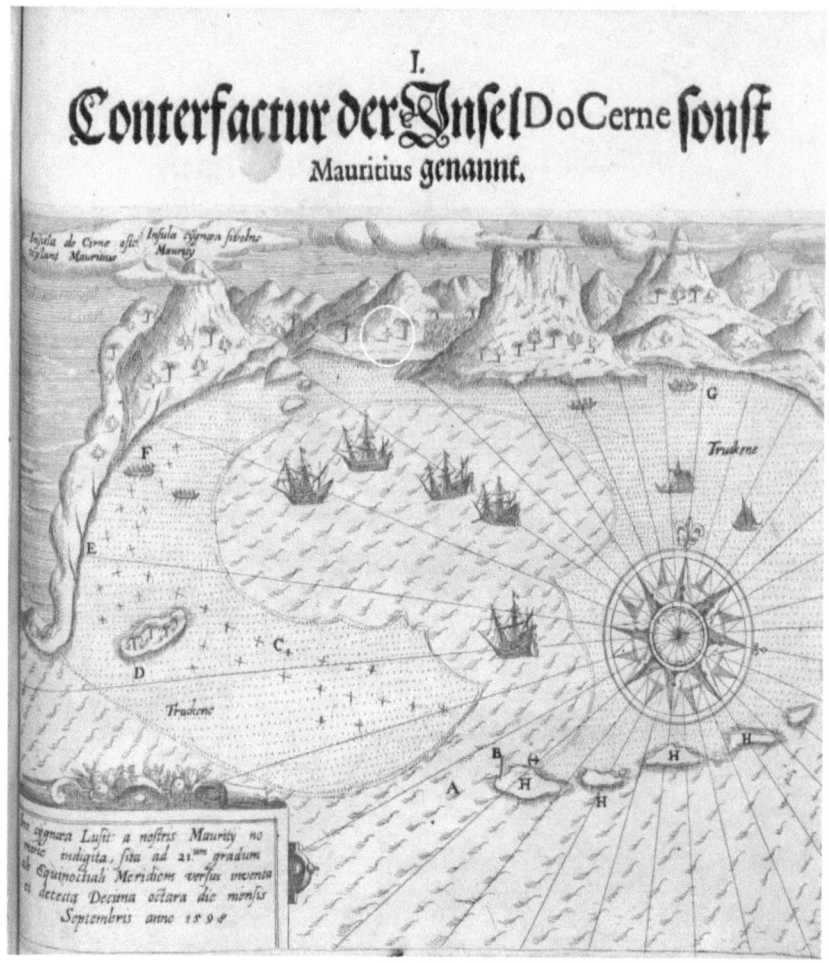

Abb. 1: Conterfactur der Insel *Do Cerne* sonst *Mauritius* genannt. In: De Bry, *Fünffter Theil* (wie Anm. 11), Abb. 1 des angehängten Abbildungsteils; Digitalisat, URL: http://daten.digitale-sammlungen.de/bsb00074918/image_79, Abruf 12.08.2019. Markierung von mir, T. B.

Abb. 2: Ritter, Tod und Teufel (Der Reiter), Albrecht Dürer, 1513, Kupferstich 24,6 × 19 cm, Staatliche Kunsthalle Karlsruhe, I 868; Digitalisat, URL: https://commons.wikimedia.org/wiki/File:Duerer_-_Ritter,_Tod_und_Teufel_(Der_Reu ther).jpg, Abruf 25.06.2019.

Abb. 3: Anzeigung deß jenigen so die Holländer in der Insel *Mauritius* gesehen/ vnd was sie daselbst außgerichtet haben. In: De Bry, *Fünffter Theil* (wie Anm. 11), Abb. 2 des angehängten Abbildungsteils; Digitalisat, URL: http://daten.digitale-sammlungen. de/bsb00074918/image_81, Abruf 12.08.2019. Markierung von mir, T. B.

ANTONIA MÜLLER-LAACKMAN (Münster)

Merkantilistische Judenpolitik und das Motiv des „Geldjuden" in Grimmelshausens *Rathstübel Plutonis* und *Vogel-Nest* II

Sowohl der 1672 erschienene Traktat *Rathstübel Plutonis Oder Kunst Reich zu werden*[1] als auch die Fortsetzung seines *Wunderbarlichen Vogel-Nests*,[2] die Grimmelshausen 1675 publizierte, lassen sich als Kommentare auf das politische Zeitgeschehen lesen – und handeln von Figuren, die sich in ihrer Gier nach Geld und Macht (und Sex) mit Jüdinnen und Juden umgeben.

Das ständeübergreifende Gesprächspiel im *Rathstübel Plutonis* zielt als „harsche, sarkastische Kritik an den Praktiken absolutistischer Hofhaltung und Machtpolitik"[3] auf den Adelsstand, für den sich der Fürst Secundatus stellvertretend in die Widersprüche aus Gier und Moral verstrickt. Auch wenn sich die politische Dimension des Spiels für einige der Teilnehmenden und manche Leserinnen und Leser erst „am Ende aus der kurzweilig begonnenen Kurgast-Unterhaltung"[4] entwickeln mag: Secundatus' Interesse an dem sechzigjährigen, jüdischen Viehhändler Aaron verrät, dass er von Beginn an einer fiskalpolitischen

---

1 Hans Jacob Christoffel von Grimmelshausen: *Rathstübel Plutonis*. In: *Werke*. I. 2. Hrsg. von Dieter Breuer. Frankfurt a. M. 2007 (DKV im Taschenbuch 21), S. 651–742. – Der Text wird im Folgenden nach der Edition von Breuer mit Sigle *RP* und Seitenangabe in runden Klammern zitiert.

2 Hans Jacob Christoffel von Grimmelshausen: *Das Wunderbarliche Vogel-Nest*. *Zweiter Teil*. In: *Werke* (wie Anm. 1), S. 449–650. – Der Text wird im Folgenden nach der Edition von Breuer mit Sigle *VN* II und Seitenangabe in runden Klammern zitiert.

3 Dieter Breuer: Kommentar. In: *Werke* (wie Anm. 1), S. 743–1092, hier S. 1026.

4 Breuer, Kommentar (wie Anm. 3), S. 1026.

Agenda folgt, für die er den „Juden"[5] und die ihm zugeschriebenen kommerziellen Eigenschaften instrumentalisieren will.[6]

Die Hauptfigur im *Vogel-Nest* II ist dagegen zwar kein politischer Entscheidungsträger, aber auch der Kaufmann sündigt sich mithilfe seines teuflischen Unsichtbarkeitszaubers quer durch das aktuelle Zeitgeschehen[7] und dementsprechend entfaltet sich die politische Dimension der Erzählung auch nicht auf der Handlungsebene, sondern über ihre Schauplätze: Das übermäßige Streben nach Geld und Macht hat im Roman – neben dem Krieg – einen konkreten Ort, Amsterdam, an dem der Kaufmann eine in den Handlungsverlauf eingeschobene Historie damit verbringt, den aus Portugal eingewanderten Juden Eliezer um sein Geld und dessen schöne Tochter Esther um ihre Jungfräulichkeit[8] zu bringen.

Eine Erzählung über christlich-jüdische Begegnungen hatte in der Frühen Neuzeit notwendigerweise eine theologische Dimension, denn beide „Gruppen waren existenziell und normativ dadurch aufeinander bezogen, dass sie ihre Identität durch Abgrenzung definierten."[9] Der christliche Suprematieanspruch blieb auch von nachreformatorischen

---

5   Die Schreibweise des „Juden" in Anführungsstrichen und Singular verweist auf die Wirkweise der antijüdischen Projektion, die sich an die Figur des Juden, nicht an reale Jüdinnen und Juden heftet.

6   Zu Rolle und Funktion der jüdischen Figur im *Rathstübel Plutonis* vgl. Antonia Müller-Laackman: ‚Nun Rabbi Mauschele/ wie wirds bey dir?' Antijüdische Stereotype in Grimmelshausens „Rathstübel Plutonis". In: *Simpliciana* XXXVII (2015), S. 347–374.

7   So ist der ausbrechende Niederländisch-Französische Krieg zugleich das politische Großereignis in der erzählten Zeit des Romans, wie auch in dessen anzunehmender Entstehungszeit; vgl. Breuer, Kommentar (wie Anm. 3), S. 946–947.

8   Zur Motivgeschichte der „schönen Jüdin" vgl. Florian Krobb: *Die Schöne Jüdin. Jüdische Frauengestalten in der deutschsprachigen Erzählliteratur vom 17. Jahrhundert bis zum Ersten Weltkrieg.* Tübingen 1993. – Dass die materielle Gier des Kaufmanns mit sexuellen Begierden einhergeht, verbindet in antik-naturrechtlicher Tradition unmoralische Geldgeschäfte mit Unzucht: Immerhin brachte der Geldverleih gegen (übermäßigen) Zins eine Geldvermehrung zustande, wo im aristotelischen Sinne keine sein durfte, weil dabei „das unfruchtbare, nur zur Vermittlung des Tausches geschaffene Geld [...] widernatürlich selbst Früchte" trage. So Hans-Jörg Gilomen: Wucher und Wirtschaft im Mittelalter. In: *Historische Zeitschrift* 250 (1990), S. 265–301, hier S. 269. – Zur Verschränkung des antijüdischen Wuchervorwurfs mit „körperlichem Laster" vgl. die Textbelege bei Richard Sennett: *Fleisch und Stein. Der Körper und die Stadt in der westlichen Zivilisation.* Berlin ²1996, S. 284.

9   J. Friedrich Battenberg: *Die Juden in Deutschland vom 16. bis zum Ende des 18. Jahrhunderts.* München 2001 (Enzyklopädie deutscher Geschichte 60), S. 2.

Ungewissheiten[10] unberührt und dementsprechend abwegig ist es anzunehmen, Grimmelshausen habe „die Entscheidung seiner Gestalten, ob Christ oder Jude, für ihre Religion [respektiert]",[11] nur weil seine Texte weder missionarische Motive noch sonst irgendeine appellative Absicht in Bezug auf die jüdische Bevölkerung erkennen lassen.[12]

Gerade die sogenannte Esther-Episode im *Vogel-Nest* II zeugt von der Auseinandersetzung Grimmelshausens mit dem Judentum, dessen ‚Irrtümer' sie gleich dreifach beglaubigt: traditionell durch die Stofftradition vom falschen Messias,[13] aktuell durch das Scheitern der Sabbatianischen Bewegung[14] und theologisch durch die Informationen über die jüdische Religion,[15] die in den Lehrstunden des Konvertiten Eras-

---

10 Im Zentrum stand die Frage, welche „Gnaden-, Sünden- und Rechtfertigungslehre [...] nicht nur die richtige, sondern auch die einzig heilswirksame ist". So Eric Achermann: Reue, Buße, Tod und Gnade. Zu Kalkül und Endlichkeit in Grimmelshausens „Courasche" und „Zweitem Vogel-Nest". In: *Simpliciana* XXXVIII (2016), S. 201–223, hier S. 202.

11 Dieter Breuer: Antisemitismus und Toleranz in der frühen Neuzeit. Grimmelshausens Darstellung der Vorurteile gegenüber den Juden. In: *Simpliciana* IX (1987), S. 27–47, hier S. 41.

12 So tut sich Victoria Gutsche schwer mit einer eindeutigen Bewertung, weil antijüdische Vorwürfe in ihrem Vergleichskorpus ausdrücklich aufgerufen und dagegen in Grimmelshausens Texten „im Unbestimmten gelassen" würden. Vgl. Victoria Luise Gutsche: *Zwischen Abgrenzung und Annäherung. Konstruktionen des Jüdischen in der Literatur des 17. Jahrhunderts.* Berlin, Boston 2014 (Frühe Neuzeit 186), S. 248.

13 Der beliebte Schwank über eine von einem Christen verführte und geschwängerte Jüdin, deren Eltern und Gemeinde das ungeborene Kind für den erhofften Messias halten, wurde im Spätmittelalter unter anderem von Hans Folz und Cesarius von Heisterbach bearbeitet; zur Stofftradition vgl. Krobb, *Die Schöne Jüdin* (wie Anm. 8), S. 22–25.

14 Der Werdegang des selbsternannten „Messias" Sabbatai Zwi, der 1666 unter Druck zum Islam konvertierte, erschütterte die gesamte zeitgenössische Diaspora. Auch christliche Medien rezipierten die Ereignisse, sodass Grimmelshausen zahlreiche Quellen nutzen konnte. Dazu Peter Heßelmann: Zum Judenbild bei Grimmelshausen. Christian Gersons „Der Jüden Thalmud" (1607), Michael Buchenröders „Eilende Messias Juden-Post" (1666) und „Das wunderbarliche Vogel-Nest" II (1675). In: *Simpliciana* XXVIII (2006), S. 115–134, hier S. 117.

15 Der Text (*VN* II 566) nennt die auflagenstarke Selbstrechtfertigung des Konvertiten Christian Gerson als Quelle: *Der Jüden/ THALMVD/ Fürnembster inhalt vnd/ Widerlegung/ Jn Zwey Bücher verfasset./ Jm Ersten/ Wird die gantze Jüdische Religion vnd falsche/ Gottesdienste beschrieben./ Jm Andern/ Werden dieselbe/ beydes durch die Schrifft des/ Alten Testaments/ vnd des Thalmuds selbst/ gründlich widerlegt/ Durch/ CHRISTIANVM GERSON/ Von Recklichhausen/ gebornen Jüden/ vnd/ getaufften widergebornen Christen [...].* Helmstadt 1609 [Staats- und

mus und den unsichtbaren Streifzügen des Kaufmanns durch Eliezers Haus vermittelt werden. Dass die Leserinnen und Leser allein auf die Berichterstattung dieser höchst fragwürdigen Figuren angewiesen sind, stellt zwar den Hass der beiden ebenso infrage wie (neu-) christlichen Bekehrungseifer,[16] rückt aber vor allem den eigentlichen Skandal des Geschehens in den Blick: Während der Kaufmann die Andersgläubigen beschimpft, betrügt und Eliezers ‚Verstockung' hemmungslos ausnutzt, fühlt er sich zugleich unwiderstehlich zu dessen Reichtum hingezogen. Und auch im *Rathstübel Plutonis* macht es den Fürsten, der begierig Aarons Wortbeiträgen lauscht, nur umso widersprüchlicher, dass er ihn ständig beleidigt und ihm etwa vorwirft, seine Geschäfte aufgrund seines „gewissenlosen Gewissens durch allerhand Vortheil/ List und Betriegerey" (*RP* 721–722) zu treiben. So stehen die beiden Christen nicht für die Abscheu, die sie vor sich hertragen, in der Kritik,[17] sondern für ihre Lippenbekenntnisse. Ihr Interesse an den „Geldjuden" entlarvt ihre judenfeindlichen Verbalattacken als scheinheiliges Gerede.

Mit dem antijüdischen Motiv, das die Laster der Geldgier und des Geizes dem Wesen des Judentums inhärent begreift, verfährt die Grimmelshausenforschung (unabhängig von der Interpretation, zu der einzelne Beiträge gelangen) insgesamt unpräzise: Entweder soll es vage

---

Stadtbibliothek Augsburg; Jud 175]. – Zu berücksichtigen sind Grimmelshausens fiktive übereifrige Konvertiten. Vgl. dazu Anm. 16.

16 Erasmus, der „die Juden haßte/ und von ihnen hinwiderumb tödlich gehaßt wurde/ als eröffnete er ihre aberglaubische Heimlichkeiten allen denen/ mit welchen er bekand war" (*VN* II 547), erweist sich als wenig gefestigt in seinem neuen Glauben angesichts der Nachricht, Esther werde den Messias gebären. – Zurecht vergleicht Andreas Bässler ihn mit dem Herausgeber des *Galgenmännlin* Israel Fromschmidt von Hugenfels, der „zwar mit seinem Nachnamen seine besondere Frömmigkeit (im neuen?) Glauben zu erkennen [gibt], aber dass er einen jüdischen Vornamen beibehält, gibt gewissermaßen auch den ständigen Verdächtigungen gegenüber dem Konvertiten Nahrung". So Andreas Bässler: Israel Fromschmidt von Hugenfels: Dämonologe und Konvertit. Grimmelshausens „Galgenmännlin" zwischen Dämonenwahn und frühaufklärerische Aberglaubenskritik. In: *Hans Jacob Christoffel von Grimmelshausen*. Hrsg. von Heinz Ludwig Arnold. München 2008 (Text+Kritik Sonderband VI/08), S. 237–253, hier S. 245–246.

17 Wie Breuer annimmt, der das Schimpfwort „Rabbi Mauschele" einer kritisch-satirischen Brechung unterzogen sieht, weil „der Leser inzwischen die doppelte Moral des ‚gewissenlosen Gewissens' gerade aus den Antworten der bigotten, reichen, christlichen Bürger und des Fürsten kennengelernt" habe. So Breuer, Antisemitismus und Toleranz (wie Anm. 11), S. 38–39.

auf ‚alten Vorurteilen' beruhen, die als bekannt vorausgesetzt werden,[18] oder aus historischen Umständen in mittelalterlichen Zeiten hervorgegangen sein und sich im Laufe von Zeit und Sprachgebrauch zu einem sekundärstigmatisierenden Vehikel „für Äußerungsabsichten anderer Art"[19] gewandelt haben.

Hartnäckig hält sich auf diese Weise das Bild eines mittelalterlichen „jüdischen Wuchers",[20] der zwar erzwungen, aber eben doch real gewesen sei und häufig mit der Vorstellung einhergeht, es habe eine Art Zuständigkeit der Minderheit für den Finanzsektor gegeben. Stattdessen beruhte sowohl christlicher als auch jüdischer Geldhandel auf Ausnahmerecht und „beinahe gleichlautenden Privilegien".[21] Der „Geldjude" war deshalb immer schon Ausdruck eines zutiefst innerchristlichen Dilemmas, denn „für den Umgehungsgeschäfte praktizierenden Kaufmann und Kapitalanleger blieb die Spannung zwischen

---

18 So etwa „das sprachlich verfestigte Vorurteil, das wir aus dem Mittelalter kennen," bei Hans Otto Horch: Die Neugier des Satirikers. Zum Judenbild des Hans Jacob Christoffel von Grimmelshausen. In: *Von Enoch bis Kafka. Festschrift für Karl E. Grözinger zum 60. Geburtstag.* Hrsg. von Manfred Voigts. Wiesbaden 2002, S. 345–361, hier S. 345. – Oder „daß sich mit dem Reichtum der Juden [...] die wichtigsten Elemente der Judenfeindlichkeit finden lassen" für Anita Maria Sprenger: Judentum – Christentum. Die Kontroverse um Grimmelshausens Judenbild am Beispiel der Jüdin Esther. In: *Simpliciana* XIV (1992), S. 35–57, hier S. 44–45. – Auf „literarische Rache an der vermeintlichen jüdischen Geschäftstüchtigkeit" verweist Florian Krobb: Verführung und Bekehrung. Zur „Esther-Episode" in Grimmelshausens „Das wunderbarliche Vogelnest". In: *Simpliciana* XII (1990), S. 527–545, hier S. 539. – Von „gängigen antijüdischen Vorwürfe[n] wie etwa Geldgier und Machtstreben" spricht Gutsche, *Zwischen Abgrenzung und Annäherung* (wie Anm. 12), S. 258.

19 Sebastian Rosenberger: Die Juden und das Geld. Grimmelshausens Umgang mit antijüdischen Stereotypen im „Rathstübel Plutonis". In: *Simpliciana* XXXIX (2017), S. 201–221, hier S. 203. – Rosenberger entwirft eine eindimensionale Kausalkette historischer Ereignisse, „seit christliche Herrscher in der Besteuerung jüdischer Geldverleiher eine erhebliche Einnahmequelle fanden und die Juden mit Privilegien zu schützen begannen. Da Juden keine Aufnahme in den christlichen Zünften fanden, waren sie häufig gezwungen, durch Handel und Geldverleih ihren Unterhalt zu bestreiten, mit der Folge, dass man ihnen vorwarf, mit Zinsen zu wuchern und ihre christlichen Kunden zu übervorteilen" (S. 201).

20 Auch für die historische Literaturwissenschaft muss gelten: „Wenn Historiker über jüdischen Wucher sprechen, sprechen sie [...] nicht über eine ökonomische, sondern ausschließlich über eine polemische Struktur". – Michael Schmidt: Hinter den Spiegeln. Mergels Uhr und Aarons Risiko. Aufsatz ohne Untertitel. In: *Shylock. Zinsverbot und Geldverleih in jüdischer und christlicher Tradition.* Hrsg. von Johannes Heil und Bernd Wacker. München 1997, S. 171–192, hier S. 174.

21 Gilomen, Wucher und Wirtschaft (wie Anm. 8), S. 285.

weltlichem Privilegialrecht, formal erfülltem kanonischem Recht und moralischem Gebot, an dessen Befolgung das Seelenheil geknüpft war", bestehen.[22]

Diesen Widerspruch zwischen den als unsittlich geltenden Geldgeschäften und ihrer zunehmenden ökonomischen Notwendigkeit konnte das christgläubige Individuum auf den „Geldjuden" projizieren[23] und so die antiökonomischen Reflexe mit dem Bedürfnis verbinden, das eigene Selbst- und Weltbild gegen das ‚ungläubige', ‚unbekehrbare' Judentum zu behaupten.[24] In der Frühen Neuzeit konstituierte sich antijüdischer Sprachgebrauch zwar auch in innerchristlichen Kommunikationssituationen,[25] dennoch „hatten entsprechende Vorwürfe gegen Christen fast immer zur Folie, daß Wucher etwas typisch Jüdisches und nicht etwa ein antijüdisches Stereotyp sei".[26]

So spiegeln sich in Aaron und Eliezer die Sünden des Fürsten und des Kaufmanns, sie weisen die mit dem Geldmotiv verbundenen Laster als „jüdische" Eigenschaften aus. Die beiden sind zwar stereotype Verkörperungen des antijüdischen Wuchervorwurfs, treten aber gleichzeitig als in der historischen Gegenwart plausible jüdische Identitäten auf, deren lebensweltlicher Hintergrund in direktem Zusammenhang mit judenfreundlicher Siedlungspolitik steht. In der Verflechtung mit dem vertrauten Narrativ vom „jüdischen" Geld- und Warenhandel rufen Grimmelshausens Erzählungen eine Deutung auf, in der die zeitgenös-

---

22 Gilomen, Wucher und Wirtschaft (wie Anm. 8), S. 295–296.

23 Der Kritischen Theorie zufolge werden diejenigen „Regungen, die vom Subjekt als dessen eigene nicht durchgelassen werden und ihm doch eigen sind, [...] dem Objekt zugeschrieben". Vgl. Max Horkheimer, Theodor W. Adorno: Elemente des Antisemitismus. Grenzen der Aufklärung. In: dies.: *Dialektik der Aufklärung. Philosophische Fragmente.* Frankfurt a. M. [2]2013, S. 177–217, hier S. 196.

24 Diese doppelte Funktion ist auch der Grund, warum sich Judenfeindschaft nicht erschöpfend als Fremdenfeindlichkeit oder eine Abwehr des „Anderen" (Othering) erklären lässt: Aaron verkörpert das „eigene" christliche Fehlverhalten und eben nicht nur „das antithetische Andere", wie Linda Ellen Feldman meint: Modelling Difference. The Construction of Jewish Identity in Grimmelshausen's „Vogelnest II" and „Rathstübel Plutonis". In: *Colloquia Germanica* 28 (1995), S. 285–306, hier S. 289.

25 „Es wird nicht mit Juden kommuniziert, sondern die Auseinandersetzungen sind innerchristlich und drehen sich um innerchristliche Fragen, für die antijüdische Stereotype meist nur die Hintergrundfolie darstellen" (Rosenberger, Die Juden und das Geld [wie Anm. 19], S. 205).

26 Schmidt, Hinter den Spiegeln (wie Anm. 20), S. 173.

sische „Judenpolitik"[27] als Effekt eines primär auf eine „handelszentrierte Wirtschaftspolitik"[28] ausgerichteten Diskurses erscheint.

Angesichts der zahlreichen „Wirtschaftslehren, die zu keinem Zeitpunkt den Rang einer geschlossenen Theorie erreichten, sondern in eine kaum überschaubare Vielfalt praktischer Rezepte und Empfehlungen zerfielen,"[29] scheint die Behauptung einer „merkantilistischen" Politik die historischen Handlungsschauplätze in Grimmelshausens Texten allerdings zu verfehlen: Immerhin wurde der „handelszentrierte Merkantilismus westlicher Prägung [...] in Deutschland nur schwach rezipiert und gleich zu Beginn des 18. Jahrhunderts von der Kameralistik verdrängt, die mit ihren stark agrarisch akzentuierten ‚Staatswissenschaften' den in Deutschland tatsächlich anzutreffenden wirtschaftlichen Strukturen viel mehr entsprach."[30]

Tatsächlich spielt die Ständegesellschaft im *Rathstübel Plutonis* unter dem Einfluss dieser ökonomietheoretischen Entwicklungen. Denn die Kameralistik ist geprägt „von der alteuropäischen Ökonomik im aristotelischen Sinne und überträgt deren Grundmuster auf den Staat als einer Art erweiterter Hausgemeinschaft. Der Staat wird hier als großer Gutsbetrieb betrachtet mit dem König als einem ‚Großen Wirt' an der Spitze"[31] und dementsprechend sitzt Secundatus einer Modellgesellschaft vor, in der mit Laborinus, dem Handwerker, und dem Bauernpaar Knan und Meuder auch das produzierende Gewerbe vertreten ist. Seiner Führungsaufgabe wird er allerdings alles andere als gerecht, denn der Fürst interessiert sich ausschließlich für den jüdischen Händler Aaron, der als „Viehjude" und „Hofjude" in Personalunion für eine

---

27 Der Begriff einer „Judenpolitik" im Singular bezieht sich auf die Fiktion, die einen „gemeinsamen motivatorischen Nenner" suggeriert: Dieser ist zentrales Merkmal des merkantilistischen Wirtschaftsdiskurses. – Thomas Simon: Merkantilismus und Kameralismus. Zur Tragfähigkeit des Merkantilismusbegriffs und seiner Abgrenzung zum deutschen ‚Kameralismus'. In: *Merkantilismus. Wiederaufnahme einer Debatte.* Hrsg. von Moritz Isenmann. Stuttgart 2014 (Vierteljahresschrift für Sozial- und Wirtschaftsgeschichte. Beiheft 228), S. 65–82, hier S. 66. – Historisch ist dagegen zwischen verschiedenen „Judenpolitiken" zu unterscheiden, mit denen kirchliche und weltliche Mächte die religiöse Minderheit in Mittelalter und Früher Neuzeit verwalteten, vereinnahmten, vertrieben oder vernichteten.

28 Simon, Merkantilismus und Kameralismus (wie Anm. 27), S. 68.

29 Rainer Gömmel: *Die Entwicklung der Wirtschaft im Zeitalter des Merkantilismus 1620–1800.* München 1998 (Enzyklopädie deutscher Geschichte 46), S. 41.

30 Simon, Merkantilismus und Kameralismus (wie Anm. 27), S. 77.

31 Simon, Merkantilismus und Kameralismus (wie Anm. 27), S. 78.

Politik steht, mit der Secundatus den Reichtum seines Landes primär aus dem von Grund auf „jüdischen" Handelsgewerbe generieren will.[32]

Im *Vogel-Nest* II situierte der Schriftsteller die christlich-jüdische Begegnung in der noch jungen Republik der Vereinigten Niederländischen Provinzen, die „meist nicht als ‚merkantilistisches' Land angesehen [werden], weil ihre dezentrale politische Organisation eine ‚nationale' Wirtschaftspolitik unmöglich gemacht habe".[33] Aus der Perspektive des gierigen Fernhandelskaufmanns jedoch hat Amsterdam ausschließlich drei Merkmale: Es ist baldiger Kriegsschauplatz, vom Fernhandel geprägt und zeichnet sich durch seine judenfreundliche Siedlungspolitik aus, die ebenfalls mit dem Handel assoziiert ist und dadurch merkantilistisch motiviert erscheint.

Auch erste Wirtschaftstheorien änderten nichts an dem Unbehagen, das die sich verändernden Geldverhältnisse dem christgläubigen Individuum in der Frühen Neuzeit bereiteten, Grimmelshausen konnte die als bedrohlich empfundene „Eigendynamik großer Geldmengen"[34] notwendigerweise nur christlich-moralisch deuten. Dass er in seiner umfangreichen „Geldtheorie und -narration"[35] auch auf Erklärungsmuster zurückgriff, mit denen die Widersprüche in den Verhältnissen seit Jahrhunderten dem „Geldjuden" zugewiesen wurden, zeigt das *Rathstübel Plutonis*: Die kurze Erzählung bündelt die unterschiedlichen Perspektiven auf das Geldmotiv, die einzelne Werke des simplicianischen Autors beleuchten, zu einem „kommentierende[n] hermeneutische[n] Zirkelschlag",[36] in dem eine jüdische Figur eine tragende Rolle einnimmt.

Damit die ständeübergreifende Unterhaltung überhaupt stattfinden kann, versammelt sich die Gesprächsrunde „in arkadischer Behaglich-

---

32 Dass man wohl keinem unchristlicheren Gewerbe nachgehen kann, beweist der Fernhandelskaufmann Collybius, der in Skrupellosigkeit und Geldgier dem Kaufmann im *VN* II gleicht und überzeugt ist, „wer sich vor dem Teuffel förcht/ wird nicht reich." (*RP* 666) – Dass laut Garzoni „Griechen und Römer den Geldgewinn durch Wucher als ‚collibus' bezeichneten", bemerkt Breuer im Kommentar (wie Anm. 3), S. 1033.

33 Moritz Isenmann: Einleitung. In: *Merkantilismus* (wie Anm. 27), S. 9–18, hier S. 15.

34 Ortwin Lämke: Zirkulationsmittel und hermeneutischer Zirkel. Zum Geldmotiv im simplicianischen Zyklus. In: *Simpliciana* XXVII (2005), S. 135–156, hier S. 148.

35 Christoph Deupmann: Geldverhältnisse. Ökonomie und Geld in Grimmelshausens Roman „Das wunderbarliche Vogel-Nest". In: *Simpliciana* XXVIII (2006), S. 169–183, hier S. 175.

36 Lämke, Zirkulationsmittel (wie Anm. 34), S. 152.

keit und Freiheit am rauschenden Bächlein unter der Linde"[37] auf dem Bauernhof des alten Simplicissimus. Alle Figuren suchen abseits des Alltags den legendären Romanhelden auf, sogar die Teilnahme des außerständischen „Hauffen Lumpengesindel" (*RP* 689) begründet die Anführerin Courasche intertextuell und erklärt, sie seien nicht „Stehlens halber herkommen/ sondern dich und deinen Vatter auff diesem Hoff zubesuchen/ denn ich schon wol in tausend Jahren nicht mehr gesehen" (*RP* 690). Allein der Jude Aaron gerät zufällig und geschäftlich in das Spiel hinein, als er mit Knan und Meuder um ein paar Ochsen verhandeln will. Für das Bauernpaar selbst kommt Nichtstun selbstverständlich nicht infrage, aber die beiden haben sich ihren Platz in der Runde schwer und quer durch die simplicianischen Schriften erarbeitet und gehen darüber hinaus der wohl rechtschaffensten und damit der einzigen Arbeit nach, die mit der Idylle kompatibel ist.[38] Ihre Tüchtigkeit ist außerdem erzählstrategisch bedeutend, denn sie öffnet eine Verbindung zum Arbeitsalltag außerhalb des utopischen Orts und ermöglicht so den Auftritt des jüdischen Viehhändlers, mit dem die ökonomische Sphäre Einzug in die Bauernhofidylle hält: Als „Viehjude" steht Aaron den ehrlich arbeitenden Bauersleuten gegenüber und als „Geldjude" am Ausgangspunkt des gesamten Handlungsverlaufs.[39]

Weil das antijüdische Bild in der „Verschränkung einer diachronen mit einer synchronen Dimension"[40] besteht, verbinden sich auch in Grimmelshausens Figur realhistorisch glaubwürdige Elemente mit stereotypen Wahrnehmungsmustern. So legen etwa „Policeyordnungen und Privilegien, die sich mit der Regulierung des Kredit- und Kaufgeschäfts beschäftigen, [...] nahe, dass die Juden in der christlichen Um-

---

37 Breuer, Kommentar (wie Anm. 3), S. 1025.

38 Nicht nur Erich, das erzählende Ich, stellt „Herrn Simplicissimi alten Knan in aller Erbarkeit" (*RP* 659) vor; Gebauer hat nachgewiesen, dass bäuerliche Figuren in allen Schriften Grimmelshausens als „alt" (was vor allem „gesund" bedeutet), „ehrbar" und „ehrlich" charakterisiert und in ihrem Lebenswandel in arkadischer Tradition erhöht werden; vgl. Hans Dieter Gebauer: *Grimmelshausens Bauerndarstellung. Literarische Sozialkritik und ihr Publikum*. Marburg 1977, S. 54. Im Unterschied zu den verkleideten bürgerlichen Schäfern der Bukolik gehört in den Werken des Satirikers allerdings auch die harte und entbehrungsreiche Arbeit der bäuerlichen Bevölkerung zu dem dargestellten „Ideal vom ‚teutschen Vertrauen' und der offenherzigen ‚teutschen Redlichkeit'" (S. 269–270).

39 Aarons Anwesenheit dient also keinesfalls dem Ziel, „den Juden und die Zigeunerrotte [...] zu integrieren" in eine „bunte, alle Stände und Schichten umfassende simplicianische Gesellschaft"; Breuer, Kommentar (wie Anm. 3), S. 1026–1027.

40 Schmidt, Hinter den Spiegeln (wie Anm. 20), S. 172.

welt vor allem als Pfandleiher und Händler wahrgenommen wurden."[41] In einigen Regionen, vor allem in den südwestlichen Territorien, etablierte sich in der zweiten Hälfte des 17. Jahrhunderts zudem der Vieh- und Pferdehandel als jüdischer Erwerbszweig[42] und damit ist es nicht unwahrscheinlich, dass die christlich-jüdische Begegnung im ländlichen Warenhandel für manche der zeitgenössischen Leserinnen und Leser eine vorstellbare, in ähnlicher Weise zumindest am Rande[43] ihres Alltags wahrnehmbare Situation darstellte.

Dass eine klare Grenze zu ziehen zwischen historischem Hintergrund und antijüdischer Fiktion weder möglich noch nötig ist, zeigt die Schlüsselszene, in der Simplicissimus über den strittigen Preis für die Ochsen urteilen soll (den realen Ordnungsvorstellungen entsprechend wird er als Patriarch dazu aufgefordert), zu Aarons Gunsten entscheidet und anschließend das Thema auf dessen Identität als „Geldjude" lenkt: Er fragt

> [..] den Juden im Schertz/ weil sichs die Red so gab/ wie weit er noch hin hette reich zuwerden? Welches *Secundatus* beobachtet/ und darauff zum Juden sagte: wann er hiervon Nachricht zugeben wüßte/ so solte er sich zu uns niedersetzen [...]. (*RP* 659)

In dieser Textstelle kommt die Vorstellung zum Ausdruck, der „Jude" verfüge selbst dann über eine hintergründige Beziehung zum Geld, eine Art unbestimmtes Wissen um dessen Geheimnisse, wenn er seinen Lebensunterhalt mit dem Kauf von ein paar Rindviechern bestreitet. Dass der alte Gastgeber seine Frage scherzhaft stellt, deutet zwar auf eine hintergründige, ironisch-strategische Absicht hin, allerdings ist zu bezweifeln, dass der Beobachter Erich etwas davon bemerkt – immerhin scheint dessen Unzuverlässigkeit vor allem darin zu bestehen, lustig

---

41 Battenberg, *Die Juden in Deutschland* (wie Anm. 9), S. 94–95.

42 Vgl. Sabine Ullmann: Der Viehhandel. Ein traditioneller Erwerbszweig der Landjuden. In: dies.: *Nachbarschaft und Konkurrenz. Juden und Christen in Dörfern der Markgrafschaft Burgau 1650 bis 1750.* Göttingen 1999, S. 268–289.

43 Zur „Randstellung" oder „Grenzzone", in der die jüdische Bevölkerung die christliche Gesellschaft wahrnahm, vgl. Natalie Simon Davis: *Drei Frauenleben. Glikl, Marie de l'Incarnation, Maria Sibylla Merian.* Wagenbach 1996, S. 53. – Gleiches galt für die „christliche Mehrheitskultur [...], die ebenfalls nicht primär eine Isolierung von anderen Fremdgruppen intendierte, sondern nur am Zusammenhalt der eigenen Gruppe im Rahmen einer stabilisierenden Ideologie interessiert war"; Battenberg, *Die Juden in Deutschland* (wie Anm. 9), S. 102.

und leichtfertig zu sein.[44] Aber auch für ihn erschließt sich der Witz, „weil sichs die Red so gab", aus dem Kontext heraus, also nach einem Geschäftsabschluss, der für Aaron vermutlich unverdient erfolgreich war.[45] Sogar im subsistenzwirtschaftlichen Kontext ist das Stereotyp für alle Beteiligten (und es ist anzunehmen, auch für die Leserinnen und Leser) aufrufbar und unmittelbar verständlich und so setzt Simplicissimus seine Frage offensichtlich gezielt zur Provokation des Fürsten ein, denn der befördert den jüdischen Händler kurzerhand zum unfreiwilligen Teilnehmer der Runde und zum Handlanger seiner fehlgeleiteten Politik.[46]

Dieser Vorgang kann vor dem realpolitischen Hintergrund der Nachkriegsjahre als Kommentar auf diejenigen Herrschenden gelesen werden, die im Zuge ihrer Ansiedlungspolitik vermehrt Jüdinnen und Juden in ihre Landschaften holten. Denn die Praxis der Bevölkerungsvermehrung galt – angesichts der zerstörten und massiv entvölkerten Territorien – als wesentliches Ziel kameralistischer Bevölkerungspolitik[47] und beeinflusste die Entwicklung neuer jüdischer Siedlungszen-

---

44   Secundatus' Gebaren als Spielleiter amüsiert Erich so sehr, dass er sich „deß Lachens schier nicht enthalten könte" (*RP* 660) und später hat er „anderwerts herumb fliegende Gedancken" (*RP* 712), weil er sich von Coryphaeas Anblick vom Spiel ablenken lässt. Angewiesen auf die Beobachtungen von diesem lustwandelnden Schöngeist, erscheint auch die gemeinsame Mahlzeit am Ende des Traktats weniger ein „Vorgeschmack des Paradieses als Zielpunkt der dichterischen Einbildungskraft" Grimmelshausens zu sein, wie Breuer annimmt (Kommentar [wie Anm. 3], S. 1027), als vielmehr der Wahrnehmung (und dichterischen Einbildungskraft) seiner naiven Erzählerfigur zu entspringen.

45   Die ehrbaren Bauersleute fühlen sich auch später noch übervorteilt und meinen, „*Simpl.* hatte dem Juden die Ochsen umb ein halben Thaler zu wolfeil hingegeben". (*RP* 660) – Dass ihr Handel mit Mastochsen bereits an anderer Stelle als Beispiel für harte, aber ehrliche Arbeit im Vergleich zu betrügerischem Gelderwerb diente, gibt ihnen Recht: Während Simplicissimus mit seiner Gauckeltasch in einer knappen halben Stunde 80 Reichsthaler einnimmt, verkaufen Knan und Meuder vier mühsam aufgezogene Ochsen für lediglich 130 Reichsthaler; vgl. Hans Jacob Christoffel von Grimmelshausen: *Springinsfeld*. In: *Werke* (wie Anm. 1), S. 153–296, hier S. 200.

46   Dass Secundatus den Juden gewaltsam zur Teilnahme zwingt, verweist auf seine rechtlich marginalisierte Position und die Abhängigkeit der „Schutzjuden" von ihrer Herrschaft; vgl. Müller-Laackman, Antijüdische Stereotype (wie Anm. 6), S. 361. – Ebenso Feldman, Modelling Difference (wie Anm. 24), S. 291–292.

47   Vgl. Hans-Christof Kraus: Der kameralistische Diskurs über Kriegsfolgenbewältigung und Peuplierung. In: *Krieg, Militär und Migration in der Frühen Neuzeit*. Hrsg. von Matthias Asche [u. a.] Berlin 2008 (Herrschaft und soziale Systeme in der Frühen Neuzeit 9), S. 265–280, hier S. 266–267.

tren.[48] So heterogen die regionalen Bedingungen dabei auch waren; für die Forschung „[u]numstritten ist, dass das wesentlichste Motiv für die Ansiedlung [...] die Chance der Abschöpfung von Kapital war",[49] die landesfürstliche Judenpolitik also vor allem ein fiskalpolitisches Instrument darstellte. Secundatus jedenfalls verhält sich dementsprechend und als Aaron über die inflationären Folgen der Agrarkrise klagt, schlägt er zu spielen und das Thema zu vertiefen vor. In der ersten Runde will er

> [...] hierüber rahtschlagen [...]/ ob nicht Mittel zufinden seyen/ dardurch/ wo nicht dieser allgemeinen Klag gäntzlich abgeholffen/ doch wenigst uns unter einander der Weg gezeiget werde/ der mühseligen Armut zuentfliehen/ und zu der angenehmen und holden Reichtumb zugelangen [...]. (*RP* 660–661)

Obwohl er vorgibt, die gemeinsame Zeit nur zur „Ergetzung" nutzen zu wollen, verrät der Fürst in diesem Moment seine eigentliche Agenda: Für ihn selbst geht es schließlich nicht darum, individuelle Armut abzuwenden und die allgemeinen Klagen verursacht er sogar mit. Stattdessen will er seine Macht sichern und seinen Reichtum weiter ausbauen – und zwar mithilfe von Aarons finanzwirtschaftlicher Expertise. Tatsächlich scheint der (unfreiwillige) jüdische Berater diesen Erwartungen gerecht zu werden, als er im dritten Gespräch beweist, dass er auch mit der politischen Dimension des Geldes souverän umzugehen weiß. Denn nun geht es darum, in welchem Stand „man am besten darinn prosperiren könte reich werden" (*RP* 688) und Aaron nennt nicht nur als einziger den Adelsstand,[50] sondern argumentiert fiskalpolitisch: Da

> [...] das Gelt deß Unterthanen [...] in den Cassen ihrer Herren zusammen [fliesse]/ wer wolte dann in einem solchen Stand nicht reich werden/ wann man dasselbig fein genau zusammen hielte? (*RP* 723–724)

---

48   Vor allem in den mittleren und südwestdeutschen Herrschaften bildeten sich im ländlichen Raum sogenannte „Judendörfer"; einen kurzen regionalen Überblick gibt: Battenberg, *Die Juden in Deutschland* (wie Anm. 9), S. 32–36.

49   Battenberg, *Die Juden in Deutschland* (wie Anm. 9), S. 72.

50   Verhaftet in den Perspektiven ihres jeweils eigenen Standes sind die christlichen Figuren nicht einmal spielerisch in der Lage, sich an die Spitze der Ständegesellschaft zu wünschen. Vgl. Müller-Laackman, Antijüdische Stereotype (wie Anm. 6), S. 365.

Auch wenn sich der Fürst daraufhin um ein schwaches Dementi bemüht und kurz über hohe Staatsausgaben lamentiert, muss er einräumen, dass die Einnahmen seines Landes

> [...] gleichsam wie auß einem wasserreichen Brunnen so überflüssig auß meiner Unterthanen Schuldigkeit hervor quillet/ daß ich jährlich/ wie Mauschele sagt/ wol ein namhafftes zuruck legen/ und mit der Zeit ein grosses zusammen bringen könnte [...]. (*RP* 726)

So sind sich der Herrscher und sein „Geldjude" letztlich einig in ihrer wirtschaftspolitischen Strategie: Sie wollen eine aktive Bilanz erreichen, indem sie das umlaufende Kapital mithilfe von Steuerrepressalien abschöpfen und anschließend „fein genau zusammen" halten. Problematisch ist daran zum einen, dass Secundatus diese Einnahmen ausschließlich am eigenen Hof akkumuliert, anstatt das Aktivsaldo, wie es der kameralistischen Logik entspräche, seiner Landschaft und seinen Untertanen zugute kommen zu lassen, indem er das produzierende Gewerbe fördert. Denn um territorialstaatlichen Wohlstand zu generieren, durften die Einnahmen „nicht gehortet werden, sondern war[en] für Konsumzwecke zu verwenden. Das ausgegebene Geld wirkte nach Ansicht der Kameralisten dann wie ein Multiplikator auf die Wirtschaft."[51] Zum anderen vernachlässigt er nicht nur die Produktion und damit die ehrliche christliche Bevölkerung in der Landwirtschaft, sondern bevorzugt ausgerechnet das „jüdische" Handelsgewerbe und die damit einhergehende unmoralische Geldlogik.

Mit der finanzpolitischen Übereinstimmung zwischen Secundatus und Aaron hebt die Satire zudem auf einen weiteren Aspekt judenpolitischer Entwicklungen aus Grimmelshausens Gegenwart ab; die allmähliche Institutionalisierung des ‚hofjudenschaftlichen' Systems.[52] Als es den zersplitterten Nachkriegsterritorien nicht nur an Bevölkerung, sondern auch an administrativen Strukturen zur Zentralisierung ihrer Macht mangelte, bedurfte es gut vernetzter Finanziers und Lieferanten, die sich in wenigen vermögenden jüdischen Familien fanden.[53] Von ihren Schutzherren abhängig, waren sie ein leicht zu kontrollierendes

---

51 Gömmel, *Die Entwicklung der Wirtschaft* (wie Anm. 29), S. 48.
52 Einzelne Vorläufer seit dem späten 16. Jahrhundert, etwa am Wiener Hof, werden unter dem Begriff „Hoflieferantentum" von dem institutionalisierten „Hofjudentum" des ausgehenden 17. und 18. Jahrhunderts abgegrenzt; vgl. Battenberg, *Die Juden in Deutschland* (wie Anm. 9), S. 32.
53 Vgl. Battenberg, *Die Juden in Deutschland* (wie Anm. 9), S. 108.

politisches „Modernisierungsinstrument"[54] und zudem „ein neutraler Faktor im Kampf zwischen den Ständen [...], eine Gruppe, die keine Möglichkeit hatte, zu eigener Macht zu gelangen."[55]

Auch im *Rathstübel Plutonis* ist es der Fürst, der Aarons Geschicke lenkt und den prekär lebenden „Viehjuden" erst zum „Hofjuden" erhebt,[56] weshalb er ja schließlich in der Kritik steht. Der alte Händler mag ausgenutzt werden, über sein finanzielles Kalkül und die Fähigkeit vom eigenen sozialen Aufstieg zu träumen, verfügt er davon unabhängig. So erscheint die Gier nach Geld und Macht, die potentiell in der Lage ist, die gesellschaftliche (Stände-) Ordnung zu unterminieren, als typisch „jüdische" Einheit. Die realpolitischen Bezüge, die eindeutig in der Figurengestaltung und ihrer erzählstrategischen Funktion zu erkennen sind, dürfen deshalb nicht darüber hinwegtäuschen, dass der vollständig von Geld durchdrungene „Jude" Aaron[57] vor allem ein stereotypes Konstrukt ist.

Das betrifft zum einen die ‚vertikale Mobilität' seiner Figur, denn in der Realität verschärften Steuerdruck und vermögensabhängige Niederlassungsrechte die sozialen Unterschiede innerhalb der jüdischen Bevölkerung sogar noch,[58] und gilt zum anderen für seine Stellung am Hof: Dass jüdische Hoffaktoren, wie Aarons doppelte Identität zeigt, als „Stützen des neuen absolutistischen Fürstenstaates nach 1650"[59] verstanden wurden, muss eine literaturwissenschaftliche Retrospektive von derjenigen Aufmerksamkeit unterscheiden, die das Phänomen erst in den folgenden Jahrzehnten erregte.[60] Denn Grimmelshausens Version eines „Hofjuden" erschien 1672 in der Frühzeit der hofjuden-

---

54 Battenberg, *Die Juden in Deutschland* (wie Anm. 9), S. 108.

55 Michael Brenner: *Kleine jüdische Geschichte*. München ²2019, S. 158.

56 Bereits auf dem Titelkupfer (*RP* 652) sitzen der Jude und die Schauspielerin erhöht mit Secundatus auf einer Rasenbank.

57 Vgl. Müller-Laackman, Antijüdische Stereotype (wie Anm. 6), S. 357.

58 Vgl. Brenner, *Kleine jüdische Geschichte* (wie Anm. 55), S. 156. – Die Anzahl der „Betteljuden", die von ihren Gemeinden nicht mehr mitfinanziert werden konnten und verarmt umherzogen, stieg im folgenden Jahrhundert auf ein geschätztes Zehntel der jüdischen Gesamtbevölkerung an; vgl. Battenberg, *Die Juden in Deutschland* (wie Anm. 9), S. 45.

59 Breuer, Kommentar (wie Anm. 3), S. 1032.

60 Zum (in der historischen Gegenwart und Rezeptionsgeschichte) bekanntesten Vertreter, dem 1738 hingerichteten, württembergischen Hoffaktor Joseph Süß Oppenheimer, vgl. *„Jud Süß'. Hofjude, literarische Figur, antisemitisches Zerrbild*. Hrsg. von Alexandra Przyrembel und Jörg Schönert. Frankfurt a. M., New York 2006.

schaftlichen Phase, als einzelne Karrieren der „Gründergeneration"[61] gerade erst begonnen hatten. Das Traktat, in dem sich Secundatus so früh um einen eigenen „Hofjuden" bemüht, quasi als Pionier der weiteren judenpolitischen Entwicklungen[62] auftritt, drückt einen Argwohn aus, der sich offenbar bereits an diese Einzelpersönlichkeiten heftete: Weil das Motiv des „Geldjuden" den unverstandenen gesellschaftlichen Prozessen ein vertrautes Gesicht zu geben vermochte, ließ es sich produktiv machen für einen innerchristlichen Appell und als Erklärung für politisches Fehlverhalten.

Dass Gleiches für individuelle Geldsünden gilt, beweist der „homo oeconomicus"[63] Grimmelshausens, der Kaufmann im *Vogel-Nest* II, dem kaum ein größerer „Geldjude" begegnen könnte als Eliezer. Denn der verkörpert den grenzüberschreitenden und undurchsichtigen Fernhandel, in dem sich der Christ so gefährlich souverän bewegt. Für die Begegnung der beiden Figuren hätte Grimmelshausen kaum einen geeigneteren Schauplatz wählen können als das kosmopolitische Amsterdam, wohin der Kaufmann nach seinem Messebesuch in Leipzig reist. Er beschreibt die Stadt als eine „kleine[...] Welt/ worinn man bey nahe die gantze grosse Welt biß auff ein Ding sehen kan" (*VN* II 528) und dieser allegorische Hinweis auf die „gottferne Stadt Babylon"[64] verheißt für den Fortgang der Bekehrungsgeschichte nichts Gutes, bedeutet er doch, noch bevor der Sünder sein nächstes Reiseziel erreicht, dass ihn dessen weltoffene Atmosphäre nur noch weiter von Gott entfernen wird. Aber die babylonische Großstadt ist nicht nur die nächste Etappe der Romanhandlung, sondern auch ein Ort seiner persönlichen Biografie. Denn der Kaufmann verbrachte dort acht prägende Jahre seiner Jugend, genoss Erziehung und Ausbildung und berichtet, dass „den Anfang/ die Kauffmanns-Handelschafft zu lernen/ den Grund allda gelegt worden" (*VN* II 528) sei. Weil hier sein unchristlicher Werdegang begann, ist er entsprechend vertraut mit der ausländischen Stadt

---

61 Battenberg, *Die Juden in Deutschland* (wie Anm. 9), S. 111. – Zur „ersten Generation" vgl. Friedrich Battenberg: Die jüdische Wirtschaftselite der Hoffaktoren und Residenten im Zeitalter des Merkantilismus – ein europaweites System? In: *Aschkenas* 9 (1999), S. 31–66, hier S. 58.

62 Erst um die Jahrhundertwende wurde „[a]us dem noch untitulierten Faktor des 16./17. Jh.s [...] vor dem Hintergrund einer inflationären Ausweitung der Titulaturen der Hoffaktor, Oberfaktor und Oberhoffaktor, daneben der Miliz-, der Münz- und der Kabinettsfaktor"; Battenberg, *Die Juden in Deutschland* (wie Anm. 9), S. 43.

63 Vgl. Deupmann, Geldverhältnisse (wie Anm. 35), S. 177.

64 Breuer, Kommentar (wie Anm. 3), S. 978.

und ihren Gepflogenheiten, hat unzählige, zwielichtige Bekannte und Kontakte und weiß diese geschickt für seine Zwecke zu nutzen.

Zwar findet die christlich-jüdische Begegnung auch hier in einem monetären Kontext statt, in dem das Motiv des „Geldjuden" den weiteren Handlungsverlauf anstößt – darüber hinaus treffen der Kaufmann und Eliezer aber unter anderen Vorzeichen aufeinander als die Figuren im *Rathstübel Plutonis*. Denn während Aaron zunächst in einem subsistenzwirtschaftlichen Rahmen des bäuerlichen Alltags eingeführt wird, bevor er vermeintlich die gesellschaftliche Ordnung durcheinanderbringt, ist Eliezer bereits fester Bestandteil einer Sphäre, in der die bestehenden Ständegrenzen und die Grenzen zwischen christlich und jüdisch nicht mehr eindeutig verlaufen. Deshalb ist es in Amsterdam auch nicht weiter erklärungsbedürftig, dass die Kriegsgerüchte den Kaufmann dazu veranlassen, bei einem „reichen Portugesischen Juden" (*VN* II 538) einzubrechen. Dieser Raubzug ist zwar seine nächste schlechte, dafür aber erzählstrategisch bedeutende Entscheidung, denn auf diese Weise kann er der schönen Tochter des „Geldjuden" erst begegnen.

Im Gegensatz zu Aaron ist Eliezer zudem nicht nur tatsächlich reich, er ist so grenzenlos reich, dass er, „wie man ins gemein darvor hielte/ die Summa seines grossen Vermögens selbst nicht wuste." (*VN* II 538) Und dieses Gerücht bestätigt sich auf jedem Streifzug, den der unsichtbare Kaufmann durch das palastähnliche Heim unternimmt. Im Verlauf der Episode zieht er immer größere Vergleiche heran, als versuche er, die Superlative noch zu übersteigern. Stößt er bei seinen ersten Erkundungsgängen noch auf einen „Schatz [...]/ dergleichen bey manchem Grafen in Teutsch- und Welschen Landen nicht zu finden", (*VN* II 545) erscheint es ihm später (als er mithilfe seiner Springwurzel in alle Gewölbe des Hauses vordringen kann) sogar, als „müsten alle Portugesische Juden in der gantzen Statt ihren Reichthumb dorthin in Verwahrung gethan haben". (*VN* II 584–585)

Sein unermesslicher Kapitalbesitz macht Eliezer zwar zum Geprellten, finanziell gesehen aber keineswegs zu einem echten Opfer. Denn das Vogelnest, „ein magisches Medium potenziell unbegrenzter Aneignung"[65] für seinen Besitzer, kann kein Geld produzieren sondern es nur umverteilen, weshalb es im Roman „prinzipiell unter der Bedingung der Knappheit"[66] steht. Obwohl der Kaufmann für Esthers Braut-

---

65   Deupmann, Geldverhältnisse (wie Anm. 35), S. 173.
66   Deupmann, Geldverhältnisse (wie Anm. 35), S. 170.

geld solche Mengen stiehlt, dass er „[s]ein Tag so schwer nicht getragen als damals" (*VN* II 585) und annimmt, Erasmus habe „so viel baar Gelt auff einmal sein Tage nicht beysammen gesehen" (*VN* II 595), bleibt der Diebstahl folgenlos für Eliezer, dessen Vermögen nach wie vor „aller Orten mit Gewalt durchtringt" (*VN* II 592). Was ihn zunächst zur idealen, unerschöpflichen Geldquelle macht und zur Begegnung mit seiner wohlbehüteten Tochter führt, entpuppt sich allerdings schnell als entscheidende Komplikation, die wiederum Auswirkung auf den Handlungsverlauf hat: Als der Kaufmann nämlich beschließt, seine materiellen Begierden für eine wollüstige Pause mit Esther aufzuschieben, kann er dieses Ziel nicht wie gewohnt mit Geld erreichen. Weil „ihr Vatter dem gemeinen Ruff nach/ dessen so viel hinweg zu werffen hatte/ ohne sonderbare Schmälerung seiner unaußsprechlichen Reichthumb/ als ich mein Lebtag zusammen zu bringen mir einbilden dörffen" (*VN* II 543), Bestechlichkeit also nicht nötig hat, muss sich der Verführungskünstler eine andere Strategie einfallen lassen, um sich der schönen Jüdin zu bemächtigen.

Ebenso wenig fassbar wie die Größe von Eliezers Schatz ist zudem sein Ursprung: Während der Viehhändler Aaron arbeitet, selbst wenn ihm der Vorwurf anhängt, keiner ehrlichen Arbeit nachzugehen, erfahren die Leserinnen und Leser des *Vogel-Nests* II nichts über eine konkrete Betätigung des jüdischen Amsterdamers, etwa im Geld- oder Warenhandel. Reich zu sein ist seine Eigenschaft, nicht sein Verdienst, und es wertet Eliezer definitiv nicht auf, dass in der Erzählung keine „unredlichen Quellen"[67] benannt werden, ganz im Gegenteil. Vielmehr verschränken sich die fehlenden Informationen über die Herkunft des Geldes – Wertschöpfung aus ‚dem Nichts' konnte nur negativ sein –[68] mit der fragwürdigen, weil portugiesischen Herkunft und damit dem ambivalenten religiösen Hintergrund seines Besitzers.

Denn Eliezers Eltern oder Großeltern hatten sich zunächst als portugiesische Neuchristen in Amsterdam niedergelassen, bevor sie dort zum Judentum konvertierten. Beinahe 200 Jahre lang hatten ihre Vorfahren unter der repressiven Judenpolitik der katholischen Königshäuser „[…] in Spanien und Portugal offiziell als Christen gelebt, Kirchen

---

67 Deupmann, Geldverhältnisse (wie Anm. 35), S. 176. – Für Deupmann spricht die Leerstelle allerdings gegen einen antijüdischen Wuchervorwurf.

68 Vgl. Anm. 8. – Deshalb liegt auch Gutsche falsch, wenn sie meint, entsprechende Vorwürfe würden „durch diese bewusst gesetzte Leerstelle weder bestätigt noch widerlegt"; Gutsche, *Zwischen Abgrenzung und Annäherung* (wie Anm. 12), S. 248.

besucht und die Prinzipien der katholischen Religion gelehrt bekommen. Sie waren im Unterschied zu den Juden des Mittelalters oder ihren Zeitgenossen anderer Herkunft also völlig mit der Religion, den Bräuchen [und] der Sprache ihrer Umgebung vertraut [...].“[69]

Im Gegensatz zu dem aschkenasischen Viehhändler Aaron, dessen Judentum (noch) äußerlich sichtbar ist, weil er den Kleidervorschriften entsprechend einen gelben Ring auf seiner Kleidung trägt (Titelkupfer) und „so nach ihrem Brauch mit den Händen umb sich fochtelt", (*RP* 659) erscheinen der sephardische Eliezer und sein Umfeld als mehrdeutige ‚soziale Hybriden‘.[70] Ihre kulturelle Nähe zur christlichen Umwelt drückt sich im Roman in den christlich-jüdischen Uneindeutigkeiten aus, die vor allem an der Figur Erasmus und Esthers zweifelhafter Bekehrung[71] zum Ausdruck kommen – und von den politischen Bedingungen des Schauplatzes zusätzlich verstärkt werden.

Während nämlich Sonderregelungen und Judenordnungen den Alltag von Aarons aschkenasischen Glaubensgenossen beschränken und der Fürst ihn einfach zur Spielteilnahme zwingen kann, stehen dem Kaufmann die Machtmittel eines Secundatus nicht zur Verfügung, befindet er sich doch in einer „Statt/ darinnen mit Gewalt nichts außzurichten/ dieweil die Juden daselbsten unter dem allersichersten Schutz wohnen". (*VN* II 544) Weder kann er also den Beischlaf mit Esther mit Geld noch mit Macht und Gewalt anbahnen und tatsächlich war das judenpolitische Klima im historischen Amsterdam des 17. Jahrhunderts vergleichsweise liberal. Auch wenn von einer toleranten Haltung im modernen Sinne einer Gleichberechtigung der Religionen nicht die Rede sein kann,[72] tolerierte man die jüdischen Gemeinden dort weitestgehend in ihrer Autonomie. Trotz der Brüche in ihrer kollektiven Identität etablierten die Sephardim deshalb schnell eigene Gemeindestruktu-

---

69   Brenner, *Kleine jüdische Geschichte* (wie Anm. 55), S. 124.
70   Vgl. Feldman, Modelling Difference (wie Anm. 24), S. 292: „Modelling Ambiguity: the Sephardic Jew as Social Hybrid".
71   Die Zweifel, die Israel Fromschmidts Taufname nährt, (vgl. Anm. 16) sind auch bei Esther angebracht: „Die Annahme der neuen Namen – Esther nennt sich nun Esther Maria – verweist [...] auf die ambivalente Position der Konvertiten". So Gutsche, *Zwischen Abgrenzung und Annäherung* (wie Anm. 12), S. 257.
72   Ambivalente Folgen hatte etwa die Gleichstellung vor dem Ehegesetz für die religiöse Minderheit, weil es sie in ihrer Religionsausübung beschnitt: Das holländische Eherecht verbot die Heirat zwischen Onkel und Nichte, eine Verbindung, die nach jüdischem Gesetz erlaubt und üblich war; vgl. Daniel M. Swetschinski: *Reluctant Cosmopolitans. The Portuguese Jews of Seventeenth-Century Amsterdam.* London, Portland 2000, S. 18–19.

ren und grenzten sich selbstbewusst von der christlichen Mehrheit sowie von den ortsansässigen Aschkenasim ab.[73]

In Grimmelshausens Roman ist von derartigen Distinktionsbemühungen allerdings nichts zu spüren, stattdessen scheint jüdisches Leben im Amsterdam des Kaufmanns ausschließlich aus ständigen Glaubenszweifeln und -wechseln zu bestehen. Er sinniert sogar selbst kurz: „Wie wär ihm/ wann du dich beschneiden liessest? Massen solches zu Amsterdam nichts neues ist" (*VN* II 544). Bis hierher ohne Skrupel schreckt er vor einer Konversion dann doch zurück; diese Grenze wird er nicht überschreiten, im Gegensatz zu seinen Betrugsopfern Erasmus und Esther. Und Eliezer? Obwohl ihm der Argwohn der spanischen Inquisition durch seine Herkunft ebenfalls anhaftet, tritt er als überzeugter Angehöriger seiner Religion auf. Er steht für das traditionelle (sprich: abergläubische und unbekehrbare) Judentum, was ihn für seine Rolle als verhöhnter Vater der verführten Jüdin qualifiziert. Die Zweifel, die seine sephardische Identität dennoch schürt, heften sich deshalb an seine unheimliche ökonomische Potenz.[74] Ein zeitgenössischer „Geldjude" ist er insofern, als dass seine Figur als Reflex auf das „gut miteinander verbundene[...] Handelsnetzwerk in Nordeuropa, der Iberischen Halbinsel und der Karibik"[75] verstanden werden muss, das einige Nachkommen der spanisch-portugiesischen Judenheit im 17. Jahrhundert etablierten. Eliezers Geld kommt aus dem Nichts und dorthin verschwindet es auch wieder, denn am Ende der Episode nimmt der Kaufmann seinen ursprünglichen Plan zur Kriegsvorbereitung wieder auf, aber als er noch einmal bei dem reichen Juden einbricht, findet er dessen Haus verlassen vor:

> [D]ie gute Kautzen waren außgeflogen/ weil damals jederman das seinig/ was ihm lieb war/ hinweg flehete/ so/ daß es schiene/ ob wolten die Einwohner ihre sonst überauß reiche Statt selbst arm machen/ damit die Frantzosen desto weniger umb ihre unnöthige Mühe kriegen sollten [...]. (*VN* II 604–605)

---

73   Vgl. Brenner, *Kleine jüdische Geschichte* (wie Anm. 55), S. 122.

74   „Der Versuch des Fürsten Carl v. Liechtenstein, die Hamburger Sefarden 1625 durch vorteilhafte Privilegien zur Ansiedlung im Fürstentum Jägerndorf zu bewegen, die aschkenasischen Juden aber auszuschließen [...], kann als Hinweis darauf gewertet werden, dass auch die christliche Umwelt die größere ökonomische Potenz der ‚Portugiesen' wahrnahm"; Battenberg, *Die Juden in Deutschland* (wie Anm. 9), S. 68.

75   Brenner, *Kleine jüdische Geschichte* (wie Anm. 55), S. 124.

Mit dieser Kapitalflucht[76] ins Ausland kehrt der „Geldjude" Amsterdam also den Rücken zu, der Stadt, die ihn mit ihrer auf „jüdischen" Handel zentrierten Politik erst angelockt hatte. So fremd und ambivalent dieser Ort und seine Bewohnerinnen und Bewohner auch erscheinen mögen, so anknüpfungsfähig ziehen sich die bekannten Stereotype, die Eliezers Aberglaube und sein Geld aufrufen, durch die Handlung. Sie werden „in diese zunächst fremde Welt mit herübergezogen, welche damit zugleich in den vertrauten Rahmen [...] eingepasst, also entfremdet wird"[77] und machen die Grenzen zwischen christlich und jüdisch immer wieder sichtbar.

Der antijüdische Geldmotivkomplex bietet Orientierung; mit ihm lassen sich der rasante wirtschaftliche und kulturelle Aufschwung der Hafenstadt Amsterdam zur europäischen Fernhandelsmetropole[78] ebenso einordnen, wie die allmählich entstehenden Brüche in der Ständegesellschaft und die ökonomische Neustrukturierung des absolutistischen Hofes.[79] Im *Vogel-Nest* II und *Rathstübel Plutonis* liegt diesen Prozessen eine Politik zugrunde, die in ihrem Fokus auf Handel treibende „Geldjuden" als merkantilistisch motiviert beschrieben werden kann. Innerhalb der zeitgenössischen wirtschaftspolitischen Diskurse nehmen die Erzählungen damit eine kritische Haltung gegenüber einer reinen Ausrichtung auf den Handel und seine nicht-christlichen Attribute ein.

---

76 Schon im 15. Jahrhundert traf „[j]üdischen wie lombardischen Kredit die ökonomisch negative Einschätzung, den schädlichen Abfluss von Bargeld ohne eigentlichen Gegenwert zu verursachen"; Hans-Jörg Gilomen: Silbermangel und jüdische Geldleihe. Prämerkantilistische Bedenken gegen den lombardischen und jüdischen Geldhandel im Spätmittelalter. In: *Aschkenas* 20 (2010), S. 281–304, hier S. 301.

77 Krobb, Verführung und Bekehrung (wie Anm. 18) S. 538; Krobb spricht hier allerdings nur vom Messias-Aberglauben.

78 Zur Faszination der Zeitgenossen vgl. den Titel: *Filips von Zesen Beschreibung der Stadt Amsterdam: Darinnen von Derselben ersten ursprunge bis auf gegenwärtigen zustand/ ihr unterschiedlicher anwachs/ herliche Vorrechte/ und in mehr als 70 Kupfer-stükken entworfene führnehmste Gebeue/ zusamt ihrem Stahtswesen/ Kauf-handel/ und ansehnlicher macht zur see/ wie auch was sich in und mit Derselben märkwürdiges zugetragen/ vor augen gestellet werden.* Amsterdam 1664. [Bayrische Staatsbibliothek; BA/4 Belg. 187].

79 „Während der Fürst die bestehende Ordnung repräsentiert, in der die gesellschaftliche Stellung und Macht ausschließlich durch Geburt erworben wird, verweist das Bild ‚des Hofjuden' auf eine Gesellschaft, in der Macht in erster Linie von Geldbesitz abhängt". – Müller-Laackman, Antijüdische Stereotype (wie Anm. 6), S. 366.

ROBERT SCHÜTZE (Bochum)

U-Topik. Rhetorik des Politischen bei Morus und Grimmelshausen

I. Utopisches Sprechen: Morus

Wo sich die Grimmelshausen-Forschung mit den utopischen Episoden im *Simplicissimus* – etwa Jupiters Friedensvisionen, dem Mummelsee oder den Wiedertäufern – befasst, sieht sie in ihnen meist Gegenbilder zur satirischen Wirklichkeitsschilderung. Zuweilen meint man – wie Wilhelm Voßkamp – gar eine Interdependenz von satirischem und utopischem Sprechen beobachten zu können.[1] Die Kopplung von Utopie und Satire geht allerdings bei Grimmelshausen insofern weiter, als die Utopie selbst zum Gegenstand von Satire wird, ja der *Simplicissimus* utopisches Denken auf seine Möglichkeitsbedingungen hin befragt[2] und so – sich weniger als utopischer Roman gebend, denn „eingebettete Utopien"[3] präsentierend – ein Kapitel in der Geschichte utopischer Selbstkritik darstellt. Festzuhalten bleibt, dass „die Satire die Utopien als eine mögliche Sicht auf Welt negativiert"[4]. Dieser hochproblemati-

---

1   „Während das utopische Erzählen ohne eine satirische Negation des jeweils historisch-politisch Vorgefundenen nicht auskommt, um kontrastiv das Normativ-Andere zu postulieren, sucht das Pikareske in der satirischen Inversion als subversive ‚Verkehrung', Realität zu durchschauen und diskursiv zu kritisieren." Wilhelm Voßkamp: Interferenzen zwischen pikareskem und utopischem Erzählen bei Grimmelshausen. In: ders.: *Emblematik der Zukunft. Poetik und Geschichte literarischer Utopien von Thomas Morus bis Robert Musil.* Berlin 2016, S. 110–120, hier S. 110.

2   Vgl. Volker Meid: Utopie und Satire in Grimmelshausens „Simplicissimus". In: *Utopieforschung. Interdisziplinäre Studien zur neuzeitlichen Utopie.* Hrsg. von Wilhelm Voßkamp. Bd. 2. Stuttgart 1982, S. 249–265.

3   Theodor Verweyen, Gunther Witting: Zum deskriptiven Gehalt des Utopiebegriffs. Dargelegt anhand von Grimmelshausens „Simplicissimus" und Goethes „Meister"-Romanen. In: *Ideologie und Utopie in der deutschen Literatur der Neuzeit.* Hrsg. von Bernhard Spies. Würzburg 1995, S. 6–21, hier S. 13.

4   Verweyen / Witting, *Zum deskriptiven Gehalt des Utopiebegriffs* (wie Anm. 3), S. 13. Die Autoren argumentieren deshalb – gegen Meid – für eine Entkopplung

schen Kopplung will ich im Folgenden nachgehen, indem ich – exemplarisch – zeige, in welcher Tradition sie steht, konkreter: indem ich
rekonstruiere, welche Sprechsituation den utopischen Diskurs ermöglicht. Es geht mir also nicht um die Inhalte der Utopien, nicht um mögliche politische Visionen, die Grimmelshausen gehabt haben mag oder
nicht – sondern um die Sprechakte, in denen sich Utopien artikulieren.
Es wird sich zeigen, dass die ‚Negativierung' des Utopischen im *Simplicissimus* nicht etwa eine Abkehr von ‚positiven' Vorläufern bedeutet,
sondern Tendenzen pointiert, die sich bereits am diskursivitäts-
begründenden Text, Thomas Morus' *Utopia* von 1516, andeuten.

Das mag insbesondere bei Vertretern der politischen Ideengeschichte oder der historischen Utopieforschung für ein gewisses Unbehagen sorgen, hat man sich doch daran gewöhnt – und das gilt im
Grunde für alle in diesen Disziplinen dominierenden Lesarten von Ernst
Bloch bis Richard Saage – über die rhetorische Form und die zahllosen
ironischen Volten von Morus' Dialog hinwegzusehen, ihn auf die
Schilderung eines idealen Gemeinwesens zu reduzieren, die einzelnen
Elemente dieses vermeintlichen Idealstaatsentwurfs zu abstrahieren, auf
innere Kohärenz zu befragen, ideengeschichtlich zu kontextualisieren
und so die von Hexter gleichsam dekretierte Blickverengung – „to separate the thinker's thought from the literary trick of trade"[5] – in die Tat
umzusetzen. Zumindest von literaturwissenschaftlicher Seite ist gegen
diesen Reduktionismus – zurecht! – vehement Einspruch erhoben worden,[6] nicht zuletzt mit Verweis auf den offensichtlichen Befund, dass
die Schilderung des Staates Utopia ja nun nicht in der Luft hänge, sondern in das Syntagma einer Erzählung eingebettet sei.

Der Text zerfällt bekanntlich in zwei Bücher. Das erste dieser beiden Bücher, in dem die intradiegetische, durch ihren Namen unmissverständlich als fiktiv markierte Erzählerfigur Raphael Hythlodeus massi-

---

von Satire und Utopie. Das seinerseits der Satire anheimgegebene utopische Denken tauge nicht mehr als kritisches Korrektiv oder Gegenbild zur Wirklichkeit.

5   Jack H. Hexter: *More's „Utopia". The Biography of an Idea.* Princeton 1952 (The
     History of Ideas Series 5), S. 25.

6   Vgl. bereits Hans Ulrich Seeber: *Wandlungen der Form in der literarischen Uto-
     pie. Studien zur Entfaltung des utopischen Romans in England.* Göppingen 1970
     (Göppinger akademische Beiträge 13), S. 46 und ders.: Einleitung. In: ders.: *Die
     Selbstkritik der Utopie in der angloamerikanischen Literatur.* Münster 2003 (Poli-
     tica et Ars 5), S. 11–42, hier S. 19. Außerdem die ausführliche ‚Sequenzanalyse'
     von Oliver Schmidtke: *Ideal und Ironie der Gesellschaft. Die „Utopia" des
     Thomas Morus.* Frankfurt a. M. 2016, bes. S. 33–266.

ve Kritik an wirtschaftlichen Depravationsphänomenen wie der Einhegungsbewegung oder auch an der Strafpraxis im England des 16. Jahrhunderts übt, dieses erste Buch ist ausgesprochen narrativ, viel narrativer als die von erzählerischen Passagen überwiegend freie, gewissermaßen ,statische' Schilderung Utopias im zweiten Teil. Neben der angeblich gattungskonstitutiven Zweiteilung, der Doppelstruktur aus satirischem und gegenbildlich-utopischem Teil, gehört es zu den formalen Auffälligkeiten des Textes, dass er die Beschreibung Utopias in eine genau charakterisierbare Kommunikationssituation einbettet. Mit anderen Worten: Die Utopie bekommt einen Rahmen. Und dieser Rahmen steht von Beginn an – paratextuell – im Zeichen ,verschobener' oder ,entzogener' Autorschaft.

„Rede des trefflichen Herrn Raphael Hythlodeus über die beste Staatsverfassung"[7], heißt es in der Überschrift des ersten Buches – eine Rede, für die Thomas Morus, den das Titelblatt noch explizit als *Autor* des „goldene[n] Büchlein[s]"[8] exponiert, nun schon nicht mehr als Autor, sondern ,nur' noch als Herausgeber oder Sprachrohr[9] verantwortlich zeichnet. Für „Reden" indes ist seit je die Rhetorik zuständig. Begreift man Rhetorik im umfassenden Aristotelischen Sinne als Kunst, die Wirklichkeit durch Rede zu verändern, scheint sofort einzuleuchten, dass sich hier als „Rede über die beste Staatsverfassung" ein kritisches Projekt mit wirklichkeitstransformierendem Potential ankündigt, etwas, das auf Umsetzung, auf Realisierung drängt. So scheint es jedenfalls. Denn umso verblüffender ist es, dass die Vorrede den supradisziplinären Zuständigkeitsbereich der Rhetorik terminologisch zielgerichtet ansteuert, nur um im selben Moment das übliche Spiel einer technisch angeleiteten Redeproduktion außer Kraft zu setzen:

> Fast schäme ich mich, mein teuerster Peter Aegid, Dir dies Büchlein über den Staat von Utopien erst nach fast einem Jahre zu schicken, das Du zweifellos schon nach einem halben Jahre erwartet hast, da Du ja wusstest, dass ich in diesem Werke der Mühe des Erfindens überhoben war und auch über die Einteilung gar nicht nachzudenken, vielmehr bloß das wiederzugeben brauchte, was

---

7   „Sermo Raphaelis Hythlodei viri eximii de optimo rei publicae statu". – Thomas Morus: Utopia. Lateinisch / Deutsch. Übersetzt von Gerhard Ritter. Mit einem Nachwort von Eberhard Jäckel. Stuttgart 2012 (Reclams Universal-Bibliothek 18875), S. 20–21.

8   „Libellus vere aureus […] authore clarissimo viro Thoma Moro". – Morus, *Utopia* (wie Anm. 7), S. 6.

9   „Sermo Raphaelis Hythlodei […] per inlustrem virum Thomam Morum". – Morus, *Utopia* (wie Anm. 7), S. 20.

ich mit Dir zusammen gerade so den Raphael hatte erzählen hören. Ich brauchte
mir deshalb auch mit dem Stilistischen nicht viel Mühe zu geben; denn seine
Redeweise konnte ja gar nicht wohlgefeilt sein, einmal weil er unvorbereitet
und aus dem Stegreif sprach, dann aber, weil er – Du weißt ja – mehr im Griechischen als im Lateinischen zu Hause ist. Je näher aber meine Rede seiner läs-
sig-schlichten Sprache kommt, desto näher kommt sie der Wahrheit – und nur
um die soll und will ich mich in dieser Sache kümmern.[10]

Programmatisch spielt der Vorredner Morus Wahrheit und Rhetorik
gegeneinander aus, suspendiert in aller pedantischen Vollständigkeit
die fünf Produktionsstadien der Rede, um so den (strenggenommen
unmöglichen) Ausnahmezustand zu *simulieren*: ein Sprechen jenseits
der Rhetorik. Keine *inventio* (er sei der „Mühe des Erfindens überho-
ben"), keine *dispositio* (an die „Einteilung" habe er keinen Gedanken
verschwendet). *Elocutio*? Fehlanzeige. Auch mit „dem Stilistischen"
habe sich Morus nicht herumgeplagt. Das rhetorisch versiert inszenierte
Manöver des Nicht-Rhetorischen geht nun allerdings weder ganz auf in
vorredentypischer Bescheidenheitstopik, noch in der Lässigkeit der betont „einfache[n], relativ anspruchslose[n] Prosa"[11], wie sie die Gat-
tungszuschreibung *sermo* (im Gegensatz zur ornamental hochgerüsteten
oratio) nahelegt. Vielmehr etabliert die *praefatio* mit Nachdruck eine
utopische Sprechposition – eine Position, von der aus sich der Sprecher
selbst den Boden unter den Füßen wegzieht, indem er zunächst das
überlieferte rhetorische Regelsystem gleichsam abräumt. Kommt schon
mit der für die *elocutio* fingierten Sprachbarriere Griechisch/Lateinisch
eine echte Störung ins Spiel, die unter dem Gesichtspunkt stilistischer
Nonchalance dysfunktional erscheint, also gerade nicht mehr zur „läs-
sig-schlichten Sprache" beizutragen vermag, so erweist sich die Abfertigung der letzten beiden *partes artis*, der *memoria* und der *actio*, als
Generalangriff auf die Leistungsfähigkeit der Rhetorik. Morus bekennt,
er habe zwar ein „im ganzen recht zuverlässiges Gedächtnis", sei sich

---

10 Morus, *Utopia* (wie Anm. 7), S. 9.
11 Seeber, *Wandlungen der Form* (wie Anm. 6), S. 50. „Sermo" liest Seeber als
    Verweis auf Horaz' Satiren. Näher liegt im Sprachgebrauch des 16. Jahrhunderts
    allerdings der Anklang an die Predigt – abermals eine ironische Fußangel, wenn
    man bedenkt, dass Raphael Hythlodeus, der Sprecher dieser ‚Predigt', ganz ohne
    missionarischen Impetus Utopia erkundete, ja durch die Vorrede in Frontstellung
    gebracht wird zum deutlich ironisierten „frommen Berufstheologen", der sich in
    vorauseilendem Glaubenseifer zum „Bischof der Utopier" hat „erwählen" lassen,
    ohne jemals dort gewesen zu sein oder auch nur die Lage der Insel zu kennen.
    Vgl. Morus, *Utopia* (wie Anm. 7), S. 15.

aber bei den Konkreta seines Berichtes doch nicht sicher, ja sein Schüler John Clement habe ihn sogar auf mögliche Gedächtnislücken aufmerksam gemacht – es gibt offensichtlich externe Evidenzen dafür, dass hier etwas nicht stimmt.[12] Und die *actio* – das Halten bzw. hier: Aufschreiben der Rede? Dafür fehle Morus schlechterdings die Zeit, Amtsgeschäfte und familiäre Verpflichtungen hielten ihn davon ab, seinen „literarischen Interessen" nachzugehen. „[W]ann also soll ich zum Schreiben kommen?", fragt er resigniert.[13]

Gewiss: Das Buch *ist* geschrieben worden. Doch bannt die Vorrede das Werk in einem publizistischen ,Nirgendwo', wenn Morus seinen Korrespondenzpartner Peter Aegidius in einer *gedruckten* Vorrede bittet, den verschollenen Raphael Hythlodeus um Korrekturen und Druckgenehmigung zu ersuchen, *bevor* das Buch erscheinen kann – gilt doch Hythlodeus innerhalb der fiktiven Welt als unauffindbar.[14] Ist die Topik das bewährte Verfahren, Argumente für eine Rede zu gewinnen, seinen Redegegenstand in Einzelheiten aufzufächern, um dann möglichst umfassend und eloquent über noch die einfachsten Dinge sprechen zu können, fingiert *Utopia* U-Topik[15], eine Rede, die umgekehrt ihre Argumente nicht mehr an aufsuchbaren ,Örtern', an vertrauten ,Jagdgründen' rekrutiert, sondern sich ihren Gegenstand bewusst entzieht: Zum einen entzieht sie sich ihn ganz plakativ, indem sie ihn an einen *u-topos*, einen Nicht-Ort verlagert, auf eine Insel, von der niemand so

---

12 Vgl. Morus, *Utopia* (wie Anm. 7), S. 13.

13 Morus, *Utopia* (wie Anm. 7), S. 11. Es dürfte schwerlich ein Zufall sein, dass exakt dieselbe Grundkonstellation utopischer, (vermeintlich) nicht mehr rhetorisch fundierter Autorschaft innerhalb der simplicianischen Schriften von Philarchus Grossus reaktiviert wird. Vgl. dazu Robert Schütze: Der Schreiber und das Geld. Ökonomien der Einbildungskraft. In: *Simpliciana* XL (2018), S. 243–271, hier S. 244–245. Wie Morus von Hythlodeus, lässt sich Philarchus von der Courasche ,in die Feder diktieren'. Courasches Autobiographie erscheint am Druckort Utopia. Vgl. dazu auch Nicola Kaminski: Narrator absconditus oder Der Ich-Erzähler als „verschwundener Kerl". Von der erzählten Utopie zu utopischer Autorschaft in Grimmelshausens ,Simplicianischen Schrifften'. In: *Deutsche Vierteljahrsschrift für Literaturwissenschaft und Geistesgeschichte* 74 (2000), S. 367–394 und dies.: *Reine des Bohémiens.* Politische Utopie und ,zigeunernde' Textur in Grimmelshausens „Courasche". In: *Simpliciana* XXIV (2002), S. 79–121.

14 Vgl. dazu auch Schmidtke, *Ideal und Ironie* (wie Anm. 6), S. 52–53.

15 Vgl. zu Morus' ,U-Topik' auch Gerd Dicke: Morus und Moros – Utopia und Lalebuch. Episteme auf dem Prüfstand lalischer Logik. In: *Erzählen und Episteme. Literatur im 16. Jahrhundert.* Hrsg. von Beate Kellner, Jan Dirk Müller und Peter Strohschneider. Berlin 2011 (Frühe Neuzeit 136), S. 197–224, hier S. 202–208.

recht weiß, wo sie liegt – und weil mit Hythlodeus der einzige Zeuge, der sie lokalisieren könnte, verschwunden ist, besteht keine Hoffnung, den abermals ostentativ herausgestrichenen Lapsus, man habe kontingenterweise versäumt ihn zu fragen, wieder zu korrigieren. Zum zweiten, und das ist ebenfalls recht offensichtlich, entzieht sich Morus als Autorinstanz seinen Redegegenstand dadurch, dass er ihn (und insbesondere seinen Wahrheitsgehalt) in die Verantwortung eines Dritten verlegt. Er beansprucht, platterdings wiederzugeben, was Raphael Hythlodeus gesagt habe. Und zwar exakt so, wie es sich seinem – und dessen – möglicherweise unzuverlässigen Gedächtnis darbietet. Kurzum: Die *Utopia* entwirft eine mehrfach vermittelte, aufs äußerste labile Kommunikationssituation, in der Informationen nicht zuverlässig einholbar sind. Sie spielt mit der Fiktion eines falliblen Gedächtnisses. Und sie konstituiert eine epistemische Asymmetrie zwischen den Gesprächspartnern: Es gibt ein massives Wissensgefälle zwischen Hythlodeus und Morus.

Der Hiat ist hier insofern tiefer als in anderen Formen der Reisebeschreibung, als Raphaels Ausführungen sich bewusst jenseits aller Überprüfbarkeit verorten. Ablesen mag man das an der berüchtigten Scharnierstelle, die gegen Ende des ersten Buches zum zweiten überleitet. Anlass für den detaillierten Bericht über das Staatsmodell der Utopier ist ein Disput über das Privateigentum. Raphael Hythlodeus vertritt die ebenso provokante wie radikale These:

> So bin ich denn fest überzeugt, dass der Besitz durchaus nicht auf irgendeine billige oder gerechte Weise verteilt und überhaupt das Glück der Sterblichen nicht begründet werden kann, solange nicht vorher das Eigentum aufgehoben ist.[16]

Morus, der bislang im Dialog brav die Rolle des *adversarius*[17] gespielt hat, ist daraufhin höchst konsterniert:

> „Aber im Gegenteil!", erwiderte ich. „Mir scheint umgekehrt, dass eine vernünftige Lebensordnung niemals dort möglich ist, wo Gütergemeinschaft besteht."[18]

---

16 Morus, *Utopia* (wie Anm. 7), S. 113.
17 Vgl. zur damit zitierten Form der Schuldisputation u. a. Seeber, *Wandlungen der Form* (wie Anm. 6), S. 64–67.
18 Morus, *Utopia* (wie Anm. 7), S. 115.

Statt den Dissens nun argumentativ aufzulösen, gleicht Raphaels Ent-
gegnung jedoch einem Diskursabbruch.[19] Sie ist nämlich zirkulär:

> „Es wundert mich nicht", erwiderte er [Hythlodeus], „dass du so denkst; du
> kannst dir ja auch kein Bild davon [von einer Gesellschaft ohne Privateigentum,
> R.S.] machen oder nur ein falsches. Aber wärest du mit mir in Utopien gewesen
> und hättest mit eigenen Augen die dortigen Sitten und Einrichtungen gesehen,
> wie ich, der ich über fünf Jahre dort gelebt habe und gar nicht wieder hätte fort-
> gehen mögen, außer um diese neue Welt hierzulande bekannt zu machen, dann
> würdest du ohne weiteres zugeben, nirgends anderswo ein wohl regiertes Volk
> gesehen zu haben außer dort."[20]

Wärest du, hättest du, würdest du. Raphael beansprucht für sich ein
Mehrwissen, das ihn exakt in die Position versetzt, die ihm auch sein
Name zuweist. Denn folgt man der Spur des Namens Raphael, gelangt
man freilich ins Alte Testament, genauer: ins Buch Tobit. Dort er-
scheint dem erblindeten Tobit ein Engel namens Rafael, der ihm das
Augenlicht zurückgibt:

> Das Gebet beider, Tobits und Saras, fand Gehör bei der Majestät des großen
> Rafael. Er wurde gesandt, um beide zu heilen: um Tobit von den weißen Fle-
> cken auf seinen Augen zu befreien und um Sara, die Tochter Raguels, mit
> Tobits Sohn Tobias zu vermählen [...]. (Tob 3, 16–17)

Sowohl über die intertextuelle Konnotation seines Namens, als auch
über seine Funktion innerhalb der Erzählung ist Raphael Hythlodeus als
Bote kenntlich gemacht, als Vermittler zwischen dem Diesseits (Morus'
Gegenwart) und einer Transzendenz, einem utopischen Jenseits, das
allen anderen Figuren unzugänglich ist. Gleichzeitig basiert Raphaels
Wissen und dessen Kommunizierbarkeit auf der Anschaulichkeit eines
Bildes – „du kannst dir ja auch kein Bild machen oder nur ein falsches". Das ist also die Prämisse, unter der das ganze zweite Buch der
Utopia steht. Raphaels Anliegen ist die Vermittlung eines solchen *Bildes* von Utopia. Wie der Engel Rafael dem Tobit das Augenlicht wie-
dergibt, so soll Morus durch Raphaels Schilderung Utopias zum Sehen
gebracht werden.[21]

---

19 Ähnlich argumentiert Schmidtke, *Ideal und Ironie* (wie Anm. 6), S. 141.
20 Morus, *Utopia* (wie Anm. 7), S. 115–116.
21 Das entgeht Seeber, *Wandlungen der Form* (wie Anm. 6), S. 52, wenn er Raphael
    wörtlich aus dem Hebräischen übersetzt („Gott hat geheilt"), um die Figur Rapha-
    el Hytholdeus auf ihre satirisch-therapeutische Funktion festzulegen.

In der Dramaturgie des Textes hat die Beschreibung der Insel zweifellos den Status des Exemplarischen inne – sie ist argumentationslogisch gewendet ein durch mehrere kleine von Raphael immer wieder eingestreute *exempla* gut vorbereitetes großes *exemplum* und somit ein Beweismittel, dem die Rhetoriken von Aristoteles bis Erasmus desto mehr Überzeugungskraft zuschreiben, je lebhafter, ja ,handgreiflicher' es den Fall vor Augen stellt. *Exemplum* und *imago* rücken in der rhetorischen Tradition begrifflich eng zusammen.[22] Vor diesem Hintergrund ergeben sich für die *Utopia* – indem sie die asymmetrische Kommunikationssituation mit der Verlagerung der Beweiskraft auf das Exempel verschränkt – zwei Konsequenzen: Einerseits immunisiert sich Hythlodeus gegen Kritik, denn um die mimetische Plausibilität des gemalten ,Bildes' zu prüfen, müsste Morus selbst bereits in Utopia gewesen sein. Andererseits rückt der Fokus damit auf die innere Konsistenz und Kohärenz des von Raphael Hythlodeus ,Gemalten', mehr noch: auf die rhetorische Evidenz, die einleuchtende Anschaulichkeit des Geschilderten, die „vividness of presentation"[23]. Utopieforschern wie Wilhelm Voßkamp ist insofern erst einmal recht zu geben, wenn sie behaupten, dass in Utopien „durchgehend einprägsame Topoi und spezifische narrative und bildhafte Verfahren gewählt werden – ein Vor-Augen-Stellen mittels Techniken der Veranschaulichung und eine Sprache, die das Visionäre betont"[24].

Gleichzeitig ist das nur die halbe Wahrheit. So wie Raphael nur der halbe Name der Figur ist. Sein Nachname Hythlodeus[25] macht den Engel zum ,Schwätzer', zum eben nicht mehr zuverlässigen ,Sprachrohr' einer Transzendenz. Die Erzählerfigur ist in sich gespalten, ein paradoxes Kompositum unter vielen. Kann es eine anschauliche Repräsentation, ein handgreifliches Vor-Augen-Stellen geben, wenn das, was sich

---

22 Die einschlägigen Stellen bei Aristoteles, Cicero, Erasmus u. a. kompiliert Wolfgang G. Müller: Thomas More's „Utopia" and the rhetorical figure of ,exemplum'. In: *Renaissance Humanism – Modern Humanism(s). Festschrift für Claus Uhlig*. Hrsg. von Walter Göbel und Bianca Ross. Heidelberg 2001, S. 99–114, hier S. 99–103.

23 Müller, *Exemplum* (wie Anm. 22), S. 102.

24 Wilhelm Voßkamp: Möglichkeitsdenken. In: ders.: Emblematik der Zukunft. Poetik und Geschichte literarischer Utopien von Thomas Morus bis Robert Musil. Berlin 2016, S. 3–16, hier S. 6.

25 Gebildet aus *hythlos* und *daios*, wörtlich so viel wie: „der, der des Geschwätzes kundig ist". Vgl. zur durchaus kontrovers diskutierten Übersetzung des Namens Thomas Schölderle: *Utopia und Utopie. Thomas Morus, die Geschichte der Utopie und die Kontroverse um ihren Begriff*. Baden-Baden 2011, S. 81.

dem Zuhörer lebhaft *zeigen* soll, ein Fluss ohne Wasser (An-ydrus), ein Nicht-Ort (U-topia), eine visuell entrückte ‚Dunkelstadt' (Amaurotum) oder ein ‚Fürst ohne Volk' (A-demus) ist? Insofern passt es ins ‚Bild', dass dieser gespaltene Erzähler mit seiner Absichtserklärung, Morus' nicht vorhandene oder doch eben ‚falsche' *imago* von Utopia durch eine ‚richtige' zu ersetzen, gründlich scheitert. Und zwar so durchgehend scheitert, dass man es nicht für ein Versehen des realen Autors Morus halten kann, sondern hier ein Gestaltungsprinzip unterstellen muss, dem eine eigene Poetik zugrunde liegt. Die Schilderung Utopias strotzt nur so vor Inkonsistenzen, Lücken, Ungereimtheiten.[26] Allein die Geographie der Insel mit ihren skrupulös von Raphael vorgebrachten Daten zu Umfang, Durchmesser, Verteilung der Land- und Wassermassen, Lage der Städte usw. will sich – wie man seit den Berechnungen Goodeys weiß[27] – zu keinem ‚Bild' integrieren lassen. Utopia ist nicht konstruierbar, geschweige denn ‚anschaulich'. Der Engelsschwätzer Raphael simuliert in seiner Beschreibung Utopias gleichsam Anschaulichkeit, produziert aber beim Wort genommen Unanschauliches, belässt sein blindes Gegenüber Morus im Status des Nicht-Sehens und Nicht-Wissens.[28]

Das bestätigt sich beim Blick auf das Ende der *Utopia*. Morus bleibt skeptisch zurück. Manches an Raphaels Ausführungen sei ihm „sonderbar" erschienen und er könne „gewiss nicht allem zustimmen" – doch Raphaels Müdigkeit und seine Neigung zum Jähzorn, wenn man ihm denn widerspreche, erzwingen den Gesprächsabbruch.[29] Man könne den Faden ja irgendwann wieder aufnehmen. Ein Plan, der – wie man weiß – versandet. Tatsächlich wird der Abschluss des Gesprächs – unter fadenscheinig vorgeschobenen Kontingenzen – dergestalt auf ein

---

26 Dies soll hier nicht wiederholt werden. Minutiös und textnah entfaltet werden die Widersprüche z. B. bei Schmidtke, *Ideal und Ironie* (wie Anm. 6) in einer den Prinzipien ‚objektiver Hermeneutik' verpflichteten Analyse.

27 Brian R. Goodey: Mapping „Utopia". In: *Geographical Review* 60 (1970), S. 15–30.

28 Dagegen behauptet Müller: „Conviction is secured by rhetorical *evidentia* or *energeia*, a graphic manner of presentation which puts the things described quasi before the recipients' eyes. Raphael's strongest argument lies in the authenticity of his description. The fact that he describes what he has really seen is considered as the proof of the truth of his account." – Müller, *Exemplum* (wie Anm. 22), S. 110. Müller übersieht, dass Raphael (sofern er – was sich nicht entscheiden lässt – von Morus korrekt wiedergegeben wird) gerade nicht beschreibt, „what he has really seen". (Geometrisch) Unmögliches kann man nicht gesehen haben.

29 Morus, *Utopia* (wie Anm. 7), S. 333–335.

Nirgendwo vertagt. Es ist, als könne das Urteil über die 'Idealität' des vermeintlichen Idealstaates selbst nur an einem *u-topos* gefällt werden.

Die Forschung hat in solchen Manövern des Aufschiebens, des Abbrechens, aber auch in den vielfältigen Zirkelschlüssen, die den Text durchziehen, vor allem eine Parodie scholastischer Argumentationskunst erkannt.[30] Insbesondere das erste Buch folgt recht präzise den Regeln dialektischen Argumentierens – Raphael bezieht eine Position, Morus spielt den *adversarius* und spricht sein *sed contra*, allerdings ohne dass es durchgehend zu plausiblen *conclusiones* käme. Stattdessen flieht Raphael, wann immer es brenzlig wird, argumentativ an seinen *u-topos* Utopia.[31] Dieser ist seinerseits zwar nach den Regeln der Topik gebildet – nämlich aus dem *locus e contrario*, als das schlechthin Andere des Bestehenden, zugleich aber in seiner ostentativen Unanschaulichkeit kein ansteuerbarer Ort mehr, der dazu beitrüge „aus anerkannten Meinungen [...] argumentativ verwertbare Schlüsse zu ziehen, die zur Urteilsbildung in Problemlagen zwischen Wissen und Nichtwissen vermitteln können"[32], sondern ein in sich widersprüchlicher Nicht-Ort.

Es ist klar, dass die Utopie bei Morus damit keine bruchlose Idealstaatskonstruktion ist, sondern eine Auseinandersetzungen mit bestimmten Denkformen der politischen Philosophie – eher Kommentar zu Platons *Politeia*, ein Kommentar, der die Aporien des Idealstaatsdenkens durch satirische Überbelichtung herausarbeitet und nach dem 'Ort' fragt, an dem dieses Denken situiert ist. Gestützt wird diese Lesart im Übrigen durch weite Teile der zeitgenössischen Rezeption der *Utopia*, die den Text kaum als 'ernst gemeinten' Vorschlag auffassen – nicht einmal im Sinne eines regulativen Ideals –, sondern ihn in die Tradition satirischer Dialoge stellen.[33]

---

30   Vgl. Seeber, *Wandlungen der Form* (wie Anm. 6), S. 64–67, und Dicke, *Morus und Moros* (wie Anm. 15), der die Rezeption und Intensivierung dieser parodistischen Elemente im *Lalebuch* weiterverfolgt.

31   Dicke konstatiert zutreffend, Hythlodeus habe „ein ums andere Mal den Trumpf in der Hand, für die auf den alteuropäischen Denkörtern strittig bleibenden Positionen nach Utopien ausweichen zu können. Ist die Topik zur Findung seiner Argumente ausgereizt, bemüht er die U-Topik, findet in 'U-topia' die Widersprüche und Gegensätze überwunden, in denen die althergebrachten Denkstrukturen befangen waren, und entdeckt so im 'Nirgendwo' die Möglichkeiten, das in eingeschliffener Logik vorderhand Unvereinbare als doch vereinbar zu denken." Dicke, *Morus und Moros* (wie Anm. 15), S. 204.

32   Dicke, *Morus und Moros* (wie Anm. 15), S. 203.

33   Vgl. zur Rezeption zusammenfassend Wilhelm Voßkamp: Thomas Morus' „Utopia": Zur Konstituierung eines gattungsgeschichtlichen Prototyps. In: *Utopiefor-*

Was bedeutet es nun für Grimmelshausens satirisch ‚negativierte'
Utopien, wenn schon der diskursivitätsbegründende Text einen Sprech-
gestus etabliert, der die Konstruktion zwischen ironischem Ausweichen
und nicht-ironischer Festlegung schillern lässt? Ich werde dieser Frage
zunächst mit einem kurzen Blick auf die Jupiter-Episode im dritten
Buch des *Simplicissimus* nachgehen.[34]

II. Jupiters Friedensheld und das Realisierungsproblem

Im *Simplicissimus* wird, wie es scheint, genau jener Faden aufgenommen, den Morus am Ende der *Utopia* kontingenterweise liegen lässt –
trotz aller Zweifel an der Idealität der „Verfassung der Utopier" gäbe
es, wie Morus bekennt, dennoch „sehr vieles", was er „in unseren Staaten eingeführt sehen möchte". Jedoch sei das „mehr Wunsch als Hoffnung".[35] Aufgerufen ist damit das Realisierungsproblem, das seither die
Utopiediskussion stetig befeuert. Kann und soll ein Idealstaat Wirklichkeit werden? Und wie implementiert man seine Reißbrett-Verfassung in
historisch gewachsene Staatsgebilde? Wie verhalten sich rationale Konstruktion und Historizität zueinander? Das ist der inhaltliche Link zwischen *Utopia* und Jupiter-Episode, in deren Zentrum es schließlich

---

schung. *Interdisziplinäre Studien zur neuzeitlichen Utopie.* Hrsg. von Wilhelm
Voßkamp. Bd. 2. Stuttgart 1982, S. 183–196, hier bes. S. 183–188. Voßkamp
weist daneben freilich auch auf weitere Stränge der Rezeption hin, die demgegenüber die Tendenz der Satire „zur konstruktiven ‚Utopie'" herausarbeiten (S. 187).
Bester Beleg dafür, dass gerade die ironischen Wendungen sehr früh sehr scharf
gesehen wurden (viel schärfer als es die politische Philosophie des 20. Jahrhunderts wahrhaben möchte) ist das *Lalebuch.* Vgl. zur intertextuellen Beziehung
zwischen *Utopia* und *Lalebuch* neben Dicke, *Morus und Moros* (wie Anm. 15)
vor allem Jörg Jochen Berns: Der Weg von Amaurotum nach Laleburg. Unvor-
greifliche Gedanken zur Bedeutung der Utopia-Allusionen des Lalebuchs. In: *Literatur und Kultur im deutschen Südwesten zwischen Renaissance und Aufklärung. Neue Studien. Walter E. Schäfer zum 65. Geburtstag gewidmet.* Hrsg. von
Wilhelm Kühlmann. Amsterdam 1995 (Chloe 22), S. 149–172.

34   Hans Jacob Christoffel von Grimmelshausen: *Simplicissimus Teutsch.* In: *Werke.*
      I. 1. Hrsg. von Dieter Breuer. Frankfurt a. M. 1989 (Bibliothek der Frühen Neu-
      zeit 4. 1), S. 11–555, hier S. 252–266. – Der Text wird im Folgenden nach der
      Edition von Breuer mit Sigle *ST* und Seitenangabe in runden Klammern zitiert.

35   Morus, *Utopia* (wie Anm. 7), S. 335.

darum geht, wie die imaginierte Friedensordnung Wirklichkeit wird.[36] Sie entfaltet, anders gesagt, das räumlich exterritoriale Nirgendwo ins Zeitliche, verlegt es in eine Zukunft, deren zeitliche Entrückung im Dialog sogleich zu einem ‚Bald' und einem ‚Jetzt-Gleich' zusammenschrumpft. Jupiters Projekt, „die gantze Welt [zu] *reformi*ren" (*ST* 255) und dabei „nur die jenige zu straffen/ die zu straffen sind/ und hernach die übrige nach meinem Willen zu ziehen" (*ST* 254) versucht das ‚göttliche' Ideal, das den Fluchtpunkt der ‚Erziehungsbemühungen' bildet, über einen penibel in Etappen und Eskalationsstufen aufgegliederten Reformplan zu implementieren. Die Wirklichkeit der Utopie, den „*Universal*-Frieden der gantzen Welt" (*ST* 261) zu verschaffen, erkauft Jupiter freilich durch eine paradoxe Deportationsorder, mit der er alles nicht Utopiefähige kurzerhand außer Landes verweisen muss: Denn wenn der Friedensheld diejenigen, die „immerzu herrschen wollen" samt allen „Kriegsgurgeln" „in *Asiam*" geleitet und „alldort zu lauter Königen" macht (*ST* 258), betont dies nur die Folgekosten einer operationalisierten Utopie. Die Grenzen der utopisch befriedeten „gantzen Welt" verlaufen im Zweifelsfall eben doch vor der Haustür – und „ein ewiger beständiger Fried zwischen allen Völckern" (*ST* 259) beruht letztlich auf der paradoxen Topographie einer „gantzen Welt", die ‚Asien' (als notwendigen Aufbewahrungsort alles Auszuschließenden) einschließt und zugleich (als Reich der Kriegstreiber) nicht mit einschließt, beruht auf demselben widersprüchlichen ‚Nirgendwo', das Hythlodeus in seiner Rede ‚malte'.

Ins vertraute Begriffsraster der Raum- und Zeitutopien will sich der Dialog damit nicht so recht fügen.[37] Vielmehr durchleuchtet die Jupiter-Episode jeden Versuch, Endzeithoffnungen – und sei es eben als Gedankenexperiment, als imaginäres Probehandeln – in Gegenwart zu übersetzen auf seine absurden Konsequenzen, gibt Jupiter, der die kategoriale Differenz zwischen Hier und Nirgendwo der Raumutopien,

---

36 Auf das intrikate Profil, das das Realisierungsproblem im Spannungsfeld von Utopie und Christentum annimmt, hat Volker Meid aufmerksam gemacht. Das Wirklichwerden des Idealstaates ist zwar unter den nachparadiesischen Bedingungen der Erbsünde undenkbar, daraus folgt aber noch nicht – wie Meid zurecht mit Blick auf frühneuzeitliche Traktate zur Legitimierung des ‚Staatsromans' betont – die Nichtigkeit utopischer Reflexion. Vgl. Meid, *Utopie und Satire* (wie Anm. 2), S. 252–255.

37 Vgl. zur Abgrenzung von Raumutopien und Zeitutopien Reinhart Koselleck: Die Verzeitlichung der Utopie. In: *Utopieforschung. Interdisziplinäre Studien zur neuzeitlichen Utopie*. Hrsg. von Wilhelm Voßkamp. Bd. 3. Stuttgart 1982, S. 1–14.

zwischen Jetzt und Irgendwann der Zeitutopien kurzerhand tilgt, der Lächerlichkeit preis.

Über den inhaltlichen Anschluss an die *Utopia* hinaus – ein inhaltlicher Anschluss bei dem selbstverständlich (wie seit längerem bekannt ist) Traditionsbestände gerade nicht-literarischer, expositorischer Texte hineinspielen (etwa chiliastische Konzeptionen, Erzählungen vom Endkaiser, die *Reformatio Sigismundi*)[38] – fällt nicht minder ins Gewicht, dass die utopische Sprechsituation durch Jupiter aktualisiert und ins Extrem getrieben wird. Wie sich in Raphael Hytholdeus Engel und ‚Schwätzer‘ treffen, so kreuzen sich in Jupiter Gott und Narr. Die utopische Asymmetrie der Kommunikationspartner wird zugleich zitierend aufgebaut und ironisch unterlaufen, wenn Jupiter in seiner ‚göttlichen‘ Rolle als Bote einer Transzendenz auftritt, sich eines privilegierten Zugangs zum Wissen über die Zukunft rühmt, eines Wissens zudem über den Weg, der in diese Zukunft führt: Wie kommt es, „daß ihr so gar nichts verstehen könnet?“, hält Jupiter seinen beiden Gesprächspartnern unablässig vor (*ST* 255).

Ironisiert wird dieses vermeintliche Mehrwissen andererseits dadurch, dass es tatsächlich bei seinen – ganz im Hier und Jetzt, nicht im Nirgendwo stehenden – Beobachtern liegt, denen es rasch gelingt, den „mächtige[n] Fürst[en]“ als „Phantasten“ zu enttarnen, „der sich überstudirt/ und in der *Poët*erey gewaltig verstiegen“ hat (*ST* 253). Die Friedensvisionen entpuppen sich so als Hirngespinste eines melancholischen Dichters, der in rhetorischen Ausweichmanövern ähnlich bewandert ist wie sein utopisches Pendant Raphael. Simplicius und Springinsfeld inszenieren nämlich mit Jupiter ein disputationsartiges Gespräch, in dessen Verlauf Jupiter – wann immer er mit Gegenpositionen nach dem *e-contrario*-Modell konfrontiert wird – mit *ad-hoc*-Modifikationen reagiert. Braucht es nicht einen Krieg, um Frieden zu stiften? Nein, der „Teutsche[] Held[]“ wird es richten (*ST* 255). Benötigt dieser Held nicht ebenfalls ein Heer? Nein, er ist allmächtig und trägt ein magisches Schwert. Wird er damit nicht auch die Unschuldigen treffen? Nein, das Schwert hat die „seltene Krafft“ (*ST* 256), nur die Schuldigen zu verletzen, aus der Entfernung, über Mauern und Berge hinweg.

Der Friedensheld erweist sich somit als funktionales Äquivalent zu Raphaels Rückzugsort Utopia, als argumentatives Nirgendwo, als ein

---

38 Vgl. Frank Ganseuer: „Teutscher Held“ und „Teutsche Nation“. Die Ironisierung der Kaiserprophetie in der Jupiter-Episode von Grimmelshausens „Abenteurlichem Simplicissimus Teutsch“. In: *Simpliciana* X (1988), S. 147–177.

„Joker', der alle Widersprüche tilgt und alle Argumentationslücken füllt. Und ein ‚Nirgendwo' ist dieser Held nicht zuletzt auch im Sinne der astrologischen Deutungen, fällt die Geburt des Friedenshelden doch in die „astrologisch unmögliche[n] Konjunktion von Jupiter, Venus, Merkur, Mars, Mond und Sonne".[39]

III. Das Nirgendwo als Zwischenraum: Der Mummelsee

Während die Jupiter-Episode die rhetorischen Ausweichstrategien, die in Morus' *Utopia* eher latent gegenwärtig waren, explizit ausstellt, vielleicht könnte man sagen: amplifiziert, steht in den Mummelsee-Kapiteln die Unanschaulichkeit des *u-topos* zur Disposition. Hier werden – wie sich insbesondere im syntagmatischen Zusammenhang, der Einbettung in den Romankontext abzeichnet – die Fallstricke rhetorischer Evidenzerzeugung thematisiert. Unmittelbar vor seiner Mummelsee-Expedition befindet sich Simplicius – wieder einmal – an einem Tiefpunkt: Herzbruder ist gestorben, die zweite Ehe katastrophal gescheitert, er erfährt, wer seine leiblichen Eltern sind, und zieht sich (abermals) zurück aus der Welt. Neuerlich von der periodisch heraufdämmernden Schwermut geplagt, beschließt Simplicius zu „*philosophi-ren*" (*ST* 489), spaziert durch den Schwarzwald und „wartet allerhand *Contemplati*onen ab" (*ST* 484). Präludiert wird der ‚Abstieg' in den Mummelsee von naturwissenschaftlichen Experimenten, Simplicius vermisst – getrieben vom unersättlichen „Fürwitz" (*ST* 490) – den Weiher zunächst in seiner Breite, dann in seiner Tiefe, bevor er von den Sylphen hinabgeholt wird.[40] Den jähen Übergang von weltzugewandter, nichts weniger als unverfänglicher *curiositas* zur ‚Tiefe' einer sich selbst explizierenden göttlichen Schöpfung hat Friedrich Gaede als Sprung von der Physik in die Metaphysik deuten wollen.[41] Und ohne Zweifel: Bedenkt man die erdrückende Schwere der theologischen und

---

39   Breuers Kommentar in Grimmelshausen, *Simplicissimus* (wie Anm. 34), S. 881.

40   Vgl. für ein *close reading* der Episode mit Blick auf ihre Raumsemantik Ansgar Cordie: *Raum und Zeit des Vaganten. Formen der Weltaneignung im deutschen Schelmenroman des 17. Jahrhunderts.* Berlin 2001 (Quellen und Forschungen zur Literatur- und Kulturgeschichte 19), bes. S. 421–430.

41   Vgl. Friedrich Gaede: *Substanzverlust. Grimmelshausens Kritik der Moderne.* Tübingen 1989, S. 83–89.

philosophischen Fragen, die hier verhandelt werden, die existentielle Tragweite des anthropologischen Grundthemas dieser um Erbsünde, Willensfreiheit und Unsterblichkeit kreisenden Erzählung, steckt gewiss eine Menge Metaphysik im Mummelsee. Lenkt man hingegen den Blick auf die rhetorische und figürliche Machart der Episode und rückt sie ein in den Kontext utopischen Denkens,[42] kann man kaum umhin, eine bemerkenswerte Reibung zwischen metaphysischem Inhalt und literarischer Form zu diagnostizieren. Man könnte zuspitzen, dass sich *topos* und *u-topos* hier erstaunlich ähnlich werden. Sie treffen sich geradezu – und zwar zunächst an der Wasseroberfläche. Die auftauchenden Sylphen erscheinen dem topischen Beobachter als Wasserblasen, dann als Frösche, bevor sie schließlich „an ihrer Gestalt den Menschen desto ähnlicher" werden (*ST* 492). Umgekehrt ‚verwandelt' sich Simplicius zum Wasserwesen, indem die Sylphen ihm einen „leuchtenden Stein" zuwerfen, just nachdem er genau das – Steine – in den See geworfen hat.[43] Und nicht nur zum Wasserwesen wird er im Moment des Hinabtauchens, sondern im selben Atemzug auch zur Fabelgestalt. Man mutmaßt, er habe sich „im See ertränckt" und seinem „Vatter befohlen/ solche Fabuln von mir außzugeben/ umb mir einen unsterblichen Nahmen zu machen" (*ST* 493). Simplicius taucht gleichsam hinab in die Sphäre jener erdachten Geschichten, die sich im Vorfeld um den See rankten und die Simplicius experimentell ja gerade aufklären, als Lügenmärchen entkräften wollte.[44]

---

42 Dass eine Lesart der Mummelsee-Episode als *utopischer* Passus trotz der dominant anthropologischen Ausrichtung möglich und plausibel ist, dürfte bereits dadurch naheliegen, dass sie einschlägige Utopieelemente aufgreift: Simplicius diskutiert mit dem Sylphenfürsten beiläufig Fragen der politischen Organisation des Gemeinwesens der Sylphen. Gerade wegen seiner Andersartigkeit kommt dieses Gemeinwesen anfänglich als ‚Gegenbild' zu den menschlichen Monarchien in Betracht (*ST* 498–499).

43 Selbstverständlich wirft Simplicius keinen Smaragd in den See. Rhetorisch wird durch die ubiquitäre wörtliche Präsenz von ‚Steinen' in der Mummelsee-Episode allerdings eine Ähnlichkeitsbeziehung zwischen Objekten exponiert, die in der Sache durchaus verschieden sind (nämlich Edelsteine, Metalle, Geröll). Wie Johanna Belkin darlegt, wechselt die Bedeutung des Terminus ‚Stein' mehrfach innerhalb der Episode. Vgl. Johanna Belkin: Ein natur- und quellenkundlicher Beitrag zur Mummelsee-Episode im „Simplicissimus". In: *Simpliciana* IX (1987), S. 101–138, hier S. 102–105.

44 Zur Menschenähnlichkeit als Erkenntnismittel vgl. auch Jost Eickmeyer: Grimmelshausen als „Erfinder der teutschen Science Fiction"? Zur Mummelsee-Episode im „Simplicissimus". In: *Simpliciana* XXIX (2007), S. 267–284, hier S. 274–275.

Wiederum andererseits wird das so annoncierte „Wunder" (*ST*
493), dass nämlich ein physikalischer Vorgang (Steinewerfen) eine
kausal nicht mehr erklärbare und damit anscheinend metaphysische
Wirkung hat (den Donner), sukzessive einer ganz profanen, eben doch
physikalischen Erklärung unterzogen: Die Sylphen expedieren die Steine „mit einer Ungestümme" (*ST* 500), damit die Zuflüsse des *centrum
terrae* nicht ‚verstopfen'.[45] Der Donner seinerseits dient – unsinniger-
weise – der Abschreckung potenzieller Steinewerfer: ein denkbar kon-
traproduktiver Behelf, reizt doch überhaupt erst das Fabelhafte dieses
Vorgangs Simplicius' „Fürwitz" und anscheinend auch die Neugier
anderer Waldspaziergänger, sodass das vermeintliche Gegenmittel das
Problem nur verschärft. Die Anschaulichkeit und – im Wortsinn –
‚Erfahrbarkeit' des *u-topos* wird hier erst dadurch gewährleistet, dass er
nicht mehr als das schlechthin Andere entrückt ist, nicht mehr konträr
steht zur defizitären Wirklichkeit, sondern über die Dominanz der Ähn-
lichkeitsbeziehungen mit dieser verknüpft bleibt. Nicht umsonst tragen
die Sylphen – ganz dysfunktional – Landestrachten, erscheinen als „Pe-
ruaner, Brasilianer, Mexicaner und Jnsulaner" (*ST* 511). Die Kehrseite:
Je vertrauter und damit anschaulicher die *imago* wird, desto schwächer
nimmt sich ihre kritische Funktion aus. Je weiter sich die vermeintliche
Unergründlichkeit des Sees für Simplicius in Überschaubarkeit und
Verstehbarkeit transformiert, desto weniger ehrfürchtig, ja desto re-
spektloser begegnet er seinen Bewohnern. Die Reise zum *u-topos* ist
weniger Erkundung eines Nirgendwo, als vielmehr die Vermessung
eines Zwischenraums. Letztlich repräsentieren die Sylphen keinen Idealstaat, sondern bekommen eine Position, einen Ort, einen *topos* zugewiesen auf der Skala der von Gott geschaffenen Wesen – eben *zwischen*
Mensch und Tier (vgl. *ST* 497).

Wenn die (unmögliche) Reise nach Utopia in der Mummelsee-
Episode aber abgewandelt wird zur sehr wohl möglich *Durch*reise
durch einen Zwischenraum,[46] birgt das eine in mehrerlei Hinsicht radi-
kal skeptizistische Pointe: Erstens erweist sich nämlich der *u-topos* als
bloßer Effekt einer semantischen Operation – so, wie ich vom *topos*
zum *u-topos* durch das Hinzufügen einer Vorsilbe gelange, *macht*

---

45   Vgl. auch Dieter Martin: *Grimmelshausen und der Mummelsee.* Marbach 2010
     (Spuren 89), S. 8–9.
46   Man ist versucht, diesen Zwischenraum als Heterotopie zu bezeichnen. Vgl. Mi-
     chel Foucault: Die Heterotopien. In: ders.: *Die Heterotopien. Der utopische Kör-
     per. Zwei Radiovorträge.* Frankfurt a. M. 2003, S. 7–22.

Simplicius im Gespräch mit dem Sylphenkönig aus dem Hier und Jetzt das Ideal:

> Es gibt keine Geitzige mehr/ sondern Gesparsame; keine Verschwender/ sondern Freygebige; keine Kriegs-gurgeln/ so die Leut berauben und verderben/ sondern Soldaten/ die das Vatterland beschirmen [...]. (*ST* 509)

Dass Utopia eine Geburt der Rhetorik, ihr erster König Utopos offensichtlich ein brillanter Redner ist (oder eben ein ‚Schwätzer' namens Hythlodeus), legt Simplicius hier frei. *Topos* und *u-topos* erweisen sich im Fortgang der Reise nachgerade als ineinander konvertierbar: Simplicius' initiales „Grausen und Entsetzen" (*ST* 492) angesichts der Andersartigkeit des Mummelsees verblasst zunehmend, während die Furcht der Sylphen vor dem eigenen Untergang „sich schließlich als das eigentliche Motiv" entpuppt, „Simplicissimus in die Tiefsee zu entführen und zum König der Sylphen zu bringen"[47].

Zum zweiten impliziert die Umwandlung Utopias zum Zwischenraum, dass die Durchreise für den Vaganten unter moralischen oder ethischen Gesichtspunkten potentiell folgenlos bleibt. Die Erkundung des *u-topos* trägt nichts zur Besserung des Hier und Jetzt bei. Liest man die breit ausstaffierte Rede der Sylphen von der Entstehung der Heilquellen (*ST* 502–503), ihren Bericht, wie die unterirdischen Wasser die Eigenschaften der Gesteine annehmen, durch die sie hindurchfließen, als Allegorie, kehrt Simplicus' Reise, die ihn durch das Sylphenreich führt wie das Wasser durch die Gesteinsformationen, in einer ernüchternden Wendung die Wirkungslosigkeit der Utopie hervor. Nicht einmal als regulatives Ideal, als Norm (und sei sie eben auch unerreichbar) taugt das Sylphenreich – es bleibt im Erzählzusammenhang schlicht folgenlos. Als Simplicius die „Heimfahrt" (*ST* 515) antritt, bemerkt er:

> Jm übrigen war ich im Sinn mit meinem Saurbrunnen so reich/ daß alle meine Witz und Gedancken genug zu thun hatten/ zu berathschlagen/ wo ich ihn hin setzen/ und wie ich mir ihn zu Nutz machen wolte [...]. (*ST* 516)

Noch vor dem Auftauchen ist Simplicius längst wieder angekommen im Hier und Jetzt.

---

47 Martin, *Grimmelshausen und der Mummelsee* (wie Anm. 45), S. 10.

Michael Hanstein (Ditzingen)

Simulatio / Dissimulatio auf Kathedra und Bühne der Straßburger Akademie – Matthias Bernegger und Caspar Brülow

In Daniel Casper von Lohensteins (1635–1683) Mitte des 17. Jahrhunderts entstandenem Trauerspiel *Cleopatra* erhält Augustus von seinem Vertrauten Agrippa folgenden Rat: „Wer sich nicht anstelln kan/ der taug zum Herrschen nicht."[1] Hier spielt Lohenstein auf das Gebot der „Simulatio / Dissimulatio" an, sich je nach politischer Opportunität zu „verstellen", und paraphrasiert den u. a. Ludwig XI. zugeschrieben Ausspruch: „Qui nescit dissimulare, nescit regnare". Ihn kennt Lohenstein aus Jean de Serres *Geschichte Frankreichs*,[2] er erscheint jedoch auch häufig in tacitistischen Schriften wie etwa dem *Annales*-Kommentar des Marc-Antoine Muret, der ihn bei der Betrachtung des römischen Kaisers Tiberius anführt.[3]

Über Tiberius wiederum hatte 1643 der spätere Staatstheoretiker Veit Ludwig von Seckendorff (1626–1692) als 17-jähriger Student in Straßburg bei dem dortigen Professor für Geschichte Johann Heinrich Boeckler (1611–1672) disputiert: *Tiberii Revelati forma sive Ratio*

---

1 Daniel Casper von Lohenstein: *Sämtliche Werke*. Abt. II. Bd. 1. Tlb. 1 (Text). Hrsg. von Lothar Mundt. Berlin 2008, IV, 84.

2 Lohenstein, *Werke* (wie Anm. 1), S. 366–367 nennt in den Anmerkungen zur *Cleopatra* als Quelle Jean de Serres: *L'inventaire general de l'histoire de France*. Genf 1632, Bd. 1, S. 928. Übrigens charakterisiert Grimmelshausen Ludwig XI. in *Dietwalts und Amelinden anmutige Lieb- und Leids-Beschreibung*. Hrsg. von Rolf Tarot. Tübingen 1967 (Gesammelte Werke in Einzelausgaben. Unter Mitarbeit von Wolfgang Bender und Franz Günter Sieveke hrsg. von Rolf Tarot), S. 17–18 u. 27–28, genauso. – Zu „anstelln" im Sinne von „verstellen" siehe Jacob und Wilhelm Grimm: *Deutsches Wörterbuch*. Bd. 1. Leipzig 1854, Sp. 484. Auf die „Simulatio" in der *Cleopatra* geht kurz ein Bernhard Asmuth: *Lohenstein und Tacitus. Eine quellenkritische Interpretation der Nero-Tragödien und des „Arminius"-Romans*. Stuttgart 1971 (Germanistische Abhandlungen 36), S. 145.

3 Marc-Antoine Muret: *Opera*. Hrsg. von David Ruhnken. Leiden 1789, Bd. 4, S. 62–63 (zu Tac. *Ann*. I, 11, 5) sowie Jürgen von Stackelberg: *Tacitus in der Romania. Studien zur literarischen Rezeption des Tacitus in Italien und Frankreich*. Tübingen 1960, S. 122.

status aperta facie deprehensa.[4] Boeckler wiederum war ein Schüler des Matthias Bernegger (1582–1640), seinerseits Boecklers Vorgänger auf der Straßburger Professur für Geschichte und einer der bedeutendsten Späthumanisten am Oberrhein, dessen Werk auch Lohenstein schätzte.[5] Bernegger gehörte zusammen mit seinen Schülern Boeckler und Johannes Freinsheim (1608–1660) sowie Christoph Forstner (1598–1668), dem gemeinsamen Korrespondenzpartner und Kanzler von Württemberg-Mömpelgard,[6] dessen *Notae politicae ad Taciti Annales* (Gesamtausgabe Frankfurt 1662) Lohenstein genutzt hatte,[7] zu den einflussreichsten Vertretern des Tacitismus in Deutschland.[8] Wäh-

---

4   Abdruck des „Programma Academicum" zur Disputation von Seckendorffs in Johann Heinrich Boeckler: *Orationes et programmata academia.* Straßburg 1705, S. 381–385. Vgl. Wilhelm Kühlmann: Von der Aktualität der historisch-politischen Philologie. Zum Themenspektrum der Straßburger akademischen Deklamationspraxis der Jahre 1637 bis 1650 anhand der „Programmata Academica" des Johann Heinrich Boeckler (1611–1672). In: *Die Universität Straßburg zwischen Späthumanismus und Französischer Revolution.* Hrsg. von Hanspeter Marti und Robert Seidel. Köln 2018, S. 111–132, hier S. 126–127 sowie zu Boeckler die biographische Darstellung von Wilhelm Kühlmann: Boecler, Johann Heinrich. In: *Frühe Neuzeit in Deutschland 1620–1720. Literaturwissenschaftliches Verfasserlexikon.* Hrsg. von Stefanie Arend [u. a.]. Bd. 1. Berlin 2019, Sp. 701–715.

5   So zitiert Lohenstein in den Anmerkungen zur *Cleopatra* aus einer Disputation Berneggers über Sueton (vgl. Lohenstein, *Werke* [wie Anm. 1], Bd. II, 1, 1, S. 384–385 u. 830–833) – allerdings laut Asmuth, *Lohenstein* (wie Anm. 2), S. 239 nur sekundär nach der Ausgabe des Johannes Schild (e. g.: *C. Suetonius Tranquillus, et in eum Commentarius.* Exhibente Joanne Schildio. Leiden ⁴1667, hier S. 10). In der *Sophonisbe* (Anmerkung zu V, 62) nutzt Lohenstein Berneggers Justinus-Edition: *Epitomae in historias Pompeii Trogii.* Straßburg 1631; vgl. Lohenstein, *Werke* (wie Anm. 1), Bd. II. 3. 1, S. 720–721.

6   Zu Forstner siehe die Kurzbiographie von Paul Friedrich von Stälin: s. v. In: *Allgemeine Deutsche Biographie*, Bd. 7 (1878), S. 191–192; Wolfgang Hans Stein: Christoph Forstner 1598–1668. Mömpelgardische Politik und humanistische Reflexion auf dem Westfälischen Friedenskongreß. In: *Forschungen und Quellen zur Geschichte des Dreißigjährigen Krieges.* Münster 1981, S. 61–97 und Else-Lilly Etter: *Tacitus in der Geistesgeschichte des 16. und 17. Jahrhunderts.* Basel 1966 (Basler Beiträge zur Geschichtswissenschaft 103), S. 162–165.

7   Asmuth, *Lohenstein* (wie Anm. 2), S. 236.

8   Wilhelm Kühlmann: *Gelehrtenrepublik und Fürstenstaat. Entwicklung und Kritik des deutschen Späthumanismus in der Literatur des Barockzeitalters.* Tübingen 1982, S. 43–66 sowie ders.: Geschichte als Gegenwart. Formen der politischen Reflexion im deutschen Tacitismus des 17. Jahrhunderts. In: *Respublica Litteraria. Die Institutionen der Gelehrsamkeit in der frühen Neuzeit.* Hrsg. von Sebastian Neumeister und Conrad Wiedemann. Bd. 1. Wiesbaden 1987 (Wolfenbütteler Arbeiten zur Barockforschung 14), S. 325–348, jeweils mit weiterer Literatur.

rend jedoch gerade Lohensteins literarische Verarbeitung der zeitgenössischen Politikwissenschaft aus der Mitte bzw. zweiten Hälfte des 17. Jahrhunderts vergleichsweise bekannt ist,[9] sollen nun weniger bekannte Straßburger Disputationen und an der dortigen Akademie aufgeführte Dramen aus dem ersten Viertel des 17. Jahrhunderts die Rezeption politikwissenschaftlicher Lehrinhalte v. a. zur Simulatio / Dissimulatio exemplarisch darstellen.[10] Namentlich handelt es sich um Dissertationen, die unter Bernegger und dem Straßburger Rhetorik-Professor Melchior Junius (1545–1604) entstanden sind, sowie um drei Dramen über den Propheten Daniel als Hofmann, die aus der Feder des Straßburger Juristen Justus Meier (1566–1622), des kurze Zeit in Straßburg studierenden späteren Speyrer und Frankfurter Rektors Heinrich Hirtzwig (um 1587–1635) sowie des Straßburger Poesie-Professors und Gymnasialrektors Caspar Brülow (1585–1627) stammen.[11]

---

9   Weitere Hinweise bei Michael Stolleis: *Arcana imperii und Ratio status. Bemerkungen zur politischen Theorie des frühen 17. Jahrhunderts.* Göttingen 1980, S. 29 und Kühlmann, *Gelehrtenrepublik* (wie Anm. 8), S. 59. Nicht unerwähnt sei der *Bäuerische Machiavellus* (Leipzig 1681) von Christian Weise.

10   Zur Politikwissenschaft an der Straßburger Akademie bis 1621 siehe Anton Schindling: *Humanistische Hochschule und freie Reichsstadt. Gymnasium und Akademie in Straßburg. 1538–1621.* Wiesbaden 1977 (Veröffentlichungen des Instituts für Europäische Geschichte Mainz 77), S. 244, 247 u. 279–289. Zwei jüngere Studien betrachten die Entwicklung bis zum Tod Boecklers 1672: Kühlmann, *Aktualität* (wie Anm. 4) und anhand ca. 200 zwischen 1620 und 1670 in Straßburg gehaltenen Disputationen Michael Philipp: Bernegger – Schaller – Boeckler. Die Straßburger historische Schule der Politikwissenschaft im 17. Jahrhundert. In: *Die Universität Straßburg* (wie Anm. 4), S. 133–338; hier auch S. 142–145 eine Zusammenfassung von Berneggers politischen Disputationen. Für die Jahre 1608–1609 ist auch auf den Kreis des in Straßburg weilenden Hofmeisters Kaspar Pansa hinzuweisen, in dem 27 Disputationen entstanden (*Disputatio excerptorum politicorum* [1–27]. Straßburg: Rihel, 1608–1609), vgl. Michael Philipp: ,auctor et respondens'. Die Entwicklung der Altdorfer Politikwissenschaft unter dem Philosophen Michael Piccart und ,seinen' Schülern. In: *Nürnbergs Hochschule in Altdorf.* Hrsg. von Hanspeter Marti und Karin Marti-Weissenbach. Köln 2014, S. 212–258, hier S. 217–239.

11   Siehe die Darstellungen von Michael Hanstein: Brülow, Caspar. In: *Frühe Neuzeit in Deutschland 1520–1620. Literaturwissenschaftliches Verfasserlexikon.* Hrsg. von Wilhelm Kühlmann [u. a.]. Bd. 1. Berlin 2011, Sp. 354–364 sowie ders.: Hirtzwig, Heinrich. In: *Frühe Neuzeit* (wie Anm. 4) [im Druck]. Zu Justus Meier existieren nur ältere biographische Darstellungen etwa von Karl Schulz: s. v. In: *Allgemeine Deutsche Biographie.* Bd. 21. Leipzig 1885, S. 207–208; ein Biogramm in Michael Hanstein: *Caspar Brülow und das Straßburger Akademietheater.* Berlin 2013 (Frühe Neuzeit 185), S. 217. – Parallelen zwischen der Aufnahme politikwissenschaftlicher Themen im akademischen Unterricht etwa durch

Straßburg bildete als bevölkerungsreichste Stadt des Oberrheins auch dessen wirtschaftliches Zentrum, das an der Schnittstelle des Rheins mit wichtigen nach Paris führenden Handelsstraßen lag. Zusammen mit seinem 1538 gegründeten Gymnasium, das 1566 zur Akademie mit vier Fakultäten, aber ohne Promotionsrechte und schließlich 1621 zur Universität mit vollen Rechten erhoben wurde, zählte die Freie Reichsstadt zu einer beliebten Station für Adelige und Begüterte auf ihrer Bildungsreise nach Frankreich, die noch im Elsass neben eher beiläufig betriebenen Universitätsstudien die französische Sprache oder „Tugenden moderner Weltläufigkeit" wie etwa Reiten und Tanzen lernten.[12]

Wie der gleichzeitig in Heidelberg lehrende Historiker Janus Gruter (1560–1627) wendete sich Bernegger mit seinen Vorlesungen an diese und weitere Studenten, welche die zukünftige politisch-administrative Führungsschicht bildeten und einer rein philologisch-formalen Lektüre der antiken Geschichtsschreiber überdrüssig waren. Stattdessen vertrat er eine politisch-historische Philologie, die in der Exegese der Historiker – v. a. in der von Tacitus geschilderten römischen Kaiserzeit entdeckte man Parallelen – nach Präzedenzfällen aktueller politisch-sozialer Konflikte suchte, um seinem Publikum propädeutisch Handlungsoptionen für dessen spätere Tätigkeit aufzuzeigen.[13]

---

die Professoren Melchior Junius (Rhetorik), Philipp Glaser (1554–1601; Geschichte) sowie Bernegger (Geschichte) und ihrem Auftreten auf der Bühne des Straßburger Schultheaters v. a. zu Beginn des 17. Jahrhunderts zieht James A. Parente: Tragoedia Politica. Strasbourg School Drama and the Early Modern State, 1583–1621. In: *Colloquia Germanica* 29 (1996), S. 1–11, hier S. 4.

12   Kühlmann, *Gelehrtenrepublik* (wie Anm. 8), S. 63–64; Carl Zwilling: Die französische Sprache in Strassburg bis zu ihrer Aufnahme in den Lehrplan des protestantischen Gymnasiums. In: *Festschrift zur Feier des 350jährigen Bestehens des protestantischen Gymnasiums zu Straßburg*. Hrsg. von der Lehrerschaft des protestantischen Gymnasiums. Bd. 1. Straßburg 1888, S. 255–304; jüngst Walter Kuhfuß: *Eine Kulturgeschichte des Französischunterrichts in der Frühen Neuzeit. Französischlernen am Fürstenhof, auf dem Marktplatz und in der Schule in Deutschland*. Göttingen 2014, S. 199–200 u. 251.

13   Vgl. Etter, *Tacitus* (wie Anm. 6) S. 16–17 und Berneggers Antrittsrede als Historiker in ders.: *Orationum Academicarum Decas* [...]. Straßburg 1640, S. 231–267 (hierzu Kühlmann, *Gelehrtenrepublik* [wie Anm. 8], S. 102) oder seine Vorrede in: *C. Cornelii Taciti, De Vita Iulii Agricolae* [...]. Straßburg 1617. Zur Bedeutung des Geschichtsstudiums in der frühneuzeitlichen politikwissenschaftlichen akademischen Ausbildung Wolfgang Weber: Die Erfindung des Politikers. Bemerkungen zu einem gescheiterten Professionalisierungskonzept der deutschen Politikwissenschaft des ausgehenden 16. und 18. Jahrhunderts. In: *Aspekte der politi-*

Bernegger modifiziert somit das von Johann Sturm (1507–1589), dem berühmten Gründungsrektor des Straßburger Gymnasiums, angestrebte Ziel einer „sapiens atque eloquens pietas" als Erziehung zu Weisheit und tugendhafter Frömmigkeit durch humanistische Sprachausbildung,[14] der auch regelmäßige Schultheateraufführungen dienten.[15] Waren diese anfangs eher spartanisch und an ein internes Publikum adressiert, wurden sie bald auf einen Haupttermin konzentriert, für ein breites, auch lateinunkundiges Publikum geöffnet, für dessen Verständnis man Übersetzungen anfertigte und prachtvolle Inszenierungen entwickelte, in denen sich sprachlastige Monologe mit unterhaltenden Massen- bzw. Kampfszenen abwechselten, unterstützt durch Chöre, Kostüme und Bühneneffekte. Zu Beginn des 17. Jahrhunderts, als die nun zu untersuchenden Dramen aufgeführt wurden, diente das Straßburger Akademietheater nicht nur als zusätzliches didaktisches Mittel im Sprach- und Rhetorikunterricht, sondern stellte zugleich die pädagogischen Erfolge des Gymnasiums – und damit die kulturelle Leistungsfähigkeit der Stadt Straßburg als Schulträger – einem breiten Publikum vor, zu dem mehrfach auch Angehörige des deutschen Hochadels gehörten.[16] Abhängig von der Genehmigung durch das städtische Schulherrengremium trugen die Dramen des Straßburger Schultheaters und die in ihnen vermittelten Inhalte als Mittel obrigkeitlicher Sozialdis-

---

schen Kommunikation im Europa des 16. und 17. Jahrhunderts. Hrsg. von Luise Schorn-Schütte. München 2004, S. 347–370, hier S. 360–361.

14   Johann Sturm: *De literarum ludis recte aperiendis liber* (Straßburg 1538), fol. C 4ʳ. Neudruck in *Die evangelischen Schulordnungen des 16. Jahrhunderts.* Hrsg. von Reinhold Vormbaum. Gütersloh 1858. Bd. 1. 1, S. 653–677, hier S. 661. Zum Prinzip der „sapiens atque eloquens pietas" vgl. Schindling, *Hochschule* (wie Anm. 10), S. 29–32 und Wilhelm Kühlmann: Pädagogische Konzeptionen. In: *Handbuch der deutschen Bildungsgeschichte.* Bd. 1. *15. bis 17. Jahrhundert.* Hrsg. von Notker Hammerstein und August Buck. München 1996, S. 153–196, hier S. 165–167.

15   Dabei blieb das Theater in *De literarum ludis* (wie Anm. 14), Sturms ursprünglicher Konzeption, unerwähnt, nur zur Eröffnung des Gymnasiums wurde der *Lazarus redivivus* des Johannes Sapidus (1490–1561) gespielt. Hierzu Michael Hanstein: Ulmers Dramen unter besonderer Berücksichtigung seiner Übersetzung des „Anabion sive Lazarus" von Johannes Sapidus. In: *Schaffhauser Beiträge zur Geschichte* 92 (2020) [im Druck]. Erst 1565 finden Theateraufführungen vor allem zur Ausbildung der „memoria" für die obersten drei bzw. vier Gymnasialklassen Aufnahme in Sturms Anleitungsschrift *Classicae epistolae.* Neudruck in: Vormbaum, *Schulordnungen* (wie Anm. 14), S. 678–708, hier S. 690 u. 708 sowie Hanstein, *Akademietheater* (wie Anm. 11), S. 9–10 u. 26–27.

16   Hanstein, *Akademietheater* (wie Anm. 11), S. 10 u. 28.

ziplinierung und Konfessionalisierung zur lutherisch-bürgerlichen Moraldidaxe und zur kulturellen wie auch politisch-konfessionellen In-
tegration der Stadtgesellschaft bei, wenn sich etwa Brülow in seinen
Bibeldramen gegen den Katholizismus, in seinem Caesar-Drama gegen
„vermessenen Aufruhr und Tyrannei" ausspricht.[17] Außerdem erweitern
auf der Bühne präsentierte ethisch-moralische und soziale Konflikte
(wenn etwa Brutus über seine Beteiligung an der Verschwörung gegen
Caesar reflektiert) das Verhaltensrepertoire der Alumni für ihr späteres
Berufsleben.

Hiermit befand sich die Straßburger Schulbühne in guter Tradition
des lutherischen Schultheaters, hatte sich der Wittenberger Reformator
doch aus sprach-, aber auch soziodidaktischen Gründen – dass ein „Jeglicher seines Amts und Standes erinnert und vermahnet werde" – für
Schulaufführungen der antiken Komödien des Terenz ausgesprochen
und die Bücher Judith und Tobias als dramatische Stoffe empfohlen,[18]
was wiederum die Aufnahme lateinischer Dramen in die Curricula der
protestantischen Schulen begünstigte und die Produktion weiterer Stü-
cke anregte.

Gerade das Daniel-Buch eignet sich für Dramen mit „politischen"
Aussagen, hebt doch Luther im Widmungsbrief zu seiner Danielüber-
setzung, der an den sächsischen Kurprinzen Herzog Johann Friedrich
gerichtet ist,[19] hervor, dass

> [...] er [Daniel] aber nicht allein, dem gemeinen Christenman trostlich ist, son-
> dern auch den konigen vnd fursten nutzlich, als der mit eitel konigen vnd furs-
> ten durch vnd durch zu thun hat, vnd alle seine weissagung, von konigreichen
> vnd furstenthumen ist [...].[20]

Lässt man die nur für Brülows Drama partiell relevanten politischen
bzw. apokalyptischen Aussagen des Danielbuchs über die in den „Ge-
sichten" geschilderten vier Reiche (Dan 2, 7–12) beiseite, so ist Luther
zufolge am Danielbuch zu erkennen, dass jede Obrigkeit nur von Gott

---

17   Hanstein, *Akademietheater* (wie Anm. 11), S. 410–471 zu Brülows *Caesar*
     (1616), das laut Untertitel „adversus omnem seditionem atque tyrannidem" ge-
     richtet ist.

18   Martin Luther: *Werke. Kritische Gesamtausgabe*. Weimar 1883–2009, Tischre-
     den, Bd. 1, S. 431.

19   Zur Entstehung des Widmungsbriefs Luther, *Werke* (wie Anm. 19), *Deutsche
     Bibel*. Bd. 11. 2, S. 376–379.

20   Luther, *Werke* (wie Anm. 19), S. 382.

eingesetzt und Gefährdungen aus ihrem Führungspersonal ausgesetzt sei:[21]

> Denn ein igliche herrschafft hat yhre Fuersten aus der helle, [...] die den Koenigen vnd Herrn alle plage anlegen, mit hindern, mit reitzen, zu zorn, streit, mord, stoltz, vnzucht, vnd allen lastern, Das Gott widderumb mus auch gute Engel vnd Fuersten aus dem himel bey den Koenigen vnd Herrn widder die Teuffel halten.

Die drei hier zu untersuchenden Dramen behandeln unterschiedliche Kapitel des Danielbuches. Brülow inszeniert in seinem *Nebucadnezar* den Aufstieg Daniels und seiner drei Gefährten in der babylonischen Gefangenschaft (Dan 1).[22] Dies schließt die bühnenwirksame Darstellung der zwei von Daniel gedeuteten Träume des Königs (Dan 2: Statue aus vier Metallen; Dan 4: der stolze Baum), die Verschwörung gegen Daniels Gefährten durch „etliche chaldeische menner" (Dan 3, 8) und die Bestrafung sowie Rettung der Juden aus einem, für die Straßburger Inszenierung der Bühne aufgemauerten, brennenden Ofen (Dan 3), sowie Daniels Vision der vier Tiere und des Lästerhorns (Dan 7) mit ein.

Auf den Apokryphen von Daniel und der Belstatue sowie dem Drachen zu Babel basiert das Drama des Justus Meier.[23] Hier deckt der Prophet den Betrug der babylonischen Priester beim Umgang mit Opfergaben auf (DanBel) und tötet einen als Gott verehrten Drachen, was zu einem „Auffrhur wider den König" (ZusDan, 27) führt, der Daniel schließlich zum Tod in der Löwengrube verurteilt. Der Jurist Meier weicht vom Danielbuch ab, wenn sieben babylonische Satrapen in der längsten Szene des Dramas (IV, 2) in ausführlichen Monologen für die Bestrafung des Propheten argumentieren, sodass das Drama Züge rhetorischer Übungen der Actus-Tradition annimmt.[24]

Heinrich Hirtzwig legt seinem *Balsasar* (1609) das Festmahl zu Babylon (Dan 5) zugrunde, bei dem der babylonische König, dem „Laster der Trunckenheit" („vitium ebrietatis") verfallen, heilige jüdische Gefäße benutzt, worauf eine von Daniel gedeutete Wandinschrift (Dan 5, 25: „Mene Tekel") den Untergang Babylons verkündet, das bald darauf von den Persern erobert wird.[25]

---

21 Luther, *Werke* (wie Anm. 18), S. 384 und 386.

22 Caspar Brülow: *Nebucadnezar*. Straßburg 1615 [Neudruck hrsg. von Peter Andersen. Berlin 2016].

23 Justus Meier: *Daniel* [...]. Straßburg 1600.

24 Vgl. Hanstein, *Akademietheater* (wie Anm. 11), S. 252.

25 Heinrich Hirtzwig: *Balsasar* [...]. Straßburg 1609, fol. A 1ʳ.

Im Gegensatz zum *Friedewünschenden Teutschland* (1647) des bei
Hamburg wirkenden Pfarrers Johann Rist (1607–1667)[26] betritt in keinem der genannten Dramen die „Ratio Status" in personifizierter Form
die Bühne, vielmehr betrachten sie das Hofleben und vor allem das
(allerdings nicht erst seit Machiavelli bekannte) Dissimulationsgebot:
„Nothwendig aber ist, daß man [...] in der Kunst sich zu stellen, wie zu
verstellen, groß sey."[27]

Bei Meier beschwert sich ein Satrape in der schon erwähnten Szene über Daniels Amtsführung, die nur dessen eigener Stellung diene:[28]

> Quin proditores esse plerunque adsolent
> Isti hospites: vultu quidem simulant fidem,
> Verbisque candorem: sed animo agitant dolos:
> Ac lynceis arcana rimantur oculis,
> Munitiones, quae loci natura sit,
> Quae consilia agantur [...]
> Vt hostibus nostris aperiant perfidi.

> [Ja, diese Fremden sind doch meist Verräter. Mit ihrer Miene täuschen sie
> Treue vor, mit ihren Worten Aufrichtigkeit, aber im Geiste schmieden sie Rän-
> ke und durchsuchen mit scharfen Augen die Staatsgeheimnisse – welche Befes-
> tigungen gibt es, wie ist der Ort beschaffen, welche Pläne hat man –, um sie
> treulos unseren Feinden zu eröffnen.]

Wie alle Fremden sei Daniel ein Verräter und täusche Treue nur vor,
um Staatsgeheimnisse treulos zu verraten, wobei Meier mit „simulare"
und „arcana" Schlagworte des Staatsräson-Diskurses nennt. Auch wenn
hier bei „arcana" eher materielle, militärstrategische Faktoren wie Be-
festigungen statt prudentistischer Herrschaftstechniken im Vordergrund

---

26 Hier (III, 3) rät der Wundarzt „Meister Ratio Status" zu einem „Tränklein/ das
    heisset Simulatio", und, dass Deutschland „die Dissimulation dazu" nehme.

27 Nicolò Machiavelli: *Der Fürst*. Übers. von Gottlob Regis. Stuttgart, Tübingen
    1842, S. 72 bzw. Kap. 18. Zur politikwissenschaftlichen Diskussion der „simula-
    tio / dissimulatio" in Deutschland um 1600 vgl. die wirkungsmächtigen *De Ar-
    canis rerum publicarum libri sex* von Arnold Clapmarius (Bremen 1605), Kap. I,
    5–7. Zur Rezeption in der Romania s. August Buck: Die Kunst der Verstellung im
    Zeitalter des Barock. In: *Festschrift der Wissenschaftlichen Gesellschaft der Goe-
    the-Universität*. Wiesbaden 1981, S. 85–103 [Neudruck in August Buck: *Studien
    zu Humanismus und Renaissance*. Hrsg. von Bodo Guthmüller, Karl Kohut und
    Oskar Roth. Wiesbaden 1991 (Wolfenbütteler Abhandlungen zur Renaissancefor-
    schung 11), S. 486–509].

28 Meier, *Daniel* (wie Anm. 23), fol. F 2[r]; ebd. auch: „Vbi Daniel hic ipse functus
    maximis | Honoribus, sic rem gubernauit: suo vt | Fastigio deiecta Persidi seruiat."

stehen,[29] so wird die „Dissoziation von Gewissensethik und machttaktischem Habitus"[30] deutlich, wenn in der herabsetzenden Beschreibung des Propheten[31] die etymologisch verwandten Wörter „fides" (Treue) und „perfidus" (treulos) einander gegenübergestellt werden.

Die beiden anderen Dramatiker betten Referenzen zur Verstellungskunst in Szenen allgemeiner Hofkritik ein. Bei Brülow (*Nebucadnezar*, III, 3) unterhalten sich Daniel und seine drei Gefährten über ihre Erfahrungen als Räte; Hirtzwig (*Balsasar*, II, 2) hingegen lässt Daniel eine Unterhaltung mit dem „gottsfürchtigen Alten" (Spangenberg, *Balsasar*, fol. A 2ʳ) Eusebius (gr. eusebes: fromm) sowie dessen Sohn Pitharchos über das Leben am Hof führen. Beide umschreiben die Verstellungskunst mit Ratschlägen zum Verhalten und äußern sich auch zu den sprachlichen Konsequenzen von „simulatio" und „dissimulatio":[32]

[1] Hirtzwig:] Daniel: Placere qui velit, videns
Non videat. – Eusebius: audiens tamen non audiat. [...]
Pitharchus: Mellis parum, fellis aleosque plurimum
Habet aula.

[2] Spangenberg:] Daniel.: Wer wol will zu gefallen stehen/ | Der sicht viel/ vnd darffs doch nicht sehen. | Eusebius: Hört offt/ vnd darffs doch hören nicht. | Pitharchus: Zu Hoff ich nit viel Hong seh: | Aber viel Gall vnd Aloe.

[(3) Brülow:] Anania: Quae nostra in aula vita? Prensantur manus:
Capitaque, melle, et melle si quid dulcius,
Conditur hominum sermo: sed cor turgido
E felle tinctum verba non tangunt data.

[Anania: Wie ist unser Leben bei Hofe? Man drückt Hände und umarmt einander; und mit Honig und allem, was [noch] süßer als Honig ist, wird die Rede

---

29   Zur von Tacitus (*Annales* 2, 36, 6) stammenden Junktur „arcana imperii" siehe etwa Stolleis, *Arcana* (wie Anm. 9), S. 13 u. 19–20 und die titelgleichen Werke *De Arcanis rerum publicarum* von Clapmarius (wie Anm. 27) und des Tübinger Juristen Christoph Besold (Tübingen 1614).

30   Kühlmann, Geschichte (wie Anm. 8), S. 331.

31   Ähnlich wird Daniel durch babylonische Priester charakterisiert: „Lingua est viro dolosa, adulari sciens" (Meier, *Daniel* [wie Anm. 23], fol. B 3ʳ: Der Mann besitzt eine listenreiche Zunge und weiß sich einzuschmeicheln.)

32   1) Hirtzwig, *Balsasar* (wie Anm. 25), fol. [D 1ᵛ]; 2); die zeitgenössische Übersetzung des Wolfhart Spangenberg: *Balsasar. Eine lehrhaffte Tragoedia von Belsazar, dem letzten König der Chaldeer zu Babel.* Straßburg 1609, hier fol. D 3ᵛ–D 4ʳ, 3); Brülow, *Nebucadnezar* (wie Anm. 22), S. 57 [Übersetzung M. H.].

der Menschen gewürzt. Aber die Äußerungen berühren nicht das mit strotzender Gehässigkeit getränkte Herz.]

In einer sprichwörtlich belegten, wohl auf Versen des römischen Dramatikers Plautus beruhenden Paronomasie[33] stellen Brülow und Hirtzwig die mit Honig („mel") gewürzten Worte öffentlicher Äußerungen der tatsächlichen, mit „fel" (Galle, Missgunst) beschriebenen Einstellung des Sprechers gegenüber und wiederholen damit eine Grundforderung antiker Rhetorik bzw. biblischer Ethik, die Überwindung des „discidium linguae atque cordis" (Cic. *de orat.* III, 6, 60–61: Trennung von Sprache und Denken). Dieses zu überwinden gelingt dem idealen Redner (orator perfectus), der gleichzeitig umfangreiche philosophische Bildung besitzt, da er mit Worten nur das formuliert, was er auch umsetzen könne.[34]

Hirtzwigs auf dem ersten Blick widersprüchliche Formulierung (e. g. „videns | Non videat […] audiens tamen non audiat.") scheint aus Plutarchs Schrift *Über die Kindererziehung* (*De liberis educandis*) zu stammen.[35] Verbunden mit der „dissimulatio" als Herrschaftstaktik findet sie sich auch bei dem Straßburger Rhetorik-Professor Melchior Junius (1545–1604).[36] Von Junius sind u. a. drei Bände mit im Unter-

---

33 Karl Friedrich Wilhelm Wander: *Deutsches Sprichwörter-Lexikon.* Bd. 2. Leipzig 1870, S. 773. Zum zeitgenössischen sprichwörtlichen Gebrauch vgl. Bruno Seidel: *Loci Communes Proverbiales.* Basel 1572, S. 88; aber auch nachgewiesen bei Martin Mulsow: Ahitophel und Jerobeam: Bemerkungen zur Denkfigur des „Machiavellismus vor Machiavelli". In: *Machiavellismus in Deutschland.* Hrsg. von Cornel Zwierlein und Anette Meyer. München 2010 (Historische Zeitschrift. Beihefte N. F. 51), S. 168. Als Hintergrund ist Plautus (*Truc.* 179) anzunehmen: „In melle sunt linguae sitae vostrae atque orationes, | facta atque corda in felle sunt sita atque acerbo aceto: | eo dicta lingua dulcia datis, corde amara facitis."

34 Vgl. Wilfried Stroh: Rhetorik und Philosophie in hellenistischer Zeit und in Rom. In: *Handbuch Rhetorik und Philosophie.* Hrsg. von Andreas Hetzel und Gerald Posselt. Berlin 2017, S. 53–81, hier S. 60 u. 68.

35 Plutarch: *Moralia* [Übers. Wilhelm Xylander]. Basel 1570, S. 10: „Conducibile est etiam nonnulla peccata liberûm simulare parentes se non animadvertere: cúmque sub senectutem visus soleat auditusque hebescere, eò istam sensuum imbecillitatem transferre, vt videntes quaedam quae aguntur, non videant, audientesque non audiant."

36 Zu Junius siehe Bernard Vogler: s. v. In: *Nouveau dictionnaire de biographie alsacienne.* Hrsg. von Christian Baechler und Jean-Pierre Kintz. Lfg. 19. Strasbourg 1992, S. 1847–1848; und zum Straßburger Rhetorik-Unterricht siehe Kühlmann, *Gelehrtenrepublik* (wie Anm. 8), S. 75, 163, 358 und Philipp, Bernegger (wie Anm. 10), S. 133–134. Siehe auch Schindling, *Hochschule* (wie Anm. 10),

richt entstandenen Übungsreden erhalten, aufgeteilt nach den antiken Genera: *genus deliberativum* (politische Rede, Bd. 1), *genus demonstrativum* (Lob- oder Festrede) und *iudiciale* (Gerichtsrede, Bd. 3).[37] Der erste Band der „politischen" Themen enthält auf knapp 1500 Seiten ungefähr 50 *Quaestiones* in Zyklen mit teils bis zu dreizehn um die Jahrhundertwende gehaltenen Reden. Diese betrachten, ausgehend von klassischen Autoren wie Livius, Aristoteles und Thykidides, etwa die beste Staatsform („De optima Reipublicae forma", S. 161–183; s. a. „De Tyrannis", S. 432–476), die Lebensführung Adliger („De certo Vitae genere homini Nobili deligendo", S. 81–117), aber auch im Rahmen weiterer „exercitia" theologische oder medizinische Themen wie „De Arriana haeresi" (S. 43–81) oder „De Melancholico curando" (S. 507–549).

Am 1. Februar 1599 hält Nicolaus Eisen (1578–1626), zukünftiger Freiprediger am Münster (1617–1626),[38] eine von sieben Reden „de collegarum amore ac concordia" (S. 1247–1277), an deren Schluss er auch die Geduld anspricht, die in Regierungsgeschäften nötig sei,[39] und hierbei mit ähnlichen Formulierungen wie Hirtzwig auch die „dissimulatio" erwähnt:

> Nec denique ad officia et munera publica obeunda aptus et idoneus unquam is erit, qui non dissimulare, et multa quae videt non videre: non audire quae audit: patienter ferre plurima noverit.[40]

Der Name Tacitus oder Machiavelli fällt hierbei nicht, als Ausgangspunkt wird allgemein auf Plutarch verwiesen.[41] Überhaupt zeichnet die

---

S. 379–384 und Hanstein, *Akademietheater* (wie Anm. 11), Register und die Literaturverzeichnisse.

37 *Orationum, quae argentinensi in Academia, exercitii gratia scriptae et recitatae* [...] *tomi tres* (Straßburg: Zetzner, 1611). Daneben auch drei Bände *Politicae quaestiones centum ac tredecim* (Straßburg: Zetzner, 1611).

38 Marie-Joseph Bopp: *Die evangelischen Gemeinden und Hohen Schulen in Elsass und Lothringen von der Reformation bis zur Gegenwart*. Neustadt/Aisch 1963, S. 34.

39 So Junius (*Orationum* [...]*, quorum primus tomus Orationes ad Genus causae Deliberativum pertinenses complectitur*. Straßburg 1611) im Programma der Rede S. 1248: „PATIENTIAE cumprimis in Reipub. opus administratione esse".

40 Junius, *Orationum* (wie Anm. 39), S. 1263: Nie taugt schließlich zur Übernahme von Staatsämtern, wer nicht weiß sich zu verstellen und vieles, was er sieht, nicht zu sehen, nicht zu hören, was er hört, und geduldig sehr vieles zu ertragen.

41 Junius, *Orationum* (wie Anm. 39), S. 1247: „Ad Plutarchi praeceptorum politicorum [...] imitationem".

Straßburger Veranstaltungen über staatstheoretische Themen lange Zeit eine Orientierung an den antiken Klassikern aus. Im Ethik-Unterricht betrachtet man Aristoteles' Politik, Junius nimmt überwiegend auf andere antike Autoren Bezug, bevor Bernegger die *Politicorum libri* des Justus Lipsius rezipiert, der ab 1620 neben Tacitus, Livius, Machiavelli und Grotius zu den häufig in Straßburg zitierten Autoritäten zählen wird.[42]

So lagen auch einer anderen Rede, in welcher die „dissimulatio" fünf Jahre zuvor (1594) betrachtet wird, abermals Plutarch, und zwar drei Bücher seiner *Moralia*, zugrunde.[43] Hier lässt Junius unter der Fragestellung „De reipublicae gerendae ratione" (Über die Staatsführung) auch die bewusst eingesetzte Milde behandeln – siehe die Marginalie „Magistratus nonnumquam conniveat"[44] –, wobei er Magistrat und Eltern vergleicht, wenn sie über kleine Vergehen hinwegsehen („dissimulare"). Während Junius die Milde damit begründet, dass sich der abschreckende Effekt von Strafen nicht durch einen zu häufigen Einsatz abschwächen soll, hinterfragt Hirtzwig dies aus dem Blickwinkel eines integren Hofrats im *Balsasar*: „Conniveat saepißime conviciis, | Taxare quae debebat acriter quidem."[45]

Zur argumentativen Absicherung seiner Position bemüht Junius den bereits genannten, nun aber Kaiser Friedrich I. zugeschriebenen Ausspruch „qui nescit dissimulare, imperare nescit!" und das Beispiel des ebenfalls schon erwähnten Kaisers Tiberius, der auch gegen jene, die ihn verleumdet haben, mild vorgegangen sei.[46] Das eben genannte Dictum Ludwigs XI. bzw. Friedrichs I. wird häufig im 16. und 17.

---

42 Schindling, *Hochschule* (wie Anm. 10), S. 380–381 und Philipp, Bernegger (wie Anm. 10), S. 136, demzufolge (S. 160) man Machiavelli allerdings meist als Militärstratege rezipiert.

43 Folgende Bücher Plutarchs gibt Junius, *Orationum* (wie Anm. 39), S. 723 an: „de doctorum ac sapientum cum principibus conversatione et ratione philosophandi" (gemeint ist wohl *Maxime cum principibus philosopho esse disserendum*), „de Principe indocto" (*Ad principem ineruditum*) sowie „de republica administranda" (*Praecepta gerendae rei publicae*).

44 Junius, *Orationum* (wie Anm. 39), S. 758: Manchmal soll der Magistrat Nachsicht üben.

45 Hirtzwig, *Balsasar* (wie Anm. 25), fol. [D 1ᵛ] bzw. Spangenberg, *Balsasar* (wie Anm. 32), fol. [D 3ᵛ]: „Er muß offt durch die Finger sehen/ | Zu Schmach/ Schand vnd gottloser art/ | Das er billich solt straffen hart."

46 Junius, *Orationum* (wie Anm. 39), S. 758 Das Beispiel des Tiberius auch bei Clapmarius, *De Arcanis* (Anm. 27), Kap. I, 6–7.

Jahrhundert angeführt,[47] so auch bei Bernegger, der diesem Ausspruch im Rahmen einer Vorlesung, die er 1616 (im dritten Jahr als Professor für Geschichte) über Tacitus' *Agricola* hielt, sogar eine eigene Quaestio widmete: „Recte ne dicatur, quod dicitur, nescit regnare, qui nescit dissimulare" [Ob der Ausspruch richtig ist, dass, wer sich nicht verstellen kann, nicht zu regieren weiß.][48]

Ausgangspunkt waren drei Zitate aus dem Agricola, in denen der römische Historiker das eher milde, aber erfolgreiche Regiment seines Schwiegervaters an der Spitze einer Legion und bei der Verwaltung des von ihm gänzlich eroberten Britannien lobt und gleichzeitig die „Heuchelei" („simulatio") des Kaisers Domitian bemerkt, der den Eroberer Britanniens nach Rom zurückbeorderte.[49]

Bernegger konstruiert zuerst einen Gegensatz zwischen der etwa auf Cicero (*Epist. Fam.* I, 9: „Quales in Repub. Principes sunt, tales reliquos solere esse ciues") und Plato beruhenden ethischen Vorbildfunktion der Obrigkeit, welcher in Anlehnung an Aristoteles (NE 4, 7) Tugenden wie Aufrichtig- bzw. Wahrhaftigkeit („Candor, Veritas") zugeschrieben werden, die nun obigem Zitat entgegenstehen.[50] Zu-

---

47 Herfried Münkler: *Im Namen des Staates. Die Begründung der Staatsraison in der Frühen Neuzeit.* Hamburg 1987, S. 306, der auf Gabriel Nablé: *Considérations politiques sur les coups d'Etat.* Paris 1639, S. 54–55 verweist. Letzterer und von Stackelberg, *Tacitus in der Romania* (wie Anm. 3,) S. 117 (basierend auf Murets Tacitus-Kommentar [wie Anm. 3]) nennen Ludwig XI. als Urheber; s. auch Hans Walther: *Proverbia sententiaeque latinitatis medii aevi.* Tl. 4. Göttingen 1966, Nr. 24329.

48 Franciscus Listius: *Quaestionum, praecipue politicarum, ex Agricola C. Cornelij Taciti collectarum collectarum Fasciculus I […] Moderante Mathia Berneggero.* Straßburg 1616, fol. D [1ʳ]–D 3ʳ bzw. Neudruck in Bernegger: *Ex C. Cornelii Taciti Germania et Agricola, Quaestiones Miscellaneae* (Straßburg 1640), fol. [Oo 5ᵛ–8ᵛ].

49 Bernegger, *Ex C. Cornelii Taciti Germania et Agricola* (wie Anm. 48), fol. [Oo 5ᵛ] anhand von Tac. *Agr.* 7: „Ita successor simul et ultor electus rarissima moderatione maluit videri invenisse bonos quam fecisse." [So zum Nachfolger und zum Rächer zugleich erwählt, wollte Agricola in seltener Mäßigung lieber den Anschein erwecken, er habe gute Soldaten vorgefunden, als sie erst geschaffen.] […] [19,3: Alles wußte er, nicht alles bestrafte er] […] (42, 2: Domitian. Dieser war wohl bewandert in der Verstellung.). Übersetzung der ersten beiden Stellen nach P. Cornelius Tacitus: *Agricola.* Hrsg. von Robert Feger. Stuttgart 2017; die letzte Stelle von mir, M. H.

50 Als Urheber des Zitats erwägt Bernegger zudem Kaiser Sigismund wie etwa auch Ulrich von Hutten in seinem Dialog *Aula*; vgl. Bernegger, *Ex C. Cornelii Taciti Germania et Agricola* (wie Anm. 48), fol. [Oo 6ʳ]. Hutten hier nach der Ausgabe:

gleich unterstreicht die Disputation, dass die – wohlgemerkt der „ratio"
folgende („ratione subjecti") – „scientia simulandi dissimulandique" ein
notwendiges Herrschaftsinstrument und als solche abhängig von ihrem
Ziel zu bewerten sei.[51] Dieses wiederum besteht in der „Vollendung der
eigenen Pläne" (nach Cicero *Fam.* X, 8: „ad effectum consiliorum suo-
rum"), wenn diese mit Aufrichtigkeit nicht zu erreichen sind; was etwa
durch ein Diktum des Thukydides, sich nach der Zeit zu richten, rechtfertigt wird.

Zur Verstellung wird geraten im Umgang 1) mit Beratern, um deren Meinung zu eruieren,[52] und 2) mit den übrigen Untertanen beim
Ahnden von Straftaten („ad exercendas poenas"), das, um nicht als
grausamer Herrscher zu erscheinen, auch von Milde geleitet sein soll,
sowie 3) mit Feinden aus Kriegslist.[53] Nach *exempla* weiterer Herrscher
und biblischen Parallelversen (etwa Spr 12,16: Ein Narr zeigt seinen
zorn balde / Aber wer die Schmach birget / ist witzig) geht die Disputation auf Grenzen („certi fines") der Verstellung ein: Sie werden als
„vitium, scelus" oder „flagitium" beschrieben, da der Anwendung der
„simulatio / dissimulatio" hier nicht „kluge Vorsorge", sondern schädliche, arglistige Täuschung zugrunde liege.[54] Die genannten Schlagwör-
ter des ethisch-moralisch Abzulehnenden bleiben jedoch unpräzise.
Dadurch, dass Bernegger die Kategorien, gegen welche verstoßen wird,

---

Hofkritik im Licht humanistischer Lebens- und Bildungsideale. Hrsg. und übersetzt von Klaus Schreiner und Ernst Wenzel. Leiden 2012, S. 204.

51 Bernegger, *Ex C. Cornelii Taciti Germania et Agricola* (wie Anm. 48), fol. [Oo
6^r]: „Quamvis enim illa simulandi dissimulandique necessaria Principi scientia,
ratione subjecti, à vero declinat: finem tamen si spectes, in laude, tantum abest ut
in vitio, ponitur."

52 Bernegger, *Ex C. Cornelii Taciti Germania et Agricola* (wie Anm. 48), fol. [Oo
6^v], hier auch ein Beispiel aus Lipsius' *Politik* III.

53 Zu letzterem vgl. eine im Oktober 1617 entstandene Disputation „Belline vel
pacis artes magis necessariae Principi" (in Andreas Kochtitzky: *Quaestionum,
praecipue politicarum, ex Agricola C. Cornelij Taciti collectarum, dodecas II.*
Straßburg 1617 bzw. Bernegger, *Ex C. Cornelii Taciti Germania et Agricola* [wie
Anm. 48], fol. Zz 2^r–2^v), in der zwischen einer „prudentia togata et militaris" unterschieden wird, wobei letztere zumindest vorgetäuscht werden sollte („dißimula-
ri").

54 Bernegger, *Ex C. Cornelii Taciti Germania et Agricola* (wie Anm. 48), fol. [Oo
8^v]: „[...] sic enim in simulatione dißimulationeque modus quidam ac certi fines
sunt, quos vltra citraque laudabiliter ea consistere non potest. Est enim primo
quaedam, quae non tantum in confinio vitiorum posita est, verum etiam ipsas pos-
seßiones intrat sceleris atque flagitii: quae, inquam, non ad cauendum prudenter,
sed perniciose decipiendum est comparata."

nicht weiter spezifiziert, eröffnet er seinen Schülern Spielräume, die bei politisch opportuner Lage genützt werden können.

Eine weitere Grenze der „simulatio / dissimulatio" besteht in der Unfähigkeit derjenigen, die sich verstellen wollen.[55] Hierauf weist Bernegger auch im Index seiner Tacitus-Ausgabe von 1638 hin, der immerhin vierzehn Einträge zu „dissimulatio" verzeichnet, darunter auch zu deren gegenteiligen Folgen.[56]

Auf eine weitere Beschränkung der „simulatio / dissimulatio" geht eine andere, 1619 im Zusammenhang mit der Lektüre von Tacitus' Germania entstandene Quaestio über die unbeschränkte Souveränität von Herrschern ein („An absolutam et sine exceptione potestatem Principi committere, sit consultum").[57] Diese wird aufgrund der lasterhaften Natur des Menschen abgelehnt und soll etwa durch den Einfluss von Aristokraten („ex procerum regni consilio") oder die Verpflichtung auf einen Eid („iurisiurandi [...] religione") gehemmt werden.[58] In Zusammenhang mit Eiden unterstreicht Bernegger die Bedeutung von „fama et fides" gerade eines Herrschers und kritisiert unter expliziter Nennung des Namens auch Machiavelli und dessen Anhänger. Höhere Prinzipien, wonach die menschliche Gesellschaft von gegenseitiger Treue abhängt, werden in einem Livius- und Aristoteles-Zitat allerdings nur kurz angesprochen. Bernegger begründet seine Position, deren zeitgenössische Brisanz er mit dem brüchigen (wohl Augsburger) Religionsfrieden unterstreicht, vor allem utilitaristisch – und somit im Geiste Machiavellis: Einem wortbrüchigen Fürsten werde in Zukunft niemand vertrauen.[59]

---

55   Bernegger, *Ex C. Cornelii Taciti Germania et Agricola* (wie Anm. 48), fol. [Oo 8ᵛ].

56   *C. Cornelius Tacitus. Accurante Matthia Berneggero.* Straßburg 1638, fol. kkk 2ʳ: etwa „non dissimulabit res magnas, qui leuissimis etiam animum aduertit 13, 49, 4" und „dissimulando interdum remedia malorum, quam mala differuntur h. 3, 54, 1".

57   Bernegger, *Ex C. Cornelii Taciti Germania et Agricola* (wie Anm. 48), fol. Hh 4ʳ– [5ᵛ] bzw. Fridericus Becht: *Miscellanearum quaestionum ex C. Cornelii Taciti de situ moribusque Germanorum* [...] *centuriae secundae, decas VI* [...]. Straßburg 1619.

58   Bernegger, *Ex C. Cornelii Taciti Germania et Agricola* (wie Anm. 48), fol. Hh 5ᵛ.

59   Bernegger, *Ex C. Cornelii Taciti Germania et Agricola* (wie Anm. 48), fol. [Hh 5ᵛ]: „Haec monere, superuacuum posset, nisi et Machiauellus cum sectatoribus hoc principium suis Principibus inculcarent, eos quiduis simulare ac dißimulare, adeoque etiam iuratam fidem fallere debere, quoties ipsis vtile est: et vero sexcentis Machiauellis nequiores alij, hanc ipsam periurij perfidiaeque doctrinam sceleratißimam propagantes [...] subruere conarentur: cum nemo facile Principi suspec-

Dass die unter dem Namen Machiavelli angesprochenen Strategien zur Durchsetzung eigener Interessen auch unabhängig bzw. vor diesem schon bekannt waren, dafür steht nicht nur das Ludwig XI. / Friedrich I. zugeschriebene Zitat. Bernegger weist erneut unter Nennung von Machiavellis Namen darauf hin, dass sowohl Aristoteles als auch Platon zu gezielt eingesetztem Betrug und Täuschung raten, insofern dies zum öffentlichen Wohl beiträgt.[60]

Weitere Auseinandersetzungen mit dem Werk Machiavellis zeigen zwei andere Disputationen zu Tacitus' Agricola: So übersetzt Bernegger bei der Beantwortung der Frage, ob es besser ist, geliebt oder gefürchtet zu werden,[61] Machiavellis *conclusio* und einzelne zentrale Thesen (etwa: Liebe und Furcht lassen sich schwer vereinigen: „sit difficilimum vtrumque [metui et amari] complecti; multo, timeri quam amari, tutius est"), die im Folgenden widerlegt werden, und berücksichtigt hierfür zeitgenössische Reaktionen auf den Principe wie den sog. „Antimachiavelli" von Innocent Gentillet (*Discours sur les moyens de bien gouverner*. [s. l.] 1576, hier III, 9) und die *Discorsi* des Scipione Ammirato (Florenz 1594, hier Disc. 17, Kap. 5).[62] Auf Machiavellis

---

tae aut malae fidei, fidem sit praestiturus. Abrogata fide, omnis humana societas tollitur, inquit Liuius 6, 41, 15. Infirmatis violatisque pactis, tollitur inter homines commerciorum vsus. Aristot. Rhetor. I, 15." [Dies anzumahnen könnte überflüssig scheinen, wenn nicht Machiavelli mit seinen Gefolgsleuten dieses Prinzip ihren Fürsten eintrichtern würde, nämlich alles vortäuschen und sogar einen Treueschwur brechen zu sollen, sooft es ihnen nützlich ist, und andere, die schlimmer als unzählige Machiavellis sind und diese äußerst frevelhafte Lehre des Meineids und der Treulosigkeit verbreiten, den Religionsfrieden zu untergraben versuchen.] Es folgen die Zitate von Livius und Aristoteles.

60 Bernegger, *Ex C. Cornelii Taciti Germania et Agricola* (wie Anm. 48), fol. [Aa 7ᵛ]–8: „Nec enim existimandum est, summum illum Philosophum [Aristoteles] ab huiusmodi callidis, et (sit verbo venia) Machiauellicis consiliis [gemeint ist Kap. 18 aus dem *Fürsten*: Auf welche Weise die Fürsten Treu' und Glauben halten müssen] vbique abstinere: nec ipsum adeo Platonum. Nam is quidem aperte lib. 5. de Repub. >>crebro mendacio et fraude<<, dicit, >>uti debere imperantes<<, sed addit, >>ad commodum subditorum<<", angesichts der Quaestio 127: „An subditis arma permittenda" (fol. Aa 4–[Aa7ᵛ]). Siehe auch Aristoteles, *Pol.*, V, 1314a1–2 sowie Stolleis, *Arcana* (wie Anm. 9), S. 16 und vor allem zu biblischen Quellen Mulsow, Ahitophel und Jerobeam (wie Anm. 33), S. 163–178.

61 Bernegger, *Ex C. Cornelii Taciti Germania et Agricola* (wie Anm. 48), fol. [Yy 3ᵛ–Yy 6ʳ] bzw. Rudolf von Dietrichstein: *Quaestionum [...] ex Agricola [...] Taciti collectarum, dodecas III.* Straßburg 1620; hierzu Philipp, Bernegger (wie Anm. 10), S. 187.

62 Bernegger, *Ex C. Cornelii Taciti Germania et Agricola* (wie Anm. 48), fol. Yy 4ʳ–[Yy 6ʳ]: „Verum longe aliter sese res habet, [...]. Deinde errorem etiam errat Ma-

differenzierte Herleitung, die etwa unterschiedliche Loyalitäten, Furcht und Hass sowie zwischen der Position eines Heer- bzw. zivilen Führers unterscheidet, geht die Disputation nicht ein. Stattdessen wird Machiavellis Fürst, hierin Ammirato folgend, als Tyrann bezeichnet und das Gegenbild eines „bonus princeps" entworfen, der Furcht und Zuneigung auf sich zu vereinigen weiß.[63]

Im Gegensatz zu Junius rezipiert Bernegger als Historiker Tacitus in einem wesentlich größeren Ausmaß und auch Machiavelli, den er bisweilen namentlich nennt. In den analysierten Disputationen zeigt sich, dass Bernegger auch Machiavellis Gegner kennt und eine eher kritische Position gegenüber dem Italiener bezieht, die jedoch subtile Spuren desselben enthält wie eine utilitaristische Argumentation und eine gezielte taktische Offenheit der Grenzen der „dissimulatio".

Folgende Einschränkungen sind jedoch in Bezug auf die untersuchten Dramen zu machen: So stellen in ihnen Aussagen zur machtstrategischen Verstellung nicht mal in jenen Szenen, die politische Themen ansprechen, einen Schwerpunkt dar.[64] Außerdem bleibt unklar, ob sie auf einer Lektüre tacitistischen Schrifttums beruhen oder aus der Tradition der Hofkritik stammen.

So beklagt etwa Enea Silvio Piccolomini bereits 1444 Heuchelei,[65] gegenseitigen Neid unter den Hofleuten oder deren unbeständige Posi-

---

chiauellus, dum putat difficilimum esse amari et timeri [...] et tertio in eo etiam a vero deflectit quod tutius sit metui quam amari [...]." Hierauf Berneggers conclusio: „Studeat igitur potius Princeps, metum vt a se auertat, clementiam vsurpet, beneuolentiam subditorum mereatur. [...] Hinc enim securitas nascitur [...]. Ex quibus omnibus apparet, tutius esse, Principem amari, quam timeri: atque ob id Machiauellum minus dextre Principem hoc in loco instituere." Es folgt der Verweis auf Ammirato. – Die ebenfalls von Dietrichstein (ebd.) angefertigte Quaestio 208: „Rectene Machiauellus statuat, milites potius quam pecuniam esse neruum belli?" (ebd., fol. [Yy6ʳ–8ʳ]) beweist, dass Bernegger das Werk von Clapmarius (Anm. 27) kannte.

63   Bernegger, *Ex C. Cornelii Taciti Germania et Agricola* (wie Anm. 48), fol. [Yy 4ᵛ]: „Deinde errorem etiam errat Machiauellus, dum putat difficilimum esse amari et timeri. Vtrumque enim Princeps Rempub. rite administrando [...] impetrare potest [...]."

64   Außerdem ist zu ergänzen, dass politikwissenschaftliche Themen über den Kreis der Hofleute hinaus auch für die oberste Führungsschicht diskutiert werden, wenn in Brülows *Nebucadnezar* der Fall des titelgebenden Königs die göttliche Herkunft obrigkeitlicher Macht (vgl. Anm. 22) exemplifiziert.

65   „Oportet in curiis [...] servire temporibus, versare naturam et regere nec non ad tempus huc et illuc torquere et flectere, cum tristibus severe, cum remissis jocunde, etc." [Man muss an den Höfen [...] sich nach den Zeitumständen richten,

tion, die von der wechselhaften Gunst des Herrschers abhängt. Diese Kritikpunkte zählen am Beginn des 17. Jahrhundert zu den Gemeinplätzen der Hofkritik und werden von Hirtzwig in seiner weiteren Betrachtung des Hoflebens angeführt.[66] Dabei schildert er den wechselhaften Geschmack des Herrschers, an den sich Räte anzupassen haben, mit einem Zitat Cassiodors,[67] das sich auch im etwa zwanzig Jahre später erschienenen *Florilegium Politicum* des Speyrer Stadtschreibers Christoph Lehman(n) findet,[68] einem umfassenden, die reiche Tradition des 16. und beginnenden 17. Jahrhunderts (Sebastian Franck, Johannes Agricola, Janus Gruter) aufnehmenden und mehrfach verlegten Nachschlagewerk hofkritischer Sentenzen: „Eusebius: Nam jam placet, quod displicebit postea. | – Daniel: Quodque displicuerit jam, placebit postea."[69]

Gemeinsam beklagen Hirtzwig und Brülow mit demselben Plautus-Zitat von „bleierner Wut und federleichtem Dank" die Un-

---

seinen Charakter ändern und ihn gewiss auch nach der augenblicklichen Situation ausrichten. Man muss mit den Traurigen ernst, mit den Fröhlichen fröhlich, etc.; Enea Silvio Piccolomini: *De miseriis curialium*.] Zitat und Übersetzung nach: Hutten, *Hofkritik* (wie Anm. 50), S. 82–83.

66   Hirtzwig, *Balsasar* (wie Anm. 25), fol. D 1ʳ⁻ᵛ: „Ineptus est ad aulicam vitam, vices | Qui ferre fortunae nequit, non videris | Durare gratiam diu monarchicam, | Reges eosdem satrapas habere diu; | Continua variatio est. – Eusebius: Novi satellites, | Nova ira, novus amor, novus favor, nova | Desertio. – Pitharchus: Facillime aliquid nauseat | Palatium, facillimè fastidiunt | Hodie Duces." Siehe auch fol. D 2ʳ über den Postenwechsel bei Amtsantritt eines neuen Herrschers. Hierzu bereits Piccolomini, *De miseriis* (wie Anm. 65), S. 44–47.

67   Cassiodor, *De anima* IV, 180–184: „Quid nunc homini placet, paulo post displicet." Auch in Janus Gruter: *Florilegium Ethico-Politicum*. Bd. 1. Frankfurt a. M. 1610, Nr. 2667.

68   Christoph Lehman: *Florilegium Politicum*. o. O. 1630, S. 809 [Neudruck der Ausgabe 1639 hrsg. von Wolfgang Mieder. Bern 1986]. Siehe außerdem Elfriede Moser-Rath: Lehman, Christoph. In: *Killy Literaturlexikon. Autoren und Werke des deutschsprachigen Kulturraums*. 2.,vollst. neu bearb. Aufl. Hrsg. von Wilhelm Kühlmann. Bd. 7. Berlin 2010, S. 297–298 sowie Helmut Kiesel: *„Bei Hof, bei Höll". Untersuchungen zur literarischen Hofkritik von Sebastian Brant bis Friedrich Schiller*. Tübingen 1979 (Studien zur deutschen Literatur 60), S. 123–127 und Thomas Althaus: Das Reichskammergericht zu Speyer und der Sprichwörter-Thesaurus des Christoph Lehmann. In: *Konstruktion der Gegenwart und Zukunft*. Hrsg. von Rudolf Suntrup und Jan R. Veenstra. Bern 2008, S. 51–76.

69   Hirtzwig, *Balsasar* (wie Anm. 25), fol. [D 1ᵛ] bzw. Spangenberg, *Balsasar* (wie Anm. 32), fol. D 4ʳ: „Eusebius: Dann Er muß ihm gefallen lan/ | Welchs jhm hernach mißfalt fortan. | – Daniel.: vnd was jhm ytzt misfallt/ der gstalt/ | Dasselb jhm hernach wolgefalt."

dankbarkeit, die Staatsdienern bei guter Amtsführung, und den Hass, der ihnen bei schlechter entgegenschlägt.[70] Dabei verschärft Brülow diesen Sachverhalt noch dadurch, dass er die unterschiedliche Rezeption der Amtsführung durch Gott und Menschen beklagt und eine paradoxe Situation für die Inhaber obrigkeitlicher Macht konstruiert:[71]

> Munus profecto difficilimum judico.
> Nam regna si quis administrarit male,
> Abominatur et odit ipsum maximus
> Jehova: regna si administrarit bene:
> Homines abominantur, et diris vovent:
> Plumbea fovetur ira, levior gratia
> Pluma levi, stat certa mors saepissime.

Brülow schildert zudem Konflikte zwischen Geburtsadel und einer neuen Bildungselite, die sich an einer ethisch korrekten Amts- und Lebensführung entzünden.[72] Die Bestrafung des babylonischen Königs Nebucadnezar verkörpert als Exempelfigur eine der beiden zentralen Lehraussagen des Dramas: die „superbia" eines Herrschers, der sich als schrankenlose Obrigkeit empfindet und seine Souveränität nicht einmal durch religiöse Normen begrenzen lässt.[73]

Hirtzwig und Meier äußern sich auch zur Bedeutung der Religion im Staatswesen. In Hirtzwigs Drama hängt die Blüte („florierte") des Staates und das „heyl" („salus") aller Bürger von der Glaubenspraxis

---

70 Plautus, *Poen.*, 811–813: „verum ita sunt <morati> isti novi divites: | si quid bene facias, levior pluma est gratia, | si quid peccatumst, plumbeas iras gerunt" (Plautus: *Komödien*. 6. Bde. Hrsg., übers. u. komm. von Peter Rau. Darmstadt 2008, hier Bd. 5: „Allein, das ist nun einmal hier der Reichen Art: | Ist man gefällig, ist ihr Dank federleicht, | Beleidigt man sie, ist ihr Zorn so schwer wie Blei.") und Hirtzwig, *Balsasar* (wie Anm. 25), fol. [D 1ᵛ]: „Daniel: Si quid juves, pluma levior est gratia. | Eusebius: At si quid offendis, furorem plumbeum | Solet gerere palatium monarchicum."

71 Brülow, *Nebucadnezar* (wie Anm. 22), S. 56: Ich halte es in der Tat für eine sehr schwierige Aufgabe. Denn wenn jemand seine Herrschaft schlecht verrichtet, verabscheut und hasst ihn der große Gott; wenn er seine Herrschaft gut verrichtet, verabscheuen und verwünschen ihn die Menschen. Bleierne Wut pflegt man, leichter als eine sanfte Feder ist die Gunst[, die man genießt], sehr oft steht der sichere Tod bevor.

72 Zum Konfliktpotenzial für den Geburtsadel siehe Weber, Erfindung (wie Anm. 13), S. 362–366.

73 Brülow, *Nebucadnezar* (wie Anm. 22), S. 56 und zur Bestrafung des Königs die Akte IV und V in Brülows „Nebucadnezar"; hierzu Hanstein, *Akademietheater* (wie Anm. 11) 2013, S. 392–399 u. 405–406.

der Regierenden ab, die als fromme („pii") Hofleute die „recht rein[e]
Religion" auch bei den Untertanen durchsetzen sollen.[74] Eine ähnliche
Forderung stellt auch ein babylonischer Hofrat in *Meiers* Daniel:[75]

> Nam nil magis vulgi furores continet,
> Concepta quam de Diuum honore opinio. [...]
> Religio falsa aut vera sit, populus nihil
> Curat: suorum principum sequitur fidem: et
> Tam falsa, quam vera veneratur numina.

> [Denn nichts hält [aufrührerische] Wutausbrüche des Volkes mehr in Schran-
> ken, als eine Vorstellung von der Verehrung der Götter zu haben. Ob die Reli-
> gion wahr oder falsch ist, kümmert das Volk nicht. Es folgt dem Glauben seiner
> Fürsten und verehrt gleichermaßen falsche wie wahre Gottheiten.]

Der Babylonier unterstreicht, dass Obrigkeit und Bürger einer Religion
(„fidem") folgen sollen. Sie soll bei den Untertanen eine (durch die
Verwendung des Plural „furores" als inhärent evozierte) Neigung zur
Rebellion („vulgi furores") durch gefestigte („concepta") religiöse Vorstellungen, d. h. den Glauben an göttliche Sanktionen, mäßigen. Dabei
wäre die bis hierhin formulierte Forderung, sieht man vom Plural „Diu-
um" (Götter) ab, der eine polytheistische Religion nahelegt, mit Hirtzwigs Drama und der christlichen frühneuzeitlichen Politikwissenschaft
vereinbar.[76]

---

74   Hirtzwig, *Balsasar* (wie Anm. 25), fol. [C 8^(v–r)]: „[...] plurimum est in eo situm, |
     Cum imperio uti sint elegantes et pii | Viri, quibus curae religio purior. | Quàm
     floruit Respublica haec aetate eâ, | Quâ Daniel quoque fascium consors erat! | Hic
     cum remotus, (pro dolor!) de industria | Pessum ire creditur mihi flos aulicus, | Et
     universa civium salus ruere, | Irata quasi." Hierzu die Übersetzung durch Span-
     genberg, *Balsasar* (wie Anm. 32), fol. [D 2^v]: „Es ist viel dran gelegen zwar/ | Das
     Gottsfürchtige Männer fein | Zu Hof in der Regierung seyn: | Denen ist angelegen
     schon | Die recht reine Religion. | Ach/ wie herzlich florierte doch | Der gmeine
     Nutz/ zu der zeit noch/ | Als Daniel fein dazumahl | Beysitzer war/ ins Königs
     Saal! | Jtzt/ da man ihn hat abgeschafft/ | Ach leyder! da sieht man warhafft/ | Daß
     mit vleiß geht zu grund durch schand/ | Deß vorigen Hofs Edler Stand; | Vnd der
     gantzen Bürgerschafft heyl | Weicht weg/ durch Gottes Zorn in eyl."
75   Meier, *Daniel* (wie Anm. 23), fol. F 4^r.
76   Horst Dreitzel: Politische Philosophie. In: *Die Philosophie des 17. Jahrhunderts.*
     Bd. 4. *Das Heilige Römische Reich Deutscher Nation. Nord- und Ostmittel-
     europa.* Hrsg. von Helmut Holzhey und Wilhelm Schmidt-Biggemann. Basel
     2001, S. 607–748 und Wolfgang Weber: *Prudentia gubernatoria. Studien zur
     Herrschaftslehre in der deutschen politischen Wissenschaft des 17. Jahrhunderts.*
     Tübingen 1992 (Studia Augustana 4), S. 281–288.

Im Unterschied zur Hirtzwigs „religio purior" bleibt in Meiers folgenden Versen der Wahrheitsgehalt des Glaubens jedoch unberücksichtigt. Religion wird rein instrumentell aufgrund ihrer stabilisierenden Wirkung betrachtet, was Anklänge an Machiavelli (*Disc.* I, 11) besitzt. Dies hat zur Folge, dass die staatliche Sorge um die Religion, die „cura religionis", inhaltlich entleert wird und die Aussage des Satrapen gerade der in der lutherischen politischen Philosophie des 17. Jahrhunderts aufkommenden „politica christiana" diametral gegenübersteht, wonach der Staat für die Religion verantwortlich ist und für die Christianisierung der Gesellschaft sorgen soll.[77] So betont im Straßburger Kontext etwa Junius in der bereits erwähnten Disputation „De reipublicae gerendae ratione" (Über die Staatsführung) den wahren Glauben („vera [...] pietas") als Grundlage der Herrschaftsausübung.[78] Von Bedeutung scheint dem Hofrat in Meiers *Daniel* nur die Ablehnung eines religiösen bzw. konfessionellen Pluralismus zu sein; galt doch da die Existenz unterschiedlicher Religionen in einem Staat als Keimzelle möglichen Aufruhrs.[79]

---

77 Dreitzel, Philosophie (wie Anm. 76), S. 684–685.
78 Junius, *Orationum* (wie Anm. 39), S. 759.
79 Hierzu etwa Ulrich Scheuner: Staatsräson und religiöse Einheit des Staates. Zur Religionspolitik in Deutschland im Zeitalter der Glaubensspaltung. In: *Studien zur Geschichte eines politischen Begriffs*. Hrsg. von Roman Schnur. Berlin 1975, S. 363–405. Für die Straßburger Rezeption siehe Hanstein, *Akademietheater* (wie Anm. 11), S. 405 bzw. folgende Disputation unter Bernegger: „An Religionis diversitas in Republica ferenda?" in: Bernegger, *Ex C. Cornelii Taciti Germania et Agricola* (wie Anm. 48), fol. I 4ʳ–I 6ʳ.

HANS-JOACHIM JAKOB (Siegen)

Wie wirken Emblematik und „Politic" zusammen? Daniel Meisners und Eberhard Kiesers *Thesaurus Philopoliticus oder Politisches Schatzkästlein* (1623–1631)

In ihren erratischen *Emblemata. Handbuch zur Sinnbildkunst des XVI. und XVII. Jahrhunderts* legen Arthur Henkel und Albrecht Schöne das frühe 17. Jahrhundert als Ausdifferenzierungsphase der Emblem-Publikationen fest.[1] Die vorherrschende Sammelform der bunten Emblem-Mischung in der Folge von Andrea Alciatos' *Emblematum liber* (1531) weicht zu diesem Zeitpunkt der Spezialisierung. Nun bilden sich thematische Schwerpunkte aus wie

> [...] geistliche, biblische, christologische und mariologische Emblembücher, die besonders von den Jesuiten vertretene Ordensemblematik, emblematisch-heraldische Wappen- und Stammbücher oder Fürstenspiegel, erotische, höfisch-politische, gar alchimistische Emblematik.[2]

In der Tat war das zweite Jahrzehnt des 17. Jahrhunderts eine überaus fruchtbare Phase für die historisch-politische Sinnbildkunst. Entstehungszeitlich konkurrieren Peter Isselburgs und Georg Rems *Emblemata Politica* (1617) und Jakob von Bruck-Angermundts *Emblemata poli-*

---

1   Für die Bereitstellung der acht Abbildungen im Anhang danke ich herzlich Herrn Klaus Eymann (Aschaffenburg).

2   Arthur Henkel, Albrecht Schöne: Vorbemerkungen der Herausgeber [1967]. In: *Emblemata. Handbuch zur Sinnbildkunst des XVI. und XVII. Jahrhunderts. Taschenausgabe.* Hrsg. von Arthur Henkel und Albrecht Schöne. Stuttgart, Weimar 1996, S. IX–XXVI, hier S. XVII. – Vgl. auch Wolfgang Harms: Einleitung. In: Peter Isselburg, Georg Rem: *Emblemata Politica* [...]. Faksimiledruck nach der Auflage Nürnberg 1640. Hrsg. und eingeleitet von Wolfgang Harms. Bern, Frankfurt a. M. 1982 (Nachdrucke deutscher Literatur des 17. Jahrhunderts 35), S. 5*–32*, hier S. 14*: „Emblembücher konnten in ihrem Titel angeben, für welche Funktionsbereiche sie konzipiert waren. Hierfür konnten einfache beigefügte Adjektive ausreichen, wie z. B. (Emblemata) sacra, moralia, amatoria, bellica oder politica."

tica (1618) um den Titel des ersten gedruckten politischen Emblembuchs aus dem deutschsprachigen Raum. Die Sinnbilder von Isselburg und Rem sind die Kupferstichausfertigungen derjenigen Malereien des alten Nürnberger Rathauses, die 1613 als Innendekoration des großen Saales an den Gewänden der 16 Fenster angefertigt wurden.[3] Michael Schilling hat dafür plädiert, vielmehr das im Entstehungsprozess möglicherweise ein Jahr früher zu datierende Emblembuch von Bruck-Angermundt als erste Sammlung von *emblemata politica* aus deutschen Landen anzunehmen.[4] Nach den Sinnbildsammlungen von 1617 und 1618 erschien dann umgehend Julius Wilhelm Zincgrefs wirkungsmächtige Publikation *Emblematum ethico-politicorum centuria* (1619).

Versucht man nun einen ersten Eindruck zu gewinnen, was Emblematik und „Politic" miteinander verbindet, so erscheint die Einleitung von Wolfgang Harms zum Faksimiledruck von Isselburgs und Rems Emblembuch aufschlussreich.[5] Zugrunde gelegt wurde die Ausgabe von 1640. So umreißt Harms eingangs die Charakteristik der folgenden 32 Embleme: „Sie formulieren in Bild und Text moralische Belehrungen, durch die bestimmte Wertnormen vor allem hinsichtlich einer öffentlich ausgeübten Tätigkeit gestützt oder eingeführt werden sollen."[6] Besagte ‚öffentlich ausgeübte Tätigkeit' kann sich – wie bei Bruck-Angermundt – explizit auf Herrschaft beziehen und ihre Rele-

---

3   Vgl. Karl Heinz Schreyl: Nachwort. In: *Emblemata Politica. Die Sinnbilder im Nürnberger Rathaussaal.* Faksimiledruck des Emblembuches *Emblemata Politica* von 1640 mit einem Nachwort von Karl Heinz Schreyl. Nürnberg 1980, S. 73–95, hier S. 73.

4   Vgl. Michael Schilling: Jakob von Bruck-Angermundt und seine Emblembücher. In: *Die oberschlesische Literaturlandschaft im 17. Jahrhundert.* Im Auftrag der Stiftung Haus Oberschlesien hrsg. von Gerhard Kosellek. Bielefeld 2001 (Tagungsreihe der Stiftung Haus Oberschlesien 11), S. 135–156, hier S. 156: „Als frühestes politisches Emblembuch galt bisher die Ausgabe der Nürnberger Rathausembleme durch Georg Rem und Peter Isselburg im Jahr 1617. Durch die jetzt gewonnene Einsicht in die Entstehungsgeschichte können Brucks *Emblemata Politica* für sich in Anspruch nehmen, das erste Werk dieses Genres zu sein." Zum Entstehungszeitpunkt auch S. 153: „Auch verweist Bruck in der Handschrift zweimal auf eine ausführlichere Darstellung in den *Emblemata Politica*, so daß davon ausgegangen werden kann, daß die politischen Embleme Brucks schon Ende 1612 weitgehend fertig gestellt waren." – Zu Bruck-Angermundts Emblembuch vgl. außerdem Carsten-Peter Warncke: Einleitung. In: Jakob von Bruck-Angermundt: *Emblemata politica.* Mit einer Einleitung von Carsten-Peter Warncke. Hildesheim, Zürich, New York 2004, S. 5*–25*.

5   Harms, Einleitung (wie Anm. 2).

6   Harms, Einleitung (wie Anm. 2), S. 5*.

vanz somit insbesondere für „Staatslenker oder für die führenden Männer anderer politischer Institutionen"[7] ausweisen. Bezogen auf die Malereien im Nürnberger Rathaussaal gerät hier aber in erster Linie die
reichsstädtische Herrschaft in den Blick.[8] In Harms' Auslegung des
Titelkupfers der Sammlung hat das Gemeinwesen die vordringliche
Aufgabe, sich für das Gesetz und die Bevölkerung einzusetzen. Insbesondere im unteren Teil des Kupfers wird dann von der reichsstädtischen auf die staatliche Ebene übergeleitet.[9] Im Zuge der Publikation
erfahren die Malereien als Embleme insbesondere durch die *subscriptiones* eine Abänderung ihres engeren Bezuges zu Nürnberg und dem
Rat. In ihren Lehren und Orientierungshilfen erscheinen sie nun allgemeiner und sind nicht mehr auf einen bestimmten Ort und Stand festgelegt.[10] Zur Exegese der 32 Embleme trägt vorzüglich Karl Heinz
Schreyl bei, der in einem früheren Faksimiledruck der *Emblemata politica* die Motti der Sinnbilder übersetzt und ihre Ikonographie kurz erläutert hat.[11]

Harms hat zudem bei den Emblemen Nr. 19 bis 22 einen thematischen Schwerpunkt in der Jurisdiktion ausmachen können.[12] Derartige
Akzentsetzungen und thematische Ausdifferenzierungen sind dann für
Zincgrefs *Emblematum ethico-politicorum centuria* konstitutiv, wie
Dieter Mertens und Theodor Verweyen im zweiten Band ihrer
Zincgref-Edition ausführlich dargelegt haben.[13] Das beginnt schon mit

---

7 Harms, Einleitung (wie Anm. 2), S. 14*–15*.
8 Harms, Einleitung (wie Anm. 2), S. 15*.
9 Harms, Einleitung (wie Anm. 2), S. 16*.
10 Harms, Einleitung (wie Anm. 2), S. 22*. – Vgl. resümierend S. 30*: „Die komplexen Verhältnisse zwischen Obrigkeit, Gesetz und Volk sind das Hauptthema
    der Nürnberger Rathausmalereien und auch noch des Emblembuchs von 1617,
    dessen Texte erkennbar machen, daß unter ‚Obrigkeit' nicht nur König und Fürst
    verstanden wird; der *rex-lex-grex*-Komplex wird durch den Inhalt und durch die
    Vermittlungsform des Buches in andere Bereiche übertragbar gemacht, so daß die
    Auflagen von 1617 und 1640 für eine Verbreitung allgemeinerer Vorstellungen
    von Idealen und Normen sorgen, die einem Menschen, der in bezug auf Gruppen
    oder auf die Öffentlichkeit tätig ist und insofern politisch handelt, Orientierung
    bieten können."
11 Schreyl, Nachwort (wie Anm. 3), S. 76–85.
12 Harms, Einleitung (wie Anm. 2), S. 24*: „Mehrere der Embleme, so Nr. 19 bis
    22, gehen konzentriert auf die Gesetzes- und Rechtsprechungsthematik ein; sie
    nehmen damit zugleich auf den Rathaussaal als Ort der Rechtspraxis und auf die
    Lex-Grex-Thematik des Titelblatts Bezug."
13 Dieter Mertens, Theodor Verweyen: Einleitung. In: Julius Wilhelm Zincgref:
    Gesammelte Schriften. Bd. II/2. *Emblemata ethico-politica.* Teilbd. 2: *Erläute-*

Zincgrefs Berufung auf seinen Gewährsmann par excellence und einen besonderen Teil seines wirkungsmächtigen Oeuvres, Justus Lipsius' *Politicorum sive civilis doctrinae libri sex* (1589).[14] Lipsius' in sechs Bücher aufgeteilte „Politik" bietet das dominierende Strukturierungsmodell der Sinnbilder im Emblembuch. Zincgref übernimmt jedoch nicht die ursprüngliche Abfolge thematischer Schwerpunkte bei Lipsius und fasst stellenweise weitere Aspekte des politischen Lebens in Embleme ein.[15]

So bilden laut Mertens und Verweyen Zincgrefs 100 Embleme *Cluster*-Anordnungen in den Bereichen Herrscher und Herrschaftszweck (Nr. I und II, auch LXXI), militärische Sicherung des Staates (Nr. III–XXXIII), die Uneinigkeit unter hohen Beamten und in der Staatsführung (Nr. XXXIV und XXXV), die monarchische Herrschaftsform und die zahlreichen notwendigen Eigenschaften des Fürsten (Nr. XXXVI–XLVI), sein ideales Verhalten gegenüber seinen Untertanen (Nr. L–LVIII), Missgunst und Hass gegenüber der Herrschaft (Nr. LIX–LXI), die Verbindung geistiger und körperlicher Fähigkeiten des Fürsten (Nr. LXIV–LXX), die Beamtenschaft des Fürsten (Nr. LXXII–LXXXIII), *fides* und *diffidentia* wiederum bezogen auf den Fürsten (Nr. LXXXIV und LXXXV, LXXXVII und LXXXVIII), die Treue des Beamten (Nr. LXXXVI), die Gefahren der Fortuna (Nr. LXXXIX), der Fürst als Garant der Beständigkeit nun in Anlehnung an Lipsius' *De constantia* (Nr. XC und XCI), die Warnung vor theologischer Streitsucht und ihren Folgeschäden (Nr. XCII), der *vanitas*-Gedanke bezogen auf das menschliche Leben und die Vergäng-

---

rungen und Verifizierungen. Hrsg. von Dieter Mertens und Theodor Verweyen. Tübingen 1993 (Neudrucke deutscher Literaturwerke N. F. 45), S. 1–60. – Vgl. zu Zincgrefs Emblembuch außerdem Arthur Henkel: Nachwort. In: Julius Wilhelm Zincgref: *Hundert ethisch-politische Embleme. Mit den Kupferstichen des Matthaeus Merian.* Bd. II. *Übersetzungen und Kommentare.* Hrsg. von Arthur Henkel und Wolfgang Wiemann. Heidelberg 1986, S. 122–147; Anthony J. Harper: Zincgref's Emblem Book of 1619: Local and European Significance. In: *The German-Language Emblem in its European Context: Exchange and Transmission.* Hrsg. von Anthony J. Harper und Ingrid Höpel. Glasgow 2000 (Glasgow Emblem Studies 5), S. 79–95, und Andreas Beck: Emblempoietik des Zitats in Zincgref/ Merians „Emblematvm Ethico-Politicorvm Centvria" und deren Rezeption. In: *Imitat, Zitat, Plagiat und Original in Literatur und Kultur der Frühen Neuzeit.* Hrsg. von Andreas Beck und Nora Ramtke. Frankfurt a. M. [u. a.] 2016 (Bochumer Schriften zur deutschen Literatur N. F. 4), S. 135–172.

14   Mertens/Verweyen, Einleitung (wie Anm. 13), S. 16–19.

15   Vgl. zum Inhalt der sechs Bücher komprimiert Mertens/Verweyen, Einleitung (wie Anm. 13), S. 29.

lichkeit der Herrschaft (Nr. XCIII und XCIV), der Fürst als Sicherungs-
instanz gegen die Unwägbarkeiten der Fortuna (Nr. XCV) und die Aufgaben des Bürgers im Gefüge der Herrschaft (Nr. XCVI–C).[16]
Für eine bestimmte Spielart der Emblematik erscheint die Mitarbeit
eines später berühmten Bildkünstlers an Zincgrefs Emblembuch signifikant. Die 100 Embleme stammen von Matthäus Merian dem Älteren
(1593–1650), der u. a. mit seinen nach Regionen geordneten Städtebildern Berühmtheit erlangen sollte.[17] Nahezu abgekoppelt von der vor-
dringlichen Funktion von Zincgrefs *Emblematum ethico-politicorum
centuria* im Sinne eines politischen Emblembuchs experimentierte Merian bereits hier mit Stadtsilhouetten im Hintergrund bestimmter *emblemata*.[18] Er legte damit den ikonographischen Grundstein für den späteren *Thesaurus Philopoliticus*.
In seinem Umfang und seiner langen Publikationsgeschichte erscheint der *Thesaurus Philopoliticus* wie eine maximalistische Über-
steigerung der 32 Embleme Isselburgs und Rems und der 100 Embleme
Zincgrefs.[19] Die von Daniel Meisner (1585–1625) und dem Frankfurter

---

16 Mertens/Verweyen, Einleitung (wie Anm. 13), S. 30–31.

17 Vgl. ausführlich Lucas Heinrich Wüthrich: *Das druckgraphische Werk von Matthaeus Merian d. Ae.* Bd. 2. *Die weniger bekannten Bücher und Buchillustratio-
nen.* Basel 1972, S. 130–140.

18 Mertens/Verweyen, Einleitung (wie Anm. 13), S. 2: „Merians eigenständiger
Beitrag zu der ‚Emblematum centuria' scheint darüber hinaus besonders in einer
bestimmten Serie von picturae auf, deren von topographischen Ansichten gestalte-
ter Hintergrund nicht in die dominierende Bedeutung des Emblembuches inte-
grierbar ist, sondern den Charakter der autobiographischen Reminiszenz des Ste-
chers trägt. Das gilt insbesondere für den Bildhintergrund der picturae in den
Emblemen Nr. VIII (Paris), Nr. XXVIII (Zürich), Nr. LVI (Nancy), Nr. LXIX
(Stuttgarter Schloß) und Nr. LXXXV (Basel)."

19 Vgl. zum *Thesaurus* Fritz Herrmann, Leonhard Kraft: Einleitung. In: *Daniel
Meissners Thesaurus philopoliticus (Politisches Schatzkästlein).* Bd. I. Die 830
Städtebilder neu hrsg. und eingeleitet von Fritz Herrmann und Leonhard Kraft.
Heidelberg 1927, S. V–XLIII; Klaus Eymann: Daniel Meisner, Eberhard Kieser:
„Thesaurus philopoliticus oder Politisches Schatzkästlein". Frankfurt am Main
1623–1631. In: Daniel Meisner, Eberhard Kieser: *Thesaurus philopoliticus oder
Politisches Schatzkästlein.* Faksimile-Neudruck der Ausgaben Frankfurt a. M.
1625–1626 und 1627–1631. Bd. 1. Mit einer Einleitung und einem vollständigen
Register der Städtebilder von Klaus Eymann. Unterschneidheim 1972, S. 3–22;
Wüthrich, *Werk* (wie Anm. 17), S. 119–130; Hans Fellner: Meisners „Schatzkästlein". In: *Sinnbild – Bildsinn. Emblembücher der Stadtbibliothek Trier. Kata-
logbuch zur Ausstellung.* Hrsg. von der Stadtbibliothek und der Universitätsbiblio-
thek in Zusammenarbeit mit dem Fach Kunstgeschichte. Trier 1991 (Ausstel-
lungskataloge Trierer Bibliotheken 22), S. 59–68; Dietmar Peil: Emblematik zwi-

Verleger Eberhard Kieser (1583–1631)[20] begonnene Gemeinschafts-produktion setzte sich aus 16 einzelnen Heften zusammen, die zuerst in deutscher und dann in lateinischer Sprache erschienen und schließlich in zwei voluminösen Bänden zusammengefasst wurden. Neben Meisner und Kieser waren Johann Ludwig Gottfried, Kilian Lieboldt und Heinrich Kornmann an der Publikation beteiligt.[21] Beide Bände umfassen insgesamt 830 Embleme.[22] Die ersten Hefte des *Thesaurus* waren offenbar sehr erfolgreich und regten die jahrelange Fortsetzung der Sammlung an.[23] Merian war wieder als ausführender Künstler vertreten und steuerte für das erste Viertel des ersten Bandes 157 Blätter bei.[24] Sein Interesse am Städtebild sollten die Redakteure des *Thesaurus* dann übernehmen und weiter ausbauen. In den Worten von Klaus Eymann:

> Man konnte schon vom 6. Buch des 1. Bandes an beobachten, daß die Emblem-darstellung nicht mehr dominierte oder, wie bei Merian, etwa gleichwertig behandelt worden ist. Den Künstlern des 2. Bandes lag mehr die Landschaft, das Städtebild am Herzen.[25]

---

schen Memoria und Geographie. Der „Thesaurus Philo-Politicus. Das ist: Politisches Schatzkästlein". In: *Erkennen und Erinnern in Kunst und Literatur.* Kolloquium Reisensburg, 4.–7. Januar 1996. Hrsg. von Dietmar Peil, Michael Schilling und Peter Strohschneider. Tübingen 1998, S. 351–382; Paulette Choné: Les Emblèmes topographiques de Daniel Meisner ou le spectateur à sa place. In: *Le point de vue de l'emblème.* Textes rassemblés par Paulette Choné. Dijon 2001, S. 113–139; Klaus Eymann: Eberhard Kieser – der Verleger des „Thesaurus Philopoliticus" und Herausgeber von Veduten, Porträts und Landkarten. In: *Beiträge zum II. Veduten-Colloquium in Lüneburg, 7.–9.X.1983, III. Veduten-Colloquium in Regensburg, 3.–6.X.1985: mit 2 Tabellen.* Hrsg. von Angelika Marsch und Eckhard Jäger. Lüneburg 2001 (Lüneburger Beiträge zur Vedutenforschung 2), S. 249–279, hier S. 265–273, und Victor Mínguez, Inmaculada Rodríguez: The Urban Emblems of Daniel Meisner. The Image of the City as a Treasury of Knowledge (1700). In: *In nocte consilium. Studies in emblematics in Honor of Pedro F. Campa.* Hrsg. von John T. Cull und Peter M. Daly. Baden-Baden 2011 (Saecvla spiritalia 46), S. 395–427.

20   Vgl. zu Meisner: Hermann Ehmer: Der gekrönte Dichter Daniel Meisner und Wertheim. In: *Wertheimer Jahrbuch* 1993, S. 95–108, zu Kieser: Eymann, Kieser (wie Anm. 19).

21   Vgl. Wüthrich, *Werk* (wie Anm. 17), S. 119.

22   Vgl. Eymann, Meisner (wie Anm. 19), S. 7–8.

23   Vgl. Eymann, Meisner (wie Anm. 19), S. 9, dort auch zu den Veröffentlichungs-zeitpunkten der Hefte des zweiten Bandes.

24   Wüthrich, *Werk* (wie Anm. 17), S. 121.

25   Eymann, Meisner (wie Anm. 19), S. 12.

Es kommt also zu einer allmählichen Erosion des emblematischen Ge-halts. Die weitere Rezeption und Bearbeitung des *Thesaurus* sollten das Potential der profitträchtigen Städtebilder weiter ausschöpfen und die sinnbildliche Dimension marginalisieren. Der geschäftstüchtige Nürn-berger Verleger Paulus Fürst (1608–1666), in den 1630er Jahren noch spezialisiert auf das versierte Recycling alter Druckvorlagen, kaufte nach dem Tod Kiesers von seinen Erben die *Thesaurus*-Druckplatten und brachte 1638 die *Sciographia Cosmica* heraus.[26] Neben weiteren einschneidenden Modifikationen fielen die *explicatio*-Passagen der Textrevision zum Opfer: „Fürst verzichtete völlig auf die Erklärung der emblematischen Szenen. Das Interesse galt allein den Städteansich-ten."[27]

Nimmt man nun die sinnbildliche Leistungsfähigkeit zur Vermitt-lung politischer *materia* zum Maßstab, die Schreyl und Harms für die in den Nürnberger reichsstädtischen Kontext eingebetteten Embleme Isselburgs und Rems nachgewiesen haben und die Mertens und Ver-weyen in Zincgrefs strukturellem Bezug auf die „Politik" Lipsius' ge-gründet sehen, so erscheint der *Thesaurus* im Vergleich dazu unspezi-fisch. Der intertextuelle Konnex zu Zincgref, aus dessen *Emblemata ethico-politica* immerhin fünf Abbildungen entnommen sind,[28] hatte offensichtlich keine weiteren Konsequenzen im Hinblick auf die Ord-nung der Texte und Bilder, geschweige denn auf die Anbindung an die zeitgenössische politische Theorie. Die enorme Quantität der Abbil-dungen lässt die Kategorisierung nach politischen Inhalten schwerfallen und ist von den Redakteuren als Ordnungsprinzip vermutlich gar nicht intendiert. Das Strukturierungsmodell der einzelnen Hefte ist alphabe-tisch nach Städtenamen organisiert.[29] Man könnte sich nun mit der tri-vial anmutenden Feststellung begnügen, dass Städte Schauplätze politi-scher Handlungen sind. So formuliert Johann Christoph Nehring in

---

26 Vgl. Eymann, Meisner (wie Anm. 19), S. 16–18.

27 Eymann, Meisner (wie Anm. 19), S. 18.

28 Vgl. zu den Zincgref-Übernahmen im *Thesaurus* Dieter Mertens, Theodor Ver-weyen: Hinweise zur Rezeption. In: Zincgref, *Gesammelte Schriften* Bd. II/2 (wie Anm. 13), S. 254–288, hier S. 263, Emblem Nr. XXIV; S. 266, Nr. XXXIV; S. 279, Nr. LXXVIII; S. 280, Nr. LXXX und S. 287, Nr. C. – Eymann veran-schlagt sieben Embleme: „Den Zincgreff'schen *Emblemata* sind mindestens sie-ben Szenen bzw. Figuren entnommen und der *Atalanta fugiens* des Michael Maier fünf." (Eymann, Meisner [wie Anm. 19], S. 5)

29 Vgl. Fellner, „Schatzkästlein" (wie Anm. 19), S. 59: „Die Reihenfolge der Stadt-ansichten läßt kein System erkennen; pro Teilband sind die Orte zwar alphabe-tisch aber ohne geographischen Zusammenhang geordnet."

seinem *Historisch-politisch-juristischen Lexicon* noch 1706, „Politica"
sei „die Staats-Klugheit/ oder eine Weißheit/ eine Stadt oder gemein
Regiment zu bestellen/ und das bestellte wohl zu verwalten."[30] Gibt
man sich nicht damit zufrieden und konsultiert die Forschung zum *Thesaurus*, halten sich die Beiträger mit der Erklärung des Titelei-Elements
„philopoliticus" auffallend zurück. Das hat auch für den grundlegenden
Aufsatz „Emblematik zwischen Memoria und Geographie" von Dietmar Peil zu gelten. Methodisch wegweisend löst Peil aus den unüber-
sichtlichen 830 Emblemen eine mögliche Ordnungsschiene heraus –
den siebenteiligen Zyklus eines Planetentriumphzugs,[31] den er einer
intensiven Exegese unterzieht. Ohne auf den möglichen politischen
Gehalt einzugehen, betont Peil den Mehrwert der Embleme über eine
einsinnige Tugenddidaxe hinaus:

> Die Emblematik im *Thesaurus Philo-Politicus* erschöpft sich keineswegs in
> sittlich-moralischer Belehrung, sondern zeigt eine beträchtliche Bandbreite ih-
> res funktionalen Spektrums wie auch ihrer stofflich-thematischen Integrations-
> fähigkeit.[32]

Weiteren Aufschluss über eventuelle politische Implikationen ver-
sprechen die Paratexte des *Thesaurus*. 1972 gab Eymann einen Faksimile-Neudruck der Ausgaben Frankfurt 1625–1626 und 1627–1631 in
zwei Bänden heraus.[33] Als Paratexte fungieren – neben den Titelkup-
fern[34] – vorredenartige Passagen und Dedikationen, die beim ersten

---

30   Zitat nach der zweiten Ausgabe: *Joh. Christoph Nehrings Historisch-Politisch-
      Juristisches Lexicon* […]. Gotha 1710, S. 324. Vgl. den Hinweis auf diese Stelle
      von Gotthardt Frühsorge: *Der politische Körper. Zum Begriff des Politischen im
      17. Jahrhundert und in den Romanen von Christian Weise*. Stuttgart 1974, S. 54.
31   Peil, Emblematik (wie Anm. 19), S. 358.
32   Peil, Emblematik (wie Anm. 19), S. 369.
33   In der Folge zugrunde gelegte und zitierte Ausgabe: Daniel Meisner, Eberhard
      Kieser: *Thesaurus philopoliticus oder Politisches Schatzkästlein*. Faksimile-Neu-
      druck der Ausgaben Frankfurt a. M. 1625–1626 und 1627–1631. 2 Bde. Mit einer
      Einleitung und einem vollständigen Register der Städtebilder von Klaus Eymann.
      Unterschneidheim 1972. Da der *Thesaurus* uneinheitlich paginiert ist, wird er mit
      der Sigle *TP*, römischer Bandangabe, nach Schrägstrich der Heftnummer und ge-
      gebenenfalls der Seitenzahl (etwa für die auspaginierten Erklärungspassagen) zi-
      tiert. Die Embleme aus den nicht paginierten Bildteilen bekommen hingegen
      durchgängig den Zusatz „Tafel" mit Nummerierung.
34   Immerhin sei angemerkt, dass auch die 16 – teilweise wiederholten – Titelkupfer
      der Einzelhefte durch die Analyse ihrer spezifischen Ikonographie Aufschlüsse
      über den politischen Gehalt des jeweiligen Heftes erbringen könnten – mithin das
      Stoffgebiet einer umfangreichen separaten Studie. – Vgl. die Hinweise bei Diet-

Band ausschließlich in lateinischer Sprache verfasst sind und einen gelehrten Rezipientenkreis voraussetzen. Mit dem zweiten Band wächst die Zahl der Paratext-Autoren, die nun deutsche Vorworte und Widmungen kreieren. Weiteren Aufschluss über die politische Dimension des *Thesaurus* bieten sie nicht. Kieser drängt in der „Dedicatio" des dritten Heftes im zweiten Band auf die Lobpreisung der Tugend und die Verdammung der Laster, mithin die vornehmsten Aufgaben jeglicher Literatur:

> Vnnd solches beydes thun gedachte/ so wol die H. Schrifft/ als andere Weltweise vnnd Politische Bücher/ theils durch klare vnd außdrückliche Sprüch/ Gebott vnd Bedrauungen: theils durch eynführungen allerhand beweglicher Exempel von belohnungen der Tugendt/ vnd bestraffung der Laster. (*TP* II/3 5)

In der „Dedicatio" des letzten Heftes im zweiten Band wiederholt Kieser seinen Vorstoß für eine eingängige Tugend- und Lasterdidaktik.[35] Die Unterscheidungskompetenz für Gut und Böse, für richtiges und falsches Handeln sollte beim Leser durch die Betrachtung politischer Embleme sicherlich gefördert werden – ein Alleinstellungsmerkmal für *emblemata politica* ist sie hingegen nicht. Auch andere Spielarten der Emblematik sehen sich der Moraldidaxe verpflichtet.

In der Folge soll dennoch der Versuch unternommen werden, zumindest eine politische Sinnschicht des *Thesaurus* freizulegen. Den Ausgangpunkt bildet dabei Peils voluminöse Münsteraner Habilitationsschrift zur Staats- und Herrschaftsmetaphorik von der Antike bis zur Gegenwart.[36] Peil systematisiert sein Untersuchungsgebiet nach den metaphorischen Feldern „Hirt und Herde", „Bienenstaat", „Staatskör-

---

mar Peil: Titelkupfer/Titelblatt – ein Programm? Beobachtungen zur Funktion von Titelkupfer und Titelblatt in ausgewählten Beispielen aus dem 17. Jahrhundert. In: *Die Pluralisierung des Paratextes in der Frühen Neuzeit. Theorie, Formen, Funktionen.* Hrsg. von Frieder von Ammon und Herfried Vögel. Berlin 2008 (Pluralisierung & Autorität 15), S. 301–336, hier S. 319–329.

35 *TP* II/8 5–6: „E. Gn. wissen auch ohne meine vnterthänige Erinnerung sehr wol/ daß die alten Klugen vnd Weltweisen Meister/ so man in der Heydenschafft *Philosophos* genandt/ welche sich jederzeit/ auch allein auß dem Liecht der Natur/ befliessen/ die Leut durch ihr *Exemplar* Leben vnd Schrifften von den Lastern abzuziehen/ vnd zur Tugend anzuweisen/ solches fünemlich auff zwo Weise gethan haben."

36 Dietmar Peil: *Untersuchungen zur Staats- und Herrschaftsmetaphorik in literarischen Zeugnissen von der Antike bis zur Gegenwart.* München 1983 (Münstersche Mittelalter-Schriften 50).

per", „Staatsmaschine", „Staatsgebäude" und „Staatsschiff".[37] Neben
diversen anderen Quellen zieht Peil auch den *Thesaurus* zu Rate. Im
Gegensatz zu den bislang vorliegenden Studien zum *Thesaurus*, die
zumeist von den Städtebildern ausgehen, geraten somit die emblematischen Darstellungen explizit in den Fokus.

– Abbildung 1. Nach Abfolge der Bände und Hefte des *Thesaurus*
markiert im ersten Band der Vordergrund in der Stadtansicht von Regensburg einen Anknüpfungspunkt an die zeitgenössische Staats- und
Herrschaftsmetaphorik.[38] Unter der *inscriptio* „Qvis Civis Habetur?"
deuten zwei gutgekleidete männliche Figuren auf einen Bienenkorb,
umschwirrt von zahlreichen Insekten. Ein efeuumrankter Arm aus dem
Himmel deutet mit einem Schwert auf die Spitze des Korbs. Die
deutschsprachige *subscriptio* lautet: „Welcher innerlich krieg anricht, |
Der ist fürwar kein Burger nicht. | Wiltu ein rechter Burger sein, | So
lieb den Fried, vnd halt ihn fein." (*TP* I/1 Tafel [38]) In der „Kurtzen
Erklärung vnd Bedeutung der Emblematischen Figuren" vor den Abbildungen heißt es zum Lemma „Regenspurg": „Der Immenstock/ oder
Bienenkorb bedeutet nichts anders als wahre vnnd stete einigkeit in
einer jeden Statt vnd Gemein." (*TP* I/1 unpag.) Und auch das Schwert
aus dem Himmel erfährt eine allegorische Ausdeutung: „Der Arm/ so
mit Ephew vmbwunden/ vnd das Schwerdt/ welches mit der Spitz
vnder sich gehet/ zeiget an/ jnnerlichen frieden vnd ruh vnder einer
jeden frommen Burgerschafft." (*TP* I/1 unpag.) Im vorbildlich organisierten Bienenstaat herrschen Eintracht und Friedfertigkeit, die angesichts der beengten Lebensverhältnisse im Bienenstock umso bewunde-
rungswürdiger sind – mithin ein vorbildliches Exempel für den friedfertigen Bürger.[39]

– Abbildung 2. Der überwiegende Teil der Embleme, die Peil zufolge im Sinne einer Staats- und Herrschaftsmetaphorik ausdeutbar
sind, stammt aus dem zweiten Band des *Thesaurus*, hier aus dem ersten, siebten und achten Heft. Das erste einschlägige Sinnbild des zwei-

37 Peil, *Untersuchungen* (wie Anm. 36), S. VII–XIII (Inhaltsverzeichnis).
38 Peil, *Untersuchungen* (wie Anm. 36), S. 203, Anm. 141. – *TP* I/1 Tafel [38], nicht
   nummeriert.
39 Vgl. zum gesamten Bedeutungsspektrum des Bienenstaats Peil, *Untersuchungen*
   (wie Anm. 36), S. 166–301, im Überblick Eva Johach: Der Bienenstaat. Geschichte eines politisch-moralischen Exempels. In: *Politische Zoologie.* Hrsg. von Anne
   von der Heiden und Joseph Vogl. Zürich, Berlin 2007, S. 219–233. – Exemplarische Sinnbilder aus der Bienen-Emblematik finden sich bei Henkel/Schöne, *Emblemata* (wie Anm. 2), Sp. 918–928.

ten Bandes mit der *inscriptio* „Sic vos non vobis"[40] zeigt vor dem
Stadtbild des hessischen Hofgeismar von links nach rechts ein grasen-
des Schaf, einen vor den Pflug gespannten Ochsen und einen überdach-
ten Bienenkorb.[41] Die deutschsprachige *subscriptio* hält fest: „Das
Schaaf, der Ochs, das Bienlein rein, | Trägt woll, Pflügt Arbeit ins ge-
mein. | Ihr keinem solchs zu nutz gedewt, | Wir schaffen nur für andre
Leut." (*TP* II/1 Tafel 24) In der vorangestellten „Erklärung" erhält
„Hohengeißmar" folgende *explicatio*: „Das Schäflein trägt Woll/ der
Ochs zeucht den Pflug/ das Binlein führt Honig inn. do arbeitet oder
nutzet deren keines ihme/ sondern dem Menschen." (*TP* II/1 10) Und
überführt in die Dimension des menschlichen Zusammenlebens: „Widerumb arbeitet der Mensch gemeiniglich nicht ihme/ sondern andern."
(*TP* II/1 10) Peil löst aus dem Emblem den Bildteil des Bienenstocks
heraus und bettet ihn in die metaphorische Darstellungstradition von
Obrigkeit und Untertanen ein, präzisiert in der Erhebung von Abgaben,
manifestiert im Verhältnis vom Imker und seinen Bienen, denen der
gesammelte Honig wieder weggenommen wird.

– Abbildung 3. Das zweite relevante Sinnbild im zweiten Band
stammt aus einem völlig anderen Bildbereich als die Bienen-Embleme.
Peil bespricht es mit vergleichsweise großer Ausführlichkeit.[42] Unter
der *inscriptio* „Sed non moriemur jnulti" hat sich vor der Silhouette des
hessischen Wolfhagen am linken Bildrand ein Jäger hinter einem Baum
platziert und legt sein Gewehr an.[43] Er zielt auf einen Wolf in der rechten Bildhälfte, der sich an einem gerissenen Schaf sättigt. Die deutschsprachige *subscriptio* nimmt offenbar die Perspektive des Opfers ein:
„Ich leid zwar jetz den bittern Todt, | Doch mit gedult, und hoff zu
Gott, | Daß du Wolff, Bluthund und Tyrann, | Bald wirst bekommen
deinen Mann." (*TP* II/1 Tafel 51) Die *explicatio* in der „Erklärung"
bezieht sich direkt auf die *inscriptio*, die sie mit den Worten „Vnschul-
diger tod bleibt nicht vngerochen" übersetzt: „Djeses Sprichwort wird
in der Figur fürgebildet/ da der Weidmann den Wolff/ so deß erwürgten
Schäfflein fleisch frisset/ niderbirschet/ vnd ihme sein morden bezah-

---

40   In der „Erklärung" übersetzt mit „Nicht vns/ sondern andern." – *TP* II/1 10.

41   Peil, *Untersuchungen* (wie Anm. 36), S. 271, Anm. 376. – *TP* II/1 Tafel 24.

42   Peil, *Untersuchungen* (wie Anm. 36), S. 109. – *TP* II/1 Tafel 51.

43   *En passant* sei darauf hingewiesen, dass zwischen Stadtansicht und emblemati-
     scher Darstellung in diesem Fall ein mindestens lexikalischer Zusammenhang be-
     steht – Wolfhagen bietet die Kulisse für den Wolf und seinen Jäger. – Zum in der
     Regel nicht herstellbaren Konnex zwischen Stadt und Bild inklusive diverser
     Ausnahmen vgl. Eymann, Meisner (wie Anm. 19), S. 6.

let." (*TP* II/1 14) Mit dem Wolf ist ein in der frühen Neuzeit prominentes Lastertier in die emblematische Darstellung eingeflochten – man denke späterhin etwa an Springinsfeld, der in Kapitel XVI von Grimmelshausens gleichnamigem Roman von einem Rudel Wölfe belagert wird.

Peil ordnet den Wolf hingegen im metaphorischen Feld des schlechten Hirten ein, nochmals zugespitzt auf „andere Eigenschaften, die dies Tier als Sinnbild des Tyrannen erscheinen lassen."[44] Mit dem Wolf-und-Schaf-Emblem „will Daniel Meisner [...] verdeutlichen, daß die grausamen Untaten des Tyrannen schließlich doch noch ihre Rache finden." Allerdings werde im *Thesaurus* kein Widerstandsrecht gegen die Gewalttaten des Tyrannen angedeutet. Die lateinische *subscriptio* setze vielmehr auf eine himmlische Strafe für den verbrecherischen Herrscher, wovon in der deutschsprachigen Unterschrift lediglich die Hoffnung eines Strafgerichts für den Tyrannen übrigbleibe. Peil bezieht die besondere Duldsamkeit des Sprechers in der deutschen *subscriptio* auf eine Passage im Römerbrief, die die „Gehorsamspflicht des Christen gegenüber jeglicher Obrigkeit" vorschreibe.[45]

– Abbildung 4. Das nächste thematisch naheliegende Sinnbild boykottiert weitgehend die bisherige Anordnung von Stadtansicht und emblematischem Vordergrund. Unter der *inscriptio* „Alius laborat, alius mercede fruitur"[46] nimmt den Großteil des Bildes die Vogelschau des niederrheinischen Kalkar ein.[47] Als emblematisch ausdeutbare Elemente verbleiben lediglich die vier Hummeln in der linken oberen Bild-Ecke. So umreißt die *subscriptio*: „Der hummel thut recht lustig sein | Beym honig, samlet doch nichts ein. | also die Suppenfresser auch | Schmorotzen, nach ihrm sclimmen [sic] brauch." (*TP* II/7 Tafel 9) Auch die weiteren Bestimmungen in der „Erklärung" heben auf die postulierte Untätigkeit der Hummeln ab: „Der Hummel ist ein vnvollkomne Bien/ samlet nichts in Bienenstock/ hilfft aber den gesamleten Honig auffressen vnd verzehren." (*TP* II/7 6) Übertragen auf die

---

44 Peil, *Untersuchungen* (wie Anm. 36), S. 109. – Vgl. zu weiteren Wolfsemblemen Henkel/Schöne, *Emblemata* (wie Anm. 2), Sp. 448–454.

45 Die letzten drei Zitate bei Peil, *Untersuchungen* (wie Anm. 36), S. 109. – Vgl. auch Röm 13, 1–2: „Jedermann sei untertan der Obrigkeit, die Gewalt über ihn hat. Denn es ist keine Obrigkeit außer von Gott; wo aber Obrigkeit ist, die ist von Gott angeordnet. Wer sich nun der Obrigkeit widersetzt, der widerstrebt der Anordnung Gottes; die ihr aber widerstreben, ziehen sich selbst das Urteil zu."

46 Übersetzt *TP* II/7 6: „Ein ander arbeit/ und ein ander bekompt den Lohn."

47 Peil, *Untersuchungen* (wie Anm. 36), S. 256, Anm. 337. – *TP* II/7 Tafel 9.

menschliche Gemeinschaft tritt nun die Geißelung der Todsünde *acedia* in den Vordergrund: „Diesen Hummlen seynd fast ähnlich die Faullentzer vnd Müssiggänger/ welche weder mit Händen noch mit Verstand arbeiten/ suchen nur mit schwelgen bey den Wolhabenden ihre Speiß/ vnd bringen sich also wol auß." (*TP* II/7 6) Peil ordnet die Hummel-Metaphorik in das Idealbild des perfekt funktionierenden Bienenstaats ein. Im Gegensatz zu den fleißigen Bienen bekommen die Hummeln das schlechte Image der Nichtstuer und opportunistischen Kostgänger: „Dasselbe Bedeutungsspektrum wie die Drohnen haben auch die Hummeln, [da] beide Insektenarten in der politischen Literatur nicht deutlich voneinander unterschieden werden."[48]

– Abbildung 5. Das nächste Emblem greift die Vordergrund-Hintergrund-Konstruktion wieder auf. Unter der *inscriptio* „Su[p]eriorum monitis aures pateant subiectorum"[49] befindet sich die Stadtansicht des westfälischen Recklinghausen.[50] Als ausdeutbares emblematisches Bildelement fungiert der Kranich am linken Bildrand, wie die *subscriptio* festlegt: „Gleich wie die Kranch in ihrem flugk | Dem Obern folgen ohn verzugk. | also soll man der Obrigkeit, | Sein underthänig allezeit." (*TP* II/7 Tafel 44) Dementsprechend spezifiziert die *explicatio*: „Es ist der Kranich Eygenschafft/ daß sie einen Führer vnd Obern/ wenn sie vber Meer fliegen/ erwehlen/ welchem sämptlich alle nachfolgen vnd gehorsamen." (*TP* II/7 14) Und wiederum transferiert in das Verhältnis von Obrigkeit und Untertan: „Auff diesen Schlag pflegen gehorsame Vnterthanen/ jhrer von Gott vorgesetzten Obrigkeit zu gehorchen/ sie zu lieben/ vnd alle willfärige Dienste zuerzeigen." (*TP* II/7 14) Peil befasst sich in einem Exkurs seines Bienenstaat-Kapitels mit der staatlichen Ordnung der Kraniche und Ameisen. Der wohlstrukturierte Flug der Kraniche versinnbildlicht das Prinzip von Autorität und Gefolgschaft:

Da sie [die Kraniche] einem Leitvogel, dem *dux, princeps* oder *rex*, folgen und auf seine Stimme hören, bedeuten sie nicht nur den gegenüber der Obrigkeit schuldigen Gehorsam, sondern sind vor allem als Parallelvergleich dem Bie-

---

48   Peil, *Untersuchungen* (wie Anm. 36), S. 256. – Vgl. auch Johach, Bienenstaat (wie Anm. 39), S. 223: „Da sich das lateinische *fucus* im Deutschen sowohl mit ‚Drohne' als auch mit ‚Hummel' übersetzen lässt, können sich hinter den Honigräubern sowohl zur Art gehörige Drohnen als auch fremde Hummeln bzw. ‚Raubbienen' verbergen."

49   Die „Erklärung" verkürzt zu „Superioribus obediendum" und übersetzt „Der Obrigkeit soll man gehorsamen". – *TP* II/7 14.

50   Peil, *Untersuchungen* (wie Anm. 36), S. 222, Anm. 203. – *TP* II/7 Tafel 44.

nenexempel beigegeben worden, um die Monokratie als natur- oder gottgewollte Herrschaftsform auszuweisen.[51]

Das Verhältnis von Obrigkeit und Untertanen verweist zudem auf die von Peil angeführte Stelle aus dem Römerbrief im Zusammenhang mit dem Wolf-und-Schaf-Emblem zurück. – Abbildung 6. Das erste relevante Emblem im achten Heft des zweiten Bandes stützt sich erneut auf den beliebtesten staats- und herrschaftsmetaphorischen Bildbereich des *Thesaurus*. Unter der *inscriptio* „Regem observa"[52] bildet Schloss Bedburg im Rheinland die landschaftliche Kulisse für einen insektenumschwirrten Bienenkorb am linken Bildrand.[53] Die *subscriptio* vermerkt: „Der Bienschwarm folgt ihrm König nach, | Ihm zu dienen, ist allen gach, | also folg auch dem König dein, | Wilt du ein uffrecht burger sein." (*TP* II/8 Tafel 3)[54] In der „Erklärung" wird weiter ausgeführt:

> Wann der Bienen-König außfliegen will/ folgen jhm seine Jungen alle nach/ vnd ein jedweder beut jhm seinen Dienst an: Wo der König still hält/ verharren sie auch alle/ vnd wann er müd ist/ tragen sie jhn/ vnd ist kein Frewd noch Ordinantz vnter jhn/ wo er nicht vorhanden ist. (*TP* II/8 9–10)

Und wieder übertragen auf das menschliche Gemeinwesen: „Diesen Immen sollen alle gehorsame Vnterthanen nachfolgen/ jhren Fürsten vnd König dienen/ auch grosse Ehr vnd Reverentz jederzeit erzeigen." (*TP* II/8 10) Peil deutet die Ergebenheit der Bienen für ihren König als Kardinaltugend des treuen Untertanen: „So sieht Daniel Meisner […] in der Folgsamkeit gegenüber dem König das wichtigste Merkmal eines aufrechten Bürgers".[55]

---

51   Peil, *Untersuchungen* (wie Anm. 36), S. 222. – Vgl. zu Zeugnissen der Kranich-Emblematik Henkel/Schöne, *Emblemata* (wie Anm. 2), Sp. 818–826.
52   „Dem König sey gehorsam." – *TP* II/8 9.
53   Peil, *Untersuchungen* (wie Anm. 36), S. 219. – *TP* II/8 Tafel 3.
54   Analog zum frühneuzeitlichen Kenntnisstand ist noch vom Bienenkönig die Rede. Vgl. Peil, *Untersuchungen* (wie Anm. 36), S. 235–251, und Johach, Bienenstaat (wie Anm. 39), S. 221–222: „Die im Bienenstaat verwirklichte Einheit von Moral und Ökonomie wird besonders in der ‚Hausväterliteratur' zu einem maßgeblichen Ideal – zumal die Entsprechungen zwischen Mikro- und Makrokosmos um eine weitere Vater-Imago reicher werden: den sogenannten ‚Bienenkönig', dessen männliches Geschlecht bis mindestens ins 17. Jahrhundert hinein als unstrittig gilt."
55   Peil, *Untersuchungen* (wie Anm. 36), S. 219.

– Abbildung 7. Aus dem vorletzten Emblem lässt sich ein bestenfalls beiläufiger Zusammenhang mit der politischen Metaphorik herauslösen. Unter der *inscriptio* „Magna sunt naturae miracula" wird der Blick frei auf die Vogelschau des toskanischen Lucca.[56] Als auszulegende Bildelemente verbleiben drei aus den Wolken am oberen Bildrand herausragende Arme, die von links nach rechts jeweils ein Glasgefäß mit einem Fisch, einen Kompass und einen Ring in der Hand halten. Die *subscriptio* präzisiert: „Der Magneth Eisen zu sich zeucht, | Solche krafft ist verhinderlich | Der Demant In eim vollen lauff, | *Echeneis* ein Schiff helt auff." (*TP* II/8 Tafel 23) Laut Peil stellt der Fisch Echeneis den Bezug zur Herrschaftsmetaphorik her. Von Echeneis' sagenhaften Eigenschaften berichtet die *explicatio*:

> *Echeneis* ein Fischlein nicht viel länger als ein Finger/ ist stärcker als aller Menschen Kräffte/ ja die Elementen selbsten/ dann derselbig kan ein grosses Schiff in dem allergeschwindesten Lauff/ vnd grösten Vngewitter deß Meers vnbeweglich als mit hundert Anckern angehäfftet/ still halten. (*TP* II/8 14)

Peil verortet Echeneis in der Metaphorik des Staatsschiffs, hier in der Kategorie Seetiere. Für eine allegorische Auslegung bieten sich mehrere Argumentationsfiguren an. Das mächtige Staatsschiff gilt es mit Umsicht und sicherem Gespür auch für Kleinigkeiten und marginal erscheinende Gefahren zu steuern.[57]
– Abbildung 8. Das letzte Emblem knüpft wiederum an die Stadtansicht von Recklinghausen mit ihrem Kranich-Sinnbild an. Unter der *inscriptio* „Ordjne et vjgjlantja"[58] ist die Stadtansicht des südmährischen Znaim (Znojmo) angeordnet.[59] Das auszudeutende Bildfeld befindet sich oben rechts – sichtbar ist der Formationsflug der Kraniche. Die *subscriptio* erläutert: „In allen dingen viel dran liegt, | Dass man halt ordnung und uffsicht. | Wie solches uns thun klärlich weisn, | Die Kranch mit ihrm in der lufft reisn." (*TP* II/8 Tafel 52) Auch die *explicatio* stellt die besondere Charakteristik der *ordo* im Flug der Kraniche

---

56 Peil, *Untersuchungen* (wie Anm. 36), S. 764, Anm. 292. – *TP* II/8 Tafel 23.

57 Peil bezieht sich auf eine Stelle in Daniel Casper von Lohensteins *Arminius*-Roman: „Ähnlich argumentiert Lohenstein, wenn er daran erinnert, daß große Reiche sich zu sehr auf ihre Kraft verließen und durch Sorglosigkeit zugrunde gingen, so daß kleinere, aber achtsamere Staaten sie *offt wie ein kleiner Fisch ein grosses Schiff in vollem Lauffe des Sieges aufhielten*." – Peil, *Untersuchungen* (wie Anm. 36), S. 764.

58 Die „Erklärung" übersetzt „Mit Ordnung vnd Hutsamkeit". – *TP* II/8 20.

59 Peil, *Untersuchungen* (wie Anm. 36), S. 222, Anm. 201. – *TP* II/8 Tafel 52.

heraus: „Ein verständige Ordnung halten die Kranich in jhrem fliegen/ damit sie sich desto leichtlicher durch die Lufft schwingen" (*TP* II/8 20). In Abwandlung des vorangegangenen Kranich-Emblems, das in erster Linie auf die Obrigkeit und den Gehorsam der Untertanen abhebt, steht laut Peil nun die außerordentliche Organisation des Kranichflugs im Vordergrund: „Da die Vögel ihre Flugformation beibehalten und *niht auz dem rehten flug treten*, können sie als Sinnbild der (allgemeinen) Ordnung interpretiert werden."[60]

Mit Peil ist für den *Thesaurus* festzustellen, dass sich die Redakteure bei der Komposition ihrer Embleme an bewährte Bildfelder aus der politischen Metaphorik halten. Im Zentrum stehen dabei der Bienenstock und der Bienenstaat als vorbildliche Modelle gemeinschaftlichen Zusammenlebens, das durch Gehorsam, Folgsamkeit und Friedfertigkeit gekennzeichnet ist. Der Bienenstaat findet seine Weiterführung im mustergültig organisierten Flug der Kraniche.[61] Aber auch mögliche dysfunktionale Elemente im Gemeinwesen kommen zur Sprache – von den arbeitsscheuen Hummeln bis zum Wolf als Sinnbild des Tyrannen, den die göttliche Strafe unweigerlich ereilen wird. Eher exklusiv erscheint das Bild des Fisches Echeneis, der zur Gefahr für das Staatsschiff werden kann. Mit den acht Emblemen gerät ein zugegebenermaßen kleiner Teilbereich der 830 Embleme aus dem *Thesaurus* in den Blick – weitere politische *materia* könnte sich in weiteren Stadtansichten finden. Vor allen Einordnungsversuchen von Meisners und Kiesers Sinnbildern in die politische Emblematik des 17. Jahrhunderts wäre eine Gesamtschau der einschlägigen Werke geboten, um so Kriterien für eine weitergehende Systematisierung der höchst unterschiedlichen

---

60 Peil, *Untersuchungen* (wie Anm. 36), S. 222.
61 Kranich und Bienenkorb finden sich auch in den Emblemen von Isselburg und Rem. Vgl. *Emblemata Politica* (wie Anm. 3), unpag. (Emblem Nr. 21 und Nr. 42 [recte: 24]), außerdem die Auslegung von Schreyl, Nachwort (wie Anm. 3), S. 82 (Emblem Nr. 21) und S. 83 (Emblem Nr. 24). – Ein Wolf-reißt-Schafe- und ein Bienenkorb-Sinnbild haben auch Eingang in Zincgrefs *Emblematum ethico-politicorum centuria* gefunden, vgl. Julius Wilhelm Zincgref: *Gesammelte Schriften*. Bd. II/1. *Emblemata ethico-politica*. Teilbd. 1: *Text*. Hrsg. von Dieter Mertens und Theodor Verweyen. Tübingen 1993 (Neudrucke deutscher Literaturwerke N. F. 44), S. 72–73, 214–218, und die dazugehörigen Kommentarteile: Zincgref, *Gesammelte Schriften* Bd. II/2 (wie Anm. 13), S. 110–111 u. 222–227. Für das Wolfsemblem verzeichnet der Kommentar auch die erste deutsche Übertragung der lateinischen *subscriptio*. Wie im *Thesaurus* zieht der Text die Parallele zwischen Wolf und Tyrann: „Also ein Bluthund vnd Tyrann/ Erwürgt vnd Tödt/ sieht niemand an." (S. 110)

politischen Themenfelder zu gewinnen. Nur die wenigsten Emblembücher dürften sich dabei so prononciert an die zeitgenössische politische Theorie anschließen wie Zincgrefs *Emblematum ethico-politicorum centuria.*[62]

---

62 Vgl. zu weiteren politischen Emblemen aus dem 17. Jahrhundert Christoph Meinel: Natur als moralische Anstalt. Die „Meteorologia philosophico-politica" des Franz Reinzer, S. J., ein naturwissenschaftliches Emblembuch aus dem Jahre 1698. In: *Nuncius. Annali di Storia della Scienza* 2 (1987), S. 37–94; G. Richard Dimler: Introduction. In: Johann Kreihing: *Emblemata ethico-politica* (Antwerp 1661). With an Introduction by G. Richard Dimler, S. J. Turnhout 1999 (Imago Figurata Editions 2), S. 7–24; G. Richard Dimler: *Studies in the Jesuit Emblem.* New York 2007 (AMS Studies in the Emblem 18), S. 323–342, und Christian Peters: Atmospheric Pressure: Natural Philosophy, Political Didactics and the Exigences of Praise in Franz Reinzer's „Meteorologia Philosophico-Politica" (1698). In: *Emblems and the Natural World.* Hrsg. von Karl A. E. Enenkel und Paul J. Smith. Leiden, Boston 2017 (Intersections 50), S. 351–380. – In dem Band *Polyvalenz und Multifunktionalität der Emblematik. Multivalence and Multifunctionality of the Emblem. Akten des 5. Internationalen Kongresses der Society for Emblem Studies. Proceedings of the 5th International Conference for Emblem Studies.* Tl. 1. Hrsg. von Wolfgang Harms und Dietmar Peil. Frankfurt a. M. [u. a.] 2002 (Mikrokosmos 65) bilden die Beiträge von Georg Braungart (Emblematik und Mediengeschichte. Die Diskursivität des Emblems und seine Stellung in der höfischen Rede, S. 415–429), Elisabeth Klecker („Me fovet atque movet". Dichter und Kaiser in einer Emblemschrift für Ferdinand II. [Johannes Steinmetz, „Fortuna Bohemica", cod. Vind. 7762], S. 431–457), Gilbert Heß (Emblematik im Dienste politischer Agitation und Argumentation auf Münzen und Medaillen, S. 459–479), Alison Saunders („The Sun whose rays are all ablaze". Emblematic Glorification of Louis XIV, S. 481–499) und Mara R. Wade (Embleme der sächsisch-polnischen Union. Emblematik bei der Danziger Huldigung des Königs August II. von Polen im Jahr 1698, S. 501–517) den Schwerpunkt „Emblemata politica".

Abbildungen

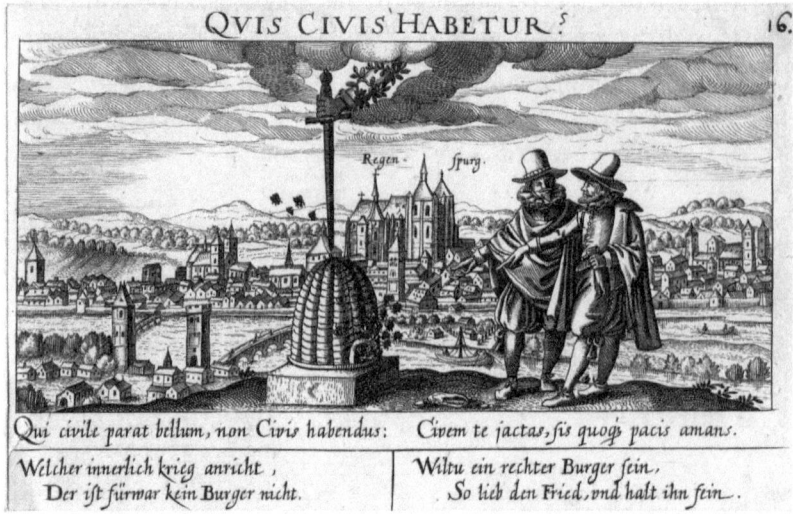

Abb. 1: Privatarchiv Eymann (Aschaffenburg). – Ohne Nummerierung identisch mit Daniel Meisner, Eberhard Kieser: *Thesaurus philopoliticus oder Politisches Schatzkästlein* (wie Anm. 33), Bd. I/1 Tafel [38].

Abb. 2: Privatarchiv Eymann (Aschaffenburg). – Identisch mit Daniel Meisner, Eberhard Kieser: *Thesaurus philopoliticus oder Politisches Schatzkästlein* (wie Anm. 33), Bd. II/1 Tafel 24.

Abb. 3: Privatarchiv Eymann (Aschaffenburg). – Mit abweichender Nummerierung identisch mit Daniel Meisner, Eberhard Kieser: *Thesaurus philopoliticus oder Politisches Schatzkästlein* (wie Anm. 33), Bd. II/1 Tafel 51.

Abb. 4: Privatarchiv Eymann (Aschaffenburg). – Mit abweichender Nummerierung identisch mit Daniel Meisner, Eberhard Kieser: *Thesaurus philopoliticus oder Politisches Schatzkästlein* (wie Anm. 33), Bd. II/7 Tafel 9.

Abb. 5: Privatarchiv Eymann (Aschaffenburg). – Mit abweichender Nummerierung identisch mit Daniel Meisner, Eberhard Kieser: *Thesaurus philopoliticus oder Politisches Schatzkästlein* (wie Anm. 33), Bd. II/7 Tafel 44.

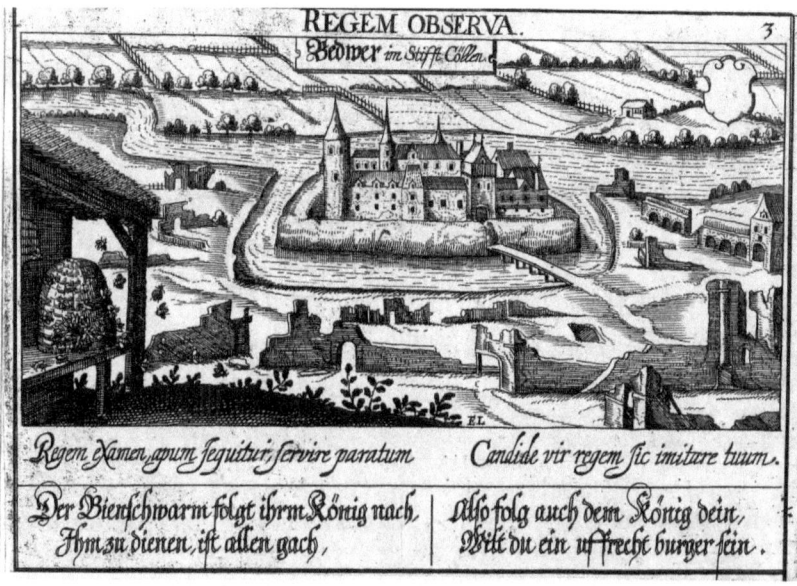

Abb. 6: Privatarchiv Eymann (Aschaffenburg). – Mit abweichender Nummerierung identisch mit Daniel Meisner, Eberhard Kieser: *Thesaurus philopoliticus oder Politisches Schatzkästlein* (wie Anm. 33), Bd. II/8 Tafel 3.

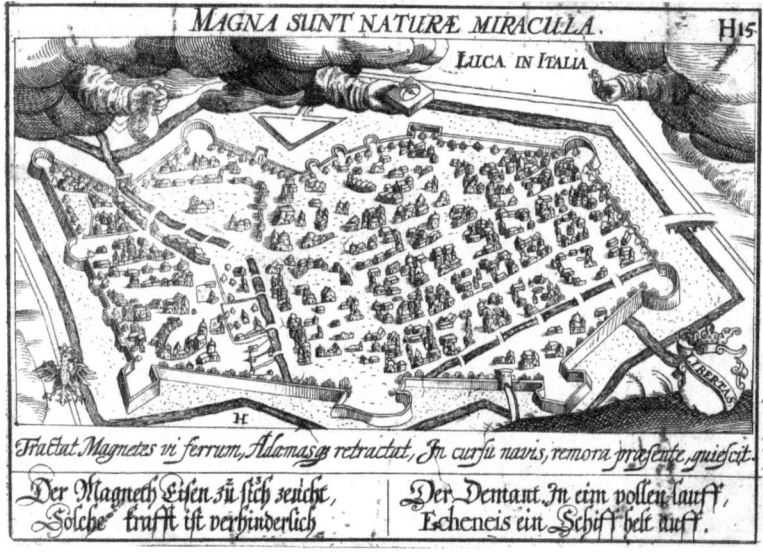

Abb. 7: Privatarchiv Eymann (Aschaffenburg). – Mit abweichender Nummerierung identisch mit Daniel Meisner, Eberhard Kieser: *Thesaurus philopoliticus oder Politisches Schatzkästlein* (wie Anm. 33), Bd. II/8 Tafel 23.

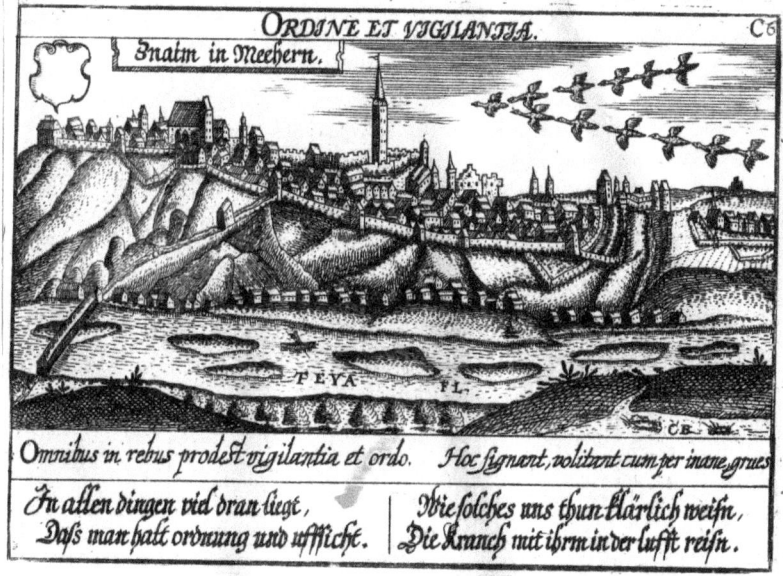

Abb. 8: Privatarchiv Eymann (Aschaffenburg). – Mit abweichender Nummerierung identisch mit Daniel Meisner, Eberhard Kieser: *Thesaurus philopoliticus oder Politisches Schatzkästlein* (wie Anm. 33), Bd. II/8 Tafel 52.

WILHELM KÜHLMANN (Heidelberg)

Politische Porträtlyrik im Dreißigjährigen Krieg. Zum Elegienzyklus *Pictura loquens* (1632) des pfälzischen Dichters und späteren Zweibrücker Hofrats Balthasar Venator (1594–1664)

Bekannt sowie in dieser und jener Richtung erforscht ist die Tatsache, dass der Dreißigjährige Krieg, angefangen mit dem misslungenen böhmischen Unternehmen des sog. Winterkönigs,[1] in wechselnder territo-

---

1   Dazu *Deutsche Lieder auf den Winterkönig*. Hrsg. von Rudolf Wolkan. Prag 1898 (Bibliothek deutscher Schriftsteller aus Böhmen 8); Mirjam Bohatcová: *Irrgarten der Schicksale. Einblattdrucke vom Anfang des Dreißigjährigen Krieges*. Prag 1966; Frieder Hepp: „Deß gewesten Pfaltzgrafen Glück und Unglück". Aufstieg und Fall des Winterkönigs im Spiegel der zeitgenössischen Flugblattpublizistik. In: *Der Winterkönig. Heidelberg zwischen höfischer Pracht und Dreißigjährigem Krieg*. Hrsg. von Annette Frese, Frieder Hepp und Renate Ludwig. Remshalden 2004, S. 39–41. Zu Friedrich V. hinführend Peter Bilhöfer: *Nicht gegen Ehre und Gewissen. Friedrich V., Kurfürst von der Pfalz – der Winterkönig von Böhmen (1596–1632)*. Heidelberg 2004 (Rhein-Neckar-Kreis. Bausteine zur Kreisgeschichte 7); ders.: „Ex Caroli Magni Hereditate". Die dynastische Bedeutung Friedrichs V. von der Pfalz im Kräftefeld der Politik. In: *Die Wittelsbacher und die Kurpfalz in der Neuzeit. Zwischen Reformation und Revolution*. Hrsg. von Wilhelm Kreutz, Wilhelm Kühlmann und Hermann Wiegand. Regensburg 2013, S. 45–62, Michael Schilling. Die bildpublizistischen Kampagnen um Friedrichs V. böhmisches Königtum und ihre mediengeschichtliche Bedeutung (ebd., S. 389–408). Zu den lateinisch-katholischen Dichtungen über Friedrich V. sei herausgehoben der bedeutende Jesuit Jakob Balde (1604–1668), der zum Beispiel Friedrich V. einen klagenden fiktiven Versbrief an seine Gattin Elizabeth Stuart schreiben ließ: Epistola Friderici Electoris Palatini ad coniugem. Post amissam Bohemiae coronam in Angliam redeuntem. Mit Übersetzung und Kommentar abgedruckt in: *Parnassus Palatinus. Humanistische Dichtung in Heidelberg und der alten Kurpfalz. Lateinisch-deutsch*. Hrsg. von Wilhelm Kühlmann und Hermann Wiegand. Heidelberg 1989, S. 212–227; noch schärfer Balde in einem Gedicht im neunten, ganz zeithistorisch orientierten Buch seiner *Sylvae* (1646); dazu Wilhelm Kühlmann: Das „Monstrum" des „Mein und Dein". Zur Analyse höfischer Machtpolitik in Jacob Baldes Ode Sylv. IX, 20 und zur Übersetzung Herders. In: Wilhelm Kühlmann: *Gelehrtenkultur und Spiritualismus. Studien zu Texten, Autoren und Diskursen der Frühen Neuzeit in Deutschland*. Hrsg. von Jost Eickmeyer und

rialer und zeitlicher Dichte in so gut wie allen zeitgenössischen Textsorten sehr rege dargestellt und, meist parteilich, kommentiert wurde,[2]
angefangen bei einer auch den ‚gemeinen Mann' ansprechenden Tages-
publizistik, unter der wir uns vor allem die in sich wieder zu differen-
zierende Flugblattproduktion[3] und das sog. Ereignis- und Zeitungslied
vorstellen müssen.[4] Jenseits dieser oft anonym erscheinenden Informa-
tions- bzw. Agitationsdrucke erstreckte sich ein weites Feld von deutschen wie auch lateinischen, meist formal anspruchsvolleren Dichtun-

Ladislaus Ludescher. 3 Bde. Heidelberg 2016, hier Bd. 2, S. 497–510 [zuerst
2010]; zur lateinischen Publizistik nun weiterführend mit ergänzender Literatur
Robert Seidel: Satirisch-elegisch-heroisches Erzählen von „Deß gwesten Pfalzgra-
fen Glück und Unglück". Die Querela Sufredi missa Vinoni (1621) als Reflex auf
die Niederlage des ‚Winterkönigs'. In: *Der Dreißigjährige Krieg. Ereignis und
Narration*. Hrsg. von Sabine Seelbach und Ulrich Seelbach. Amsterdam 2019
(Daphnis 47 [2019]), S. 193–220.

2   Dazu im übergreifenden Kontext Wilhelm Kühlmann: Krieg und Frieden in der
     Literatur des 17. Jahrhunderts. In: *1648. Krieg und Frieden in Europa*. Hrsg. von
     Klaus Bußmann und Heinz Schilling. 3 Bde. Münster 1998, hier Bd. 2, S. 329–
     337; neuerdings, anhand der bekannten Texte und Autoren, Volker Meid: *Der
     Dreißigjährige Krieg in der deutschen Barockliteratur*. Stuttgart 2017. Kleinere
     Überschneidungen ergeben sich im Folgenden mit meinem in Ladenburg gehalte-
     nen Vortrag: Der Dreißigjährige Krieg in der zeitgenössischen Literatur der Kur-
     pfalz. In: *Die Kurpfalz im Dreißigjährigen Krieg*. Hrsg. von Jörg Kreutz, Wilhelm
     Kreutz und Hermann Wiegand. Heidelberg, Ubstadt-Weiher 2020 (Rhein-Neckar-
     Kreis. Bausteine zur Kreisgeschichte). [im Druck]

3   Zur Verbreitung, Typologie, Motivik und funktionalen Bestimmung der Flugblatt-
     produktion s. die Standardwerke von Michael Schilling: *Bildpublizistik der Frü-
     hen Neuzeit. Aufgaben und Leistungen des illustrierten Flugblatts in Deutschland
     bis um 1700*. Tübingen 1990 (Studien und Texte zur Sozialgeschichte der Litera-
     tur 29); *Wahrnehmungsgeschichte und Wissensdiskurs im illustrierten Flugblatt
     der Frühen Neuzeit (1450–1700)*. Hrsg. von Wolfgang Harms und Alfred Messer-
     li. Basel 2002; *Die Intermedialität des Flugblatts in der Frühen Neuzeit*. Hrsg.
     von Michael Schilling und Alfred Messerli. Stuttgart 2015, hier bes. Michael
     Schilling: Das Flugblatt der Frühen Neuzeit als Paradigma der Historischen In-
     termedialitätsforschung, S. 25–46.

4   Dazu Karina Kellermann: *Abschied vom „historischen Volkslied". Studien zu
     Funktion, Ästhetik und Publizität der Gattung historisch-politische Ereignisdich-
     tung*. Tübingen 2000; Michael Fischer: Das historische Volkslied. Editions- und
     Forschungsgeschichte. In: *Geschichtslyrik. Ein Kompendium*. Hrsg. von Heinrich
     Detering und Peer Trilcke. 2 Bde. Göttingen, 2013, hier Bd. 1, S. 228–239. Das
     Lied eines Mitkämpfers der Schlacht bei Mingolsheim (27.04.1622), der einen
     ‚kleinen' Sieg über Tilly feiert (Anfang: „Wir hab'n den Tilly auf's Haupt ge-
     schlag'n") ist teilweise abgedruckt in: *Der Dreißigjährige Krieg in Augenzeugen-
     berichten*. Hrsg. und eingeleitet von Hans Jessen. München 1972 (dtv-Taschen-
     buch 781), S. 141–142.

gen, welche epische Großformen[5] ebenso umfasste wie gebetshafte, personalbiographische, teils panegyrische, mehr aber noch im Nachruf trauernde, dazu polemische, anklagende, zeitkritische, appellative und aggressive Versgebilde,[6] ganz zu schweigen von den heute gern vergessenen Prosagattungen der in ihren Wirkungen kaum zu überschätzenden Predigt- und Kontroversliteratur. Nachdem ich anderen Orts mehrfach unter anderem über einschlägige Dichtungen oder Selbstzeugnisse der mit Venator zeitweise eng verbundenen Martin Opitz,[7] Julius Wilhelm Zincgref[8] und Rompler von Löwenhalt, den Archegeten der Straß-

---

5   Dazu im Detail mit Textproben samt Übersetzungen sowie einer einleitenden Übersicht über vergleichbare versepische Darstellungen Wilhelm Kühlmann: Der Dreißigjährige Krieg im heroischen Epos. Der ‚Heldentod' (1622) des Magnus von Württemberg in Bernhard Dieterlins *Magneis* (1623). In: *Daphnis* 45 (2018), S. 143–187.

6   Dazu im Überblick Wilhelm Kühlmann: Geschichte, Zeitgeschichte und ‚Lyrik' in der Frühen Neuzeit. Ein Versuch. In: *Geschichtslyrik* (wie Anm. 4), Bd. 2, S. 490–512; auch in: *Gelehrtenkultur und Spiritualismus* (wie Anm. 1), Bd. 1, S. 49–68.

7   Zu Opitz insgesamt s. den Artikel von Klaus Garber. In: *Killy Literaturlexikon. Autoren und Werke des deutschsprachigen Kulturraumes.* 2. vollständig überarbeitete Auflage. Hrsg. von Wilhelm Kühlmann. 13 Bde. Berlin, New York, Boston 2008–2012, hier Bd. 8 (2010), S. 715–722 [im Folgenden abgekürzt als K/K]; dazu jetzt sein monumentales Buch: *Der Reformator und Aufklärer Martin Opitz. Ein Humanist im Zeitalter der Krisis.* Berlin, Boston 2018, hier zu Opitz im Kontext der Kurpfalz S. 243–318 (mit üppiger Bibliographie); nach wie vor nützlich: Julian Paulus, Robert Seidel: *Opitz-Bibliographie 1800–2002.* Heidelberg 2003; ferner Wilhelm Kühlmann: *Martin Opitz. Deutsche Literatur und deutsche Nation.* Heidelberg 2001, hier zum „Trostgedichte in Widerwertigkeit deß Krieges", S. 45–56; den Kreis der Opitz-Forschungen deuten an die Sammelbände: *Martin Opitz. Studien zu Werk und Person.* Hrsg. von Barbara Becker-Cantarino. Amsterdam 1982; *Opitz und seine Welt. Festschrift für George Schulz-Behrend zum 12. Februar 1988.* Hrsg. von Barbara Becker-Cantarino und Jörg-Ulrich Fechner. Amsterdam, Atlanta, GA 1990 (Chloe 10); *Martin Opitz (1597–1639). Nachahmungspoetik und Lebenswelt.* Hrsg. von Thomas Borgstedt und Walter Schmitz. Tübingen 2002 (Frühe Neuzeit 63); *Martin Opitz (1597–1639). Autorschaft, Konstellationen, Netzwerke.* Hrsg. von Stefanie Arend und Johann Anselm Steiger. Berlin, Boston 2020 (Frühe Neuzeit 230); Achim Aurnhammer: Martin Opitz' „Trost-Getichte". Ein Gründungstext der deutschen Nationalliteratur aus dem Geist des Stoizismus. In: *Stoizismus in der europäischen Philosophie, Literatur, Kunst und Politik [...].* Hrsg. von Barbara Neymeyr, Jochen Schmidt und Bernhard Zimmermann. 2 Bde. Berlin, New York 2008, hier Bd. 2, S. 711–729.

8   Dieter Mertens: Julius Wilhelm Zincgref und das Problem des Späthumanismus. In: *Zeitschrift für die Geschichte des Oberrheins* 150 (2002), S. 185–207; dazu die Beiträge und Editionen des Sammelbandes von Wilhelm Kühlmann und Hermann Wiegand): *Julius Wilhelm Zincgref und der Heidelberger Späthumanismus. Zur*

burger „Tannengesellschaft",[9] gehandelt habe, möchte ich hier in wenigen Exempeln einen in seiner Faktur meines Erachtens einmaligen politischen Zyklus von 25 lateinischen Elegien vorstellen, der 1632 in Lyon erschien und als deren anonymen Verfasser wir mit guten Gründen den im pfälzischen Weingarten (zwischen Bruchsal und Karlsruhe) geborenen Heidelberger Hofsekretär und Opitz-Freund Balthasar Venator (1594–1664) namhaft machen dürfen.[10]

Blüte und Kampfzeit der calvinistischen Kurpfalz. Ubstadt-Weiher, Heidelberg [u. a.] 2011 (Mannheimer historische Schriften 5), bes. Wilhelm Kühlmann bzw. Friedrich Vollhardt zu Zincgrefs „Vermanung zur Dapfferkeit" (1622), S. 165–190 bzw. 409–426:, hier im weiten Überblick Theodor Verweyen: Julius Wilhelm Zincgref (1591–1635). Dichter und Publizist in der Blütezeit der calvinistischen Kurpfalz, ebd. S. 15–48; dazu nun ergänzend: *Aus den Jahren der pfälzischen Katastrophe. Julius Wilhelm Zincgrefs Briefe (1613–1626) an den Basler Professor Ludwig Lucius. Mit weiteren Briefen, Gedichten und den Thesen von Zincgrefs Basler juristischen Disputation (1613).* Hrsg., übersetzt, eingeleitet und kommentiert von Wilhelm Kühlmann und Karl Wilhelm Beichert. Heidelberg 2018 (Bibliotheca Neolatina 13). Einzudringen ist in die meisterliche, vor allem im Kommentar inkommensurable Ausgabe: Julius Wilhelm Zincgref: *Apophthegmata teutsch.* Hrsg. von Theodor Verweyen, Dieter Mertens und Werner Wilhelm Schnabel. 2 Teilbde. Berlin, Boston 2011 (Gesammelte Schriften IV 1/1–2). Venator, *Schriften* (wie Anm. 17), Bd. 1, S. 142–143 schrieb darauf ein lobendes Epigramm.

9   Zu Rompler vgl. den Kommentar, die ausführliche Bibliographie (mit der älteren Literatur) und das weitläufige Nachwort in der Neuausgabe seiner *Reim-Getichte* (1647) durch Wilhelm Kühlmann und Walter Ernst Schäfer (Tübingen 1988); Venator schrieb dazu ein Lobgedicht (s. Venator, *Schriften* [wie Anm. 11], Bd. 1, S. 410–411); vgl. ferner Jesajas Rompler von Löwenhalt als Satiriker und die Straßburger Tannengesellschaft. In: Wilhelm Kühlmann, Walter Ernst Schäfer: *Literatur im Elsaß von Fischart bis Moscherosch. Gesammelte Studien.* Tübingen 2001, S. 147–160; Wilhelm Kühlmann: „Teutschlands Tob-Sucht". Positionen und Formen des affektiven Patriotismus bei Zincgref, Rompler und Grimmelshausen. In: *Simpliciana* XXXV (2013), S. 305–328. Zur Tannengesellschaft neben der Rompler-Literatur (eben genannt) sind heranzuziehen mehrere Aufsätze von Wilhelm Kühlmann und Walter Ernst Schäfer (ebd., 2001, Kap. II, Nr. 6–10) sowie ebd., Nr. 11 (Moscherosch und die Sprachgesellschaften des 17. Jahrhunderts. Aspekte des barocken Kulturpatriotismus), außerdem die zusammenfassende Monographie von Monika Bopp: *Die Tannengesellschaft: Studie zu einer Straßburger Sprachgesellschaft von 1633 bis um 1670. Johann Matthias Schneuber und Jesajas Rompler von Löwenhalt in ihrem literarischen Umfeld.* Frankfurt a. M. [u. a.] 1998 (Mikrokosmos 49); dort wichtig die Bibliographie vor allem der Kasualliteratur sowie (neu) die Ausführungen zu Johann Matthias Schneuber.

10 Zusammenfassend zu Leben, Werk und Forschung der Artikel von Wilhelm Kühlmann. In: K/K (wie Anm. 7), Bd. 11 (2011), S. 750–751; unentbehrlich nach wie vor Erich Volkmann: *Balthasar Venator.* Berlin 1936.

Wie Zincgref konnte er vor oder bei der Heidelberger Katastrophe (Weingarten war weitgehend zerstört) nach Straßburg entweichen, sich dort, vor allem als Hauslehrer im Dienste des ehemaligen, ebenfalls geflüchteten Heidelberger Oberrats Georg Michael Lingelsheim (1557–1636),[11] auch literarisch betätigen, dies unter anderem in einem weitläufigen Nachrufgedicht auf den 1625 in pfälzischen bzw. dänischen Diensten gefallenen Reiterobersten Michael von Obentraut,[12] der bald einen Ruf als ‚redlicher' ‚deutscher Michel' gewann. Was nicht jedem jungen vertriebenen Gelehrten gelang, wurde dem philologisch versierten und (am 1. Juli 1614) auch zum Dichter gekrönten Venator[13] zuteil, nicht zuletzt dank seiner guten Beziehungen zu den Straßburger gelehrten Koryphäen. Sie wussten, dass Venator, entsprechend den gültigen gehobenen Bildungsanforderungen, in der lateinischen und altgriechischen Literatur beschlagen war und sich intensiven Studien hingab. Davon legen noch heute Zeugnis ab zwei eigenhändige, mehrere hundert Seiten umfassende Manuskriptbände Venators („Adversaria") mit Notizen (darunter wohl auch aus Briefen und Rechnungen) sowie vor allem mit Exzerpten aus der antiken und modernen Literatur, die sich in der Badischen Landesbibliothek Karlsruhe unter der Signatur K 403/404 erhalten haben. Die Bände sind bisher weder genau beschrieben, geschweige denn erforscht, was auch hier im gegebenen thematischen und zeitlichen Rahmen leider nicht geschehen kann (m. E. eine reizvolle Aufgabe für jüngere Kollegen). Einen Eindruck, der Interessenten anregen mag, gibt hier die S. 4 aus Ms. K 403 (Abb. 1). Sieht man dort genauer hin, ergibt es sich, dass Venator studierte und exzerpierte in der rechten Spalte das Domitian-Kapitel aus Suetons Kaiserviten und diverse, griechisch, also in der Originalsprache vermerkten Partien aus dem ‚Gelehrtengastmahl' (*Deipnosophistai),* einem gern

---

11 Zusammenfassend der Artikel von Wilhelm Kühlmann. In: K/K (wie Anm. 7), Bd. 7 (2010), S. 442–443; grundlegend die Arbeiten von Axel E. Walter: *Späthumanismus und Konfessionspolitik. Die europäische Gelehrtenrepublik um 1600 im Spiegel der Korrespondenzen Georg Michael Lingelsheims.* Tübingen 2004 (Frühe Neuzeit 95); ders.: Medien und Praktiken intersubjektiver Kommunikation in der späthumanistischen Gelehrtenrepublik. Am Beispiel der Beziehungen von Julius Wilhelm Zincgref zur Familie Lingelsheim. In: *Julius Wilhelm Zincgref und der Heidelberger Späthumanismus* (wie Anm. 8), S. 347–408, zu Venator s. jeweils das Register.

12 Venator, *Schriften* (wie Anm. 17), S. 130–132.

13 Eine Heidelberger lateinische Glückwunschode von Johann Philipp Pareus zur Dichterkrönung Venators ist mit Übersetzung und Kommentar abgedruckt in: *Parnassus Palatinus* (wie Anm. 1), S. 122–125, 244.

benutzten Kompilationswerk des Athenaios aus Naukratis (3. Jh.), in der linken Spalte vornehmlich die einem gewissen (Julius) Capitolinus zugeschriebene Vita des römischen Kaisers Antoninus Pius (Kaiser 138–161), wie sie in der Sammlung der sog. *Historia Augusta* bzw. *Scriptores historiae Augustae* (gegen Ende des 4. Jh.s) überliefert ist.

Mittlerweile in Tübingen lebend, erhielt Venator 1628 eine Stelle als Hauslehrer und Reisebegleiter der beiden Söhne des später in schwedischen Diensten stehenden sehr wohlhabenden Augsburger Patriziers Markus („Marx") von Rechlingen (auch Rehlingen/Rehlinger) bei ihrer Bildungsreise durch Frankreich und die Schweiz (in Genf Herbst 1629/August 1630).[14] In Sedan besuchte man das berühmte hugenottisch geprägte Gymnasium; ein Brief Venators vom 23. August 1629 gibt farbige Einblicke in den Pflichtenkreis und die Bewusstseinslage eines Reisebegleiters und Hofmeisters (in der Übersetzung von Burkard):

> Mal muß ich mich um Geld der jungen Leute kümmern, mal um ihr Lernen, mal um ihren Charakter, mal um die übrigen Beschäftigungen. Denn auch in diese muß ich mich einmischen, wenn ich verhindern will, dass meine Zöglinge ihren Lehrern vieles schuldig bleiben und nur oberflächlich lernen. So bin ich Erzieher, Lehrer, Fechtmeister, Tanzmeister, Verwalter, mit einem Wort: ein Nachläufer, weil ich ständig gezwungen bin, meinen [Zöglingen] nachzulaufen, dass sie richtig handeln, richtig lernen, richtig essen, richtig trinken, richtig schlafen, gesund sind.[15]

Nach weiterer Hauslehrer- und Reisezeit erreichte Venator der Ruf wiederum auf die Stelle eines Hauslehrers und Reisebegleiters des damals fünfzehnjährigen Sohnes des Zweibrücker Herzogs Johann II., des

---

14 In der Finanzbuchhaltung des M. von Rehlingen war jeweils unter den „Aktiva" und hier unter dem Namen B. Venators (offenbar als Aufwendung für Reise, Aufenthalt und Venators Honorar) notiert in Zürich am 03./13 08.1629: 545 Gulden, 9 Batzen und 4 Pfenninge, in Bern am 31.12.1629 1879 Gulden und 1 Batzen. Dies nach: *Quellen und Regesten zu den Augsburger Handelshäusern Paler und Rehlinger 1539–1642*. […]. Tl. 2. *1624–1642*. Hrsg. und eingeleitet von Reinhard Hildebrandt. Stuttgart 2004 (Deutsche Handelsakten des Mittelalters und der Neuzeit XIX, 2), S. 94, Nr. 413 bzw. S. 110, Nr. 425.

15 Nach Venator, *Schriften* (wie Anm. 17), Bd. 2, S. 95, dort S. 94 der lateinische Text: „Jam pecunia, iam studia, iam mores, iam exercitia caetera iuventutis mihi tractanda sunt. Nam et his me interesse oportet, nisi velim, mei alumni largiter debeant magistris, et obiter discant. Ita et educator, et institutor, et gladiator, et saltator, et procurator, imo uno verbo Latro sum, qui semper cogar a Latere esse meis, ut recte faciant, recte studeant, recte edant, recte bibant, recte dormiant, recte valeant."

Erbprinzen Friedrich (1616–1661), den er von 1631 bis 1634 auf seiner Kavalierstour durch Frankreich und die Niederlande betreute.[16] Mit der Regentschaft Friedrichs (seit 1635), der Venator sein Leben lang dankbar zu schätzen wusste und seine herausragenden Fähigkeiten kannte, gewann der frühere Reise- und Studiengefährte, wie oben schon gesagt, eine gesicherte Position in den oberen Rängen der Zweibrücker Administration: zunächst (seit 1634/35) als juristischer Berater bzw. Militärrichter (wie Zincgref früher in Heidelberg), seit 1639 als Landschreiber und Diplomat, spätestens seit etwa 1645 als Hofrat bzw. offiziell seit 1652 nicht nur als titularmäßiger Hofrat, sondern auch als Amtmann/Präfekt des Amtes Meisenheim am Glan (Abb. 2), wo er also, außerhalb der Residenzstadt die höchste bürokratische Position des Territoriums Pfalz-Zweibrücken einnahm.

Mittlerweile überblicken wir in einer modernen verdienstvollen Gesamtausgabe (mit kurzen Kommentaren und ggf. Übersetzungen) Venators literarisches Werk und den fragmentarisch erhaltenen Briefwechsel.[17] Darin wird seine Freundschaft mit Martin Opitz nicht nur dokumentiert durch die Tatsache, dass Opitz mit Venator eine Zeitlang im Briefwechsel stand,[18] sondern auch dadurch, dass Opitz ihn mit anderen Gefährten in der bukolischen Rollenmaske eines Hirtendichters in seiner ‚Prosakekloge' (angeregt von Vergil und bekannten Werken der europäischen Renaissancepoesie) mit dem sprechenden Titel *Schäf-*

---

16 Zur Reiseroute und den diversen Begegnungen ist ein erhaltenes Stammbuch hilfreich, das ausgewertet ist von Rudolf Buttmann: Ein Stammbuch Balthasar Venators. In: *Westpfälzische Geschichtsblätter* 17 (1913), Nr. 4, 5, 7 und 8, S. 15–20 u. 25–30.

17 Balthasar Venator: *Gesammelte Schriften*. Hrsg. von Georg Burkard und Johannes Schöndorf. 2 Bde. Heidelberg 2001 (Bibliotheca Neolatina 9). Bd. 2 enthält die Briefe (nicht ganz vollständig, s. die folgende Anmerkung) sowie eine Werkbibliographie.

18 Der erhaltene Teil des Briefwechsels zwischen Venator und Opitz (neun lateinische Briefe aus den Jahren 1624 bis 1628) ist nun, ergänzend zur Venator-Ausgabe (wie Anm. 17) mit Übersetzungen und Kommentaren abgedruckt im zweiten Band der wertvollen Edition: Martin Opitz: *Briefwechsel und Lebenszeugnisse. Kritische Edition mit Übersetzung*. Hrsg. von Klaus Conermann. 3 Bde. Berlin, New York 2009; s. hier im Verzeichnis der Briefverfasser bzw. Briefempfänger in Bd. 1, S. 35 bzw. 43. Zu ergänzen sind auch (noch ungedruckt) zwei kurze Briefe (aus dem Jahr 1618) von Venator an den Heidelberger Professor Janus Gruter, hs. in der UB Heidelberg, Pal. Lat. 1907, S. 30ʳ–33ᵛ, betreffend Buchausleihe.

ferey von der Nimfen Hercinie (Erstdruck 1630) auftreten ließ.[19] Venator erinnert hier unter anderem an das Kriegsunglück seiner rheinischen Heimat und das erzwungene Exil:[20]

> Ist jenes dann das feldt/ liegt dahinein das landt/
> Wo vnlengst eine glut so hoch ist auffgebrandt/
> Darvor wir schäffer auch bey vnserm klaren R[h]eine/
> Sindt worden angesteckt? wir saßen vor im weine/
> Das vieh gieng in das graß biß an den bauch hinein;
> Jetzt sehen wir den krieg für schaffe/ blut für wein.
> [...]
> Wer hette diß gedacht! Noch ist es so weit kommen/
> Ein frembdes glücke hatt den Neckar eingenommen/
> Sampt vnser hirtentrifft/ vndt mich hinweg gejagt
> Von dessen bühels rhue wo Jette[21] wargesagt.

Zwar war es Venator nicht vergönnt, die geplante Gesamtausgabe seiner Gedichte und anderer Werke zu verwirklichen, doch bieten sich weitere höchst interessante Anhaltspunkte dafür an, sein Œuvre unter unserem hier leitenden Gesichtspunkt des Dreißigjährigen Krieges zu sichten. Ich übergehe die Tatsache, dass in Venators Biographien der Heidelberger Professoren, Venators Gönnern, Petrus de Spina, eines Mediziners (1563–1622), und des großen Philologen Janus Gruter (1560–1627), der auch Opitz und Zincgref sehr nahe stand, bemerkenswerte, durch Augenzeugenschaft garantierte, bisher kaum herangezogene Schilderungen der Eroberung Heidelbergs zu lesen sind.[22] Auch

---

19 Abgedruckt in Martin Opitz: *Gesammelte Werke*. Hrsg. von George Schulz-Behrend. Bd. IV/2. Stuttgart 1990, S. 508–578. Der Name der eponymen Nymphe „Hercinie" ist angelehnt an die lateinische Bezeichnung „Hercynia silva" für den ‚deutschen Wald', in diesem Fall eine Landschaft in Schlesien um den Ort Warmbrunn, wo sich die Figuren der Dichtung auf dem Gebiet der Freiherrn von Schaffgotsch bewegen; zu diesem Werk s. Garber, *Der Reformator und Aufklärer Martin Opitz* (wie Anm. 7), S. 535–568.

20 Auszüge, zit. nach M. Opitz, Gesammelte Werke (wie Anm. 19), S. 564–565. In einem lateinischen Gedicht („In Poemata Venatoris". In: Martin Opitz: *Lateinische Werke*. [...]. Hrsg., übersetzt und kommentiert von Veronika Marschall und Robert Seidel. Bd. 2. Berlin, New York 2011, S. 234–235 mit dem Kommentar S. 552–553) begrüßte Opitz einen projektierten Gedichtband Venators, der dann doch nicht zustande kam.

21 Ietta, sagenhafte germanische Wahrsagerin, die in der Nähe von Heidelberg gelebt haben soll.

22 Venator, *Schriften* (wie Anm. 17), Bd. 1, S. 115–117 (dort auf den gegenüberstehenden Seiten der lateinische Text).

übergehe ich einen berühmten, 1637 gedruckten Bericht über Fälle von Kannibalismus in Pfalz-Zweibrücken, gerichtet an den befreundeten polnischen Grafen Andrzej Leszcynski: *Epistola de calamitatibus Ducatus Bipontini*. Die Schlacht bei Nördlingen war 1634 von den Kaiserlichen gewonnen, die Schweden und ihre Verbündeten, darunter auch Zweibrücker Truppen, wurden zurückgedrängt, der Zweibrücker Herzog ging ins Exil nach Metz, Matthias von Gallas, Kaiserlicher Feldherr, drang ins Westreich vor und hinterließ im Zweibrücker Land eine skrupellose Besatzung, welche die notleidende und hungernde Bevölkerung gnadenlos malträtierte und grausam ausplünderte. Von Venator wurde beschrieben, was etwa dreißig Jahre später (Erstdruck 1668) Grimmelshausen in manchen Kapiteln seines berühmten *Simplicissimus*-Romans erzählerisch rekonstruierte: die Quälereien, mit denen gefühllose Söldner noch das Letzte an Vermögen und Habseligkeiten aus ihren Opfern herausquetschen wollten.[23]

Anstelle dieser bewegenden Texte, anstelle der zeitweise Grimmelshausen zugeschriebenen (späteren) deutschsprachigen lukianischen Prosa-Satiren[24] oder mancher scharf hofkritischen Reden Venators[25] möchte ich hier das Augenmerk richten auf ein anonym 1632 in Lyon erschienenes, bald darauf in Deutschland ohne Ortsangabe mindestens zwei Mal (1633 und 1634) nachgedrucktes schmales Bändchen mit dem Titel *Pictura loquens*, das nach sicheren Indizien Venator zuzuschreiben ist[26] und in 25 lateinischen Elegien einen Zyklus bildet, der, in dieser Dichte und Vollständigkeit ohne Beispiel, literarische Porträts der führenden politisch-dynastischen wie auch militärischen Gestalten der

---

23 Venator, *Schriften* (wie Anm. 17), Bd. 1, S. 374–401, bes. S. 379–387.

24 Venator, *Schriften* (wie Anm. 17), Bd. 1. S. 524–591: *Seltzame Traum-Geschicht von Dir und mir (1656), Kurtze und kurtzweilige Beschreibung der zuvor unerhörten Reise, welche Herr Bilgram von Hohen Wandern ohnlängsten in die neue Welt des Mondes gethan (1660)*; dazu Johannes Schöndorf: Balthasar Venator und seine Satiren. In: *Wolfenbütteler Barock-Nachrichten* 21 (1994), S. 95–107.

25 Besonders Venator, *Schriften* (wie Anm. 17), Bd. 1, S. 412–421, (um 1645): Adlocutio ad Collegas Consiliarios – Ansprache an die Hofräte, seine Kollegen, hier denkwürdig zum Beispiel, in der, von mir an einer Stelle verbesserten, Übersetzung von G. Burkard S. 417: „Einige wenige Bauren-Gmeinden – auch darauf muß ich kommen – nähren unsern zahlreichen und prächtigen Hofstaat, indem sie selbst Blöße, Mangel, oft bittern Hunger erdulden, damit diejenigen sich kostbar kleiden und mästen können, welch herrlich leben und Pracht treiben von dem, was sie andern ausgezogen haben." Die Rede stellt eine der bedeutendsten sozialpolitischen Manifeste im Munde eines klarsichtigen Politikers der Epoche dar.

26 Vgl. in Venator, *Schriften* (wie Anm. 17), Einleitung in Bd. 1, S. XXIV–XXV sowie das Werkverzeichnis in Bd. 2, S. 311.

Kriegsjahre präsentiert, einschließlich der Figuren des Papstes und des Kaisers. Venator muss das diesbezügliche Manuskript spätestens dann zum Druck gegeben haben, als er im Sommer 1632 (etwa Ende Juli) die Rhone hinab mit seinem fürstlichen Zögling Lyon, die Druckermetropole, erreichte, wie auch das Stammbuch belegt.[27] In der vorangestellten Widmungselegie (S. 326–327) der *Pictura loquens* an Gustav II. Adolf von Schweden wird darauf angespielt, dass schwedische Truppen den Rhein bei Oppenheim überschritten haben (07.12.1631), sich in den Besitz von Würzburg (08.10.1631) und Mainz (13.12.1631) gesetzt haben; der Leser erfährt auch, dass Tilly (gemäß der ihm als Sprecher zugewiesenen Elegie, S. 364–365; dazu s. u.) die Schlacht bei Rain am Lech (15.04.1632) verloren hat. Dies dürfte der Termin *post quem* für die Niederschrift des Werkes gewesen sein. Vom Tode Tillys (30.04. 1632) ist nicht Rede. Ob Venator noch nichts von diesem Tode wusste oder ob er Tilly als lebenden Sprecher auftreten lässt, weil er aus konzeptionellen Gründen schwerlich auf diese prominente Ego-Figur der katholischen Seite seiner poetischen Prominentenrevue verzichten wollte, lassen wir dahingestellt.

Grundsätzlich darf man davon ausgehen, dass Venator nicht nur durch allgemein umlaufende Medien, sondern auch mittels Korrespondenzen, die ihm über den Vater seines Zöglings, den Zweibrücker Herzog, bekannt wurden, über die politisch militärischen Vorgänge außerordentlich gut unterrichtet war. Auch darf man annehmen, dass Gespräche und Informationen über das aktuelle Geschehen, untermauert durch historische Darlegungen und Quellen, auch zu jenem Ausbildungsprogramm eines fünfzehn- bzw. sechzehnjährigen Fürstensohnes gehörten, das Venator als Hauslehrer und Reisebegleiter Friedrichs von Pfalz-Zweibrücken aufgegeben war. Der spätere Zweibrücker Thronfolger dürfte, mithilfe seines Mentors, zu den ersten Lesern des Zyklus gehört haben, nicht ohne dabei auch seine Lateinkenntnisse zu erweitern.

Der Verfasser hat der *Pictura loquens* ein schmales Vorwort (S. 324–325) beigegeben, in dem er betont, dass er diese Porträts unabhängig von ‚Schmeichelei‘ und ‚Verleumdung‘ („nihil adulationi, nihil maledicentiae") geschrieben und, damit sich keiner ‚vorgezogen‘ fühlen solle, die Reihenfolge der Figuren unabhängig von ihrer sozialen und

---

27   Zur Datierung s. Buttmann (wie Anm. 16), S. 15; das Werk wird im Folgenden
      nur mit der Seitenzahl zitiert samt der verdienstvollen Versübersetzung des leider
      zu früh verstorbenen Georg Burkard und dem Kurzkommentar von Johannes
      Schöndorf nach Venator, *Schriften* (wie Anm. 17), S. 324–373.

politischen Position nur alphabetisch nach dem Namen bzw. Titel geordnet habe. Allerdings wolle er das ‚frei aussprechen, was jeder öffentlich zu tun wagt': „quod quisque audet facere, publice audeamus lo-
qui." Wir haben also vor uns eine Porträtreihe, die nicht nur wegen
ihrer zeithistorischen Aktualität und Konzentration, sondern auch in
ihrer Anlage zu unterscheiden ist von jenen Serien lateinischer memo-
rialhafter Porträtgedichte, die seit der Spätantike bzw. dem Mittelalter[28]
auch bei deutschen Humanistendichtern wie Georg Sabinus (1508–
1560)[29] oder Zacharias Orth (1535–1579)[30] gepflegt wurden. In ihrer
Faktur präsentieren sich Venators poetische Porträts als Rollenpoesie,
d. h. als meditative, zeit- oder gar situationsbezogene, jedenfalls durchweg autobiographisch gefärbte Monologe in der Perspektive der dargestellten Persönlichkeiten. So werden die Selbsteinschätzungen der nam-
haften Protagonisten, ihre Hoffnungen, Enttäuschungen und charakter-
lichen Dispositionen wie auch politischen Konnexionen in einer mehr
oder weniger rhetorisch-affektiv bewegten Sprache und im verborgenen
Spiegel der öffentlichen Meinung vorgeführt. Denn Venators Elegien
sind so verfasst, dass sie nicht explizit objektivierbares Wissen über
Ereignisse oder Personen lehrhaft vermitteln, sondern das Wissen der
informierten und direkt beteiligten Zeitgenossen voraussetzen und dieses im Munde der Sprecher verwenden, manchmal nur zwischen den
Zeilen, nicht selten auch ironisch, andeuten oder aufleuchten lassen,
hier und da auch in der Durchbrechung der Sprecherrolle als objektiv
anerkanntes zeithistorisches Geschehen zur Sprache bringen. Trotz
dieser bisweilen unleugbaren konzeptionellen Schieflage handelt es
sich grundsätzlich um lyrische Psychogramme, Beispiele eines fiktiven

---

28 Zu vgl. etwa Decimus Magnus Ausonius: *Caesares*. In: *Sämtliche Werke*. Bd. 2.
   Trierer Werke. Hrsg., übersetzt und kommentiert von Paul Dräger. Trier 2016,
   S. 208–224 mit dem Kommentar S. 746–775; Ps. Aurelius Victor: *De Viribus il-
   lustribus urbis Romae. Die berühmten Männer der Stadt Rom. Lateinisch und
   deutsch*. Hrsg., übersetzt und kommentiert von Joachim Fugmann. Darmstadt
   2016.
29 Georg Sabinus: *Caesares Germanici Descripti*. Wittenberg 1532, weitere Drucke
   bis mindestens 1641. Vgl. den Sabinus-Artikel von Wilhelm Kühlmann und Hermann Wiegand. In: *Frühe Neuzeit in Deutschland 1520-1620. Literaturwissenschaftliches Verfasserlexikon*. Hrsg. von Wilhelm Kühlmann, Jan-Dirk Müller,
   Michael Schilling, Johann Anselm Steiger und Friedrich Vollhardt. Bd. 5. Berlin,
   Boston 2016, Sp. 395–407, spez. 402.
30 Zu Orth s. Kühlmann (wie Anm. 29), Bd. 4 (2015), Sp. 673–677; zu den Reihen
   der römischen bzw. byzantinischen Kaiser und türkischen Sultane (ab 1563) spez.
   Sp. 676.

Ego-Schrifttums, das hier, zeitlich bis zur Drucklegung des Bandes herangeführt, im Munde des Autors sowohl die offene Panegyrik wie auch die Konfrontationen der Invektive, d. h. des direkt an den Adressaten gerichteten Schmähgedichtes vermeidet.

Nach dem König von England, dem sich selbst als friedliebend bezeichnenden, dem Namen nach ungenannten Jakob I. von England, beginnt der Zyklus mit „Badensis Marchio Georgius Fridericus", also dem badischen Markgrafen Georg Friedrich (1573–1638), der am 6. Mai 1622 (neuen Kalenders) bei Wimpfen Tilly und dessen spanischen Hilfstruppen unterlag, eine Zeitlang noch an der Seite der Dänen weiterkämpfte, sich aber nach der Schlacht bei Nördlingen (1634) ins Privatleben nach Straßburg zurückzog (S. 330–331):[31]

BADENSIS MARCHIO GEORGIVS FRIDERICVS.

Vidimus è specula venturae fata ruinae,
　　Et quantum traheret patria caeca chaos:
Dum se pars melior male nexis nexuit armis
　　Ipsa inter clades litigiosa suas.
Non haec dissidij, dixi, nec tempora pugnae,　　　　　5
　　Quisque suas vires hostis in hoste probet,
Exemploque fui. Vidit mea praelia Nicrus,
　　At sua qui vellet iungere, nemo fuit.
Exposui magnis viuendi commoda damnis,
　　Dulce putans fama non-moriente mori.　　　　　10
Nec procul aspexi stantes in puluere turmas,
　　Sed medias rupi ductor equester equo:
Hos inter strepitus mea non mihi manserat aetas,
　　In iuuenem pugnax vertit arena senem.
Horruit instantes crudelis Tillius alas,　　　　　15
　　Ac metuit turpi sordidus ire fugâ:
Sed trepidas vires & iam cedentia signa
　　Sustinuit velox auxiliator Iber,

---

31 Die Ligaturen der Umlaute des lateinischen Textes sind hier wie im Folgenden jeweils aufgelöst. Zur Sache vgl. die hervorragende Studie von Michael Roth: Die Abdankung Markgraf Georg Friedrichs von Baden-Durlach. In: *Thronverzicht. Die Abdankung in Monarchien vom Mittalalter bis in die Neuzeit.* Hrsg. von Susan Richter und Dirk Dirbach. Köln [u. a.] 2010, S. 191–212; ferner Kühlmann: Der Dreißigjährige Krieg im heroischen Epos (wie Anm. 5) zu Dieterlins „Magneis" und die von Friedrich Georg verlorene Schlacht bei (Bad) Wimpfen (mit weiterer Literatur) sowie Herfried Münkler: *Der Dreißigjährige Krieg. Eine europäische Katastrophe. Deutsches Trauma 1618–1648.* Berlin 2017, S. 205–213.

Vicistis fateor; sed nondum pectus ahenum,
  Nondum constanti robora digna viro,   20
Nam quod non clades, quod me non millia rerum
  Nec tolerata domant, nec toleranda mouent,
Quod mea pugnando gaudet finire senectus,
  Ocia quod noster damnat iniqua chalybs,
Hactenus ad iustam redijt victoria causam,   25
  Nam verè palmam, qui sibi constat, habet.

MARKGRAF GEORG FRIEDRICH VON BADEN

All das Verderben, das kam, ich sah es voraus von der Warte,
  Sah auch das Chaos voraus   für das verblendete Land.
Wohl vereinten die Besseren sich, doch ohne die Waffen
  Gleichfalls zu einen, den Zank   ließ selbst im Unglück man nicht.
Zwar ermahnte ich sie, es sei nicht die Zeit jetzt für Fehden:
  „Zeige die Kraft, die er hat,   jeder im Kampf mit dem Feind!",
Ging auch als Vorbild voran, das Treffen am Neckar beweist es.
  Aber ich blieb allein,   niemand verband sich mit mir.
Wohlleben, Hab und Gut, ich setzte sie großer Gefahr aus,
  War überzeugt, es sei schön,   wenn mich mein Ruhm überlebt.
Als man einander beschoß, beschaute ich's nicht aus der Ferne,
  Mitten hinein ritt ich, wie's   Führern von Reitern geziemt.
Schüsse und Waffengeklirr bewirkten, daß ich nicht alt blieb:
  Durch das Getümmel der Schlacht   wurde ich Alter verjüngt.
Tilly sah mit Entsetzen, der Grausame, wie meine Reihen
  Drängten, und ihn ergriff   Furcht vor der schmachvollen Flucht.
Doch der Iberer war rasch bei der Hand zu helfen und stützte
  Tillys Kräfte, und das   brachte den Rückzug zum Stehn.
Ja, es ist wahr, ihr bliebt Sieger, doch hab' ich ein ehernes Herz noch,
  Habe noch Kräfte in mir,   wie sie ein Standhafter hat.
Wenn die verlorene Schlacht, wenn all das vergangene Unglück
  Oder das künftige auch   mich nicht gebeugt noch beirrt,
Wenn mich bei hohen Jahren gleichwohl noch immer der Kampf freut,
  Wenn mein Schwert eine Ruh',   die sich nicht schickte, verschmäht,
Liegt es daran, daß der Sieg noch stets zum Guten zurückfand,
  Da doch die Palme des Siegs   der, der sich treu bleibt, erhält.

Hier wie auch sonst immer wieder nutzt Venator die Dreidimensionali-
tät des Bewusstseins, d. h. die Perspektiven des Rückblicks, der Gegenwart und der Zukunft, um sein Versgebilde klar zu gliedern. V. 1–9
vergegenwärtigen erinnernd zunächst mit offenem Grimm den von
Streitigkeiten geprägten Zerfall der protestantischen Union, den der
Sprecher schon bald für die ‚blinde/verblendete' „patria caeca" (V. 2)
vorausgesehen hatte. Gemeint ist mit dem Begriff „patria" wie bei den

Zeitgenossen Opitz, Zincgref und Weckherlin gewiss das ganze protestantische Deutschland, nicht nur Baden und die Pfalz. Eingefügt wird in
wörtlicher Rede („dixi", V. 5) ein alter, vergeblicher Appell zur Einigkeit. Venator formuliert, als was Georg Friedrich anerkannt werden
sollte, wollte und mit Recht auch angesehen werden muss, als einsa-
mes, allein gelassenes heroisches ‚Exempel' (V. 7) unter den regierenden protestantischen Fürsten, als ein wahrer Heerführer, der sich mitten
ins militärische Getümmel stürzte (V. 11–14),[32] dies übrigens, wie Venator wusste und zwei Seiten später scheu andeutete, ganz im Gegensatz zum Pfälzer ‚Winterkönig'.

Stilistisch bewährte sich Venator generell in diesem seinem Ge-
dichtzyklus keinesfalls in arguten Spitzfindigkeiten, steiler Bildlichkeit
oder gedanklicher bzw. syntaktischer Dunkelheit, gewiss aber immer
wieder in herausgestellter rhetorischer Souveränität, die den redneri-
schen *ornatus* an der Textoberfläche nicht zu kurz kommen ließ. Hinweisen kann man in dieser analytischen Perspektive etwa in V. 3 auf
die mit doppelter (direkt gereihter, durch die Verszäsur zuerst bewusst
getrennter) Alliteration und mit einem Polyptoton hervorgehobenen
Klage: „Dum se pars melior male nexis nexuit armis" (‚Wohl vereinten
die Besseren sich, doch ohne Waffen'), oder in V. 10 auf das Oxy-
moron „non-moriente mori", hier mit dem beginnenden „dulce" für
jeden gebildeten Leser klar und diesmal kontrafaktorisch anspielend auf
einen der berühmtesten Verse der Horazischen sog. Römeroden (carm.
3, 2, 13): „dulce et decorum est pro patria mori." ‚Kontrafaktorisch' ja
deshalb, weil Georg Friedrich zwar im Mittelteil der Elegie (V. 11–18)
seine Niederlage gegen Tilly und dessen spanische Hilfstruppen bekennt, aber sofort (V. 19–26) seinen Willen bekundet, mit ‚ehernem
Herz' weiterzukämpfen. Wenn der badische Markgraf im letzten Vers
sentenzenhaft die ‚Standhaftigkeit' („qui sibi constat") als Garanten des
Sieges rühmt, vorbereitet durch die Prädikation des „constans vir" in

---

32   Vgl. die treffliche Charakterisierung von Golo Mann: Wallenstein. Frankfurt a. M.
      1971, S. 270: „Vom anderen Schlage als Mansfeld, der Hassende und Gehasste,
      war Markgraf Georg Friedrich von Baden-Durlach. Ein gelehrter, frommer, alter
      Mann; Luthers Bibel hatte er achtundfünfzigmal durchstudiert – muß es wohl
      sorgsam gezählt und die Summe nicht verschwiegen haben. Er schämte sich sei-
      ner Standesgenossen von der Union, die nach dem Weißen Berg sich unauffällig
      vom Schauplatz entfernten, und trat, ein Vereinzelter, für sie in die Bresche. Ein
      Selbstloser in Zeiten wilder Selbstsucht; als Idealist zum Elend bestimmt, wie
      Mansfeld, der Steppenwolf."

V. 20, war damit über Georg Friedrich gewiss nicht nur das Urteil Venators, sondern auch das vieler seiner Zeitgenossen gefällt.

Ebenso dreiteilig gefasst, wenn auch ganz anders im Sprachhabitus
organisiert, ist, zwei Seiten später, der Versmonolog des „Bohemiae
Rex Fridericus", also des sog. Winterkönigs, d. h. des besiegten und ins
Exil vertriebenen pfälzischen Kurfürsten Friedrich V. (S. 334–335). Als
pfälzischer Untertan wählte Venator selbstverständlich immer noch den
protestantisch-parteilichen Titel des damals ja noch lebenden ‚böhmischen Königs'.

BOHEMIAE REX FRIDERICVS.

Ito foras pronis praedatrix natio signis,
   Terga pauor comitans vrgeat, ora pudor.
Ito foras, seu te misit Rex hibrida Maurus,
   Qui miser ipse suum quaerit vbique Tagum,
Seu sequeris *Bauari* propè nomen peius Ibero,   5
   Seu quaecunque cohors non-tua regna tenes.
Ille, cui pridem duxisti funera viuo,
   Hostes cui centum res opulenta dedit,
Ducit ab occidui confuso nomine Rheni
   Praesidio lectos, Martia corda, viros.   10
Pandit ei, quondam non fida, Moguntia portas,
   Iussa dehinc Geticis vrbibus esse soror.
Iam fonus alipedum propius crebrescit equorum,
   Et nubes condit puluerulenta diem,
Ipse suos addit Suecorum ductor aceruos,   15
   Victricesque parat miles vterque manus.
Fridericus socium ducit iustissimus agmen,
   Ciui suppetias, hostibus arma suis.
Stulte triumphator, quid serùm ad praelia clamas,
   Cui nulla adstiterant foedera, nulla fides?   20
Atqui non timuit medios properare per hostes,
   Patria dum tecto principe rura petit,
Nec metuit Tilli sub noctem fundere turmas,
   Cum vidit caedes versaque terga Nicer.
Nunc postquam fidum rursum Deus addit amicum,   25
   Quo nullus pridem maior in arma venit,
Ipse suis etiam dans viua negotia curis,
   Cum duce vult tanto munia ferre Ducis.
Qui bellum possunt differre in tempora belli,
   Belli gerunt, ipso bella iubente Deo.

FRIEDRICH, KÖNIG VON BÖHMEN

Fort mit euch, räuberisch Pack! Rollt ein eure Fahnen!
　　Sitze euch Angst im Genick,　　Schamröte auf dem Gesicht!
Fort, nicht nur ihr, die der spanische Bastard, der Elende, sandte,
　　Der überall seinen Strom　　Tajo noch einmal erhofft,
Sondern auch ihr, die Mannschaft *des Bayern*, verhaßter als jener!
Fort auch, wer sonst noch das Land,　　das ihm nicht eigen, bedrückt!
Er, dem ihr damals, er lebte sehr wohl noch, ein Leichenbegängnis
　　Zugedacht (reicher Besitz　　machte ihm Feinde zuhauf),
Führt jetzt Männer heran vom Delta des Rheines im Westen,
　　Die seine Schutztruppe sind,　　Männer mit Herzen voll Mut.
Mainz, das ihm früher nicht treu, eröffnet ihm jetzt seine Tore
　　(Ist es denn nicht ab jetzt　　fast eine schwedische Stadt?).
Schon ist der Huf der eiligen Pferde stets näher zu hören,
　　Schon wird es finsterer, denn　　Staubwolken wirbeln sie auf.
Eigene Mannschaften wird hinzutun der König von Schweden,
　　Hier wie dort ist bereit　　Kraft, die zu siegen versteht.
Friedrich, wie's ihm gebührt, an der Spitze verbündeter Heere,
　　Bringt seinem Untertan Schutz,　　bringt seinen Feinden den Krieg.
Tor, der zu früh triumphiert, nun rufst du zu spät zu den Waffen,
　　Fandest doch keinen, der dir　　Bündnisverträge je hielt!
Er aber hatte den Mut und wagte sich unter die Feinde,
　　Nicht zu erkennen als Fürst,　　sucht' er sein Heimatland auf,
Zögerte nicht, bei Nacht noch Tillys Heer zu verfolgen,
　　Als man am Neckarstrom Flucht　　sah und verlorene Schlacht.
Jetzt, nachdem ihm der Heergott den zuverlässigen Freund gab,
　　Dessen Größe im Kampf　　keiner zuvor je erreicht,
Sinnt er auf feurige Taten und möchte gemeinsam mit einem
　　So großen Führer die Pflicht　　leisten, die Führern geziemt.
Wer es vermag, den Kampf bis zur rechten Zeit zu verschieben,
　　Ficht einen Kampf aus, worin　　Gott ihm zu kämpfen befiehlt.

Das Gedicht beginnt als erregte, fast feierliche (anaphorisches „ito", V.
1–3) imperativische Hassrede gegen die katholische Front der räuberischen Spanier („praedatrix natio", V. 1) und der fast noch verhassteren
Bayern (V. 5, wohl wegen der verlorenen Kurwürde)[33] und erneuert den
nun wieder ermutigten Anspruch auf den verlorenen Besitz, dies in der
Gewissheit, dass nun aus dem Nordwesten (V. 9) neue Truppen herangeführt werden, unter denen man bald, wie der Mittelteil (V. 11–24)

33　Dazu wird direkt vorher (S. 332–333) unter dem Titel „Bavarus" der Herzog von
　　Bayern als intriganter Machtpolitiker behandelt; er erinnert an die Ermutigung des
　　Pfälzers, ihn, den Baiern, zum Kaiser wählen, deutet auch Pläne an, sich mit den
　　Schweden gegen den Kaiser zu verbünden, um sich, nicht aber Friedrich V., die
　　Pfalz, den Schweden aber Böhmen zufallen zu lassen.

zeigt, vor allem die schwedischen Kräfte verstehen soll, die, wie im Widmungsgedicht schon gesagt, Mainz erobert haben (13.12.1631). Venator fällt zuerst in V. 7 („Ille"), was aber noch als mögliche einmalige rhetorische Variante anzusehen wäre, gewiss aber ab V. 17 mehrmals aus der Sprecherrolle des redenden Ichs, indem er Friedrich großsprecherisch mit Zügen eines Verspanegyricus (vielleicht deshalb der Sprecherwechsel) als militärischen Führer bezeichnet, obwohl von dem, was gesagt wird („ducit iustissimus agmen", V. 17) doch wohl kaum eine Rede sein konnte. Dass Friedrich V. nach der verlorenen Schlacht bei Wimpfen (V. 24) ausgerechnet Tilly (gemeint wohl mit der Anrede „stulte triumphator", V.19) verfolgt oder gar vertrieben habe (V. 23–24), gehörte zur protestantischen Propaganda, auch wenn sich der Pfälzer angeblich 1632 anonym und kurzfristig im Gefolge verbündeter Truppen in der Pfalz aufgehalten haben soll (V. 21–22). Als Venators Gedichtsammlung erschien, stand Friedrichs V. Tod (29.11.1632) kurz nach der Schlacht bei Lützen bevor. Dass gemäß Venator Friedrich nun mit Hilfe der Schweden ‚feurige Taten' („viva negotia"; Burkards Übersetzung dieser höchst merkwürdigen Formel)[34] beabsichtigte, als ‚Führer' an der Seite eines ‚großen Führers' (V. 28: „Cum duce vult tanto munia ferre Ducis"), lässt mit verlegener Ironie, wie ich meine, etwas von der tatsächlichen Unfähigkeit des Pfälzers gerade noch so weit durchscheinen, wie es einem Beobachter in pfalz-zweibrückischen Diensten und ehemaligen Heidelberger Hofrat möglich und tunlich erschien.

Nach dem brandenburgischen Markgrafen und Kurfürsten stellt sich (S. 338–339) der Kaiser („Caesar") vor, also Ferdinand II. (1578–1637), Kaiser seit 1619. In der Exposition (V. 1–6) bekennt er sich ohne Scheu als Schüler und „socius" (V. 4) der Jesuiten, spielt also auf seine von den Jesuiten und deren ‚Gesetzen' (V. 3) beherrschte (deshalb V. 1: „rexere") Jugend und Ausbildung an der Universität Ingolstadt an, dies dergestalt, dass er sich in sehr dichter rhetorischer Fügung der V. 5–6 (mehrfache Epanalepse samt Parallelismen und gedanklichen Antithesen mit Homoioteleuton: „pugnat" – „amat") geradezu als ein jesuitischer Musterschüler charakterisiert, der in Pro und Contra der Mentalität dieser ‚Alumnen' genau entspricht.

---

34 Extrahiert man, wie es naheliegt, antithetisch zu „viva" das Attribut „mortua", ergibt sich das tatsächliche Assoziationsfeld der Passage, nämlich dass Friedrich V. sich bis dato nur durch ‚tote' Geschäftigkeit ausgezeichnet habe.

CAESAR.

Loiolij primi nostram rexere iuuentam:
    Istis multa puer debeo, multa senex.
Iamque suas tribuit mihi gens *Ignatia* leges,
    Et gaudet socio Caesare docta domus.
Hinc odi quicquid tam charis pugnat alumnis,   5
    Hinc amo, tam charus quicquid alumnus amat.
Illorum hoc opus est, quod sanguine purpurat orbis;
    Quod caedes caedem continuata sitit:
Quod sectore[35] graui glubitur[36] locupletior exul,
    Quod truncis capitum pressa theatra gemunt: 10
Quod neque bellorum studiis defuncta voluptas;
    Quod latè terris regnat inusta lues:
Quod tot conficiunt viuas ieiunia mortes,
    Quod fame cum Dominis emoriuntur agri.
Interea, postquam se flexit Sarmata, Suecus   15
    Vertit in Austriacos fulmina saeua Ioues.
Cedimus, et nostras premit altera laurea laurus,
    Quod nunc Suecus habet, Caesaris ante fuit,
Nec feror ad pacem, quam rebus vt ante secundis,
    Sic nunc[37] aduersis vix probat vlla salus.   20
Nam nihil is vincit, minuit qui pace triumphum,
    Et non ex toto colla domanda domat.
Et miserum est rursum, victorem pace fateri,
    Hac pudor, ex illa parte repugnat honor.
Vandale quid pugnas? vinces crudeliter hostem,   25
    Non graue qui damnum sanguinis esse putat.

DER KAISER

Jünger Loyolas waren es, die mich erzogen, und ihnen
    Dankte ich vieles als Bub,   danke ich vieles als Greis.
Ja, ich befolge *Loyolas* Regeln, ja, der gelehrte
    Orden zählt mich dazu,   wenn er die Mitbrüder zählt.
Daher hasse ich alles, was bravere Zöglinge hassen,
    Freu' mich an allem, woran   braverer Zögling sich freut.

---

35   „Sector": derjenige, der die Habe und die Güter der vom Kaiser geächteten und
      exilierten böhmischen ‚Rebellen' an sich bringt und billig aufkauft; Wallenstein
      gehörte dazu.

36   „Glubitur", von ‚glubere', eigentlich „die Rinde abschälen", übertragen für ‚aus-
      rauben', vielleicht nach Catull 58, 5.

37   „nunc", W. K.; Textvorlage (Druckfehler): nun.

Jene haben's erreicht, daß die ganze Erde von Blut trieft,
  Daß auf ein Morden sogleich   weiteres Morden stets folgt,
Daß ein Flüchtling, der Geld hat, Abgaben zahlt, bis er blutet,
  Daß jedes Blutgerüst   ganz mit Geköpften bedeckt.
Daß noch nicht einmal jetzt, im Kriegsrausch, die Wollust verschwunden,
  Daß einer Seuche Mal   weithin im Erdkreise herrscht,
Daß auch der Mangel an Nahrung sehr viele zu lebenden Leichen
  Macht, das Land wie Herr   wütendem Hunger erliegt.
Nun, nachdem der Pole sich beugte, schleudert der Schwede
  Furchtbare Blitze auf mich,   Österreichs Juppiter, los.
Weichen nun muß ich, und meinen Triumph verdunkelt der seine;
  Was jetzt der Schwede besitzt,   kaiserlich war es zuvor.
Doch bin ich nicht zum Frieden bereit, ich finde am Frieden,
  So in der Not wie im Glück,   keinerlei Vorteil für mich.
Denn kein Sieger ist der, der den möglichen Endsieg durch Frieden
  Schmälert, der nicht unters Joch   gänzlich die Aufrührer zwingt.
Das verbietet die Ehre. Jedoch durch Frieden bekennen,
  Daß der Gegner gesiegt,   das nun verbietet die Scham.
Schwede, wozu der Kampf? Du wirst einen Gegner besiegen,
  Der Verluste an Blut   ungerührt hinnehmen will.

Der Mittelteil der Elegie (7–14) holt aus zu einer mächtigen isokolistischen Reihung von schwerwiegenden zeithistorischen Tatsachen, die hier im Munde des Kaisers als merkwürdige Selbstanklage wirken. Der Kaiser selbst bezeichnet das, was im Folgenden an Elend und Bluttaten aufgezählt wird, in einem lapidaren Kurzsatz („Illorum hoc opus est", V. 7) ursächlich als Werk der Jesuiten. Zeitgenossen mussten sich erinnern an Ferdinands ,graue Eminenz', seinen jesuitischen Beichtvater Wilhelm Lamormaini, der angeblich dem Kaiser die Absolution verweigern wollte, „wenn er seiner Verpflichtung zur Ausrottung der Ketzerei im Reich nicht nachkomme.[38]

Geradezu spektakulär wirkt die Intensität der stilistischen, gleichsam dröhnenden Gestaltung, die nach dem expositorischen Kurzsatz zu Beginn von V. 7 nicht weniger als acht Mal mit einem parallel geführten, stichisch, also in der Kongruenz von Vers und Satz komponierten „quod"-Satz einsetzt. (V. 7–14). Hier werden zunächst die die Strafaktionen gegen die aufständischen Böhmen (1619) in Erinnerung gerufen (V. 7–10), nicht ohne rhetorische Kolorierung wie in der Gemination bzw. dreifachen Alliteration von „caedes caedem continuata" (V. 8), dem seltenen intransitiv gebrauchten „purpurat" (V. 7) und der kühnen Metaphorik in V. 9. Der Kaiser zeigt sich weiterhin beherrscht von

---

38 Münkler, *Der Dreißigjährige Krieg* (wie Anm. 31), S. 74.

‚Kriegslust' (V. 11): „neque bellorum studiis defuncta voluptas" („bellorum" wohl zeugmatisch auf beide Nomina, „studiis" und „voluptas" zu beziehen) ohne Rücksicht auf die Leiden im Gefolge von Seuchen, Hunger und Tod (V. 11–14). Der dritte Gedichtteil akzentuiert das Eingreifen (1630) und den Fortschritt der Schweden. Venator analysiert gegen Schluss den mangelnden Friedenswillen des Kaisers in seinem eigenen Munde nicht anhand religiöser, politischer oder militärischer Gründe, sondern hebt den unbedingten Willen zur totalen Unterwerfung des Feindes hervor: so die adverbiale Fügung „ex toto" (V. 22), verbunden mit dem Polyptoton im Sinne einer ‚figura etymologica': „domanda domat", einen Willen, der sich letzthin an Prestigegründen festmacht, hier zusammengefasst in den Begriffen „pudor" und „honor" (V. 24). Indem der Kaiser zuletzt den Schweden antikisierend und offenbar in pejorativer Färbung als ‚Vandalen' direkt anredet (V. 25), korrespondiert die Grausamkeit des neuen Eroberungsfeldzuges (im „vinces crudeliter", V. 25) der eigenen Rücksichtslosigkeit, die sich ebenfalls und ausdrücklich um Blutopfer nicht kümmert. Was der Kaiser hier über sich preisgibt, von Venator arrangiert, soll offenbar auf moralische Defekte und einen letzthin jesuitisch konditionierten Fanatismus hindeuten.

Und dann auch (S. 364–365), unvermeidlich gerade bei einem Pfälzer Autor: Johannes Tserclaes, Graf (seit 1622) von Tilly (1559–1632), der große Feldherr der katholischen Liga und Sieger von (Bad) Wimpfen, Überwinder Heidelbergs, nach seiner Eroberung Magdeburgs (1631)[39] vom Chor der protestantischen Autoren wie kein anderer Exponent der katholischen Front geschmäht,[40] exemplarisch und furios zum Beispiel in einem „TrawerLied/ Uber die klägliche Zerstörung der Löblichen und Uhralten Stadt Magdeburg" von dem bekannten gelehrten Literaten (Übersetzer auch von Tasso und Ariost) Dietrich von dem

---

39   Vgl. im weiteren Umblick Wilhelm Kühlmann: Magdeburg in der zeitgeschichtlichen Verspublizistik [zuerst 1999]. In: *Vom Humanismus zur Spätaufklärung. Ästhetische und kulturgeschichtliche Dimensionen der frühneuzeitlichen Lyrik und Verspublizistik in Deutschland.* Hrsg. von Joachim Telle, Friedrich Vollhardt und Hermann Wiegand. Tübingen 2006, S. 231–255.

40   Zur bikonfessionellen Tilly-Rezeption s. Jost Eickmeyer: Blutsäufer oder Held? Zum kontroversen Bild Tillys in der Literatur des Dreißigjährigen Krieges. In: *Simpliciana* XXXIII (2011), S. 271–294; zur katholischen Seite Hermann Wiegand: Totengedenken und epische Gestaltung. Johann T'Serclaes von Tilly in jesuitischen und neulateinischen Dichtungen. In: *Daphnis* 45 (2018), S. 231–263.

Werder (1584–1657), mit Anspielung auf die beliebte Etymologie von ,Magdeburg' als Stadt der jungfräulichen ,Magd':[41]

[...]   Gottloser BulenKnecht /
Es weren ja für dich die drey HöllHuren recht /
Ihr Bräutigam zu seyn: mit solchem Brand und Morden
Ist auch des Plutons Weib selbs nicht geraubet worden.
Du ALTER KAHLKOPF / du verdienest / daß das Schiff
Charontis mit dir stracks in seinen Abgrund lieff.

TILLIVS.

Non mihi de magno lux maior venit ab ortu
   Et mea nobilitas sat latet inter auos.
Ipse mihi peperi vario discrimine famam,
   Dum Bellona nouo fulcit honore gradum.
Clarius enitui tunc, cum cecidere Bohemi,   5
   Et mihi cum numero pugna minore fuit,
Cum domui Nicrum sine defensore relictum,
   Et quaecumque iacent rura propinqua Nicro,
Cumque bis euerti iuuenem bis bella nouantem,
   Cui, quàm consilii, plus feritatis erat,   10
Cum pressi Cimbros non vsos ordine Cimbros,
   Et qui de liquido vina Visurge coquunt,
Denique cum nunquam captam nos cepimus vrbem,
   Quam beat irriguâ proximus Albis aqua,
Dum cruor ipse alium per vicos edidit Albim   15
   Et prope restinxit flammea tecta cruor.
Vt non bella loquar, quae gessimus inter inermes,
   Quae puer expertus, foemina, virgo, senex.
Ipsa deinde mihi clades mea iunxit honorem,
   Clades Vandalicam non tacitura manum.   20
Nec mihi tunc animus, nec dextera defuit ensi,
   Testantur tergo vulnera tuta meo,
Tuta nimis fateor: Melius tunc quippe perissem,
   Dum mea finiuit candida fata Deus,
Quàm dici geminam culpa properasse ruinam,   25
   Et trahere ad Muldam Danubiumque Getas.[42]
Infelix, quisquis primo crudeliter hostes
   Perdidit et Dominos perdidit inde suos.

---

41   Auszug zitiert nach: *Gedichte des Barock.* Hrsg. von Ulrich Maché und Volker Meid. Stuttgart 2005 (Reclams UB 9975), S. 49–51, spez. S. 50.
42   Bezeichnung für die Schweden in Anlehnung an den Sprachgebrauch für nordische Barbaren in Ovids Exildichtung.

TILLY

Ward nicht berühmt als Sprößling eines Berühmten, und meine
   Reihe der Vorfahren reicht   nicht in die Vorzeit zurück.
Selber erwarb ich, mit mancher Gefahr, meinen Ruhm mir; Bellona,
   Kriegsgöttin, war's, die mir   höheres Ansehn verlieh.
Tat mich ruhmreich hervor, als damals die Böhmen erlagen
   (Dabei war unser Feind   weitaus geringer an Zahl),
Auch, als ich dann das Neckargebiet und seine Umgebung,
   Beide hatte der Feind   schutzlos gelassen, ergriff,
Ebenso, als ich den Jüngling von größerer Wildheit als Klugheit,
   Welcher sich zweimal erhob,   zweimal vernichtend bezwang,
Dann auch, als ich die Dänen besiegte, die sich verteilten,
   Andre auch, die ihr Getränk   mittels der Weser sich brau'n.
Schließlich erobert' ich auch die niemals eroberte Stätte,
   Welche die Elbe, ganz nah,   mit ihrem Wasser versorgt.
Damals durchströmte das Blut, eine zweite Elbe, die Gassen,
   Fast sogar hätte das Blut   brennende Häuser gelöscht.
Nicht zu reden von dem, was wir solchen, die waffenlos waren,
   Knaben, Greisen und auch   Frauen und Jungfraun, getan.
Selbst die verlorene Schlacht, die bald danach folgte, sie ehrt mich,
   Schlacht, die für alle Zeit   schwedische Tapferkeit rühmt.
Tapfer war ich durchaus und griff auch eifrig zur Waffe,
   Trug auch Verwundung davon,   vorne, gefahrlos für mich.
Allzu gefahrlos fürwahr, denn besser wär' ich gefallen
   Damals schon, als mir Gott   weitere Siege verschloss,
Als nun zu hören, ich hätt' binnen kurzem zweimal verloren,
   Schuldhaft, und ließe dem Feind   sächsisches, bayrisches Land.
Unglücklich, wer zunächst seine Gegner zugrunde gerichtet,
   Dann aber auch noch die,   die's ihm befohlen, dazu.

Tilly stellt sich, soweit sehr korrekt, als Mann des niedrigen Adels vor,
der seinen Aufstieg und seinen guten Ruf der Bewährung in Gefahren
und seinen kriegerischen Leistungen verdankt. Ähnlich wie vorher
beim oben zitierten „Kaiser"-Gedicht (die „Quod"-Serie V. 7–14) wird
hier mit langem Atem (V. 5–16), der kontinuierliche Siegeszug Tillys
stilistisch gleichsam abgebildet, nämlich in einer Folge von vier Disti-
chen und einem abschließenden Tetrastichon (also Komposition mit
‚Achtergewicht', Magdeburg betreffend), polysyndetisch verkettet
durch anreihende und anaphorisch markierte temporale Konjunktionen,
zumeist am Versanfang (fünfmal „cum", zuletzt „dum" im ringförmi-
gen Rückverweis auf das exponierende „dum" von V. 4). Die meisten
zeitgenössischen Leser konnten hier wohl ohne Problem die Schlachten
Tillys genau rekapitulieren: die Schlacht am Weißen Berg bei Prag (V.
5–6), bei Wimpfen (V. 7–8.), bei Höchst und Stadtlohn gegen Christian

von Halberstadt (V. 9–10), bei Lutter am Barenberg gegen die Dänen
(V. 11–12) bis hin zur drastisch eingefärbten Erwähnung Magdeburgs
(V. 13–16). Das folgende Distichon (V. 17–18) zielt offenbar ab auf
Tillys Wüten gegen Zivilisten in Hannoversch-Münden, das sich trotz
dreimaliger Aufforderung nicht ergeben wollte,[43] eine Stelle im Ge-
dicht, die psychologisch als Bekenntnis im Munde Tillys und damit im
Rahmen der fiktionalen Sprecherrolle ebenso unglaubwürdig wirkt wie
die hyperbolische Bemerkung, das vergossene Blut bei der Eroberung
Magdeburgs habe beinah das Feuer gelöscht (V. 16). Hier kontaminiert
Venator Elemente der protestantischen Propaganda mit dem historisch
ganz anders gearteten Selbst- und Rollenbild des sprechenden Feldherren, während die merkwürdige vorhergehende Behauptung, dass die
Neckargegend ‚ohne Verteidiger' („sine defensore", V. 7) geblieben
sei, wohl den Zustand nach der Niederlage Georg Friedrichs von Baden
(dazu s. o.) bezeichnen sollte.

Mit V. 19–20 wird, vor allem durch das versübergreifende epana-
leptische „clades", die Phase von Tillys Niederlagen eingeleitet, zunächst in der Schlacht bei Breitenfeld (1631), für die Tilly hier seinen
persönlichen, durch Verwundungen dokumentierten Kampfesmut re-
klamiert, den auch Venator nicht ganz verschweigen kann und will
(V. 19–22). Intim wirkt das folgende, poetisch kurz und paradox im To-
deswunsch gefasste Bekenntnis (V. 23), das die Verzweiflung nach der
Niederlage bei Rain am Lech (15.04.1631) andeutet, einer Niederlage,
der, nach Venator, Tilly lieber durch den Tod bei Breitenfeld zuvor
gekommen wäre, als nun die Vorwürfe der Tadler angesichts des
schwedischen Vormarsches bis zur Donau zu ertragen (V. 23–26). Ob
Venator doch vor der Drucklegung des Werkes noch vom Tode Tillys
in Ingolstadt (am 30.04.1632) erfahren hat? Das letzte Distichon überführt die psychischen Regungen Tillys in eine allgemein gehaltene Sen-
tenz, die kunstvoll durch einen versübergreifenden antithetischen Paral-
lelismus („hostes | Perdidit & Dominos perdidit") verziert wird.

Letzthin wird Tilly von Venator nicht geschmäht oder denunziert,
wenn auch seines ruhmvollen Nimbus beraubt. Man wird zu den katholischen Zeugnissen greifen, um die andere Seite der poetischen Publizistik zu verfolgen, wie ich sie hier nur andeute im Verweis auf eine
wahrhaft spektakuläre Konstellation, den Besuch des größten katholischen Dichters des 17. Jahrhunderts, des damals noch jungen Jesuiten
Jacob Balde (1604–1668), am Ingolstädter Totenbett Tillys, des größten

---

43 Dazu Münkler, *Der Dreißigjährige Krieg* (wie Anm. 31), S. 324.

katholischen Feldherren, geschildert von Balde im Vorspann seines epische Ausmaße annehmenden lateinischen Trauergedichtes auf Tillys Tod (*Magnus Tillius Redivivus sive M. Tillij Parentalia*); daraus hier nur ein kurzer Auszug:

> Wir treten ein – man gewährt uns Zutritt in das innerste Gemach; wir knien nieder und sprechen ein Gebet für die Seele des Verstorbenen. [...] Die Hände, unter der Brust ruhend, hielten mit verschlungenen Fingern ein Cruzifix. Die Stirne hoch, die Brauen breit, die Nase etwas gebogen und noch immer kriegerisch, der Mund unvergleichlich würdevoll, der Bart stachelig und grau, in reichen Wurzeln männlich um Wangen und Kinn sprossend, das dichte Haupthaar kunstlos emporgesträubt. Zur rechten Seite des Bettes sah man, an einer lauchgrünen Schärpe hangend, das Schwert des Helden, bei dessen Berührung sich Jeder schon kühn, tapfer und siegreich dünkte.[44]

Zum Schluss noch ein Blick auf die Wallenstein-Elegie (S. 368–369), welche Venators Gedichtkollektion abrundet! Diesmal also nicht eines der vergleichsweise wenigen Exempel gelehrter Lyrica zu Wallensteins Ermordung (25.02.1634),[45] sondern geschrieben in einer vom Sprecher genau umschriebenen Lage, dann nämlich, als er wegen des schwedischen Vormarsches nach der Niederlage von Breitenfeld im Dezember 1631 Verhandlungen darüber aufgenommen hatte, erneut in kaiserliche Dienste zu treten, was nach Tillys Tod dann auch geschah.

WALLENSTENIVS.

Non mea nobilitas sortem superauit equestrem,
  Quae mihi per claros tradita venit auos,
Nec tamen exiles hausit mens ardua motus,
  Et propè, de cunis imperiosa fuit.
Multorum exiliis creuit mihi multa potestas,   5
  Auctaque non nostris nostra fuere bonis,
Tum, quod non magno constabat Caesaris aulae,
  Illustres titulos Caesaris aula dedit.
Oppida mox etiam, sed non sua iunxit honori,
  Praeda fuit, quicquid iusserat esse meum.   10

---

44 Übersetzung von Westermayer, zitiert nach Kühlmann, Krieg und Frieden (wie Anm. 2), S. 331; dort weiteres im Kontext zu Balde und zur politischen Lyrik; zu Baldes großem Nachruf auf Tilly s. besonders Wiegand, Totengedenken und epische Gestaltung (wie Anm. 40).

45 Dazu Wilhelm Kühlmann: „Magni fabula nominis". Jacob Baldes Meditationen über Wallensteins Tod. [zuerst 1982] In: *Vom Humanismus zur Spätaufklärung* (wie Anm. 39), S. 546–553.

Nec tamen hoc gratis: de nostra gessimus arca
  Contra tot populos bella timore feros.
Hinc impune fuit, quidquid crudele patraui;
  Nec caluit factis Caesaris ira meis:
At non sic proceres *sacri, sacrisque soluti*   15
  Militiae solitis conticuere malis.
Ipse rapax *Bauarus* (nondum bene concoquo fraudem)[46]
  De me conquestus fanda nefanda[47] fuit.
Abstulit Imperium leuis haec mihi Factio belli,
  Punctumque et pondus *Tillius* omne tulit.   20
Tillius, ex illo qui tam bene pugnat in hostem,
  Dextera quem vinci *Suecica* posse docet:
Nunc postquam res fracta iacet, mihi supplice palpo
  Occurrit Caesar Caesareaeque preces.
Nunc fortis bello, nunc felix audio solus,   25
  Et Rebus dubiis indubitata salus.
Vrgeor, vt repetam laceri moderamina belli,
  Neu foueam creperis publica damna moris:
Heu nimium faciles tangit mihi Gloria fibras,
  Per laudes quoties blandaque verba rogor.   30
At quia iuraui nuper me nolle moueri,
  I lictor, sacris vocibus adde fidem:
Et qua porrectas nutrit Germania gentes,
  Nostra per infames nomina pinge trabes.

WALLENSTEIN

Was meinen Adel betrifft: nur des Ritterstands kann ich mich rühmen,
  Welchen mir allerdings   glänzende Ahnen vererbt.
Aber mein Geist fliegt hoch und strebte immer nach Aufstieg,
  Fast von der Wiege an   war ich despotisch gesinnt.
Dadurch, daß viele Vertreibung betraf, erwarb ich viel Macht mir,
  Und um fremden Besitz   mehrte der meinige sich.
Ferner verlieh mir des Kaisers Hof, was wenig den Hof des
  Kaisers kostete: gab   Titel mir, Namen von Klang.
Fügte auch bald noch Städte hinzu, die ihm nicht gehörten;
  Beute bestand in dem,   was er zur Beute bestimmt.
Kostspielig wurde mir das; denn ich mußte den Kampf mit so vielem
  Volk, das aufgrund seiner Furcht   furchtbar war, selber bezahlen.
Daher blieb unbestraft jede Grausamkeit, die ich verübte;
  Was auch immer ich tat,   nie war der Kaiser erzürnt.
Anders die Fürsten: *ob geistlichen Standes, ob weltlich*, zu jenen

---

46   Vgl. Cicero: *Ad Quintum Fratrem* 3, 9, 5: „ut eius ista odia non sorbeam solum
     sed etiam concoquam."
47   Diese Doppelformel, hier elliptisch ohne Konjunktion wie Catull 64, 404, ähnlich
     Vergil: *Aeneis* 1, 543.

Mißständen, die im Krieg   üblich sind, schwiegen sie nicht.
Selbst *der Bayer* – ich kaue noch immer an dieser Gemeinheit –
Klagte (ein Räuber!), was mir   zusteht, als Freveltat an.
Diese dürft'ge Partei entzog mir das Oberkommando;
    Tilly dagegen gewann   Beifall und Autorität,
Tilly, der seitdem so herrlich erfolgreich den Krieg führt,
Tilly, den *schwedische* Kraft   als überwindbar erweist.
Jetzt, nachdem die Karre im Dreck steckt, macht sich der Kaiser
    Schmeichelnd und bittend und gar   demütig an mich heran.
Jetzt werd' ich „Held" genannt, jetzt „einzig erfolgreicher Feldherr",
    „Endlose Unsicherheit   sicher beendender Mann".
Nochmals soll ich das Steuer im Kriegsboot, das leck ist, ergreifen:
    „Unklares Zögern beschwört   Schaden für alle herauf!"
Leider bin ich zu sehr für die Reize des Ruhmes empfänglich,
    Wenn man mit bittendem Wort,   schmeichelndem Wort mich ersucht.
Doch weil vor kurzem ich schwor, mich nicht erweichen zu lassen:
    Leibwächter, auf! Hilf mit,   daß dieser Eid sich erfüllt:
Geh und schreib überall, so weit sich Germanien ausdehnt,
    Schreib meinen Namen nun an   Prangern und Schandpfählen an!

Ähnlich wie in der Tilly-Elegie wird anfangs die vergleichsweise be-
scheidene adelige Abkunft der Familie angesprochen (auch Wallenstein
wie Tilly ein ‚Aufsteiger' durch den Krieg), zugleich jedoch der fast
angeborene brennende Ehrgeiz, verbunden mit einer Art von Herrsch-
sucht, dies gewiss auch eine Projektion Venators ‚ex eventu' (V. 3–4:
„mens […] imperiosa"). Die Stationen der Karriere (V. 5–14) sind zunächst identisch mit dem Zuwachs an Macht, Titeln und Besitz dank
der Gunst des Kaisers, auch als Nutznießer der böhmischen Enteignun-
gen (V. 5–6), bald aber auch mit dem Kampf (‚aus eigener Tasche',
V. 11: „de nostra […] arca") um die Ressourcen gegen zahlreiche Wi-
dersacher (V. 12–13). Die biographische Zäsur, sprachlich markiert
durch das „At" am Anfang von V. 15, besteht in der Auseinandersetzung mit einer gegnerischen, letzthin leichtsinnigen Partei („levis
factio", V. 19), die aus weltlichen und geistlichen Fürsten (V. 15), also
mitten im katholischen Lager entstand. Mit einem scharfen Ausfall
gegen den ‚räuberischen' Maximilian von Bayern („rapax Bavarus",
V. 17) erinnert sich Wallenstein daran, dass er letzthin den militärischen Oberbefehl beim Regensburger Kurfürstentag (1630) verlor. Nun
aber, ‚nachdem die Karre im Dreck steckt' (V. 23), werde er mit
Schmeicheleien wieder umworben, ja bedrängt (V. 27), was Venator in
direkter Rede mimetisch im Text reproduziert, mit Begriffen wie „fortis" und „felix solus" (V. 25) bzw. „indubitata salus" (V. 26). Wallenstein bekennt sich dazu, aus Ruhmsucht für derlei Schmeicheleien emp-

fänglich zu sein, obwohl er kurz vorher noch, wie zu lesen ist (V. 31), diesen Schmeicheleien und Werbungen abgeschworen hatte. Venator entwickelt aus dem Eingeständnis des Feldherren in dessen Mund eine lockere, Witz beanspruchende Anrede an Deutschland, dass nämlich Wallensteins Namen nun überall als der eines Eidbrüchigen notiert (wörtlich ‚gemalt') werden solle.

Auch diese Elegie zeigt, wie genau Venator über alle Personalien und politisch-militärischen Umstände informiert war und durch diese seine Elegien auch den Leser informieren konnte. Was allerdings hier wie im ganzen Zyklus recht bemerkenswert wirkt, ist die Tatsache, dass religiöse oder gar konfessionelle Motive des Verhaltens und Denkens allenfalls andeutungsweise (etwa durch den Hinweis auf die jesuitische Erziehung des Kaisers) zur Geltung kommen, auch dort nicht, wo man es erwarten würde: weder bei den protestantischen Potentaten wie dem Landgrafen von Hessen-Kassel (S. 346–347) noch beim König von Spanien beispielsweise (S. 350–350), dem Bischof von Mainz (S. 358–359) oder dem Papst (S. 361–362). Es ist kein Zufall, dass in einer der vorhergehenden Elegien der Bischof von Köln (S. 342–343: „Coloniensis Episcopus"), Bruder des bayerischen Herzogs Maximilian, der im Stillen darnach drängt, den Bruder zu beerben, dann, wenn die Schweden kommen, seine ‚Brüder' dazu auffordert (Schlussverse 23–24): „Clamemus, Fratres, pia per mendacia, magnae | Excidium, excidium Relligonis agi" („Brüder, so lasst uns in frommer Lüge behaupten, es gelte | Kampf für die Religion, Kampf für die Religion.").

In der bisher trotz aller wertvollen Beiträge und Darstellungen im Detail noch fragmentarischen Geschichte der politischen Literatur des 17. Jahrhunderts beweist Venators lateinischer Porträtzyklus eine eigene und, soweit ich sehe, unvergleichliche Konzeption und Dimension. Dies war und ist hier nur anzudeuten.

Abbildungen

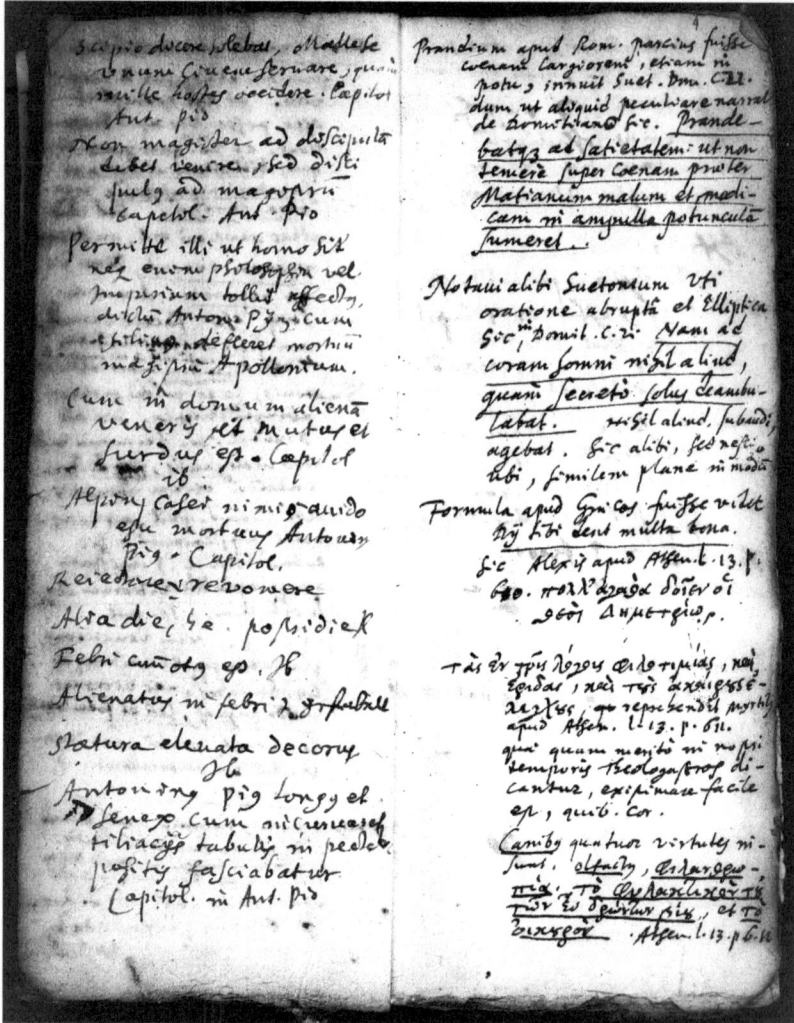

Abb. 1: Manuskript von Balthasar Venator mit Notizen und Exzerpten aus der antiken und modernen Literatur (Badische Landesbibliothek Karlsruhe; Signatur: K 403, fol. 4).

Abb. 2: Meisenheim. Kupferstich von Matthäus Merian.
https://commons.wikimedia.org/wiki/File:Maysenheim_Merian.jpg, Abruf 02.11.2018.

KLAUS HABERKAMM (Münster)

Ausgebliebene Effektivität.
Zu politischen Gedichten Weckherlins, besonders auf Gustav II. Adolf

> Was aber soll ich hie vil Stät und Schlösser nennen,
> Wan gantze Länder ihn erkennen, und bekennen,
> Daß Er, nach Got, ihr Heyl, Erlöser und Patron [...].
>
> (Weckherlin: „Des Grossen Gustav-Adolfen [...]
> Ebenbild")

I.

Der 2018 erschienene Sammelband mit Beiträgen zu Georg Rudolf Weckherlin (1584–1653) trägt den manieristisch anmutenden Obertitel *Privatmann – Protestant – Patriot – Panegyriker – Petrarkist – Poet.*[1] In die Alliterationskette hätte noch „Politiker" gepasst. Während der Oberbegriff „Poet" in „Panegyriker" und „Petrarkist" ausdifferenziert wird, ist jener Begriff allenfalls in den Kennzeichnungen des Autors als „Protestant" und „Patriot" impliziert.

Politiker, zumindest politisch Interessierter, war Weckherlin in der Tat. In einer ihrerseits stark politisch-militärisch geprägten und polarisierenden Zeit, 1943/44, urteilte der Brite Leonard Forster unvoreingenommen über den deutschen Dichter und verglich ihn als naturalisierten Engländer mit einem Landsmann des 17. Jahrhunderts:

---

1 *Privatmann – Protestant – Patriot – Panegyriker – Petrarkist – Poet. Neue Studien zu Leben und Werk Georg Rudolf Weckherlins (1584–1653).* Hrsg. von Heiko Ullrich. Passau 2018. – Im Folgenden zitiert mit der Sigle U. – Der Band stelle „[...] insofern einen Neuansatz der wissenschaftlichen Erschließung von Leben und Werk Weckherlins dar, als bislang noch nie der Versuch unternommen wurde, verschiedene Forschungsmeinungen in einer Publikation zu versammeln und dadurch fruchtbar aufeinander zu beziehen; die klassischen Formen von Untersuchungen zu Weckherlin sind bisher die Edition, die Monographie und der (einzelne) Aufsatz." (U XVI)

In religiösen Dingen war er für seine Zeit außerordentlich tolerant. Er suchte die neue politische Reformation – die Politik, welche die Union nicht durchzuführen imstande war. Wie Roe hatte er gehofft, England würde einem Bündnis aller protestantischen Mächte gegen den Kaiser und die Spanier beitreten. Vielleicht konnte die Pansophie einer solchen Politik den Weg ebnen.[2]

Und im politisch einschneidenden und hochbewussten Jahr 1989 bezeichnete Dieter Breuer bereits den jungen Weckherlin uneingeschränkt als „Homo politicus".[3]

Forster mutmaßt in Bezug auf dessen Zeit an der Tübinger Universität: „Die meisten Studenten sollen sich, zum Nachteil des Studium juris, von vornherein auf das Studium politicum eingestellt haben, das ja gerade im Collegium illustre eifrig betrieben wurde. Zu diesen ist wohl auch Weckherlin zu rechnen." (Fo 17) Ernst Ribbat erkennt eine Voraussetzung für die Entwicklung des politischen Sinns des Protagonisten in einer Reise 1604 nach Sachsen; sie habe die Kenntnis jener protestantischen Länder vertieft, „mit deren Geschick im Dreißigjährigen Krieg sich später Weckherlins politische Dichtung immer wieder befaßt."[4] 1616 konnte der Sekretär in Diensten des württembergischen Hofes erste diplomatisch-politische Erfahrungen sammeln. Vorgänger des Dichterkollegen John Milton dann, war Weckherlin selbst noch unter Cromwell „Beamter im englischen Staatssekretariat [und] korrespondierte [...] mit zahlreichen bedeutenden Männern, sowohl in England und Schottland als auch im europäischen Ausland."[5] Dabei kamen

---

2   Leonard Wilson Forster: *Georg Rudolf Weckherlin. Zur Kenntnis seines Lebens in England,* Basel 1944 (Basler Studien zur deutschen Sprache und Literatur 2), S. 82. – Im Folgenden zitiert mit der Sigle Fo. – Forster vermutet Sir Thomas Roe „als wohlwollenden Gönner" hinter der pansophisch-irenisch orientierten Londoner Gruppe „von Idealisten, die Beziehungen zu Gleichgesinnten in aller Welt [wie Jan Amos Comenius. K. H.] unterhielten" (Fo 81).

3   Dieter Breuer: Georg Rodolf Weckherlin. In: *Deutsche Dichter. Leben und Werk deutschsprachiger Autoren.* Hrsg. von Gunter E. Grimm und Frank Rainer Max. Bd. 2. *Reformation, Renaissance und Barock.* Stuttgart 1989 (Reclams Universal-Bibliothek 8612), S. 119–127, hier S. 122. – Im Folgenden zitiert mit der Sigle B.

4   Ernst Ribbat: Georg Rodolf Weckherlin. In: *Deutsche Dichter des 17. Jahrhunderts. Ihr Leben und Werk.* Hrsg. von Harald Steinhagen und Benno von Wiese. Berlin 1984, S. 74–89, hier S. 76.

5   Anna Linton: Bürgerkrieg und Blumenkohl. Weckherlins Briefe an seine Tochter (1627–1652). In: *Privatmann* (wie Anm. 1), S. 1–31, hier S. 1. – Im Folgenden zitiert mit der Sigle L. – Linton bietet, teils in Übereinstimmung mit Forster, außerdem einen Einblick in Weckherlins Briefwechsel mit seinem Schwiegersohn William Trumbull und sein Tagebuch.

nicht zuletzt „Staatsangelegenheiten" (L 1) zur Sprache. Und auch in seiner Privatkorrespondenz mit der Tochter manifestiert sich die rege Aufmerksamkeit des Verfassers für politische Ereignisse, naheliegenderweise vor allem während des englischen Bürgerkrieges, dessen Zeuge der mittlerweile neue Staatsbürger im Exil ist. Außenpolitisches verliert Weckherlin ebenfalls nicht aus den Augen. So interessiert er sich „beispielsweise sehr für den Französisch-Spanischen Krieg." (L 25, Anm. 81). Dem Ehepaar Trumbull berichtet er ausführlich von einem Lehrlingsaufstand in London, der sich gegen die Bischöfe und eine bestimmte Personalpolitik zugunsten der Royalisten richtet. Ende 1644 beklagt Weckherlin die Plünderung durch marodierende Soldateska, und im Juni 1647 bereitet er sich auf möglicherweise bevorstehende Straßenkämpfe in der Hauptstadt vor. Seine materielle und mentale Betroffenheit beeinträchtigt dabei seine politische Urteilskraft nicht, schärft sie vielmehr. – Von Beginn an erwähnt Weckherlins Korrespondenz mit den Verwandten Verhandlungen und Anklage gegen den des Verrats beschuldigten Grafen von Strafford und den Erzbischof von Canterbury, William Laud, gegen den als seinen Feind er persönlich aussagt. In diesem Zusammenhang zeigt er zunächst deutliche Sympathien für die königliche Seite, zumal er Charles I. privat nahesteht. Seine Kritik gilt dem Hof als solchem, insbesondere den ,papistischen' Machenschaften dort, während er die führenden Reformierten in Schottland lobt. Später aber, bestallt mit dem Posten des Sekretärs beider Königreiche, Englands und Schottlands, entscheidet er sich für die Sache des Parlaments. Dem Herrscherpaar unterstellt er Desinteresse an einem Friedensschluss, während er selbst sich aufrichtig darüber freut, dass dieser nicht hat hintertrieben werden können. „Über die Hinrichtung des Königs ist in den Briefen nichts zu lesen, und Forster vermutet, Elizabeth oder Trumbull hätten sämtliche zwischen Mai 1648 und Mai 1649 geschriebenen Briefe zerstört." (L 29) Angesichts dieser massiven, für Weckherlin auch existenziell bedeutsamen Geschehnisse in seiner unmittelbaren Nähe spricht es nicht gegen sein allgemeines politisches Interesse, dass der westfälische Friedensschluss in seiner Post keine Erwähnung findet.

II.

Trotz der skizzierten Qualifikationen, Erfahrungen und Aktivitäten Weckherlins fragt es sich allerdings, ob seine Einstufung als Politiker im engeren Sinne gerechtfertigt ist. War er wirklich, wenn auch nicht Machtmensch, ein Mann mit Macht, mit dem Einfluss, auf die vielgestaltige Öffentlichkeit einzuwirken; seine Zwecke, notfalls im Konflikt, gestaltend durchzusetzen? Selbst als Diplomat und Sekretär im Dienste des Staates, sei es der württembergische oder englische, war er im Grunde subaltern. Er führte, nicht zuletzt auf Grund seiner polyglotten Kenntnisse den Höfen nützlich, den politischen Willen anderer aus, indem er im Wesentlichen ihre Korrespondenz versah oder an ihren Gesprächen teilnahm. Wurde er gelegentlich als Gesandter verwendet, war die Mission niemals eine selbstständige, konnte er keine eigene Initiative ergreifen. Einer seiner spektakulärsten Schritte als *homo politicus* war die Parteinahme für das Londoner Parlament in der Auseinandersetzung mit der Krone, doch handelte es sich hierbei eher um einen privaten Entschluss mit latent religiöser Motivation, aber nicht ohne einen gewissen Opportunismus, denn er behielt auch als früherer Günstling des Monarchen bezeichnenderweise seinen Posten als *Secretarius*. Dass Weckherlin nunmehr einem ganz anders denkenden und handelnden Herrn diente, beirrte ihn offenbar nicht.

Dennoch ist dem möglichen Eindruck vorzubeugen, Weckherlin sei bestenfalls von fragwürdiger politischer Haltung gewesen. Im Gegenteil war er redlich, aufrichtig und als entschiedener Lutheraner von erstaunlicher Beständigkeit und Konsequenz in seinem Denken und Tun. Von dieser seiner unbeirrbaren Konfessionalität ging bei aller Begrenztheit seiner Mittel und der Bescheidenheit seiner amtlichen Positionen ein wichtiger politischer Impuls aus. Er erfolgte freilich auf einem anderen Gebiet als dem genuin politischen, nämlich dem Feld der Dichtung. Politischer Mensch war Weckherlin hauptsächlich als Dichter, als Lyriker – was indes noch nichts über seine diesbezügliche Effektivität besagt. Mehr als der englische Bürgerkrieg – in den er sich mit Gedichten in englischer Sprache hätte einschalten können, was er aber als deutscher Patriot vermied –, diente ihm der lange Konflikt auf dem Kontinent als thematische Matrix. Schon und gerade als anfänglich konfessionelle Auseinandersetzung rief das Ringen Weckherlin als Autor auf den Plan, insbesondere die Ausweitung ins Machtpolitische, das allerdings kaum verhohlen schon seit dem Prager Fenstersturz allem Streit zugrunde lag. Diese Entwicklung weckte nicht nur das lebhafte Interesse des in England lebenden Autors, sondern inspirierte und nötigte diesen geradezu zum Engagement für die antihabsburgische Sache. Manche seiner Gedichte sind nicht nur Panegyrika auf hochgestellte Persönlichkeiten, Frauen und Männer, sondern feiern Heerführer der „Union" zu deren Lebzeiten oder postum.

In jedem Sinne an erster Stelle jedoch ist der Lyriker Weckherlin,[6] und zwar gerade noch vor Kriegsausbruch, kulturpolitisch tätig. Wiederum primär als Patriot will er dazu beitragen, seine Landsleute kulturell und vor allem in literarischer Hinsicht auf Augenhöhe mit den führenden Kulturnationen Europas zu bringen, genauer noch: ihnen eine Vormachtstellung unter diesen zu verschaffen.

III.

Weckherlin befand sich mit seinen literarischen Ambitionen in einer kulturgeschichtlichen Umbruchsituation des Reiches und verstand sich dezidiert als Parteigänger der Aufholbewegung der deutschen Intellektuellen, besonders der Dichter, im Wettbewerb um den europäischen Führungsanspruch. Er war kulturpatriotisch engagiert, und zwar mit seinem gesamten Œuvre, nicht nur mit den Gedichten ausgesprochen politisch-militärischen Inhalts. Diese grundsätzliche Motivation war für Weckherlin eine wesentliche Voraussetzung dafür, sich auf die teils heftige Auseinandersetzung mit Martin Opitz um die metrische Vorherrschaft über die deutsche Lyrik einlassen zu können. So sehr er während seiner vielen Jahre im Ausland vom deutschen ‚Kulturbetrieb' abgeschnitten war – er war nicht Mitglied der renommierten „Fruchtbringenden Gesellschaft" und wurde lediglich in die minderbedeutende Straßburger „Tannengesellschaft" aufgenommen –, so sehr stand sein poetisches Schaffen im Einklang mit den allgemeinen Bestrebungen

---

6 Daneben sind Weckherlins Prosa-Arbeiten, vornehmlich die Beschreibungen fürstlicher Feste, unter diesem Aspekt von Interesse. Auch oder gerade als Auftragsarbeiten sind sie insofern politische Leistungen, als sie offensichtlich dynastischen Zwecken dienen, etwa der Erhöhung des Stuttgarter Hofes und dessen Machtdemonstration. Das gilt nicht zuletzt darum, weil diese Huldigungsanlässe am Vorabend des Dreißigjährigen Krieges stattfinden und Gelegenheit zur Beratung unter politisch und konfessionell gleichgesinnten Fürsten bieten.

seiner heimatlichen Dichterkollegen, ihrer Sprache und Literatur mindestens zum Anschluss an das Niveau vor allem der Romania, aber
auch der niederländischen und der englischen Konkurrenz, zu verhelfen.[7]
Schon der literarische Anfänger verspricht in der Widmung des
von ihm beschriebenen *Triumfs Newlich bey der F. kindtauf gehalten*
(1616) der Adressatin und Mutter des Täuflings, Herzogin Barbara
Sophia von Württemberg, bei positiver Aufnahme seiner „geringe[n]
arbeit" werde er „verursachet, mit andern wercken gleicherweiß fortzufahren, und darinnen unserer sprach (deren die außländer ihre nohturft und rawheit, zwar ohn ursach, fürwerfen) reichtumb und schönheit
khünlich zu vermehren [...]".[8] Bereits in der Folgeschrift, der von ihm
mit eigenen Ergänzungen „verfertigten" *Kurtze[n] Beschreibung, Deß
zu Stutgarten, bey den Fürstlichen Kindtauf und Hochzeit, Jüngstgehaltenen Frewden-Fests* (1618), setzt er offenbar beim Empfänger,
Johann Friedrich von Württemberg, ein gleiches kulturpatriotisches
Interesse voraus und resümiert selbstbewusst im exponierten Schlussgedicht „Von den vorbeschriebnen Ritterspihlen":

Nein, es ist nicht mehr noht, sich ab dem grossen Pracht
Deß Römischen Triumfs stehts also zuentsetzen:
Teutschland hat wol numehr dergleichen fürgebracht,
Daß man gnug kan damit Gesicht und Sehl ergötzen.

Nein es ist nicht mehr noht, mit welsch-vermischter Sprach
Der Außländer Wollust und Frewden zuerzehlen:
Teutschland empfacht dadurch weder Gespöt noch Schmach,
Sondern hat in sich selbs noch Frewd gnug zuerwöhlen.

7   Sebastian Rosenberger hat neuerdings, die bisherige Forschungslage aktualisierend, in einem umfassend und systematisch angelegten Aufsatz Weckherlins Position in den Horizont des Umbruchs zwischen Renaissance und Barock eingebettet:
„Weckherlin und der sprachpatriotische Diskurs des 17. Jahrhunderts. Eine diskurssemantische Analyse". In: *Privatmann* (wie Anm. 1), S. 89–126.
8   Zit. nach: *Georg Rudolf Weckherlins Gedichte.* Hrsg. von Hermann Fischer. Bd.
1. Darmstadt 1968. Nachdruck der 1. Auflage, Tübingen 1894 (Bibliothek des Literarischen Vereins in Stuttgart CXCIX), S. 3. – Im Folgenden zitiert mit der Sigle
F I. Texte des Folgebandes der Edition Fischers werden mit der Sigle F II und Seitenzahl belegt (*Georg Rudolf Weckherlins Gedichte.* Hrsg. von Hermann Fischer.
Bd. 2. Darmstadt 1968. Nachdruck der 1. Auflage, Tübingen 1895 [Bibliothek des
Literarischen Vereins in Stuttgart CC]). – Weckherlins Œuvre ist zum größten
Teil als Digitalisat im „Deutschen Textarchiv" verfügbar (Hinweis von Christian
Loos, Münster).

> Nein, es ist nicht mehr noht, der frembden Kunst und Witz,
> Erfindungen und Spihl unnachthunlich zuachten:
> Teutschland welches wol ist der Erfindungen Sitz,
> Theilet den frembden mit viel mehr Kunst zu betrachten. (F 78)

Die hier gepriesene deutsche Kultur, die nicht nur mit der ausländischen gleichgezogen habe, sondern sogar zu ihrem Vorbild geworden sei, vermittelt sich in mehr als bloß der eigenen, wenn vielleicht nicht vollkommenen, so doch mehr als konkurrenzfähigen Sprache, die sich in den Alexandrinern ausdrückt. Diese trägt vielmehr die gesamte, nunmehr überlegene Kultur, die der Rückblick auf den Festzug exemplarisch demonstriert. Greifen die beiden letzten, hier nicht angeführten Strophen die intensivierende Verklammerung durch die jeweiligen anaphorischen Eingangszeilen nicht mehr auf, so darum, weil in den ersten Strophen dem Stolz über das national Erreichte Genüge getan ist. Weitere Wiederholungen wären leere Beteuerungen. Stattdessen kann sich die emphatisch artikulierte Genugtuung des Patrioten dem konkreten Anlass zuwenden, der sie ausgelöst hat, den Prinzen und „Nymfen" nämlich, die im Defilee „ihre Läuf wie herschende Planeten" (F I 78) verrichteten und mit „süsser Influentz leuchteten wie Cometen." (F I 78) Diese zu Beginn des 17. Jahrhunderts keineswegs ungewöhnliche astrologische Bildlichkeit wird in der letzten Strophe stimmig überhöht durch einen Appell an Gott, dem das von ihm erschaffene Gestirn untersteht: Er solle die Deutschen veranlassen, getreu der Tugendhaftigkeit ihrer Vorfahren seine und ihre Ehre zu bewahren, „Wie freygebig Sie seind ihrer Reichthumb und Bluts" (F I 78).

Die kulturpolitisch basierte Befriedigung über das Erreichte ist nahezu jedem Gedicht Weckherlins, gleich welchen Anliegens und welcher Gattung, zumindest als Programm implizit; der Tenor dieses emanzipierten Selbstverständnisses ist tendenziell seinem gesamten Œuvre eigen. Die gelungene Form bereits kann ihm kulturpolitischer Inhalt sein. Beispielsweise führt Weckherlin in der Christian d. Ä. gewidmeten Ode (Nr. 81) des zweiten Buchs der *Oden und Gesänge* (1619) aus, nach seiner Erkenntnis begünstigten bislang die Musen die ausländischen Autoren. Er habe daher erwogen, „in Teutscher sprach | (Der unerfahrnen meinung nach | Zu grob) zuschreiben abzulassen." (F I 215) „Aber wär es nicht eine schand", ruft er sich selbst gleich zu Beginn der nächsten Strophe mit einer rhetorischen Frage zur Ordnung, „Wan ich auf diser meinung bleiben, | Und nicht solt mit getrewer hand | Von Euch ein lobgesang beschreiben?" (F I 215) Der Widerruf der ursprünglichen Versuchung, entweder in einer weniger „groben" Sprache zu schreiben oder den Plan ganz fallen zu lassen, hebt ab auf die allgemeine Befreiung von der „frembden" zugunsten der nationalen Sprache und somit Literatur. Beide haben mittlerweile ein dem fürstlichen Adressaten angemessenes Niveau erreicht. Dass die Reflexion auf die deutsche Sprache und ihre Anwendung in Weckherlins historischer Situation nicht überflüssig sind, zeigt das „Erklärung" (Nr. 103) betitelte Gedicht im selben Buch. Dort wirft der Verfasser bestimmten alamodischen „herren" vor, sie vermischten „Teutsch, Welsch und Latein | (Doch keines rein)" (F I 270). Komme es darauf an, fügt er ebenso spöttisch wie selbstsicher hinzu, spreche er „Welsch" besser als sie, die weniger über „witz" verfügten, als von „neid und haß" (F I 270) eingenommen seien. Insgesamt verdient sich Weckherlin so das Lob etwa Johann Küffers[9] in dem als Dedikation zur Ausgabe der *Gaistlichen und Weltlichen Gedichte* von 1641 nach 1648 übernommenen „Kling – Gedichte": Dieses Werk habe „derselb gemacht | Der erstlich unsre sprach widrumb in gang gebracht." (F I 298)

Nicht nur sporadisch, so ist angeklungen, tritt im Œuvre Weckherlins zur kulturpolitischen Intention eine realpolitische hinzu, die direkte Einflussnahme auf das öffentliche, machtgeprägte Geschehen bezweckt. Das ist besonders auf dem Hintergrund des Dreißigjährigen Krieges zu konstatieren, den Weckherlin von England aus verfolgt. Er muss, mehr und mehr verbittert, erkennen, dass die Entwicklung der von ihm so nachdrücklich erstrebten und partiell bereits etablierten kulturellen Einheit und Suprematie seines Vaterlands nicht zuletzt von der desaströsen Invasion ausländischer Staaten, selbst der von ihm favorisierten, konterkariert wurde. In der Konsequenz zeigt sich an der besagten Ode auf Christian von Braunschweig, dass Weckherlin sein unablässig verfolgtes, doch eben auch zunehmend gefährdetes kulturpolitisches Programm ins krass Agitatorisch-Propagandistische erweitert. Er tut das in diesem Falle vor allem durch die Wahl des apostrophierten Fürsten, ist dieser doch einer der prominentesten, aber auch umstrittensten Heerführer der protestantischen Kriegspartei. Für diese tritt der Lutheraner Weckherlin unnachgiebig und zuweilen mit paradoxem taktischem Kalkül ein, wie sein Lobgedicht auf den französischen

---

9   Dr. Johannes Küffer, angesehener Leibarzt des Herzogs von Württemberg und des Bischofs von Straßburg sowie Mitglied der „Tannengesellschaft", praktizierte in der Stadt und war im Zeitraum 1662–1665 als Herr der Ullenburg in der Ortenau Vorgesetzter seines Verwalters und Burgvogts Grimmelshausen.

Kardinal Richelieu als Feind des ebenfalls katholischen Habsburgers auf dem Wiener Kaiserthron belegt. „Weckherlins Haltung zum konfessionellen Konflikt in Europa bleibt bis zu seinem Tod die eines unversöhnlichen Kriegstreibers und protestantischen Fanatikers" (U IX), urteilt Ullrich scharf, doch im Grunde zutreffend, über dessen Œuvre – wobei indes der Aspekt der Wirksamkeit ausgespart bleibt. Immerhin könnte die eingangs zitierte Alliterationsreihe noch um das Wort „Parteigänger" erweitert werden.

IV.

Im Ensemble der Gedichte Weckherlins mit realpolitischem Thema nehmen vier Gedichte auf den schwedischen König Gustav II. Adolf eine besondere Stellung ein. Ihr Tenor steht bei dem entschieden protestantischen Autor von vornherein fest. Es handelt sich um drei Sonette und einen Langtext, bezeichnenderweise das umfangreichste Gedicht Weckherlins überhaupt. Die Trias der kurzen Texte ist in den *Gaistlichen und Weltlichen Gedichten* von 1641 enthalten und geschlossen in die Sammlung von 1648 übergegangen. Die Sonette weisen – auch um der Ehrung des hohen Adressaten willen – variantenreiche Reimschemata auf.

Das ursprünglich erstplatzierte Sonett mit dem scheinbar beiläufigen Titel „Von dem König von Schweden" (F I 425) ist auf 1631 datiert und trägt im Wiederabdruck den erweiterten, zweckoptimistischen bzw. trotzigen Widmungstitel „An den Unüberwindlichen König von | Schweden, etc. 1631." Es wendet sich also ursprünglich an den noch lebenden Fürsten, weswegen es 1648 relativ weit abgesetzt erst nach dem umfangreichen Nekrolog und den diesem unmittelbar folgenden beiden anderen Sonetten abgedruckt ist. Es erscheint jetzt in der Rubrik „Heroische und andere | Sonnet und Gedichte." (F II 306) Passend ist der Panegyrikus von Anfang an gegliedert durch eine Reihung pathetischer Apostrophen in drei Zeilenanfängen der Quartette: „O König" (Str. I, V. 1), „O Herrscher" (Str. I, V. 3), „O Held" (Str. II, V. 1). Dieser enthusiastisch angerufene „Mars, götlichen geschlechts, von der Errötter blut" (Str. II, V. 3), sei allein qualifiziert, „den Weltkraiß zu regieren" (Str. I, V. 1) und mit seiner „faust die welt zu sigen" (Str. I, V. 2). Überhaupt verfüge der Herrscher über alle herausragenden Tugenden und Eigenschaften, die nötig sind, den Feind zurückzudrängen und den Freunden im militärisch und religiös unterjochten „Teutschland" Zuversicht und Siegeswillen einzuflößen. Insbesondere die Terzette des Sonetts bieten geballt rhetorische Figuren auf, vor allem die vom Verfasser generell favorisierten dreigliedrigen „versus rapportati", die im Schlussterzett auf Korrespondenzen von zwei Wörtern und zuletzt eines herabgestuft werden.

Das zweite „Sonnet", 1648 stimmig eingereiht in „Georg-Rodolf | Weckherlins | Klag-Trawr- und | Grab-Schriften" (F II 271), befolgt – Symptom für Weckherlins relative Anpassung späterhin – fast mustergültig Opitz' metrische Richtlinien und konsequent das Reimschema des Petrarca-Typus. Es betrauert, so der Titel, „den Tod Höchstermelter Ihrer | Glor-würdigsten Königl. Mayt. | von Schweden." (F II 295) Gustavs Mut, beruhend auf seinen übergeordneten religiösen und weltlichen Tugenden, habe ihn, „(zu früh für uns)" (Str. I, V. 4), „in den himmel [...] versötzet." (Str. I, V. 4) Und zwar „Weil auch der erdenkraiß für dich zu eng und schlecht" (Str. I. V. 3), womit in Analogie zum Schicksal Christi die Schuld der Menschen anklingt. Mit vollem Recht sei der König in „die endlose frewd und ehr" (Str. III, V. 3) eingegangen, doch seien seine „bunds-genossen" (Str. IV, V. 1) im Leid zurückgeblieben, da seine Herrschaft, die er nun im Himmel so triumphal angetreten habe, auf Erden zu Ende gegangen sei. Konkreter und politischer gefasst: Es habe die tödliche Kugel „Der Teutschen Freyheit hertz und Tugent haupt verlötzet." (Str. II, V. 4) Diese Antithese von himmlischer Glorie des Königs und irdischem Leid der Verlassenen bestimmt somit die Struktur des Gedichts. Die motivische Trias aus Verdiensten des Herrschers, der Notlage bzw. Rettung der Protestanten sowie der Verderblichkeit des Feindes, die Weckherlins Gedichte auf Gustav Adolf generell dominiert, ist hier durch die apodiktische Feststellung von dessen Aufnahme in den Himmel akzentuiert. Die elaborierte Reihung von vornehmlich antik-mythologisch abgeleiteten Apotheosen im Langgedicht dann kommt, vom Umfang des Sonetts mitbedingt, noch nicht zur Geltung.

Obwohl der Titel des dritten Sonetts – „Von Höchstermelter Königl. Mayt. | Gustav dem Grossen." (F I 426) – es noch nicht deutlich zu erkennen gibt, liegt ein weiteres Nekrolog-Gedicht vor. Noch im ersten Quartett stellt das Bild „Der Helden Phoenix" (Str. I, V. 4) diesen Sachverhalt klar, bevor nach einigen entsprechenden Anspielungen die Klimax des zweiten Terzetts die definitive Information bietet: Gustav habe „vor, in, nach dem Tod, | Stehts unvergleichlich Groß den Sig, die Cron erhalten!" (Str. III, V. 2–3) Das Gedicht erhebt seinem Titel gemäß den toten König in den Rang des Großen, mit dem sich die Hoffnung auf phönixgleiche Wiederkunft verbindet. Was die gesteigerte Motivation des schwedischen Heeres auf dem Lützener Schlachtfeld nach dem Tod seines Feldherrn meint, verträgt – unbeschadet seines Opfers „für Got" (Str. IV, V. 1) – zusätzlich die Lesart eines zweiten allegorisierten Vogels, des sich für seine Jungen aufopfernden Pelikans: „Von keinem edlern blut, belebend die Soldaten, | Sah man iemahls schamroht der erden blaiche schoß." (Str. II, V. 3–4) Das ungewöhnliche Bild in herkömmlichem Farbkontrast besagt vor allem, dass die (gesamte) Erde, einem Leichentuch gleich, angesichts der ruchlosen Tat vor Scham errötet.

Insgesamt zeigt Weckherlins massiver Einsatz von rhetorischen Stilmitteln, dass er auch in seinen im Grunde für Sprödigkeit anfälligen politischen Gedichten deren Kunstcharakter betonen möchte. Zum Einen ist der hohe Grad der sprachlichen Ausschmückung der Bedeutung der gefeierten Persönlichkeiten angemessen. Zum anderen ist er, das sei wiederholt, gerade im Übergangsbereich vom Humanismus der Renaissance zum Barockzeitalter grundsätzlicher Art und damit unverzichtbar in Weckherlins Kampf um Gleichberechtigung und, wenigstens dem Anspruch nach, Überlegenheit der deutschen Sprache und Literatur im Wettbewerb mit den führenden Kulturnationen Europas.

V.

Die hier grob analysierten Sonette auf Gustav II. Adolf von Schweden dienen dem Autor offensichtlich inhaltlich und formal der Vorbereitung auf das erwähnte Langgedicht in der Amsterdamer Ausgabe von 1648. Zumindest liegen sie chronologisch jenem voraus. Der Schulung des Lesers für die angemessene Rezeption des „Ebenbilds" dient außerdem Weckherlins Alexandriner-Sonett „Über die Zusammenkunfft | König Jacobs zu Groß Britannien, | und Graf Ernsten von Manßfeld, etc. | 1624." (F II 332–333),[10] das im selben Band enthalten ist:

---

10 Vgl. Klaus Haberkamm: „Zusammenkunft". Traditionelle Deut-Muster in aktuellen politischen Gedichten Weckherlins. Mit einem Seitenblick auf Grimmelshausen. In: *Simpliciana* XXXIV (2012), S. 369–390.

Ja, die sterngucker frech, des blöden volcks einfalt
Zu schröcken, tröwen uns mit newen straf und kriegen
Dieweil sich dises Jahr Saturnus alt und kalt,
Und Mars voll blut und muht zusamen (seltsam) füegen.

Ich, steigend nicht so hoch, glaub, uns solt der gewalt,
Den diser Erden Stern außgiessen, wolvernüegen,
Als deren Gegenschein und würckungen gestalt
Das Volck verblinden kan, die Weisen nicht betriegen.

Darumb alßbald ich sah mit wunder und mit lust
Der Weißheit und Manheit Gestirn einander grüssen,
Als Manßfelds hertz gewan des Königs brust:

Der süsse glantz (sprach ich) den dise stern außgiessen,
Kan niemand dan den feind, dem sie allein verlust
Ja jamer, spot und tod bedeuten, sehr verdriessen.

Der Schlüsselbegriff im Titel des Gedichts, „Zusammenkunfft", hat zweifache Bedeutung: Er meint einmal die politisch motivierte Begegnung der beiden Männer – der König soll von dem deutschen Grafen bewogen werden, zugunsten der Protestanten in den Krieg einzutreten –, und zum anderen ist er astrologischer Terminus. Dessen deutschsprachiges Äquivalent ist eine „Konjunktion", die vermeintliche Vereinigung zweier (oder mehrerer) Planeten am Firmament.[11] Im Sonett sind das Saturn und Mars, die für den englischen Souverän und den deutschen Emissär stehen. Weckherlin – die „Ich"-Instanz darf ihm zugeordnet werden – hebt sich optimistisch ab von den „sterngucker[n] frech" (Str. I, V. 1), die des „blöden volcks einfalt" (Str. I, V. 1) erschrecken, indem sie als angeblich authentische astrologische Wahrsager Strafen und weitere Kriege drohend in Aussicht stellen. Ihre Begründung ist scheinbar stimmig, wenngleich, so die Konnotation, den betroffenen Menschen natürlich keineswegs willkommen: Im Jahr der Londoner Audienz, 1624, fügten sich realiter der Planet „Saturnus alt und kalt" (Str. I, V. 3) und der Planet „Mars voll blut und muht [...] (seltsam)" (Str. I, V. 4), also auf seltene und merkwürdig unheilvolle Weise zugleich, zusammen. Sie standen mithin in „Konjunktion". Diese

---

11   Hätte das 17. Jahrhundert von dieser optischen Täuschung gewusst – die „Wandelsterne" stehen in Wirklichkeit weit voneinander entfernt im Universum –, hätte Weckherlin das Sonett natürlich nicht als astrologisch strukturiert konzipieren können. Nach dem Fehlschlag der Londoner Konferenz war es sowieso gegenstandslos.

für die sublunare Welt außergewöhnlich schädliche Konstellation von,
der astrologischen Doktrin nach, „Großer Infortuna" (Saturn) und
„Kleiner Infortuna" (Mars) erläutert Grimmelshausens *Ewig-währender
Calender* allgemeingültig: „Jst böß [...] Händel und Zanck anfahen
[...]"[12], demnach auch Kriege, da sie schlimm und erfolglos endeten.
Diese übliche negative Auslegung des aktuellen Planetenstands passt
indes nicht zu Weckherlins panegyrischer Intention, weswegen er –
durchaus kompetent das astrologische Potenzial nutzend – eine Um-
und Aufwertung der involvierten „Wandelsterne" vornimmt. Es geht
ihm offensichtlich um die angemessene astrologisch-metaphorische
Erhöhung der beiden involvierten Personen. Er selbst aber will sich zu
diesem Zweck nicht in die kosmischen Dimensionen der Planeten
‚versteigen' (vgl. Str. II, V. 1), sondern sich mit „dieser Erden Stern"
(Str. II, V. 1–2), den irdischen „Stars", begnügen. Reiche doch der
„gewalt, | den [diese wie die realen Sterne] außgiessen" (Str. II, V. 3),
aus, zumal dieser – das Wort ist hier doppelsinnig – im Gegensatz zum
schädlichen Einfluss des Saturn und des Mars (politisch) günstig ist und
somit den Menschen (der protestantischen Kriegspartei) „wolvernüegen" (Str. II, V. 2) kann. Deren Feinde („Gegenschein und würckungen
gestalt" [Str. II, V. 3]), so führt der Autor die astrologische Bildlichkeit
fort, könnten zwar das (einfältige) Volk täuschen und verschrecken,
nicht aber die „Weisen" (Str. II, V. 4), die kundigen Gebildeten. „Gegenschein" bedeutet dabei zunächst folgerichtig die gegensätzliche,
gefährliche Kon-Stellation der „Opposition", dann aber auch den ho-
mogrammatischen politischen Begriff. Weckherlin konstatiert erfreut,
dass sich gemäß der von ihm genutzten systemimmanenten Möglichkeit
der Umwertung der Planeten, die ja als Gottheiten gelten, „Der Weißheit und Manheit Gestirn einander grüssen" (Str. III, V. 2), d. h. zur
„Konjunktion" vereinigen: Es hätten zwei (männliche) Herzen zueinander gefunden. „Manßfelds hertz", so der Dichter voreilig, „gewan des
König Jacobs brust" (Str. III, V. 3), der Abgesandte habe den König
überzeugt. Es sei somit zur Übereinstimmung in der beiderseitigen Einschätzung der politischen Lage und quasi zum Bündnis gekommen. Die
Charakterisierung dieser „Zusammenkunft" durch Weckherlin erliegt
umso mehr einem tragischen Irrtum, als das manieristische Bild eine

---

12 Johann Jakob Christoffel von Grimmelshausen: *Des Abenteurlichen Simplicissimi
    Ewig-währender Calender.* Faksimile-Druck der Erstausgabe Nürnberg 1671. Mit
    einem erklärenden Beiheft hrsg. von Klaus Haberkamm. Konstanz 1967,
    V. Materia, S. 145. – Der Text wird im Folgenden nach dieser Edition mit
    Sigle *EC* und Angabe der „Materia" und Seite zitiert.

zusätzliche Auslegung erlaubt: die Lesart nämlich, Mansfelds Herz sei in Jacobs' Brust gleichsam verpflanzt worden, gleichsam als Ersatz für dessen eigenes. Immerhin ist Weckherlins Metaphorik im Gedicht, von seiner astrologischen Kenntnis getragen, stimmig und angemessen. Er weiß, dass Saturn – und zwar seit der Florentiner Renaissance – auch als siderischer Gott der „Weißheit" aufgefasst wurde. Anders könnte er nicht „alte Leuth die in Herrschafft sitzen/ Geistliche/ Einsidler" (*EC* V 103) als seine „Planetenkinder" ‚regieren'. Entsprechend wird nunmehr, des Weiteren, aus dem übermütig-mutwilligen, blutigen („voll blut und muht") anderen Planeten die astrale Gottheit der Mannhaftigkeit und Tapferkeit. Die positive Kraft und Macht, die gemäß der Aufwertung der astrologischen Vergleichsgrößen von diesen beiden „Stars" ausgeht – so Weckherlins Resümee im zweiten Terzett –, gereicht dem politisch-militärischen Feind zu Verdruss, Schaden und Hohn, nicht aber der eignen Kriegspartei. Diese Fehlprognose Weckherlins entspricht ironischerweise dem ambivalenten Wesen der Astrologie, mag sie in diesem Fall auch weniger als Aberglauben denn als artistisches Medium Verwendung finden: Durchaus vom tatsächlichen Planetenstand des Jahres 1624 inspiriert, greift der Autor stilistisch „nach den Sternen", um dem Thema des aus seiner Sicht bedeutsamen politischen Gesprächs auf höchster Ebene literarisch gerecht zu werden. Gebildeter seiner Epoche, erweist er sich dabei als versierter Kenner, nicht etwa Anhänger, der Astrologie als einer der beherrschenden geistigen Mächte der Epoche, die in allen sozialen Schichten, wenn nicht immer kultiviert, so doch verstanden wird. Einmal mehr kombiniert Weckherlin im Sonett „Über die Zusammenkunfft" Jakobs I. und Mansfelds auf ästhetisch gelungene Weise sein kultur- mit seinem realpolitischen Engagement, mag er sich auch in der Sache eklatant irren. Dass er das inhaltlich verfehlte Gedicht dennoch 1648 abdruckt, macht außer seinem Selbstbewusstsein Gültigkeit und Nachhaltigkeit seines kulturpolitischen Anspruchs evident. Zugleich ermächtigt er sich auf diese Weise für den künstlerisch sublimierten Einsatz des Mediums Astrologie im großen Panegyrikus „Ebenbild" auf König Gustav Adolf wenige Jahre später.

VI.

Die Abteilung „Georg Rodolf Weckherlins Klag- Trawr- und Grab-schrifften" im „Vierten Buch" seiner Sammlung *Georg Rodolf Weck-herlins Gaistliche und Weltliche Gedichte*, Amsterdam 1648, wird von dem Epicedium mit dem Titel „Ebenbild" (F II 271) eingeleitet. Genau-er handelt es sich um „Des Grossen Gustav-Adolfen, etc. Ebenbild, Zu Glorwürdigster und unvergänglicher Gedechtnus Seines so schnellen als hellen Lebens-Laufs, Aufgerichtet Von G. R. Weckherlin. 1633." (F II 271) Datiert ist das Langgedicht somit auf das Jahr nach dem Tod des Schwedenkönigs in der Schlacht bei Lützen – wohl primär um seine Aktualität als Nekrolog zu betonen.[13] „Ebenbild" umfasst nicht weniger als 101 sechszeilige Alexandriner-Strophen[14] mit Schweifreim und ist damit, wie gesagt, der längste lyrische Text Weckherlins. Diese exzep-tionelle Zahl – herausgegriffen aus Dirk Werles umfassender Vorarbeit – ist natürlich als Ausdruck des großen Respekts für den toten Monar-chen zu werten, doch hat es noch eine andere Bewandtnis mit ihr. Auch die penible Nachzeichnung des Kriegsverlaufs der insgesamt siegrei-

---

13 Dirk Werle weist darauf hin, dass Paul R. Sellin „anhand zeitgenössischer Quellen zeigen [könne], dass das Gedicht zwar nicht unbedingt, wie von Weckherlin an-gegeben, 1633, aber doch zwischen 1634 und 1635 fertiggestellt gewesen sein muss [...]". (Dirk Werle: Weckherlin und das Epos. Zu „Des Grossen Gustav-Adolfen, etc. Ebenbild" [1648]. In: *Privatmann* [wie Anm. 1], S. 267–292, hier S. 274. – Im Folgenden zitiert mit der Sigle We.) Dieser Zeitraum wäre noch ab-gedeckt durch die selbstreferenzielle Angabe der 101. Strophe des Epicediums: „Und dises Ebenbild ward ihm [Gustav Adolf. K. H.] bald aufgerichtet [...]" (F II 295).

14 Die Bezeichnung der Strophen des „Ebenbilds" als „Sestinen" ist hier nicht ange-bracht. Zwar hat Weckherlin regelmäßige Sestinen in Alexandrinern in die deut-sche Lyrik eingeführt, doch handelt es sich dabei um eine Strophen- im Rahmen der gleichnamigen Gedichtform (vgl. z. B. die Verwendung von Sestinen-Strophen im „Doppelten Sechster, oder Stände." mit dem Haupttitel „Über meiner Myrten Tod" [F II 301–305]). – Das zweitlängste Gedicht im Gesamtœuvre Weckherlins, ebenfalls in sechszeiligen Alexandriner-Strophen und mit ähnlichem Titel wie das Lobgedicht auf Gustav Adolf, „Gemähldte Unvollkommenlich be-greiffend die unbegreiffliche Vollkommenheit, Damit, etc. Fraw Amelia Elisa-beth, Landgräfin zu Hessen, etc. gezieret." (F II 311–328), umfasst nur 77 Stro-phen. Der Panegyrikus, dessen Inhalt anfangs den Umzügen in den Fest-Beschreibungen ähnelt, setzt in der Synkrisis-Szene (Str. 14 und 15) die Landgrä-fin emanzipatorisch Herkules am „Schiedweeg" (Str. 14, V. 1) gleich.

chen schwedischen Armee bis 1633 bietet keine ausreichende Begründung. Werle hat eine im Ansatz plausible Deutung vorgelegt:

> Die auffällige Strophenzahl kommt vermutlich nicht zufällig zustande; es han-
> delt sich um die Überschreitung der ‚runden‘ Hundert um eins, die wiederum
> die Überschreitung der dreimal dreiunddreißig Lebensjahre Jesu Christi um eins
> darstellt. Diese doppelte Überschreitung wiederholt auf symbolischer Ebene die
> Thematik des Gedichts: Es geht um einen menschlichen Helden, der mit ande-
> ren menschlichen Helden unvergleichbar und allenfalls dem göttlichen Helden
> Jesus Christus vergleichbar ist. Sein im Gedicht wiedergegebener Lebenslauf
> erscheint ‚rund‘, das heißt, abgeschlossen und vollkommen wie die Zahl Hun-
> dert, nur sein betrauernswerter Tod am Ende zerstört diese Vollkommenheit, so
> wie die Hunderteins die Überschreitung und damit Zerstörung der Vollkom-
> menheit der Hundert darstellt. (We 268)

Werle zieht zu Recht die Zahlensymbolik heran, die – historisch weit
zurückreichend – vom Mittelalter in die Frühe Neuzeit überliefert wurde und, wie es scheint, Weckherlin grundsätzlich und nach Ausweis
dieses Langgedichts bis in wichtige Details bekannt war. Naheliegenderweise war diese Symbolik, die präziser als allegorisches System
der Hermeneutik zu verstehen ist, in ihrem Ursprung religiös fundiert.
Werle verweist daher zutreffend auf den vom Gedicht nachdrücklich
legitimierten Vergleich Gustav Adolfs mit Jesus Christus. Möglicherweise ist sogar die Datierung des Textes auf (16)33 ein heuristischer
Wink des Autors im Sinne des 3mal (!) in der Zahl 100 enthaltenen
Lebensalters Christi von 33 Jahren, das Werle in seiner Argumentation
einleuchtend bemüht. Jedenfalls hat die Literatur des 17. Jahrhunderts
die Zahl 33 bzw. 32 wiederholt in ‚symbolischer‘ Weise herangezo-
gen.[15] Hier erhält die „Überschreitung" Relevanz, die die tradierte Terminologie der Zahlensymbolik als „überschießende Eins" kennt. Diese
fungiert in der Exegese-Theorie als Steigerung der Ausgangszahl und
somit ihrer Signifikanz im Positiven oder Negativen. Je nachdem liegt
demgemäß eine Interpretation des von der allegorischen Zahl bezeichneten Sachverhalts, so die Bezeichnung aus dem Mittelalter, *in bonam
partem* oder *in malam partem* vor, was wesentlich vom Kontext abhängt. Die Multiplikation der von der Trinität hergeleiteten „heiligen

---

15 So umfasst Sigmund von Birkens kreuzförmiges Figurengedicht (1679), das den
    Körper des Kruzifixus sprachlich evoziert, seinen Paarreimen entsprechend 32
    Zeilen, soll doch Christus im 33. Lebensjahr gestorben sein. Der Text ist leicht
    zugänglich in: *Das Zeitalter des Barock. Texte und Zeugnisse*. Hrsg. von Albrecht
    Schöne. München 1963 (Die Deutsche Literatur 3), S. 694 u. 1088.

Zahl" 3 mit der graphematisch potenzierten 33 führt demzufolge im Gedicht Weckherlins zum ebenso „geheiligten" Resultat 99. Der im Sinne der Zahlensymbolik methodisch ebenso berechtigte „Überschuss" von eins führt, wie Werle ausführt, folgerichtig zur „heiligen" Zahl 100, die damit eindeutig als positive zu werten ist. Eine nochmalige „Überschreitung", diesmal der Zahl 100 um eins, steigert diese ins Perfekte, ja Göttliche. Das gilt mit Bezug auf Christus wie auch hier im „Ebenbild" mit Bezug auf Gustav Adolf, ohne dass Weckherlin blasphemisch agierte. Die Anzahl der Strophen des Langgedichts, fürs Erste 99 plus 1, deutet zunächst nach Werle auf den ‚runden', vollkommenen Lebenslauf Gustav Adolfs, der durchaus in Analogie zu Christi Leben vor dem Tod am Kreuz zu sehen ist. Diese Ähnlichkeit überbietet Weckherlin nun für Gustav Adolf über das Menschsein, d. h. den Status des Gottessohnes als Mensch, hinaus: „Dan als den feind Er vor, und dan den Tod bezwungen, | Hat er sich wider stracks dem Himmel zu geschwungen, | Von dannen Er nur kam zu schützen unser recht." (Str. 4, V. 4–6) Die Vorstellung des sterblichen Menschen ist um die des im Himmel residierenden Gottessohnes als Erlösers ergänzt und auf Gustav Adolf übertragen. Diese konsequente Exegese *in bonam partem* ist stimmig. Warum sollte diese klar angelegte Klimax unvermittelt in eine Deutung *in malam partem* umschlagen? Vielmehr erreicht der Autor mittels des formal-zahlensymbolischen Strukturelements seines Gedichts zusammen mit der adäquaten Fülle an dessen rhetorischen Mitteln als ‚Verstärkern' die maximale Überhöhung des postum gepriesenen Königs. Diese Art der Apotheose wird mehrmals auch inhaltlich flankiert. Beispielsweise heißt es in Strophe 94: „Damahl ist unser Held […]| Als wahrer Hercules dem Himmel zugefahren, | Da Er dann leuchtet klar ein Newes Nord-gestirn. […]" (F II 293) Durch die epochenübliche Kontamination von Mythologie und christlicher Lehre leitet Weckherlin noch in derselben Strophe vom Halbgott zur christlichen Gottheit als Referenzidolen für den toten König über. Die Versalie im Personalpronomen „Er" – schrifttechnisch sonst nur ‚Gott' und ‚Gottessohn' vorbehalten – hat auf diesen Übergang bereits vorbereitet: Gustav habe nämlich, so weiterhin Strophe 94, „Mit seinem thewren blut (siegreich) die welt gesegnet […]" (F II 293).

Dieses zentrale, das gesamte Gedicht durchziehende Motiv der Apotheose wird schon anfangs eingeführt und kulminiert an dessen Schluss: „Der Beschwörung des Heldenruhms Gustav Adolfs, seines Nachlebens nach dem Tod", stellt Werle fest,

[...] sind auch die letzten Strophen des Gedichts gewidmet, nach der knappen Beschreibung seines Todes, seiner Himmelfahrt und seiner Versetzung an den Sternenhimmel. Hier werden nacheinander verschiedene Modelle des Nachlebens vorgeführt, die nach der Darstellung des epischen Sprechers alle im Falle Gustav Adolfs in Kraft treten. [...] ‚des Nordsterns einfluß' (V. 586) entscheidet die Schlacht mit, das heißt, Gustav Adolf kann auch und gerade als überirdische, transzendente Instanz seinem Heer noch helfen. (We 290-291)

Der „Löwe aus Mitternacht", in Weckherlins Formulierung: der „Löw von dem Nord" (Str. 57, V. 5), mutiert in diesem Bild zum Nordstern, der als am Firmament stehender im buchstäblichen Sinn „überirdisch", streng genommen aber nicht „transzendente Instanz" ist. Weckherlin schreibt ausdrücklich, Gustav „leuchtet klar ein neues Nordgestirn", sei somit von der Erde aus deutlich erkennbar. Auch in irgendeiner ‚übersinnlichen' Bedeutung ist der Polarstern nicht transzendent, untersteht er doch – noch einmal – wie alles Gestirn nach biblischer Aussage seinem Schöpfer. Als zentraler, prinzipiell optisch präsenter Fixstern ist er vielmehr richtungweisend und bietet relevante Orientierungshilfe, die über Jahrtausende besonders Seefahrer ans Ziel brachte.[16] Mithin eignet er sich gut als Metapher für den siegreichen schwedischen Heerführer.

Weckherlin kommt es indessen vor allem auf die astrologische Funktion des Nordsterns an, scheint es. Normalerweise meint die Astrologie, wenn sie vom siderischen Einfluss auf den sublunaren Bezirk des Universums, einem wesentlichen Gedanken ihres Ideengebäudes, spricht, die sieben Planeten des ptolemäischen Weltbildes. Doch auch die Fixsterne besäßen diese Kraft, macht sie geltend. Grimmelshausens *Ewig-währener Calender* (1670), der als eine Art Lehrbuch der über Jahrtausende hinweg inhaltlich stabilen Astrologie auch rückwirkend für Weckherlin in Anspruch genommen werden darf, hält apodiktisch fest:

> Wann ein *Astrologus* nur auff die Zeichen und der Planeten Natur sehen und nicht auch zugleich auff der *Stellarum fixarum* Natur/ zu welchen die Planeten sich verfügen fleissig acht haben will/ der wird in seinen *Judiciis* offt betrogen werden/ und offtmahl das Widerspiel urtheylen [...]. (*EC* V 183)

---

16 Bezeichnenderweise wird Gustav Adolf charakterisiert als „Steurmann in dem Sturm den Sternen nachzusehen" (Str. 31, V. 5). Möglicherweise vertreten hier die Sterne als Sternbilder den Fixstern, weil auch sie eine gewisse Orientierungshilfe bieten.

Auf diesem Hintergrund setzt Weckherlin den Nordstern metaphorisch in seinem Gedicht ein und bedient sich souverän des kulturgeschichtlich bedeutsamen astrologischen Materials. Er weiß um die dominanten geistigen Strömungen seiner Epoche und hat erkannt, dass dieses System[17] sich für den Zweck der höchsten poetischen Erhebung seines Helden vorzüglich eignet. Er spricht daher ex- und implizit mehrmals von „des Nordsterns einfluß", den – Determinismus gehört unabdingbar zur Astrologie – „der feind nicht vermeyden" (Str. 98, V. 4) könne. Der zentrale, der Vergänglichkeit nicht unterworfene Stern, d. h. nach allegorischer Signifikanz Gustav Adolf noch postum, vermag mit seinem „Einfluss" im wörtlich-astrologischen Sinne dem schwedischen Heer zum Siege zu verhelfen, weil es „mit aufgehabnen händen | Ersuchet Got, mit Lob, daß sein werck zu vollenden, | (*Durch ihres sterns krafft starck*)[18] sie niemahl würden mat." (Str. 99, V. 4–6) In diesen Versen thematisiert der Autor *en passant* eines der fundamentalen theologischen Probleme seines Zeitalters, die Spannung zwischen eigentlich heidnischer Astrologie und christlicher Dogmatik: Gott als die einzig mögliche transzendente Instanz kann das Gebet der Menschen, hier der Soldaten, erhören und mit Hilfe seines Mediums Nordstern den Sieg verleihen. Christen- und Heidentum gehen auch in diesem Fall eine prekäre, doch praxistaugliche und -bewährte Symbiose ein. Damit ist in Weckherlins Gedicht die Voraussetzung dafür geschaffen, dass die tröstliche Inschrift – die Werle als ein separates, einmal mehr „transzendentes Modell des Nachlebens" (We 291) Gustavs wertet – dauerhaft und „klar an dem Himmel scheinen" (Str. 101, V. 2) kann: „Gleichloß ist ewiglich Gustav Adolf der Groß." (Str. 101, V. 6), lautet die letzte Zeile des Langgedichts. Die in der Regel nur durch kundige Auslegung verständliche astrologische Schrift der Sterne manifestiert sich hier offen. Gerade der Zusammenhang zwischen Nordstern und „überschrifft" (Str. 101, V. 5), die, von gleicher astrologischer Substanz, am Firmament einander bedingen, lässt es nicht zu, den numerischen „Über-Schuss" der letzten Strophe des Panegyrikus *in malam partem* zu interpretieren. Wie auch sonst ließe sich die pointiert positive Sentenz der Schlusszeile deuten? Die vermeintliche „Zerstörung der

---

17 Die Astrologie ist nach Ernst Cassirer, „rein formal gefaßt, einer der großartigsten Versuche systematisch-konstruktiver Weltbetrachtung, der je vom menschlichen Geist gewagt wurde." (Ernst Cassirer: Die Begriffsform im mythischen Denken. In: ders.: *Wesen und Wirkung des Symbolbegriffs.* Darmstadt [5]1976, S. 1–70, hier S. 35. Ursprünglich in: *Studien der Bibliothek Warburg* 1. Leipzig, Berlin [2]1922.)
18 Intensivierende Kursivierung abweichend vom Original.

Vollkommenheit der Hundert" ist im Gegenteil die Aufgipfelung des dichterischen und zugleich politischen Lobs Gustav Adolfs.

VII.

Dezidiert charakterisiert Dieter Breuer den politischen Lyriker Weckherlin – somit auch den Verfasser der Gedichte auf Gustav II. Adolf – mit negativer Akzentuierung. Für ihn ist der Autor „politischer Agitator", der nicht bemerke,

> [...] daß die Werte, auf die er sich beruft, die alte teutsche Aufrichtigkeit, Redlichkeit und Treue, die ständische teutsche Freiheit, die Aufrechterhaltung von des ‚Reichs Gesatz/ stand/ wahl' [...], gerade durch den von reformierter Seite betriebenen Verfassungsbruch in Böhmen und die bedenkenlose Beiziehung auswärtiger Mächte bedroht und entwertet werden und das Reich schließlich zur Beute der Fremden wird. (B 125)

Breuer führt weiterhin eine „zum Krieg antreibende Ode" (B 125) Weckherlins an, spricht von „versifizierte[r] Popaganda für protestantische Heerführer" (B 125) und seiner Parteinahme für den König, der Schweden „auf Kosten des Reiches den Rang einer europäischen Großmacht verschaffte" (B 125), sowie die „Reichsfeinde" (B 125) Oxenstierna und Richelieu unterstütze. „[...] solch hartnäckiges Engagement noch 1647/48", resümiert Breuer, „im Namen einer obsolet gewordenen Verquickung von Religion und Politik, die die Verwüstung und politische Schwächung des Reiches bewirkt hatte, wirft Schatten auf Weckherlin." (B 126) Diese „– meist taktvoll übergangene – dunkle Seite" (B 126) des Autors entspringe seinem „kompromißlosen, unbändigen konfessionellen Freiheitsdrang, von dem nicht einmal seine Psalmenübertragungen ausgenommen sind" (B 126), mag dieser auch Weckherlins „beeindruckender Freiheit und Natürlichkeit des Verses" (B 126) korrelieren. Der politisch wirksame Weckherlin scheint damit definitiv etabliert zu sein, doch dürfte es sich hier um den lediglich kleiner dimensionierten, weil auf den Dichter Weckherlin bezogenen Befund Herfried Münklers handeln, dass „in der katholischen Historiographie [...] der Schwedenkönig Gustav Adolf als Aggressor und Eroberer [erschien], während in der protestantischen Historiographie der imperialen Politik Spaniens und des Kaisers eine vergleichbare Rolle zukam [...]".[19] Der Aspekt der Wirksamkeit der Gedichte bleibt dabei offen.

Nicola Kaminski betont längere Zeit nach Breuers Statement den literarischen Aspekt im politischen Œuvre Weckherlins. Der „Hofdichter" schreibe „am Nerv einer politischen Aufbruchsbewegung" und flankiere „die Realisierung einer protestantischen Reichsutopie poetisch [...]".[20] Wo Weckherlin dichte, stünden „die Texte unmittelbar politisch-agitatorisch in funktionalen Zusammenhängen." (K 185) Durchaus seien die auch von Kaminski fokussierten Gedichte auf den Schwedenkönig „im Dienst des protestantischen Freiheitskampfes" (K 123) verfasst. „[...] all diese Gedichte", zieht die Verfasserin das Fazit, „situieren sich vorhanden nicht auf poetischem, sondern auf aktuell politischem Parkett und werben – wiewohl als ‚Exilliteratur' – mit unvermindertem Einsatz um ‚inter-nationale' *alliances* für ein protestantisches, nein, ein nichthabsburgisches Deutschland." (K 185) Der Verweis auf zumindest einen Teil von Weckherlins Œuvre als ‚Exilliteratur' impliziert nun freilich eine gewisse Skepsis gegenüber der Wirksamkeit des politischen Poeten. Sie wird durch die Information verstärkt, die Panegyrik auf Gustav Adolf sei „offenbar im vergeblichen Bemühen, eine Stellung in schwedischen Diensten zu erlangen" (K 185, Anm. 278), geschrieben worden. Mögen auch einzelne Gedichte an den Stockholmer Kanzler Oxenstierna gelangt sein – Weckherlins Briefe beantwortete dieser nicht –, kann tatsächlich von breit wirkender politischer Agitation, gar in Deutschland, nicht die Rede sein. „Vor die literarische Öffentlichkeit (somit a l s poetische)", konstatiert Kaminski entsprechend und markiert damit einen gewichtigen Aspekt der Einschätzung von Weckherlins politischem Wirken,

> [...] treten diese Texte allerdings erst 1641 im zweiten [!] Band der *Gaistlichen und Weltlichen Gedichte* – zu einem Zeitpunkt, da ihre unmittelbaren Adressaten zum größten Teil längst tot sind und die sie feiernden Gedichte so zum Mausoleum vergangener protestantisch-nationaler Zukunft erstarren. (K 186)

Diese hätten somit „der Entdiskursivierung poetischen Schreibens im Dienst der Politik in den vorangegangenen zwei Jahrzehnten nun mit

---

19   Herfried Münkler: *Der Dreißigjährige Krieg. Europäische Katastrophe, deutsches Trauma. 1618–1648.* Berlin 2017, S. 18.

20   Nicola Kaminski: *Ex Bello Ars oder Ursprung der „Deutschen Poeterey".* Heidelberg 2004 (Beiträge zur neueren Literaturgeschichte. Dritte Folge 205), S. 123. – Im Folgenden zitiert mit der Sigle K und Seitenzahl.

gezielter ästhetischer Re-Diskursivierung" (K 186–187) entgegenge-
steuert. Konform mit dieser ‚Entpolitisierung', d. h. der politischen
Ineffizienz, macht der Autor gegenüber potenziellen Kritikern in der
Vorrede zur Sammlung von 1641 geltend, sie mögen

> [...] sich vilmehr verwundern, daß in so vielen unnachlässigen Geists und Leibs
> Müh, Arbeit und Bewegungen [als politischer Sekretär in England, K. H.] ich
> so vil poetisiert, und nicht lieber den Musen und der Teutschen Sprach gar ei-
> nen Schidbrief und ewiges urlaub gegeben. (F I 295, Anm.)

Dieses „Poetisieren" schließt durchaus die politische Lyrik ein. Doch
ist zum Zeitpunkt der Veröffentlichung der *Gaistlichen und Weltlichen
Gedichte* Weckherlins im Jahr des westfälischen Friedensschlusses,
was deren allgemeine Durchschlagskraft und Wirkung angeht, eviden-
termaßen die Situation noch ungünstiger als 1641. Selbst bei unterstell-
ter Verfügbarkeit des in Amsterdam verlegten Bandes bei den höchste
politische Aufmerksamkeit absorbierenden Verhandlungen in Münster
– geschweige denn im Reich generell – dürften die Gedichte, selbst die
einschlägig politischen, kaum Beachtung gefunden oder gar Einfluss
ausgeübt haben. Wie der Diplomat und Beamte Weckherlin darf der
Autor Weckherlin kein Politiker *stricto sensu* sein. Relativierende Thesen wie die Leonard Forsters oder Paul Sellins gewinnen daher an Gewicht.[21]

Waren Weckherlins politische Gedichte, insbesondere die auf Gustav Adolf, als effektive politische Medien intendiert, so ist er mit dieser
Zielsetzung umständehalber tragisch gescheitert. Er selbst stuft sie gegen Ende seiner Karriere gewissermaßen als Belege seines Engagements und seines Fleißes als Dichter in der Auseinandersetzung mit

---

21 Für Forster habe der Autor zwar „mit seiner Dichtung einen bescheidenen Beitrag
    zur protestantischen Sache im großen Kriege liefern [wollen]. Seine spätere Dich-
    tung ist somit die patriotische Leistung eines im Ausland lebenden Deutschen, der
    leidenschaftlich Anteil nimmt an den innerdeutschen Ereignissen und dem Schick-
    sal seines ganzen deutschen Vaterlandes." (Fo 168–169) Doch letztlich „war seine
    Dichtung ein Stück Heimat" (Fo 168), somit eher für ihn selbst relevant. – Werle
    hält Sellins – exemplarisch verstehbare – Vermutung für „plausibel, dass politi-
    sche Gründe Weckherlin die Zurückhaltung des Gedichts [„Ebenbild", K. H.] na-
    helegten, in dem er den Schwedenkönig Gustav Adolf als unvergleichlichen Heros
    inszeniert, obwohl er am Hofe des englischen Königs angestellt war." (We 274)
    (Paul R. Sellin: Michel Le Blon and England II: Genesis and Fortunes of G. R.
    Weckherlin's Elegiac Lament „Des Grossen Gustav-Adolfen Ebenbild". In: *Dutch
    Crossing* 22 [1998], S. 53–84.) In diesem Fall hätte es sich ironischerweise ledig-
    lich um egoistische politische Gründe gehandelt.

vielfältigen Widerständen ein. Von irgendeinem realpolitischen Einfluss, den sie gehabt haben könnten, spricht er nicht, kann er nicht sprechen. Als lyrischer Autor aber, auch der explizit politischen Texte, hat er seine selbstgewählte kultur-politische Mission unstrittig erfüllt.

DIETER MARTIN (Freiburg)

Johann Balthasar Schupps *Salomo oder Regenten-Spiegel* (1657) zwischen biblischer Orientierung und lebensweltlicher Erfahrung

Recherchiert man nach Vorbildern für Grimmelshausens *Ratio Status* (1670), dann stößt man in der älteren und jüngeren Forschung gelegentlich[1] auf Johann Balthasar Schupps 1657 erschienenen Traktat über den biblischen *Salomo*. Die Gründe für die Assoziierung dieser beiden Werke liegen auf der Hand: Wie Grimmelshausen seine *zweyköpffige* Personifikation des aktuellen politischen Kampfbegriffs *Unter der Histori des waidlichen Königs Saul/ des sanfftmütigen König Davids/ des getreuen Printzen Jonahtæ/ und deß tapffern Generalissimi Joabi entworffen* hat,[2] so hatte bereits Schupp sein *Vorbild eines guten Regenten* nach einer großen Figur des Alten Testaments *entworfen*, nämlich (wie

---

1 Zuerst wohl Fritz Sternberg: *Grimmelshausen und die deutsche satirisch-politische Literatur seiner Zeit.* Triest 1913, S. 157: „Wahrscheinlich verdankt *Grimmelshausen* die erste Anregung zu seinem Traktate: ‚*Ratio Status*‘ der Schrift *Schupps: Salomo oder Regentenspiegel*, die ihrerseits deutlich an *Reinkings Biblische Polizey* anklingt"; vgl. sodann die Hinweise bei Stefan Trappen: *Grimmelshausen und die menippeische Satire. Eine Studie zu den historischen Voraussetzungen der Prosasatire im Barock.* Tübingen 1994, S. 168–189 (allg. zu Schupp) und S. 335–336 (zum *Salomo* im Kontext der ‚biblischen Policey‘); Andrea Wicke: Grimmelshausens Stellung zu den politiktheoretischen Diskursen seiner Zeit. In: *Simpliciana* XXVI (2004), S. 297–320, hier S. 216 (Anm. 49); Monte Adair: *Staatsraison bei Grimmelshausen. Eine inhaltliche Untersuchung zum Verständnis von* Ratio Status *als Krisenbegriff des Widerstandes gegen den Absolutismus in Deutschland im 17. Jahrhundert.* Diss. Frankfurt a. M. 2007, S. 87 und S. 116; Eric Achermann: Selbsterhaltung, Klugheit und Gerechtigkeit. Zur politischen und theologischen Anthropologie in Grimmelshausens „Ratio Status". In: *Simpliciana* XXXIV (2012), S. 43–78, hier S. 63–64.

2 Hans Jacob Christoffel von Grimmelshausen: *Simplicianischer Zweyköpffiger Ratio Status, lustig entworffen Unter der Histori des waidlichen Königs Saul/ des sanfftmütigen König Davids/ des getreuen Printzen Jonahtæ/ und deß tapffern Generalissimi Joabi.* Nürnberg: Felßecker 1670 (VD 17: 23:233095F).

der Titel des Erstdrucks sagt) *aus den Eilff ersten Capituln des ersten Buchs der Königen.*[3]

Allerdings monierte die jüngere Forschung, besonders Stefan Trappen, ganz zurecht, dass keineswegs eine exklusive Anregerrolle Schupps für Grimmelshausens biblisch-politisches Denken anzusetzen sei, da beide Werke einem weiten Feld von Schriften angehörten, das sich – mit dem Titel von Theodor von Reinkingks für den deutschen Sprachraum prägender Abhandlung[4] – als ‚biblische Policey' bezeichnen lasse.[5] Trappens Bestimmung dieser „umfangreiche[n] Gruppe" von Texten als ein Corpus, das wesentlich „durch gemeinsame Absichten, Argumentationsstrategien und Inhalte miteinander verbunden" sei, bleibt jedoch zu vage, um ein Werk wie Schupps *Salomo* hinreichend zu charakterisieren.[6] Weil Trappen die „literarische[n] Merkmale" ‚biblischer Policeyen' explizit „nicht" als gattungsverbindende Kennzeichen verstanden wissen will,[7] klammert er die textuelle Faktur der Werke fast ganz aus und begnügt sich mit der Feststellung, Schupps

---

3   [Johann Balthasar Schupp:] *Salomo Oder Vorbild eines guten Regenten/ aus den Eilff ersten Capituln des ersten Buchs der Königen entworfen/ und andern Gottsfürchtigen und sinnreichen Politicis auszuführen nnd* [sic!] *zu elaboriren überlassen von Antenorn* [Ps.] *einem Liebhaber der H. Schrifft.* Hamburg: Pfeiffer 1657 (VD 17: 23:251244Z). Nach diesem unpaginierten Erstdruck wird durch Angabe der Bogenzählung im laufenden Text zitiert (soweit erforderlich, ergänzt durch die vorangestellte Angabe des Teils).

4   Theodor [oft auch: Dietrich] von Reinkingk: *Biblische Policey/ Das ist: Gewisse/ auß Heiliger Göttlicher Schrifft zusammen gebrachte/ auff die drey Hauptstände* [...] *gerichtete Axiomata, oder Schlußreden* [...]. Frankfurt a. M.: Porsch 1653; VD 17 verzeichnet vier Druckvarianten dieser Erstausgabe (23:325928Q, 547:689242N, 14:667862T und 7:709661R) und nennt ferner die Ausgaben Frankfurt a. M. 1656 (39:134636K), Frankfurt a. M. 1663 (12:107034Q), Lübeck um 1670 (39:153491B), Frankfurt a. M. 1670 (14:697638T) und Frankfurt a. M. 1681 (3:604310L und 7:712211K).

5   Trappen, *Satire* (wie Anm. 1), S. 334–335. Angemerkt sei, dass Trappen einige Ungenauigkeiten unterlaufen. So wird Reinkingks *Biblische Policey* auf 1656 datiert (vgl. dagegen Anm. 4). Auch vermag Trappen den bei Andreas Hollender: *Spiegel guter und böser Regenten/ Jm Lebens-Lauff der XIX. Könige Juda* [...]. *Zeigend gute und böse Regiments-Regulen/ Rationes Status* [...]. Frankfurt a. M.: Hallervord 1682 (VD 17: 39:123660A), S. 2, gegebenen Hinweis auf „Herrn D. Leblavven in illustrato DAVIDE" nicht aufzulösen; gemeint ist Jacob Le Bleu: *David illustratus.* Gießen: Chemlin 1658 (VD 17: 12:102552T).

6   Trappen, *Satire* (wie Anm. 1), S. 335.

7   Trappen, *Satire* (wie Anm. 1), S. 335.

Salomo sei „kaum etwas anderes als ein Kommentar" der im Titel genannten biblischen Bücher.[8]

Vor dem Hintergrund der – im Blick auf Schupp – nach wie vor
recht defizitären Forschungslage[9] soll im Folgenden der *Salomo* weit-
gehend deskriptiv vorgestellt, seine spezifische literarische Machart im
Vergleich mit anderen exegetischen Textmodellen profiliert und das
Werk so als charakteristischer Beitrag zum politischen Diskurs seiner
Zeit gewürdigt werden.

I. Formale Anlage: Protokoll einer mündlichen Lektion

Johann Balthasar Schupp veröffentlichte sein „*Tract*ätlein" (II, E 8ʳ)
erstmals im Jahre 1657 unter dem Titel *Salomo Oder Vorbild eines
guten Regenten* bei Michael Pfeiffer in Hamburg. Das Werk entstand
wohl kurz vor der Drucklegung, die durch den „Krieg zwischen den
beyden Nordischen Königen" (ebd.) behindert war,[10] und bescherte
Schupp einen beachtlichen Erfolg, lassen sich doch zu Lebzeiten des
1661 verstorbenen Autors mit Gerhard Dünnhaupt sechs, in VD 17 gar
acht verschiedene Einzeldrucke ermitteln.[11] Während der Text des *Sa-*

---

8   Trappen, *Satire* (wie Anm. 1), S. 338.
9   Eine Spezialstudie zum *Salomo* fehlt bislang. Nach wie vor brauchbar sind die
    verstreuten Hinweise bei Hildegarde E. Wichert: *Johann Balthasar Schupp and
    the Baroque Satire in Germany*. New York 1952, bes. S. 21–22, 28, 31 u. 77–78.
    – Jens Wolff: Geplagter Hiob. Johann Balthasar Schupp als „theologicus ex-
    perientiae". In: *Hamburg. Eine Metropolregion zwischen Früher Neuzeit und Auf-
    klärung*. Hrsg. von Johann Anselm Steiger und Sandra Richter. Berlin 2012,
    S. 157–172, bietet zwar eine Einzelanalyse zu Schupps mit dem *Salomo* ver-
    gleichbarem Traktat *Der geplagte Hiob* (1659), operiert allerdings mit einem his-
    torisch unangemessen, philosophisch aufgeladenen Erfahrungsbegriff und erklärt
    das Werk zu einem „Schlüsseltext der Frühen Neuzeit" (S. 170).
10 Davon ausgehende Rückschlüsse auf die Entstehungszeit (Sommer 1656?) ver-
    sucht Carl Vogt: Johann Balthasar Schupp. Neue Beiträge zu seiner Würdigung.
    In: *Euphorion* 16 (1909), S. 6–27, 245–320, 673–704; 17 (1910), S. 1–48, 251–
    287, 473–537; 18 (1911), S. 41–60, S. 321–367; hier 16 (1909), S. 293–294.
11 Gerhard Dünnhaupt: *Personalbibliographien zu den Drucken des Barock*. Zweite,
    verbesserte und wesentlich vermehrte Auflage des *Bibliographischen Handbuches
    der Barockliteratur*. Tl. V. *Praetorius–Spee*. Stuttgart 1991, S. 3847–3894, hier
    S. 3873–3874 (Nr. 59.1–6). – Im VD 17 sind folgende Ausgaben genannt: Ham-
    burg 1657 (23:251244Z; vgl. Dünnhaupt 59.1); Hamburg 1657 (23:299249L;

lomo in diesen teils unautorisierten Nachdrucken nur in Details abweicht, setzt sich seit den Ausgaben von 1658 die Titelvariante *Salomo
Oder Regenten-Spiegel* durch, die auch in den postum von Schupps
Söhnen Anton Meno und Jost Burckhard edierten Hanauer und Frankfurter Ausgaben der *Schrifften*[12] respektive *Lehrreichen Schrifften*[13]
ihres Vaters beibehalten wurde.

Der endgültige Werktitel rückt den *Salomo* in die Tradition des
Fürstenspiegels. Diesem Gattungsmodell entspricht zwar noch die
Widmung an den Reichsgrafen Christian von Rantzaw (1614–1663)
(A 1ᵛ), dem bereits Georg Philipp Harsdörffer seinen *Grossen Schau-
Platz Lust- und Lehrreicher geschichte* (1648) zugeeignet hatte.[14] Doch
schon in der anschließenden Widmungsvorrede weicht Schupp von den
Konventionen ab. Statt sein Werk als systematische Ausarbeitung eines
Fürstenideals zu konzipieren, beansprucht er für den *Salomo* gerade

nicht bei Dünnhaupt genannte Druckvariante des Erstdrucks, „ab Lage B anders
gesetzt als 23:251244Z"); o. O. 1658 (39:150651Y; vgl. Dünnhaupt 59.2, dort
wohl im Detail fehlerhafte Titelaufnahme); o. O. 1658 (1:051762V; vgl. Dünnhaupt 59.3, dort wohl im Detail fehlerhafte Titelaufnahme); o. O. 1658
(12:639119Z; nicht bei Dünnhaupt genannte Variante zu den beiden vorgenannten
Drucken); o. O. 1659 (12:639121V; vgl. Dünnhaupt 59.4); o. O. 1659
(3:671382F; vgl. Dünnhaupt 59.5, allerdings lt. VD 17 mit realem Autornamen im
Titel); o. O. 1660 (3:601883T; vgl. Dünnhaupt 59.6).

12 Johann Balthasar Schupp: *Schrifften.* [Hanau 1663], S. 1–128 [Dünnhaupt 2.1;
    VD 17 unterscheidet drei Druckvarianten: 3:310815E; 3:301668A; 1:088319K];
    der Text dieser Ausgabe ist digital zugänglich in: http://www. deutschestextar-
    chiv.de/book/show/schupp_schrifften_1663; Abruf 23.07.2019.

13 Johann Balthasar Schupp: *Lehrreiche Schrifften* [...]. Frankfurt a. M.: Wust 1677,
    S. 1–123 [Dünnhaupt 2.2; VD 17: 23:298677G]; weitere Auflagen Frankfurt
    a. M.: Wust 1684 [Dünnhaupt 2.3; VD 17: 39:153925P]; Frankfurt a. M.: Wust
    1700 [Dünnhaupt 2.4; VD 17: 1:668234L]; Frankfurt a. M.: Wust 1701 [Dünn-
    haupt 2.5]; Frankfurt a. M: Zunner, Jung 1719 [Dünnhaupt 2.6]. – Ausführlich re-
    feriert und über ganze Passagen wörtlich zitiert wird Schupps *Salomo* ferner in:
    *Monatliche Unterredungen Einiger Guten Freunde Von Allerhand Büchern und
    andern annehmlichen Geschichten.* Allen Liebhabern Der Curiositäten Zur Er-
    getzlichkeit und Nachsinnen heraus gegeben [von Wilhelm Ernst Tentzel]. Aprilis
    1697. [Leipzig:] Fritsch 1697, S. 261–349.

14 Georg Philipp Harsdörffer: *Der Grosse SchauPlatz Lust- und Lehrreicher ge-
    schichte Erster und Andrer Theil. Mit vielen merkwürdigen Erzehlungen* [...]
    ausgezieret und eröffnet. Nürnberg: Pillnhofer 1648, fol. (:) 2ᵛ–6ʳ. Harsdörffer un-
    terzeichnet seine Widmungszuschrift, der er ein lateinisches Epigramm und ein
    ebenfalls lateinisches Anagrammgedicht anschließt („Rantzovius per anagramma.
    virtus zona"; fol. (:) 6ᵛ–7ʳ), mit seinem Gesellschaftsnamen der Fruchtbringer
    (‚Der Spielende') und adressiert den 1636 in diese Sozietät aufgenommenen
    Rantzau mit dessen Fruchtbringernamen ‚Der Gezierte'.

umgekehrt die Lizenz genetisch bedingter Improvisation: „gegenwertiges Tractätlein" habe er „vergangenen Sommer [...] innerhalb wenig Tagen" seinem „Diener/ nach der Mahlzeit/ *inter obambulandum,* in die Feder *dictirt"* (A 2ᵛ); und statt es „besser [zu] *elaboriren"* (ebd.), habe er das „nur entworffene/ und nicht *elaborirte* Tractätlein" (A 3ᵛ) „mit fleiß" im ursprünglichen skizzenhaften Stadium belassen (A 2ᵛ). Das ist wohl nicht nur eine entschuldigende *Captatio benevolentiae,* sondern mehr noch eine programmatische Rechtfertigung bewusster Anti-Systematik.

Johann Balthasar Schupp: *Salomo Oder Vorbild eines guten Regenten.* Hamburg 1657.

Inhaltsübersicht (in Klammern Seitenanzahl der jeweiligen Abschnitte)

Diesem anti-systematischen Impetus entspricht, dass Schupp seine Abhandlung in einen fiktionalisierten Rahmen einbettet, der aus der Vorrede das Paradigma ‚konzeptioneller Mündlichkeit' aufnimmt, die dortige Adressierung an einen adligen Herrn jedoch zugunsten einer dezidiert bürgerlichen Gesprächssituation aufgibt: „*Antenor,* ein Liebhaber der H. Schrifft", so berichtet eingangs ein heterodiegetischer Erzähler, sei an einem „müssigen und ruhigen Tag" von „*Philanderson",* dem Sohn seines Freundes „*Philander",* aufgesucht worden (A 5ʳ). Philanderson habe Antenor einen Brief seines Vaters überreicht, in dem dieser den Freund gebeten habe, dem studierwilligen Sohn „einen guten Rath" für den anstehenden Universitätsbesuch zu geben (A 5ᵛ). Trotz pseudonymer Einkleidung – Antenor, den Namen eines weisen trojanischen Greises, hat Schupp seit dem *Salomo* mehrfach für sich selbst genutzt,[15] und Philander verweist selbstverständlich auf Johann Michael Moscherosch, Schupps satirischen Zeitverwandten – und trotz des Verzichts auf Orts- und Zeitangaben wird eine real gut vorstellbare Situation entworfen. Sie bietet der Hauptfigur Antenor, die fortan über weiteste, nur von kurzen Erzählerinterventionen unterbrochenen Strecken das alleinige Rederecht innehat, zunächst den Anlass zu einer breiten Invektive gegen akademisch-weltfremde Pedanterie (A 5ᵛ–10ᵛ),[16] der er

---

15 Antenor, nach Homer (*Ilias* III 148–152 und 203–208) ein weiser trojanischer Greis, genießt ein zweifelhaftes Image, weil spätere Autoren seine Gastfreundlichkeit gegenüber den Griechen als Verrat auslegten. Dante bezeichnet nach ihm den neunten Kreis der Hölle als „Antenora" (*Inferno* XXXII 88). Vgl. mit weiteren Nachweisen Richard Wagner: Antenor 1). In: *Paulys Realencyclopädie der classischen Altertumswissenschaften*. Neue Bearbeitung. Hrsg. von Georg Wissowa. Bd. I. 2: *Alexandros bis Apollokrates*. Stuttgart 1894, Sp. 2351–2353. – Die Motive für die Wahl des Pseudonyms Antenor, mit dem Schupp im *Salomo* sowohl den Autor wie die erzählte Figur bezeichnet, das er 1657 auch im *Lucidor* (vgl. unten Anm. 18) nutzt und das sodann häufiger in den polemischen Auseinandersetzungen mit seinen Hamburger Feinden begegnet, konnten nicht eruiert werden.

16 Weitere Seitenhiebe gegen eine als weltfremd diskreditierte universitäre Bildung finden sich etwa in Teil I, fol. C 8ᵛ („Auff Universitäten hält man *Professores*, welche die Jugend lehren die Kunst zu reden. Es wäre gut/ wann auch *Professores* gehalten wurden/ welche lehrten die Kunst zu schweigen"), D 7ᵛ („ich habe aus Erfahrung gelernt/ daß man [...] mit allen *titulis & regulis Iuris*, keinem Herrn einen Wechsel auff Amsterdam oder Venedig machen/ oder etwas auff die Tafel schaffen könne"), F 7ᵛ–8ʳ (über die „Schuelfuchserey" der armen „Schuelmeister", die „nicht satt Brod zu fressen haben"), G 4ʳ (gegen „Scholastische Tyrannen"), G 4ᵛ–5ʳ (kritisch über „Schuelfuchs", welche „die Jugend so viel Jahr" plagen, und positiv über „*artes illiberales*"), H 2ᵛ–3ᵛ (rät dazu, „Kinder nicht alle [...] auf *Universi*täten" zu schicken), H 4ᵛ–8ʳ (Beispiele für die Lebensuntüchtigkeit der obrigkeitlicher Willkür ausgelieferten Akademiker), Tl. II, fol. C 9ᵛ („Philosophische alte Socratische Schulfüchs" hätten ihn dazu gebracht, mehr „auff das *honestum* als auff das *utile*" zu achten), D 1ᵛ–2ʳ (Warnung vor Verheiratung im akademischen Milieu: „Ein bunten Rock/ ein alten Bock/ ein schwartze Kuh/ ein faulen Balg dazu/ ein halben Hopffen Garten/ hat man von einer *Academi*schen Jungfer zuerwarten"), D 6ʳ–6ᵛ (unverantwortlicher Umgang mit Geld unter Akademikern). – Zu diesem Motivkomplex vgl. Walther Wolfgang Zschau: *Quellen und Vorbilder in den „Lehrreichen Schriften" Johann Balthasar Schupps*. Halle 1906, S. 69–86, und Wilhelm Kühlmann: *Gelehrtenrepublik und Fürstenstaat*.

sodann das Programm einer lebenspraktisch orientierten, zugleich anti-systematischen Bibelauslegung entgegenstellt. In der Rahmeneinleitung werden zwar Affinitäten des eigenen Projekts zu den exegetischen Textsorten ‚Predigt' (B 1ᵛ–2ʳ) und ‚Kommentar' markiert. Doch grenzt sich Antenor-Schupp explizit von der Erwartung ab, einen gelehrten „*Commentarium*" zu liefern (B 5ʳ). Vielmehr wolle er praktisch vorfüh-ren, wie eine vertrauliche Lehrer-Schüler-Lektion aus dem exemplari-schen Bibelstudium „*obiter*" (‚nebenbei') politische Einsichten gewin-nen könne (ebd.).

In den eigentlich exegetischen Partien, dem sukzessiven Durch-gang durch die ersten elf Kapitel des ersten Buchs der Könige (vgl. die oben mitgeteilte Übersichtstabelle), tritt die Rahmensituation weitge-hend in den Hintergrund, bleibt aber in zahlreichen Apostrophen an den stummen Zuhörer präsent.[17] Intensiver reaktiviert wird die gesellige Konstellation an den Scharnierstellen des Textes: Nach dem achten Kapitel wird die weitere Bibelauslegung für den nächsten Tag aufge-spart, um beim Abendessen Raum für freiere Belehrungen zu haben (J 12ᵛ). Ebenso wird zu Beginn des zweiten Teils erzählt, man habe sich mit der Bibel in der Hand in Antenors „Sommer-Häußlein" (also eine typische Situation geselliger Muße) verfügt, um die wiederum „*obiter*" (A 1ᵛ) angestellten Reflexionen fortzusetzen, bis zuletzt „die Nacht herein bricht" und dazu mahnt, die Lektüre zugunsten einer „Pla-tonischen Abend-Mahlzeit" zu beenden (E 7ᵛ).

Die formale Anlage des *Salomo*, der sich als Protokoll einer münd-lichen Lektion ausgibt und damit zum hier allerdings fast ganz monolo-gisch gefüllten Genre des ‚Gesprächspiels' tendiert, ist zweifellos Teil von Schupps programmatischer Opposition gegen pedantischen Sys-temzwang. Das Gleiche gilt für den in den Rahmen eingestreuten erfah-rungskundlichen Hinweis auf die „eigene[ ] *experientz*" (I, B 2ᵛ) als Quelle unterhaltsamer und moralisierender Bibelexegese wie auch für die Charakterisierung des eigenen persönlichen Stils, den Schupp in der *Nach-Schrifft an den Leser* gegen „Naseweise *Judicia*" als „gewürzte[ ] *Tractamen*ten" verteidigt (II, E 9ᵛ und E 11ʳ).[18]

Entwicklung und Kritik des deutschen Späthumanismus in der Literatur des Ba-rockzeitalters. Tübingen 1982, S. 393–398.

17   Anreden an Philanderson finden sich in Tl. I, fol. A 5ᵛ, 7ʳ, 9ʳ, 10ᵛ, 11r, 12ᵛ, B 3ʳ–3ᵛ, 4ʳ, 4ᵛ–5ʳ, 10ᵛ, D 1ᵛ, 8ʳ, 9ᵛ, E 9ʳ, G 1ʳ, 5ᵛ, H 4ʳ, 10ʳ, J 3ʳ, 12ʳ, 12ᵛ, Tl. II, fol. A 1ᵛ, 5ᵛ, 6ʳ, B 1ʳ, 3ᵛ, 8ᵛ, 10ᵛ, C 5ʳ, 7ʳ, D 2ʳ, D 5ᵛ, 6ʳ–6ᵛ, E 6ᵛ.

18   Zur weiteren Apologie seines Personalstils verweist Schupp „solche Klügling zu der Vorrede in dem *Lucidor*" (II, E 10ᵛ), also auf seine Abhandlung: *Der Rach-*

II. Programm der politisch aktuellen Bibellektüre

Schupps kolloquial angelegter, als Lehrermonolog durchgeführter *Salomo* geht von der Grundthese aus, es sei „keine vollkommenere *Politic* zu finden [...] als in der Bibel" (I, A 3ʳ). Denn: „Die Könige in Jsrael sind allesamt *Statisten* gewesen" (ebd.), also Staatsmänner, politisch agierende Herrscher, die reiche Exempel lieferten für ethisch – und darauf kommt es Schupp an – sowohl löbliches wie auch verwerfliches Verhalten, das sich daher zur normsetzenden respektive abschreckenden Applikation auf die Gegenwart eigne: „Wer ihr Leben recht betrachtet/ wird eben das darin finden/ was die *Statisti*sche *Politici* im *Tacito* oder *Machiavello* suchen." (ebd.) Um sein Programm eines politischen und aktualitätsbezogenen Anschauungsunterrichts aus der Bibel zu realisieren, lässt Schupp seinen Antenor erstens jeweils die einzelnen Kapitel oder – öfter noch – einen kleinen Sinnabschnitt daraus einleitend paraphrasieren oder wörtlich zitieren, um zweitens das geschilderte Verhalten der biblischen Figuren, anfangs dasjenige Davids, dann das Salomos, mitunter auch das einzelner Nebenfiguren, nach christlichen Normen zu werten: „die Bibel muß die *Norm* und Richtschnur" eines jeden „Vorhabens seyn" (I, E 10ʳ), heißt es einmal explizit. Den wertenden Erläuterungen zu den biblischen Figuren, die oftmals Querbezüge zu anderen Bibelstellen enthalten, werden drittens in großer Fülle Exempla aus Geschichte und Gegenwart angeschlossen.

Die dreigliedrige Grundstruktur aus Paraphrase, Wertung und Exemplifizierung hält Schupp indessen frei von jedwedem Schematismus. Das wird deutlich, wenn man den *Salomo* mit strukturell verwandten exegetischen Genres wie dem Bibelkommentar und vor allem mit der Predigtreihe vergleicht. Dieser Predigttypus legt in einer *lectio con-*

---

gierige und unversöhnliche Lucidor, Erinnert und ermahnt/ Durch Antenorn [Ps.], *Einen Liebhaber der H. Schrifft.* Hamburg: Dose 1657; zu den Ausgaben vgl. Dünnhaupt, *Personalbibliographien* (wie Anm. 11), S. 3875–3876, Nr. 61.1–4 und VD 17: 23:251265V, 23:279967Q, 39:119968A, 39:150664C, 1:071731Z, 18:721105B und 3:601887Y. Dass Schupp im *Salomo* auf den *Lucidor* verweist, dürfte (gegen die Nummerierung bei Dünnhaupt) für die frühere Publikation (oder mindestens Entstehung) dieses Traktats sprechen (vgl. Vogt, *Schupp* [wie Anm. 10], 16 [1909], S. 292–293), in dessen Leservorrede Schupp ausführlich rechtfertigt, dass „eine geistliche *Materia* fast auf eine weltliche Art [...] fürgetragen" werde und dass er den ernsten Diskurs reichlich mit „Schertzreden vermischt" habe (zitiert nach der Ausgabe o. O. 1658 [VD 17: 39:150664C], fol. A 9ʳ–12ʳ, hier A 9ʳ und 10ᵛ).

tinua, welche die Wochentagsgottesdienste über Monate hinweg zu fortlaufenden Bibellektürestunden gemacht hat, ganze biblische Bücher einer Sequenz von Einzelpredigten zugrunde. Wie bei Schupp wird der Bibeltext in seiner Abfolge beibehalten, in kleine Einheiten segmentiert und sukzessive ausgelegt. Solche oft sehr breit angelegten Predigtreihen, die Schupp als Kanzelredner und Hauptpastor der Hamburger Jakobikirche selbstverständlich vertraut waren, nutzen pedantisch alle rhetorischen Regeln der Predigtkunst, warten dabei aber nur punktuell mit Beispielen aus der neueren Geschichte oder sonstigen (stets ernsten) ‚Historien‘ auf und halten sich von konkreten Applikationen auf die Gegenwart weitgehend frei.[19]

Demgegenüber setzt Schupp auf eine dezidiert assoziative und, wenigstens dem Duktus nach, spontan-subjektive Auslegungsmethode. Schon bezogen auf den Ausgangstext verfährt er ungleichmäßig und willkürlich. Zwar schreitet auch Schupp sukzessive von Abschnitt zu Abschnitt, von Kapitel zu Kapitel fort, verharrt aber hier einmal länger, um andernorts rasch über den Bibeltext hinwegzugehen. Fern von jedem Anspruch auf Vollständigkeit wird beispielsweise eine der wirkungsgeschichtlich bedeutendsten Partien, das sprichwörtliche ‚Salomonische Urteil‘ aus dem dritten Kapitel, nahezu ausgespart: *„Eben zu der Zeit kamen zwo Huren für den König/ und traten für ihn.* Dabey sehen grosse Herren/ daß sie ohn Unterscheid der Personen ihre Unterthanen hören sollen/ es mögen nun Huren/ Zauberinn oder ander Lumpen Volck seyn."* (I, C 11ʳ–11ᵛ) Das ist schon fast alles – kein Wort zu Salomos weiser Urteilsfindung, keine Reflexion darüber, ob seine juristische Praxis der Mutterschaftsermittlung für die Gegenwart

---

19   Die genannten Charakteristika gelten exemplarisch für die beiden im Titel mit Schupps *Salomo* verwandten, weil explizit als *Regentenspiegel* respektive *Spiegel des Hofleben[s]* bezeichneten, aber schon im Umfang weit darüber hinausgehenden Predigtreihen von Paul Laurentius: *Gründliche Vnd wol disponirte Außlegung vber das Erste vnd Andere Buch Salomonis. Darinnen bey beschreibung der ersten zwene Könige Jsraelis/ Sauls vnd Davids/ auch jhrer Hofprediger Samuels vnd Nathans/ Jtem/ jhrer Junckern vnd Diener/ gleich als in einem Spiegel/ das Hofleben gewiesen wird.* [...] 2 Tle. Leipzig: Lamberg 1615–1616 (VD 17: 1:051958V; 861 und 834 gezählte Seiten), und Friedrich Balduin: *Judices. Das ist/ AVsfürliche Erklerung des schönen Lehrreichen Biblischen Buchs der Richter/ darinnen nicht allein ein klarer Regentenspiegel/ sondern auch ein weitleufftig Exempelbuch Göttlicher providentz, vnnd wunderbarer Regierung/ auch vieler Tugenden vnd Laster zu finden ist/* [...] *in LXXXIIX. Predigten der Christlichen Gemein zu Wittemberg schlecht vnd recht vorgetragen* [...]. Wittemberg: Selfisch und Helwich 1617 (VD 17: 39:135567L; 1253 gezählte Seiten).

tauge. Andere Abschnitte, wie das im Ausgangstext sehr kurze, fast nur
aus einer Aufzählung von Salomos obersten Beamten bestehende vierte
Kapitel nutzt Schupp dagegen zu breitesten, knapp 60 Seiten umfassenden Explikationen.

III. Digressiver Duktus, Quellenverschleierung und rhetorische Schlagkraft

Realisieren und motivieren kann Schupp seine anti-systematische, von
Predigt-Rhetorik und akademischer Disziplin gleichermaßen weit ent-
fernte Form des frei assoziierenden Vortrags gerade dadurch, dass sein
Antenor den Bibeltext immer wieder als thematischen Ausgangspunkt
nimmt, der seinen Gedanken einen strukturierenden Leitfaden vorgibt,
in den er aber digressiv Lesefrüchte und Erinnerungsfragmente ein-
flicht. Den auf Mündlichkeit und Spontaneität zielenden Duktus des
Salomo inszeniert Schupp zum einen durch persönlich-biographische
Zeugnisse, die er an verstreuten Orten in den Text einbaut und die
zweifellos durch die Figur Antenor hindurch auf den realen Autor refe-
rieren: Sie reichen von den Bekenntnissen, er „wäre nimmermehr kein
Geistlicher worden/ wann mich nicht meine seelige Eltern darzu gezwungen hätten" (I, B 10ᵛ), und ihm gehe das Schicksal armer, ihren
adligen Herrn ausgelieferter Akademiker „durch Hertz/ Seel/ Mark und
Bein" (H 7ᵛ), über das Projekt eines architektonisch-emblematischen
Gebetsraums, dessen Realisierung an Geldmangel gescheitert sei (G 1ᵛ–
2ʳ), bis hin zu Gedankenspielen, wie er vor dem Kaiser und allen
„Stände[n] des gantzen Römischen Reichs" predigen würde, um sie auf
ihre Funktion als „*Custodes utriusque Tabulæ Decalogi*" (‚Hüter beider
Mosaischer Gesetzestafeln') zu verpflichten (J 10ʳ–10ᵛ), und wie übel
es frechen Frauen gehen würde, „wann" er denn „Römischer Keyser
würde" (II, E 2ᵛ).[20]

---

20 Weitere Passagen, in denen Schupp deutlich erkennbar persönliche Erlebnisse und
    Erfahrungen in die Rede Antenors einspiegelt: „Als ich zu Königsberg in Preus-
    sen studierte" (I, E 4ʳ); „Der tapffere Fürst/ mein Herr Landgraff Johann zu Hes-
    sen-Braubach/ ließ mich einsmals fragen/ wie es mir in *Gambriviâ* ergehe"
    (F 10ᵛ–11ʳ; ‚Gambrivia' steht für Hamburg); „Von Leiden biß in Haag konte man
    Anno 1635. als ich von Leiden abzog/ zu Schiff nicht kommen" (II, A 4ᵛ); „Jch
    bekenne daß ich ein grosser Liebhaber der Gärten sey" (B 2ʳ); „ich hab in meiner

Neben solchen punktuell subjektivierenden Einsprengseln persona-
lisiert Schupp seinen Salomo zum andern durchgehend dadurch, dass er
seine Lesefrüchte und Erfahrungsberichte mit ostentativ wiederholten,
hier nur ganz exemplarisch nachgewiesenen Formeln wie „Jch erinnere
mich" (I, A 7ʳ), „Es fält mir jetzo ein" (A 9ʳ), „Jch weiß daß einmahl"
(B 10ᵛ), „Jch kenne einen Edelmann" (C 1ʳ), „ich habe aus Erfahrung
gelernt" (D 7ᵛ), „Jch hab einsmahls […] hören sagen" (E 9ᵛ), „Jch denke itzo" (F 5ᵛ), „Es kam jüngst" (H 7ᵛ–8ʳ) u. v. a. assoziativ an die aktuelle Gesprächslage anbindet, als spontane Eingebung inszeniert und
als persönlich beglaubigtes Erleben ausweist. Dazu passt, dass er nur
recht wenige historische Exempla aus der ‚großen' Geschichte anführt,
dagegen aber viele kleinere Grafen und Herren, denen Schupp selbst
gedient hat und an deren Häuser er sich gebunden fühlt, zu vorbildlich
tugendhaft-christlichen Männern erklärt. Während er unter den muster-
haften älteren Herrschern vielfach Landgraf Philipp den Großmütigen
von Hessen (1504–1564) nennt, immer wieder aus dessen Testament
zitiert und sich an die zu „Thränen" rührende Lektüre eines Gedenk-
steins erinnert, mit dem Philipp alle diejenigen verflucht, die ein von
ihm gestiftetes Gut missbrauchen (I, G 9ʳ–9ᵛ),[21] bezeichnet Schupp als
exemplarische Regenten der eigenen Zeit etwa den Widmungsträger
Graf Christian von Rantzow (1614–1663) wegen seiner exemplarisch
guten Haushaltsführung (I, D 7ʳ–7ᵛ) und seiner umsichtigen Bautätig-
keit (I, G 10ᵛ–11ʳ) sowie König Christian IV. von Dänemark (1577–
1648) aufgrund seiner eigenständigen Rechnungsprüfung (I, D 7ʳ) und
seiner handwerklich-praktischen Kenntnisse, weshalb seine „Unterthanen Jhn für einen Spiegel eines weisen und sorgfältigen Regenten gehalten" (I, H 5ʳ) hätten, aber auch Landgraf Johann von Hessen-
Braubach (1609–1651) wegen seines Engagements für den Weinbau im
Taunus (II, A 11ʳ) und seiner guten „Küchen-Ordnung" (II, B 8ʳ).

Zeigt schon diese Auswahl, dass es Schupp weniger um abstrakte
Tugenden denn um konkret-pragmatische Fertigkeiten hausväterlich

---

Jugend den Ehrwürdigen *Calepinum*, die *Sylvam Vocabulorum* und den *Dictio-
narium Dasydodij* zimmlich durchblättert. […] Aber wie man aus andern Metallen solle Gold machen/ das hat mich kein *Doctor* oder *Professor* lehren wollen/
wie wohl ich in den funffzehenden Jahr meines Alters auff *Universi*täten gezogen" (D 6ʳ).

21 Gemeint ist wohl der ‚Philippstein' in Kloster Haina; vgl. http://www.kloster-
haina.de/Mitteilungen/475-Jahre-Philippstein-in-Haina und https://de.wikipedia.
org/wiki/Kloster_Haina (Abruf 26.07.2019). Auf Philipps Testament referiert
Schupps *Salomo* in Tl. I, fol. C 4ᵛ und D 2ᵛ, sowie in Tl. II, fol. A 2ʳ, B 3ᵛ, B 11ʳ
und D 10ʳ.

besorgter Regenten geht, so lassen sich weitere Effekte seines simuliert oralen, subjektiv-spontanen, vom paraphrasierten Bibeltext ausgehenden, aber stets auf die aktuelle Regierungspraxis hin orientierten Vortragsstils festhalten:

Erstens verschleiert Schupp die Quellenlage, indem er seine Zitate als eigene, ihm eben einfallende Lesefrüchte ausgibt, statt ihre Herkunft aus vorgängigen Sammlungen anzuzeigen. Ein Beispiel: Christoph Lehmanns *Florilegium politicum*, das diskursiv brauchbare Zitate nach Stichworten wie ,Glück', ,Regent' oder ,Schweigen' ordnet und pro Ordnungswort numerisch aufreiht, hat Schupp sicher genutzt,[22] seine Übernahmen aber meist nicht kenntlich gemacht. Das belegt folgende Gegenüberstellung (links Lehmann, rechts Schupp):

Jch habe solcher Räth viel gekant/ welchen es nicht gemangelt hat an Verstand und Redlichkeit/ sondern am Glück. *Paterculus* schreibt *lib. 2.* von dem *Livio Druso, Senatore summo Reip. Romæ,* mit diesen Worten: *Meliore in omnibus ingenio, quam fortunâ usus. In iis ipsis, quæ pro Senatu moliebatur, Senatum habuit adversarium, non intelligentem, si quæ de plebis commodis ab eo agerentur, inescandæ illiciendæque multitudinis causa fieri, ut minoribus perceptis, majora permitterent. Denique ea fortuna Drusi fuit, ut malefacta Collegarum quam ejus optime cogitata Senatus probaret magis.* Als ich dieses gelesen/ habe ich mich erinnert an den Poeten/ der da sagt:

– – Cassandræ dedit augur Apollo
Esse bonam Vatem, sed non creden[da]

Paterculus de Livio Druso Senatore summo Reipubl. Rom. lib. 2. Meliore in omnia ingenio, quam fortuna usus. In iis ipsis, quæ pro senatu moliebatur, senatum habuit adversarium non intelligentem, si quæ de plebis commodis ab eo agerentur, inescandæ illiciendæque multitudinis causa fieri, ut minoribus præceptis majora permitterent. Denique ea fortuna Drusi fuit ut malefacta Collegarum quam ejus optime cogitata Senatus probaret magis. Jst eben wie der Poet sagt: *Cassandræ dedit augur Apollo. Esse bonam vatem, sed non credenda profari.*[23]

---

22 Vgl. das explizite Zitat: „Christoph Lehmann sagt in seinem *Florilegio politico* part: *1. pag. 631,* daß ein berühmter *Theologus* zu Wittemberg/ habe pflegen auff der Cantzel das Volck also zu ermahnen: Lasset uns auch bitten für unsern gnädigsten Herrn den Churfürsten/ daß seine Churfürstl. Gnaden sich mögen vorsehen/ für ihren Rähten und Verrähtern." (I, F 2ʳ). Die Seitenangabe passt zu Christoph Lehmann: *Florilegium Politicum Auctum. Das ist: Ernewerter Politischer Blumengarten. Darinn außerlesene Politische Sententz/ Lehren/ Reguln/ und Sprichwörter auß Theologis [...] in locos communes zusammen getragen. [...]* Frankfurt a. M.: Humm und Schönwetter 1640 (VD 17: 3:604992L), S. 631, Nr. 20.

23 Lehmann, *Florilegium* (wie Anm. 22), S. 631–632, Nr. 13 [recte 23].

profari.

(Schupp: *Salomo*, I C 7ʳ–7ᵛ)

Die signifikante Kombination einer Passage aus dem römischen Historiker Paterculus mit einem angeschlossenen, namentlich nicht zugewiesenen Verszitat (aus Nicodemus Frischlins lateinischer Version der
Troja-Dichtung des Triphiodoros[24]) kann eigentlich nur aus Lehmans
Florilegium oder einer verwandten Kompilation stammen. Schupp aber
bindet beide in identischer Folge und identischem Ausschnitt zitierte
Quellen durch Hinweise auf viele ihm persönlich bekannte Räte und
auf seine persönliche Erinnerung in seinen assoziativen Duktus ein.[25]

Zweitens nimmt Schupp argumentative Brüche in Kauf – oder
wendet man es positiv: Er gewinnt durch parallelgeführte, mehr assoziativ als argumentativ integrierte Exempel komische Pointen, die Antenors ernste Lektion im Sinne eines *prodesse et delectare* unterhaltsam
auflockern. Auch hierfür nur ein Beispiel: Antenor erzählt, ein „guter
Freund" habe ihn gebeten, ihn beim Eintreiben einer „Schuldfoderung"
zu unterstützen. Ein Rat des Schuldners, eines „vornehmen Herrn",
warnt Antenor aber „mit lachendem Munde" vor diesem Auftrag, denn
an seinem Hof gelte „diese *maxim: Die alte Schulde bezahlen wir nicht/
und die neue lassen wir alt werden.*" Um „*Creditoren*" abzufertigen,
mache man sie so betrunken, dass sie dankbar seien, wenn sie mit einigen „*Complementen*" und einer geschenkten „Rehekeul" wieder abzie-
hen würden. Im Übrigen sei aber „in unserm Lande alles wol bestält".
Kirche, Kanzlei, Gerichts- und Schulwesen – alles sei in bester Ordnung, nur dann die Pointe: „Allein einen einigen Mangel haben wir. Die
Rent-Cammer daug nichts." Um die Absurdität dieser Selbstanalyse
herauszustellen, weist Antenor dem Hofrat den Fundamentalmangel
schlechter Finanzwirtschaft nicht argumentativ nach, sondern antwortet
mit einer ähnlich pointierten Parallelgeschichte, an die er sich eben
„erinner": Als junger Mann habe der später „hochgelahrte" Nürnberger

---

24   Vgl. Triphiodoros: *Iliu halōsis. Ilii excidium, cum metricâ Nicodemi Frischlini
versione* [...]. Hrsg. von Jacobus Merrick. Oxford: Theatrum Sheldonianum 1741,
S. 63 (V. 408–409).

25   Ähnlich übernimmt Schupp (I, A 10ʳ–10ᵛ), um nur ein weiteres Beispiel anzuführen, aus Lehmann, *Florilegium* (wie Anm. 22), S. 672–673, Nr. 29, die Einschätzung, Plato sei ein ganz schlechtes Vorbild für tätige Regenten, weil er als idealis-
tischer Schwärmer alle Begriffe von „MEJN und DEJN" und selbst die natürliche
Ordnung der Geschlechter aufheben würde, macht sich diese Passage aber durch
eingeschaltete rhetorische Fragen an „mein[en] lieb[en] *Philanderson*" ganz zu
eigen.

Prediger Johann Schröder seinem Lehrer Aegidius Hunnius erklärt, er könne „in der *Theologi* wol zu recht kommen. Allein ich hab einen einigen Mangel. Ich kan die *dicta Scripturæ* nicht behalten", worauf Hunnius „auff gut Schwäbisch ihm geantwortet: Herr Magischter/ Es ischt ein grosser Mangel." (I, D 3^v–5^r).[26] Mit dem Streben nach witziger Pointierung verbindet sich drittens, dass es Schupp gerade nicht darum zu tun ist, von der Bibelparaphrase über die Exemplifizierung bis hin zur Formulierung abstrakter Verhaltensnormen zu gelangen. Wie Schupp sicher kein theoretischer Kopf war, der deduktiv vom abstrakten System zur Empirie schreiten würde, so verfährt er im Grunde genommen auch nicht induktiv: die erlesenen, an die eigene „*experientz*" (I, B 2^v) rückgebundenen Exempla nutzt er kaum jemals zur Aufstellung zusammenfassender Regeln. Zwar führt Schupp die *Biblische Policey* seines Schwiegervaters Reinkingk – öfter als jede andere explizit genannte Quelle – ein gutes Dutzend Mal als autoritativen Beleg oder zum Nachweis weiterer Exempla an.[27] Doch anders als Reinkingk, dessen *Biblische Policey* überzeitliche Gültigkeit beanspruchende, durch Beispiele biblischer Figuren und ihres Verhaltens illustrierte „Axiome" aufstellt und in eine systematische Ordnung bringt, etabliert Schupp gerade kein System. Und anders auch als bei Grimmelshausen, der mit Schupp zwar die exemplarische Behandlung politischer Fragen anhand der Bibel teilt, finden sich im *Salomo* kaum zusammenfassende Charakterisierungen und bündelnde ethische Bewertungen einzelner Figuren des Alten Testaments.

Auch wenn (oder besser: gerade dadurch, dass) Schupp keinen Beitrag zur politischen Theorie intendiert, sondern auf eine oral-subjektivierende Strategie der Beglaubigung setzt, gewinnt der *Salomo* Anschaulichkeit, Lebendigkeit und mindestens passagenweise intensive

---

26 Wieder aufgegriffen ist die Anekdote bei Johann Balthasar Schupp: *Abgenöthigte Ehren-Rettung*. Leipzig: Oehler 1660 (Dünnhaupt, *Personalbibliographien* [wie Anm. 11], S. 3884, Nr. 76; VD 17: 23:251361V), S. 156–158, wo sich Schupp gegen den Vorwurf verteidigt, er habe in seinem *Salomo* „den hocherleuchteten Mann *Doct. Hunnium* verspottet" (S. 156).

27 Auf „Cantzler Reinking" referiert Schupp einmal als Quelle mündlicher Erzählung (I, A 8^r), deutlich öfter konkret auf dessen *Biblische Policey* (vgl. oben Anm. 4; im Folgenden wird nach der Fundstelle bei Schupp, soweit vorhanden, das Buch sowie das Axiom bei Reinkingk genannt, auf das sich Schupp jeweils bezieht): I, A 11^v, B 6^v–7^v (I 35 und II 68), B 8^v (II 69), C 1^v (II 33), C 2^v–3^r, C 11^r (III 5), D 5^r–5^v (II 56 und II 67), E 1^v (II 56), F 7^r (II 52 und 53), F 9^v (II 205); II, A 3^r (II 145), A 7^r, A 8^v, B 9^r (II 68), D 10^r (II 44). – Vgl. Zschau, *Quellen* (wie Anm. 16), S. 42.

rhetorische Schlagkraft. Sie bewährt sich besonders in größeren, in sich gerundeten Nummern im Zentrum des Werks, aus denen sich Schupps moralische Positionen und sein Selbstbild als Sittenprediger[28] gegen den Verfall christlicher Werte und Normen am Klarsten konturieren lassen: erstens eine rhetorisch durchgeformte Klagerede über die Entweihung der Sonn- und Feiertage durch jahrein, jahraus im ganzen Reich zu findende verweltlichte Kirchweihfeste, die Schupp als Zeichen von Kommerz und ethischem Verfall geißelt (I, H 10ʳ–J 3ᵛ); zweitens eine imaginierte Ansprache an Papst Alexander VII., die von der Verketzerung ausgeht, der Schupp selbst durch den jetzigen Papst, den damaligen päpstlichen Gesandten in Münster ausgesetzt gewesen sei, und die dem Papst polemisch das Recht abspricht, als „Christi Statthalter" aufzutreten (I, J 10ᵛ–12ʳ, hier 11ʳ); und drittens, als längste Einzelsequenz überhaupt, eine abendlich, außerhalb der Bibellektüre eingelegte Traumerzählung, in der Antenor (frei nach Moscheroschs *Alamode Kehraus*) davon berichtet, wie er von einem altertümlichen „Troup Reuter" von „einer halben Riesen-Art" aufgegriffen worden sei, deren Anführer sich als Karl der Große entpuppt habe (I, K 1ᵛ–M 2ᵛ, hier K 2ʳ). An der Seite des Kaisers habe er eine Visitationsreise mitgemacht, auf der Karl der Große kritisch den aktuellen Zustand von ihm eingerichteter Stiftungen und Lehrinstitutionen erkundet habe, um jeweils vor Ort den Missbrauch kirchlicher Privilegien und die Degeneration der Einrichtungen durch pedantische Schulfüchserei zu beklagen.

Fazit

Johann Balthasar Schupps *Salomo oder Regenten-Spiegel* darf als charakteristischer, in seiner Zeit erfolgreicher Beitrag zum politischen Diskurs gelten. In einer durchaus individuellen textlichen Faktur, die antisystematisch auf die Kraft exemplarischer Illustration, assoziativer Verknüpfung und simulierter Oralität setzt, lehnt sich Schupp an Modelle der Reihenpredigt, des Bibelkommentars sowie des Gesprächs-

---

28   Vgl. Guillaume van Gemert: Johann Balthasar Schupp und der gemeine Mann. Das Leben der unteren Schichten aus der Sicht des Seelsorgers und Volkserziehers. In: *Literatur und Volk im 17. Jahrhundert. Probleme populärer Kultur in Deutschland.* Hrsg. von Wolfgang Brückner [u. a.] Wiesbaden 1985, S. 259–271.

spiels an und schöpft zugleich das weite Spektrum zeitgenössischen moralisierenden Schreibens von direkter Sittenpredigt bis hin zu freier fiktionalisierter Form der Traumsatire aus, um vorzuführen, wie sich – ohne Anspruch auf politische Theoriebildung – lebensweltliche Erfahrungen mit den Herrschaftspraktiken kleinerer und mittlerer Höfe an normbildende und exempelliefernde biblische Texte anschließen lassen und wie sich umgekehrt durch assoziationsfreudige Exegese „in der Bibel" ein ebenso reichhaltiger, auf die Gegenwart beziehbarer Exempelvorrat finden lasse wie ihn „die *Statisti*sche *Politici*" sonst gewöhnlich „im *Tacito* oder *Machiavello* suchen" (I, A 3ʳ).

Die in Schupps *Salomo* praktizierte undogmatische, dezidiert unsystematische Relationierung von biblisch-christlicher Norm und aktuellem Exempel darf als individuelle und charakteristische Spielart des politischen Denkens seiner Zeit gelten. Ohne Schupp als unmittelbares oder gar exklusives Vorbild für Grimmelshausens *Ratio Status* zu beanspruchen, legt das Studium seines Traktats doch nahe, auch seine oberrheinischen Zeitgenossen Moscherosch und Grimmelshausen in politischen Fragen weniger am Maßstab theoretischer Konsistenz und Kohärenz zu messen als vielmehr am Ziel exemplarisch-pointierter und rhetorisch lebendiger Veranschaulichung praktischer Politik.

WEITERE BEITRÄGE

ERWIN IN HET PANHUIS (Köln)

Humoristisch, homo- und intersexuell. Grimmelshausens queerer *Simplicissimus Teutsch* und seine Verfilmung (1975)[*]

Ein Soldat als Hermaphrodit, Simplicius als Frau, ein göttlicher Ganymed

Grimmelshausen schildert in mehreren Romanen nicht nur den schrecklichen Dreißigjährigen Krieg, sondern er teilt auch unterhaltsame Anekdoten mit, lässt Autobiographisches einfließen und bindet einige homo- bzw. intersexuelle Episoden ein. Zwar handelt es sich um fiktive Begebenheiten, doch präsentiert er sie zumeist in ,realistischer' Weise. Die Gesellschaftssatiren stellen ein seltenes und lebendiges Alltagsbild aus der Zeit des 17. Jahrhunderts dar. In Bezug auf homo- und intersexuelle Geschichte ist der *Simplicissimus Teutsch* einzigartig in seiner Epoche.

Der junge Simplicius ist, wie schon sein Name andeuten soll, einfachen Geistes. Erst spät lernt er die Uniformen der Soldaten kennen und kann sich unter den weiten Hosen eher „einen Weiber- Rock/ als ein paar Manns-Hosen" vorstellen.[1] Er hält daher einen Soldaten für „Mann und Weib zugleich" und spricht ihn folgerichtig mit „Hermaphrodit" an (*ST* 54, 55). Solche Szenen sind typisch für seine Unbedarftheit, aus der heraus sich viele der geschilderten Geschichten ent-

---

[*] Das Textverständnis der Redaktion unterscheidet sich in wesentlichen Details von der Interpretation des Verfassers. Trotz längerer Diskussion hielt er an seiner Auffassung fest, zeigte sich aber mit dieser Anmerkung einverstanden.

[1] Grimmelshausen: *Der Abentheurliche Simplicissimus Teutsch und Continuatio des abentheurlichen Simplicissimi*. Hrsg. von Rolf Tarot. Tübingen 1967 (Gesammelte Werke in Einzelausgaben. Unter Mitarbeit von Wolfgang Bender und Franz Günter Sieveke hrsg. von Rolf Tarot), S. 54. – Der Text wird im Folgenden nach der Edition von Tarot mit Sigle *ST* und Seitenangabe in runden Klammern zitiert.

wickeln. Ein anderes Thema ist hier bereits angelegt und wird später variiert: die soziale Inszenierung des Körpers durch Kleidung. In einer ausführlichen Episode zieht der verarmte Simplicius aus einer Not heraus Frauenkleidung an. Die Kapitelüberschrift der Episode lautet: *„Simplicius* wird auß einem Jüngling in ein Jungfrau verwandelt/ und bekompt unterschiedliche Bulschafften" (*ST* 94). Als er versucht, wie eine Frau zu gehen, vergleicht er seinen Gang mit dem Gang der mythologischen Figur Achilles (*ST* 168), was wegen der homosexuellen Konnotationen von Achilles' Freundschaft zu Patroklos aussagekräftig ist. In Frauenkleidern begehrt ihn nicht nur ein Rittmeister, auch ein Knecht klagt ihm „seine Lieb mit heissen Threnen" (*ST* 169). Bis hier ist es traditioneller Travestie-Humor, darauf wird Simplicius aber auch von einer lesbischen Rittmeisterin erotisch umworben. Aus dieser Situation kann er sich erst befreien, als sich der Rittmeister und der Knecht um ihn prügeln (*ST* 171). Später wird Simplicius von mehreren Männern fast vergewaltigt (*ST* 171–174), die erst von ihm ablassen, als sie ihm „die Kleider vom Leib gerissen/ und gesehen hatten/ daß [er] kein Weibsbild war" (*ST* 172). Statt Simplicius danach jedoch als Gewaltopfer zu sehen, wird er mit der Begründung verhaftet, dass es ungewöhnlich und eine „fast argwöhnische" Angelegenheit war, dass sich ein Mann in der Armee in Frauenkleidern aufhält (*ST* 172). Was hier mit Argwohn beobachtet wird, umschreibt den Verdacht, homosexuell zu sein. Paul Derks hebt richtig hervor, dass die Rittmeisterin „offenbar lesbische Anwandlungen [hat]. Das ist bemerkenswert, weil hier Homosexualität nicht implizit definiert wird als Nothandlung". Diese Darstellung bestätige „die literarisch nicht ableitbare und anthropologisch noch nicht zum Gemeinplatz gewordene Beobachtung, daß Tribadie möglich ist und nicht nur aus Mangel an Männern in einer Notsituation anvisiert werden kann".[2]

Später taucht ein Mann auf, der sich als Gott Jupiter vorstellt und betont, dass Simplicius seinem Mundschenk Ganymed recht ähnlich sieht (*ST* 209). Später spricht er ihn auch noch mit „allerliebster *Ganymede*" (*ST* 218) an. Das sind Äußerungen, die sich zwischen Kompliment und homosexueller ‚Anmache' bewegen, denn schließlich war der römische Gott Jupiter – ähnlich wie der griechische Göttervater Zeus – in Ganymed verliebt. Dass Simplicius keine Probleme damit hat, so deutlich von einem Mann umworben zu werden, liegt vielleicht daran,

---

2   Paul Derks: *Die Schande der heiligen Päderastie. Homosexualität und Öffentlichkeit in der deutschen Literatur 1750–1850.* Berlin 1990, S. 30–32.

dass Jupiter als Narr dargestellt wird. Später betont Jupiter die besondere Schönheit von Narziss und Adonis (*ST* 210, 211), die ebenfalls Geliebte männlicher Gottheiten waren. Für den Autor war die z. T. homoerotische Mythologie der Antike offenbar positiv konnotiert.

Courasche als Mann

Der Name Courasche steht sowohl für Mut als auch für das weibliche Genital. Aus Schutz vor sexuellen Übergriffen gibt die Figur sich als Mann aus, kämpft im Krieg und arbeitet als Kammerdiener. Aber es geht nicht nur um die Emanzipation von Frauen und die Legitimation anderer Kleidung: Wenn Courasche einen Mann erwähnt, den man in anderer Kleidung ebenso für eine Frau halten könnte,[3] wird die Aufmerksamkeit nicht nur auf das biologische, sondern auch auf das soziale Geschlecht gelenkt. Sie wünscht sich „nur kein Weibsbild" (*C* 46), sondern ein Mann zu sein (*C* 21). Courasche hat unmäßige „Begierden" wie ein Mann und oft daran gedacht, sich für einen „Hermaphroditen" auszugeben. Dann könne sie die Hosen tragen, die sie von den Amazonen kennt, also jenen Frauen, die im Krieg genauso ritterlich wie Männer kämpften (*C* 46). Ihr Wunsch nach einem „Sebel unter dem Schenckel"[4] wird heute als hermaphroditische Chiffre interpretiert, die durch ihre Pistolen in den „Hosensäcken" (*C* 45–46) bzw. ihre schussbereite Pistole noch deutlicher erscheint. Die Figur Courasche – schön, heterosexuell-promisk („geil und ausgelassen", *C* 22) und unfruchtbar – wurde unter anderen von Bertolt Brecht und Günter Grass aufgegriffen und fasziniert bis in die Gegenwart hinein.

Mit seinen Beschreibungen von Simplicius als Frau und Courasche als Mann verlässt Grimmelshausen den Bereich traditioneller Travestie, wonach ein Mann in Frauenkleidern komisch und eine Frau in Männer-

---

3   Grimmelshausen: *Lebensbeschreibung der Ertzbetrügerin und Landstörtzerin Courasche*. Hrsg. von Wolfgang Bender. Tübingen 1967 (Gesammelte Werke in Einzelausgaben. Unter Mitarbeit von Wolfgang Bender und Franz Günter Sieveke hrsg. von Rolf Tarot), S. 21. – Der Text wird im Folgenden nach der Edition von Bender mit Sigle *C* und Seitenangabe in runden Klammern zitiert.

4   Klaus Haberkamm: „Sebel unter dem Schenckel". Zur Funktion des Hermaphroditischen in Grimmelshausen „Courasche". In: *Simpliciana* XXIV (2002). S. 123–140. Vgl. *C* 20, 45.

kleidern beruflich erfolgreich ist. Es geht darum, wie leicht der Körper durch Kleidung sozial inszenierbar ist und auch um die kulturpessimistische Erkenntnis, wie schnell man mit Gewalt konfrontiert ist, wenn man nicht die seinem körperlichen Geschlecht entsprechende Kleidung trägt. Bei seinem geschickten Spielen mit Geschlechterrollen zeigt der Autor eine erkennbare Vorliebe, zwar nicht für „biologische", aber für „soziale Hermaphroditen".[5]

Das sündige Sodom

Im *Simplicissimus Teutsch* kommt Grimmelshausen mehrfach auf die biblischen Städte Sodom und Gomorrha sowie die Sodomiten zu sprechen. Es wird deutlich, dass er unter Sodomiten ruchlose und wüste Menschen versteht (*ST* 324). Im *Vogel-Nest* I betont er, dass diese „ungleiche Vermischung" Gott so missfiel, dass er sie „außtilgte".[6] In Verbindung mit beiden Städten schreibt er von „ unflätige[r] übrige[r] Sodomiterey" (*VN* II 227) und davon, dass sie mit „Stumpff und Stiel" verbrannt wurden.[7] Für den Autor waren die Orte und die nach ihnen benannten Sodomiten in ihrer Bedeutung klar negativ besetzt.

---

5   Zu Courage als sozialer Hermaphrodit vgl. Nicola Kaminski: gender-crossing: Narrative Versuchsanordnungen zwischen Eros und Krieg in Grimmelshausens „Courasche" und Lohensteins „Arminius". In: *Simpliciana* XXXI (2009), S. 227–244; Victoria Gutsche: Kleiderwechsel. Vestimentäre Differenzierung im Roman des 17. Jahrhunderts. In: *Diversität historisch. Repräsentationen und Praktiken gesellschaftlicher Differenzierung im Wandel.* Hrsg. von Moritz Florin. Bielefeld 2018, S. 35–54, insbes. S. 38–42.

6   Grimmelshausen: *Das wunderbarliche Vogel-Nest.* Hrsg. von Rolf Tarot. Tübingen 1970 (Gesammelte Werke in Einzelausgaben. Unter Mitarbeit von Wolfgang Bender und Franz Günter Sieveke hrsg. von Rolf Tarot), S. 50–51. – Der Text wird im Folgenden nach der Edition von Tarot mit Sigle *VN* I/II und Seitenangabe in runden Klammern zitiert.

7   Grimmelshausen: *Des Vortrefflich Keuschen Josephs in Egypten Lebensbeschreibung samt des Musai Lebens-Lauff.* Hrsg. von Wolfgang Bender. Tübingen 1967 (Gesammelte Werke in Einzelausgaben. Unter Mitarbeit von Wolfgang Bender und Franz Günter Sieveke hrsg. von Rolf Tarot), S. 31. – Der Text wird im Folgenden nach der Edition von Bender mit Sigle *KJ* und Seitenangabe in runden Klammern zitiert.

Der Kauf des keuschen Josephs

König Potiphar, der den keuschen Joseph mit „Lieber Jüngling" anspricht (*KJ* 85), hat ihn „seiner Schönheit wegen zum Missbrauch er-
kaufft", wenn er auch „sein sündliches Vorhaben" letztlich nicht mehr
in die Tat umsetzen kann (*KJ* 102). Es wird betont, dass die orientalischen Völker die „Schönheiten der jungen Knaben" im Allgemeinen
und die „ausländische Schönheit" von Joseph im Besonderen liebten –
übrigens nicht „alle als abscheuliche Sodomiten" (*KJ* 33). Joseph wurde zwar auf dem Weg nach Ägypten vor „Knabenschänder[n]" be-
schützt, wobei es jedoch primär um Gewalt ging, denn es wird auch
akzentuiert, dass „seine Schönheit" unversehrt bleiben sollte, weil man
diese verehrte (*KJ* 35). Vordergründig verläuft die vom Autor gestattete
Polarität zunächst wie zeitgenössisch üblich zwischen (negativer) körperlicher und (positiver) seelischer Liebe – in der Form der Beschreibung orientalischer Leidenschaft wirkt es jedoch auch wie die Verteidi-
gung homosexuellen Begehrens.

Die Verfilmung des *Simplicissimus Teutsch* (1975)

Mit einer Laufzeit von mehr als sechs Stunden wurde der Roman als
„Des Christoffel von Grimmelshausen abenteuerlicher Simplicissimus"
(1975) für das ZDF in vier Teilen sehr aufwändig und recht frei ver-
filmt.[8] 2008 kam der Film als DVD auf den Markt – zusätzlich ist eine
zwölfstündige Hörbuchfassung verfügbar.

Die Szene mit Simplicius als Frau, der von der lesbischen Rittmeisterin und zwei heterosexuellen Männern umworben und von Soldaten fast vergewaltigt wird, nimmt einen breiten Platz ein. Bei der lesbischen Rittmeisterin erfährt der Zuschauer – im Gegensatz zum Roman – recht schnell den Grund für ihre lesbischen Gefühle: Sie hat
ihren Mann seit zwei Monaten nicht mehr gesehen und wird auch nach
ihrer Rückkehr sexuell vernachlässigt. Entsprechend lesbischen Kli-

---

8   Zur Verfilmung vgl. Matthias Bauer: Narration, Dramaturgie und Szenografie.
     Was der Fernsehmehrteiler „Simplicissimus" (1975) von Grimmelshausens Er-
     zählkunst ‚zeigt'. In: *Simpliciana* XXXII (2010), S. 251–268.

schees hasst sie Männer im Allgemeinen. Sie will Simplicius als Frau küssen, was aber nur zu einem sogenannten „almost kiss" wird, denn sie werden von ihrem Ehemann gestört, der seine lesbische Ehefrau bittet, ihre „vulgäre[n] Gefühlsregungen etwas diskreter zu äußern".

Auch der Knecht ist in den als Frau verkleideten Simplicius verliebt, will ihn sogar heiraten und sagt zu ihm: „Die Sehnsucht nach Dir macht mich noch ganz krank". Weil sich Simplicius als Frau jedoch nicht nur dem Knecht, sondern auch dem Rittmeister verweigert, wird er zur Strafe Soldaten zur Vergewaltigung überlassen. Sie bemerken ihren Irrtum erst, als sie Simplicius die Kleidung herunterreißen und nun sein wahres Geschlecht erkennen. Simplicius wird verhaftet, denn ein Mann in Frauenkleidung zwischen Soldaten macht schließlich „argwöhnisch". Der Film arbeitet mit sexueller Sprach- und Bildsymbolik. Das Reiten (Rittmeister/in) und das Melken einer Ziege während der sexuellen Belästigung durch den Rittmeister kann als solche gesehen werden. Im späteren Verlauf des Films kommt – wie im Roman – auch der Mann vor, der sich gegenüber Simplicius als Jupiter ausgibt: „Ich bin Jupiter. […] und Du scheint mir bist Ganymed, mein hübscher Schlingel."

Der Film ist in seiner aufwändigen Inszenierung eine weitgehend kongeniale Literaturverfilmung. Leider gibt er sich keine Mühe, Simplicius glaubwürdig als Frau wirken zu lassen. Dieser bleibt für den Zuschauer allein deshalb immer ein Mann in Frauenkleidern, weil er mehrfach und ohne Grund in seine männliche Stimme zurückfällt. Die Episode von Simplicius als Frau wirkt – einschließlich des Vergewaltigungsversuchs – wie eine Komödie, die meisten anderen Episoden wie ein Abenteuerfilm.

DANIEL LANGNER (Geldern)

Simplicissimus-Illustrationen von Bernhard Scholz

Bernhard Scholz, Jahrgang 1946, geb. in Münster, war zunächst Schriftsetzer, besuchte dann die Werkkunstschule Münster mit Schwerpunkt Illustration und studierte an der Kunstakademie Düsseldorf. Er ist Graphiker, Graphikdesigner, Kunstlehrer, vor allem bildender Künstler. Architekturzeichnungen, satirische Zeichnungen, Karikaturen, Illustrationen, aber auch großformatige Gemälde seien beispielhaft für das verschiedene Themen und Stile umfassende Œuvre genannt. Seine Arbeiten zum Schaffen des barocken Architekten Johann Conrad Schlaun, Illustrationen zu Gedichten von Annette von Droste-Hülshoff, zu Heinrich Heine, Darstellungen historischer Ereignisse, Gebäude und Straßenszenen der Stadt Münster, z. B. der ‚Wiedertäuffer' und Zeichnungen der Kriegszerstörungen in der Stadt zeigen, dass die Beschäftigung mit der Literatur und besonders der Geschichte häufig, wenn nicht überwiegend, den Motiven zugrunde liegt. Als essentielles Beispiel für Wirkmächtigkeit und Bedeutungsschwere soll hier auf die Gemälde der aus Billerbeck deportierten Geschwister Eva und Rolf Eichenwald und ihrer Mutter Ruth Eichenwald, die im Winter 1941/1942 in das Ghetto von Riga verschleppt und wahrscheinlich in Auschwitz ermordet wurden, verwiesen werden, mit denen Bernhard Scholz nicht nur gegen das Vergessen gearbeitet hat, sondern vielmehr den häufiger werdenden Forderungen nach „Schlußstrichen" unter die deutsche Geschichte entgegengetreten ist.[1]

Die in diesem Beitrag gezeigten Illustrationen zu Grimmelshausens *Simplicissimus* lassen sich einerseits als weitere Facette dieses literarisch-historischen Interesses verstehen, weisen aber andererseits durch die schiere Masse an Zeichnungen darüber hinaus auf ein intensives

---

1 Vgl. Bernhard Scholz: *Drei Dichter und ein Maler. Johann Wolfgang von Goethe. Heinrich Heine. Annette von Droste-Hülshoff. Bilder von Bernhard Scholz. Einleitung von Christian Rübe.* [o. O. o. J.]; Bernhard Scholz: *„Wollüstig saugend an des Grauens Süße". Bilder zu Gedichten der Droste.* Münster 1994. Zu Eva, Rolf und Ruth Eichenwald vgl. Veronika Meyer-Ravenstein: *Zersplitterte Sterne.* Dülmen 2002. Die Portraits hängen in der Aula der „Geschwister-Eichenwald-Schule" in Billerbeck.

Studium des Romans und der Zeit des Dreißigjährigen Krieges. Von 1976 an sind mehrere hundert Skizzen, Studien und zeichnerische Arbeiten – vor allem Tuschezeichnungen – entstanden.[2] Der Öffentlichkeit wurde eine Auswahl in zwei Ausstellungen zugänglich gemacht, zuerst in Münster im Frühjahr 1977 mit dem Titel: „Zeichnungen zum Simplicius Simplicissimus. Nach Grimmelshausen von Bernhard Scholz. Ausstellung in der Schanze, Zimmertheater". Aufgrund großen Interesses folgte im Dezember eine erweiterte Ausstellung in der Burg Vischering in Lüdinghausen, wo die Zeichnungen bis Anfang 1978 zu sehen waren.[3] Eine Publikation ist bislang noch nicht erfolgt. Die in dem vorliegenden Beitrag abgebildeten Werke zeigen nur zum Teil diejenigen Originale, die in den Ausstellungen zu sehen waren, viele Skizzen und Zeichnungen werden hier erstmals veröffentlicht. Die Auswahl illustriert die beiden ersten Bücher des *Simplicissimus Teutsch.*[4]

Überblickt man die Gesamtheit der Zeichnungen, so fällt auf, dass vor allem die drastischen, derb-komischen und im weitesten Sinne extremen Schilderungen des Romans verbildlicht wurden. Ein großer Teil behandelt die Gräueltaten der verschiedenen Kriegsparteien im Dreißigjährigen Krieg. Die Plünderung des Hofes des Knans im Spessart, die schrecklichen Torturen, die sowohl Bauern als auch Soldaten erlitten, das Fouragieren der Söldner und dergleichen mehr haben eine intensive Ausgestaltung erfahren, mit jeweils etlichen minutiösen Studien und Skizzen. Teilweise sind einzelne Blätter nur mit Darstellungen von Handgesten gefüllt. Daneben haben die lustigen Beschreibungen, die der junge Simplicius vom Leben am Hof des Gubernators, besonders

---

2   Alle Arbeiten wurden mir freundlicherweise im Original zur Verfügung gestellt. Außer den Bleistift- und Tuschezeichnungen konnte ich auch drei Radierungen, einige Gouachen mit Weiß-, Grau- und Schwarztönen und insgesamt vierzehn farbige Arbeiten einsehen, drei von letzteren illustrieren die Gänsestall-Szene aus dem I. Kapitel des II. Buches des *Simplicissimus*. Neben diesen Werken befinden sich laut Auskunft des Künstlers viele Zeichnungen und einige Gemälde zum Thema verstreut in Privatbesitz. Eine Inventarisierung steht noch aus.

3   Die Ausstellung lief unter dem Titel: „Zeichner im Münsterland. Bernhard Scholz. Illustrationen zu Grimmelshausens ‚Abenteuerlicher Simplicius Simplicissimus'. 07.12.1977 bis 30.01.1978 im Rittersaal Burg Vischering.

4   Grimmelshausen: *Der Abentheurliche Simplicissimus Teutsch und Continuatio des abentheurlichen Simplicissimi.* Hrsg. von Rolf Tarot. Tübingen 1967 (Gesammelte Werke in Einzelausgaben. Unter Mitarbeit von Wolfgang Bender und Franz Günter Sieveke hrsg. von Rolf Tarot). – Der Text wird im Folgenden nach der Edition von Tarot mit Sigle *ST* und Seitenzahl in runden Klammern zitiert.

vom äußeren Erscheinungsbild sowohl junger als alter Damen gibt, zu eben solchen Bildern geführt.

Bernhard Scholz' Technik, Dinge und Beschreibungen bühnenhaft darzustellen, sozusagen vor den Augen zu inszenieren, schöpft nicht nur aus der Vorstellungskraft, sondern aus der „sinnlichen Erfahrung". Aus der Lektüre, aus dem Text, so Scholz, „müsse etwas Sinnlich-Naives kommen", dann dränge es ihn zum Skizzieren. Die Skizze sei die „ehrlichere Form des Zeichnens"; Ausarbeitungen der Skizzen habe er abgelehnt, es sei „zu der Reinschrift nie gekommen". Um die Authentizität bestimmter Situationen bewahren zu können, sei „Augenmaß" und „ganz vorne anzubleiben, nicht immer in die Tiefe zu gehen" wichtig gewesen, da man sonst Gefahr liefe, „sich zu verhudeln". Die meisten Zeichnungen seien während der ersten Lektüre des *Simplicissimus* entstanden, die Leseeindrücke unmittelbar in Skizzen und Studien festgehalten worden. Drastische Szenen, die viele Darstellungen kennzeichnen würden, resultierten vor allem „aus einem Zorn gegen das Dumme, gegen sexuelle Gewalt". Den im Roman geschilderten Figuren müssten in der Vorstellung individuelle Gestalten, auch Typen aus der Gegend, als Vorlagen zu den Zeichnungen dienen: „Einige Nachbarn könnten sich hier wiederfinden."[5]

Bernhard Scholz schöpft die von Rosamunde Neugebauer prägnant als „Reaktionsmöglichkeiten des textinterpretierenden Illustrators" zusammengefassten Gestaltungsmöglichkeiten vollständig aus. Von „sinngetreue[m] […] Nacherzählen im eigenen Stil bis zu verblüffenden Neuarrangements der stofflichen Vorgabe und kritischer Konterkarierung […] z. B. mittels Antithese, Verfremdungseffekt oder Remetaphorisierung"[6] lassen sich zahlreiche Beispiele finden. Man vergleiche nur die Gegenüberstellung und Ergänzung des Figurenensembles in der Darstellung der Vergewaltigung der Magd im I. Buch: Die von Grimmelshausen so häufig verwendete Formel der „viehischen Begierde"[7] ist in der Skizze und der folgenden Zeichnung (Abb. 2 und

---

5   Alle Zitate stammen aus Gesprächsnotizen vom August 2019. Zu der letzten Bemerkung vgl. auch Abb. 21, wo hinter dem Dragoner die beiden knapp skizzierten Kirchturmspitzen an St. Paulus in Münster erinnern und somit die Örtlichkeit (Westfalen) der Episode aus dem II. Buch andeuten.

6   Rosamunde Neugebauer: Aspekte literarischer Buchillustration im 20. Jahrhundert. In: *Aspekte der literarischen Buchillustration im 20. Jahrhundert.* Hrsg. von Rosamunde Neugebauer. Wiesbaden 1996 (Mainzer Studien zur Buchwissenschaft 5), S. 7–15, hier S. 9.

7   Vgl. unten Abb. 19 und 20, *ST* 172.

3) nicht nur mit den Söldnern, sondern auch in den sich paarenden Schweinen treffend verdeutlicht. In der weiteren Ausarbeitung verschwinden letztere, es bleibt nur – unten liegend – das Opfer, der vergewaltigende Söldner und ein Schwein (wobei sich die Darstellungen von Söldner und Schwein, vor allem in der Kopfhaltung, annähern). Als Einstieg seien einige Beispiele mit kurzen Passagen der Textepisoden, die sie illustrieren, vorgestellt:[8]

I. Buch, IV. Kapitel
(Abb. 1, Tusche auf Papier, Breite 32 cm, Höhe 24 cm)

Dann lieber Leser/ wer hätte mir gesagt/ daß ein GOtt im Himmel wäre/ [...]? Kurtz zuvor konte ich nichts anders wissen noch mir einbilden/ als daß mein Knan/ Meüder/ ich und das übrige Haußgesind/ allein auff Erden seye/ weil mir sonst kein Mensch/

noch einige andere menschliche Wohnung bekant war/ als die jenige/ darinn ich täglich auß und ein gieng: Aber bald hernach erfuhr ich die Herkunfft der Menschen in diese Welt/ und daß sie wieder darauß müsten; ich war nur mit der Gestalt ein Mensch/ und mit dem Nahmen ein Christenkind/ im übrigen aber nur ein Bestia! (*ST* 17)

---

8   Falls möglich und erwünscht, könnten in den nächsten *Simpliciana* weitere Illustrationen zum *Simplicissimus* von Bernhard Scholz folgen.

(Abb. 2, Tusche auf Papier, Breite 27 cm, Höhe 20 cm und Abb. 3, Tusche auf Papier, Breite 27 cm, Höhe 20 cm)

Das erste/ das diese Reuter thäten/ war/ daß sie ihre Pferd einstelleten/ hernach hatte jeglicher seine sonderbare Arbeit zu verrichten/ deren jede lauter Untergang und Verderben anzeigte/ dann ob zwar etliche anfiengen zu metzgen/ zu sieden und zu braten/ daß es sahe/ als solte ein lustig Panquet gehalten werden/ so waren hingegen andere/ die durch-stürmten das Hauß unden und oben/ […] unser Magd ward im Stall dermassen tractirt/ daß sie nicht mehr darauß gehen konte/ […]! (*ST* 17–18)

(Abb. 4 und 4 a, Tusche auf Papier, Breite 27 cm, Höhe 20 cm)

Da fieng man erst an/ […] die arme Schelmen so zufoltern/ als wann man hätt Hexen brennen wollen/ massen sie auch einen von den gefangenen Bauren bereits in Bachofen steckten/ […] es hatte jeder sein eigene

invention, die Bauren zu peinigen/ und also auch jeder Bauer seine sonderbare Marter: Allein mein Knan war meinem damaligen Beduncken nach der glückseeligste/ weil er mit lachendem Mund bekennete/ […] und solche Ehre widerfuhr ihm ohne Zweiffel darumb/ weil er der Haußvatter war/ dann sie setzten ihn zu einem Feuer/ banden ihn/ […] und rieben seine Fußsolen mit angefeuchtem Saltz/ welches ihm unser alte Geiß wieder ablecken/ und dardurch also kützeln muste/ daß er vor lachen hätte zerbersten mögen […]. (*ST* 18–19)

I. Buch, XIII. Kapitel

(Abb. 5, Tusche auf Papier, Breite 27 cm, Höhe 20 cm und Abb. 5a, Tusche auf Aquarell-Papier, Breite 36 cm, Höhe 29 cm)

[...] die Reuter waren eben wegfertig/ und führten den Pfarrer an einem Strick daher/ unterschiedliche schryen/ schiesse den Schelmen nider! andere aber wolten Gelt von ihm haben/ er aber hub die Händ auff [...] aber umbsonst/ dann einer ritte ihn übern Hauffen/ und versetzte ihm zugleich eins an Kopff [...]. (*ST* 38)

I. Buch, XIV. Kapitel

(Abb. 6, Tusche auf Papier, Breite 27 cm, Höhe 20 cm)

Sie kamen gleich auff ein Faß/ schlugens auff/ und fanden einen Kerl darinnen/ der weder Nasen noch Ohren mehr hatte/ und gleichwol noch lebte: So bald sich derselbe ein wenig ermunterte/ [...]/ erzehlet er/ was massen die Bauren den vorigen Tag [...] fünffe/ so hintereinander stehen müssen/ todt geschossen: und weil die Kugel ihn/ weil er der sechste und letzte gewest/ nicht erlangt/ [...]/ hätten sie ihm Nasen und Ohren abgeschnitten/ zuvor aber gezwungen/ daß er ihrer fünffen (s. v.) den Hindern lecken müssen [...]. (*ST* 40–41)

(Abb. 7, Tusche auf Aquarell-Papier, Breite 42 cm, Höhe 29 cm)

I. Buch, XV. Kapitel

(Abb. 8, Tusche auf Papier, Breite 20 cm, Höhe 27 cm)

Jn solchen Gedancken entschlieff ich vor Unmuth und Kälte/ mit einem hungerigen Magen/ da dünckte mich/ gleich wie in einem Traum/ als wenn sich alle Bäum/ die umb meine Wohnung stunden/ gähling veränderten/ und ein gantz ander Ansehen gewönnen/ auff jedem Giffel sasse ein Cavallier/ und alle Aest wurden an statt der Blätter mit allerhand Kerlen geziert [...]. (*ST* 43–44)

I. Buch, XVIII. Kapitel

[…] da fand ich ohngefähr ein Brieflein/ das mein Einsidel bey seinem Leben noch geschrieben hatte/ das lautet also: Lieber *Simplici*, wann du diß Briefflein findest/ so gehe alsbald auß dem Wald/ und errette dich und den Pfarrer auß gegenwärtigen Nöthen/ denn er hat mir viel guts gethan: Gott/ den du allweg vor Augen haben/ und fleissig beten sollest/ wird dich an ein Ort bringen/ das dir am bequemsten ist. […] bedencke und thue ohne Unterlaß meine letzte Reden/ so wirstu bestehen mögen: *Vale.* (*ST* 51–52)

I. Buch, XX. Kapitel

(Abb. 9, Tusche auf Papier, Breite27 cm, Höhe 20 cm)

Da wandte sich der *Gubernator* zu etlichen von seinen Officiern/ […] und sagte: Entweder ist dieser ein Ertz-Schelm/ oder gar ein Narr! zwar kan er kein Narr seyn/ weil er so schreibt; und in dem als er so redet/ blättert er in meinem Büchlein so starck herumb/ […] daß deß Einsidlers Brieflein herauß fallen muste/ […] ich aber entfärbte mich darüber/ weil ich solches vor meinen höchsten Schatz und Heiligthumb hielte; welches der *Gubernator* wol in acht nam/ und daher noch ein grössern Argwohn der Verrätherey schöpffte […]. (*ST* 56)

II. Buch, V. Kapitel

(Abb. 10, Tusche auf Aquarell-Papier, Breite 42 cm, Höhe 29 cm)

Jm ersten Schlaff kamen vier Kerl in schröcklichen Teuffels-Larven vermummt/ zu mir [...] einer hatte einen glüenden Hacken/ und der ander eine Fackel in Händen/ [...]. Sie führten mich [...] in einen Keller/ [...] fiengen [...] an mir in Spanischem Wein und Malvasier zuzutrincken. [...] stiessen [...] mich mit ihrem Hacken/ den sie allezeit im Feuer ligen hatten/ [...] entweder daß ich mehr trincken/ oder auffs wenigste nicht schlaffen solte/ [...]. Drey Täg und zwo Nächt hab ich in diesem raucherichten Keller zubracht [...]. (*ST* 106–107)

II. Buch, VI. Kapitel

(Abb. 11, Tusche auf Aquarell-Papier, schwarz und grau laviert, Breite 12 cm, Höhe 21 cm)

Diese hatte ein paar Augen wie zween Jrrwisch/ und zwischen denselben eine lange magere Habichs-Nas/ deren Ende oder Spitz die undere Lefftzen allerdings erreichte/ nur zween Zähn sahe ich in ihrem Maul, sie waren aber so vollkommen/ lang/ rund und dick/ daß sich jeder bey nahe der Gestalt nach mit dem Goldfinger/ der Farb nach aber sich mit dem Gold selbst hätte vergleichen lassen; Jn Summa/ es war Gebeins genug vorhanden zu einem gantzen Maul voll Zähn/ […] ihr Angesicht sahe wie Spanisch Leder/ und ihre weisse Haar hiengen ihr seltzam zerstrobelt umb den Kopf herumb/ […]; ihre lange Brüst weiß ich nichts anders zu vergleichen/ als zweyen lummerichten Küh-Blasen/ denen zwey Drittel vom Blast entgangen/ unden hienge an jeder ein schwartz-brauner Zapff halb Fingers lang; Warhafftig ein erschröcklicher Anblick/ […]. (*ST* 108–109)

II. Buch, VI. Kapitel

(Abb. 12, Tusche auf Papier, Breite 20 cm, Höhe 27 cm)

Den andern Tag erwachte ich wiederumb/ (dann sonst schlieffe ich noch) befand mich aber nicht mehr im Bett/ [...] sondern in meinem alten Gäns-Kercker/ [...] und über das hatte ich ein Kleid an von Kalb-Fellen/ [...] oben am Hals stunde eine Kappe wie ein Mönchs-gugel/ die war mir über den Kopff gestreifft/ und mit einem schönen paar grosser Esels-Ohren geziert. (*ST* 110)

II. Buch, IX. Kapitel

(Abb. 13, Radierung, Platte Breite 16, 7 cm, Höhe 13, 2 cm)

Mein Herr fragte/ ob dann meines Knans Ann und Ursele schöner gewesen/ als diese Jungfer? Ach wol Nein/ Herr/ sagte ich/ diese Jungfrau hat ja Haar/ das iß so gelb wie kleiner Kinder-Dreck/ und ihre Schäidel sind so weiß und so gerad gemacht/ als wenn man Säubürsten auff die Haut gekappt hätte/ ja ihre Haar seyn so hübsch zusammen gerollt/ daß es sihet/ wie hole Pfeiffen/ oder als wenn sie auff jeder Seiten ein paar Pfund Liechter/ oder ein Dutzet Bratwürst hangen hätte [...]. (*ST* 118)

(Abb. 14, Tusche auf Papier, Breite 27 cm, Höhe 20 cm)

So ist ihr Hals ja schier so weiß/ als eine gestandene Saurmilch/ und ihre Brüstlein/ die darunter ligen/ seyn von gleicher Farb/ und ohn Zweiffel so hart anzugreiffen/ wie ein Gaiß-Mämm/ die von übriger Milch strotzt: Sie seynd wol nicht so schlapp/ wie die alte Weiber hatten/ die mir neulich den Hindern butzten/ da ich in Himmel kam. [...] Aber was soll dieses gegen ihrem gantzen Leib selbst zu rechnen seyn/ [...]; Jst er nicht so zart/ schmal und anmuthig/ als wenn sie acht gantzer Wochen die schnelle Catharina gehabt hätte? (*ST* 119)

II. Buch, XIV. Kapitel

(Abb. 15, Tusche auf Papier, Breite 27 cm, Höhe 20 cm)

VOn dieser Zeit an besaß ich meines Herrn Gnad/ Gunst und Lieb vollkommenlich/ [...]. Und demnach mein Herr sahe/ daß ich Lust zur *Music* hatte/ ließ er mich solche lernen/ und verdinget mich zugleich einem vortrefflichen Lautenisten/ dessen Kunst ich in Bälde zimlich begriffe/ und ihn umb so viel übertraff/ weil ich besser als er darein singen konte: Also dienete ich meinem Herrn zum Lust/ zur Kurtzweil/ Ergetzung und Verwunderung. (*ST* 134)

(Abb. 16 und 17, Tusche auf Aquarell-Papier, Breite 42 cm, Höhe 29 cm)

Einsmal zu End deß May/ als ich abermal durch mein gewöhnlich/ ob zwar verbottenes Mittel/ meine Nahrung holen wolte/ und zu dem Ende zu einem Baurn-Hof gestrichen war/ kam ich in die Küchen/ merckte aber bald/ daß noch Leut auff waren [...]; ich schlich hinzu/ zu sehen/ ob die Leut nicht bald schlaffen gehen wolten? aber meine Hoffnung war nichts/ dann sie hatten sich erst angezogen/ und an statt des Liechts/ ein schweflichte blaue Flamm auff der Banck stehen/ bey welcher sie Stecken/ Besem/ Gablen/ Stül und Bänck schmierten/ und nacheinander damit zum Fenster hinauß flogen. (*ST* 143)

II. Buch, XXV. Kapitel

(Abb. 18, Bleistift auf Karton, Breite 24 cm, Höhe 31 cm)

Jch wurde meines Stands so müd und satt/ als wenn ichs mit lauter eisernen Kochleffeln gefressen hätte/ einmal/ ich gedachte mich nicht mehr von jederman so voppen zu lassen/ sondern meines Narrn-Kleids loß zu werden/ und solte ich gleich Leib und Leben darüber verlieren. […] als wir nun einsmals in ein groß Dorff kamen/ […] und jeder hin und wieder in die Häuser gienge/ zu suchen was etwan mit zu nehmen wäre/ stal ich mich auch hinweg/ und suchte/ ob ich nicht ein altes Baurenkleid finden möchte/ umb welches ich meine Narrn-Kappe verdauschen könte; Aber ich fande nicht was ich wolte/ sondern muste mit einem Weiber-Kleid vor lieb nemmen; Jch zoge selbiges an/ […] und warff das meinig in ein Secret/ […]. (*ST* 167–168)

II. Buch, XXVI. Kapitel

(Abb. 19 und 20, Tusche auf Papier, Breite 27 cm, Höhe 20 cm)

ALs es nun Tag worden/ gab mich mein Herr den Reuter-Jungen preiß/ [...] sie eyleten
mit mir einem Busch zu/ ihre viehische Begierden desto besser zu sättigen/ wie dann
diese Teuffelskinder im Brauch haben/ wann ihnen ein Weibsbild dergestalt übergeben
wird [...]. Jhr schröcklich Geschrey lockte den Rumor-Meister herzu/ welcher eben
ankam/ als sie mir die Kleider vom Leib gerissen/ und gesehen hatten/ daß ich kein
Weibsbild war/ [...]. (*ST* 172)

II. Buch, XXIX. Kapitel

(Abb. 21, Tusche auf Papier, Breite 27 cm, Höhe 20 cm)

Jch hatte mich keines Kleids bey ihm zu getrösten/ weil er selbst über und über zerflickt daher gieng/ gleichsam wie mein Einsiedel; So war sein Sattel und Zeug auch kaum drey Batzen werth/ und das Pferd von Hunger so hinfällig/ daß sich weder Schwed noch Heß vor seinem dauerhafften nachjagen zu förchten hatte. Solches alles bewegte seinen Hauptmann/ ihn ins Paradeis/ ein so genantes Frauen-Closter/ auff *Salvaguardi* zu legen/ [...]. Also ritte er dahin/ und ich gieng mit/ weil er leyder nur ein Pferd hatte: Botz Glück *Simbrecht*, (dann er konte den Nahmen *Simplicius* nicht behalten) sagte er unterwegs/ kommen wir in das Paradeis/ wie wollen wir fressen! (*ST* 182)

SIMPLICIANA MINORA

„Mummeln", „murren, murmeln", „Mümmelchen".
Wilhelm Jensen über den Mummelsee bei Grimmelshausen

Der norddeutsche Roman- bzw. Novellenautor, Dramatiker und Lyriker Wilhelm Jensen (1837–1911) thematisiert in einer monumentalen und renommierten Monographie über den Schwarzwald am Ende des 19. Jahrhunderts erwartungsgemäß außer dem Kloster Allerheiligen auch den Mummelsee.[1] Zu dem naturkundlichen Interesse des seinerzeit in Freiburg/Breisgau wohnhaften Verfassers tritt ausdrücklich das kulturgeschichtliche hinzu: „Wo die Sagen einigermaßen kulturhistorischen oder poetischen Werth beanspruchen können", heißt es im Vorwort, „sind sie kurz eingeflochten [...]" (S. X). Damit gerät die einschlägige Erzählung im *Simplicissimus Teutsch* in den Blick, doch Jensen schenkt bei vorherrschend positivistischem Zeitgeist mehr deren philologischen als hermeneutisch-literarischen Aspekten Beachtung und spart so die Sylphen-Utopie des barocken Dichterkollegen nahezu aus bzw. akzentuiert sie zumindest eigenwillig. Er bedauert vielmehr, „daß eine in der Vorarbeit befindliche etymologische Herleitung und Erläuterung der Orts- und Flurnamen in Baden noch nicht so weit vorgeschritten war, um meinem Zweck behülflich sein zu können" (S. X). Immerhin ist seine Analyse des Namens des Mummelsees als eines Gewässers von diesem Defizit nicht betroffen und fällt daher relativ einlässlich und wesentlich in Übereinstimmung mit Simplicissimus' eigener Definition und den Informationen der Brüder Grimm aus. – Vielleicht kann der heutige Leser dem historischen und seinerseits auf Grimmelshausens Mummelsee-Schilderung zurückblickenden Text Jensens etwas abgewinnen, zumal wenn er, an Luxus gewöhnt, erfährt, dass dem neuesten, inzwischen längst ersetzten Hotel am „eirunde[n] See" um die vorletzte Jahrhundertwende lediglich „eine sehr schlichte, doch unter Umständen höchst gastlich erfreuende, vom [Gasthof, K. H.] „Wolfsbrunnen" her

---

1   Wilhelm Jensen: *Der Schwarzwald*. Mit Jllustrationen von Wilhelm Hasemann, Emil Lugo, Max Roman, Wilhelm Volz, Karl Eyth [u. a.], Berlin 1890. (Seitenangaben im Text). Unveränderter Nachdruck der Auflage 1901 Frankfurt a. M. 1980. – Der See wird im Original im „Besonderen Theil. Die Einzelgebiete des Schwarzwalds." und dort im Abschnitt „Jm Gebiet(e) der Hornisgrinde" (S. 31–55) behandelt. – Der Autor stand in mehr oder weniger intensiver Verbindung mit Geibel, Hebbel, Raabe und Storm. Seine Wirkungsgeschichte ist beachtlich. So fußt eine der ersten Literaturinterpretationen Freuds auf einer seiner Novellen (vgl. Wikipedia).

mit Speisen und Getränken ausgerüstete Schutzhütte" (S. 34–35) vorausging:

Daß die Sagenbildung früherer Zeit reichhaltige Nahrung im Mummelsee, den die Römer bereits „*lacus mirabilis*" benannt haben sollen, gefunden, als er noch von Urwaldstannen umgeben und nur von Jägern, Harzklaubern und Schatzgräbern aufgesucht wurde, ist ebensowohl begreiflich, als unbestreitbar, daß die heutigen wohlgebauten Fahr- und Fußwege zu ihm, mit zahlreichen Wegweisern versehen, der laute Steinbruchbetrieb, die Miethgondeln auf dem See ihn in ein möglichst nüchternes Licht rücken und nach Kräften alles Wundersamen entkleiden. Wer sich in die Mystik hineinversetzen will, mit welcher der Volksglaube ihn ehemals dicht übersponnen, thut unfraglich am besten, im Grimmelshausenschen „Simplicius" die Capitel 10–18 des fünften Buches zu lesen, in denen sich eine Sammlung aller an den Mummelsee geknüpften Mären vorfindet. Simplicius selbst, der sich damals im „Bad Griesbach" (im Renchthal) aufhielt, begegnen droben die absonderlichsten Dinge. Wir erfahren, daß er, von einem Ortskundigen geführt, sechs Stunden braucht, um durch einsame Wildniß an den See zu gelangen, in den er hineinstürzt, um in der Tiefe von dem „Prinzen des Mummelsees" seltsamste Belehrungen zu empfangen. Wie er an die Oberfläche zurückkommt, verirrt er sich in den schwarz-unermeßlichen Wäldern und schließt seinen Bericht mit den Worten, daß das wahr sei, „was mir mein Knan zuvor gesagt hatte, daß ich nämlich von dieser Wallfahrt weiter nichts als müde Beine und den Hergang für den Hingang haben würde." Jmmerhin ist der Aufstieg vom Wolfsbrunnen zum See auch heute ein nicht ganz unbeträchtlicher (*360 m*), doch die erwähnten, äußerst gepflegten Wege lassen allzu müde Beine nicht mehr befürchten. Jn Bezug auf den Namen Mummelsee sagt Simplicius, derselbe „gebe genugsam zu verstehen, daß es um ihn wie um eine Maskerade oder einen Mummenschanz ein verkapptes Wesen sei", und die gegenwärtige Volksetymologie leitet gleichfalls die Benennung von einem vermummten Wassergeist „Mummel" ab, der mit seinen Töchtern – Mümmelchen – in der Seetiefe haust. Der wirkliche Ursprung des Namens entstammt indeß zweifellos dem alten Zeitwort „mummeln", das „murren, murmeln" bedeutet und das vereinte leise murrende Geräusch des Windes in den Tannen und den von ihm aufgeregten Seewellchen in dem abgeschlossenen Bergkessel bezeichnend wiedergiebt. Jm Anfang des vorigen Jahrhunderts verursachte übrigens der zu Flößereizwecken hoch angestaute See, in Folge plötzlich eintretender Regenstürze durchbrechend, eine gefährliche Ueberschwemmung des unter ihm gelegenen Thales. (S. 35)

Jensens ‚Reportage' vom Mummelsee – sein Buch will indes keinesfalls ein „Schwarzwaldführer" (S. IX) sein – wird durch zwei Abbildungen auf dem technischen Reproduktionsstand der Zeit ergänzt. Ein „Vollbild" von Wilhelm Volz ist betitelt: „Die Spinnschwestern vom Mummelsee." und korrespondiert mit einer von Jensen wiedergegebenen Sage, die statt Grimmelshausens Sylphen Nixen kennt und im Ort

Seebach spielt, in den Simplicissimus als angeblicher fahrender Schüler nach dem Verlust seines Sauerbrunnen-Steins von den Waldbauern geführt werden will.

> Die Nixen des Mummelsees statten in ihm dann und wann ihre Besuche ab, wenigstens fanden sich einmal drei derselben als weißgewandete Jungfern zur Winterzeit Abends in der Seebacher Spinnstube ein, um mit dem elften Glockenschlag stets hastig zu verschwinden. Ein junger Bursche verliebte sich in eine von ihnen und stellte eines Tags, um sie länger zu halten, die Uhr um eine Stunde zurück. So blieben die Drei ahnungslos bis Mitternacht, doch am nächsten Morgen hörte ein zum Mummelsee hinaufgestiegener Holzfäller Wehklagen aus der Wassertiefe heraufkommen, sah auf der Oberfläche drei Blutflecke treiben, und der Fälscher des Stundenschlags in Seebach starb nach drei Tagen. Die Nixen aber kehrten niemals wieder. (S. 38)

In frivolem Gegensatz zu den auf Volz' Holzschnitt bezeichnenderweise an Novizinnen erinnernden „Spinnschwestern" stehen die drei im Mondschein im See nackt badenden und spielenden Mümmelchen auf der anderen, bewusst kleinformatigen Illustration, deren Urheber sich hinter einem nicht entzifferbaren Monogramm zu verbergen scheint. Mit diesen im bildkünstlerischen Stil der Jahrhundertwende à la Böcklin dargestellten einigermaßen lasziven Frauengestalten haben Grimmelshausens Wasserwesen endgültig nichts mehr zu tun, auch wenn sein Simplicissimus bei der Begegnung im „Mucken-Loch" nach seinem Aufenthalt im Mummelsee vorgibt, gerade erst aus dem „*Venus-Berg*" zu kommen.[2]

Klaus Haberkamm (Münster)

---

2   Mit dem Mummelsee-Komplex hat sich neuerdings umfassend Karl Ebert beschäftigt: Karl Ebert (†): *Grimmelshausens Heimat am Oberrhein. Neue lokale, soziale und biografische Aspekte zur Erschließung des literarischen Werkes von Johann Jakob Christoph von Grimmelshausen.* Hrsg. von Peter Heßelmann. Münster, Bühl o. J. [2019], S. 166–196. Eine kurze Erwähnung Wilhelm Jensens S. 195–196.

Verborgene Texte im *Europäischen Wundergeschichten Calender*

Dieter Breuer hat darauf hingewiesen, dass sich in der zweiten Spalte („Witterung deß Monats") des Molsheimer *Schreib-Kalenders* (1675) ein durch alle zwölf Monate durchlaufender und durch Rotdruck hervorgehobener Text befindet. Es handele sich um einen subversiven politischen Text, der die Kriegspolitik des Straßburger Fürstbischofs und Landesherrn Franz Egon von Fürstenberg verurteile.[1]

In den Jahrgängen 1670, 1671 und 1672 des *Europäischen Wundergeschichten Calenders* sind in der dritten Spalte („Gewitters Verzeichnus/ der Aspecten uñ Planeten") durch Rotdruck markierte Wörter eingefügt, die Sätze ergeben, wenn man sie durch die Spalten hindurch aneinanderreiht. Die zwischen Wetterprognosen verborgenen Wörter befinden sich nicht in jeder Zeile. Für den heutigen Leser sind die in einem Wirrwarr von Wörtern und Zeichen versteckten Sätze alles andere als leicht zu entdecken. Die Texte beziehen sich zumeist auf zeitgeschichtliche Hintergründe, politische Ereignisse und die angespannte Lage am Oberrhein. Sie bieten in Anbetracht insbesondere der französischen und türkischen Expansionspolitik rückblickend und vorausschauend Andeutungen auf militärische Auseinandersetzungen zwischen den verschiedenen Bündnissen.

Die Texte aus der dritten Spalte des *Europäischen Wundergeschichten Calenders* 1670, 1671 und 1672 werden hier zusammenhängend wiedergegeben.[2]

Europäischer Wundergeschichten Calender 1670

[Januar]
Gottes Gnad/ zũ Neuen Jahr.
Trau/ schau Wem?

---

[1] Dieter Breuer: Zur Frage der Autorschaft Grimmelshausens an den simplicianischen Kalendern Felßeckers, Hoffmanns und Straubhaars. In: *Grimmelshausen als Kalenderschriftsteller und die zeitgenössische Kalenderliteratur*. Hrsg. von Peter Heßelmann. Bern [u. a.] 2011, S. 159–184, hier S. 181–184.

[2] Die Texte nach der folgenden Ausgabe: Johann Jakob Christoffel von Grimmelshausen: *Simplicianische Jahreskalender. Europäischer Wundergeschichten Calender 1670 bis 1672 (Nürnberg). Schreib-Kalender 1675 (Molsheim).* Faksimiledruck der vier Kalenderjahrgänge erstmals neu hrsg. und kommentiert von Klaus Matthäus und Klaus-Dieter Herbst. Erlangen, Jena 2009.

Freunde in der Noth
Freunde in dem Tod/
Freunde hinder Rücken
das sind 3. starckc Brückc̃.
8

[Februar]
Allzuviel ist ungesund.
Wan der Wagen fällt
so hat er 5. Räder.
wunderliche Welthändel.
Das Leder stehlen/
uñ die Schue um

[März]
Gottes willen geben/ ist
Einem andern etwas abnehmẽ/
Und hernach armen Leuten schencken.
Er liegt wie: ein Calendermacher.
Gedultige Schafe: gehen viel in einen Stall.
Wo man friedlich lebt:

[April]
braucht man keines grossen Pallasts/
sondern ein enges Hüttlein ist weit genug.
Wunderliche Begebnisse.
Trau/ schau/ Wem.
Was die Kinder võ̃ den Eltern sehen/
thun sie

[Mai]
gemeiniglich nach.
Wer Lügen will/
muß sich auf solche Zeugẽ die ferne seyn beruffen.
In die Fern ist gut Lügẽ.
Was Fürsten und
8

[Juni]
Herrn versehen/
und übel anrichten gehet über dẽ gemeinen Mann aus.
Es sind böse Katzen/ die forne lecken/ und hinden kratzen.
Ein krum Holtz ist übel gerad zu machen.
Wo Haut und Haar nicht gut ist/ da wird kein guter

[Juli]
Beltz aus.

Eine böse Natur wird nicht leichtlich
in ein gute verwandelt.
Ein jeder was sein Stand

[August]
erfordert/ verrichten soll/
Prächtige Kleider machen kalte Küchen/
Und leschen das Feur auf dem Herd aus.
Wie man im Wald schreit/
so ist auch die Antwort
Wirff einen an andern

[September]
seine Fehler nicht vor/
wilt du das deine sollen verschwiegen bleiben.
Du solt dich deiner Freundschafft/
so gering sie immer sey/
nicht schämen.
Der sein Gut auf nasse Wahr legt be-

[Oktober]
kommt ein leeren Beutel/
uñ zulezt bringet er sich ums Leben.
Wer isset und überläst/
der kan zweymal den Tisch bereiten.
Schalck und Schalck gehört zusam.
Durch ernstliche Busse kan einer der Göttlichen

[November]
Straffe entgehen/ aber
von der bösen Leute Zungen ist niemand befreyt.
Ein Geitziger wunschet/
daß alle Menschen Noht litten
Damit sein Wolffsmagẽ allein gefüllt bliebe.
Wer ein böß Gewissen hat/
erschricket

[Dezember]
vor einem Blat.
Verzehre nicht alles auf einẽ Tag/
gedencke/ daß
dich morgen wider hungert.
Hilff JEsu alles
Böß abwend/
Glück/ Segen gib an allem END.

Europäischer Wundergeschichten Calender 1671

[Januar]
GOttes treue Allmachts Hand
segne diß Jahr
Land und Stand.
Ein vornehmer Herr bekommt allhie üble Gäste

[Februar]
Jetzund hätte einen hundertäugichten Argus vonnöhten.
Gott behüte vor Feuersgefahr.
GOtt steure dem Haus- und Ehe-Teuffel/
er will zimlich rumoren.
Wichtige Reichs-Händel und Zusammenkunfften fürnehmer
Herren sind obhanden/
GOtt verhelffe das selbe einen guten Ausgang gewinnen möge.

[März]
Gut Räht werden veracht/
die bösen aber geacht.
dir geschicht sehr weh.
Böse Zeitung.

[April]
Die Alarm-Paucke und Mord-Posaune
lassen sich starck hören.
GOtt weiß wo es hinaus will.

[Mai]
Es scheinet dieser Potentat wolle wieder fechten
aber es wird ihm übel bekommen.
Gewalt geht vor Recht
das klaget mancher armer Knecht.

[Juni]
Der wütige Hund wird von dem Adler gefässelt
Der Hund will widerum zu bellen anfangen.

[Juli]
Ungerland
es wird in deiner Nachbarschafft
abermal ein groß Blut-Bad.

[August]
Mars will durch seine Feuer- Flammen
manchen schönen Ort in die Asche legen.
Die Welt ist List und Falschheit voll/

ich weiß nicht wem ich trauen soll.

[September]
Glaub
hat manchen betroge͂/
diß erfähret jetzt ein frommer Regent.
Vor die Klingen fordern
und ausreissen schickt sich übel.

[Oktober]
Diese Zeitung wird manchen Ort sehr gefährlich
und perplex machen.
Hier wird der Fuchsschwantz zimlich gestrichen

[November]
Hier wird ein artliches Herodes-stücklein gespielet.
glaube schwerlich daß es ungerochen bleibet.
Eine weitaussehende Unruh
will über Hand nehmen.

[Dezember]
Mars ist den Jovialischen sehr gefähr.

Europäischer Wundergeschichten Calender 1672

[Januar]
O HErr hilff zum Neuen Jahr
O HERR laß alles wol gelingen.
Hier hat der ein gewonnen Spiel.
Welts-Personen in
böse Zufäll und üble Verrohungen.

[Februar]
Mars begehret mit seinem Blutgierigen
Vorhaben einen Anfang zu machen.
Bereite dich zur Buß/
der Tod folgt dir auf dem Fuß.

[März]
Es scheinet der Persianer
werde den grossen Hund an die Kette spanne͂.
F. G. und P. wollen in eine Liga tretten.

[April]
Ach ihr arme Unterthanen
wie müsset ihr eurer Herrn halber schwitzen.
Sollte es auch wol müglich seyn

daß der Persianer des Türcke~Raubnest zerstörte.

[Mai]
Dieser blutige Streich ziehet vielen Trauer-Kleider an.
Dem Tückischen Hund/ wird daß Fell übel gegerbet.
Wann es so zugehet/
wo will man Soldaten gnug neme~.

[Juni]
Der Hund muß noch besser dran/
die Glocke ist schon über ihn gegossen.
GOTT wende alles zum besten.

[Juli]
Dieses Unglück ist nicht zu belachen/
sondern vielmehr zu beweinen.
Ein Unglück folget dem andern
Mars tummelt sich tapffer.

[August]
Die Läufften wollen sich noch immer gefährlicher
und beschwerlicher anlasse~.
Wunderliche Zeitung

[September]
Willkomme~ schöne Dam/ voll Ehre Zucht
und Scham euch prächtig zu empfange~.
Die Adler streitten mit dem Hund/
derselbe wird gar bald verwund.

[Oktober]
Grosser Prinz nim~ dich in acht/
Es wird dir sehr nachgetracht/
Laß ja die Vorsichtkeit/
Bey dir bleiben allezeit.
Dir Böse Avisen.
In Persien sihts zimlich übel aus.

[November]
Was haben jezt die Türcken für/ getrost/
getrost/
Gott stehet hier/
der kan ihr Trotzen wol vertreiben/
daß wir ganz unbeschägigt bleiben.

[Dezember]
O Gott steur allem Krieg der Christenheit
gib Sieg/
und laß die Feind erfahren/
daß du schützst deine Schaaren.

Anita Wiegele (Oberkirch)

Grimmelshausen-Preis 2019 für Dörte Hansen

Dörte Hansen erhielt am 7. November 2019 in Gelnhausen den mit
10.000 Euro dotierten Grimmelshausen-Preis für ihren 2018 erschienenen Roman *Mittagsstunde*. Darin erzählt die 1964 in Husum geborene
Autorin mit viel Empathie, aber nie sentimental, von den großen Veränderungen des ländlichen Lebens in den letzten Jahrzehnten. Der fiktive Ort Brinkebüll in Nordfriesland stehe – so hebt die Jury hervor –
mit seinen individuell und eindringlich gezeichneten Bewohnern für
viele einst bäuerlich geprägte Regionen, denen der sogenannte Struk-
turwandel in Landwirtschaft und Gesellschaft das Gesicht nahm, ohne
neue Identitäten zu schaffen. Dörte Hansen beschreibe diese Veränderungen lakonisch und melancholisch mit stilistischer Raffinesse, aber
ohne jegliche nostalgische Verklärung. Ingwer Feddersen, der bei seinen Großeltern aufgewachsene Romanprotagonist, verlässt das heimat-
liche Dorf, um zu studieren und eine Karriere als Wissenschaftler zu
machen. Im Alter von 47 Jahren kehrt der Archäologe zurück, auch um
den inzwischen kranken Großeltern beizustehen. Sensibel schildert
Hansen das Fortschreiten der Demenz und das langsame Sterben. In
retrospektiven individuellen Lebensgeschichten entwerfe sie – so die
Jury – ohne jede Spur von Idyllik ein Panorama untergehender oder
bereits untergegangener Lebensformen. Mit wenigen Worten gelinge es
ihr, ausdrucksstarke Charaktere zu schaffen und die Auflösung der bäuerlichen Welt in literarisch anspruchsvoller Weise darzustellen.

Der Grimmelshausen-Preis wird seit 1993 alle zwei Jahre verge-
ben, wobei der Ort der Verleihung jeweils zwischen Gelnhausen und
Renchen wechselt. Gemeinsam mit den beiden Städten stiften die Bun-
desländer Hessen und Baden-Württemberg die Auszeichnung. Mit dem
Preis werden Autorinnen und Autoren gewürdigt, die mit ihrem erzählerischen Werk in den vorausgegangenen sechs Jahren einen bemer-
kenswerten Beitrag zur künstlerischen Auseinandersetzung mit der

Zeitgeschichte geleistet haben und somit in der literarischen Tradition Grimmelshausens stehen. Die bisherigen Preisträger sind Ruth Klüger, Alban Nikolai Herbst, Michael Köhlmeier, Robert Menasse, Adolf Muschg, Brigitte Kronauer, Dieter Forte, Feridun Zaimoglu, Reinhard Jirgl, Peter Kurzeck, Ulrike Edschmid, Robert Seethaler und Christoph Hein.

Der mit 2.500 Euro dotierte Grimmelshausen-Förderpreis ging an die 1988 in Ost-Berlin geborene Nele Pollatschek für ihren 2016 veröffentlichten Debütroman *Das Unglück anderer Leute*. Der Förderpreis wird von den Städten Renchen und Gelnhausen in Zusammenarbeit mit den örtlichen Sparkassen – im Fall von Gelnhausen mit der Kulturstiftung der Kreissparkasse Gelnhausen – ausgelobt.

Peter Heßelmann (Münster)

REGIONALES

Der Bauernhof des Simplicissimus in der Wilden Rench

Das Luftpanoramabild von Hubert Grimmig zeigt die Landschaft in der Wilden Rench in der Gegend von Bad Griesbach (Abb.). Das Tal der Wilden Rench ist am Anfang und Ende sehr steil, nur in der Mitte weitet es sich, die Hänge sind sanft und es gibt zum Ufer der Rench hin ebene Flächen. Orte, die im *Simplicissimus Teutsch* und *Rathübel Plutonis* erwähnt werden, lassen sich im Bild wiederfinden. Zu sehen sind die Lage des Bauernhofs des Simplicissimus (1), die Weidefläche für Tiere (2), die Route der Zigeuner (3), der Weg zum Mummelsee (4), die ebene Fläche für einen Park (5) und die Engstelle des Tales (6).

Seit 1330 hatte die Familie von Schauenburg Lehen in der – so der vorherige Name – Wüsten Rench in Bad Griesbach. Diese Lehen wurden bis 1659 durch den Markgrafen von Baden immer wieder bestätigt. Das lässt sich den Urkundenregesten der Freiherren von Schauenburg entnehmen.[1] Wilhelm von Schauenburg besaß im 16. Jahrhundert in der Wilden Rench einen Hof, auf dem er sich aufhielt, wenn er in Griesbach zur Badekur war. Er hatte bei einer Hirschjagd einen Mineralwasserbrunnen entdeckt, den Bischof Johann IV. von Manderscheid-Blankenheim fassen ließ. Die Bevölkerung nannte den Brunnen den „Schauenburger Sauerbrunnen". Als Schaffner der Familie von Schauenburg kam Grimmelshausen sicherlich zu diesem Hof, um bei dem Pächter Abgaben einzufordern. Die Angaben, die er in seinem literarischen Werk zur Lage und Beschaffenheit des Hofes macht, stimmen auf dem Bild mit Position 1 überein.

Im *Simplicissimus Teutsch* wird im siebten Kapitel des V. Buches geschildert, dass Simplicissimus ein Bauernmädchen kennenlernt und einen Herrensitz auf dem Elternhof seiner Frau errichten will. Geld hat er genug, um den besten Bauernhof zu erwerben. Außerdem sieht er in dem Hof, der sich in der Nähe des Sauerbrunnens befindet, eine angenehme Bleibe, weil durch die alle sechs Wochen wechselnden Badegäste neue Gespräche, Erfahrungen und Nachrichten aus aller Welt zu erwarten sind. Die folgenden Textstellen aus dem *Simplicissimus*

---

1 *Archiv der Freiherren von Schauenburg in Oberkirch. Urkundenregesten 1188–1803.* Bearb. von Magda Fischer. Stuttgart 2007 (Inventare der nichtstaatlichen Archive in Baden-Württemberg 33), Nr. 36, 194, 237, 320, 358, 494, 506, 519, 584, 873, 920 zu Griesbach.

Teutsch berichten über den Hof. Simplicissimus denkt im siebten Kapitel des V. Buches über seine Zukunftspläne nach:

> [...] über das hast du noch Geld genug/ auch den besten Baurn-Hof in dieser Gegend zu bezahlen/ du wilst diß ehrliche Baurn-Gretlein heuraten/ und dir einen geruhigen Herrn-Handel mitten unter den Bauren schaffen/ wo woltestu dir eine lustigere Wohnung außsehen können als bey dem Sauerbrunnen/ da du wegen der zu- und abräisenden Bad-Gäst gleichsam alle 6. Wochen eine neue Welt sehen [...] kanst [...].[2]

Im achten Kapitel werden die stattliche Hochzeit des Simplicissimus, der Kauf des Hofes und ein Neubau erwähnt. Es fehlt an nichts, kostbarer Hausrat wird angeschafft und es kann eine große Anzahl von Tieren gehalten werden:

> Das Bauren-Gut/ darauff meine Braut geboren worden/ löste ich nit alllein gantz an mich/ sondern fieng noch darzu einen schönen neuen Bau an/ gleich als ob ich daselbst mehr Hof- als Haußhalten hätte wollen/ und ehe ich die Hochzeit vollzogen/ hatte ich bereits über dreissig Stück Vieh da stehen/ weil man so viel das Jahr hindurch auff demselben Gut erhalten konte [...]. (*ST* 474)

Der Hof hat ein Leibgedinghaus, mehrere weitere Gebäude, eine Sägemühle, er liegt an einem Bächlein und hat, als einziger Hof im Tal, eine Linde.

Bei einem Aufenthalt im Sauerbrunnen hört Simplicius merkwürdige Dinge über den Mummelsee. Er beschließt, den wundersamen See zu besuchen. Mit seinem Knan, der den Weg dorthin kennt, wandert er in weniger als sechs Stunden zum Mummelsee. Auf dem Luftpanoramabild markieren die Positionen 4 den Weg zum Mummelsee. Diese Wegstrecke, die ca. 26 km lang ist, kann man in der genannten Zeit bewältigen, wenn man die alten Steige benützt. Simplicissimus führt aus:

> DJe Begierde den Mummelsee zu beschauen vermehrte sich bey mir/ als ich von meinem Petter verstunde/ daß er auch dabey gewesen/ und den Weg darzu wißte [...]. Also wanderten wir miteinander über Berg und Thal/ und kamen zu dem Mummelsee/ ehe wir 6. Stund gegangen hatten [...]. (*ST* 489–490)

---

2 Hans Jacob Christoffel von Grimmelshausen: *Simplicissimus Teutsch.* In: *Werke.* I. 1. Hrsg. von Dieter Breuer. Frankfurt a. M. 1989 (Bibliothek der frühen Neuzeit 4. 1), S. 473–474. – Der Text wird im Folgenden nach der Edition von Breuer mit Sigle *ST* und Seitenangabe in runden Klammern zitiert.

In der Nähe seines Hofes will Simplicissimus einen schönen, ebenen Park mit allerhand exquisiten Gewächsen anlegen lassen. Eine weitgehend ebene Fläche bis hin zum Ufer der Wilden Rench ist dort vorhanden und bietet die Möglichkeit für eine Parkanlage (Position 5):

> [...] und sanne auch bereits einen Platz auß/ auff welchen ich mitten im wilden Gebürg/ bey meinem Hof/ einen schönen ebenen Lust-Garten pflantzen/ und allerley *rare* Gewächs darinnen ziehen wolte/ damit sich die fremde Herren Badgäst und ihre Frauen darinn erspazieren/ die Krancke erfrischen/ und die Gesunde mit allerhand kurtzweiligen Spielen ergetzen [...] können. (*ST* 516)

Simplicissimus spielt mit dem Gedanken, Berge abtragen zu lassen, damit die An- und Abreisenden sich nicht über mühsame Wege beschweren (*ST* 516). Im Bild ist zu sehen, wie sich nach einer Engstelle (Gemarkungsname Britschloch) das Tal nach hinten weitet (Position 6).

Textangaben im *Rathstübel Plutonis* lassen sich ebenfalls im Luftpanoramabild wiedererkennen.[3] Monsigneur Secundatus, Alcmaeon, Cidona, seine Hausfrau und deren Tochter Spes, die zur Badekur im Sauerbrunnen weilen, spazieren an einem Morgen in ein Seitental und hören Töne aus einer „Trompet *de Marin*" (Trumscheit) sowie das Echo, das durch die Berge, die ringsum gelegen sind, hervorgerufen wird. Unterwegs treffen sie auf Erich, Collybius, einen Kauf- und Handelsherrn, und auf Laborinus, einen Handwerker. Position 1 im Luftpanoramabild zeigt die Landschaft und den Hof in einem breiter werdenden Tal, das von Bergen umgeben ist:

> Einsmahls an einem lustigen Morgen [...] spazirten wir mit; und in dem wir einen lustigen Weg an einem fliesenden Wässerlein auß dem grösten Thal in einen neben Zincken passirten/ höreten wir eine Trompet *de Marin*, welche wegen ihres gewaltigen Thons einer rechten Trompet nicht ungleich lautet/ und gleichsam auß allen benachbarten Bergen und Wäldern von der unverdrossenen *Echo* gantz anmuthig beantwortet wurde [...]. (*RP* 655)

Gemeinsam gehen sie auf den Hof des Simplicissimus zu und sehen den Hausherrn in Gesellschaft einer Dame, mit einem Buch in den Händen, unter einer Linde sitzend. Die Frau namens Coryphaea spielt die „Trompet *de Marin*". Der Hof ist der einzige, der von alters her eine

---

3 Hans Jakob Christoffel von Grimmelshausen: *Rathstübel Plutonis*. In: *Werke*. I. 2. Hrsg. von Dieter Breuer. Frankfurt a. M. 1992 (Bibliothek der Frühen Neuzeit 4. 2.), S. 651–742. – Der Text wird im Folgenden nach der Edition von Breuer mit Sigle *RP* und Seitenangabe in runden Klammern zitiert.

sehr große Linde besaß, die inzwischen gefällt und ersetzt wurde. Es wird von Simplicissimus berichtet: „Wir fanden ihn mit einem Buch in Händen [...] unter einer lustigen Linde im Schatten sitzen [...]." (*RP* 656) Er lädt die Gäste ein, sich unter der Linde niederzulassen:

> [...] daß wir uns sämtlich unter jene Linde rings weiß zum Brunnen ins Grüne niedersetzen sollen/ umb uns im Schatten mit einem annehmlichen und lustigen Gespräch zuergetzen. (*RP* 658)

Hinzu kommen Knan und Meuder sowie der Jude Aaron, der mit Vieh handelt und mit dem Knan um Viehpreise feilscht. Die Wiesen, die unmittelbar an den Hof grenzen, sind nicht steil. Es können Tiere darauf weiden. Im *Simplicissimus Teutsch* wird, wie erwähnt, ebenfalls mitgeteilt, dass auf dem Hof des Simplicissimus eine größere Menge Tiere gehalten werden kann. Weidehaltung ist bei den anderen Höfen im Gebiet der Wilden Rench nicht möglich, weil dort die Hänge zu steil sind (Position 2). Zum Vieh heißt es im *Rathstübel Plutonis*:

> [...] hörten wir einen Alarm bey deß *Simplicissimi* Vieh/ so ohngefer in 20 Rindern/ eben so viel Geissen/ etlichen Schaaffen und einem Pferd bestuhnd/ und ohngefehr einen Büchsenschutz vom Hoff auff der Weid gieng [...]. (*RP* 688–689)

Über die Berge kommen Zigeuner zum Hof, unter ihnen ist Courasche. Sie wird in die Gesprächsrunde integriert, und auch der gealterte Springinsfeld, der auf dem Hof lebt, wird herbeigeholt. Die Zigeuner könnten mehrere Wege auf der gleichen Bergseite genutzt haben, um vom Kniebis zum Hof zu gelangen (Position 3). Sie werden befragt: „[...] warumb sie sich so unversehenlich durch Abweg und über die hohen Waldungen daher zunähern understanden?" (*RP* 690) Schauplatz ist auch hier das Gebiet der Wilden Rench. Die im *Simplicissimus Teutsch* und im *Rathstübel Plutonis* erwähnte Landschaft findet sich im Luftpanoramabild wieder.

Karl Ebert vermutete die Lage des simplicianischen Bauernhofs auf dem Breitenberg bei Bad Griesbach und zog die Umgebung des heutigen Martinshofs in Erwägung.[4] Er führte für seine Vermutung folgende Argumente an:

---

4   Dazu Karl Ebert (†): *Grimmelshausens Heimat am Oberrhein. Neue lokale, soziale und biografische Aspekte zur Erschließung des literarischen Werkes von Jo-*

1. Der Bauernhof habe schon zur Zeit Grimmelshausens existiert. Eine Forstkarte aus dem Jahr 1609 zeige die Darstellung eines Bauernhofs mit mehreren
Gebäuden auf dem Breitenberg.
2. Der Hof müsse – folgt man den Angaben im *Rathstübel Plutonis* (*RP* 655) –
auf einem kurzen Spaziergang von Bad Griesbach erreichbar sein. Der Weg von
Griesbach zum Breitenberg weise eine Entfernung von drei Kilometern auf.
3. Vom Hof aus könne ein Trumscheit wirksam ins Tal hinein geblasen werden.
Hierzu bedürfe es einer Höhenlage, die auf dem Breitenberg, aber nicht in der
Wilden Rench oder in Döttelbach (früherer Name von Griesbach) gegeben sei.
4. Der Hof liege an einem historischen Durchzugsweg der Zigeuner. Auch dieser Aspekt passe nur für den Breitenberg.
5. Auf dem Hof könne sich eine Gesprächsrunde unter einer Linde versammeln.
Vor dem Martinshof auf dem Breitenberg fänden sich heute noch beeindruckende Linden als Hofbäume.

An Höfen im nächsten Umfeld von Griesbach, die in Betracht zu ziehen
sind, kämen – so Ebert – zwar mehrere in Frage, die entfernungsmäßig
für einen Spaziergang zu erwägen seien. Berücksichtige man aber alle
bei Grimmelshausen genannten Angaben, so bleibe nur der Breitenberg
als Ort für den Hof des Simplicissimus übrig. Döttelbach und die Wilde
Rench seien enge Tälchen, die weder eine Trumscheit-Kulisse noch
Zigeunerwege, eine beeindruckende Linden-Kulisse und erst recht keine historischen Durchgangswege bieten könnten. Am Breitenberg gebe
es heute noch die idyllische Ruhe frei weidender Rinder, eine Linden-
reihe am Martinshof, die unmittelbare Nähe des Waldes mit historischen Wanderwegen und die Nähe des (inzwischen Westweg genannten) Wanderpfades zum Mummelsee.[5]
    Demgegenüber bin ich der Auffassung, dass sich der Bauernhof
des Simplicissimus nicht auf dem Breitenberg, sondern in der Wilden
Rench befand. Der Breitenberg ist ein kleines Hochplateau, das 640
Meter über dem Meeresspiegel liegt. Es gibt beim Martinshof zwar eine
mächtige alte Linde, doch die zitierten Angaben im *Simplicissimus
Teutsch* und im *Rathstübel Plutonis* – etwa das Bächlein und die Engstelle – treffen nicht auf den Breitenberg zu. Ein durch eine Trumscheit
verursachtes Echo könnte man zum Beispiel in Bad Griesbach nicht
hören, weil der Kirchberg dem Breitenberg vorgelagert ist. Allenfalls
hörbar wäre ein Echo im Maisachtal, das sich nach Oppenau hin öffnet.
Das Bad in Griesbach liegt 510 Meter über dem Meeresspiegel. Ein –

---

hann Jakob Christoph von Grimmelshausen. Hrsg. von Peter Heßelmann. Münster, Bühl o. J. [2019], S. 88–102.
5   Ebert, *Grimmelshausens Heimat am Oberrhein* (wie Anm. 4), S. 101–102.

wie im *Rathstübel Plutonis* erwähnt – Spaziergang an einem Bächlein in ein Seitental ist der Weg zum Breitenberg nicht, sondern aus heutiger Sicht eine Wandertour, bei der man ca. 130 Höhenmeter zu bewältigen hat.

Die in der Monographie von Karl Ebert abgebildete Forstkarte aus dem Jahr 1609 zeigt auf dem Breitenberg mehrere Gebäude. Es gibt dort drei Höfe mit Leibgedinghäusern und Nebengebäuden. Ein Hof ist der Martinshof, die anderen Höfe sind der Pfifferhof und der Bächlehof (das nach Abriss und Neubau heutige Hotel Breitenberg). Alle drei Höfe gab es bereits zur Zeit Grimmelshausens. Darüber hinaus waren weitere kleinere Häuser der Tagelöhner vorhanden. Der Durchgangs-weg über den Breitenberg wurde oft genutzt, weil er für die Einwohner von Griesbach der sonntägliche Kirchweg nach Oppenau war (Route Griesbach – Kirchberg – Breitenberg – Maisachtal – Oppenau). Es gab drei mögliche Wege der Zigeuner vom Kniebis oder von der Lettstätter Höhe zum Hof des Simplicissimus. Am Ende des Tales ist ein steiler Anstieg, die alte Steig genannt. Er endet vor der Alexanderschanze. Ein anderer Weg führt über den Brünneleweg oberhalb des Hofes. Schließ-lich konnte der Weg über den Heidenbühl genutzt werden. Auf den Höhen vom Rench- zum Kinzigtal verliefen die Grenzen verschiedener Hoheitsgebiete. Das Renchtal gehörte zum Bistum Straßburg, im Kin-zigtal unterstanden Gebiete dem Abt von Gengenbach, dem Abt von Zell am Harmersbach und dem Fürsten von Fürstenberg. Auf dem Kniebis verlief die Grenze zu Württemberg, zum Terrain des Fürsten zu Fürstenberg und zum Bistum Straßburg. In diesen Grenzbereichen hielt sich im 17. Jahrhundert Diebsgesindel auf, das Raubzüge in die Täler unternahm. Man konnte die Vaganten nicht festnehmen, da sie ständig ihren Standort wechselten. Es ist sicher, dass Zigeuner auch über den Breitenberg in das Tal der Wilden Rench kamen.

Anita Wiegele (Oberkirch)

Abbildung

Abb.: Luftpanoramabild „Wilde Rench bei Bad Griesbach"
Mit freundlicher Erlaubnis von Hubert Grimmig

Oberkirch

Grimmelshausen-Gesprächsrunde in Oberkirch-Gaisbach

Die Grimmelshausen-Gesprächsrunde möchte das Andenken an das Wirken Grimmelshausens im Renchtal wach halten. Sie trifft sich regelmäßig am ersten Dienstag des Monats um 19.00 Uhr im „Silbernen Stern" in Oberkirch-Gaisbach, wo Grimmelshausen seinerzeit als Wirt und Schriftsteller tätig war. Manuela Bijanfar hat die Leitung der Gesprächsrunden 2016 von Fritz Heermann übernommen.

Auf Einladung von Ulrich Freiherr von Schauenburg nahm die Gesprächsrunde am 23.12.2018 an einer Theateraufführung mit dem Titel *Der Deutsche Simplicissimus* im „Silbernen Stern" teil. Autor des „Nachtstückes" ist Wolfgang Teschke (Berlin). Den Beginn der Gesprächsrunde im Jahr 2019 machte im Februar Ekkehard Wallat (Offenburg), der über „Magisches und Utopisches bei Grimmelshausen" berichtete. Dabei ging er im Besonderen auf abergläubische Praktiken in der Frühen Neuzeit ein, bei denen Symbole wie die Alraune oder ein unsichtbar machendes Vogelnest eine große Rolle spielten. Damals war die Ausübung solcher Praktiken sehr gefährlich, konnte man doch dadurch schnell in den Verdacht der Hexerei geraten. Heiko Ullrich (Bruchsal) stellte im April sein neu erschienenes Buch *Septem Scalae* vor, in dem es ebenfalls um magische Praktiken geht. Der Held seines Romans verkauft einer Marktfrau seinen Körpergeruch für eine niemals leer werdende Geldbörse. Anspielungen auf bekannte Literatur gibt es in dem Werk viele, etwa auf das Volksbuch *Fortunat Glücksäckel*, über Daniel Defoes *Robinson Crusoe* bis hin zu Patrick Süskinds *Das Parfüm*. Die nächste Referentin war im Mai Dorothea Scherle (Waldkirch), die über „Die Rolle des Teufels in Religion und Literatur" sprach. Sie betonte, dass der Teufel im Alten Testament so gut wie keine Rolle spielte, dafür im Neuen umso mehr. Der Teufelsglaube sei eine Erscheinung der abrahamitischen Religionen Judentum, Christentum und Islam. Elemente des persischen Zoroastrismus seien in diese heutigen Weltreligionen eingeflossen. Sie erläuterte außerdem die Teufelsthematik in Grimmelshausens *Simplicissimus*.

Im Juni ging Anita Wiegele (Oberkirch) in ihrem Vortrag auf die Herrschaft der Fürstbischöfe von Straßburg über das Renchtal ein, die von Ausbeutung der Bauern bis zur Förderung von Musik, Kunst und Literatur reichte. Bekanntestes Geschenk der Fürstbischöfe ist die Löwensäule, die Johann von Manderscheid-Blankenheim 1570 der Stadt Oberkirch stiftete. Rudolf Hans Zillgith und Ulrich Freiherr von Schauenburg (Oberkirch) beschrieben in einem gemeinsamen Vortrag im Juli die Verbundenheit Grimmelshausens mit der Familie von Schauenburg. Manuela Bijanfar hatte während einer Reise auf die Insel Malta in der Kathedrale von La Valletta die Grabplatte des Johann Baptist von Schauenburg, einem Großprior des Malteserordens, ausfindig gemacht und berichtete darüber.

Dirk Werle (Heidelberg) referierte im Oktober zum Thema „Erzähl vom Dreißigjährigen Krieg" und ging dabei besonders auf die Erzähler Grimmelshausen und Moscherosch ein, die Zeitgenossen waren. Im November fand eine Führung durch das Heimat- und Grimmelshausenmuseum der Stadt Oberkirch statt, bei der anhand von ausgewählten Exponaten auf das Leben und Wirken des Dichters im Renchtal hingewiesen wurde. Die Führung wurde von Museumsleiterin Irmgard Schwanke und Museumsmitarbeiterin Anita Wiegele geleitet. Im Dezember berichtete der Historiker Heinz G. Huber (Nußbach) über den heute relativ unbekannten, badischen Schriftsteller Max Übelhör und zeigte dabei interessante Aspekte seines Schaffens auf.

Im Jahr 2020 wird es wieder acht interessante Vorträge in der Grimmelshausen-Gesprächsrunde geben.

Manuela Bijanfar (Oberkirch)

Renchen

Veranstaltungen in Renchen 2019

Eine weitere Erinnerung an Grimmelshausen in Renchen gestaltete im April 2019 der Ulmer Malerbetrieb Franz Schott an der Nordseite des Rathauses. Es zeigt das geflügelte Dichterross Pegasus, das auf dem Titelblatt der *Continuatio* abgebildet ist. Es steht für das Aufstrebende, den Weitblick, das Überwinden von Grenzen und den Blick in die Zukunft. Grimmelshausen fügt einen weiteren Aspekt hinzu: Der Wandel als das einzig Beständige. „Es ist also nicht der Renchener Amtsschimmel, der hier zu sehen ist, sondern eine in vielerlei Hinsicht zum Rathaus passende Erinnerung an unseren großen Barockdichter", so Bürgermeister Bernd Siefermann. Auch im Rathaus sei Weitsicht gefordert und man sehe sich vor einem stetigen Wandel stehend.

Einen Vortrag über den Dreißigjährigen Krieg, über Grimmelshausen und Aspekte seines Werks hielt im April der Offenburger Historiker Hans-Joachim Fliedner im Renchener Simplicissimus-Haus. Er erinnerte daran, dass das ehemalige Haus Schrempp vom damaligen Bürgermeister Erich Huber weitsichtig erworben und von dessen Amtsnachfolger Klaus Brodbeck mit bewundernswertem Einsatz zu diesem konsequent rezeptionsgeschichtlichen Literaturmuseum Deutschlands ausgebaut worden sei. Ausgehend von dem Sonett „Thränen des Vaterlands" von Andreas Gryphius schilderte Fliedner dann den Dreißigjährigen Krieg. Er erinnerte an die Ursachen, ging auf die „Jubelhochzeit" 1613 ein, bei der Kurfürst Friedrich V. von der Pfalz Elisabeth Stuart heiratete, und spannte den Bogen zum Krieg der katholischen Union gegen die protestantische Liga, der durch das Eingreifen europäischer Mächte immer weiter eskalierte, weite Landstriche verwüstete und Elend über viele Menschen brachte.

Im Anschluss führte Klaus Brodbeck, der Vorsitzende der Grimmelshausenfreunde Renchen, durch das Museum. Er berichtete über die Entstehungsgeschichte des Hauses, die wichtige Rolle von Martin Bircher und Christian Juranek, großzügige Sponsoren, die das Projekt erst möglich machten, und zeigte ausgestellte Arbeiten zeitgenössischer Künstler zum Werk Grimmelshausens.

Bei der Verabschiedung Renchener Gemeinderäte im Juli erhielt Corinna Höfinghoff, die nach 20 Jahren nicht mehr für den Gemeinderat kandidierte, die Grimmelshausen-Medaille in Silber und Wolfgang Bär für seine 25jährige Gemeinderatstätigkeit die Grimmelshausen-Medaille in Gold.

Auch im Juli 2019 fand der traditionelle historische Rundgang durch Teile der Grimmelshausenstadt Renchen statt. Vor dem Simplicissimus-Haus berichtete Heinz Schäfer, stilecht als Nachtwächter gekleidet, zunächst von den Pflichten dieser Wächter. Mit Laternen ging es dann zum Mummelsee-Brunnen. Hier erzählte Schäfer vom V. Buch des *Simplicissimus*, in dem Simplicius in die geheimnisvollen Tiefen des Sees hinabsteigt, von „Sylphen" empfangen wird und schließlich zu seinen Wurzeln zurückfindet. Weiter ging es zur alten Mühle, der ehemaligen Herrschaftsmühle der Fürstbischöfe, wo Schäfer die drei Renchener Mühlen vorstellte und Doris Schlecht aus der Mühlenordnung vorlas, die Grimmelshausen als Schultheiß erlassen hatte. In der Schlossgartenstraße erinnerte Schäfer an das Schloss der Windecker und Fleckensteiner, das 1689 von französischen Truppen ebenso zerstört wurde wie das Schloss der Fürstbischöfe. Weiter ging der Rundgang zur Kirche, wo Schäfer die Geschichte des Grimmelshausendenkmals erläuterte, das ursprünglich für die badischen Revolutionäre von 1849 bestimmt war und von Amand Goegg nach Renchen geholt wurde. Vorgestellt wurde auch das ehemalige Gasthaus „Kreuz", in dem der Leichenschmaus für Grimmelshausen stattgefunden haben könnte und das jetzt von der Stadt wiederbelebt wird.

Älteren Mitbürgern Renchens ist noch das große Festwochenende in Erinnerung, mit dem 1976 der 300. Todestag von Grimmelshausens gefeiert wurde. An dieser Feier hatten Wissenschaftler aus aller Welt, zeitgenössische Schriftsteller von hohem Rang, wie Günter Grass und Golo Mann, sowie der damalige Ministerpräsident Filbinger teilgenommen. Verbunden damit war auch eine große Ausstellung von Dokumenten und Materialien, die Egon Lorenz in jahrzehntelanger Arbeit zum Leben und Wirken des Barockdichters zusammengestellt hatte.

Ein Relikt dieser Ausstellung wurde von Brunhilde Lorenz, Ehrenmitglied der Grimmelshausen-Gesellschaft, und ihrem Sohn Gunter nun an Bürgermeister Bernd Siefermann überreicht: der Entwurf eines sehr detaillierten Stammbaums, der Tausende von Daten über die Nachfahren Grimmelshausens umfasst. Ziel von Egon Lorenz war es gewesen, möglichst viele Nachkommen Grimmelshausens in einer Ahnentafel zu erfassen. Im Unterschied zu anderen Stammbäumen wurden nicht nur genealogische Daten aufgenommen, oft wurden sie durch Berufsbezeichnungen ergänzt. Rund 20 große Bögen, alle mit eng beschriebenen Einzelblättern beklebt, kamen so zusammen, und in weiteren Arbeitsschritten wurde daraus ein bis dahin unerreicht detailgenauer Stammbaum Grimmelshausens, der zu einer besonderen Attraktion der Ausstellung wurde. Das Traurige: Nach dem Abbau der Ausstellung ab dem 17. August 1976 verliert sich seine Spur, der Stammbaum ist nicht wieder aufgetaucht.

„Mein Vater war Kaufmann, er hat sich sein Wissen über Grimmelshausen selbst erarbeitet und dafür sehr viel Zeit investiert", erinnerte sich Gunter Lorenz. Auch Brunhilde Lorenz berichtete, wie ihr Mann immer wieder nach Münster fuhr, um sich mit Grimmelshausen-Spezialisten wie den Professoren Peter Berghaus und Günther Weydt auszutauschen. Er schrieb zahlreiche Botschaften an mit der Frage, ob und welche Werke Grimmelshausens in der jeweiligen Landessprache herausgebracht wurden. Mitte der Siebzigerjahre brachte er aus dem Urlaub einen *Simplicissimus* in kyrillischer Schrift mit nach Hause. Lorenz gründete 1976 den Förderverein Grimmelshausenfreunde Renchen und drei Jahre später, zur 100-Jahr-Feier der ersten Denkmalserrichtung, die Stiftung Grimmelshausenarchiv. Beide Institutionen betreiben und finanzieren das Simplicissimus-Haus. Zu Ehren von Egon Lorenz wurde am 17. August 2001, dem 325. Todestag von Grimmelshausen, im Obergeschoss des Simplicissimus-Hauses, die „Lorenz-Ecke" eingeweiht.

Im Rahmen der Renchener Kulturtage 2019 fand am 18. Oktober im Simplicissimus-Haus die Eröffnung der Ausstellung „Eine Großtat mit Feder in Schwarz. Hans Sauerbruch begleitet Simplicius – Aus den Schätzen des Simplicissimus-Hauses Vol. VI" statt. Christian Juranek, Kunstwissenschaftler und Kurator, führte in die Ausstellung ein. Sauerbruch schuf in den Jahren 1933/34 die wahrscheinlich umfassendste Illustrationssequenz zum *Simplicissimus*. Er folgte dabei genau der Textvorlage und übersetzt sie in Bildsprache. Die Federzeichnungen haben nichts von ihrer Lebendigkeit und Frische verloren und wurden in Renchen erstmals in dieser großen Anzahl gezeigt.

Am 23. Oktober las Hans-Jürgen Schatz im Simplicissimus-Haus aus dem *Simplicissimus*. Der Schauspieler ist u. a. bekannt durch seine Rollen in dem Spielfilmmehrteiler „Heimat" sowie der Serie „Der Fahnder".

Martin Ruch (Willstätt)

REZENSIONEN UND HINWEISE AUF BÜCHER

Wolfgang Martin: *H. J. Chr. v. Grimmelshausens Roman „Der abenteuerliche Simplicissimus" – Geschichte seiner Deutung, Struktur und Gehalt.* **Berlin: Selbstverlag 2019. 356 S.**

Das im Selbstverlag des Autors publizierte Buch basiert auf dessen Staatsexamensarbeit aus dem Wintersemester 1977/88, die er seinerzeit in gekürzter Form bei der Freien Universität Berlin einreichte. Die nun erschienene Monographie wurde zwar überarbeitet, doch blieb die in den vergangenen 40 Jahren veröffentliche Forschungsliteratur zu Grimmelshausen unberücksichtigt. Somit spiegelt die Darstellung den größtenteils obsoleten Forschungsstand der 60er und 70er Jahre wider.

War die Staatsexamensarbeit nach Aussage ihres Verfassers für Literaturwissenschaftlerinnen und -wissenschaftler geschrieben, so wurde die neue Version für einen „weiteren Kreis von Interessierten in eine lesbare und interessante Form" gebracht, „ohne dabei ihren wissenschaftlichen Charakter aufzugeben." (S. 13) Allerdings genügt die längst überholte Untersuchung heutigen wissenschaftlichen Ansprüchen in keiner Weise. Originelle Interpretationsansätze sucht man vergeblich.

Zur Orientierung über den Inhalt der Monographie seien hier die Überschriften der Hauptkapitel wiedergegeben: „Die ‚Continuatio'-Problematik" (S. 49–54), „Überblick über den Gang der Interpretationsgeschichte des ‚Simplicissimus'" (S. 55–122), „Die Analyse des ‚Simplicissimus'" (S. 123–272), „Die abschließende Interpretation des ‚Simplicissimus'" (S. 273–339).

Hinweis der Redaktion (Münster)

Jasmin Azazmah: *Poetologische Reflexionen in satirischen Romanen des 17. Jahrhunderts, 1615–1696/97.* Heidelberg: Winter 2018 (Beihefte zum Euphorion 103). 212 S.

Die Untersuchung, die sich dem Zusammenhang von Satire und poetologischer Reflexion in Romanen des 17. Jahrhunderts widmet, hat 2015 der Philosophisch-Historischen Fakultät der Universität Stuttgart und der Faculty of Arts and Humanities des King's College London vorgelegen. Sie entstand im Rahmen des PhD-Net „Internationalisierung von Literatur und Wissenschaft" am Stuttgarter Institut für Literaturwissenschaft und dem Department of German des King's College London.

Die Darstellung wird von der „Einleitung", den „Ergebnissen" samt „Ausblick" und dem „Literaturverzeichnis" gerahmt. Ein Hauptkapitel befasst sich mit „Christian Weises politischen Romanen", ein weiteres mit „Poetologischen Reflexionen um 1700". Hier stehen Christian Reuters *Schelmuffskys Warhafftige Curiöse und sehr gefährliche Reisebeschreibung Zu Wasser und Lande* und deren zweiter Teil (1696/97) im Mittelpunkt der Analyse. Das zweite Hauptkapitel setzt sich mit dem simplicianischen Erzähler auseinander: „Grimmelshausens simplicianischer Zyklus (1668–1675) und die Reflexion satirischer Darstellung" (S. 35–75).

Der Buchdeckel orientiert in gebotener Kürze über den Inhalt der Monographie: „Satirische Romane haben in der frühen Neuzeit einen besonderen Theoriebedarf, der ihrem Ausschluss aus selbstständigen Poetiken des 17. Jahrhunderts entgegensteht. Die Auseinandersetzung mit poetologischen Themen wird daher umfangreich in die Handlung der Romane verlegt und steht dort in enger Wechselwirkung mit Vorreden und anderen Paratexten. Autoren satirischer Romane des 17. Jahrhunderts können hierfür auf die seit der Antike geläufige Tendenz von Satirikern zurückgreifen, sich selbst in die Satire einzubeziehen, und bedienen sich einer satiretheoretischen bzw. -apologetischen Metaphernsprache, die innerhalb der Romanhandlungen vielfältig variiert wird. Unter Berücksichtigung der frühneuzeitlichen menippeischen Satire sowie mit besonderem Augenmerk auf Grimmelshausens simplicianischen Zyklus und Weises politischen Romane wird eine Engführung von poetologischer Reflexion und Satire möglich, die es erlaubt, den Reflexionsbegriff für das 17. Jahrhundert zu historisieren."

Hinweis der Redaktion (Münster)

Simon Zeisberg: *Das Handeln des Anderen. Pikarischer Roman und Ökonomie im 17. Jahrhundert.* **Berlin, Boston: de Gruyter 2019 (Frühe Neuzeit 216). 452 S.**

Auf die Frage, was ein privater Schüler nach langjähriger Ausbildung bei ausgewiesenen Experten denn nun an Kunstfertigkeit beherrsche, wird in Johann Beers *Symplicanischem Welt-Kucker* eine mehr als ernüchternde Antwort gegeben:

> Was? nichts. Solche Gesellen [Haus- und andere Lehrer] stehlen ihre und der armen Jungen Zeit/ verschwenden solche mit faulläntzen/ und verdienen ihr Geld mit Sünden/ dann sie stehlens mehr als sie es verdienen/ sind also keine ergere Diebe als diese/ so deß Geldes wegen lang aufhalten/ dann sie berauben die Seckel unter dem Schein einer schuldigen Billigkeit/ nehmen den Jungen einst der Zeit das Geld und lernen ihnen/ was dann? Nichts.[1]

Simon Zeisbergs Dissertation (Freie Universität Berlin) *Das Handeln des Anderen* kann insofern als Widerlegung dieser Diagnose gelten, als sie eindrücklich zeigt, dass man gut 340 Jahre nach dem *Welt-Kucker* von klugen Köpfen sehr wohl noch etwas lernen kann. Und dies nicht nur, weil der Verfasser ein in Zuschnitt, Umfang, theoretischem Zugriff und interpretatorischem Scharfsinn beeindruckendes Buch vorgelegt hat, sondern auch und gerade, weil er sich mit – auch im obigen Beer-Zitat virulenten – ökonomischen Aspekten und Diskursformationen befasst, die im Blick auf den Pícaro-Roman in bisherigen Forschungen zu wenig und jedenfalls nicht so systematisch kohärent untersucht wurden, wie Zeisberg es unternimmt.

Diese relative Zurückhaltung mag auch darin begründet liegen, dass eine literaturwissenschaftliche Verknüpfung von narrativer Prosa, ihrer Poetologie und zeitgenössischen epistemischen sowie diskursiven Reflexionen über Ökonomie – allgemeiner und etwas traditioneller gesprochen: von ‚schöner' Literatur und Sachschrifttum – durchaus mit Tücken und Untiefen verbunden ist, in denen es zu navigieren gilt. Auf der einen Seite könnte die Skylla einer eher plan sozialhistorischen Analyse drohen, die in den Texten spanischer Pícaro-Romane und ihrer deutschsprachigen Nachfolger letztlich nur ‚Belege' für sozio-ökono-

---

1 *Der Symplicianische Welt-Kucker/ Oder Abentheuerliche Jan Rebhu, bestehend in einer Historischen Erzehlung/ Welche den Lauff seines geführten Lebens der gantzen Welt vor Augen stellet/ verfasset in ein Satyrisches-Gedichte* [...]. [Halle/Saale: Hübner 1677], S. 41.

mische Dynamiken, gar Verwerfungen des 16. und 17. Jahrhunderts erkennt; auf der anderen mag sich der Schlund einer rein literar-
ästhetischen Charybdis auftun, in dem man allzu bereitwillig Haus- und
Staatsökonomie mit narrativer oder rhetorischer ‚Ökonomie' im Sinne
von Dispositions- und Erzählkonzepten vermengte und verrechnete,
wodurch dann lediglich ein Analogon antiker und frühneuzeitlicher
Rhetorik-Tradition fortgeschrieben würde.[2]

Dass der Verfasser in keiner der beiden extremen Richtungen in
Seenot gerät, ist zunächst seinem gründlich gelegten, so lang wie nötig
und so kurz wie möglich ausgeführten theoretischen Fundament geschuldet, das er in der Einleitung (S. 1–52) entfaltet. An einer anschau-
lichen Cervantes-Stelle weist der Verfasser hier auf die „Alterität des
pikarischen Schreibens" hin, die sich „einer geschlossenen Ökonomie
von Literatur und Wissen" gegenüber tendenziell als widerständig er-
weise (S. 6), während die Werke selbst aber – wie unter anderem die
zahlreichen marktorientierten *Continuationes* diverser pikarischer Romane zeigen – sich als unterhaltende Bücherware in einem ökonomischen Zirkulationszusammenhang befanden (S. 12 u. ö.). Dabei sowie
beim Herausarbeiten der spezifischen Ambiguitäten der Picaresca zeigt
sich der Verfasser stets auf der Höhe des theoretischen Diskurses, ohne
jedoch in Jargon oder überflüssige Abstraktions-Volten zu verfallen.
Vielmehr werden v. a. teleologische Implikationen etwa in sozialhistorischen (Luhmann; vgl. S. 14–15, 408–410) oder primär ökonomiege-
schichtlichen (Stolleis; vgl. S. 32–33) Deutungen frühneuzeitlicher Literatur souverän benannt und durch einen genuin literaturwissen-
schaftlichen Ansatz supplementiert, der gerade in genauen Lektüren der
Texte in ihren jeweiligen ökonom(iehistor)ischen Kontexten innovative
Interpretationen zu gewinnen weiß. Hier kommen sowohl literar- als
auch wissensgeschichtliche Aspekte zum Tragen, welche letztere im
Anschluss an systematische Überlegungen zur Formation und zum
Transfer von Wissen, die im Rahmen des Berliner SFBs 980 „Episteme
in Bewegung" entstanden sind (z. B. S. 19 mit Anm. 69; S. 24). Aber
auch der heute meist zu wenig gewürdigte Michel Serres wird theore-
tisch fruchtbar gemacht, indem Zeisberg verdeutlicht, wie sein Konzept
des Parasiten sowohl für die mitunter klandestine Zirkulation des Geldes als auch für das sich – handlungsmäßig und poetologisch – in Zwi-

---

2   Nämlich die Analogie zwischen *oikonomía* als *ars mechanica* und einer ‚Ökono-
    mie' von Rhetorik oder Poesie etwa im Blick auf Disposition, Redeschmuck und
    dergleichen; Zeisberg identifiziert sie füglich als solche: S. 47 mit Anm. 174.

schenräumen und -sphären entfaltende pikarische Erzählen als Folie dienen kann (z. B. S. 43–45).

Schickt sich der Verfasser demgemäß an, (mindestens) zwei Verhältnisse zwischen Ökonomie und Narration, explizite Analogien innerhalb der jeweiligen Handlung auf der einen – implizite Verhandlungen ökonomischer Ordnungsansprüche auf der anderen Seite, darzustellen, hängt naturgemäß viel von der Auswahl der analysierten Texte ab. Zeisberg wählt zunächst die 1617 erschienene deutsche Übersetzung des *Lazarillo de Tormes* (S. 53–116) und die markant erbaulich überformende Übertragung des *Guzmán de Alfarache* durch Aegidius Albertinus (1615; S. 117–188), wobei er beide Werke im engen Vergleich mit ihren spanischen Vorlagen und im Blick auf die jeweils zu beobachtenden Transferphänomene behandelt, dabei stets die einschlägige Forschungsliteratur heranziehend und ggf. kritisch kommentierend.

Am *Lazarillo* kann der Verfasser durch präzise Textlektüren aufweisen, wie die Darstellungen ökonomischer (Zwangs-)Verhältnisse immer wieder in Spannung zu möglichen ethisch-epistemischen Mustern geraten, nach denen eine womöglich exemplarische Lebenserzählung der Frühen Neuzeit auszurichten wäre (S. 74 und 77). Die umsichtige Verfolgung intertextueller Bezüge, vornehmlich auf ökonomische (Vives) aber auch ethische (Cicero) und theologische (Augustin) Prätexte, lässt manche Passage als „diabolische Kontrafaktur christlicher *oeconomia*-Konzepte" erscheinen (S. 89), macht aber die dissimulierende Haushaltung des ‚arrivierten‘ Erzählers Lazaro durchaus plausibel.

Während dieser pikarische Parasit mithin in der Schwebe moralischer Kategorien bleibt, kann Zeisberg an Albertinus' *Landstörtzer Gusman* die Risiken diskursiver Anreicherung durch den Übertragenden hervorkehren: Hier treten mehr die Ordnungsprinzipien des von Albertinus mit allerhand Fremdtexten kompilatorisch amplifizierten Romans sowie seine teils spannungsreichen Verbindungen religiöser und ökonomisch-kaufmännischer Semantiken hervor, die letztere bereits bei Mateo Alemán angelegt waren (S. 125 u. ö.). Als besonders gelungenes Kabinettstückchen kann Zeisbergs Engführung des mittelalterlich-frühneuzeitlichen Wucherdiskurses mit der (impliziten) Poetik pikarischen Erzählens bei Alemán gelten. Wie jener das ‚Reelle‘ liziter Ökonomie vom prekär Imaginativen der Chrematistik abzugrenzen sucht, so unterminiert diese, gegenläufig, in einem sich ständig fortzeugenden Erzählakt eine genaue Demarkation von Realem und Fiktivem, um nicht zu sagen Lügenhaftem (S. 145–150): ein Kern des Pikaresken, der nicht zuletzt im simplicianischen „Der Wahn betreügt" seine sinnfällige Maxime finden sollte. Umso weniger kann die Unwucht verwundern, die der Verfasser an Albertinus' literarischem Bändigungsversuch herausarbeitet: All jene nun heilsökonomischen Wissens- und Textbestände, die der Münchner Bibliothekar aus eigenen Werken oder aus Rückgriffen, sogar auf den Straßburger Prediger Geiler von Kaysersberg (dazu S. 178–185), in die Pikareske „einfrachtet",[3] um ihre gefährlichen Ambivalenzen zu einer erbaulichen Büßergeschichte umzufunktionieren, können den Vortrieb der vagierenden Pikareske doch nicht bändigen, der am Ende immer nur ein vorläufiger ist, wie ihre Verleger ebenfalls schon auf die nächste *Continuatio* geschielt haben mögen.

Auf diese Weise an die mannigfachen ex- oder impliziten Relationen zwischen ökonomischem Diskurs und *novela picaresca* herangeführt, können sich die Leserinnen und Leser auf das Hauptstück der hier charakterisierten Arbeit einlassen, das nun Grimmelshausens Simplicianischem Schriften gilt (S. 189–353). Grimmelshausen-Kenner, denen der Schatz im Spukhaus und die geschäftstüchtige Marketenderin Courasche ebenso geläufig sind wie die in eine Kalbshaut eingenähten Dukaten, das seifige Schmiermittel des Ständebaumes oder die detailliert entworfene Verwertungskette des Schermessers; Leserinnen und Leser, die im *Rathsstübel Plutonis* gesessen und den Jäger von Soest auf seinen gewitzten „Stücklein" begleitet haben, wissen, dass es bei Grimmelshausen keineswegs an Zirkulationen von Geld, Waren oder Beute mangelt. Umso überraschter dürften sie sein, dass Zeisberg zunächst eine nahezu vergessene These Manfred Koschligs in Erinnerung ruft, gemäß der Grimmelshausens Werk gewissermaßen die Überreste einer lange geplanten, doch nie ausgeführten simplicianischen ‚Oeconomia Magna' darstellte (S. 189–192).[4] Doch es geht nicht um eine ‚Rettung' von Koschligs Spekulationen, sondern darum, dessen Annahme, Johann Colers ‚Hausväter'-, sprich: ökonomische Literatur habe eine Hauptquelle Grimmelshausens dargestellt, zum Ausgangspunkt einer intensiven Lektüre zu machen, die den *Simplicissimus Teutsch* und seine umgebenden Schriften im Horizont zeitgenössischer ökono-

---

3   Dies ein vom Verfasser gern gebrauchtes und vom Rezensenten künftig ebenso
    gern übernommenes Verb.

4   Vgl. Manfred Koschlig: Der Mythos vom ‚Bauernpoeten' Grimmelshausen. In:
    ders.: *Das Ingenium Grimmelshausens und das ‚Kollektiv'. Studien zur Entstehungs- und Wirkungsgeschichte des Werkes*. München 1977, S. 117–175.

mischer Diskurse neu liest.[5] Eine sorgfältige Rekonstruktion der Kriegs-Ökonomie als Treibstoff (mindestens) der sechs Bücher des *Simplicissimus*, namentlich der ambivalenten Jäger-Figur (S. 211–232), führt dabei auf die einfach anmutende Frage „An welcher Position im ethisch-moralischen, poetischen und ökonomischen Koordinatensystem [...] ist die Figur tatsächlich angesiedelt?" (S. 232) Wie kompliziert diese Frage tatsächlich zu beantworten ist, zeigt nicht nur das notorische Vagieren pikarischer Protagonisten, das bereits die Übersetzer von *Lazarillo* und *Guzmán* vor ernste Probleme gestellt hatte, sondern auch die fortwährend gegeneinander sich verschiebenden Achsen dieses Koordinatensystems selbst.

Zeisberg gibt seine Antwort vermittels eines doppelten Zugriffs auf *Oikonomia*: Romanübergreifend nimmt er (1.) die ‚Häuser' des Simplicissimus in den Blick, somit die antike Etymologie beim Worte nehmend. Ohne dass alle größeren und kleineren Einsichten aufgeführt werden könnten, die der Verfasser dieser Perspektive abgewinnen kann, sei hier nur auf die überzeugende Implementierung jener typisch pikarischen Ambivalenzen hingewiesen, die zuvor an den spanischen und deutschen Vorläufern bereits aufgewiesen wurden: Vom Spessarter Bauernhof bis zur späteren Landwirtschaft des Simplicius, von der heilsökonomisch codierten Einrichtung der Kreuzinsel bis zur maximal marktorientierten Chrematistik der Gaukeltasche werden einerseits die (Haus-)Haltungen und (Erzähl-)Ökonomien von Grimmelshausens Protagonisten in ihrem jeweiligen wissens- und ethikhistorischen Kontext beleuchtet (unter klugem Einschluss, übrigens, der Genealogie des Simplicius; zielt doch Genealogie in ihrer angestrebten Lückenlosigkeit ebenfalls auf ein ‚Haus' ab); andererseits weiß Zeisberg dem auch die anderen Räume der Ökonomie, die Schein-Idyllik des Bauernbuben als scheiternde Bukolik oder die *eo ipso* Haus und Hof zerstörende Ökonomie des Krieges, die freilich im Fall des handelnden Simplicius verdächtig gewaltfrei erzählt wird (vgl. zum letzten Punkt S. 227–232), entgegenzustellen und ihre Überkreuzungen herauszuarbeiten: So rückt die doppelte Erbschaft, die der Protagonist vom moralisch integren aber von Kriegszeiten ruinierten Herzbruder *und* vom machiavellistisch optimierten, moralisch aber verworfenen Olivier erhält, die „gute Hofhal-

---

5   Erwartungsgemäß bleibt es nicht bei Colers Ökonomiken als Prä- und Vergleichstexten für Grimmelshausens Romane. Neben dem altbekannten Garzoni kann Zeisberg ihm überzeugend Johann Rists *Adelichen Hausvatter* (1650; S. 197–207) und nicht zuletzt Johann Balthasar Schupps *Von der Kunst reich zu werden* (1656; S. 244–246) an die Seite stellen.

tung" des Hausvaters Simplicius von vornherein in ein ambivalentes Licht (S. 232–239). So führt die leicht zu überlesende Wendung von den „*Inventionen*" der die Bauern quälenden Soldaten Zeisberg mit der rhetorischen *inventio* des simplicianischen Erzählers eng und kann dadurch im kriegerischen Ingenium des Jägers von Soest, das eher anekdotische Pointen als ein Theater der Grausamkeit entwirft, eine (Zerr-?)Spiegelung des ingeniösen simplicianischen Erzählers erkennen (S. 229–232). An dieser Stelle sowie an anderen gelingt dem Verfasser eine Verquickung von Erzählökonomie und verhandeltem (entstelltem, umfunktionierten etc.) ökonomischen Wissen, die durch seine analytische Tiefenschärfe das eingangs erwähnte Risiko einer allzu schlichten Verrechnung souverän hinter sich lässt.

Über Haus, Hausvätertum und durch den Krieg pervertierte Staatsökonomie hinaus gerät sodann (2.) die Frage nach Zirkulation und Kommerz(ien) in Grimmelshausens Zyklus in den Blick. Dass hier die inhärente Mobilität des Pícaro eine grundlegende Rolle spielt, liegt auf der Hand. Der Verfasser kann dies u. a. anhand von Simplicius' imaginärer Extremisierung des Bäder-Diskurses in der Sylphen-Episode der *Continuatio* genauer entfalten, indem er in der rein unternehmerischen Reflexion auf den vom Sylphenkönig versprochenen Sauerbrunnen „poetologische[], medizinische[] und chrematistische[] Aspekte" (S. 293) in ihrer Amalgamierung offenlegt. Dass er die imaginäre Auftragsarbeit der Bäderschrift zur Gewinnmaximierung Simplicii dabei plausibel auf die Auftragsarbeiten im *Springinsfeld* und *Rathstübel Plutonis* zu beziehen weiß, zeigt schlagend, wie Grimmelshausen auf vielerlei Ebenen die gewinnbringende Zirkulation literarischen und materiellen Guts verhandelt. Dass der Roman zugleich im Horizont zeitgenössischer ökonomischer bzw. chrematistischer Diskurse, die der Verfasser so knapp wie profund aufruft, durchaus Bruchlinien zwischen traditionell an Moral gekoppelten und neuen, Gewinnmargen operationalisierenden Tendenzen (S. 397–300) offenlegt, kann schlicht als innovativer Deutungsansatz für Werk (und Autor) gelten. Analoges gilt für die hier nicht näher zu paraphrasierenden Analysen des simplicianischen Skeptizismus gegenüber kommerziellen Interaktionen in der Schermesser-Episode (S. 300–319) und der Überblendung von Zeitgeschichte und Magie, von lasterhafter und erzählerischer Zirkulation in und an den *Vogel-Nest*-Romanen (S. 319–353).

Die von dieser Studie eindrucksvoll vermittelte Einsicht, dass gerade pikarisches, insbesondere simplicianisches Erzählen mit seinen inhärenten Spannungen und seinen parasitär operierenden Protagonisten für eine solchermaßen spezifische Diskursivierung von ökonomischem Wissen innerhalb einer ebenso spezifischen Erzählökonomie geeignet ist, weiß Zeisberg durch eine Art Gegenprobe und einen die Perspektive weitenden Ausblick zusätzlich zu untermauern: Johann Beers Romane beziehen sich zwar auf mannigfaltige Weise aufs Pikarische, müssen aber in ihrer eher an Politik und *prudentia* orientierten Zielrichtung narrativ anders operieren. Dass und wie gleichwohl kameralistische Prämissen bei Beer subtil ironisiert und – womöglich gerade im Rückblick aufs Pikarische – subvertiert werden, zeigt der Verfasser v. a. am *Welt-Kucker*, an den *Sommer-Tägen* und *Winter-Nächten* auf (S. 354–505). Wenn sodann im Ausblick zumindest punktuell die Perspektive auf Weise, Thomasius und andere hin erweitert wird (S. 406–416), tritt das Spezifische am von Zeisberg – vielleicht etwas hoch gegriffen – „metaökonomisch" (S. 406) getauften Romanzyklus Grimmelshausens abermals hervor: eine fortlaufende „Verunsicherung der moralischen Funktion", ohne dass diese gänzlich suspendiert würde und eine, mit dieser Qualität pikarischen Erzählens einhergehende, ,wilde' Appropriation zeitgenössischen ökonomischen Wissens. Und so können auch die vom Verfasser abschließend aus seiner Studie abgeleiteten Plädoyers (1.) für eine Literaturgeschichtsschreibung, die Kontinuitäten und Diskontinuitäten auch über vermeintliche Epochengrenzen hinweg *gerade* für die Frühe Neuzeit verfolgt, und (2.) für einen differenzierenden Gebrauch des Terminus ,pikarisch', der pikareske Erzählweisen von einzelnen, punktuell in andere Erzählweisen implementierten Motiven oder Handlungselementen differenziert, voll und ganz überzeugen.

Ein beckmesserisches Auge muss sich angesichts der Qualität dieser Arbeit auf Nebenschauplätze begeben. An einigen wenigen Stellen hätte eine straffende Redaktion noch mehr bewirken können;[6] womöglich blieb die eine oder andere Anspielung in den untersuchten Texten unentdeckt,[7] was freilich in den doppelbödigen Erzählwelten des Pikaresken eine lässliche Sünde darstellt.

---

6   So nimmt Anm. 222 (S. 178) nahezu wortgleich den Inhalt von Anm. 230 (S. 180) vorweg, wobei letztere noch einen kritischen Kommentar des Verfassers zur referierten Forschungsmeinung bietet.

7   Dass Alemáns bzw. Albertinus' Guzmán bei aller ambivalenten Genealogie der Sohn des Wucherers sein könnte, legt etwa sein Pseudonym „Don Juan Osório" in der Episode der doppelten Buchführung nahe (S. 136–137). Klingt doch im Nachnamen das Lateinische und in der Frühen Neuzeit im Spanischen geläufige *usura* mit. Nimmt man hinzu, dass der spanische Humanist und Kontroverstheologe Jerónimo Osório (1506–1580) mit seinem für Albertinus' wichtigen Traktat *De*

Kurz gesagt: Im Gegensatz zu den „ergere[n] Diebe[n]" jener pädagogischen Schein-Ökonomie, die der *Symplicianische Welt-Kucker* im Eingangszitat satirisch aufs Korn nimmt, bietet dieses Buch neugierigen Leserinnen und Lesern eine hohe intellektuelle Gewinnspanne und stellt für die Grimmelshausen-Forschung gewissermaßen eine einlagengesicherte Bank dar, von der Forscherinnen und Forscher noch so manchen Batzen Erkenntnisse werden abheben können.

Jost Eickmeyer (Hamburg)

---

vera sapientia ebenfalls im Roman zitiert wird (vgl. S. 160, Anm. 150), tut sich der doppelte Boden pikarischen Erzählens auch in den Übertragungen umso eindrücklicher auf.

Andreas Bässler: *Kuckuckskinder und Bastardtexte. Muster der illegitimen Reproduktion im deutschsprachigen Schelmenroman des 17. Jahrhunderts.* **Würzburg: Königshausen & Neumann 2019. 622 S.**

Andreas Bässler ist eine wichtige Entdeckung gelungen. Genauer: Er hat die Tragweite eines Motivkomplexes erkannt und legt diese Tragweite nicht nur mit Blick auf die *histoire*, die erzählte Lebensgeschichte, sondern auch mit Blick auf den *discours*, der in Schelmenromanen entfaltet wird, erhellend dar. Bässler greift eine von Marthe Robert (1972) und anderen unter Rückgriff auf Sigmund Freuds Aufsatz *Der Familienroman der Neurotiker* (1909) und Otto Ranks Buch *Der Mythos von der Geburt des Helden* (1909) getroffene Unterscheidung zwischen zwei Entwicklungslinien des Romans auf. Die eine orientiert sich am Modell des Findlings, die andere folgt dem Modell des Bastards. Die bereits von Maurice Molho (1984) und Michel Cavillac (1988) beschriebene Nähe des Schelmenromans zum Bastard-Modell birgt eine Fülle von Implikationen und Konsequenzen, denen die vorliegende Habilitationsschrift in zwei Teilen nachgeht, die ebenso materialreich wie aufschlussreich sind. Im ersten Teil rekonstruiert Bässler mit dem Kuckucksplot einen die einzelnen Romane durchziehenden und miteinander verbindenden Motivkomplex, der die Vita der Schelme von der Geburt an bestimmt; im zweiten Teil versucht er die für diesen Komplex grundlegende Problematik der illegitimen Reproduktion, also das Kuckucksprinzip, auch für die Gattungsgenese fruchtbar zu machen.

Ausschlaggebend ist zunächst, dass der Bastardstatus, der Geburtsmakel des Schelms, zu einer gesellschaftlichen Ausgrenzung führt, so dass eine Reihe von Merkmalen, die in der Forschung zuverlässig ausgemacht wurden – etwa die Rolle des Schelms als ‚halber Außenseiter‘ (Guillén) oder der ‚Sisyphos-Rhythmus‘ (Miller) seiner sozialen Inklusion und Exklusion – eine Erklärung *ab ovo* findet. Bässler nähert sich dem ersten Teil seiner Untersuchung anhand der Wort-, Rechts- und Sozialgeschichte sowie durch Querbezüge zur Vogelkunde. Er verweist in diesem Zusammenhang auf die Vielzahl der Ausprägungen, die das Bastard-Modell erfahren hat. Sinnverwandte Begriffe wie ‚Bankert‘, ‚Hornung‘, ‚Kegel‘, ‚Beischlag‘ oder ‚Kuckuckskind‘ geben zu erkennen, dass es den ‚Bastard‘ in vielerlei Gestalt gibt – nicht nur als literarisches, sondern vor allem als empirisches Phänomen. Mit der irregulären Abkunft sind aus Sicht der Mitwelt zahlreiche weitere Fragwürdigkeiten verknüpft: illegitime Liebesbeziehungen, Kuppelei oder Ehebruch, Vaterschaftsbetrug und andere Formen der Unehrlichkeit. Bemerkenswert häufig bestimmen diese Fragwürdigkeiten die Herkunft des Schelms, seine Zeugung und die ihm oft schon im Kindesalter notwendigen Verfahren, seine Herkunft zu verleugnen respektive hochstaplerisch zu überspielen. Der juristische Grundsatz ‚*pater semper incertus est*' zeitigt Folgen bis dahin, dass der Schelm später selbst zu einem Hahnrei oder eben zu einem Kuckuck wird, der seine Nachkommen anderen ins Nest legt – man denke nur an die Verwicklungen rund um den Aufenthalt von Simplicius und Courasche im Sauerbrunnen. Zu den Bastardzeichen gehören das fehlende Patronym vieler Pikaros, ihre latente oder manifeste Identitätsdiffusion und die Zweifelhaftigkeit ihrer Bekehrung, da diese zumeist unter falschem Namen erfolgt.

Was nun den Kuckucksplot angeht, so ist für dieses Erzählmodell die Urszene der Unterschiebung grundlegend, bei dem das Männchen aktiv beteiligt ist. Es lenkt die Wirtsfamilie ab, wird aber zugleich um sein Kind betrogen, das alsbald die wahren Nachkommen der Zieheltern verdrängt. Bässler möchte an dieser Urszene die Reversibilität der Auffassungsperspektiven festmachen, die für den Schelmenroman als unzuverlässige Ich-Erzählung konstitutiv ist. Er bindet an diese Urszene außerdem das Ingenium des Kuckucks, der nur als Trickbetrüger überleben kann, da er eine falsche Zugehörigkeit simulieren und seine wahre Herkunft dissimulieren muss. Typischerweise ist das Kuckuckskind ein Einzelgänger und ein Schmarotzer, listig und egoistisch, nicht nur im Fiederkleid, sondern auch im Charakter gescheckt, also moralisch dubios und ‚aus der Art geschlagen'. In diesem Sinne erscheint der Schelm als ein schlimmer Vogel, als undankbarer Nestflüchter – aber auch als Überlebenskünstler in so gut wie jedem Milieu.

Bässler weist zudem auf einige Querbezüge zwischen dem Kuckuck und dem Maulesel hin – einem anderen Bastard des Tierreichs. Tatsächlich tauchen Maultiere und Maultiertreiber im *Lazarillo* wie im *Guzmán*, aber auch in der *Courasche* an signifikanten Stellen auf, zumeist unter Anspielungen auf unfruchtbare Figuren oder illegitime Abstammungen. Schließlich lässt sich auch die *Converso*-Problematik – also der Generalverdacht, unter dem die zum Christentum bekehrten Mauren und Juden im *Siglo de Oro* standen – mit dem Kuckucksplot verschränken. So wendet zum Beispiel Cervantes in seiner Novelle *La gitanilla* (*Das Zigeunermädchen*) die Urszene der Unterschiebung gegen die Ideologie der Blutsreinheit (*liempieza de sangre*): Eine alte ‚Zigeunerin' nutzt den begreiflichen Wunsch einer bürgerlichen Familie, die verlorene Tochter wieder zu finden, um ihrer Schutzbefohlenen zu einer ehrbaren Existenz im Wohlstand zu verhelfen. Ob die junge Frau tatsächlich die verschwundene Tochter ist, bleibt in der Schwebe. Bässler macht Reminiszenzen der *Converso*-Problematik im *Vogelnest* aus und verweist zu Recht auf die dem Kuckucksplot eingeschriebenen Wiederholungsmuster, wenn Figuren wie Lazarillo, Simplicius oder Jan Perus mit ihren eigenen Bastardkindern konfrontiert werden. Selbst Oskar Matzerath, dessen Vater womöglich nicht der Gatte seiner Mutter, sondern deren Liebhaber ist, geht es mit ,seinem' Kurtchen nicht anders, während Felix Krull beim Durchmustern der Ahnengalerie kaum Familienähnlichkeiten zu erkennen vermag, die auf eine enge Verwandtschaft seiner Person mit dem Mann hindeuten, der mit seiner Mutter verheiratet ist. Die Zahl der Gehörnten ist im Schelmenroman epidemisch, so dass die pikareske Vita schon aus diesem Grund darauf hinausläuft, sich die Hörner an einer Welt abzustoßen, die von der Reproduktion der Menschen abhängt und immer neue betrogene Betrüger hervorbringt (*mundus vult decipi – ergo decipatur*).

Bässler kommt in diesem Zusammenhang auf den Kornett aus Lippstadt zu sprechen, von dem Simplicius erfährt, dass die Frau, mit der er im Zuge seiner Gefangennahme zwangsweise verheiratet wurde, schon zwei Monate nach der Verehelichung einen so großen Leib hat, dass ihr Kind nicht von ihm stammen kann. „Der Kornett ist gewissermaßen Ausgangspunkt und Verursacher für die Gefangenschaft und die erzwungene Heirat", stellt Bässler (S. 265) zutreffend fest, der nicht nur den Komplottcharakter der Eheschließung durchschaut, sondern auch ihren Zweck: Simplicius soll gezwungen werden, Soldat zu werden und zwar im Range eines Fähnrichs.

> Ein anderes Wort für den Fähnrich ist – richtig: der Kornett. Dass der Begriff des Kornetts durchaus die Konnotationen des Hörnens und des Gehörnten erweckt, ist belegt, mithin im *Simplicissimus* selbst. Von cornu, dem Horn ist er deshalb abgeleitet, weil er als Offizier auf den äußeren Heeresflügel (cornus) agiert. (S. 265)

Insgesamt kann man Bässler bescheinigen, mit dem Kuckucksplot das Bastard-Modell des Erzählens, soweit es die Figurenkonstellationen und Handlungsverläufe des Schelmenromans betrifft, anhand einer Fülle von Belegen und intertextuellen Übereinstimmungen plausibel dargelegt zu haben. Die weitergehende Frage, welche die zukünftige Forschung beantworten muss, zielt auf die heuristische Reichweite des Modells. Vor allem gilt es, den Plot immer wieder mit dem Weltgehalt der einzelnen Texte zu vermitteln: Wie hängen die Erwartungen, die der Plot mit sich bringt, mit den realhistorischen Erfahrungen der Autoren und Leser und dem Wandel der Kultur zusammen? Ist das Modell geeignet, diese Erfahrungen aufzunehmen und diesen Wandel zu reflektieren, oder wird es zu einem fatalen Attraktor der Komplexitäts- und Kontingenzreduktion, der die Verbindung von Literatur und Empirie kappt?

Nachdruck erhält diese Frage durch den zweiten Teil der Untersuchung. Denn Bässler möchte mit dem Bastard-Modell auch die literarische Performanz der Autoren und die Gattungsgenese erklären. Er macht den Bastard-Status der Erzähler für narrative Brüche, falsche Urheberzuschreibungen, Stimmeninterferenzen und für die Unabschließbarkeit der Diegese verantwortlich, die echte und apokryphe Fortsetzungen provoziert. In diesen Verständnisrahmen ordnet er die Tatsache, dass der *Lazarillo* anonym, aber an verschiedenen Orten gleichzeitig gedruckt wurde, die Auseinandersetzungen von Aleman und Cervantes mit den Usurpatoren ihrer Figuren, den elliptischen Zuschnitt der Texte, die Anmaßung auktorialen Wissens durch personale Vermittlungsinstanzen, diffuse Relationen zwischen Autoren und ‚Helden‘, fingierte oder fehlerhafte Zitate, aufgepfropfte Episoden und konkurrierende Ansprüche auf Vaterschaft respektive Urheberschaft ein.

Es hat durchaus Methode, wenn Bässler in diesem zweiten Teil seiner Untersuchung *histoire* und *discours* kurzschließt und beispielsweise die mehrdeutigen Geburtsangaben in der fiktiven Schelmen-Vita mit den Publikationsdaten der Romane verschränkt oder das Motiv der irregulären Abstammung auf das Verwirrspiel der Verfasser bezieht, die entweder, wie der Erfinder des ingeniösen Don Quijote, behaupten, nur der Stiefvater ihres Helden zu sein, oder aber Lesefrüchte verarbeiten, ohne auf die Urheber der Geschichten zu verweisen, die sie ab-, um- und weitergeschrieben haben. Dem Fehlen der Patronyme entspricht, so gesehen, die Häufung der Anonyme und Pseudonyme in den Paratexten, während die Urszene des Kuckucksplots, die Unterschiebung, ein gewisses Pendant in Herausgeber- und Übersetzerfiktionen oder anderen Mystifikationen der Textherkunft hat.

Vieles an dieser Verschränkung von Genealogie und Poetologie ist schlüssig – und doch stellt sich erneut die Frage nach dem Stellenwert und nach der Reichweite der Erklärung. Lässt sich die äußerst verwickelte Entstehungs-, Vermittlungs- und Wirkungsgeschichte des pikaresken Erzählens, die ja weit über das 17. Jahrhundert und über Europa hinausführt, wirklich allein mit dem Bastardstatus der Texte angemessen erfassen, oder wird hier all das, was sich auch ganz anderen Gründen und Zufällen, produktiven Missverständnissen und der tiefgreifenden Vertrauenskrise in den Gesellschaften der Frühen Neuzeit verdankt, auf das Kuckucksprinzip projiziert? Es wird Aufgabe weiterer Untersuchungen sein, das rechte Verhältnis von Integral und Differential, von monokausaler Bezugsverdichtung und Faktoren-Entkopplung zu finden. Denn die Fälle, die Bässler einem Prinzip subsumiert, sind, genau besehen, doch von recht unterschiedlicher Natur. Ob das anagrammatische Verwirrspiel, das Grimmelshausen mit seinem Namen veranstaltet hat, den gleichen Ursachen geschuldet ist wie die anonyme Publikation des *Lazarillo*, behauptet auch Bässler nicht, er neigt aber dazu, Ähnlichkeiten, die auf verschiedenen Ebenen liegen und diverse Gründe haben, in ein und dieselbe Deutungsperspektive zu rücken. Ausgeklammert werden so alternative Erklärungsansätze wie das Wechselspiel von Rede, Widerrede und Gegenrede, das beispielsweise das Verhältnis von Quevedos *Buscon* zu seinen Vorläufern bestimmt, der Agon von pikareskem und cervanteskem Erzählen,[1] der mit ideologischen und poetologischen Differenzen zusammenhängt oder die rhetorische Instrumentalisierung des Schelmenromans im Zuge der Gegenreformation (Aegidius Albertinus) respektive seine Depotenzierung unter den Vorzeichen der Frühaufklärung (Weise) und im weiteren Prozess der Zivilisation (Lesage, Smollett, Thackeray) bis hin zu den Versuchen, jenseits des Atlantiks eigene, nationale Erzählliteraturen mittels Schelmenromanen zu begründen (*Periquilo Sarmiento, Huckleberry Finn*)

Aus dem Blick geraten vor allem drei Momente, nämlich erstens die nachhaltige Pluralisierung der Schreibweisen und Lesarten seit der Frühen Neuzeit, die Abweichungen von einem Plot wahrscheinlicher als seine Reproduktion über Sprach- und Landesgrenzen hinweg macht, zweitens die Kontexte, die sich mit der Zeit in die Texte einschreiben (der Dreißigjährige Krieg, der Kolonialismus [*Moll Flanders*] oder, um ein zeitgenössisches Beispiel zu nennen, der Feminismus [*Trobadora Beatriz*]), und drittens die Tatsache, dass im 17. und 18. Jahrhundert nicht nur der Schelmenroman, sondern überhaupt jeder Roman für die Gralshüter der reinen Lehre (Gattungspoetik) wie für die Tugendwächter, die seine Sujets amoralisch fanden, ein literarischer Bastard war, der die Kunstsphäre der hohen Dichtung auf unzulässige Weise mit der empirischen Welt vermischte, in die Niederungen der gemeinen Lebenswelt herabstieg und dem ungehobelten Volk aufs Maul schaute.

---

1 Vgl. Walter L. Reed: *An Exemplary History of the Novel: The Quixotic versus the Picaresque*. Chicago, London 1981.

Dass Bässlers konzise Monografie solche Fragen aufwirft, spricht nicht gegen, sondern für ihre Qualität und Relevanz. Sie liefert der Forschung mit dem Kuckucksplot respektive mit dem Kuckucksprinzip der illegitimen Reproduktion ein höchst ergiebiges Erzähl- und Erklärungsmodell, mit dem sich Einzelstudien wie Gesamtdarstellungen fürderhin werden auseinandersetzen müssen. Ich zögere daher nicht, Bässlers Monografie einen großen Wurf zu nennen.

Matthias Bauer (Flensburg)

Aus den Jahren der pfälzischen Katastrophe. Julius Wilhelm Zincgrefs Briefe (1613–1626) an den Basler Professor Ludwig Lucius. *Mit weiteren Briefen, Gedichten und den Thesen von Zincgrefs Basler juristischen Disputation (1613).* Hrsg., übersetzt, eingeleitet und kommentiert von **Wilhelm Kühlmann** und **Karl Wilhelm Beichert.** **Heidelberg: Manutius 2018 (Bibliotheca Neolatina 13). 208 S.**

Das verstärkte Interesse, das Julius Wilhelm Zincgref seit dem ausgehenden 20. Jahrhundert in der Forschung findet und das sich am deutlichsten in der historisch-kritischen Werkausgabe von Dieter Mertens und Theodor Verweyen niedergeschlagen hat, beruht einerseits auf seiner Brückenfunktion zwischen dem internationalen Späthumanismus und der sich neu formierenden deutschen Barockliteratur und anderseits auf seiner Nähe zu und Teilhabe an den epochalen politischen und militärischen Ereignissen in den Anfangsjahren des Dreißigjährigen Krieges. Auf Zincgrefs Verbindungen zur zeitgenössischen *nobilitas litteraria*, auf seine Zusammenarbeit mit anderen Gelehrten bei der Entstehung seiner *Emblemata Ethico-Politica* und seiner Apophthegmen-Sammlung wie auch auf seine kriegsbedingten persönlichen Nöte wirft die vorliegende Ausgabe eines Briefkonvoluts, das Wilhelm Kühlmann in der Stadtbibliothek Schaffhausen entdeckt hat, neues Licht.

Die 37 Briefe stammen aus dem Nachlass des Basler Philosophieprofessors Ludwig Lucius, bei dem Zincgref 1612 und 1613 studierte und wohnte. Sie wurden von Karl Wilhelm Beichert transkribiert, sorgsam in ein gut lesbares Deutsch übertragen und von den Herausgebern in über 150 Fußnoten kommentiert. Lediglich zwei Petitessen hat der Rezensent notiert: Zum einen führt die Übersetzung *Sprichwörter* für *Apophthegmata* (S. 96, 98 u. ö.) in die Irre, da sie den Unterschied zwischen volksläufiger Spruchweisheit und individuell geprägtem Denkspruch verwischt. Zum anderen werden die Namen in den Übersetzungen uneinheitlich mal in latinisierter, mal in deutscher Form wiedergegeben.

Auffällig und aufschlussreich ist der Sprachwechsel: Die Briefe, die Zincgref nach Basel schickte, sind in lateinischer Sprache gehalten. Dagegen wechselte er ins Deutsche, als sich sein Adressat Lucius zur Kur im schwarzwäldischen Griesbach aufhielt. Zur Begründung bietet sich an, dass Zincgref im Kontext einer historisch alteritären Briefkultur damit rechnete, dass seine Schreiben im Bekanntenkreis von Lucius kursierten. Während man im Umfeld der Basler Universität Lateinkenntnisse voraussetzen durfte, galt das offenbar nicht für die Kommunikationsgemeinschaft des ‚Sauerbrunnens' im Schwarzwald, so dass Zincgref in Hinblick auf prospektive nicht-lateinkundige Leser seine Briefe an diesen Ort in deutscher Sprache abfasste.

Dem Abdruck der Briefe geht eine umfangreiche von Kühlmann verfasste Einführung voran. In ihr werden die Briefe den Lebensumständen Zincgrefs und den politischen Ereignissen zu Beginn des Krieges zugeordnet. Dabei werden literarische und weitere briefliche Quellen ausgewertet. So kommen sechs Gedichte aus der *Triga amicopoetica* (1619) im Original und in der metrisch geschmeidigen Übersetzung von Georg Burkard im Vorgriff auf die geplante Gesamtausgabe der *Triga* zum Abdruck (ehrenhalber hätte man vielleicht einen Hinweis auf die Pionierstudie von Erich Trunz über den deutschen Späthumanismus um 1600 erwarten können, in der die *Triga* als einschlägiges Freundschaftsbuch kurz erwähnt wird). Zugleich werden sechs Briefe aus der Korrespondenz Zincgref – Gruter wiedergegeben und zur Illustration der Zeitgeschichte und des persönlichen Umfelds beigezogen. Die Einführung ist fulminant geschrieben und bietet eine Modellstudie für die gelungene Verbindung von Biographie, Literatur-, Sozial-, Alltags- und Zeitgeschichte.

Als willkommene Zugabe enthält der Band einen Abdruck und die Übersetzung der 24 Thesen der Basler Disputation, mit der Zincgref sein dortiges Studium abschloss. Auch hier bietet Kühlmann eine konzise Einführung, in welcher der Aufbau der Thesenreihe und ihre Stellung an der Schnittstelle von Ethik und Jurisprudenz beleuchtet werden. Auch hier vermag es der Verfasser, aus einem *prima vista* spröden Stoff Funken zu schlagen. Die Edition der Briefe und ihre musterhafte historische Einbettung machen das Buch zu einer wichtigen Quelle für die Literatur- und Geschichtswissenschaft.

Michael Schilling (Braunschweig)

Hans Medick: *Der Dreißigjährige Krieg. Zeugnisse vom Leben mit Gewalt.* **Göttingen: Wallstein 2018. 448 S.**

Zu Beginn der Einleitung des im Jahre 1999 erschienenen und heute noch bedeutsamen Sammelbandes *Zwischen Alltag und Katastrophe. Der Dreißigjährige Krieg aus der Nähe* schreiben die Herausgeber Benigna von Krusenstjern und Hans Medick: „Kein Zeitraum ist so sehr mit umfassender Vergangenheitsbedeutung aufgeladen und doch zugleich so wenig unter neuen historiographischen Fragestellungen erforscht worden wie die Zeit des Dreißigjährigen Krieges".[1] Der nun im Jahr 2018 von Hans Medick vorgelegte kommentierte Quellendokumentationsband versucht die im Zitat ausgewiesene Lücke für die Alltags- und Mikrogeschichte der Zeit des Dreißigjährigen Krieges zu schließen. Fachwissenschaftlich sehr fundiert und sinnvoll strukturiert bietet Medick mit seinem mikrohistorisch-quellenkritischen Ansatz anhand von zahlreichen Zeitdokumenten, Selbstzeugnissen und Medien der Zeit eine alternative Perspektive, um in den Erfahrungsraum und in die Erlebnis- und Gedankenwelt der zumeist kleineren Akteure des „großen Kriegs in Teutschland" vorzustoßen.

Es handelt sich bei Medicks kommentierter Quellendokumentation nicht um eine voluminöse Gesamtdarstellung, sondern um einen interessanten Querschnitt unterschiedlich wirkender, mikrohistorischer Analysen des Alltags, wobei die Verarbeitung der Kriegserfahrungen im Mittelpunkt steht: „Die einzelnen Episoden und Ereignisse sind in diesem Buch stets auf eine umfassendere analytische Dimension einer vertiefenden Kontextualisierung bezogen." (S. 14) In der Einleitung verteidigt Medick zunächst die von ihm gewählte Darstellungsform der episodisch-dokumentarischen Mikrogeschichte und erläutert das von ihm präferierte Verfahren bzw. die Auswahl der Dokumente. Anschließend kontrastiert er sein Verfahren konzis mit den jüngst erschienen Monografien zum Dreißigjährigen Krieg (u. a. von Schmidt, Wilson, Münkler, Burkhardt). Die Einleitung schließt mit dem Abdruck populärer Sinnsprüche aus der Zeit des Dreißigjährigen Krieges, die aus dem Nachlass Gustav Droysens (1808–1884) stammen.

In den der Einleitung folgenden acht Kapiteln stellt Medick den Lesern unterschiedliche, mikrohistorische Aspekte der Epoche des

---

1   *Zwischen Alltag und Katastrophe. Der Dreißigjährige Krieg aus der Nähe.* Hrsg. von Benigna von Krusenstjern und Hans Medick. Göttingen ²2001 (Veröffentlichungen des Max-Planck-Instituts für Geschichte 148), S. 13.

Dreißigjährigen Krieges vor. Er spannt chronologisch den Bogen von den Ursachen und Anlässen des Krieges bis zu den Friedensschlüssen. Den einzelnen Kapiteln werden abschnittweise (z. T. ausführliche) Einleitungen im vorerschließenden Verfahren vorangestellt, in denen die historischen Umstände und chronologischen Ereignisse beleuchtet und in die größeren historischen Gesamtzusammenhänge gerückt werden. Anschließend folgt der Abdruck der Dokumente, dies jeweils mit editorischen Angaben, wobei ebenfalls wieder als Vorspann jedes Dokument von Medick kurz erläutert und kontextualisiert wird. Insgesamt stellt Medick dem Leser auf diese Weise in seinem Buch 50 mikrohistorische Dokumente vor. Die jeweiligen Erläuterungen bzw. Kommentare und der eigentliche Quellenabdruck werden hierzu in unterschiedlichen Schrifttypen auch optisch trennscharf abgesetzt. Leider fehlt bei den jeweiligen abgedruckten Dokumenten zur besseren Orientierung (und zum adäquaten Verweisen) eine Zeilennummerierung.

Das I. Kapitel befasst sich intensiv mit den Anfängen des Krieges und dem Prager Fenstersturz von 1618 und seinen Folgen, das II. Kapitel mit Konfessionen im Krieg. Die Kapitel III bis V legen den Fokus auf Kriegserlebnisse im Alltag der Menschen, auf Gewaltfragen, Hunger und Krankheiten, Kannibalismus und das massenhafte Sterben bei Belagerungen und Schlachten. Im VI. Kapitel geht es um das Verhältnis von Medien und Krieg an den Beispielen der Schicksale von König Gustav II. Adolf und Albrecht von Wallenstein. Kapitel VII nimmt den Frieden und das Ende des Krieges in den Blick. Das letzte Kapitel befasst sich intensiv mit dem Nürnberger Exekutionstag.

Der Dreißigjährige Krieg. Zeugnisse vom Leben mit Gewalt bietet einen großen Vorrat an Dokumenten, der auch noch durch hervorragende schwarz-weiße Abbildungen (Kupferstiche, Votivbilder, Flugblätter, Gemälde, Abdrucke von handschriftlichen Dokumenten und Originalbriefen, Lageskizzen, Fotografien etc.) ergänzt wird. Es muss betont werden, dass die bildlichen Elemente besonders groß und in sehr guter Qualität abgedruckt worden sind. Medicks Buch bietet Stoff und inhaltliche Schwerpunkte für die nähere Beschäftigung mit der Alltags- und Mikrogeschichte der ersten Hälfte des 17. Jahrhunderts; es ist ein Fundus für jeden an der Geschichte der Frühen Neuzeit Interessierten, der das Studium des zwischenmenschlichen Verhaltens in Zeiten des großen Krieges als ein Wissen über die Entwicklung von Mentalitäten fachwissenschaftlich aus- bzw. verwerten möchte.

Torsten Menkhaus (Hamm)

Holger Böning: *Dreißigjähriger Krieg und Öffentlichkeit. Zeitungs-berichte als Rohfassung der Geschichtsschreibung.* Bremen: edition lumière 2018 (Presse und Geschichte – Neue Beiträge 126). 438 S.

Mit Erstaunen nimmt der Leser zur Kenntnis, dass die bisherigen und durchaus nicht unbedeutenden Darstellungen des Dreißigjährigen Krie-ges fast ausnahmslos auf Zeitungen als Quellen verzichtet haben, weil die gängige Vorstellung geheimer Kabinettspolitik an den europäischen Höfen im Widerspruch zur publizistischen Öffentlichkeit steht. Letztere wurde darum auch als irrelevant oder angeblich parteiisch abgetan und vernachlässigt. Dem steht die rasante Entwicklung der zunächst hand-schriftlich vervielfältigten „Fugger-Zeitungen" zu Druckerzeugnissen gegenüber, die zu Beginn des 17. Jahrhunderts von zwei in Straßburg und Wolfenbüttel erscheinenden Blättern im Verlauf des Krieges zu einem flächendeckend im ganzen Reich verbreiteten Zeitungswesen mit entsprechenden Netzwerken von Korrespondenten und Abnehmern prosperierte, nicht zuletzt aus der Notwendigkeit heraus, als mittelbar oder unmittelbar vom Krieg Bedrohter bzw. Betroffener zeitnah über die Wechselfälle des militärischen und politischen Geschehens infor-miert sein zu müssen.

Vollends ins Wanken gerät die bisherige Sicht der Dinge, wenn die von den Historikern aus den Archiven eruierten „Arkana" der Geheim-diplomatie teilweise schon geraume Zeit vor ihrer Umsetzung von den Dächern der Druckereien gepfiffen wurden. Hinzu kommen Lebendig-keit, Allgemeinverständlichkeit und Detailreichtum von Korrespon-denznachrichten aus erster Hand, welche von den Redakteuren im un-gefilterten Originalton – d. h. ohne wertende, ergänzende und manipu-lative Eingriffe – an den Leser weitergegeben wurden und sich dadurch von der Kriegspropaganda späterer Zeit unterscheiden. Insofern spricht Böning zu Recht von einer „Rohfassung der Geschichtsschreibung". Diese Quellen bieten schon für den zehnjährigen Vorlauf zum keines-wegs „ausgebrochenen", sondern ebenso vorsätzlich wie zielstrebig ge-planten und dann konsequent entfesselten Großen Krieg ein anderes Bild als die bisherige Geschichtsschreibung. Das gilt ebenfalls für sei-nen Verlauf bis zur Schlacht am Weißen Berge mit ihren Folgen. So steht vor allem der Zeitraum von 1609 bis 1620 im Mittelpunkt von Bönings Untersuchung.

Deutlich wird der Verfassungskonflikt um das böhmische Wahlkö-nigtum mit seinen Dependancen in Schlesien und der Lausitz, deren Rechte – u. a. das der freien öffentlichen Religionsausübung für die mehrheitlich protestantischen Stände – bereits die Habsburger Kaiser Rudolf II. und Matthias 1609 nach langem Hin und Her zu beschwören hatten. Auch deren Nachfolger Ferdinand II. war 1617 bei seiner Krönung zum König von Böhmen gehalten, diese ihm höchst missliebige „Joyeuse Entrée" zu beschwören, zumal er sich auch zum Deutschen Kaiser küren lassen wollte. Der Majestätsbrief mit seinen Rechtsgarantien stand nicht nur der gegenreformatorischen Politik des Wiener Hofs, sondern vor allem den absolutistischen Bestrebungen einer habsburgischen Erbmonarchie entgegen. Militärische Feldversuche für eine gewaltsame Verfassungsrevision in Böhmen wurden 1609 sowohl im Kleinen bei der willkürlichen „Reichsexekution" gegen die bis dahin freie protestantische Reichsstadt Donauwörth durch bayrische Truppen als auch beim Jülich-Klevischen Erbfolgestreit im spanisch-niederländischen Konfliktfeld auf internationaler Ebene erprobt; so verstand es jedenfalls die zeitgenössische Berichterstattung. Spätestens 1619 erfuhr der Leser von der Absicht, den Kopf der protestantischen Union, Friedrich von der Pfalz, mit seinen Ambitionen um die böhmische Krone ins offene Messer laufen zu lassen und seine Kurwürde an seinen katholischen Vetter in Bayern als Preis für militärische Hilfe zu übertragen.

Der Prager Fenstersturz und die Annahme der Wenzelskrone durch den Kurfürsten Friedrich IV. von der Pfalz erscheinen in der Presse als Reaktion auf den mit systematischer Drangsalierung und Entrechtung der Protestanten betriebenen Verfassungsbruch Habsburgs. Der Abfall der Niederlande und das Exempel der Schweiz boten für die böhmischen Stände erfolgreiche Beispiele einer konstitutionellen Staatsgründung. Der nach zeitgenössischer Berichterstattung zu erwartende Beistand des englischen Königs, immerhin Schwiegervater des Pfälzers, der Niederlande und der Protestanten im Reich spielte bei der Abwahl Ferdinands und für die Thronambitionen des pfälzischen Kurfürsten ebenfalls eine wichtige Rolle. Dass die finanzielle und militärische Unterstützung Englands so gut wie ausblieb und die der Niederländer nur ein Zehntel dessen betrug, was die spanischen Habsburger für ihre österreichischen Vettern zu investieren bereit waren, ließ sich 1618 noch nicht absehen.

Neben der mangelnden Unterstützung durch die protestantischen Bündnispartner hatte vor allem die Uneinigkeit der böhmischen Stände ein effektives Zusammenwirken von Adel, Bürgertum und Landbevölkerung verhindert und damit die desaströse Niederlage am Weißen Berg sowohl militärisch wie logistisch provoziert. Der Kurfürst von Sachsen – zunächst von den böhmischen Ständen als Wunschkandidat für die Wenzelskrone favorisiert – nutzte gar die Gunst der Stunde, um die Lausitz mit kaiserlichem Einverständnis zu annektieren. Auf der anderen Seite brachte die zelotische Bilderstürmerei der Pfälzer Calvinisten in Prag sowohl die katholische als auch große Teile der protestantischen Bevölkerung gegen den „Winterkönig" auf.

Vor allem aber dokumentieren die Zeitungen im Gegensatz zur späteren Historiographie die erbitterte und zermürbende Brutalität des Krieges in seiner Frühphase, vornehmlich auf Seiten der Habsburger:

> In den Jahren 1619 und 1620 wurde jedes Angebot zur friedlichen Konfliktlösung von der Kriegsführung kaiserlicher Truppen in Böhmen konterkariert. Bis zur Schlacht am Weißen Berg hatte der Krieg bereits viele zehntausend Opfer gefordert, über die der Zeitungsleser eingehend informiert wird. Als wesentliches Element dieses Krieges war ein sofort zu erkennender Prozess der Internationalisierung des Konflikts ein zentraler Punkt der Berichterstattung, so dass sich dem Zeitungsleser wenig Anlass zu Hoffnungen auf einen schnell zu erlangenden Frieden bot. (S. 412)

Wiener Zeitungen berichten, dass der systematische Terror und die Politik der verbrannten Erde durch kaiserliche „Feldherren" wie Tilly lange vor der Eroberung an Magdeburg und längst nicht nur an den protestantischen Kriegsgegnern, sondern auch an der eigenen Zivilbevölkerung ausgeübt wurde. Der verheerende Kriegsalltag mit den sattsam bekannten logistischen Problemen sowie den immensen materiellen, medizinischen und moralischen Folgen für Truppen und Zivilbevölkerung, für Kriegsgewinner und Verlierer, für Profiteure und Opfer ist von Anfang an präsent. Der Grundsatz, dass der Krieg den Krieg zu ernähren habe, ist keine Erfindung Wallensteins, sondern fand schon bei „Kriegsunternehmern" wie Mansfeld und kaiserlichen Obristen wie Dampierre Anwendung.

Bönings Quellenerschließung von Zeitungsberichten bietet ein mindestens ebenso zuverlässiges, detailliertes und abwechslungsreiches Panorama der ersten Hälfte des 17. Jahrhunderts wie die Romane von Grimmelshausen oder die Stiche von Jan Luykens und Jacques Callot; mehr noch: Sie verändert die bisherige Geschichtsschreibung aus der Sicht des immer siegreichen Nachhineins und der Apologetik des Faktischen. Der „Glaubenskrieg" für die „katholische Religion" erweist sich als integraler Bestandteil imperialer Befriedungspolitik jenseits vom Christentum und seinem Stifter.

Frank Stückemann (Bielefeld)

Projektierte Himmel. Hrsg. von Jörg Jochen Berns und Thomas Rahn. Wiesbaden: Harrassowitz 2019 (Wolfenbütteler Forschungen 154). 421 S., 112 Abb., 16 Farbtafeln.

Räsoniert wird in diesem Buch ohne Furcht, und der Nebel um die Frage, welcher Art die „projektierten Himmel" sein könnten, lichtet sich schnell (vgl. das Beckett-Motto zur ebenso witzigen wie gewitzten „Einleitung", S. 9). Gleich zu Beginn konzedieren die Herausgeber: „Jeder kommt in den Himmel, an den er glaubt. Jedenfalls scheint es, imaginationslogisch und glaubensökonomisch, so am gerechtesten." Die projektierten Himmel, die in diesem Sammelband vorgestellt werden, entstammen der Frühen Neuzeit und sind damit von „Eckdaten der Himmelsbestimmung" gekennzeichnet, die in Europa durch neue astrologische und geographische Erkenntnisse, technischen Fortschritt und religiöse Umbruchzeiten gekennzeichnet werden. Schon Conrad Wiedemann hat 1994 den mythologischen Götterhimmel des Barockschlosses dem kirchlichen Heiligenhimmel gegenübergestellt. Der vorliegende Band erkundet nun eine Fülle „wenig offiziöser Himmelsphantasien, die mit den politisch und kirchlich akkreditierten nicht immer vereinbar waren" (S. 10), eine „Pluralität von Himmeln", zu der die prinzipielle Unverfügbarkeit des Himmels damals führt: „Denn wenn er als Raum den Betrachter nicht einlässt, so öffnet er sich doch als Ort der *imaginatio*, wird zu Projektionsraum und -fläche [...]". (S. 10) Jörg Jochen Berns (Spezialist jeder Art von Höllen-Phantasmagorie) und Thomas Rahn verstehen den Titel in dreifachem Sinne: Projektierte Himmel bezeichnen demnach

> 1. Topische und phantasmatische Projektionen, die in und auf den Himmel gerichtet sind, 2. Projektionen vom Himmel herab, d. h. ‚abgenommene' bzw. transformierte und in psychische, physiologische und apparative Behälter versetzte Himmel und 3. technische, theatrale und imaginäre Projekte der Erschließung, Eroberung und Nutzung des Himmels [...]." (S. 10–11)

Eine trennscharfe Typologie des Himmels sei in der Unterscheidung von Projektionen und Projekten allerdings nicht zu gewinnen, die Rubriken des Buches unterscheiden sich nach epistemologischen bzw. pragmatischen Erschließungsweisen des Himmels (Himmelsbilder, Theaterhimmel, Himmelstheater und transzendente Himmel, vgl. S. 17–18) und überschneiden sich teilweise. Es kann an dieser Stelle nicht auf alle Beiträge genauer eingegangen werden. Der Band ist inhaltlich wie optisch opulent ausgestattet und verfügt über ein Personalnamen- und ein Lokalnamenregister (es werden auch Götter, Heilige und Ethnien verzeichnet), 16 Farbtafeln sowie 112 Schwarz-weiß-Abbildungen.

„Himmelsbilder": Der Eröffnungsbeitrag Claus Zittels zur Darstellung des Mondes in der Frühen Neuzeit, „Der Mond der Künstler und der Mond der Philosophen" (mit 18, meist aus dem 17. Jahrhundert stammenden Kupferstichen von der Mondoberfläche und den Mondphasen), kommt zum Ergebnis, dass die in der Wissenschaftsgeschichte postulierte „Spaltung zwischen einem Mond für Künstler und einem für Astronomen nie existierte. Bei Galilei, Peiresc, Gassendi, Mellan Hevelius, Hooke oder Cassini gab es bei der Erzeugung und Darstellung astronomischen Wissens immer ein Zusammenspiel von ästhetischen und wissenschaftlichen Faktoren" (S. 55–56). Wichtig waren die je nach Denkstil herrschenden immanenten Vorstellungen von Exaktheit, aber auch die Ziele der Darstellung. Peiresc und Gassendi etwa verfolgten mit ihren Monddarstellungen die Absicht, anhand der Phasen einer totalen Mondfinsternis die Navigation von Schiffen zu verbessern. Es ging also nicht um eine fotorealistische Abbildung, wie wir sie heute kennen. Allerdings begegnet auch uns das von Zittel beschriebene Phänomen: Vor kurzem wurde die Abbildung eines Schwarzen Lochs im All gezeigt, rein technisch visualisiert und für das Auge in der Natur nicht wahrnehmbar.

Der Beitrag von Patrizia Solombrino („Gestaltwandel am Himmel. Projekte christlicher Sternbilder im 17. Jahrhundert") beschäftigt sich u. a. mit dem Atlas *Coelum stellatum Christianum* (Augsburg 1627) von Julis Schiller. Der Sternenatlas sollte die mythologischen Himmelsfiguren durch christliche ersetzen, der Tierkreis etwa wird zu den 12 Aposteln. Schillers Atlas verteidigt den wahren, katholischen Glauben: „Es ist der Versuch, sich gegen die Auflösung der göttlichen Herrschaft des Himmels aufzulehnen und sich gegen den nach naturwissenschaftlichen Kriterien geordneten Himmel – gegen eine intelligible Natur – zu sträuben" (S. 81). Die verwendeten Bilder dienten nicht der Orientierung am Himmel, sondern der persönlichen Andacht. Damit steht Schiller auch im Gegensatz zu Schickard, Bartsch, Harsdörffer und Zesen, die von der Erstoffenbarung Gottes in der Natur ausgehen und Mythologie wie Bibel in den Gesamtzusammenhang der *Historia mundi* einbinden.

Der letzte Beitrag in der Abteilung „Himmelsbilder" stammt von Markus Bauer: „Stürze vom Himmel. Zu Anthonis van Dycks ‚Daedalus und Icarus'". Bauer trägt zunächst eine beeindruckende Fülle an Ikarus-Darstellungen aus Literatur, Kunst und Zeitgeschichte zusammen, vom 17. bis zum 20. Jahrhundert: „Der antike Mythos, der über Jahrtausende eine moralisch vielfach schillernde Bedeutung gehabt hatte, war in der späten Moderne zur Bezeichnung ganzer Gesellschaftssysteme befähigt. Das ‚Ikarische' diente fortan nicht mehr als Parabel für individuelles Verhalten, sondern beschwor und bezeichnete eine umfangreiche historisch-gesellschaftliche Konstellation – die Epopöe der Moderne" (S. 91). Im Anschluss wendet Bauer sich dem Anthonis van Dycks zugeschriebenen Ölgemälde zu, das nicht den Sturz abbildet, sondern das Anlegen der Flügel und den väterlichen Rat dazu. Das Gemälde steht nach Bauer an einem historischen Wendepunkt im Verständnis des Mythos von der Warnung vor der *curiositas* hin zum „wagemutigen, risikofreudigen Helden", argumentiert selbst aber noch „in moralisch-pädagogisierender Weise" (S. 98). Zugleich werde der „Himmel [...] über die allegorische Präsenz des Bildtitels hinaus hier zum nur noch diffus einen umgebenden Raum bildenden Hintergrund, während der Mensch das buchstäblich entscheidende Zentrum wird" (S. 102). Daher ordnet Bauer das Gemälde als doppeldeutigen Beleg für die Autonomisierung des Individuums im 17. Jahrhundert ein, aufgezeigt an der widersprüchlichen Darstellung von Sohn und Vater.

In der Abteilung „Theaterhimmel" stellt Bernhard Jahn den barocken „Opernhimmel im Verbund der Künste" vor und an Beispielen insbesondere die überraschende Gestaltung des Himmels in der Musik selbst, nicht nur die durch den szenischen Himmel. Stephan Oettermann erinnert an „Aerostatische Figuren. Die fliegenden Plastiken des Johann Karl Enslen". Enslen ist der Erfinder dieser zunächst höfischen Attraktion, einer später in ganz Europa verbreiteten Volksbelustigung, die erst durch den Luftballon abgelöst wurde. Fliegende Götterfiguren, Reiter, Diana auf einem von zwei Hirschen gezogenen Wagen usw. stiegen, mit Luft und Wasserstoff gefüllt, auf: „Mit seinem ‚aerostatischen Kabinett', dessen ca. 30 meist überlebensgroße Figuren sich in einem Reisekoffer verstauen ließen, bereiste Enslen rund 15 Jahre lang ganz Europa, von London bis Petersburg und Prag, von Kopenhagen bis Wien und Basel [...]. Nur in den größeren Städten, wo er mit genügend zahlendem Publikum rechnen konnte, oder dann, wenn die Finanzierung des Spektakels durch Subskription gesichert war, ließ er seine kostbaren Figuren aufsteigen" (S. 128). 1796 verfolgte mindestens die halbe Berliner Einwohnerschaft ein solches Spektakel.

Wolfgang Brückle („Himmel im Haus. Innenraumentgrenzung und Naturbildwerdung von der Aufklärungszeit bis heute") befasst sich mit der Frage, wie man die damalige Baukunst für die Erzeugung von Naturwahrnehmung eingesetzt hat, insbesondere der Himmelserscheinungen. Etienne-Louis Boullée hatte 1784 einen hypermodern anmutenden Bau „Kenotaph für Newton" entworfen, zur Darstellung des unendlichen Raums sowie der Nachtansicht des Himmels, und zwar ohne jeden mythologischen Bezug, bei dem „das Göttliche ganz im Sinn theistischer Theorien der Aufklärungszeit" in der Natur aufgeht (S. 144). Bei Caspar David Friedrich ist die Himmelsdarstellung religiöse Hingabe, Darstellung Gottes in der Natur, aber eben als „Inbegriff einer alles Fassbare übersteigenden Natur" (S. 156). Auch im 20. Jahrhundert hat man Versuche unternommen, erhabene Himmelseindrücke durch die Architektur zu erzeugen, insbesondere bei Ehrenmalen für Gefallene des Ersten Weltkriegs.

In der Abteilung „Himmelstheater" befasst sich Jörg Jochen Berns mit dem „Wolkenspektakel. Theatrale Himmelsprodigien auf frühneuzeitlichen Flugblättern". Er nimmt ein Kapitel der Mediengeschichte in den Blick, dessen „präcinematisches Potential" bisher nicht erkannt wurde, und schlägt vor, die Einblattdrucke mit arrangierten Wolkenkonstellationen, die z. T. szenische Interaktionen wiedergeben, als „Effekt der fortschreitenden Destabilisierung des Himmels" zu lesen (S. 183). Inhaltlich unterscheiden sich die sechs vorgestellten Drucke, formal ähneln sie sich. Alle zeigen im Bild und/oder im Text eine Kinesis, die ihre Theatralität steigert, teilweise werden Stationen des Geschehens durchnummeriert. Tatsächlich finden sich viele Schraffuren und Linien, die, wie heute im Comic üblich, Bewegungen von Gegenständen, Drachen, Schiffsschlachten etc. am Himmel illustrieren. Alle Darstellungen setzen einen göttlichen Zeichenproduzenten voraus, „der sehend aber unsichtbar (*visus invisus*) über oder hinter dem himmlischen Prospekt tätig ist" (S. 194). Die menschlichen Beobachter lesen an dem himmlischen „Schauraum" heterogene Zeichenbotschaften, die in ihrer Zusammenstellung einen „Schreckeffekt" erzielen sollen und deren teilweise Unverständlichkeit „als Indiz ihrer göttlichen Faktur" galt: „Gott wird [...] zum Autor einer Schreckbildnerei erklärt, deren Schrecklichkeit jedwedes menschliche Phantasiepotential übersteigt" (S. 196–197). Indem die Himmelsprodigien das Geschehen „zeitraffend" in Addition verschiedener Momente abbilden, ergibt sich ihre „präcinematische Qualität". Auch auf die arbeitsteiligen Produktionsprozesse dieser Drucke blickt Berns, die Bildpublizistik war durch die Reformation im Umbruch und benötigte neue Sujets, da die Produktion von Heiligenbildern wegbrach. Ebenso wird die Wahrnehmungspsychologie und Medienstrategie des Schreckens befragt. Warum sah man diese Himmelserscheinungen im Europa des 16. und 17. Jahrhunderts, später aber nicht mehr? Berns vermutet ein Motivgeflecht „kollektiver Wahrnehmungssuggestion" hinter dem Phänomen. Fortschreitende Aufklärung und Naturerkenntnis machten der „Wolkenbildseherei" (S. 206) als Zeugnissen „eines nur mehr transitorisch Wahren" ein Ende (S. 207).

Hole Rößler liefert einen Beitrag zum „Himmelsgrausen. Luftkriegsszenarien der Vormoderne". Die Vormoderne schrieb den militärischen Sieg „göttlichem Ratschluss" zu (S. 209). Bereits in der Frühen Neuzeit herrschte das Phantasma eines Luftkriegs, der die „göttliche Intervention durch Militäraviatik" ersetzte (S. 210). Rößler präsentiert Feldzeichen, die den Feind erschrecken sollten, „wobei die Zeichnung eines Reiters mit Flugdrachen aus dem Göttinger Exemplar von Konrad Kyesers *Bellifortis* (um 1405) als die eindrücklichste gelten darf" (S. 223). Auch Athanasiuis Kircher stellt Flugdrachen vor, die Gottes Zorn aufrufen und, nachts beleuchtet aufsteigend, den Feind in Panik versetzen sollen (vgl. S. 228–230). Mit den ersten menschlichen Flugversuchen entstehen Spekulationen über deren künftige militärische Nutzbarkeit, wobei „euphorischen Versprechungen von Luft- und Weltraumreisen [...] düstere dystopische Szenarien" an die Seite gestellt werden, wie (etwa F. H. Flayder 1627) „die schönsten Städte [...] von dergleichen gottlosen Vögeln angezündet, ausgeplündert und in die Asche geleget werden" (S. 234). Auch die Luftschlacht wurde bereits imaginiert: „Mit erkennbarem Unbehagen deutet sich in den frühneuzeitlichen Luftkriegsszenarien die Denkbarwerdung einer mit technischen Mitteln zu leistenden Entgrenzung des gewaltsam verfügbaren und der Vernichtung preisgegebenen Raumes an, die zuvor allein Gott vorbehalten war" (S. 237).

Thomas Rahn („Numinose und künstliche Himmelsschriften in Früher Neuzeit und Moderne") zeigt ein Foto aus dem Jahr 1930 von der „IMI"-Wolkenprojektion der Firma Henkel. Sie warb für ihr Waschmittel, was angeblich von frommen Bauern als „Jesus, Maria, Josef" entziffert wurde. Damit ist Rahn mitten im Thema. Dem Sternenhimmel wurde Offenbarungscharakter zugeschrieben, so entwirft Friedrich Spee in seinem *Güldenen Tugend-Buch* aus den 1620er Jahren den Himmel als „Andachtsmaschine" (S. 246): „In die blendende Sonne gestellt oder als Inschrift der Sterne [...] wird der Name so unverfügbar wie das Bild Gottes: eine paradoxe Andachtstopik" (S. 247). Eine kabbalistische Sternenlektüre betrieb Jacques Gaffarel in den *Cu-*

riositez Inouyez (1629), er sah hebräische Schriftbilder am Himmel. Nach den Sternschriften beschäftigt sich Rahn mit beschrifteten Visionsbildern, vor allem Kaiser Konstantins Kreuzesvision und deren schriftlichen und bildlichen Darstellungen. Im Abschnitt zu den künstlichen Himmelsschriften unterscheidet er zwei „Imitationsvarianten" (S. 260), die eine dient als Schreckmuster der psychologischen Kriegsführung, die andere, das Feuerwerk, der Unterhaltung. Beide demonstrierieren Macht. So sollen z. B. zur Hochzeit Kaiser Leopolds I. mit Margarita von Spanien 1666 die Buchstaben A. E. I. O. U. („Austria Erit In Omne Ultimum") pyrotechnisch an den Himmel gemalt worden sein (S. 261). Im 20. Jahrhundert erscheint die Leuchtreklame als Himmelsschrift, ihre Ikonographie, das belegt Rahn anschaulich, nimmt immer wieder Bezug auf das Göttliche. Eine Wolkenprojektion wurde bereits auf der Chicagoer Weltausstellung 1893 vorgeführt, sie sei „implizit ein Anti-Wunder-Zeichen (und enthält zugleich die Behauptung, dass die Wunder nunmehr technisch hergestellt werden)" (S. 267).

Der erste Beitrag in der Abteilung „Transzendente Himmel" stammt von David Ganz („Öffnungen. Visionäre Himmelsbilder und die Deckenmalerei des Barock"). Er befasst sich mit frühneuzeitlichen Kirchen Italiens, speziell der spezifischen Medialität gemalter Himmelsdarstellungen, die Gewölbe als Blick in einen transzendenten Himmel inszenieren: „Allein schon durch ihre Omnipräsenz in den katholischen Kirchen der Zeit dürften diese Bilder die kollektive Himmels-Imagination […] nachhaltiger geprägt haben als jede andere christliche Himmelsvorstellung zuvor" (S. 284). Kirchen wurden so zum Ort besonderer Himmelsnähe und verarbeiteten auch die Friktionen zwischen wachsendem astronomisch-astrologischem Wissen und dem empyreischen Himmel der Theologie: „Was sich dem Auge des Kirchenbesuchers darbot, war die Fiktion eines vom (transzendenten) Himmel produzierten Bildes, das den empirischen Himmel überlagerte" (S. 293). Ganz führt für die „eigentümliche Medialität" dieser Himmelsbilder den Begriff „gemalte Vision" ein, die perspektivisch in Kontrast zur favorisierten Bildform des Tafelbildes tritt: Untersicht, All-Over der Bildkomposition, Schwebezustand ohne festen Untergrund (vgl. S. 311): „Die Rezeptionsform der Himmelsbilder war immer schon eine kinästhetische oder peripatetische" (S. 314).

Christian Hecht („Das Licht der sakralen Himmelsikonographie") widmet sich vier Darstellungen des „Glorienlichts, des ‚lumen gloriae', das zwar Licht heißt und als solches gezeigt werden kann, das aber nicht im eigentlichen Sinn Licht ist, sondern die von Gott geschenkte

Fähigkeit, Gott als übernatürlich wahrzunehmen, zu ‚sehen'" (S. 321). „Lumen gloriae" und „visio beatifica", die beseligende Schau Gottes, beschreiben die Vergöttlichung des Menschen bei der Aufnahme der Seele in den Himmel. Hecht weist auch nach, dass die Künstler über eine bestimmte Freiheit im Umgang mit diesem zentralen Punkt der katholischen Eschatologie verfügten.

Joseph Imorde („Attraktionen. Der Himmel des Guiseppe de Copertino") behandelt das Problem der *Theologia Symbolica*, „den Gläubigen einen gangbaren Weg zum Jenseits zu weisen und das anhand von Spuren, Vorstellungen und Abbildern" (S. 334). Den Heiligen sei bei dieser Vermittlungsarbeit als Vorbildern eine entscheidende Rolle zugekommen. Imorde führt zahlreiche Augenzeugenberichte an, die Copertinos Verzückungen, Entraffungen (*estasi* und *ratti*, vgl. S. 343) und Flüge bezeugen: „Guiseppe Copertino war [...] der Gipfelpunkt des Antirationalismus. Bezeichnend der Umstand, dass er als ‚Aethrobat' gegen die Aufklärung in Stellung gebracht wurde, indem er zuerst von Benedikt XIV. (Lambertini) 1753 selig und dann von Clemens XIII. (Rezzonico) 1767 heiliggesprochen wurde" (S. 357).

Günter Butzer („Injizierte Himmel: Die künstlichen Paradiese der Meditation – Dante, Baudelaire, Milton") stellt die These auf, „dass die meditativen und pharmakologischen Selbsttechniken die physiologischen Grundlagen des Paradieses freilegen und eine zukunftsfähige Variante des transzendenten Himmels jenseits religiöser Topographien anbieten" (S. 363). Anhand seiner literarischen Quellen und ihrer künstlichen Paradiese des meditativen wie des Drogenrausches belegt er die Überlegenheit des injizierten gegenüber dem projizierten Himmel, der unabhängig von Astronomie und Theologie auch dann noch erfahren werden könne, „wenn der Himmel im Verlauf der Neuzeit längst entzaubert ist" (S. 385).

Der Band stellt insgesamt einen herausragenden Beitrag zur Erforschung der Frühen Neuzeit sowie zu ihrer Vor- und Nachgeschichte dar. Diese projizierten Himmel sind nicht vergangen, lernt der Leser, wir leben mit und unter ihnen.

Ortwin Lämke (Münster)

Medienphantasie und Medienreflexion in der Frühen Neuzeit. Fest-
schrift für Jörg Jochen Berns. Hrsg. von Thomas Rahn und Hole
Rößler. Wiesbaden: Harrassowitz 2018 (Wolfenbütteler Forschungen 157). 419 S., 72 Abb.

Man mag es kaum glauben, aber dieser sehr schön ausgestattete Band
stellt tatsächlich die Festschrift zum 80. Geburtstag von Jörg Jochen
Berns 2017 dar und ist dem immer noch rege publizierenden „Barockgermanisten", „Germanistikhistoriker", „Zeitungshistoriker", „Zeremoniellforscher", „Mythographiehistoriker", „Mnemonikforscher", „Bildwissenschaftler", „Kinoarchäologen" und „Technikimagologen" gewidmet („Vorwort" von Thomas Rahn und Hole Rößler). Wenn Berns sich
selbst als „bunten Hund der Germanistik" bezeichnet hat (ebd.), so trifft
dies nur für einen Teil seines bisherigen Lebenswerkes zu. Grimmelshausen-Kundigen ist klar, welche Bedeutung seinen grundlegenden und
nie übertroffenen Beiträgen zum Zusammenhang des simplicianischen
Zehn-Bücher-Zyklus zukommt oder seinen Erkenntnissen über die
technischen Instrumente, derer Simplicissimus und andere Figuren sich
bei Grimmelshausen bedienen.

Aber J. J. Berns hat sich stets auch jenseits der Fachgrenzen, ja
jenseits der fachdisziplinären Grenzen bewegt, die die Universität des
19. Jahrhunderts vorgibt. Hierin liegt der Schlüssel zu einer historisch-philologischen Tätigkeit, die in ihrer Unabhängigkeit, ihren Bibliotheks- und Archivdurchgängen, Materialsammlungen und innovativen
Ideen selten begegnet. Er ist aber nicht nur ein unabhängiger Kopf, er
war auch stets ein ausgezeichneter Lehrer. Es sind nun Kolleginnen und
Kollegen, viele seine ehemaligen Studierenden, aus Deutschland, den
Niederlanden, der Schweiz, England und Frankreich, tätig an Hochschulen, wissenschaftlichen Einrichtungen wie der Herzog August Bibliothek, Germanisten, Romanisten, Kulturhistoriker, Buch-, Medien-
und Theaterwissenschaftler, die sich versammelt haben, um Berns zu
würdigen. Sie tun dies, indem sie immer wieder an seine grundlegenden
Arbeiten anknüpfen und sich wie der Meister selbst in die Archive begeben.

„Lust, Last und List" nennen Thomas Rahn und Hole Rößler ihre
Einführung in diese „Frühneuzeitliche Mediengeschichte nach Berns".
„McLuhan offeriert *falsche* Medientheologie (bzw. Medienreligion),
Berns dagegen zielt, auf der Grundlage einer angemessenen Historisierung, auf eine genaue Bestimmung ausgewählter Medien im imagologischen Rahmen des Heiligen bzw. Dämonischen ab" (S. 12): „Unsere

technischen Dinge und mehr noch unser Denken über sie hat eine Herkunft, die weit hinter die Moderne zurückreicht. In immer neuen und überraschenden neuen Anläufen hat Berns daran erinnert, dass das christliche Weltbild auch für eine Technik- und Mediengeschichte von größter Relevanz ist, insofern es den Rahmen dafür bildete, was überhaupt denkbar und als machbar und legitim zu denken war" (S. 14–15). Berns' Studien „nähren den Verdacht, dass wir in Hinblick auf die Mittel der Kommunikation und die Erwartungen, die sich mit ihnen verbinden, womöglich [...] nie modern gewesen sind, sondern nur vergesslich (oder ignorant) gegenüber unserer ferneren Herkunft" (S. 16). So beschreibt etwa Christian Weise im 17. Jahrhundert eine Medienkompetenz am Beispiel des Umgangs mit falschen, übertriebenen, widersprüchlichen Zeitungsmeldungen, die auch heute noch auf den Umgang mit dem World Wide Web zutrifft. Die Herausgeber unterscheiden in Anschluss an Berns „Frömmigkeits-Medien", „Medien der Theologie" und eine „Theologie der Medien", letztere als übergreifende bisher ein Desiderat (S. 15). Ein Medium der Theologie war der Buchdruck, der nach Luthers Deutung die Sache des Evangeliums vorantreiben sollte, eine der „zeittypischen Formeln der Erklärung und Legitimation von technischer Innovation" (S. 23).

Es kann an dieser Stelle nicht ausführlich auf die 17 weiteren Beiträge eingegangen werden, ich möchte sie der Lektüre anempfehlen, hier nennen und in gebotener Kürze vorstellen: Anita Traninger („Echo und Kopie") schlägt eine neue Lesart des Doppelmythos von Narziss und Echo aus Ovids *Metamorphosen* vor. Anhand des schillernden Begriffs der *copia*, in der Frühen Neuzeit auch positiv mit Fülle verbunden, nicht nur mit Abklatsch oder Abschreiben, behandelt sie das Medialitätsproblem der Vervielfältigung im Medium der Mündlichkeit.

Jan Lazardzig nimmt sich in einer „Apologie des Spektakels" die maschinentheoretischen Erörterungen bei Michel de Pure (1668) und Claude-François Ménestrier (1669) vor. Ihm geht es u. a. um die Begriffsgeschichte des Spektakels, das im romanischen Sprachraum oft ein Synonym für das Theater(-stück) ist, zugleich aber diesem seit Antike und Renaissance übergeordnet. Im 17. Jahrhundert professionalisieren und akademisieren sich die Aufführungskünste vom Theater über Bälle, Triumphzüge bis zum modernen Feuerwerk, Militärparaden und den Aufzügen königlicher Hoheiten. Im Deutschen tritt häufig der Begriff des Festes an die Stelle des Spektakels. Lazardzig zeigt die notwendige „Relativierung und Kontextualisierung des Schauspiels [...] im Verhältnis zu anderen (nicht-mimetischen) Formen öffentlicher

Spektakel" und die nötige Berücksichtigung seiner „Material- und Objektkultur" sowie damit einhergehend der „Ebenbürtigkeit nichtmenschlicher Akteure und Agenten des Spektakels (wie Maschinen oder auch Tiere)" (S. 77). Die Besonderheit des Spektakelbegriffs liegt für Lazardzig darin, „dass er selbst auf eine Geschichte der Theoretisierung und Historisierung zurückgreifen kann, die bis in die Antike reicht. Dadurch entsteht eine besondere Reflexivität, die die politischen, sozialen und epistemologischen Bedingungen von Theatergeschichte […] mitzudenken in der Lage ist" (ebd.).

Hole Rößler („Das nicht mehr schöne Bildnis. Druckgrafische Portraits als Medien der Diffamierung in der Frühen Neuzeit") befasst sich mit zensierten und zensierenden Bildnissen etwa des Erasmus von Rotterdam, Sebastian Münsters, Martin Luthers und Heinrich Pantaleons und arbeitet drei Bildtaktiken heraus, die „vollständige Tilgung", die „visuelle Verstümmelung" und die „karikierende Überzeichnung", sämtlich im Beitrag durch Abbildungen anschaulich belegt. Es handle sich bei diesen Beispielen katholischer Buchsäuberung um das „Zeugnis […] einer kalkulierten Bildpraxis" (S. 95–96).

Volker Bauer („Ahnen, Wurzeln, Quellen. Ursprungsbilder der frühzeitlichen Genealogie") widmet sich einer die Wissensordnung prägenden und strukturierenden „*Superimago* im Sinne von Jörg Jochen Berns" (S. 119), dem genealogischen Baum. Dieser vermochte unterschiedliche Formen anzunehmen und konnte z. B. einen „Spitzenahn" zeigen, der die Wurzel bildete oder verdeckte. Auf anderen Darstellungen erwächst der Spitzenahn aus Wurzeln unterschiedlicher Geschlechtslinien, die den territorialherrschaftlichen Ursprung des Stammbaums visualisieren. Manchmal entsprießen sie daher über die Verehelichung direkt aus Stadtbildern und unterschiedlichen Herrschaftsgebieten. Auch kann der genealogische Baum zum Wunderbaum werden und das zentrale Problem der Abbildung seines Ursprungs lösen.

Jill Bepler („Lichtspiel im Trauerhaus. Der melancholische Fürst schlägt bei Athanasius Kircher nach") beschäftigt sich u. a. mit einer Inszenierung von Film vor dem Film, der Aufbahrung eines im Säuglingsalter verstorbenen Sohnes Herzog Ferdinand Albrechts von Braunschweig-Lüneburg 1673 auf Schloss Bevern. In dem verdunkelten, nur von Kerzenlicht erhellten Raum hing über dem Leichnam eine große Spiegelkugel aus der Wunderkammer des Hauses: „Die Tatsache, dass der tote Säugling im Spiegel reflektiert wurde, versetzte ihn bzw. […] seine Seele gleichsam in den Himmel" (S. 151) und offenbart die „Gemengelage von religiösen-naturkundlich/technischen Wissensbeständen" der Zeit (S. 155).

Wilhelm Kühlmann („Die Schlacht bei Wimpfen 1622 und der Reitertod des Herzogs Magnus von Württemberg") beschäftigt sich an diesem Beispiel mit „Wegen und Formen der Medienresonanz" im 17. Jahrhundert. Helen Watanabe-O'Kelly („Die Fürstin, ihre Briefe und die Ritualisierung der Gefühle") schließt an Berns' Zeremoniellforschung an und untersucht am Exempel weiblicher Briefschreiberinnen – Maria Amalia, Prinzessin von Sachsen, Liselotte von der Pfalz und Elisabetta Farnese, der zweiten Ehefrau Philipps V. von Spanien – drei Briefkategorien: formelle, persönliche und chiffrierte, die die Rolle der Fürstin in der „emotionalen Ökonomie des Hofes" belegen.

Einen Beitrag, der vermutlich Anlass zu wissenschaftlichen Debatten, insbesondere in Frankreich, geben wird, liefert Pierre Béhar („Les mystères d'Apollon et les fontaines de Versailles"). Er formuliert eine neue These zur Ost-West-Achse in den Gärten von Versailles, insbesondere zur umstrittenen Ausrichtung des Apollo-Brunnens. 1686 wurde die Statue von Apollons Mutter, Latona, am anderen Ende der Achse um 180 Grad gedreht und nach Westen ausgerichtet: „C'est là que réside le plus grand mystère des jardins de Versailles: […] le Soleil se lève au Couchant et prend son élan vers le Levant" (S. 207). Die in der kunsthistorischen Debatte vorgebrachten Argumente für die Disposition der Götterfiguren überzeugen Béhar nicht. Es werde behauptet, dass der König über die absolute Macht verfüge, also auch den Lauf der Sonne zu ändern vermöge, dass Apollon aus Pietät seiner Mutter gegenüberstehen oder sich dem Monarchen zu Ehren zum Palast orientieren müsse. Dies seien keine hinreichend überzeugenden Gründe, der Natur Gewalt anzutun und die kosmischen Gesetze aufzuheben. Béhar stützt sich auf das trotz Kepler vorherrschende geozentrische Weltbild und bezieht den platonischen Mythos von der Umkehr des Sonnenlaufs in seine Argumentation ein, die Wiederkehr des goldenen Zeitalters, das mit den biblischen Vorhersagen der Wiederauferstehung nach der Apokalypse korrespondiert: „Das un monde spirituel nourri d'Ecriture sainte, le symbole est manifeste: le parc organisé autour du Grand Canal est une figuration du Paradis" (S. 216).

Markus Bauer („Himmelszeichen. Zur kurzen Medienblüte der Semaphore") schreibt über die zwischen 1794 und den 1840er Jahren betriebenen optischen Telegrafen „als avancierte Technik zur Übermittlung von Textnachrichten", die militärischen und kommerziellen Zwecken dienten (S. 227) und zu ihrer Metaphorisierung: „sehr verallgemeinert: in Frankreich mit einer leichten Inklination hin zum Absurd-Unheimlichen, in Deutschland mit einer Betonung des dem natürlichen Sprechen Entfremdeten" (S. 239).

Wolfgang Brückle widmet sich „Protofotografischen Reproduktionsphantasmagorien" und meint damit „geschichtliche Erscheinungen, die an den Diskurs der Fotografie zu denken erlauben, ohne dass sie notwendigerweise unmittelbar mit ihr in Verbindung stünden oder sie gar hervorzubringen geholfen hätten" (S. 243–244). Er verweist auf die Frömmigkeitsausübung durch Betrachtung von Reliquien oder deren bildliche Wiedergabe, die Heiltumsweisungen. Ein Holzschnitt von 1487 etwa belegt den Spiegelgebrauch dabei, um den Gegenstand aus einer Menschenmenge heraus sehen zu können. Das heilige Licht bewahrt auch durch den Spiegel seine Eigenschaften, es handelt sich also um eine Technik, ein getreues, aber flüchtiges Abbild zu erhalten, das seine Eigenschaften dennoch behält. Der Beitrag beschäftig sich u. a. auch mit dem niederländischen Maler Johannes van der Beeck (erste Hälfte des 17. Jahrhunderts) und vermutet, dessen vollkommen naturalistische Wiedergabe von Stillleben sei mit Hilfe der Camera obscura als „Bestandteil eines bildgebenden Verfahrens" (S. 249) gelungen.

Thomas Rahn trägt zum Thema „Der zersprengte Pulverturm. Zur Medientopik der Explosion in der Frühen Neuzeit" 16 historische Abbildungen von explodierenden Gebäuden aus der Zeit zwischen 1534 und 1857 zusammen sowie zwei „Nachkatastrophenbilder", so dass ihre Verwandtschaft mit Roy Lichtensteins „Explosion" (1967) deutlich wird. Interessant sind auch die Unterschiede: Die „differenzierte Darstellung eines *besonderen* Ereignisses konkurriert mit der topisch reduktionistischen Ausstellung einer affekterregenden Ereigniskategorie" (S. 273). Die Sichtbarmachung der Explosion liefert dabei stets nur eine „Fiktion, ein topisches Substitut" (S. 273).

Joseph Imorde („Phantasiearbeit. Rom bei Nacht") belegt anhand von Beispielen, dass Reisende den römischen Alltag mieden, so gut sie konnten, um sich „im Schutze der Dunkelheit der touristischen Phantasiearbeit hinzugeben und so die verbürgte Geschichte ganz eigensinnig für sich zu verlebendigen" (S. 304). Die Liste der Reisenden reicht von Johann J. Winckelmann, Jacob Buckard und Ernst Curtius über Adolf Stahr bis zu Cosima Wagner und umfasst auch englische und französische Touristen. Fast durchweg wird die zeitgenössische römische Bevölkerung gegenüber ihren antiken Vorgängern abgewertet.

Helga Meise stellt den handgeschriebenen und -gemalten „Almanach domestique" Caroline von Keyserlings für das Jahr 1782 vor und

kann nachweisen, dass und wie er sich „in literarische und philosophi-
sche Kontexte der Aufklärung" einschreibt, „aber nur für sich selbst
und das eigene soziale und kommunikative Umfeld" (S. 344). Johannes
Tripps („Silent Assistants. The *Wolfram* Candelabra in the Erfurt
Cathedral in the Context of the 12th and 13th Centuries") klärt darüber
auf, dass die These, der Wolfram-Kandelaber stehe isoliert in der
Kunstgeschichte, nicht zu halten sei. Er gehöre, im Gegenteil, zu einer
Folge stellvertretender Bildnisse (Pultträger, Handwaschbeckenträger,
Kerzenträger), die von der Antike bis ins Mittelalter reicht.

Christian Hecht widmet sich der von Berns ausführlich behandel-
ten Hostienmühle, deren „Begriff und Bild" er vor allem am Beispiel
der Hostienmühle aus der sog. Mettener Armenbibel (1414/1415) von
der Hand eines unbekannten Zeichners untersucht. Er klärt die nicht
sehr logische Bildaussage („Auf dem Altar wird nicht das Korn zu
Brot, sondern das Brot wird zum Leib Christi – die *Hostienmühle*
scheint eher eine umgekehrte Bewegung zu verbildlichen", S. 373)
etymologisch auf über die *immolatio,* in der *mola,* die Mühle, steckt.
Immolatio, so der Nachweis, wird in zahlreichen klassischen liturgi-
schen Texten verwendet. Damit bezieht sich der erste Teil der Bildaussage auf die Fleischwerdung des Wortes, der zweite auf das eucharisti-
sche Opfer, nicht auf Inkarnation oder Transsubstitution (vgl. S. 375).

Günther Butzer („Blood, Ink and Tears. Entwurf einer physiologischen Poetik") nimmt sich historische Modelle poetischer Produktion in
der „interdiskursiven Verknüpfung" (Jürgen Link) von Medizin und
Poetik vor, erstellt eine Physiologie des Schreibvorgangs und formuliert
die These, diese Modelle seien erstaunlich konsistent und stünden der
offiziellen Poetik in nichts nach, ja überträfen sie. Dies belegt er mit
dem „gastroenteralen" (Dichtung als Verdauen und Ausscheiden),
„hämatologischen" (mit verdautem fremden oder eigenem Herzblut
schreiben) und „lacrimalen" Dichtungsmodell (Weinen als sozial-kom-
munikativer Affekt). Schließlich kommt Butzer zum „prokreativen"
Dichtungsmodell (Physiologie der Selbst-Zeugung von Literatur, das
männliche Genie). So zeigt er, dass es die „Physiologie des dichterischen Produktionsprozesses" ist, „die die diskursive Kontinuität der
frühneuzeitlichen mit der modernen Poetik herstellt und damit die ge-
bräuchliche Rede vom ‚Ende der Regelpoetik' erst verstehbar bzw.
entbehrlich macht" (S. 400).

                                                    Ortwin Lämke (Münster)

Matthias Emil Ilg: *Constantia et Fortitudo. Der Kult des kapuzinischen Blutzeugen Fidelis von Sigmaringen zwischen „Pietas Austriaca" und „Ecclesia Triumphans". Die Verehrungsgeschichte des Protomärtyrers der Gegenreformation des Kapuzinerordens und der „Congregatio de propaganda fide" 1622–1729.* 2 Bde. Münster: Aschendorff 2016. 1485 S.

Die von Anton Schindling betreute Tübinger historische Dissertation – zwei stattliche Bände mit durchgezählten 1485 Seiten – ist aus dem Sonderforschungsbereich 437 der DFG „Kriegserfahrungen, Krieg und Gesellschaft in der Neuzeit" an der Universität Tübingen hervorgegangen. Sie behandelt die Lebens- und Kultgeschichte des Juristen und Theologen Marcus Roy (1578–1622), der 1612 in den Kapuzinerorden eintrat und den Namen Fidelis von Sigmaringen (wie ordensüblich nach seinem Geburtsort) annahm. Seit 1621 Guardian des vorarlbergischen Kapuzinerklosters Feldkirch, wurde er von den Ordensoberen mit der Leitung der Rekatholisierung der reformierten Bevölkerung des Prättigaus im nördlichen Graubünden beauftragt, d. h. im Bereich der militärisch-politisch wichtigen und hart umkämpften Alpenpässe der sog. „spanischen Straße" zwischen Mailand und Brüssel. Als er am 24. April 1622 unter dem Schutz österreichischer Besatzungstruppen in Seewis den Dorfbewohnern gepredigt hatte, wurde er mitsamt den begleitenden Soldaten von aufständischen reformierten Bauernsöhnen erschlagen.

Der Märtyrerkult, der sich alsbald um den erschlagenen „Praefectus Missionis in Rhetia" in Feldkirch, Sigmaringen, den Bischofsstädten Konstanz und Chur, in den Kapuzinerklöstern Vorderösterreichs, der katholischen Schweiz und Norditaliens während des Dreißigjährigen Krieges und der folgenden Jahrzehnte entwickelte, aber von der römischen Kurie mit Misstrauen beobachtet und zur Enttäuschung der Gläubigen eingedämmt wurde, ist Gegenstand des ersten Bandes. Der zweite Band ist den von der römischen Ritenkommission gegen eine Seligsprechung des Märtyrers geltend gemachten Hinderungsgründen und den unablässigen Bemühungen der Kapuziner, diese mit Hilfe mächtiger Fürsprecher zu entkräften, gewidmet. Mit der Seligsprechung des Fidelis von Sigmaringen durch Papst Benedikt XIII. am 24. März 1729 beschließt Ilg seine Untersuchung, nicht ohne eine Fortsetzung bis zur Heiligsprechung des Märtyrers im Jahr 1746 anzukündigen.

Der Verfassser hat das interdisziplinär angelegte Forschungsprojekt in 16 Kapitel, die wiederum vielfach unterteilt sind, gegliedert. Sie folgen zwar grob dem historischen Verlauf, sind aber in ihrer Systematik für den Leser schwer zu überblicken, da biographische, ordensgeschichtliche, ortsgeschichtliche, frömmigkeitsgeschichtliche, machtpolitisch-konfessionsgeschichtliche, kunstgeschichtliche und literarisch-mediale Zugangsweisen sowie kultspezifische und kirchenamtliche Sachinformationen zu berücksichtigen waren. Das führt gelegentlich zu Wiederholungen, die ebenso wie allzu blumige Überschriften, ein eigentümlicher Stopfstil, Übergenauigkeit im Detail und nicht immer gewahrte wissenschaftliche Distanz zur Verehrung des Märtyrerheiligen, die Geduld des Lesers auf die Probe stellen. Die übergeordnete Einteilung in A. Einleitung (Kap. I–III), B. Kultphase I (Kap. IV–IX), C. Kultphase II (Kap. XII–XVI, im zweiten Band) macht bei durchlaufender Kapitelzählung das ganze Werk kaum übersichtlicher.

Im Einleitungsteil erläutert der Verfasser zunächst (Kap. I) den Stand der Forschung, der hauptsächlich von kapuzinischen Autoren getragen wurde; sie haben für ihn bis in die Gegenwart wertvolle Grundlagenarbeit geleistet. Er geht methodisch einen Schritt weiter, indem er die für die Kultentwicklung wichtigen Netzwerke auf lokaler, Landes- und Reichsebene sowie die römischen Netzwerke der Kultverhinderer untersucht und dazu entsprechende Quellen systematisch auswertet: die bischöflichen und römischen Prozessakten, die Akten des Archivs des Kapuzinerklosters Feldkirch, des Archivs der Nordtiroler Kapuzinerprovinz Innsbruck, des Provinzarchivs der Schweizer Kapuziner in Luzern, des Vorarlberger Landesarchivs Bregenz, des Pfarrarchivs und des Staatsarchivs Sigmaringen, Kirchenbücher von Feldkirch, Bregenz, Bludenz, Schruns und Sigmaringen und zahlreiche gedruckte Quellen, dazu die bisher bekannten und die von ihm neu entdeckten Bildmedien und Vitendrucke des 17. Jahrhunderts, alles unter Berücksichtigung der nachtridentinischen Konfessionalisierung und Wiederaufnahme älterer, noch wirksamer Märtyrertopik.

Kap. II macht mit der Herkunft und dem Bildungsgang des Marcus Roy bekannt: seine familiären Verhältnisse in Sigmaringen, Schulbildung vermutlich bei den Jesuiten in Dillingen, Jurastudium in Freiburg i. Br., Freunde und Bekannte aus der Studienzeit, Bildungsreise als Hofmeister durch Frankreich, die spanischen Niederlande und Italien, nach der Rückkehr Promotion zum Doctor utriusque juris an der Freiburger Universität, enttäuschende Beamtentätigkeit in der Regierung in Ensisheim, 1612 Eintritt in den Kapuzinerorden und Noviziat in Freiburg, ab 1613 Theologiestudium in den Kapuzinerklöstern Konstanz und Frauenfeld, 1617 Einsatz als Prediger und Guardian in Rheinfelden, Feldkirch und Freiburg i. Ü., 1621 Rückberufung nach Feldkirch, inzwischen mit Verbindungen zu zahlreichen gebildeten Mitbrüdern und weltlichen Standespersonen, eigene schriftstellerische Tätigkeit in Feldkirch, als deren Hintergrund der Verfasser die dortige umfangreiche Missionsbibliothek eingehend beschreibt.

Kap. III führt in die Geschichte der rätischen Mission ein: Berufung des Fidelis zum „Praefectus Missionis in Rhetia" im Auftrag der 1622 gegründeten römischen „Congregatio de propaganda fide", Ausarbeitung und Verkündigung des verhängnisvollen landesherrlichen Religionsmandats zur Durchsetzung der katholischen Konfession auf reformiertem rätischen Gebiet, das den Praefectus Missionis das Leben kostete und aus ihm den erwünschten Märtyrer für den „wahren" Glauben machte.

Die nun folgende Darstellung der ersten Kultphase datiert der Verfassser auf die Jahre 1622–1672. Schon der Nachfolger des Fidelis in der Leitung der rätischen Mission, der Kapuziner Alexius von Kirrweiler, hat den Tod des Fidelis sogleich öffentlich als Martyrium in der Nachfolge Christi gedeutet und damit die Bereitschaft der vom Prättigauer Aufstand direkt betroffenen katholischen Soldaten und Beamten nach Verehrung des Fidelis von Sigmaringen, der ihr Seelsorger gewesen war, bestärkt. Der Verfasser kann ferner zeigen, wie sich 1622 alsbald Netzwerke der Verehrung des Märtyrers im Kapuzinerkloster und in der städtischen Oberschicht in Feldkirch, aber auch im Geburtsort Sigmaringen, in den Bischofsstädten Konstanz und Chur mit Unterstützung der Fürstbischöfe sowie im nahen Benediktinerkloster Mehrerau unter Abt Placidus Vigell herausbildeten. Abt Placidus, ein persönlicher Freund des Fidelis, verfasste, wie der Verfasser nachweisen kann, die erste Vita des Märtyrers, die 1623 in Molsheim (Elsass) als lateinische Flugschrift im Druck erschien und gleichzeitig in Konstanz als Flugblatt in deutscher Sprache, beide versehen mit einer Abbildung des Fidelis als Märtyrer mit seinen bleibenden Attributen, der Prättigauer Stachelkeule und dem Bihänderschlachtschwert. Bereits nach Niederschlagung des Prättigauer Aufstands durch österreichisches Militär unter Graf von Sulz (auch er ein früher Verehrers des Märtyrers) wurde der Leichnam des Fidelis, der zunächst neben der Kirche von Seewis bestattet worden war, exhumiert und in die Kathedrale von Chur verbracht. Dort verblieb der Leib des Fidelis, während sich die Feldkircher Kapuziner neben anderen Reliquien seinen Kopf sicherten und der Konstanzer Bischof das linke Bein erhielt. Alle drei Städte wurden zu Kultorten, die durch Wunderheilungen Aufsehen erregten und die Fide-

lis-Verehrung befeuerten. Der Dreißigjährige Krieg, der in seiner ersten
Phase auch als Konfessionskrieg geführt wurde, habe durch das vom
Kapuzinerorden propagierte Ideal des für seinen Glauben kämpfenden
und sterbenden Märtyrer-Heros die Ausbreitung des Fidelis-Kultes
begünstigt, wie der Verfasser hervorhebt. Die ständige Bedrohung
durch Kriegsereignisse auch in der Folgezeit habe die katholische Bevölkerung Vorderösterreichs, der katholischen Schweiz und auf mai-
ländischem Gebiet Zuflucht beim ‚heiligen' Märtyrer Fidelis suchen
lassen, wobei Wunderzeichen nicht ausgeblieben seien.

Bereits 1624 sah sich die römische Ritenkongregation genötigt, In-
formationsprozesse zu Leben, Todesumständen, Verehrung und Mirakeln des Fidelis von Sigmaringen einzuleiten. Dies geschah 1626 zunächst in Mailand, wo überwiegend Soldaten aus dem Regiment des
Grafen von Sulz über ihr Wissen vom Tod des Fidelis verhört wurden,
insgesamt 18 Zeugen. Es folgten der Konstanzer Informationsprozess
mit Verhören von 53 Zeugen aus Konstanz, Bregenz, Radolfzell, Freiburg i. Br., Ulm, Reichenau, Sigmaringen, Meßkirch, Salzburg, darunter 16 Kapuziner, und der Informationsprozess in Chur mit 87 Zeugen,
der sich bis 1628 hinzog. Der Verfasser hat anhand der Verhörproto-
kolle alle Zeugen aufgelistet und nach Stand, Herkunft, Vernetzung und
Teilhabe an den Fidelis zugeschriebenen Mirakeln, meist Wunderheilungen, gründlich ausgewertet. Alle diese Vorarbeiten zu einem römischen Seligsprechungsverfahren scheiterten jedoch an den Dekreten
Papst Urbans VIII. von 1625 und 1634, nach denen Verfahren zu öffentlicher Heiligenverehrung erst nach einer Frist von 50 Jahren nach
dem Tod des Kandidaten eröffnet werden durften. Auch musste diesem
ein „Processus de non culto" vorgeschaltet werden, d. h. eine Prüfung
über etwaige missbräuchliche öffentliche Kultakte. Die römische Ritenkongregation befasste sich 1629, da der Processus de non cultu negativ ausfiel, nicht weiter mit der Causa Fidelis, zumal, wie der Verfasser vermutet, die Kurie zeitgenössische konfessionspolitische Märtyrer
skeptisch beurteilte und Papst Urban VIII. statt solcher 1629 zwei mittelalterliche Friedensstifter heilig sprach. Auch der Tod des Papstes
1644 brachte unter Papst Innozenz X. trotz der Bitte Kaiser Ferdinands
III. keinen Erfolg, zumal der vom Bischof von Chur durchgeführte
„Processus Curiensis de annis 1644 et 1645 super miraculis" und das
daraus resultierende Feldkircher „Wunderverzeichnis" ohne päpstliche
Erlaubnis zustande gekommen war. Erst nach Ablauf der 50-Jahre-Frist
1672 konnten die Kapuziner, bestärkt durch die umfassende Fidelis-
Biographie ihres Mitbruders Lucianus Montifontanus (Konstanz 1674),

das Seligsprechungsverfahren wieder aufnehmen. Der Verfasser hat den gelehrten und organisatorisch begabten Lucianus, der zum Postulator im römischen Fidelis-Verfahren aufstieg, in mehreren Passagen des zweiten Bandes ausführlich gewürdigt.

Aber auch die von Lucianus mit Bittschriften des Kaiserpaares, der geistlichen Kurfürsten, deutscher Fürstbischöfe, des reichischen Hochadels und der „Fidelis"-Städte 1686 zustande gebrachte Wiederaufnahme des römischen Verfahrens scheiterte wieder bei der vorgeschalteten Prüfung „De non cultu". Denn sowohl die Feldkircher Kapuziner mit der Schädelreliquie als auch der Konstanzer Fürstbischof mit der Beinreliquie und der Churer Fürstbischof mit den übrigen Knochenreliquien des Märtyrers hatten von Anfang an regen öffentlichen Gebrauch von den Reliquien zum Zwecke von Wunderheilungen gemacht, diese sogar auf Votivtafeln festgehalten und den Kult auch durch Andachtsbilder im Kirchenraum öffentlich gefördert, vor allem die Kapuziner in Feldkirch, die die Schädelreliquie in einer Art Tabernakel über dem Altar ihrer Kirche verwahrten und Gläubigen, die darum baten, diesen als Heilmittel bei Krankheiten „aufsetzten". Die Ritenkommission wertete die Verehrungspraktiken in Konstanz, Chur und Feldkirch als Verstoß gegen die Dekrete Papst Urbans VIII. Die Feldkircher Kapuziner mussten in der Folge ihre Schädelreliquie an geheim zu haltender Stelle einmauern und wie Konstanz und Chur den angemaßten Heiligenkult einstellen.

Der 1690 bewilligte nächste Schritt im römischen Verfahren, „De validitate" (Prüfung von Leben, Tugenden, Verdiensten als Missionar, der Mirakel nach dem Tode) wies ebenfalls Mängel auf: Es habe keine Augenzeugen des Martyriums gegeben, auch konnte kein Belegexemplar der kontroverstheologischen Schriften des Fidelis beigebracht werden. Die 1695 eröffneten „Praeparatoria" scheiterten ebenso: Die Konsultoren hatten bemängelt, dass Fidelis in seiner Missionsarbeit wegen der Nähe zu den Unterdrückungsmethoden des österreichischen Militärs ein politischer Märtyrer sei, aber kein Glaubensheld. Alle diese und die noch folgenden Phasen des Seligsprechungsprozesses, der immer wieder durch nachzubessernde Fehler und den Tod des jeweils zuständigen Papstes aufgehalten, aber von deutschen, schweizerischen und italienischen Kapuzinern in unermüdlichem Einsatz durchgefochten wurde, endete schließlich mit der Seligsprechung des Märtyrers Fidelis von Sigmaringen durch Papst Benedikt XIII. am 24. März 1729 in der römischen Lateranbasilika, übrigens zugleich mit der Heiligsprechung des von den Jesuiten verehrten Johannes Nepomuk.

Nach Papst Urban VIII. hatten sich somit zehn weitere Päpste mit der Causa Fidelis befassen müssen. Wie der Verfasser zu Recht betont, erklärt dieser Umstand nur zum Teil die lange Dauer dieses Prozesses. Sehr viel stärker habe die päpstliche Politik den Prozess beeinflusst. So lange die Päpste im Einvernehmen mit der Schutzmacht Frankreich standen, hätten die Kapuziner noch so viele Fürsprecher aus dem habsburgisch regierten Deutschen Reich, das den Kirchenstaat bedrohte, aufbieten können. Erst nachdem unter Kaiser Joseph I. die französische Vormachtstellung in Italien beseitigt war und Österreich durch die militärischen Erfolge im Türkenkrieg unter Kaiser Karl VI. zur europäischen Großmacht aufstieg, sei in Rom auch Bewegung in die Causa des „deutschen" Fidelis von Sigmaringen gekommen, dem 1729 nun endlich die Ehre der Altäre zuteil geworden sei. Der Verfasser hat auch diese politischen Vorgänge minutiös nachgezeichnet.

Für diskussionswürdig hält der Rezensent allerdings die Einordnung des Fidelis-Kultes in die „Pietas Austriaca", auf die der Verfasser schon im Untertitel seiner Schrift aufmerksam macht. Abgesehen davon, dass er eine genauere Definition schuldig bleibt, trifft der Begriff „Pietas Austriaca" im engeren Sinne erst für den Zeitpunkt der Seligsprechung des Fidelis unter Kaiser Karl VI., seiner Gemahlin und seiner Töchter zu, die auch den reichsweiten Kult des Johann Nepomuk durchgesetzt haben, nicht aber für den langen Zeitraum seit 1622, d. h. für die Zeit des Dreißigjährigen Krieges und des Pfälzischen und des Spanischen Erbfolgekrieges. In den Bistümern Konstanz und Chur, in den katholischen Orten der Schweiz und im Bistum Mailand – überall dort, wo der Kapuzinerorden hatte Klöster gründen können – hatte sich seit 1622 auch der Kult um den Märtyrer Fidelis von Sigmaringen entwickeln können. Der religiös-politische Österreichbezug, den der Kult unter Kaiser Karl VI. annahm, konnte dann den verblassenden gegenreformatorischen Impetus ersetzen, den der Kult während des 17. Jahrhunderts hatte. Missverständlich ist in diesem Zusammenhang auch der Begriff der „Ecclesia triumphans" im Untertitel.

Mit der Seligsprechung des Fidelis von Sigmaringen bricht der Verfasser seine Untersuchungen ab. Auf die weitere Entwicklung des Fidelis-Kultes in Europa und Übersee bis zur Heiligsprechung 1746 durch Papst Benedikt XIV. und was dann vom gegenreformatorisch motivierten Kult im Durchgang durch die katholische Aufklärung noch übrig blieb, muss der Leser „vorerst", wie der Verfasser andeutet, noch warten. Die vorliegende Untersuchung ist aber ohnedies durch die gründliche Quellenauswertung und eine methodisch kluge und stilistisch im Verlauf immer freiere Darstellung, die alle wichtigen Aspekte der Kultentwicklung bedacht hat und zusammenführt, ein besonders wertvoller Beitrag zur frühneuzeitlichen Frömmigkeitsgeschichte katholischen Anteils.

Der umfangreiche Anhang (Kap. XVII–XX) bietet in akribischer Auswertung der Quellen die Zeugnisse zur Verehrung des Hl. Fidelis von Sigmaringen: Ein Verzeichnis der „Wunder", ein Verzeichnis der Taufen auf den Namen des Heiligen in Sigmaringen, Feldkirch, Bludenz, Bregenz, Hohenems, Schruns, ferner die Matrikel der Fidelis-Namensträger an den Universitäten Dillingen und Freiburg i. Br. Es folgt der Bildteil: Abbildungen der im Textteil sachkundig interpretierten Portrait-Darstellungen des Fidelis, der frühen kultfördernden Schriften, der sakralen Objekte aus Vita und Kult des Fidelis, seiner Wirkungsorte sowie historischer Persönlichkeiten mit Bezug zur Kultgeschichte. Ein beeindruckendes Verzeichnis der berücksichtigten ungedruckten und gedruckten Quellen und der Sekundärliteratur (162 S.!) sowie ein Register, aufgeteilt in Personen- und Ortsregister, beschließt diese in Gründlichkeit und Erträgen außergewöhnliche Dissertation.

Dieter Breuer (Aachen)

MITTEILUNGEN

In memoriam Professor Dr. phil. Rolf Tarot

Am 19. November 2019 ist Rolf Tarot im Alter von 88 Jahren verstorben. Rolf Tarot studierte Germanistik, Anglistik und Theaterwissenschaft an den Universitäten Göttingen und Köln. 1960 wurde er mit einer Arbeit über Jakob Bidermanns *Cenodoxus* promoviert. Schon 1963 hat er eine erste Ausgabe des *Cenodoxus* mit Handschriftenvarianten ediert, 1967 dann auch die *Ludi theatrales sacri* desselben Autors. Die Herausgebertätigkeit führte er bis ans Ende seiner akademischen Laufbahn fort. Sie brachte ihn 1964 als Assistent von Wolfgang Binder an die Universität Zürich, wo er sich 1968 mit der Studie *Hugo von Hofmannsthal. Daseinsformen und dichterische Struktur* habilitierte. Schon im Sommersemester 1969 wurde er zum Assistenzprofessor befördert, 1977 zum außerordentlichen Professor und 1985 zum Ordinarius.

Trotz seines Ausfluges in die Literatur des 20. Jahrhunderts blieb er als Editor der Frühen Neuzeit treu. Schon vor seiner Habilitation war er Herausgeber von Grimmelshausens *Gesammelten Werken in Einzelausgaben*, in deren Rahmen er *Simplicissimus Teutsch, Dietwalt und Amelinde, Simplicianischer Zweyköpffiger Ratio Status, Teutscher Michel, Das Wunderbarliche Vogel-Nest* und *Kleinere Schriften* edierte. Er verfasste auch mehrere wichtige Forschungsbeiträge zu Grimmelshausen. Von 1986 bis 1998 war er Präsident der Grimmelshausen-Gesellschaft. 1989 und 1998 organisierte er Grimmelshausen-Tagungen in Zürich. Bei seinem Rücktritt vom Präsidentenamt wurde er zum Ehrenpräsidenten ernannt. Neben Grimmelshausen gab er mehrere für den akademischen Unterricht unentbehrliche Bände in Reclams „Universal-Bibliothek" heraus (Bidermanns *Cenodoxus*, Gryphius' *Cardenio und Celinde*, Lohensteins *Sophonisbe*, Reuters *Schlampampe*). Er war auch für die im Literarischen Verein Stuttgart erscheinende historisch-kritische Ausgabe der Werke von Anton Ulrich von Braunschweig-Lüneburg und für den mehrbändigen Roman *Die Römische Octavia* verantwortlich.

Im Bereich der Literatur der Frühen Neuzeit betreute Rolf Tarot Forschungsprojekte zu den literarischen Verhältnissen in der Stadt Zürich im 17. Jahrhundert, etwa zu Casualcarmina in der Zentralbibliothek Zürich und im Staatsarchiv des Kantons Zürich. Ein weiterer Forschungsschwerpunkt seit den späten Sechzigerjahren war die Erzähltheorie, wobei ihn vor allem die Dichtungstheorie Käthe Hamburgers, wie sie von ihr in der Studie *Logik der Dichtung* dargelegt worden war, interessierte. Eine Monographie mit dem Titel *Narratio viva. Untersuchungen zur Entwicklungsgeschichte der Erzählkunst vom Ausgang des 17. Jahrhunderts bis zum Beginn des 20. Jahrhunderts* legte er 1995 vor. Seit 1988 hat er die vielbeachtete Buchreihe „Narratio – Arbeiten zur Geschichte und Theorie der Erzählkunst" herausgegeben. Im Zusammenhang mit seinem Forschungsprojekt zur Erzähltheorie und Erzählpraxis entstanden zahlreiche Lizentiatsarbeiten und Dissertationen. Rolf Tarot war ein beliebter Lehrer, dessen Vorlesungen sehr geschätzt wurden. 1996 ehrten ihn Freunde, Kollegen und Schüler mit einer Festschrift zum 65. Geburtstag: *Wahrheit und Wort.*

Die Grimmelshausen-Gesellschaft wird ihrem Ehrenpräsidenten in Dankbarkeit ein würdiges Andenken bewahren. Seine Textausgaben und Forschungsbeiträge werden weiterleben.

Rosmarie Zeller (Villars-sur-Glâne)

Bericht über die Tagung „Politik im Werk Grimmelshausens und in der Literatur der Frühen Neuzeit", 27.–29. Juni 2019 in Oberkirch und Renchen

Den Eröffnungsvortrag hielt Michael Stolleis (Frankfurt a. M.), der sich insbesondere Grimmelshausens *Ratio Status* widmete und – ausgehend von einer Interpretation des Titelkupfers – den Text in die Tradition frühneuzeitlicher Staatsräson-Traktate stellte. Auffällig sei, dass der simplicianische Erzähler hier auf satirische Elemente verzichte und sich die Argumentation nicht auf dem aktuellen Stand des politischen Diskurses um 1670 bewege, sondern an längst überholte staatstheoretische Positionen des 16. Jahrhunderts anknüpfe und nichts Neues biete. Gleiches gelte für die Kritik am sogenannten Machiavellismus. Auch in dieser Hinsicht werde der zeitgemäße Diskussionsstand nicht erkennbar rezipiert. Thomas Simon (Wien) befasste sich mit zwei Grundbegriffen politischen Denkens im 17. Jahrhundert: *Tranquillitas reipublicae* und *Conservatio status* spielten in der Staatsrechtsdiskussion eine wichtige Rolle. Grimmelshausen sei in seinen politischen Anschauungen den Regimentstraktaten und Fürstenspiegeln des 16. Jahrhundert verhaftet

und von der neueren, vornehmlich von Italien ausgehenden Staatsräson-
literatur unberührt geblieben. Wolfgang E. J. Weber (Augsburg) ging
den Bedeutungen der Begriffe „Staatsräson" und „Selbsterhaltung"
nach und beleuchtete vor diesem Hintergrund die „andere Staatsräson",
nämlich das Phänomen der individuellen und kollektiven Statusmaximierung am Beispiel der soziokulturellen Pamphletistik des 17. Jahrhunderts. Grimmelshausen und die der Sozialdisziplinierung dienenden
Regelungen der Gaisbacher Policey-Ordnung (1651) standen im Zentrum des Vortrags von Peter Heßelmann (Münster). Diese Policey-
Ordnung biete – so wurde ausgeführt – einen Einblick in den Versuch
der Familie Schauenburg, ihre Adelsherrschaft in einem bäuerlich geprägten Mikrokosmos durch Implementation von Policeynormen zu
stabilisieren. Grimmelshausen nahm als Schaffner die Verwaltung im
Dorf und Tal Gaisbach wahr und leistete seinen Beitrag dazu, die in den
Jahrzehnten des Krieges in Mitleidenschaft gezogene Ordnung, die
Besitzverhältnisse und die Rechtssicherheit in dem Herrschaftsgebiet
wiederherzustellen.

Der zweite Tagungstag, der die Tagungsteilnehmer in Renchen zusammenführte, begann mit einem Vortrag von Dieter Breuer (Aachen),
der den historischen Roman *Dietwalt und Amelinde* in den Mittelpunkt
rückte, Grimmelshausens Historie vom Aufstieg Frankreichs zur europäischen Großmacht analysierte und – unter Berücksichtigung des dualen *ratio-status*-Begriffs – in ihren politischen Kontext und Gegen-
wartsbezug stellte. Der machiavellistisch orientierten Kriegspolitik
Frankreichs werde das vorbildliche politische Verhalten Dietwalts gegenübergestellt, der im Sinne der „guten" *ratio status* im Vertrauen auf
die *Providentia Dei* handele. Eric Achermann (Münster) lenkte das
Interesse zunächst auf Fragen der Arkanpolitik in Píkaroromanen und
in staatstheoretischer Literatur der Frühen Neuzeit. In diesem Zusammenhang erläuterte er die Relevanz der wichtigen Begriffe *occasio* und
contritio bei Machiavelli, in der Emblematik und bei Grimmelshausen.
Die Darstellung der sich im Konflikt mit der „guten" Policey befindlichen Soldaten, Landstreicher und anderen Vaganten im simplicianischen Werk untersuchte Christian Loos (Münster). Die von Grimmelshausen als Quelle genutzte Politsatire Henry Nevilles von der *Isle of
Pines* und die Insel-Episode in der *Continuatio* waren Gegenstand des
Vortrags von Thomas Borgstedt (München). Er verdeutlichte realpolitische zeitgeschichtliche Bezüge des satirischen Prätextes und dessen
Bedeutung für den simplicianischen Autor sowie seine Kontrafaktur, in
der nur die moralisch-anthropologische Dimension des Experiments,

nicht die politisch brisante Dimension aufgegriffen werde. Antonia Müller-Laackman (Münster) beschäftigte sich mit der merkantilistischen Judenpolitik und konzentrierte sich dabei auf das Motiv des „Geldjuden" im *Rathstübel Plutonis* und *Vogel-Nest* II. Sie zeigte, dass Grimmelshausen in diesen Texten durchaus politische Aspekte in den Blick genommen habe, wurden Juden doch für die kameralistische Wirtschaftspolitik genutzt. Dabei habe Grimmelshausen keine Kritik am zeitgenössischen Antisemitismus geübt. Robert Schütze (Bochum) verfolgte in seinem Vortrag mit dem Titel „U-Topik. Rhetorik des Politischen bei Morus und Grimmelshausen" in den Texten beider Autoren Sprechakte, in denen sich Utopisches zeige, und setzte sich mit Bedeutung und Funktion der Utopien auseinander. Nach den Vorträgen des zweiten Tages fuhren die Tagungsteilnehmer nach Gengenbach, wo sie an einer Führung durch die ehemalige Reichsstadt teilnahmen.

Am dritten Tag wandte sich Cornel Zwierlein (Berlin) den mediterranen Referenzen im Werk Grimmelshausens und insbesondere der Darstellung des Osmanischen Reichs und dem Nebeneinander von Unrechtssphären und Rechtsordnungen in der *Continuatio* zu. Es wurde klar, dass Grimmelshausen für seine Darstellungen auf Reiseberichte und aktuelle Zeitungsnachrichten zurückgegriffen hat. Michael Hanstein (Ditzingen) nahm die Problematik der Staatsräson, wie sie sich auf Kathedra und Bühne der Straßburger Akademie zeigte, in den Blick. Matthias Bernegger und Caspar Brülow waren Exponenten, die sich mit der „Verstellungskunst" (*simulatio / dissimulatio*) als Machtstrategie in der Rezeption von Tacitus und Machiavelli kritisch auseinandersetzten. Das Zusammenwirken von Emblematik und Politik veranschaulichte Hans-Joachim Jakob (Siegen) anhand von Daniel Meisners und Eberhard Kiesers *Thesaurus Philopoliticus oder Politisches Schatzkästlein.* Es gelang ihm, die im Emblembuch gegenwärtigen politischen Implikationen herauszuarbeiten. Wilhelm Kühlmann (Heidelberg) interpretierte politische Porträtlyrik im Dreißigjährigen Krieg am Beispiel des Elegienzyklus' *Pictura loquens* von Balthasar Venator. In der bisher noch fragmentarischen Geschichte der politischen Literatur des 17. Jahrhunderts beweise Venators lateinischer Porträtzyklus eine – wie Kühlmann darlegte – unvergleichliche Konzeption und Dimension. Klaus Haberkamm (Münster) stellte die Frage, inwiefern es sich bei Weckherlins Gedichten auf König Gustav II. Adolf von Schweden um politische Propaganda handelte. Waren Weckherlins politische Gedichte durchaus als politische Texte intendiert, so sei er mit dieser Zielsetzung jedoch gescheitert. Wie Haberkamm hervorhob, kann von einem realpolitischen Einfluss der Lyrik nicht die Rede sein. Der letzte Vortrag der Tagung machte mit Johann Balthasar Schupps *Salomo oder Regenten-Spiegel* vertraut, dessen Intention Dieter Martin (Freiburg) zwischen biblischer Orientierung und lebensweltlicher Erfahrung ansiedelte. Der Text dürfe als in seiner Zeit charakteristischer Beitrag zum politischen Diskurs gelten. In ihm lehne sich Schupp an Modelle der Reihenpredigt, des Bibelkommentars sowie des Gesprächsspiels an und schöpfe das Spektrum moralisierenden Schreibens von direkter Sittenpredigt bis hin zur Fiktion der Traumsatire aus, um vorzuführen, wie sich lebensweltliche Erfahrung mit den Herrschaftspraktiken der Höfe an normbildende und exempliefernde biblische Texte anschließen lassen und wie sich umgekehrt durch Bibelexegese ein auf die Gegenwart beziehbarer Exempelvorrat finden lasse.

Nach der Mitgliederversammlung der Grimmelshausen-Gesellschaft fand mit dem traditionellen Abschiedsschmaus im „Silbernen Stern" zu Gaisbach eine ergebnisreiche Tagung zum Thema Politik im Werk Grimmelshausen und in der frühneuzeitlichen Literatur ihr Ende.

Peter Heßelmann (Münster)

Protokoll der Mitgliederversammlung der Grimmelshausen-Gesellschaft am 29. Juni 2019 in Oberkirch

Anwesend:	20 ordentliche Mitglieder	
Sitzungsleitung:	Der Präsident	
Protokoll:	Der Geschäftsführer	
Beginn:	16.25 Uhr	Ende: 17:45 Uhr

Zu der Mitgliederversammlung wurden fristgerecht schriftlich alle Mitglieder eingeladen.

TOP 1: Feststellung der Tagesordnung
Der Präsident begrüßt die versammelten Mitglieder und eröffnet die Sitzung. Die vom Vorstand vorgeschlagene und mit der Einladung ver-

sandte Tagesordnung wird in folgender Form ohne Gegenrede ange-
nommen:

1. Feststellung der Tagesordnung
2. Protokoll der Mitgliederversammlung am 25. Juni 2016
3. Ehrung der verstorbenen Mitglieder
4. Tätigkeitsbericht des Präsidenten
5. Bericht des Geschäftsführers
6. Bericht des Schatzmeisters
7. Bericht der Kassenprüfer
8. Entlastung des Vorstands
9. Wahlen
   a) Präsident
   b) Mitglieder des Vorstands
   c) Kassenprüfer
10. Planungen für die nächsten Jahre
11. Verschiedenes

TOP 2: Protokoll der Mitgliederversammlung am 25. Juni 2016
Das Protokoll der Mitgliederversammlung am 25. Juni 2016, das allen
Mitgliedern durch die Publikation in den *Simpliciana* XXXVIII (2016),
S. 621–628, bekannt gemacht worden ist, wird ohne Einwände ange-
nommen.

TOP 3: Ehrung der verstorbenen Mitglieder
Der Präsident bittet die Versammlung, sich zum Gedenken an die seit
der letzten Mitgliederversammlung verstorbenen Mitglieder Prof. Dr.
Friedrich Gaede (Freiburg i. Br.), Hanna Leybrand (Heidelberg) und
Prof. Dr. Eberhard Mannack (Heikendorf) zu erheben.

TOP 4: Tätigkeitsbericht des Präsidenten
Der Präsident berichtet über die Aktivitäten der Gesellschaft in den
zurückliegenden Jahren:

erstens über die von der Gesellschaft sowie in Kooperation mit ihr
durchgeführten Tagungen und die in diesem Zusammenhang eingewor-
benen Sponsorengelder:
   a) 23.–25.06.2016 in Oberkirch und Renchen: „Schuld und Sühne
im Werk Grimmelshausens und in der Literatur der Frühen Neuzeit";

Organisation: Hermann Brüstle, Salina Federle (Oberkirch), Sabine Berger (Renchen), Peter Heßelmann;

b) 23.–25.06.2017 in Gelnhausen: „Grimmelshausens ‚Kleinere Schriften'"; Organisation: Simone Grünewald (Gelnhausen), Peter Heßelmann;

c) 07.–09.06.2018 in Bochum: „Geld. Interdiskursive Ökonomien bei Grimmelshausen"; Organisation: Nicola Kaminski, Robert Schütze (Bochum), Jörg Wesche (Essen);

d) 03.–05.04.2019 in Willstätt: „Johann Michael Moscheroschs Textwelten. Interdisziplinäre und internationale Konferenz anlässlich seines 350. Todestages"; Organisation: Dirk Werle, Sylvia Brockstieger (Heidelberg);

e) 27.–29.06.2019 in Oberkirch und Renchen: „Politik im Werk Grimmelshausens und in der Literatur der Frühen Neuzeit"; Organisation: Hermann Brüstle, Salina Federle (Oberkirch), Sabine Berger (Renchen), Peter Heßelmann;

zweitens über die Publikationen der Gesellschaft:

a) die Jahrgänge XXXVIII (2016), XXXIX (2017) und XL (2018) der *Simpliciana*, die jeweils neben den Kongressreferaten eine Reihe freier Beiträge, Nachrichten von öffentlichkeitswirksamen Aktivitäten und Rezensionen zu Neupublikationen enthalten; an der Redaktionsarbeit und der Betreuung der Homepage haben dankenswerterweise mitgewirkt: Eric Achermann, Marco Bunge-Wiechers, Klaus Haberkamm, Hans-Joachim Jakob, Peter Klingel, Ortwin Lämke, Daniel Langner, Nadine Lenuweit, Christian Loos, Alexander Lügering (Webmaster), Torsten Menkhaus, Timothy Sodmann und Stefan Tillmann;

b) in der Reihe der *Beihefte der Simpliciana* sind in der letzten Amtsperiode keine Publikationen erschienen (vgl. TOP 10);

c) als weitere Publikation ist der folgende Band erschienen: Éva Knapp und Gábor Tüskés: *Litterae Hungariae. Transformationsprozesse im europäischen Kontext (16.–18. Jahrhundert)*. Im Auftrag der Grimmelshausen-Gesellschaft Münster in Zusammenarbeit mit Klaus Haberkamm hg. von Peter Heßelmann. Münster 2018 (Wissenschaftliche Schriften der WWU Münster. Reihe XII. 20);

drittens über weitere Aktivitäten der Jahre 2016 bis 2018, besonders über

a) Vortragstätigkeiten des Präsidenten in Sasbachwalden (am 24.07.2016 zur Eröffnung der Ausstellung „Bärenhäuter 17 + 17"), Hamm (am 13.11.2016 über „Grimmelshausen und der Dreißigjährige

Krieg in Westfalen"), Lippstadt (am 26.04.2017 über „Grimmelshausen und der Dreißigjährige Krieg"), Bad Peterstal-Griesbach (am 07.05.2017 anlässlich der dortigen Einweihung des Grimmelshausen-Gedenksteins), Oberkirch (am 06.06.2017 in der Grimmelshausen-Gesprächsrunde über „Grimmelshausens *Der erste Beernhäuter* und Burg Hohenrod"), Bochum (am 08.06.2018 im Rahmen der o. g. Tagung) und Oberkirch (am 27.06.2019 im Rahmen der o. g. Tagung);

b) Veranstaltungen (u. a. die im Sommersemester 2018 in Münster ausgerichtete Reihe „2018: 400. Jahrestag des Ausbruchs des Dreißigjährigen Krieges / 350. Jahrestag der Erstveröffentlichung von Grimmelshausens *Simplicissimus Teutsch*") und Pressemitteilungen (u. a. zum 40-jährigen Bestehen der Grimmelshausen-Gesellschaft und zu Grimmelshausens 341. Todestag);

c) die in Vertretung des Präsidenten dankenswerterweise durch Vorstandsmitglied Klaus Haberkamm wahrgenommene Teilnahme an den Mitgliederversammlungen der Arbeitsgemeinschaft Literarischer Gesellschaften und Gedenkstätten e. V. in den Jahren 2016 bis 2018. Hingewiesen wird auf die besondere Bedeutung der Kontakte zur ALG, die auch die Tagung in Oberkirch und Renchen (2016) finanziell gefördert hat. Der Präsident liefert regelmäßig Kurzberichte über die Gesellschaftsaktivitäten an die ALG;

d) die Fortschreibung der auf der Homepage der Gesellschaft veröffentlichten kumulierten Inhaltsverzeichnisse der *Simpliciana* I (1979) bis XL (2018), des kumulierten Beiträgerverzeichnisses (Autoren und Titel der Aufsätze) sowie des Personen- und Werkregisters zu *Simpliciana* I (1979) bis XL (2018). Letzteres besorgte dankenswerterweise Geschäftsführer Dieter Martin mit seinen Mitarbeitern.

TOP 5: Bericht des Geschäftsführers
Der Geschäftsführer dankt dafür, dass seine Arbeit wesentlich vom Schatzmeister Hermann Brüstle und seinen Mitarbeiterinnen unterstützt wurde, besonders durch Führung der zentralen Mitgliederdatei. Er berichtet von der Mitgliederentwicklung, die sich in den letzten Jahren bei geringen Fluktuationen leicht rückläufig entwickelt hat:
Ende 2016:   214 Mitglieder
Ende 2017:   210 Mitglieder
Ende 2018:   204 Mitglieder
Als vordringliche Aufgabe erscheint die Anwerbung jüngerer Mitglieder der Gesellschaft, die vor allem durch vermehrte Einladung von

Doktoranden und jüngeren Wissenschaftlern zu den Tagungen betrieben werde.

TOP 6: Bericht des Schatzmeisters
Der Schatzmeister berichtet über die stabile, je nach Sponsoreneinwerbung und Tagungs- sowie Publikationskosten leicht schwankende Kassenlage und stellt den Kassenbericht für die Jahre 2016 bis 2018 vor:
Am 31. Dezember 2015 wurde nach 2016 ein Guthaben von € 7.441,68 übertragen.
Am 31. Dezember 2016 wurde nach 2017 ein Guthaben von € 6.604,22 übertragen.
Am 31. Dezember 2017 wurde nach 2018 ein Guthaben von € 14.293,76 übertragen.
Am 31. Dezember 2018 wurde nach 2019 ein Guthaben von € 9.446,82 übertragen.
Der ehemalige Schatzmeister Hermann Josef Müller regt an, bei der Köhler-Stiftung um Zuschüsse nachzufragen.

TOP 7: Bericht der Kassenprüfer
Dr. Fritz Heermann, der die Kasse gemeinsam mit Rainer Fettig geprüft hat, erklärt in seiner Eigenschaft als Kassenprüfer, dass der Bericht des Schatzmeisters zutreffend sei und dass er alle Belege geprüft und für rechtens befunden habe.

TOP 8: Entlastung des Vorstandes
Auf Antrag von Ehrenpräsident Dieter Breuer werden alle Mitglieder des Vorstands sowie die Rechnungsprüfer einstimmig entlastet.

TOP 9: Wahlen
Als Wahlleiter für die Wahl des Präsidenten fungiert Hermann Josef Müller. Der bisherige Präsident erklärt, dass er für dieses Amt weiterhin zur Verfügung stehe. Anträge auf geheime Wahl werden nicht gestellt. Der bisherige Präsident wird bei einer Enthaltung einstimmig wiedergewählt.
   Als Wahlleiter für die weiteren Wahlen fungiert der Präsident. Er gibt bekannt, dass alle bisherigen Vorstandsmitglieder (mit Ausnahme des verstorbenen Vorstandsmitglieds Friedrich Gaede) für eine Wiederwahl zur Verfügung stehen.
   Weitere Wahlvorschläge liegen nicht vor. Anträge auf geheime Wahl und auf Einzelwahl der Vorstandsmitglieder werden nicht ge-

stellt. Sämtliche zur Wahl stehenden Personen werden en bloc und einstimmig gewählt.

Daraus ergibt sich die folgende Zusammensetzung des Vorstands der Grimmelshausen-Gesellschaft:

Präsident:	Prof. Dr. Peter Heßelmann
Vizepräsident:	Prof. Dr. Maximilian Bergengruen
Geschäftsführer:	Prof. Dr. Dieter Martin
Schatzmeister:	Hermann Brüstle

Vorstandsmitglieder:

> Prof. Dr. Eric Achermann
> Dr. Klaus Haberkamm
> Prof. Dr. Nicola Kaminski
> Prof. Dr. Wilhelm Kühlmann
> Dr. Martin Ruch
> Prof. Dr. Gábor Tüskés
> Prof. Dr. Jean-Marie Valentin
> Prof. Dr. Dirk Werle
> Prof. Dr. Jörg Wesche
> Prof. Dr. Dr. h. c. Ruprecht Wimmer
> Prof. Dr. Rosmarie Zeller

Rainer Fettig und Dr. Fritz Heermann werden bei einer Enthaltung einstimmig erneut mit dem Amt der Kassenprüfer betraut.

TOP 10: Planungen für die nächsten Jahre
Vorgesehen sind folgende Tagungen:

a) Tagung vom 25. bis 27. Juni 2020 in Münster: „Dispositionsformen und Ordnungsvorstellungen bei Grimmelshausen und in der Literatur der Frühen Neuzeit"; Organisation: Eric Achermann (Münster), Dirk Werle (Heidelberg). Die Organisatoren berichten über den Stand der Vorbereitungen und ihre Einreichung eines Finanzierungsantrags bei der Fritz-Thyssen-Stiftung.

b) Die Tagung des Jahres 2021 soll das Thema „Satirisches Schreiben bei Grimmelshausen und in der Frühen Neuzeit" behandeln. Vorstandsmitglied Wilhelm Kühlmann hat ein Exposé vorgelegt. Optionen für den Tagungsort und die federführende Organisation werden erörtert. [Im Nachgang zur Mitgliederversammlung konnte der Präsident mit Simone Grünewald, Gelnhausen, vereinbaren, dass die Tagung Mitte

Juni 2021 in Gelnhausen stattfinden und von dortigen Geldgebern unterstützt werden kann.]

c) Die Tagung im Juni 2022, die mit der Neuwahl des Vorstands verbunden sein wird, soll wieder in Oberkirch und Renchen stattfinden. Das ins Auge gefasste Thema „Grimmelshausens Texte und die Bibel" (Organisation: Maximilian Bergengruen, Karlsruhe, evtl. mit einem externen Kooperationspartner) soll allerdings, da Zweifel an der Attraktivität gerade für jüngere Wissenschaftler bestehen, auf der Vorstandssitzung im Frühjahr 2020 nochmals ergebnisoffen diskutiert werden.

d) Die Tagung im Jahr 2023 soll sich dem Thema „Geschlechterrollen und -bilder bei Grimmelshausen und in der Literatur der Frühen Neuzeit" widmen und in Heidelberg stattfinden. Die Organisation übernehmen Dirk Werle (Heidelberg) und Jörg Wesche (Essen).

An Publikationen (außerhalb der *Simpliciana*) sind geplant:

a) *Beihefte zu Simpliciana* 9: Jakob Koeman: *Mandragora und Alraun in der deutschen Wissenschaft und Literatur. Am Beispiel Grimmelshausen und Jacob Grimm* (2020);

b) *Beihefte zu Simpliciana* 10: *Johann Michael Moscheroschs Textwelten*. Hg. von Dirk Werle und Sylvia Brockstieger (2020);

c) Karl Ebert (†): *Grimmelshausens Heimat am Oberrhein. Neue lokale, soziale und biografische Aspekte zur Erschließung des literarischen Werkes von Johann Jakob Christoph von Grimmelshausen* (2019).

Erörtert werden jeweils der Stand der Manuskripte und der Einwerbung von Druckkostenbeihilfen.

TOP 11: Verschiedenes
Der Präsident dankt Hermann Josef Müller für seinen der Gesellschaft zugutekommenden Einsatz bei der Hättig-Stiftung und regt alle Mitglieder zur Werbung von Mitgliedern an.

Christian Loos berichtet über sein Projekt, Vertonungen von Grimmelshausen-Liedern aus dem Kontext der Wandervogel- und Jugendbewegung und deren Nachfolger aufzunehmen und ggf. zur Aufführung zu bringen.

Hermann Brüstle informiert über den Fortgang der Pläne für ein Grimmelshausen-Denkmal in Oberkirch. Dagegen stehe die Neukonzeption des Grimmelshausen-Museums in Oberkirch nicht auf der aktuellen städtischen Agenda.

Anita Wiegele berichtet darüber, dass sie (in Kooperation mit Manfred Wissgott vom Schwarzwaldverein) Grimmelshausens Text zum Mooskopf beim dortigen Denkmal ausgelegt und dass sie die dortigen Angaben verifiziert hat. Gemeinsam mit Dr. Irmgard Schwanke hat sie beim Museumstag Oberkirch im Mai 2018 Grimmelshausens Passagen zum Dreißigjährigen Krieg vorgetragen. Ferner plant sie mit Grimmelshausens einschlägigen Texten die Mitwirkung an einer internationalen Rhein-Ausstellung, die federführend vom Dreiländermuseum Lörrach vorbereitet wird und 2022/23 stattfinden soll.

Für die Richtigkeit:

Peter Heßelmann   Dieter Martin
Versammlungsleiter   Protokollant

Einladung zur Tagung „Dispositionsformen und Ordnungsvorstellungen bei Grimmelshausen und in der Literatur der Frühen Neuzeit", 25.–27. Juni 2020 in Münster

Alle Mitglieder der Grimmelshausen-Gesellschaft und alle Interessenten sind herzlich eingeladen, an den öffentlichen Tagungen teilzunehmen. Aus Kostengründen ist es leider nicht möglich, die Mitglieder der Grimmelshausen-Gesellschaft brieflich zu den Tagungen einzuladen. Aktuelle Informationen zu den Tagungen findet man auf der Homepage der Grimmelshausen-Gesellschaft: www.grimmelshausen.org.

„Sonsten wäre dieses billich das zehende Theil oder Buch deß Abentheuerlichen *Simplicissimi* Lebens-Beschreibung/ wann nemlich die *Courage* vor das siebende/ der Spring ins Feld vor das achte/ und das erste *part* deß wunderbarlichen Vogel-Nests vor das neundte Buch genommen würde/ sintemahl alles von diesen *Simplician*ischen Schriften aneinander hängt/ und weder der gantze *Simplicissimus*, noch eines auß den obengemeldten letzten *Tract*ätlein allein ohne solche Zusammenfü-

gung genugsam verstanden werden mag." Mit diesen Worten verabschiedet sich der ungenannte Autor oder vielleicht der pseudonymisier-
te *Secretarius Nemonius* in der „Vorrede" zum zweiten Band des *Vogel-Nests* vom Publikum und erklärt so das folgende „Tractätlein" zum
letzten Teil des *Simplicissimus Teutsch*. Gleichzeitig behauptet er die
Einheit oder Einheitlichkeit genannter Romane, deren Zusammenhang
den Lesenden als notwendige Voraussetzung zum richtigen Verständnis
vorgesetzt wird. Sowohl über die „Zusammenfügung" als auch über die
erklärte Intention ist sich die Forschung uneinig. Waren es pekuniäre
Interessen, die den Verfasser leiteten, oder lässt sich tatsächlich eine
Einheit ausmachen, die Grimmelshausen vor, während oder erst zum
Schluss des „Simplicanischen Zyklus" vor Augen stand?

Die Tagung nimmt sich vor, Fragen nach Einheit und Einheitlichkeit auf makrostruktureller Ebene nachzugehen. Das zu beleuchtende
Korpus beschränkt sich dabei nicht auf die Simplicianischen Schriften;
es darf und soll die Werke Grimmelshausens, deren allfällige Zusammenhänge und analoge Übereinstimmung sowie die relevanten rhetorischen und poetologischen Äußerungen umfassen, die im Zeitalter des
Barock Komposition und Disposition literarischer Werke anleiten, um
so die Vorstellung von Einheit und Geschlossenheit eines Werkes überhaupt zu begründen. Wie wurde Werkförmigkeit in der Frühen Neuzeit
konzipiert? Gerade für die Romanformen, aber nicht nur für diese, sind
die genannten Fragen virulent, finden sich gattungsaffine Betrachtun-
gen doch bestenfalls in vereinzelten programmatischen Äußerungen
oder aber in den zu untersuchenden Strukturen selbst. Zu erörtern ist in
diesem Zusammenhang die grundlegende Frage, ob und inwiefern die
angeblich offenen pikarischen Dispositionen einer übergeordneten, ge-
setzmäßigen oder zumindest regelmäßigeren Ordnungsvorstellung zu-
geführt werden. Sie ist mit Blick auf die historische Bedeutung der
Romanproduktion für die literarische Formgeschichte des 17. Jahrhunderts erneut zu stellen. Zur Klärung der genannten Fragen bietet es sich
an, vergleichend die Œuvres benachbarter deutscher und europäischer
Autoren heranzuziehen. Nicht zuletzt sollen die Probleme der Disposition und Ordnung der Literatur allgemein und des Erzählens im Besonderen auch vor dem Hintergrund von Formen und Genres frühneuzeitlicher Ordnung und Erschließung gelehrten Wissens perspektiviert werden.

Tagungsprogramm (Änderungen sind möglich)

Donnerstag, 25. Juni 2020

14.00   Eröffnung der Tagung
          Begrüßung durch die Organisatoren

          Sektion 1: *Einheit und Vielheit des Simplicianischen Zyklus und der Texte Grimmelshausens*

14.15   Peter Klingel (Münster)
          Geometrische Ordnungsvorstellungen bei Grimmelshausen
15.00   Astrid Dröse (Tübingen)
          Zufall als pikareskes Strukturelement in Grimmelshausens Texten
15.45   Dirk Niefanger (Erlangen)
          Ordnungen zweiter Ordnung. Selbstbeobachtung einer ‚großen' simplicianischen Erzählung
16.30   Kaffeepause
17.00   Christian Loos (Münster)
          Das Phänomen der Fürsprache/des Fürsprechens als Form der Einheit in den Simplicianischen Schriften Grimmelshausens
17.45   Maximilian Bergengruen (Karlsruhe)
          Die *Continuatio*. Reflexion als Gegenstand von Narration
19.00   Abendessen

Freitag, 26. Juni 2020

09.00   Joana van de Löcht (Heidelberg)
          Die Ordnung des Buchs – die Ordnung der Bücher
09.45   Nicola Kaminski (Bochum)
          ‚Theil oder Buch'? Implikationen biblionomer Ordnungsmuster in der Frühen Neuzeit und die konkurrierenden Ansprüche simplicianischer Autorschaft
10.30   Kaffeepause

          Sektion 2: *Der frühneuzeitliche Roman und die Einheit des Werkes*

11.00   Adrián Sáez (Venedig)
Spiritual Unity or Open-Endedness? Macrostructural strategies
of the ‚novela picaresca' reconsidered

11.45   Luis Ramón Galván Moreno (Pamplona)
Where All Ends? Death and the Early Modern Novel

12.30   Mittagspause

14.30   Jörg Wesche (Duisburg/Essen)
Natürliche Ordnung. Zur Monatsdisposition als Gliederungs-
und Fortsetzungsprinzip in der Erzählprosa und Wissens-
literatur der Barockzeit

15.15   Katharina Worms (Heidelberg)
Zur Disposition und Werkförmigkeit des unvollendeten
Arminius-Romans Daniel Caspers von Lohenstein

16:00   Kaffeepause

Sektion 3: *Konvergierende und kontrastierende Ordnungsvorstellungen
in der frühneuzeitlichen Literatur und Gelehrsamkeit*

16.30   Dennis Borghardt und Carolin Rocks (Duisburg/Essen/Zürich)
Die Ordnung der Seele. Barocke Psychagogik und Harmonie
der Vermögen

17.15   Hania Siebenpfeiffer (Marburg)
Dispositionen von Recht und Erzählen in Ordnungsvorstellungen der verkehrten Welt (Grimmelshausen, Hoffmann, Hart-
mann, Weise)

18.30   Gemeinsames Abendessen

Samstag, 27. Juni 2020

09.00   Klaus Haberkamm (Münster)
„Chaos, oder Verworrnes Mischmasch" – doch ohne einige
Ordnung"? Grimmelshausens *Ewig-währender Calender* als
Dispositionsmodell der simplicianischen Zehn-Bücher-Folge

09.45   Sylvia Brockstieger (Heidelberg)
(Un-)Ordnung der Zeit. Reflexion der Kalendarik bei
Grimmelshausen

10.30   Kaffeepause

11.00   Rosmarie Zeller (Basel)
Ordnungen des Wissens in der Miscellanea-Literatur:
Zu Mexias *Geschicht- Natur- und Wunder-Wald*

11.45   Abschlussdiskussion

Anmeldungen zur Tagung und Hotelreservierungen nimmt entgegen:

Janine Ahmann, Westfälische Wilhelms-Universität Münster, Germanistisches Institut, Abteilung Neuere deutsche Literatur, Schlossplatz 34, D-48143 Münster, E-Mail: janine.ahmann@uni-muenster.de

Ankündigung der Tagung „Satirisches Schreiben bei Grimmelshausen und in der Literatur der Frühen Neuzeit", 17.–19. Juni 2021 in Gelnhausen

Als Grimmelshausen starb, wussten manche Nachbarn, dass ein „Satyricus in folio" dahingegangen sei. Im Titelkupfer des *Simplicissimus Teutsch*, in der Vorrede der *Continuatio*, im Frühwerk des *Satyrischen Pilgrams*, an vielen Stellen seiner Werke hat Grimmelshausen Verfahren satirischen Schreibens verwandt, manchmal auch thematisiert; dies in der breiten Skala zwischen verfremdender Ironie und wuchtiger Empörung, oft auch in komplexer Beziehung zu Texttypen wie der Predigt, der utopischen Inszenierung und dem pikaresken Romanschema. Lukianische Motive der sog. Menippeischen Satire wurden von ihm und den Zeitgenossen keinesfalls verschmäht.

So stellte sich Grimmelshausen, nicht selten bewusst und deutlich markiert, in die oberrheinische Satiren-Tradition mit ihren großen Namen wie Sebastian Brant, Thomas Murner, Johann Fischart, Jesaias Rompler von Löwenhalt, Johann Michael Moscherosch und Balthasar Venator. Um den Mittelpunkt Grimmelshausen kann dieser Autorenkreis in der Rekapitulation des Forschungsstandes und in den weiterführenden Fragen nach den spezifischen literarischen Methoden, Typen, Konzepten, Funktionen, Motiven, Objektbereichen, Zielen, Intentionen, Anregungen und Interferenzen ebenso zur Sprache kommen wie die stärker als bisher zu beachtenden Größen der deutschen Verssatire des 17. Jahrhunderts (Joachim Rachel, Johannes Lauremberg), aber auch die Koryphäen des neulateinischen Sektors wie etwa Johann Valentin Andreae mit seinem spektakulären *Menippus* oder das sehr weitläufige satirische Œuvre des Jesuiten Jacob Balde.

Inwieweit und auf welche Weise das ältere und das moderne satirische Schrifttum des Auslands (etwa Traiano Boccalini) im frühneuzeitlichen Deutschland rezipiert wurde, rundet den möglichen Radius der Fragen und Probleme sinnvoll ab.

Die Tagungskapazitäten sind begrenzt. Die Auswahl der Vorträge übernimmt eine vom Vorstand der Grimmelshausen-Gesellschaft eingesetzte Kommission.

Vortragsangebote bitte an: Prof. Dr. Peter Heßelmann, Westfälische Wilhelms-Universität Münster, Germanistisches Institut, Abteilung Neuere deutsche Literatur, Schlossplatz 34, D-48143 Münster, E-Mail: info@grimmelshausen.org

ANHANG

Beiträger *Simpliciana* XLI (2019)

Prof. Dr. Eric Achermann, Universität Münster, Germanistisches Institut, Abt. Neuere deutsche Literatur, Schlossplatz 34, D-48143 Münster

Prof. Dr. Matthias Bauer, Universität Flensburg, Institut für Germanistik, Auf dem Campus 1, D-24943 Flensburg

Manuela Bijanfar, Kirchplatz 1a, D-77704 Oberkirch

Prof. Dr. Thomas Borgstedt, Universität München, Institut für Italienische Philologie, Schellingstr. 3, D-80799 München

Prof. Dr. Dieter Breuer, Rolandstr. 34, D-52070 Aachen

Dr. Jost Eickmeyer, Freie Universität Berlin, Fachbereich Philosophie und Geisteswissenschaften, Habelschwerdter Allee 45, D-14195 Berlin

Dr. Klaus Haberkamm, Nienborgweg 37, D-48161 Münster

Dr. Michael Hanstein, Leinfelderstr. 48, D-70711 Leinfelden-Echterdingen

Prof. Dr. Peter Heßelmann, Universität Münster, Germanistisches Institut, Abt. Neuere deutsche Literatur, Schlossplatz 34, D-48143 Münster

Erwin In het Panhuis, Höninger Weg 122, D-50969 Köln

Priv.-Doz. Dr. Hans-Joachim Jakob, Universität Siegen, Fakultät I: Philosophische Fakultät, Germanistisches Seminar, Adolf-Reichwein-Str. 2, D-57076 Siegen

Prof. Dr. Wilhelm Kühlmann, Am Waldrand 42, D-68219 Mannheim

Dr. Ortwin Lämke, Universität Münster, Germanistisches Institut, Abt. Neuere deutsche Literatur, Schlossplatz 34, D-48143 Münster

Daniel Langner, Kiwittsweg 60, D-47608 Geldern

Christian Loos, Graelstr. 4, D-48153 Münster

Prof. Dr. Dieter Martin, Universität Freiburg, Deutsches Seminar – Neuere Deutsche Literatur, Platz der Universität 3, D-79085 Freiburg i. Br.

Dr. Torsten Menkhaus, Rhynerberg 38, D-59069 Hamm

Antonia Müller-Laackman, Friedrich-Ebert-Str. 129, D-48153 Münster

Dr. Martin Ruch, Waldseestr. 53, D-77731 Willstätt

Prof. Dr. Michael Schilling, Marthastr. 19, D-38102 Braunschweig

Robert Schütze, Universität Bochum, Germanistisches Institut, Universitätsstr. 150, D-44780 Bochum

Prof. Dr. Thomas Simon, Universität Wien, Lehrstuhl für europäische Rechts- und Verfassungsgeschichte, Juridicum, Schottenbastei 10–16, A-1010 Wien

Prof. Dr. Dr. h. c. mult. Michael Stolleis, Max-Planck-Institut für Europäische Rechtsgeschichte, Hansaallee 41, D-60323 Frankfurt a. M.

Dr. Frank Stückemann, Neulandstr. 8, D-33739 Bielefeld

Prof. Dr. Wolfgang E. J. Weber, Universität Augsburg, Institut für Europäische Kulturgeschichte, Eichleitnerstr. 30, D-86159 Augsburg

Anita Wiegele, Hungerbergweg 22, D-77704 Oberkirch

Prof. Dr. Rosmarie Zeller, Rte des Blés d'Or 5, CH-1752 Villars-sur-Glâne

Prof. Dr. Cornel Zwierlein, Freie Universität Berlin, Friedrich-Meinecke-Institut, Koserstr. 20, D-14195 Berlin

Simpliciana und *Beihefte zu Simpliciana*. Richtlinien für die Druckeinrichtung der Beiträge

Die Richtlinien für die Druckeinrichtung der Beiträge findet man auf der Homepage der Grimmelshausen-Gesellschaft: www.grimmelshausen.org. Sie können auch postalisch und per E-Mail angefordert werden. Schicken Sie bitte nach den Richtlinien eingerichtete Texte als Datei im Anhang einer E-Mail (Word-Datei oder rtf) an folgende Adresse: info@grimmelshausen.org.

Der Umfang der Aufsätze soll 20 Druckseiten (ca. 56.000 Zeichen inklusive Fußnoten und Leerzeichen) nicht überschreiten. Die Höchstgrenze bei Rezensionen beträgt 5 Druckseiten.

Bezug alter Jahrgänge der *Simpliciana*

Mitglieder der Grimmelshausen-Gesellschaft können Restbestände der Jahrgänge I (1979) bis XXXVII (2015) der *Simpliciana* zum Vorzugspreis von 5,- € pro Jahrgang – solange der Vorrat reicht – erwerben. Hinzu kommen Versandkosten. Bei Interesse wenden Sie sich bitte an: Salina Federle, Stadtverwaltung Oberkirch, Eisenbahnstr. 1, 77704 Oberkirch, Tel. 07802-82-111, Fax 07802-82-668, E-Mail: s.federle@oberkirch.de

Grimmelshausen-Gesellschaft e. V.

Die Grimmelshausen-Gesellschaft e.V. wurde 1977 anlässlich der großen Gedenkausstellung *Simplicius Simplicissimus – Grimmelshausen und seine Zeit* in Münster gegründet. Sie ist inzwischen zu einer internationalen Vereinigung von Literatur- und Kulturhistorikern, interessierten Laien und der Grimmelshausen-Städte Gelnhausen, Soest, Offenburg, Oberkirch und Renchen geworden. Gemeinsames Ziel ist es, die wissenschaftliche Erforschung der Werke Grimmelshausens in ihren zeit- und wirkungsgeschichtlichen Bezügen zu fördern und deren Kenntnis zu verbreiten. Die Grimmelshausen-Gesellschaft bemüht sich dabei besonders um die Zusammenarbeit mit Forschern anderer Disziplinen und den wissenschaftlichen Dialog. Sie versucht mit ihren Aktivitäten zugleich der Mahnung Grimmelshausens gerecht zu werden, Leserinnen und Leser aller Bildungsstufen anzusprechen.

Die Grimmelshausen-Gesellschaft hat zu diesen Zwecken in regelmäßigen Abständen wissenschaftliche Symposien durchgeführt: 1979 in Welbergen bei Münster, 1983 in Offenburg, 1986 in Marburg, 1987 in Aachen, 1989 in Zürich, 1992 in Eichstätt, 1994 in Wolfenbüttel, 1995 in Karlsruhe, 1996 in Aachen, 1998 in Zürich, 1999 in Wolfenbüttel, 2000 in Straßburg, 2001 in Oberkirch und in Renchen, 2002 in Aachen und in Budapest, 2003 in Renchen, 2004 in Oberkirch, 2005 in Münster, 2006 in Oberkirch, 2007 in Oberkirch und Renchen, 2008 in Eger, 2009 in Oberkirch und Gelnhausen, 2010 in Oberkirch, Offenburg und Renchen, 2011 in Wittstock, 2012 in Basel, 2013 in Oberkirch und Renchen, 2014 in Gelnhausen, 2015 und 2016 in Oberkirch und Renchen, 2017 in Gelnhausen, 2018 in Bochum, 2019 in Oberkirch und Renchen. Sie gibt das Jahrbuch *Simpliciana – Schriften der Grimmelshausen-Gesellschaft*, eine Reihe *Sondergaben der Grimmelshausen-Gesellschaft*, kommentierte Reproduktionen schwerzugänglicher Dokumente und Texte aus dem Umkreis Grimmelshausens oder der Forschungsgeschichte, die die Mitglieder der Gesellschaft unentgeltlich erhalten, sowie die Buchreihe *Beihefte zu Simpliciana* heraus.

Die Grimmelshausen-Gesellschaft ist ein gemeinnütziger Verein zur Förderung der wissenschaftlichen Erforschung und Verbreitung der Werke Grimmelshausens. Sie ist von der Körperschaftssteuer freigestellt und berechtigt, für Spenden Spendenbestätigungen auszustellen. Der jährliche Mitgliedsbeitrag beträgt 30,00 € (12,50 € für Studierende), für korporative Mitglieder 150,00 €. Überweisungen bitte auf das Konto der Grimmelshausen-Gesellschaft beim Schatzmeister Hermann Brüstle, Sparkasse Offenburg/Ortenau (IBAN: DE14 6645 0050 0000 8535 08). Zahlungen aus dem Ausland sind auch mit Verrechnungsscheck möglich. Der jährliche Mitgliedsbeitrag schließt die Lieferung des Jahrbuchs ein.

Beitrittserklärung

Hiermit erkläre(n) ich/wir den satzungsmäßigen Beitritt zur Grimmelshausen-Gesellschaft e.V.

Name und Vorname / Firma / Institut / Körperschaft:

_____

_____

Student/in: ☐ ja ☐ nein

Adresse: _____

_____

Telefon: _____ E-Mail: _____

Ort, Datum und Unterschrift: _____

Bitte senden an:

Grimmelshausen-Gesellschaft e. V.
Herrn Schatzmeister Hermann Brüstle
c/o Stadt Oberkirch
Postfach 1443
77698 Oberkirch
Telefax: 07802-82-668
E-Mail: h.bruestle@oberkirch.de
E-Mail: info@grimmelshausen.org
Internet: www.grimmelshausen.org

Beihefte zu Simpliciana

Es ist ein Ziel der Grimmelshausen-Gesellschaft, die wissenschaftliche Erforschung der Werke Grimmelshausens in ihren zeit- und wirkungsgeschichtlichen Bezügen zu fördern und deren Kenntnis zu verbreiten. Dazu trägt auch die Buchreihe „Beihefte zu Simpliciana" bei. Bisher sind folgende Beihefte erschienen:

1   Dieter Breuer / Gábor Tüskés (Hrsg.)
     Das Ungarnbild in der deutschen Literatur der frühen Neuzeit.
     Der *Ungarische oder Dacianische Simplicissimus* im Kontext barocker
     Reiseerzählungen und Simpliziaden. 2005
     978-3-03910-428-4

2   Peter Heßelmann (Hrsg.)
     Grimmelshausen und Simplicissimus in Westfalen. 2006
     978-3-03910-991-3

3   Misia Sophia Doms
     „Alkühmisten" und „Decoctores". Grimmelshausen und die Medizin
     seiner Zeit. 2006
     978-3-03910-949-4

4   Franz M. Eybl / Irmgard M. Wirtz (Hrsg.)
     Delectatio. Unterhaltung und Vergnügen zwischen Grimmelshausen und
     Schnabel. 2009.
     978-3-03911-734-5

5   Peter Heßelmann (Hrsg.)
     Grimmelshausen als Kalenderschriftsteller und die zeitgenössische
     Kalenderliteratur. 2011
     978-3-0343-0493-1

6   Dieter Breuer / Gábor Tüskés (Hrsg.)
     Fortunatus, Melusine, Genovefa. Internationale Erzählstoffe in der
     deutschen und ungarischen Literatur der Frühen Neuzeit. 2010
     978-3-0343-0314-9

7   Thomas Althaus und Nicola Kaminski (Hrsg.)
     Spielregeln barocker Prosa. Historische Konzepte und theoriefähige
     Texturen ‚ungebundener Rede' in der Literatur des 17. Jahrhunderts. 2012
     978-3-0343-0579-2

8   Jana Maroszová
     „Denn die Zeit ist nahe". Eschatologie in Grimmelshausens Simplicianischen
     Schriften: Zeit und Figuren der Offenbarung. 2012
     978-3-0343-1164-9